描かれた"大阪の城"

失われた豊臣大坂城は、合戦図屏風や都市図に姿が描かれ、およそ本丸の構造も判明する。戦国の城は村絵図や国絵図に姿が垣間見え、そして城跡に関心を持つ人々の手によって構造を示す図が作成されてきた。

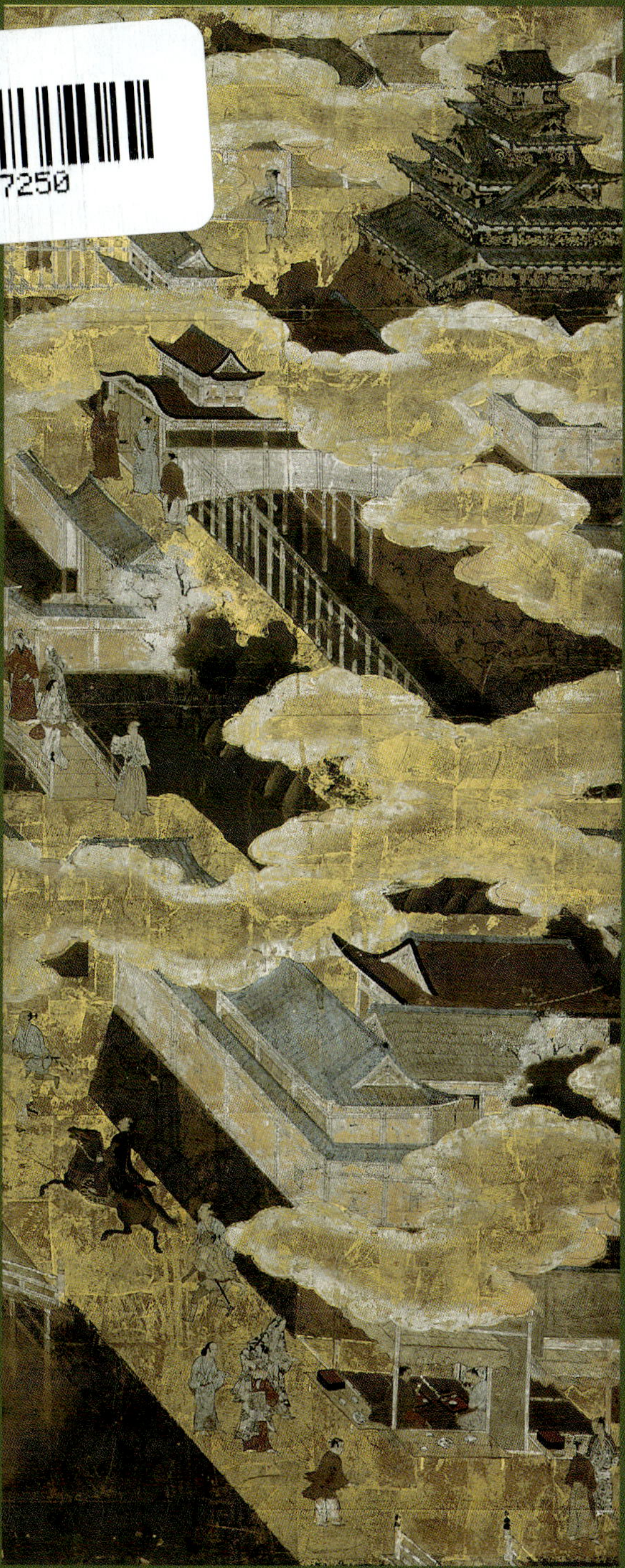

『大坂城図屏風』（部分） 豊臣大坂城を描く最古の屏風絵。1600年以前の景観と推定される 大阪城天守閣蔵

▲『京・大坂図屏風』（部分）成立は江戸中期であるが、何らかの手本があったと考えられている　大阪歴史博物館蔵

▲『大坂冬の陣図屏風』（部分）江戸後期の模写本。本丸の構造などが詳細に描かれる　東京国立博物館蔵

▼『大坂夏の陣図屏風』（部分）重要文化財。城の建築物などに加え、凄惨な戦場の様子を詳細に描く　大阪城天守閣蔵

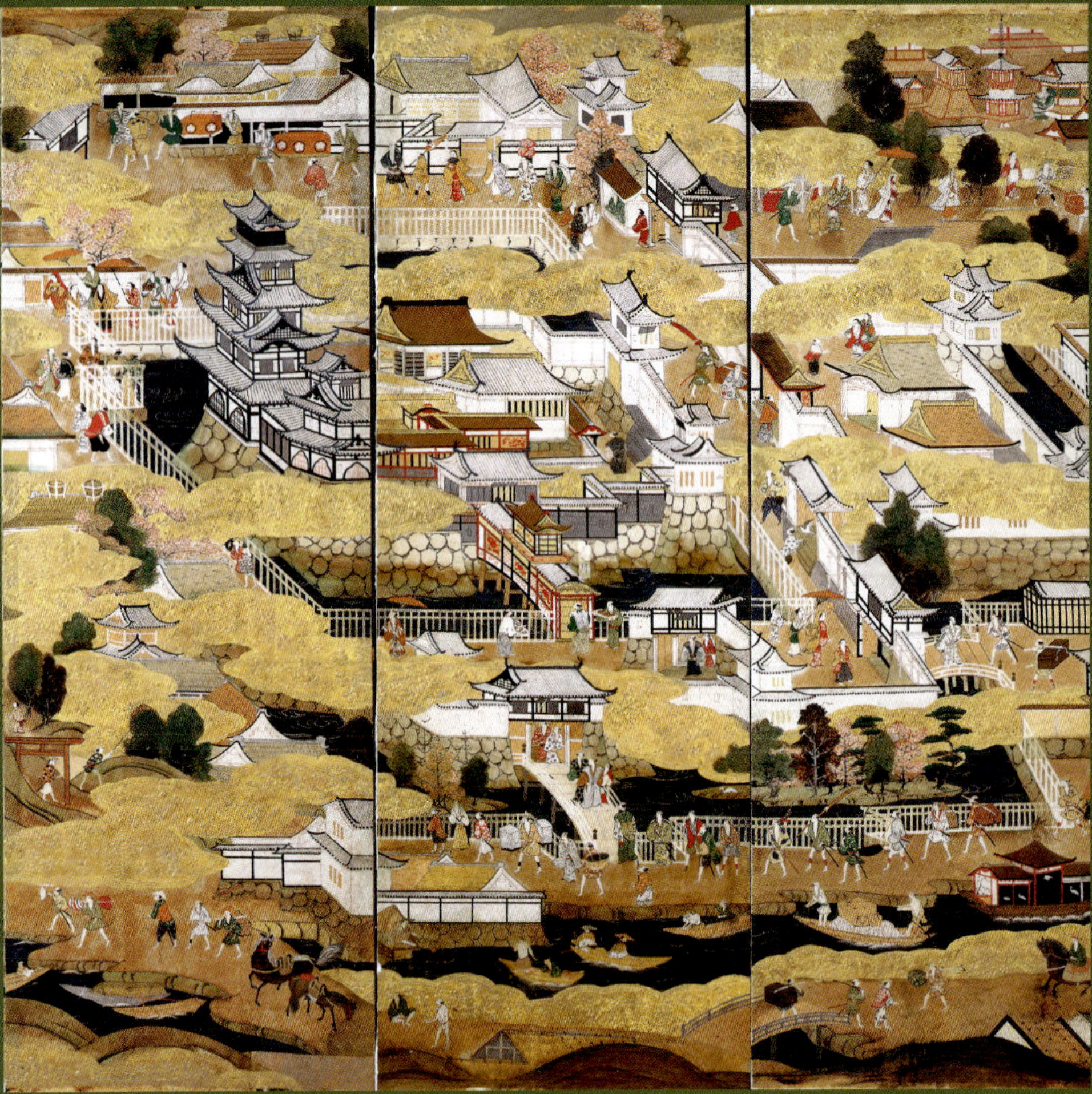

▲『豊臣期大坂図屏風』（部分）17 世紀後半にヨーロッパへ渡り、オーストリア・神聖ローマ帝国の貴族の所有となった。17 世紀中頃の製作とされ、天守周辺の描写が他の屏風と異なる　複製品：関西大学なにわ・大阪文化遺産学研究センター蔵／原本：エッゲンベルグ城博物館蔵

▶発掘で明らかとなった豊臣大坂城の詰ノ丸石垣　大阪文化財研究所蔵

◀浅野文庫所蔵『諸国古城之図 大坂』（摂津）天正 11 年（1583）に築城が始まった豊臣大坂城の主郭周辺の平面図。中心部分の構造を伝える　広島市立中央図書館蔵

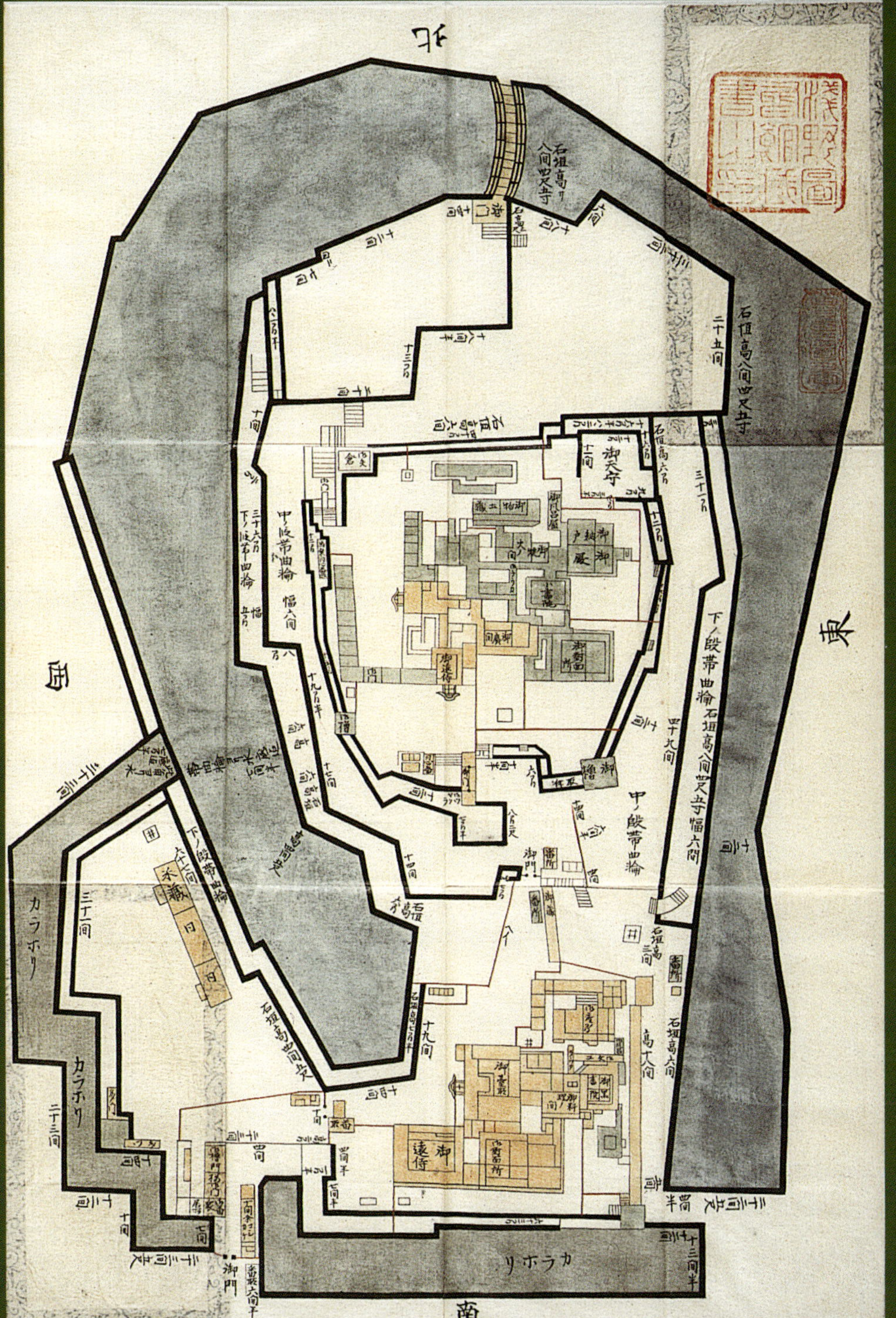
北
東
西
南
御天守
中ノ段帯曲輪
下ノ段帯曲輪
カラホリ
御門
遠侍

▲『延享三年池田村絵図』　安政４年（1857）の写。中心から右の「田畑」の土地利用を示す黄色の部分が段丘上に立地する池田城跡であり、「堀アト」と記入された主郭の屈曲する堀や、外郭を画する巨大な堀が見事に描かれている。町に接した戦国の池田城と、近世に町場化しなかった城跡の様子が看取される　池田市立歴史民俗資料館蔵

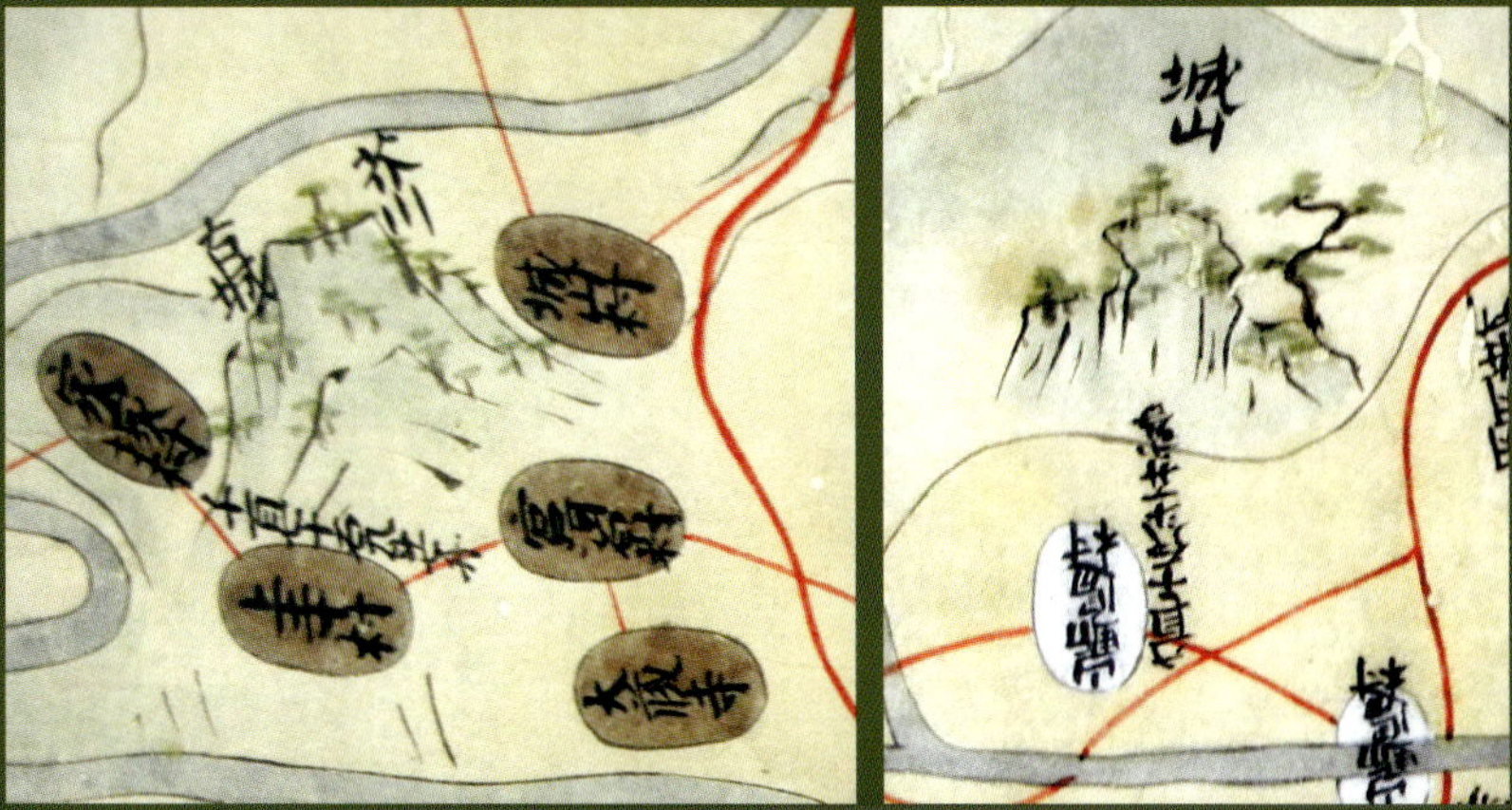

▲『慶長十年摂津国絵図』［左：芥川山城部分　右：山辺城部分］　慶長９年（1604）に徳川家康が作成を命じた国絵図の写。岩山のような城跡の様子は、ほかの国絵図にも共通する　兵庫県指定文化財　西宮市立郷土資料館蔵

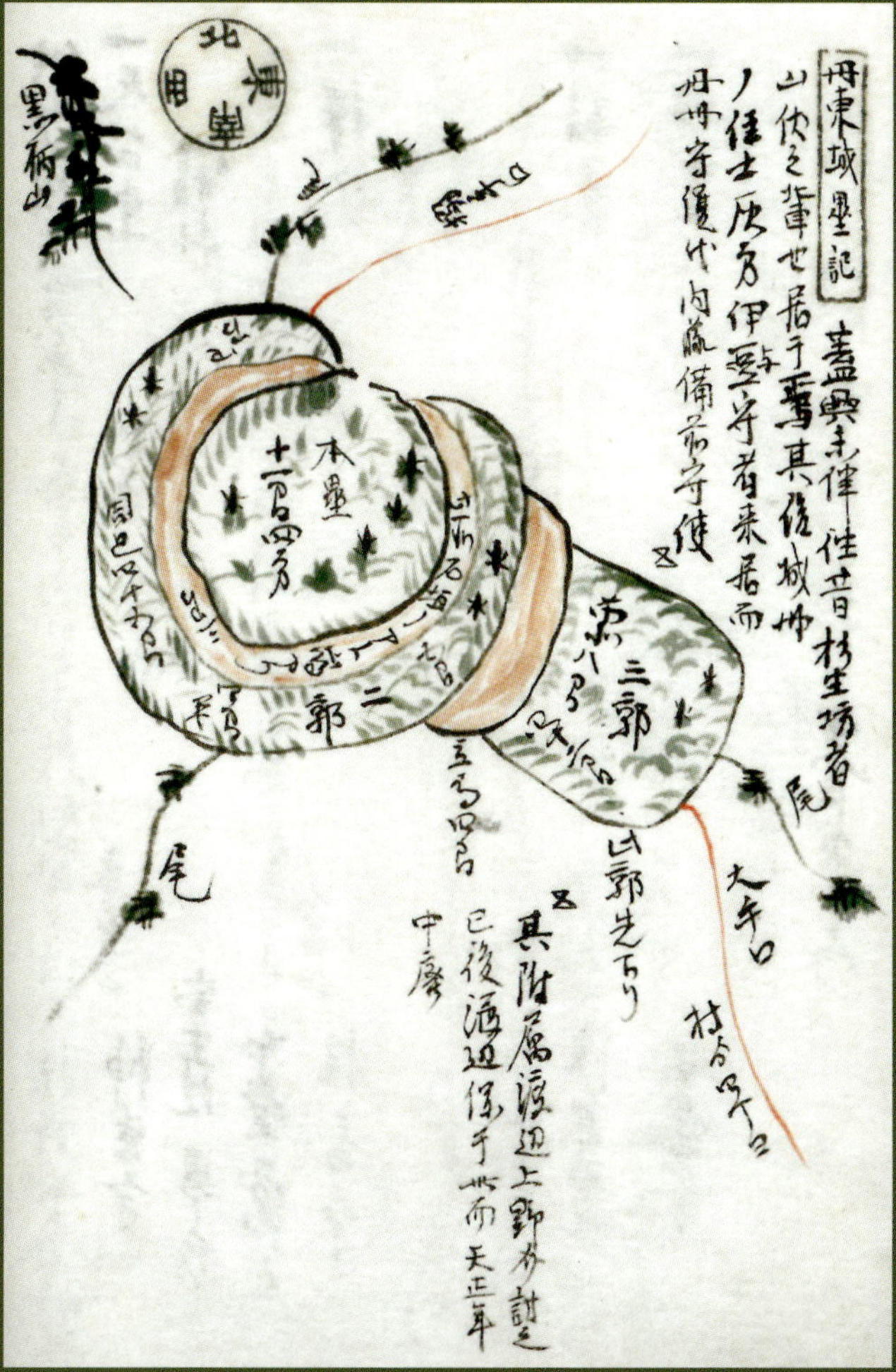

◀『桑下漫録』にみる田能城　田能は丹波国桑田郡に属する。亀山藩士矢部朴斎が文化５年(1808)から編纂した地誌『桑下漫録』には自身が調査した図が掲載される　永光寛氏蔵　画像提供：亀岡市文化財資料館

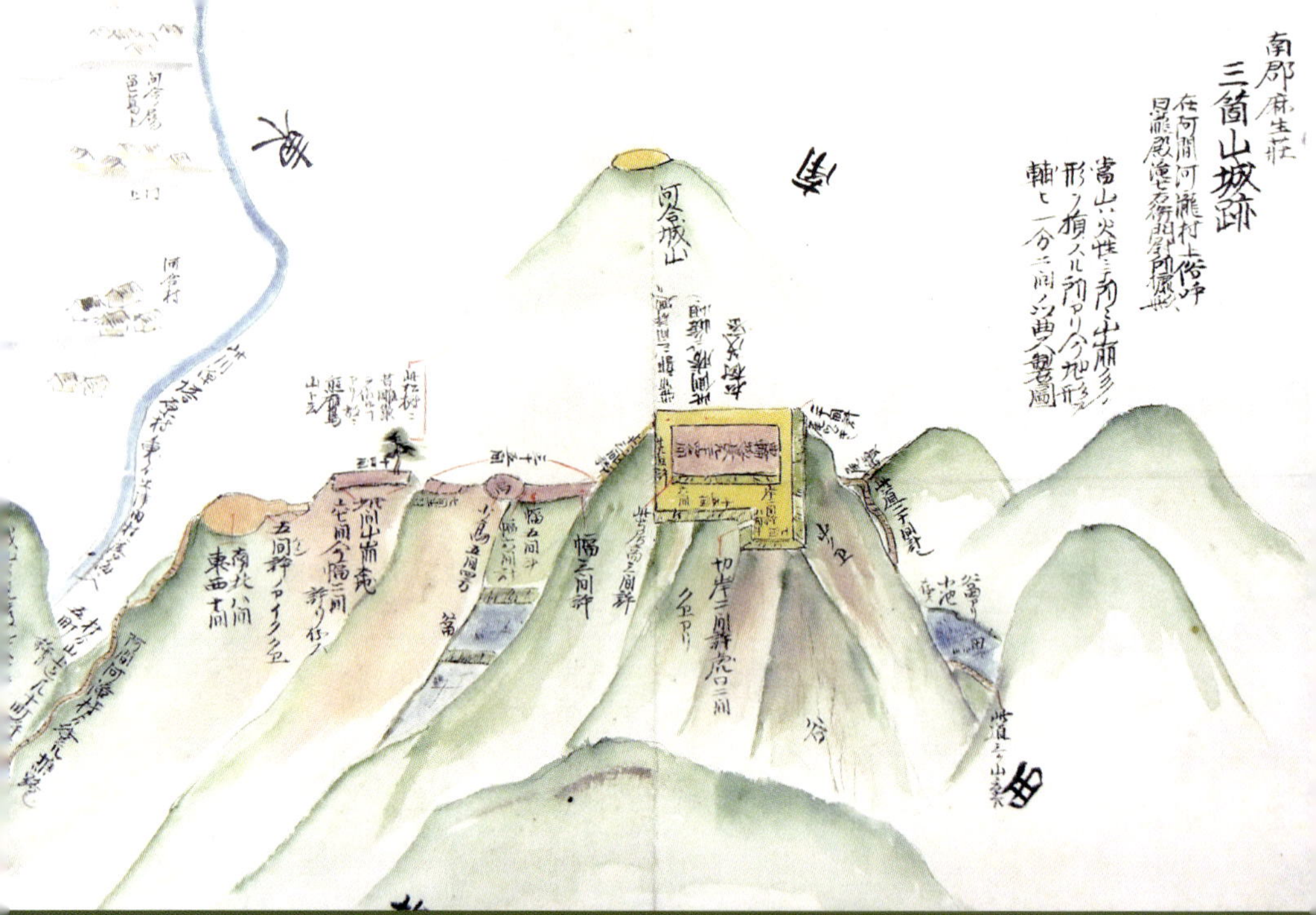

▲『和泉国城館跡絵図』南郡麻生荘三箇山城跡　文政元～２年（1818 ～ 19）に岸和田藩士浅野秀肥が作成した城跡図　大阪歴史博物館蔵

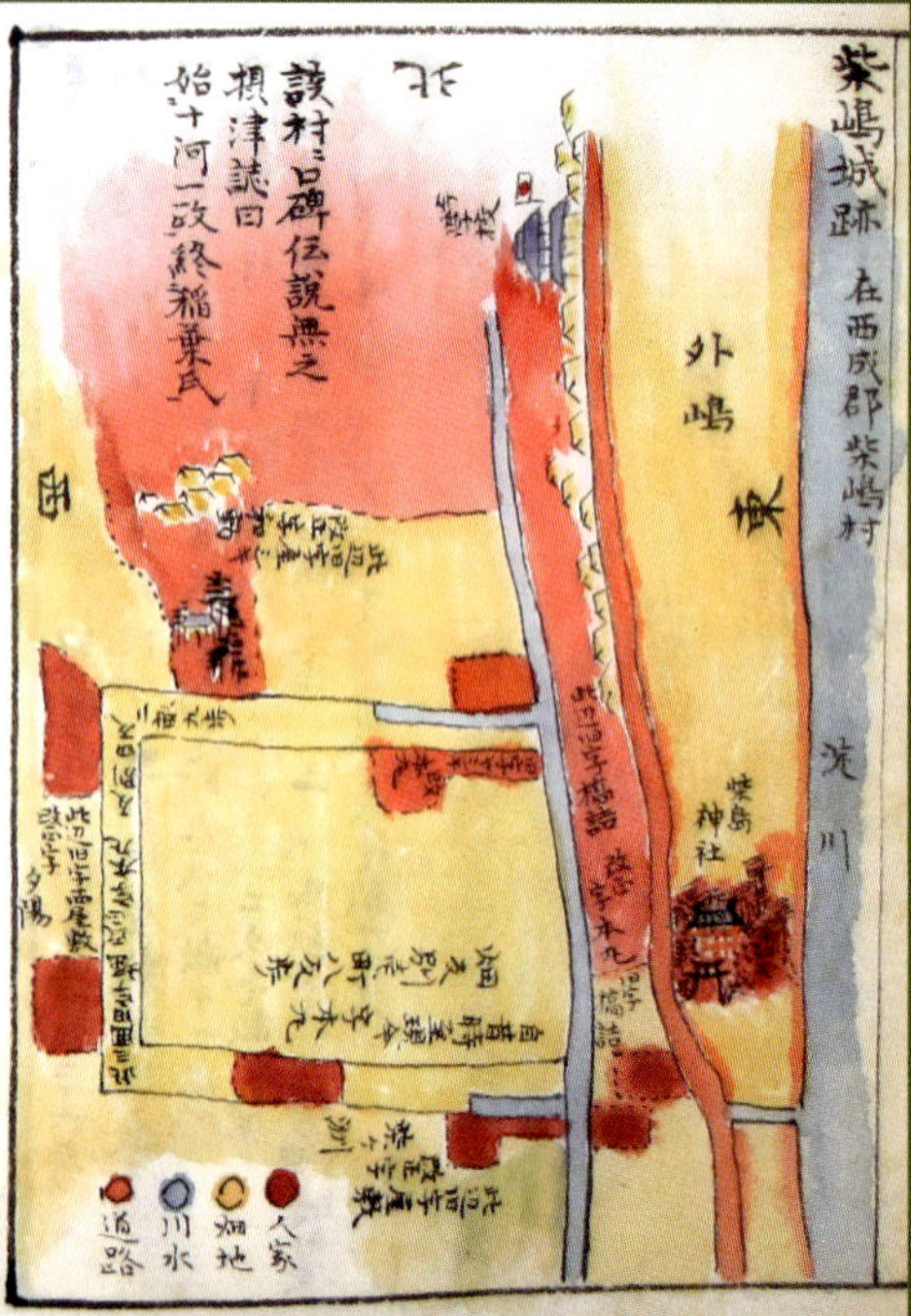

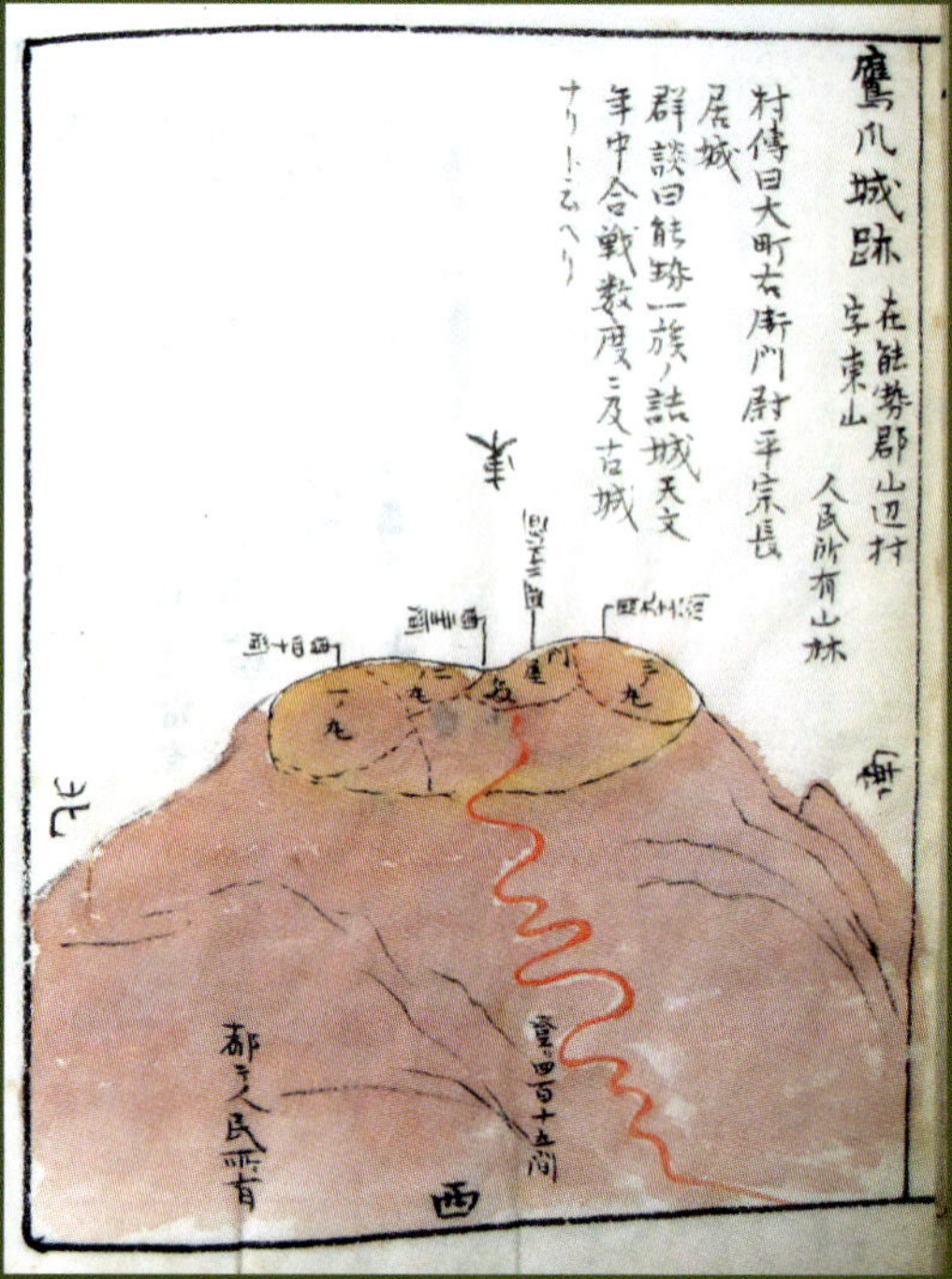

『東摂城址図誌』[左：柴嶋城跡　右：鷹爪城跡（山辺城）]　明治 10 年代前半（1877 ～ 81）の城跡図。大阪府下の摂津国域が対象である　大阪府立中之島図書館蔵

大阪府中世城館事典

図説 日本の城郭シリーズ 2

中西裕樹

戎光祥出版

はじめに

大阪府の城館と聞いて、どのようなイメージをお持ちになるだろう？「太閤さん」こと、豊臣秀吉の大坂城を思い浮かべる方が多いことだろう。また、徳川将軍家が再建した、今に残る大坂城だろうか。ただし、それ以前となるとなかなかに難しい。

近年は戦国ブーム、城郭ブームであり、数多い関連書物では戦いの中で複雑に発達した城郭の構造が論じられ、まつわる戦国大名らのストーリーが語られている。実際に戦国の城跡を訪れ、近代の要塞を思わせるような遺構に息を呑み、その土木量に圧倒された方も多いように思う。

大阪は技巧的な城館が数少なく、戦国大名が国盗り合戦を繰り広げた地でもない。しかし、城館とは戦いの施設でありつつ、政治、文化、生活に結びつく場であった。近世、近代を経て、城跡はのどかな里山や日々見上げる山の上、現代の生活臭が漂う街中にまで存在している。「勝った、負けた」「攻める、守る」だけではない。諸相を抱え、戦国の城館は秀吉の大坂城と城下町へと結実した。大阪の城跡は、城館や戦国時代への、私たちの関心のありかを問うているかのように感じる。そして飯盛山城をはじめとする、幾つかの城跡に光が当たり始めた。

本書は、戦国から織豊期を念頭に置き、著者が歩いて知りえた大阪府下の城館を紹介するものである。もちろん、府下すべての城館遺跡ではなく、文献上や発掘調査で知られた城館でも収録できていないものが多々ある。著者の力量不足として、どうかご寛恕を請いたい。少しでも、府下の城館をめぐる研究や調査、保存の進展のお役に立つことを願いつつ。

中西裕樹

凡　例

◎本書で取り扱った「城館」とは、軍事性が想定される施設を備え、もしくは可能性が想定される場を指す。このため、遺跡としての城館だけではなく環濠集落や都市、古墳なども取り扱う。
◎総論以外では、個別で城館を取り上げる形を基本とした。ただし、歴史的背景や性格をふまえ、一部では複数の城館をまとめている。また、「付」という形で簡単に取り上げた城館がある。
◎掲載順は、発行時点での市町村別にまとめつつ、できるだけ近い地域性で連続するように意図した。
◎城館名下の項目は、①中心部の所在地（町名まで）、②存続時期、③築城主体、④現存遺構など、について可能な範囲で示した。なお、城館名は埋蔵文化財の包蔵地名と必ずしも一致しない。
◎各項目の地形図は、「数値地図25000オンライン」（日本地図センター発行・平成二十七年七月現在）を利用した。また、地形図に示した丸い円は城館の位置を示し、範囲ではない。
◎本文中では、「概要」に続き地形や交通路などの「立地」、伝承を含む「歴史と背景」、城館遺構を念頭に置く「構造と評価」の順で述べていく。
◎本文の下部では、参考文献（初出のみ）や視点、周辺の関連遺跡などを示した。
◎対象とした城館の大半は私有地であり、整備などはなされていない。また、生活の場所も多い。現地を訪れる際は、関係者に迷惑がかからないよう社会的マナーを十分に守っていただきたい。そして、服装などのご自身の調査への備えもお願いしたい。

目次

河内国

和泉国

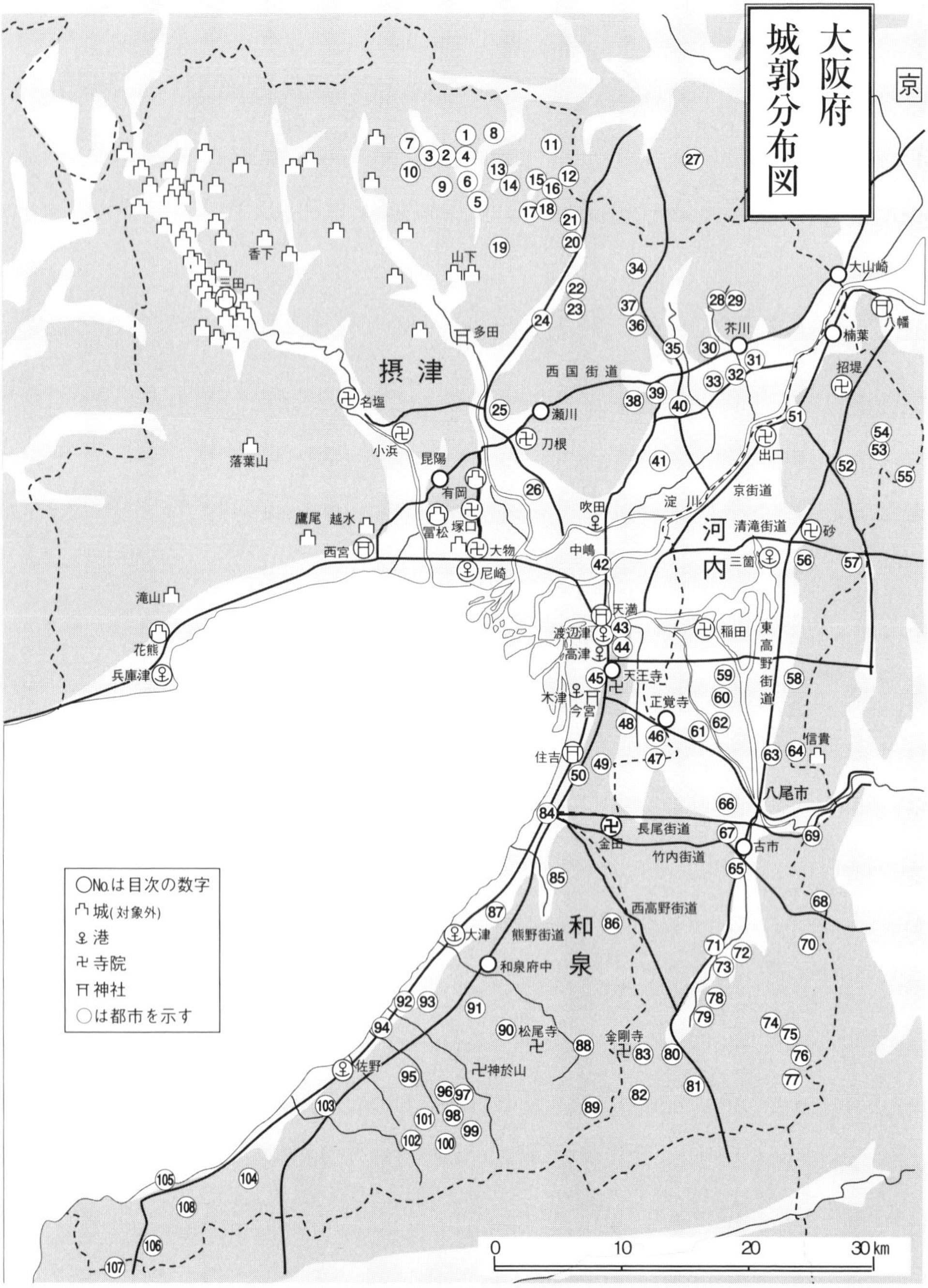

＊図は拙稿「城郭・城下町と都市のネットワーク」(『中世都市研究会』18、山川出版社、2013年)を改変。大阪府域ではなく、摂津・河内・和泉国と周辺を範囲として作図している。

総論

大阪府下の戦国・織豊期城館

かつては交易でにぎわった堺から大阪湾をのぞむ

【はじめに】大阪府は日本列島のほぼ中心に位置し、畿内に属した摂津国の約東半分、河内国、和泉国で主に構成される。大阪平野の西は瀬戸内海の東端である大阪湾に面し、残る三方向を山地が取り巻く。北は丹波国や山城国へと至る北摂山地、東は大和国との国境を成す生駒・金剛山地、南は紀伊国との国境へと続く和泉山脈である。およそ府下は北部が摂津国域、中央以南の東部が河内国域、南西部が和泉国域となり、「摂河泉《せっかせん》」と括《くく》られる一方、それぞれに特徴がある。

本書は個別に城館を紹介する形式をとるが、共通する歴史的背景を持つものが多く、構造や立地は築城主体の性格に加え、広域に及ぶ軍事的緊張や地域性を示す。そこで、この総論では戦国期の城館を取り巻く特性や地理環境をふまえ、城館構造や分布から、府下全体の特徴と変化を素描する。詳しくは、前頁の図や個別解説を参照されたい。*1

【戦国期の特徴】室町期の日本では、幕府や朝廷、大寺社などの諸権門の所在する京都が政治・経済の中心であり、国内に加えて中国などのアジア諸国からの物流の到達点となった。地勢的に大阪府域は京都の西の玄関口にあたり、水陸の交通路は国内屈指の物流の大動脈として機能し

---

*1　本書では、軍事性が想定される施設を備えた場を「城館」と理解している。このため、「城」という呼称や主体の性格による位置付けではない。
　例えば、都市や集落の環濠は用水や空間設定の機能がある一方、空間内部と外部を隔絶するという意味において軍事的な性格は排除できない。そこで、構造的、またはそのように理解されてきた都市や村なども対象としている。広く戦乱が社会を包んだ戦国期を理解する上で、このような想定が必要と考えるからである。
　なお、府下における主な城館の研究史については、不十分ながら巻末に掲げた参考文献一覧を参照していただきたい。

た。古くから街道沿いには町場が成立し、荷揚げ地となる大阪湾岸には多くの港町が形成される。

戦国期は幕府の全国支配が崩壊し、京都を中心とした政治・経済が大きく変化した時代である。しかし、畿内では幕府や諸権門の力が失われることは無く、さまざまな職人集団が活動して高い技術力と文化レベルを保っていた。また、民衆が力を蓄えて地侍や百姓が一揆を形成し、幕府や守護への要求を目的に武力蜂起した。この母体が村や町という社会集団であり、「惣《そう》」という自治組織が形成された。このような惣村は、地域社会での政治や経済面での結合を強めていく。

摂津・河内では、主に浄土真宗寺院を核とした寺内町《じないまち》という都市が発達し、天文元年（一五三二）には本山の本願寺が山科（京都市）から大坂（大阪市）に移転する。また、大阪湾岸では堺などの港町が国際交易を活発化させ、十六世紀半ばにはポルトガルというヨーロッパとの交易がはじまった。盛んな経済活動の結果、摂津・河内の地域社会では大坂を核とする寺内町や都市のネットワークが形成される一方、キリスト教という新たな宗教を人々は受容していった。

権力動向に目を向けると、戦国初期の畿内では室町幕府が支配の再編を図る中、幕府管領の河内・紀伊国守護の畠山氏が政長派（政長―尚順―稙長ら）と義就派（義就―基家―義英―義堯ら）に分裂して抗争を繰り広げ[*2]、これに乗じて、同じく幕府管領で摂津・丹波国守護の細川京兆家《けいちょうけ》が影響力を強めた[*3]。

京兆家は在京を志向し、細川政元は明応二年（一四九三）に将軍の廃立が行われた明応の政変の中心となって、畠山氏の弱体化と幕府機構の吸収を図った。しかし、永正四年（一五〇七）の政元暗殺後、京兆家も細川高国派（高国―晴国―氏綱）と細川澄元派（澄元―晴元）に分裂する。

細川澄元は阿波細川家の出身であり、阿波から三好氏らの軍勢が畿内に進出する構図が生まれた。永正五年以降は細川高国が中央を掌握したが、細川一族が上・下守護家であった和泉国では

＊2　畠山氏（政長流・義就流）は足利将軍家の一門で越中国の守護を兼帯し、一族には能登国守護畠山氏がいる。明応二年（一四九三）の明応の政変で畠山政長が戦死するが、畠山尚順が紀伊に在国して河内、紀伊、和泉、大和の南近畿一円に勢力を培い、畠山稙長も畿内の趨勢を握る。

＊3　細川京兆家は足利将軍家の一門で土佐国の守護でもあった。京兆とは官途「右京大夫」の唐名である。一族は和泉・淡路・阿波・讃岐・備中などの守護や典厩家や野州家という有力な分家を生み出し、同族連合を呈した。京兆家は一族の宗家であり、幕府内にも大きな影響力を持った。

畠山氏を支持する紀伊国の根来寺《ねごろじ》（和歌山県岩出市）の勢力が進出し、泉南で守護権力化を遂げていく。この頃、畠山氏は河内に高屋城（羽曳野市）という守護所を整備し、細川高国は摂津に芥川山城（高槻市）という守護所相当の山城を築く。

享禄四年（一五三一）の細川高国敗死後は、細川晴元が畿内情勢を掌握しはじめるが、本願寺勢力との戦いや、畠山氏被官《ひかん》で配下となった木沢長政の台頭と戦死、畠山氏が支援した細川氏綱の挙兵や河内国守護代遊佐《ゆさ》長教の勢力拡大があり、天文十六年（一五四七）には畠山勢と舎利寺の戦いで衝突した。この過程で被官の三好長慶が勢いを増し、同十八年の江口の戦いで晴元方は長慶に敗れた。*4

三好長慶は、将軍足利義輝を近江国に逐って芥川山城から畿内支配を実行し、都市や惣村を直接掌握して地域社会の支持を得た。永禄三年（一五六〇）に飯盛山城（四條畷市・大東市）へ移った後は、畿外へと勢力を拡大し、頭角を現した松永久秀が大和国へと進出した。河内の高屋城に弟の三好実休が入り、同じく弟の十河《そごう》一存が和泉国人を束ねる松浦氏を後見した。

戦国期の畿内では、特定の家や人物が長期に権力を握ることなく、戦乱は国の枠を超えて広域に展開した。守護・国人だけではなく、本願寺や民衆の動きが交錯し、様々な主体が城館を構築する。そして永禄十一年に織田信長が上洛し、以降の統一権力確立の過程で状況は一変していく。

【地理環境と城館の地域性】摂津国域は南が平野部、北が丹波国へと続く北摂山地の山間部となる。北東の山崎地峡からは京都と瀬戸内海を結ぶ淀川が流れ、水系では舟運が発達した。戦国期は、千里丘陵を境に東が上郡、西が下郡という地域名で呼ばれ、京都と西国方面をつなぐ西国街道（湯山道・播磨大道）が横断した。淀川以南は欠郡《かけぐん》と呼ばれ、南から伸びる上町台地の北裾を大川（淀川本流）が洗って、河口部はデルタ地帯を呈した。台地上には、和泉・紀伊方面へと至る熊野街

---

*4　元々の三好氏は阿波細川氏の有力家臣であり、三好之長が細川澄元、孫の元長が細川晴元を支えた。三好長慶（千熊丸・範長・利長）は、元長の子である。畿内を掌握しつつ伊予や播磨、若狭、丹後方面にも進出するなど、その影響力は戦国大名として最大級であった。

長慶が没した翌永禄八年（一五六五）には、養子の三好義継や三好三人衆、松永氏らが将軍足利義輝を殺害し、三人衆らが松永氏を排除するも再び畿内情勢を握った。しかし、三人衆と義継・松永氏・畠山氏との軍事衝突が長期化し、やがて後者に通じた織田信長が永禄十一年に足利義秋（昭）を擁して上洛を遂げる。

中世渡辺津付近の淀川（大川、現在の天神橋周辺）

道が伸びる。

上郡は在京する細川京兆家が重視する地域であり、十五世紀後半には国人《こくじん》の城館であった茨木城（茨木市）を使用し、やがて芥川山城を構えた。北の山間部は京兆家が守護を兼ねた丹波国に接し、能勢郡西郷には土豪・地侍らの小規模山城が数多く分布する。下郡では池田氏らの国人が勢力を伸ばし、池田城（池田市）などの町場に隣接した台地上に城館を築いた。欠郡は城館が数少なく、大坂寺内町や渡辺津（大阪市）という港町、四天王寺（同前）の門前、平野などの都市が発達した。*5

河内国域は南北に細長く、北・中・南に地域区分がなされ、京都と紀伊国方面を結ぶ東高野街道が東の生駒・金剛山地の裾を南北に縦断した。北・中河内の大半は低地で、宝永元年（一七〇四）の流路付替え以前は大和川が北流した。深野池などの湖沼が点在し、大阪湾岸を結ぶ舟運が発達した。南河内は丘陵地や山間部となり、南西では和泉国と一体の地形になっている。

北河内には、外部に勢力を拡大した木沢長政や三好長慶の飯盛山城が存在し、山城・摂津との国境地域として、京都や大和国との関係も深かった。中河内は室町期に畠山氏が若江（東大阪市）に守護所を置くが、城館の分布は希薄で、萱振や久宝寺などの寺内町（ともに八尾市）が成立した。南河内は戦国期に先駆けて大規模な戦乱に見舞われ、守護所高屋城が存在する畠山氏の本拠となった。南の山間部（千早赤阪村・富田林市・河内長野市）では、紀伊・大和国境から平野部へ

＊5　平野部の城館について、本書では多くを評価することができなかった。しかし、事例がないかといえば、そうではない。

例えば、春日大社南郷目代今西氏屋敷（豊中市）は中世荘官の屋敷地であり、近世以降も存続したことが知られる。約五〇メートル×南北約一〇〇メートルの屋敷地と、外部の二〇〇メートル四方の地割が確認され、周囲には堀が存在していたことが発掘調査で明らかである。また、椋本土居（河内長野市）では、丘陵上の集落の屋敷地周囲に土塁の痕跡が認められる。しかしながら、比較検討ができるだけの類例に乏しい。これは、近世以降の開発によって、多くの遺構が消滅した可能性があるものの、一方では地表面観察による遺構評価の限界でもある。

今後は、発掘調査データの集積や、地籍図などによる個別の構造復元などを進め、あらためて論じる必要があると考えている。

と下る稜線の山城（国見山城―猫路山城―上赤坂城）や、東高野街道に沿った山城（金胎寺城―烏帽子形城―石仏城）が成立した。

　和泉国域はイメージとして南北に長く、概ね岸和田よりも北の大鳥郡・和泉郡を泉北、以南の南郡・日根郡を泉南と呼んでいる。南の紀伊国境の和泉山脈から北には山間部と丘陵地が広がり、西の大阪湾との間には小河川が流れ込んで狭い平野部になっている。山間部には紀伊や河内を結ぶ複数の山道が発達する一方、摂津国欠郡と紀伊国を結ぶ熊野街道が丘陵西縁辺部を走り、海岸近くに紀州街道の前身となる道が成立していたとみられる。

　和泉の北端には北半分が摂津国となる港町の堺が存在し、上・下守護家が拠点をおいた。平野部の河口と陸路との結節点付近には大津（泉大津市）や佐野（泉佐野市）の港町、貝塚寺内町（貝塚市）などの町場が形成される。泉北は守護勢力が強く、戦国末期には守護代から公権力化した松浦氏が押さえた。一方、泉南は早くから畠山氏に同調した紀伊の根来寺の勢力が進出した地域であり、山城は松浦氏の蛇谷城（貝塚市）や根来寺の根福寺城（同）のように山間部に立地した。

　府下の城館は、戦国期の特徴に加え、これらの地理環境と地域性を見事に反映している。*6

【守護の軍事動向と城館】畿内では、守護が戦国末期まで軍事動員力を保持し、国人や土豪・地侍らはその被官として、守護らを核とする広域の戦争に参加した。一般的に本格的な山城の出現時期は十六世紀以降であり、以降の戦国末期にかけて、山城では普請によって横堀や虎口《こぐち》などを構築し、軍事性の追求がなされた。*7このため、ここでは当該期の守護の軍事動向と城館との関係をとらえていく。

　摂津では、細川晴元が天文十年（一五四一）と、同十二年には細川氏綱という旧高国派の蜂起に芥川山城で対峙し、京都へ復帰する軍事行動を繰り返した。また、同十五年の氏綱との戦争で

---

*6　府下の山城には、曲輪が一つである「単郭式山城」が存在する。ただし、多くはピークに曲輪が連なる「連郭式山城」であり、相対するピークに曲輪が存在する「一城別郭」の形態をとる事例もある。また、規模は一般的に長辺約五〇メートル未満のものを小規模、一〇〇メートルを超えると大規模ととらえている。構造や規模は築城主体の性格を表し、平地城館の場合は、土豪クラスの城館が通常半町（五〇メートル）四方の方形とされ、一町（一〇〇メートル）四方を超えるものは、守護や国人の城館と考えられる。また、曲輪の形成が不十分で、自然地形を内部に含む、臨時性の強い「陣城」も多く築かれた。

*7　山上雅弘「戦国時代前半の中世城郭の構造と変遷」（村田修三編『新視点 中世城郭研究論集』、新人物往来社、二〇〇二年）を参照。山城は切岸・堀・土塁などで遮断性を高めつつ、生活空間である曲輪を確保していった。

隅田の岩倉城跡（和歌山県）に建つ石碑。裏面には永禄３年２月の松永弾正の兵火で焼亡と刻まれる

は丹波に没落した後、北摂の山間部を経由して摂津下郡へと進出し、同十八年に氏綱を擁した被官三好長慶の挙兵時にも同様の行動をとっている。

河内では政長流の畠山氏が優勢になったが、守護代遊佐氏が台頭する中で、たびたび当主が高屋城から守護職を兼帯する紀伊国北部へと没落し、畠山稙長は天文三年（一五三四）～同十一年の間、畠山高政は繰り返し、およそ永禄元年（一五五八）～同十一年の間に紀伊へと没落し、高屋城復帰を目指している。

細川京兆家と政長流畠山氏は、いずれも本拠とはしない守護を兼帯する国へと没落し、地勢的に国境となる山間部周辺から本拠への復帰を目指す軍事行動を起こした。このような軍事パターンは、大和国の国人・筒井氏や越智氏らにも確認でき、[8]畿内で広域に及ぶ軍事行動の汎用的な形となる。この場合、守護らにとっての山間部は、本拠復帰を図る軍事的な後背地に位置付けられる。[9]

政長流畠山氏の没落先となった紀伊北部の隅田《すだ》（和歌山県橋本市）では、近世の郷士らが畠山高政を迎え、南河内の金胎寺城（富田林市）で戦ったという由緒を持った。戦国期には「隅田党」という土豪らによる地域結合が存在し、畠山氏が軍事的に動員している。

京兆家の場合、細川晴元が天文十四年（一五四五）に、山間部の「西郷諸侍中《さいごうしょざむらいちゅう》」が敵対したとの理由で近隣の国人に攻撃させ、翌年に晴元は細川氏綱の挙兵を前に丹波へと没落して、京都復帰を図っている。西郷への対応は、軍事的緊張を控えた晴元が後背地の確保を意図し、独自の

*8　村田修三「大和の「山ノ城」」（岸俊男教授退官記念会編『日本政治社会史研究』下、塙書房、一九八五年）を参照。

*9　拙稿「戦国期における地域の城館と守護公権―摂津国、河内国の事例から―」（村田修三編『新視点　中世城郭研究論集』、新人物往来社、二〇〇二年）、拙稿「畿内近国の城」（『甲賀市史』七、二〇一〇年）。

動きを示す土豪を掌握する目的があった可能性がある。

大阪府下で、広域に及んだ守護の軍事動向は城郭構造の地域差、分布と大きく結びついた。摂津では細川京兆家の拠点・芥川山城周辺にルートや虎口、櫓台《やぐらだい》が発達した安威砦（茨木市）などの山城が出現し、山間の能勢郡にかけて分布した。*10 能勢郡では西郷地域に土豪らによる小規模山城が際立つ。河内では、南河内の紀伊国境に横堀や帯曲輪《おびぐるわ》による防御ラインを持つ山城が存在した。*11 軍事的後背地にあたる紀伊北部の伊都郡では、隅田の岩倉城（和歌山県橋本市）のような小規模城館が多く存在したと伝わる。

守護の本拠と軍事的後背地は、各国を代表する特徴的な構造の山城によって結ばれた。そして、後背地となった地域では土豪や侍層が一揆《いっき》として対応した結果、一揆の平等性が働く地域構造を反映した小規模城館が多数成立したといえる。一揆は、生活圏の防衛とともに広域の軍事動向を担った。

状況は異なるが、和泉国でもやはり守護らによる広域の戦争パターンから、城郭の特徴が理解される。山間部が多い泉南では紀伊の根来寺が地域権力であり、畠山氏の軍事要請に応えて紀伊から進出した。和泉では、最大規模の根福寺城が紀伊・河内を結ぶ道が集まる非常に山深い山間に立地し、巨大な横堀と畝状空堀群《うねじょうからぼり》による防御ラインを持つ。*12 国境付近の交通路に関わる立地と防御ラインの構築は、南河内の城塞群に共通性し、この根福寺城の主体が根来寺と考えられている。

和泉では山城の分布が総じて希薄であり、特に平野部に面したものは数少ない。ただし、泉北と泉南との境界近くに、先の根福寺城と泉北を拠点とする松浦氏の蛇谷城、河合城、三ケ山城（貝塚市・岸和田市）などが集中する。泉南では、土豪が集落内部に城館を構えた事例に乏しく、南

---

*10　府下では虎口の発達は顕著ではないが、能勢郡では土塁による屈曲や空間の設定がみられる。また、府下南部では曲輪面ではなく、横堀などの防御ラインをずらした虎口が烏帽子形城（河内長野市）、千石堀城（貝塚市）に確認できる。

*11　横堀とは、城郭の遮断性を高めて範囲を明確にする「塹壕」である。戦国末期の畿内の山城の特徴とされ、曲輪が未成形な臨時築城（陣城）でも多用された。

*12　三本以上の竪堀が並ぶものを指す。府下では根福寺城の事例が突出し、能勢郡や飯盛山城（四條畷市・大東市）でも確認できるが類例に乏しい。

河内を含めて土豪の一族が根来寺に入寺していた。地域社会の結集核の一つが根来寺であり、山城は地域支配の目的ではなく、勢力の境界、さらには畠山氏や根来寺による広域の軍事動向の中で機能したと思われる。[*13]なお、和泉周辺で小規模城館がまとまって分布する地域は確認されていない。[*14]

【守護所・城館と都市】都市や惣村が発達した府下では、居住域の環濠《かんごう》や外部との境界を明示する惣構《そうがまえ》構造が発達し、寺内町では惣構の核が寺院となった。一方、守護の居所（守護所）や武家の城館を核とする都市は成立せず、厳密な意味での「城下町」は成立しなかったといえる。

摂津や河内では、十五世紀末頃から細川京兆家や畠山氏らの守護が在国時の拠点を設け、この「守護所」は十六世紀の初頭に移動した。京兆家は摂津上郡の西国街道周辺の町場や平地の茨木城の利用から、芥川山城という山城の築城に転換した。一方、畠山氏は地盤とする南河内の古市という町場に接した高屋城を整備していく。芥川山城と高屋城はともに居住・文化施設を整えたが、交通路や既存都市との関係は大きく異なり、その背景には地域性や権力の性格があったと思われる。

摂津上郡では、西国街道沿いの町場が一本街村状である一方、街道から離れた富田寺内町では、町場が面的に広がった。[*15]これは街道筋が京都の流通圏に包括されるため、町場が拡大しなかったと理解される。また、芥川山城に明確な城下は確認できず、城代の能勢《のせ》氏は芥川宿近くの寺院を饗応施設とした。細川京兆家は、交通路や町場を間接的に掌握しつつ、巨大山城を成立させていた。

河内国守護の畠山氏は在国し、当主は「高屋屋形」と守護所の所在地名で呼ばれた。隣接する古市は戦時に同調するなど広義の城下町として機能する一方、高屋城は町とは反対側の台地上に外郭を発達させた。摂津下郡でも、国人池田氏が同様の池田城を拠点としている。守護や国人に

＊13　拙稿「城郭史からみた岸和田古城と戦国期・近世岸和田城」（大澤研一・仁木宏編『岸和田古城から城下町へ　中世・近世の岸和田』、和泉書院、二〇〇八年）。

＊14　摂津西郷の山辺城など小規模城館の群在地域においても、大規模山城が存在する。これは、守護などの権力と結果的に結びつき、勢力を拡大した在地勢力の存在を示す。多田暢久「城郭分布と在地構造―戦国期大和国東山内の動向―」（村田修三編『中世城郭研究論集』、新人物往来社、一九九〇年）を参照。

＊15　福島克彦「戦国期寺内町の空間構造」（貝塚寺内町研究会『寺内町研究』10、二〇〇五年）。

関わらず、在国する武家権力は先行する町場に吸着する拠点を構えたといえよう。

十六世紀半ばの三好政権は、この芥川山城と高屋城を継承したが、三好長慶は永禄三年（一五六〇）に芥川山城から河内の飯盛山城へと居城を移動した。飯盛山城にも直接的な城下は確認できないが、河内では多くの寺内町が成立し、周辺は大坂寺内町を核とした地域社会のネットワークに直接包括されていた。そして、城の周囲四キロ以内に立地した水陸交通の結節点を拠点とする「河内キリシタン」の武士らが被官となり、その集落が多くの人やモノが集まる一種の「城下町」となった。[*16]

なお、城下町を欠く芥川山城・飯盛山城は、いずれも府下では京都に近い位置に存在した。京都周辺では活発な経済活動の反面、寺内町などの新興の町場は発達しておらず、城下町成立の問題と関係するかもしれない。

飯盛山城からのぞむ芥川山城から京都方面。広がる北摂山地の向こうは丹波国

【拠点城郭の移動】 三好長慶の芥川山城から飯盛山城への居城移動は、二つの点で大きな変化と意味があったと思われる。一つは城と町との関係であり、先述のように、飯盛山城は地域社会の都市間のネットワークを活かし、既存の山麓の集落（町場）を都市として機能させたと思われる。城郭を核とした城下町とは異なる、戦国期の城と町が到達した一つの形と評価できよう。[*17]

もう一つは、戦争における権力と地域社会との関係である。前に述べたように、細川京兆家は芥川山城、畠山氏は高屋城を核とした広域に及ぶ戦争パターンを固定化

＊16　拙稿「畿内の守護所とその周辺―摂津・河内国の事例から―」（『守護所シンポジウム2＠清須「新・清須会議」資料集』、二〇一四年）。

＊17　拙稿「城郭・城下町と都市のネットワーク」（中世都市研究会編『中世都市から城下町へ』中世都市研究18、山川出版社、二〇一三年）。

し、この過程で守護勢力は山間部の土豪らと結びつく。いわば、守護たちの戦争は、地域社会への依存を高めていた。長慶が飯盛山城に移った後、芥川山城は子の三好義長（興）が継承し、高屋城には弟の三好実休が入ったが、飯盛山城の居城化は、このような戦争を三好氏が必要としなかったことを示唆する。

　永禄三年（一五六〇）、飯盛山城へ移った後の三好政権は、従来の守護らの戦争には無かった畿内の外へと軍勢を進出させた。そして四国と畿内、さらに日本海側にも勢力を持つ屈指の戦国大名となる。この背景には、軍事的後背地のように固定化した地域社会の土豪に「依存」せずとも、軍事行動が可能となった三好氏の変質が読み取れる。つまり、戦争に特化した自前の軍勢を持ったことが想定され、それゆえに戦争の範囲を拡大したとの解釈が可能となる。

　のちに、織田信長は永禄六年に清洲城（愛知県清須市）から小牧山城（同小牧市）へと居城を動かし、この後も岐阜城（岐阜市）、安土城（近江八幡市）へと居城を移転させた。居城を移転させる戦国大名は珍しく、この意味で飯盛山城への居城移転は特筆される。*18

【織田・豊臣期の様相】三好政権を事実上倒したのは織田信長であり、城郭には高石垣や天守に代表される瓦を葺いた高層の礎石建物、城へのルートを曲げる枡形《ますがた》虎口などを採用した。この近世城郭の祖形「織豊系城郭」の出現により*19、城郭は地形に頼らずに平地での軍事性を強化した。

　織田政権は、天正八年（一五八〇）に大坂本願寺との十年に及ぶ「石山合戦」に事実上の勝利を収めた後、摂津・河内・大和で「城わり」（城割）を実施した。*20「城わり」は軍役を確定する指《さし》出検地《だしけんち》と並行して実施され、地域社会が保持した軍事力の否定を意図したと評価されている。細川京兆家や畠山氏らの戦争は、地域社会の土豪らによる軍事力を前提としたが、三好長慶の段階で価値は相対化され、織田信長によって軍事施設の城郭自体が否定されたといえるのである。

＊18　＊9拙稿「畿内近国の城」。

＊19　千田嘉博「織豊系城郭の構造—虎口プランによる縄張編年の試み—」（史学研究会『史林』70-2、一九八七年）、中井均「織豊系城郭の画期—礎石建物・瓦・石垣の出現—」（村田修三編『中世城郭研究論集』、新人物往来社、一九九〇年）を参照。

＊20　松尾良隆「織豊期の「城わり」について」（横田健一先生古稀記念『文化史論叢』下、創元社、一九八七年）を参照。

前後して、織田政権は畿内各国内の城郭を数城に限定した。限られた城郭には、政権が存続させるだけの要素があったはずであり、摂津・河内・和泉においては寺内町との関係が指摘できる。[21]河内では八尾城のみが存続し、旧大和川（現長瀬川）を西に挟む久宝寺《きゅうほうじ》寺内町（八尾市）に近接した。久宝寺寺内町は、十六世紀以降に重視された大和と河内を結ぶ八尾街道と河川の船着場の結節点で、河内を代表する寺内町であった。摂津では兵庫県域の尼崎城が大物道場・法華寺内（いずれも尼崎市）に接した。また、寺内町と同じ交通路や地形条件にあるものに、摂津の高槻城と富田寺内町（ともに高槻市）、和泉の岸和田城（岸和田市）と貝塚寺内町（貝塚市）がある。織田政権が大阪平野の寺内町、そしてほかの平野環濠都市（大阪市）などの都市や村落を結ぶ交通路と城との関係を重視したことは明確である。

すでに飯盛山城への居城移転にみるように、河内を中心とした都市などの地域社会のネットワークを権力が掌握する動きがあった。織田政権は全体の路線を踏襲しつつも、根本的に戦国期の地域社会に改変を迫り、三好政権の志向を実現したといえる。

信長没後の天正十一年（一五八三）、羽柴秀吉は大坂本願寺の上に大坂城の建設をはじめたが、この織田政権の城郭政策からは必然の結果であり、すでにそこは信長の「大坂城」であった。また八尾城は短期間で廃され、その後の河内は近世にも城郭が存在しなかったが、これは大坂城が、戦国期の地域社会の核でもあった大坂本願

徳川幕府が再建した大坂城。手前の極楽橋の名は大坂本願寺に由来するという

＊21　拙稿「畿内の都市と信長の城下町」（仁木宏・松尾信裕編『信長の城下町』、高志書院、二〇〇八年）。

寺の後継であるためとも解釈できる。やがて秀吉は、自らの城郭とは無縁の地となった堺や平野という都市の環濠を解体しはじめる。

ただし、戦国期以来の地域社会の特徴が一変したわけではなく、例えば天正十三年に秀吉方と紀伊の根来寺方が泉南の近木川沿いの平地で衝突したが、この付近の山間部はかつて泉北の松浦《まつら》氏らに対し、泉南の村落を基盤に持つ根来寺が軍勢を進出させた、勢力の境目地域であった。

注目すべきは、このときに攻防の場が山城から平地の城郭に転じたことである。根来寺方の主体は村落の土豪層らであり、戦乱はより地域社会に近づいたといえる。泉南では、天正十三年の時点でも状況次第で地域社会の武力は機能し、その結果が千石堀城や伝承される周辺集落の城跡であった。また、同時に紀伊への備えに秀吉方が取り立てた南河内の烏帽子形城（河内長野市）は、織田段階に地域支配の拠点的な性格を帯びたが、元来は守護らの軍事動向に対応した山城で、支配の拠点ではなかった。戦国期後半に地域支配の場となった城郭を考える上で、興味深い事例であろう。

【おわりに】大阪府下の戦国期城館は、築城主体の性格と広域に及んだ軍事活動に関係する地域性、そして戦国から近世へと至る過程での城と町との関係を見事に示す。以上述べてきたことは、解釈の一面にすぎず、さらに多方面からの検討によって理解が深まるに違いない。ひとまずは小文を念頭に置いていただき、本書の個別城館の解説を読み進めていただければ幸甚である。[*22]

＊22　最後に、府内の城館の築城技術について、石垣と横矢を述べる。城館では石材が確保しやすい地域に数段の石積が確認できるが、高さ数メートルを越え、虎口などからの視覚を意識したものは、芥川山城や飯盛山城などでの使用に留まる。また、城館の塁線が突出し、城外への側射が可能となる部分を横矢と呼ぶが、府下の山城では明確な事例を見出せない。一方、平地の寺内町や環濠集落では横矢が集落の出入口付近に確認できるが、環濠は後世も機能するため、評価には慎重を要する。村田修三「大和の環濠集落」（『日本城郭大系』10、新人物往来社、一九八〇年）を参照。

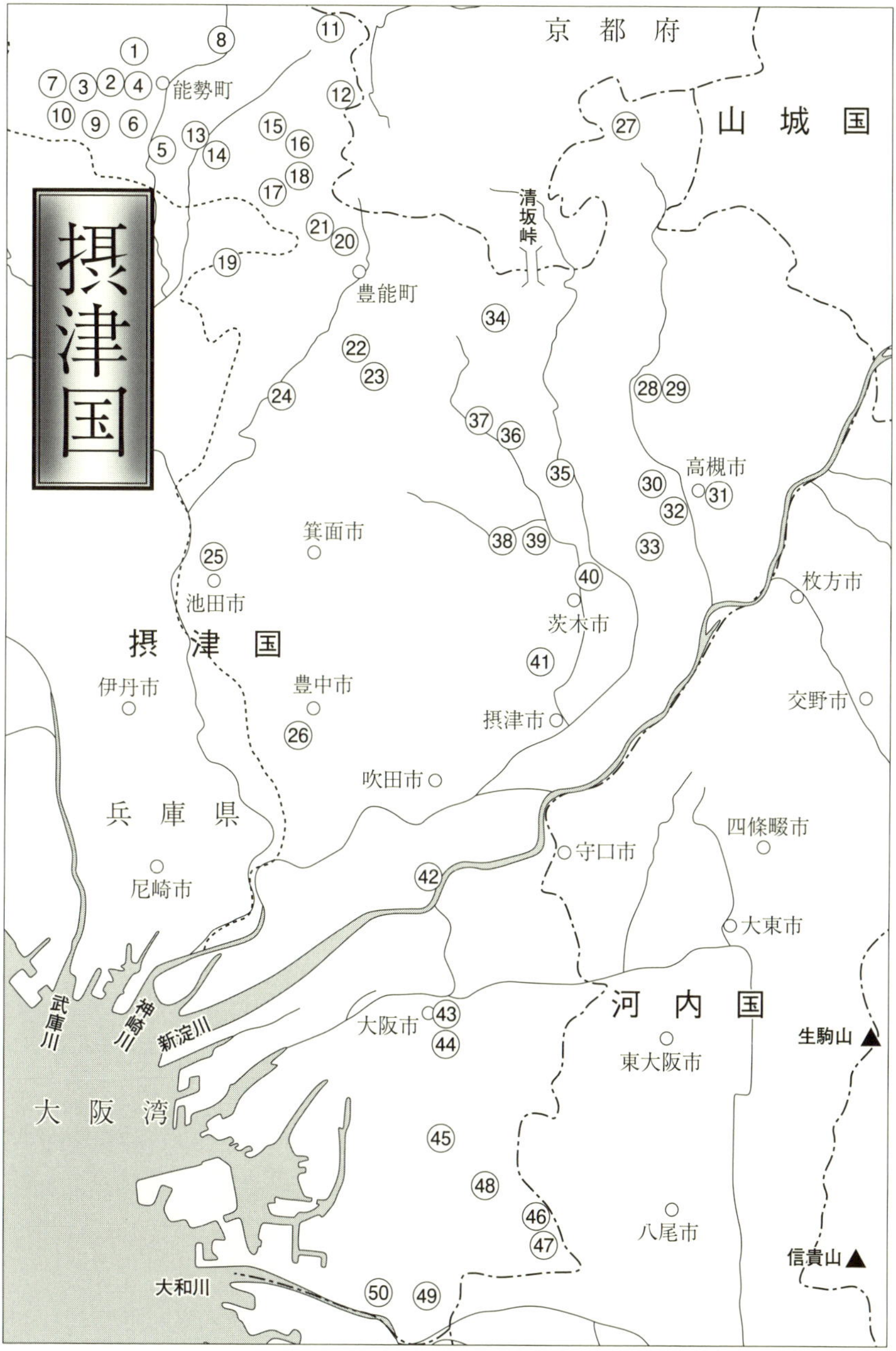

摂津国
京都府
山城国
能勢町
清坂峠
豊能町
箕面市
池田市
高槻市
茨木市
枚方市
摂津国
伊丹市
豊中市
交野市
摂津市
吹田市
兵庫県
四條畷市
守口市
尼崎市
大東市
武庫川
神崎川
新淀川
河内国
大阪市
生駒山
東大阪市
大阪湾
八尾市
信貴山
大和川

能勢郡最大規模である大町氏の山城

1 山《やま》辺《べ》城《じょう》

①所在地 豊能郡能勢町下山辺
②時期 戦国期
③主体 大町氏
④遺構 曲輪・帯曲輪・土塁・堀切・竪堀・横堀・虎口・石垣

【概要】山辺城は能勢郡最大規模の山城であり、くい違い虎口や石垣などの遺構が良く残る。

【立地】城跡は「能勢富士」とも呼ばれ、大字山辺、大里、宿野にまたがる独立峰の鷹爪山（城山。標高四三三メートル）のピーク一帯に所在する。麓の山辺集落からの比高は約一八〇メートル。城は、旧能勢郡の西郷地域のほぼ全域から望まれる。山辺付近では、能勢郡東郷を経由して丹波亀岡方面への道と丹波篠山方面への道が分岐する。

【歴史と背景】鷹爪城、小富士の城とも称され、元禄十四年（一七〇一）の『摂陽群《せつようぐん》談《だん》』は城主を大町《おおまち》右衛門尉平宗長とし、能勢一族の詰城《つめじろ》で、天文年間（一五三二～五五）に数度の合戦があったという。文化年間（一八〇四～一八一八）に豊後岡藩中川家が編纂した『中川氏御年譜』では、天正七年（一五七九）の織田信忠・信澄らの攻撃に対して能勢丹波守義純が「鷹取の本城」に籠って討ち死にしたとされる。

大町氏は、鎌倉時代以来の多田院《ただいん》御家人であり、*1 寛正七年（一四六六）には「能勢大町宗忠」が一種の荘園である採銅所《さいどうしょ》の代官的な立場にあった（『壬生《みぶ》家文書』）。戦国時代には、地域の信仰を集めた月峯寺《げっぽうじ》に強い影響力を持ち、西郷諸侍中を代表したと思われる。*2 東郷の国人能勢氏の下にあった西郷諸侍中は、天文十四年（一五四五）の細川京兆家の争いで細川晴元方の摂津国人

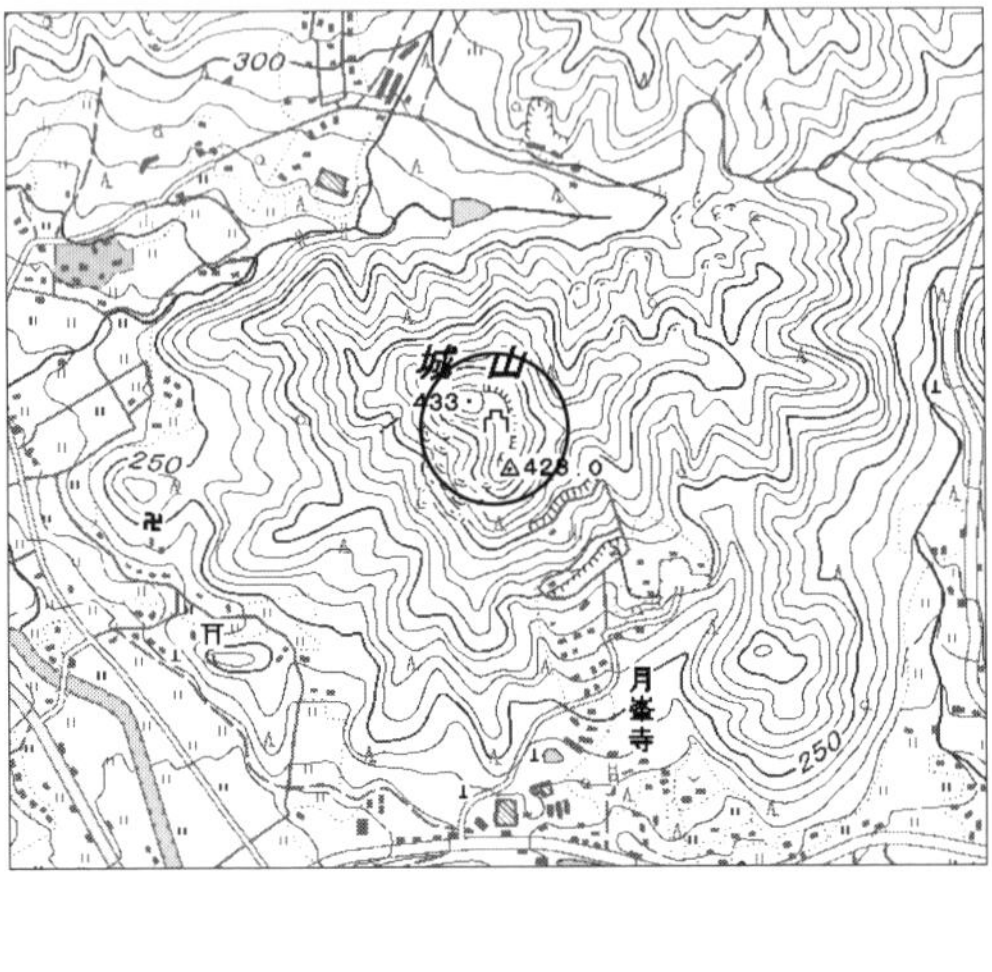

＊1 能勢郡に近い川辺郡多田（兵庫県川西市）は多田源氏発祥の地で、源満仲を祀る多田院（神社）があった。鎌倉幕府は、周辺の一村落・一荘園程度を根拠とする中小武士層を多田院御家人として編成し、地域の掌握を図った。承久の乱（一二二一年）を契機に執権北条氏の支配を受け、多田院に奉仕する一般御家人とは異なる形となった。

塩川国満と丹波国人波多野《はたの》秀親の攻撃を受けて衰退した。ただし、西郷に近い天王（能勢町）の『吉良《きら》家文書』には、後筆だが永禄二年（一五五九）の年紀を持つ豊後守宗清書状や大町宗治書状などの、戦国期後半と思われる一三通の文書が伝存し、おぼろげながら状況を伝えている。

大町氏の系図では、大町宗治の父か兄に宗清がおり、天正七年（一五七九）に落城した山辺（鷹爪）城の城主とする。*3 先の「能勢大町宗忠」と合わせ、大町氏が「宗」を通字とする家であることがわかり、『吉良家文書』の豊後守宗清は大町氏と見なせるだろう。同文書の能勢豊後守宗清書状には「御馳走肝要候」、豊後守宗清・主殿《とのも》助景康連署状には「弥々御忠節専一に候」などの文言があり、知行を宛がう内容を含む。

また、山辺城は「慶長十年摂津国絵図」にみえる五つの中世城郭の一つであった。*4 大町宗清は国人能勢氏の名跡継承を意図して「能勢」を称した可能性があり、いずれにしても、戦国末期の大町氏は西郷諸侍中の土豪・侍層の上位に位置し、西郷を超えた支配に携わったと評価できる。

【構造と評価】 城域は東西三〇〇×南北二〇〇

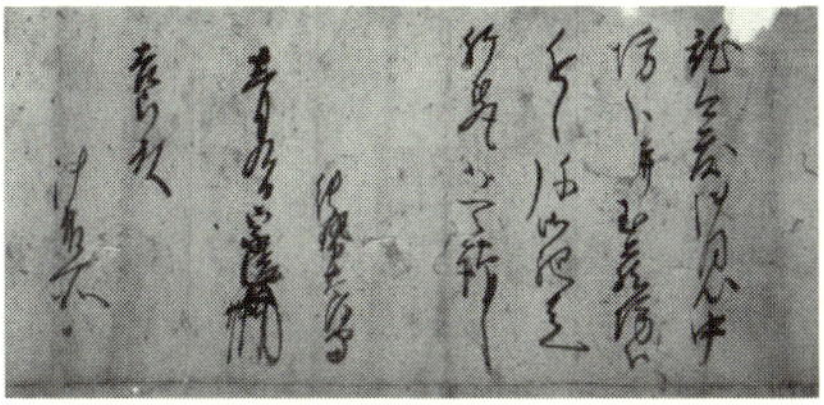

上：能勢（大町）宗清書状　『吉良家文書』
下：山辺城が所在する鷹爪山（城山）

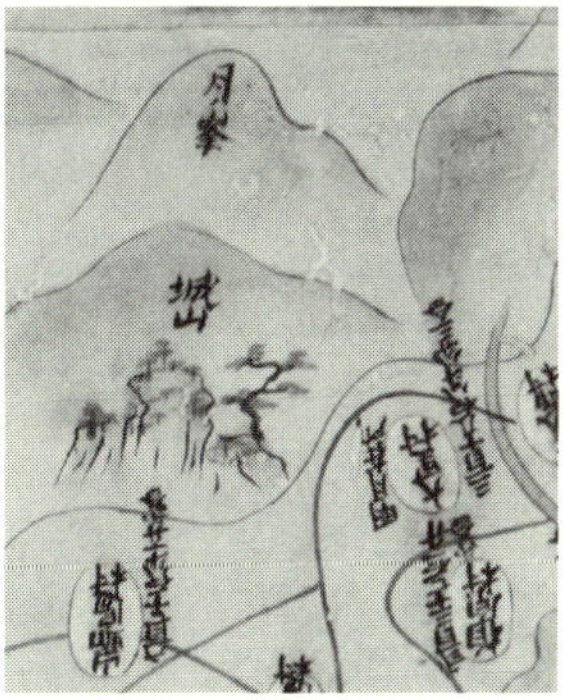

『慶長十年摂津国絵図』の城山（山辺城）。背後に月峯山がある

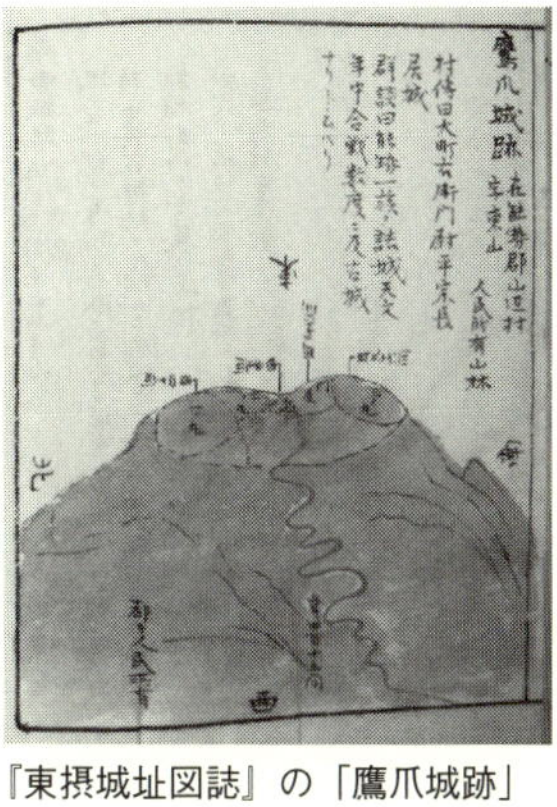

『東摂城址図誌』の「鷹爪城跡」

＊2　月峯寺の「往古水帳」は年貢の請負人などを記載したもので、そこには地域でまとまった活動をした西郷諸侍中の土豪・侍らの名がある。中でも請負高等で大町氏は突出していた。

＊3　中谷一正『多田源氏大町氏の研究』（私家版、一九六七年）。

＊4　慶長十年摂津国絵図（西宮市立郷土資料館蔵）は慶長十年（一六〇五）に作成された大絵図。なお、山辺城は「鷹爪城跡」として明治十年代前半（一八七七～八一年）の『東摂城址図誌』に所収されている。

＊本書別稿を参照

メートルに近く、摂津国内でも大規模な山城である。大きく構造は南の曲輪Ⅰ、北西ピークの曲輪群Ⅱ、東の尾根上の曲輪Ⅲの部分に分かれる。

Ⅰは、地表面に岩盤が露出し、内部は若干の傾斜を伴うものの、城内で最もまとまった面積を確保する。過去には、白磁・染付・土師器皿・碁石・雁股鏃などの遺物が表面採取された。*5 曲輪の形がくびれた西側に虎口があり、Ⅱ曲輪群へのルートが通じている。その間の鞍部も曲輪で、西斜面の谷部には数段の帯曲輪が設けられている。ここは山麓からのルートが取りつく場所で、「大手《おおて》」とされる。*6 付近には石垣が多用されるが、裏込めを持つような構造ではなく、石材も現地で調達したと

上：南の曲輪Ⅰを北から望む。右のくぼみが虎口
下：「大手」方面に設けられた石垣

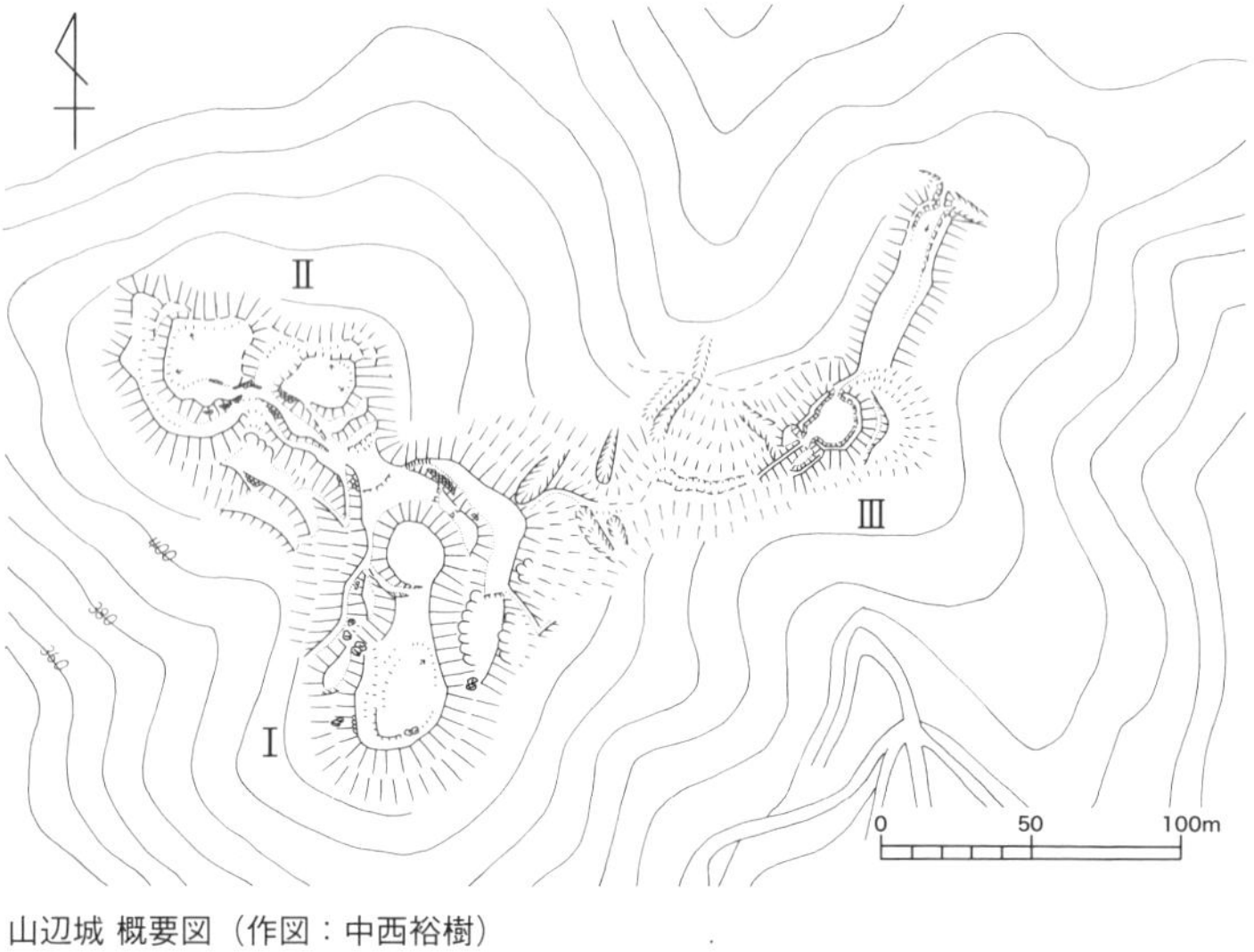

山辺城 概要図（作図：中西裕樹）

＊5 古川与志継「山辺城」（『日本城郭大系』12、新人物往来社、一九八一年）。

思われる自然石である。ただし、目立つという意味で、大手を意識しているのかもしれない。Ⅱは、中心の二つの曲輪周囲に小規模な曲輪が付属する構造である。やはり、「大手」方面に石垣が多く認められ、中には一抱え以上の自然石を用いた箇所がある。先の鞍部から東には帯曲輪を経由するルートがあり、ここにも周辺に石垣が認められる。このルートは竪堀に挟まれ、やがて土橋状となって南に塹壕状の区画を伴いつつ、土塁囲みの曲輪Ⅲの虎口へと至る。

曲輪Ⅲの土塁は二ヶ所で途切れ、いずれもくい違い虎口と評価できる。南に伸びる尾根は横堀状の堀切で遮断し、さらに北東に伸びる尾根は曲輪として利用しつつ堀切を設ける。このように防御性に富んだ構造はここだけで、それは唯一、周囲の地形との接続部分となるためであろう。畿内の大規模山城では土塁《どるい》の使用頻度が中心部で低い反面、縁辺部の小曲輪で顕著となる芥川山城（高槻市）などの事例がある。これは、城内が支配拠点となる政庁的な空間と軍事的な空間に分化した結果かもしれない。山辺城の見どころでもあり、摂津の戦国史をとらえる上で大町氏や能勢郡周辺が重要になることを示している。*7

上：西からみた土塁囲みの曲輪Ⅲと南西側の虎口
下：曲輪Ⅲ内部からみた北側の虎口

*6　「大手」とは城郭へのメインルートが取りつく場所。地表面観察で判明することは稀である。摂津では山辺城のように曲輪間の谷部への道が大手とされる事例に大規模山城の芥川山城（高槻市）があり、石垣を使用する点が共通する。

*7　『吉良家文書』には大町宗清・宗治関係の文書が六点伝存する。

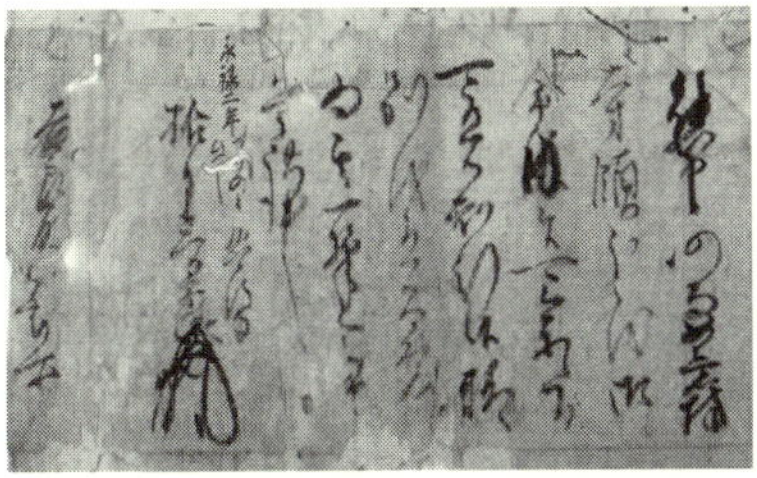

（永禄二年）豊後守宗清書状　『吉良家文書』

近接する様々なタイプの城館

2 森上《もりがみ》城《じょう》・館《やかた》
3 今西《いまにし》城《じょう》
4 吉村《よしむら》城《じょう》

2森上城・館 ①所在地 豊能郡能勢町森上 ②時期 戦国期 ③主体 能勢氏（森本氏か） ④遺構 曲輪・土塁・堀切・畝状空堀群・横堀・虎口

3今西城 ①所在地 豊能郡能勢町今西 ②時期 戦国期 ③主体 森本氏 ④遺構 曲輪・土塁・堀切

4吉村城 ①所在地 豊能郡能勢町栗栖 ②時期 戦国期 ③主体 吉村氏 ④遺構 曲輪・土塁・堀切

【概要】 森上城と今西城は一つの山城と考えられ、土塁や堀切が発達している。吉村城とは指呼の距離にあり、いずれも臨時的な性格を帯びた山城である。森上館は森上城麓の館城である。

【立地】 森上城は大字森上・今西集落背後の城山に立地し、比高は約一一〇メートル。南麓には森上館が位置し、式内社《しきないしゃ》の岐尼《きね》神社が鎮座する。*1 今西城は城山とは一続きの大明山に所在し、その間はわずか七〇メートルである。吉村城は大字栗栖の比高約七〇メートルの大谷山にあり、森上城とは約五〇〇メートルしか離れていない。岐尼神社付近で川辺郡から丹波方面へと向かう摺脛峠道と亀山路が合流し、吉村城の近くで能勢郡東郷を経由する丹波亀岡方面への道と丹波篠山方面への道が分岐する。

【歴史と背景】 元禄十四年（一七〇一）の『摂陽群談』によれば、今西城は森本清左衛門が天文年間（一五三二〜五五）の築城とし、「杵の古城」と別名も記す。また、同書では吉村城に吉村盛光が在城し、子孫や下屋敷が残るとする。享保二十年（一七三五）の『摂津志』では、「森上堡」

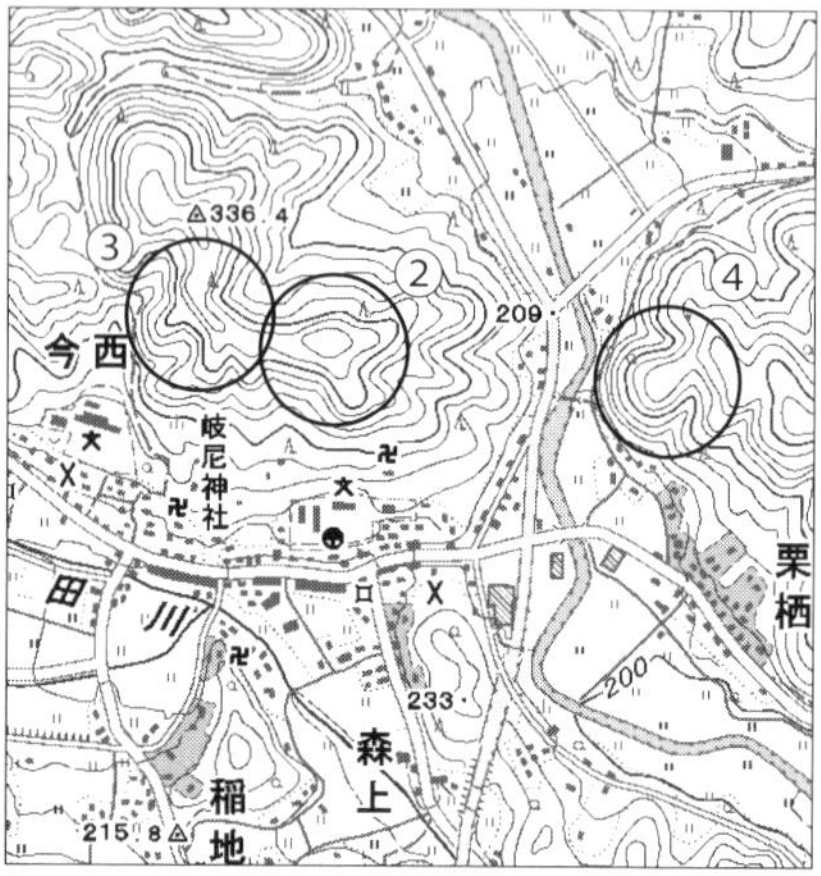

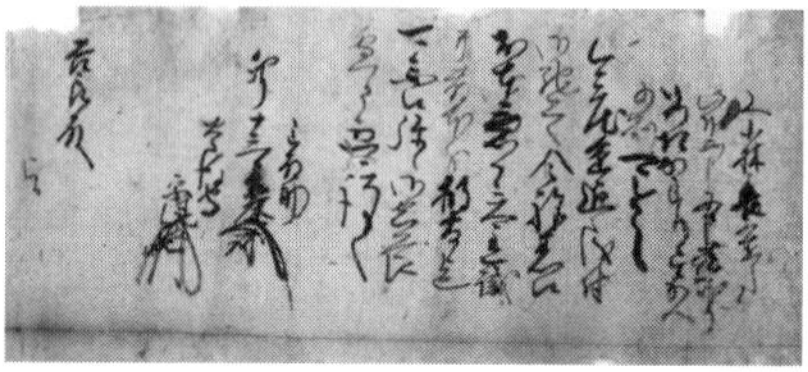

豊後守宗清・主殿助景康連署状 『吉良家文書』

に森上氏が拠り、「今西堡」を能勢十郎による天文年間の築城とするが、大正十一年（一九二二）の『大阪府全志』では森上城に能勢小重郎が拠るなど、伝承が混乱している。これは、両城の実態が一つの城であることに起因するものだろう。

森本氏や吉村氏は、地域の信仰を集めた月峯寺の文亀元年（一五〇一）の「往古水帳」に「森本殿」「吉村殿」とある。「殿」の尊称から、両者が土豪・侍層であり、戦国期の西郷に成立した「西郷諸侍中」の一員であったと思われる。西郷諸侍中は天文十四年（一五四五）の守護細川京兆家の抗争に伴い、摂津国人塩川氏や丹波国人波多野氏の攻撃を受け、影響下にあった東郷の国人能勢氏とともに没落した。その後は、諸侍中から台頭した大町氏が能勢氏を称したと想定されるが、別に景康（神五郎・主殿助）が活動し、大町（能勢）宗清と知行宛行の連署状を発給していた。＊2

西郷では、天正三年（一五七五）の水原氏宛て連署約状写（『能勢弘氏所蔵文書』）に署名する森本朝景、井内景通ら四人全員が「景」の一字を名乗り、『摂陽群談』では大字栗栖の栗栖城城主を水原盛景とする。

栗栖城の遺構が確認できないため、伝承は同じ大字栗栖の吉村城と混同されたのかもしれない。某景康は、名乗りから森上城や今西城の関係者の可能性があろう。また、森上城主とされる能勢氏は、天文十四年の西郷諸侍中と国人能勢氏の関係、もしくは大町氏の動きを示唆している。

上：森上城・今西城（左）と吉村城（右奥）の遠望
下：吉村城を望む。左奥の山は山辺城

＊1　周辺には日吉神社領の枳根荘が存在し、南北朝期には多田院に奉仕する多田院御家人の一団「枳祢庄人々中」がおり、祭神にも源満仲を祀る。天文十八年に塩川伯耆守と能勢小十郎等が戦った岐尼宮合戦で社殿を焼亡して古文書などを失ったという。十坊があった神宮寺は成就院だけが存続した（『能勢町史』第一巻）。

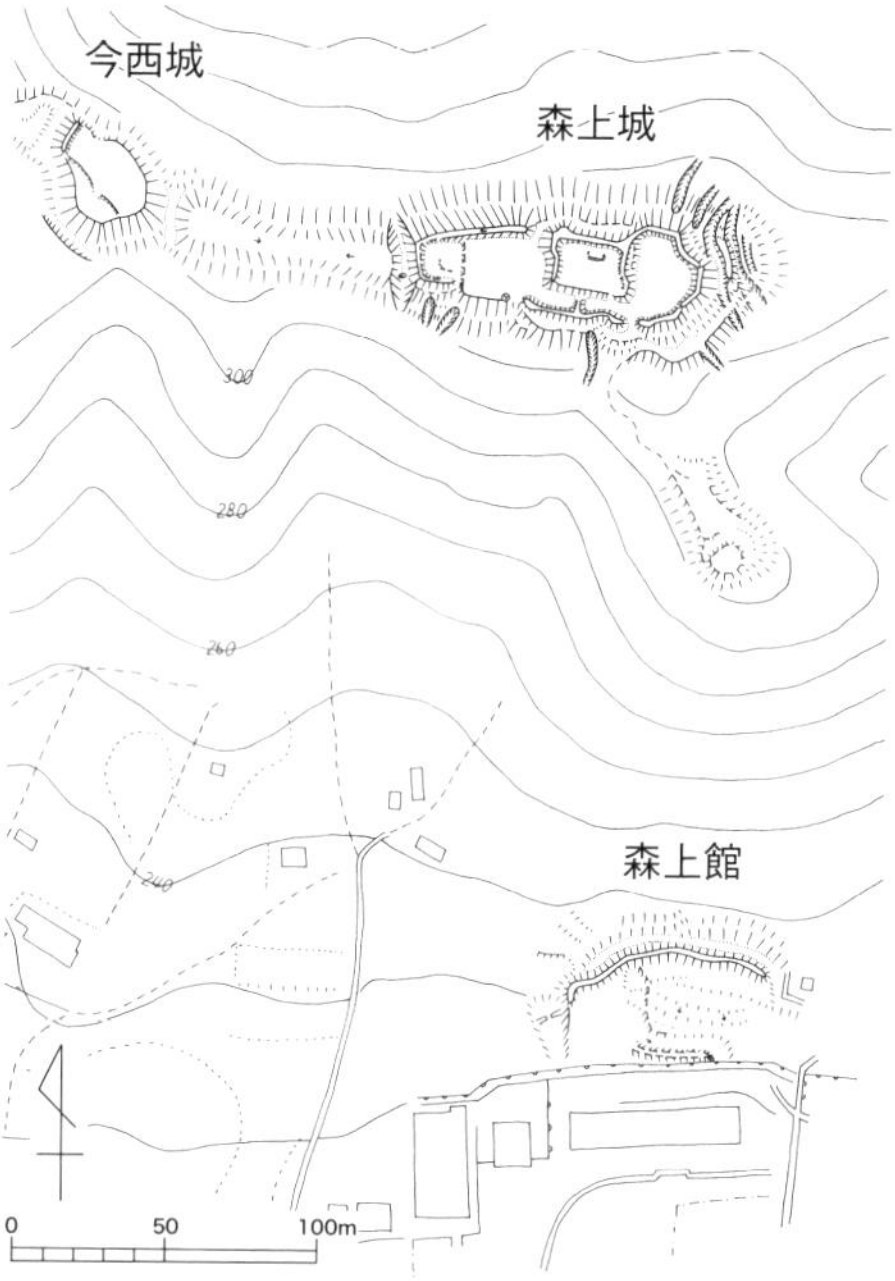

森上城・館、今西城 概要図（作図：中西裕樹）

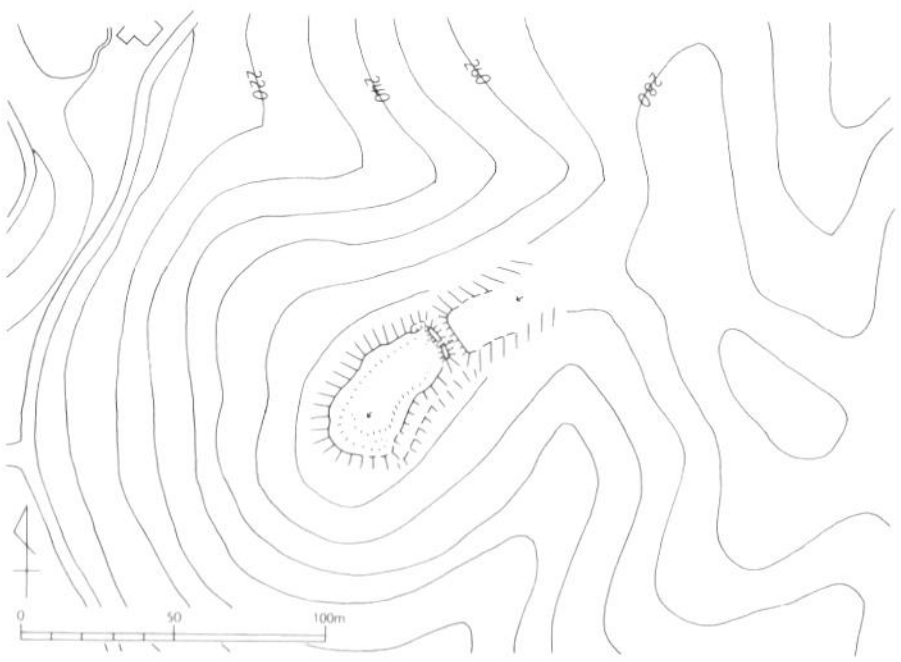

吉村城 概要図（作図：中西裕樹）

近世初頭の森上には森本・水原氏が居住というが、近世の侍層の書上では森上村に大町氏がいた。*3 同氏は山辺城主であったが、森上村に居住した可能性も否定できない。

【構造と評価】 森上城は東西約一〇〇メートルの城域の大半を土塁で囲み、中央の一段高い区画の南側は横堀状となる。東には三本の多重堀切と竪堀群を設け、南に開口する土塁は小曲輪を伴った虎口である。

一方、西側は堀切とほぼ自然地形の平坦面を介して今西城に至る。今西城は内部に段差が存在し三方に堀切を設けるが、土塁は森上城と反対側だけに使用している。森上城と今西城の堀切や土塁のあり方は、両城が「一城別郭」という一つの城の構造であることを示す。*4

吉村城は、北西の尾根続きに土塁と堀切を設けた長辺約五〇メートルの単郭の小規模山城であ

＊2 『吉良家文書』所収。同文書は西郷北端の天王（能勢町）の旧家に伝存し、大町宗清書状や大町宗治書状などの戦国期後半の一三通の文書を含む。吉良氏は戦国期の土豪であった。

＊3 西郷には戦国期以前の各村の侍を示す記録があり、永禄二年（一五五九）の年記を持つ「能勢郡侍帳書上写」では一五の村に「方」という尊称で呼ばれる人名と寺庵の一七〇を書き上げ、元弘三年（一三三三）の「西郷郷士覚書写」も伝わる。森上村の大町氏は後者にみえる。

＊4 一城別郭とは、独立した構造の曲輪が複数存在し、個別に取り上げれば一つの城と評価できるが、全体として一つの城を構成することをいう。

る。曲輪内部は傾斜し、城の臨時的な性格をうかがわせる。

森上・今西城の技巧的な構造は周辺の軍事的緊張を示し、西郷ではほかに平通城、片山城、山田城など地域内部の山城が同様の性格を示していた。立地や構造、伝承などをふまえると、[*5]森上・今西城、吉村城は西郷の土豪・侍層がまとまって軍事的危機に対応した事例になるだろう。

森上館は、丘腹側に直線の土塁と堀切を設けた約半町（約五〇メートル）の方形の館城に復元される。能勢郡では同様の事例に長谷館、野間館があり、いずれも主体や歴史的背景には荘園の代官職が関係し、森上では大町氏が一種の荘園である採銅所の別当であった。館は荘園関係施設の可能性がある。ただし、近くの岐尼神社は天正年間（一五七三～九二）の焼亡まで神宮寺の十坊を数えたといい、僧坊は土塁で囲まれる場合もある。館跡は寺院遺構であるのかもしれない。

上：森上城の連続堀切。人物が立つ場所が堀
中：森上城の土塁。横堀状となる部分
下：吉村城の土塁・堀切を城外から見る

＊5　明治十年代前半（一八七七～八一年）の『東摂城址図誌』には「森上城跡」「今西城跡」「吉村古城」が収められている（左）。

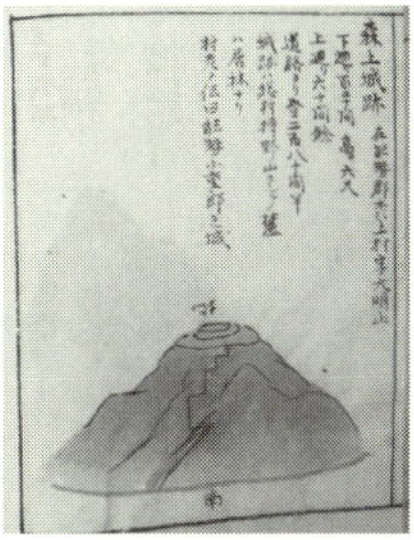

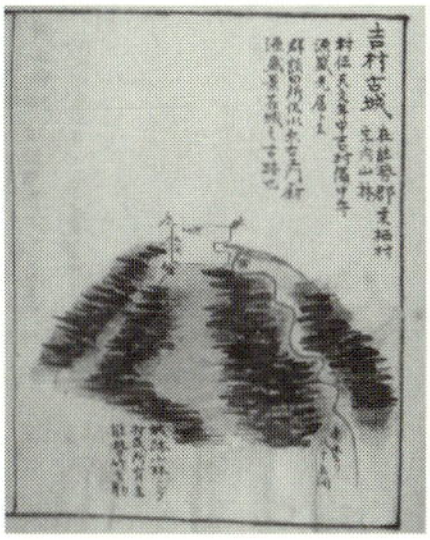

地域の軍事的緊張に備えた山城

5 平《ひら》通《どおり》城《じょう》
6 片《かた》山《やま》城《じょう》
7 山《やま》田《だ》城《じょう》

5平通城 ①所在地 豊能郡能勢町平通 ②時期 戦国期 ③主体 岡崎氏 ④遺構 曲輪・堀切

6片山城 ①所在地 豊能郡能勢町片山 ②時期 戦国期 ③主体 塩山氏・片山氏 ④遺構 曲輪・帯曲輪・土塁・堀切・虎口

7山田城 ①所在地 豊能郡能勢町山田 ②時期 戦国期 ③主体 山田氏 ④遺構 曲輪・土塁・堀切・竪堀・畝状空堀群・虎口

【概要】 能勢郡西郷にある臨時性の強い山城群で、片山城と山田城にはくい違い虎口がある。[*1] いずれも遺構の状況は良好である。

【立地】 平通城は西郷南端の南山山頂に立地し、離れた平通集落との比高は約九〇メートル。片山・柏原の各集落から遠望でき、丹波篠山方面への摺脛峠道が通る西郷の谷筋に眺望がきく。片山城は大字片山・森上の境界にあたる標高三一四メートルの塩山に立地し、西郷一円から望まれ、麓との比高は約一〇〇メートル。山田城は大字山田・垂水の境界の城山山頂に立地し、麓との比高は約一二〇メートルである。[*2]

【歴史と背景】 元禄十四年（一七〇一）の『摂陽群談』では片山城の城主を塩山景信とし、下屋敷・末家などがあるとする。[*3] 享保二十年（一七三五）の『摂津志』は、片山城に片山備後守が拠り、平通に城があるとし、山田城には山田氏が拠ったが塩川氏に取られたとする。大正十一年（一九二二）の『大阪府全志』では平通城の城主を岡崎宗盛とし、天正七年（一五七九）に織田信澄の攻撃で落城と伝える。これ

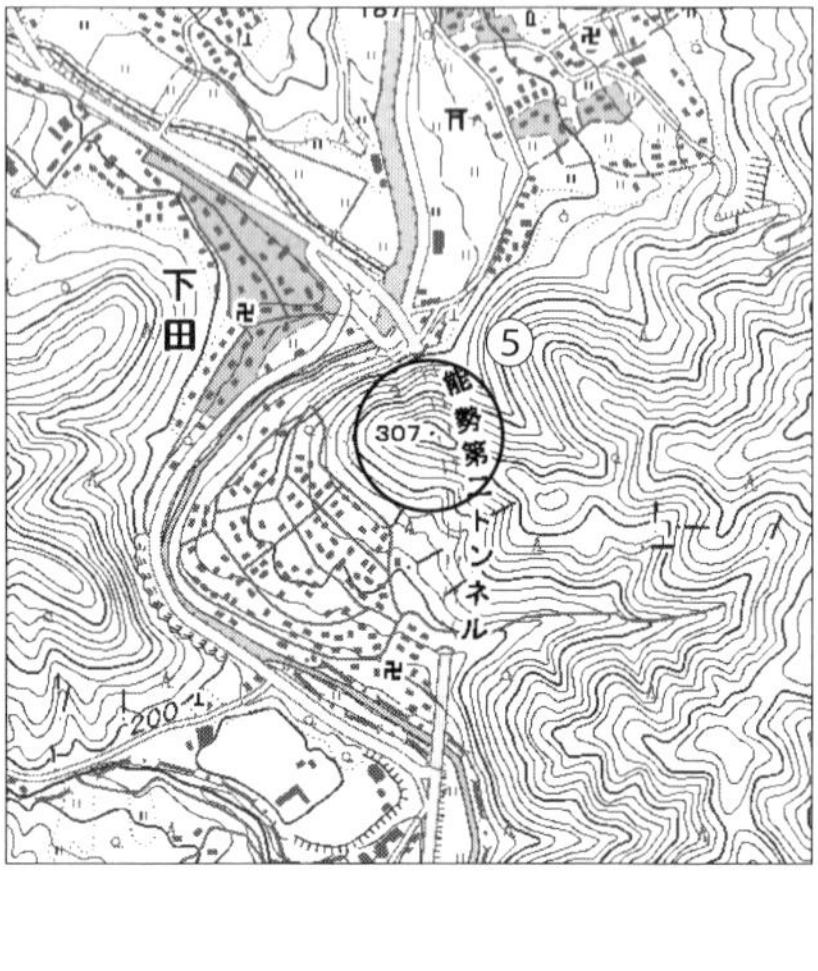

ら伝承される城主は土豪や侍層の地域的な連帯である「西郷諸侍中」のメンバーと思われ、文亀元年（一五〇一）の月峯寺「往古水帳」には「山田殿」「片山殿」「岡サキ」、近世の写であるが「西郷郷士覚書写」には「岡崎方」「塩山方」がみえる。

西郷は、天文十四年（一五四五）の細川京兆家の家督をめぐる争いの中、細川晴元方の摂津国人塩川国満と丹波国人波多野秀親の攻撃を受けた。同年十二月十三日付の守護奉行人飯尾《いのお》元運奉書（『諸家文書纂』）には山田源兵衛門兄弟を除く「西郷諸侍等」が成敗されたとある。また、西郷には天正七年の織田信澄（信長の甥）の攻撃伝承があるが、『信長公記』は同年四月に「有馬郡まで中将信忠卿御馬入れられ、是より直に野瀬郡へ御働。耕作薙捨」と信長嫡男の織田信忠の働きを記す。当時の信長は大坂本願寺、摂津の荒木村重、丹波の波多野秀治らと交戦中で、西郷は後者に与したのだろう。

戦国末期の西郷では大町氏が土豪や侍層の上位に立ったが、地域的な連帯は存在したとみられる。

【構造と評価】平通城は、削平が不十分な二つの曲輪

上：片山からのぞむ平通城
中：長谷方面から遠望する片山城
下：東からみた山田城

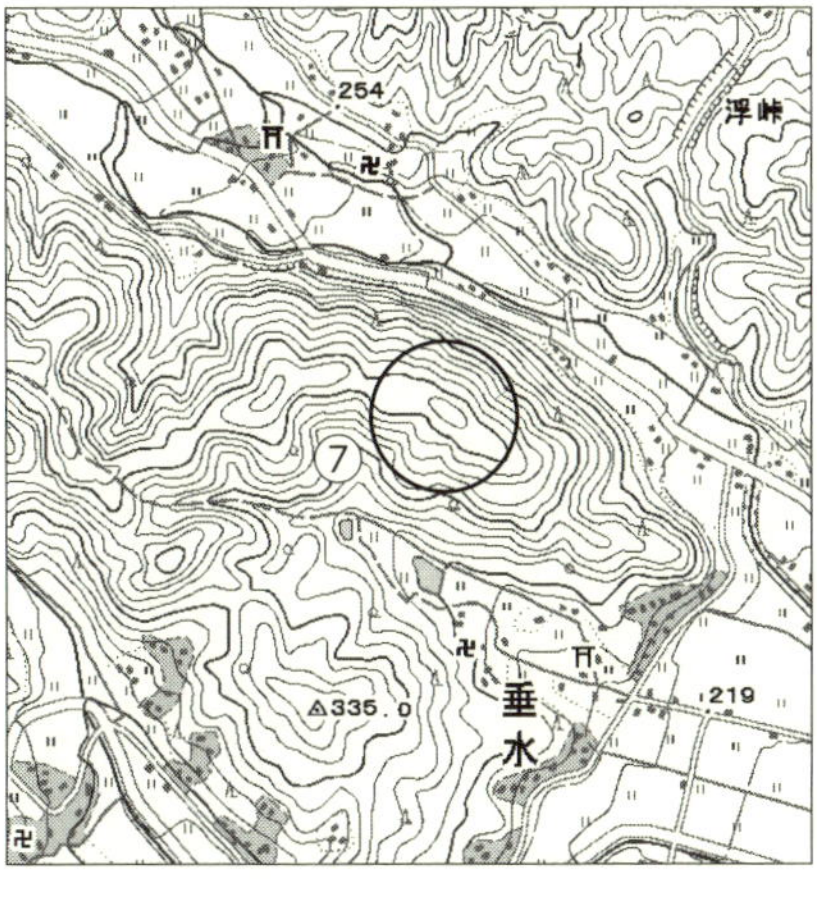

＊1　摂津国能勢郡は地形が東西で大きく分かれ、東郷、西郷に区分される。西郷には、ほかに宿野城、上杉城、長谷館、森上城・館、今西城、吉村城、山辺城が所在し、大阪府下で最も城郭の分布密度が高い地域となっている。

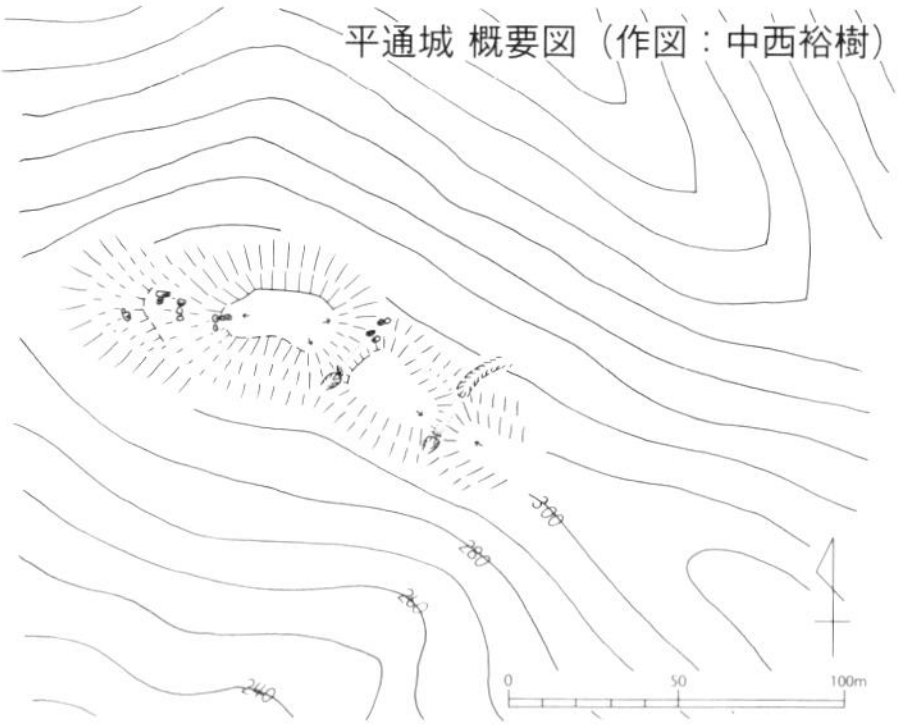

平通城 概要図（作図：中西裕樹）

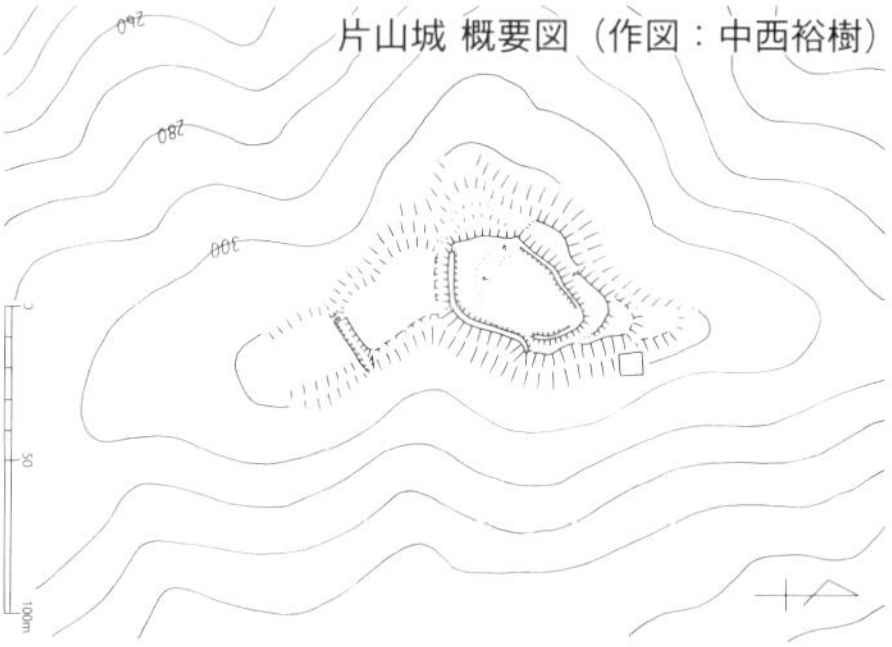

片山城 概要図（作図：中西裕樹）

山田城 概要図（作図：中西裕樹）

を二本の堀切で遮断する構造で、城域は長辺一〇〇メートルに満たない。

片山城は、低い土塁がめぐる主郭に小規模な帯曲輪が付属し、東側の土塁の開口部にくい違い虎口が認められるが、やはり城域は長辺一〇〇メートル以下である。主郭内部は傾斜を含んで南側には土塁と堀切を設け、自然地形に近い平坦面を介して堀切がある。

山田城は、土塁囲みの二つの曲輪が大規模な堀切を挟んで並列し、主郭が不明確な印象である。ともに土塁が途切れる部分はくい違い虎口で、東側曲輪内には石組みの井戸、西側曲輪の小規模な畝状空堀群など興味深い遺構がある。ともに曲輪内には大きな高低差があるなど一つの平坦面を形成する意識は低く、土塁は西側を除いて高さは低い。城域は長辺一五〇メートルを超える。

三つの山城を比較すると、平通城に土塁や虎口が確認できない一方、片山・山田城には、とも

＊2　山田城南麓の平坦面には、城主の墓ともいわれる宝篋印塔の残欠が残されている（左）。

＊3　止々呂美（箕面市）の塩山氏と同族ともいう。明治十年代前半（一八七七～八一年）の『東摂城址図誌』には「片山城趾」が収められている（左）。

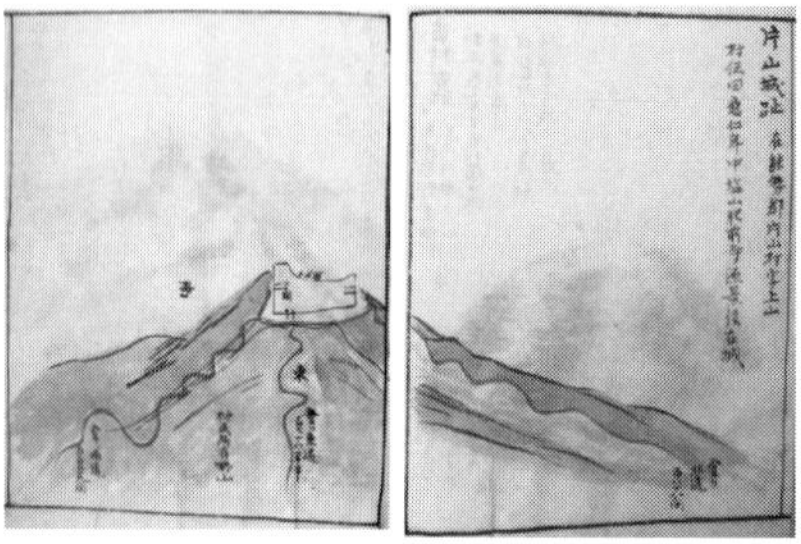

に低土塁とくい違い虎口が存在し、これは城郭の構築・利用時期の差が現れたものと解釈できる。[*4]反面、共通点は曲輪内部に傾斜や自然地形が認められ、片山城と山田城の低土塁は臨時的に構築される陣城の様相に近い。また、いずれもベースは複郭だが大規模な山城ではなく、立地は麓からの比高約一〇〇メートル前後の山頂を利用していた。

各城は西郷内部に眺望に優れ、互いの存在を十分視認できる。集落に密接しない立地は、城が一つの村落に対する施設ではないことを示す。これらの諸城は、西郷という地域の軍事的緊張に応じて「西郷諸侍中」と呼ばれた土豪や侍層が連帯して対応した結果として、城主伝承と整合的に理解が可能である。

上：平通城の堀切。両端は竪堀となる
中：片山城の土塁に立つ。左下が虎口へのルート
下：山田城東側の曲輪のくい違い虎口

＊4　能勢郡の城郭について、岡寺良氏は土塁囲みの曲輪やくい違い虎口などを持つ片山城・山田城のようなタイプを永禄十一年（一五六八）の遺構とし、堀切しかない平通城のようなタイプを、それ以前の成立と考察している（岡寺良「摂津能勢郡の戦国期城館にみる築城・改修の画期—在地社会の中央権力との関わり—」大阪大学考古学研究室編『国家形成期の考古学—大阪大学考古学研究室10周年記念論集—』、大阪大学考古学研究室、一九九九年）。

西郷諸侍中のメンバーによる小規模な山城と館城

8 宿野城《しゅくのじょう》
9 上杉城《うえすぎじょう》
10 長谷館《ながたにやかた》

8宿野城 ①所在地 豊能郡能勢町宿野 ②時期 戦国期 ③主体 井内氏・田口氏 ④遺構 曲輪・土塁・堀切

9上杉城 ①所在地 豊能郡能勢町上杉 ②時期 戦国期 ③主体 小塩氏・向氏 ④遺構 曲輪・土塁・堀切・竪堀・横堀・虎口

10長谷館 ①所在地 豊能郡能勢町長谷 ②時期 戦国期 ③主体 長谷氏 ④遺構 曲輪・土塁・堀切

【概要】三つの城館はいずれも西郷諸侍中のメンバーによる小規模な山城と館城で、西郷地域の外縁部の集落背後に存在する。*1

【立地】宿野城は西郷東端の宿野一区集落背後の比高約二〇メートルの尾根上に立地し、宝林寺に接している。*2 上杉城は摂津国河辺郡と接した上杉集落背後の苔無山に立地し、比高は約四〇メートルである。長谷館は大字神山に近い丘陵斜面に立地し、付近の居宅からの比高は約二〇メートルである。

【歴史と背景】元禄十四年（一七〇一）の『摂陽群談』は各城主を伝え、宿野城を井内景忠、上杉城を小塩氏、長谷館を能勢小十郎家人の長谷《ながたに》一貞として、子孫がいずれも在村とする。大正十一年（一九二二）の『大阪府全志』では、大字宿野には宿野城に加えて七星城（撰見館）があり、井内氏の跡に田口氏が拠ったが天正七年（一五七九）の織田信澄の攻撃で落ちたとする。上杉城は向氏の居所とし、長谷館は字「土井所」で殿屋敷と呼ぶとする。なお、著者は長谷館の前面を土井田と呼び、

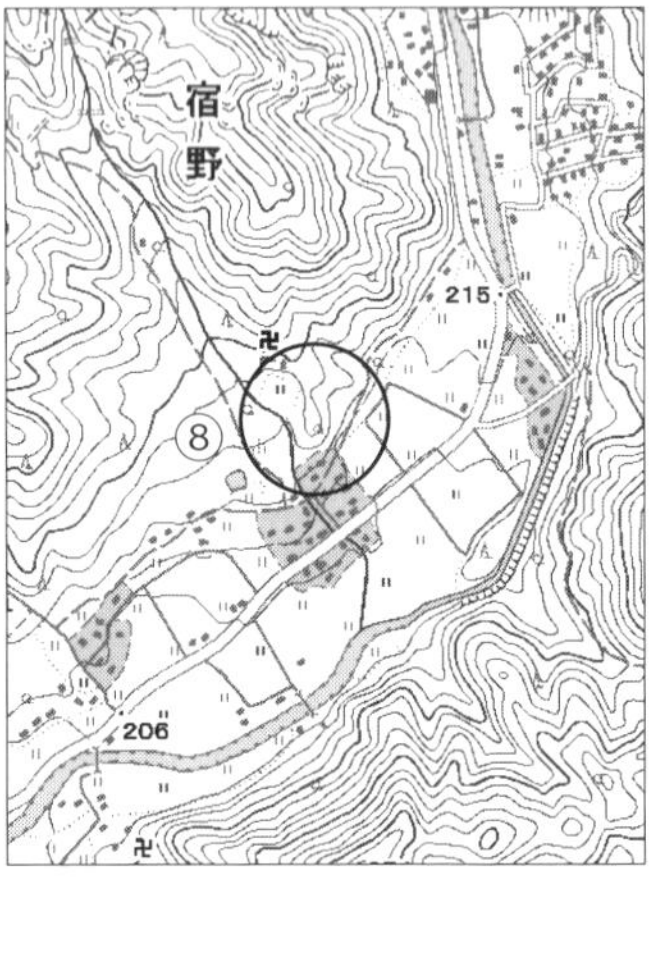

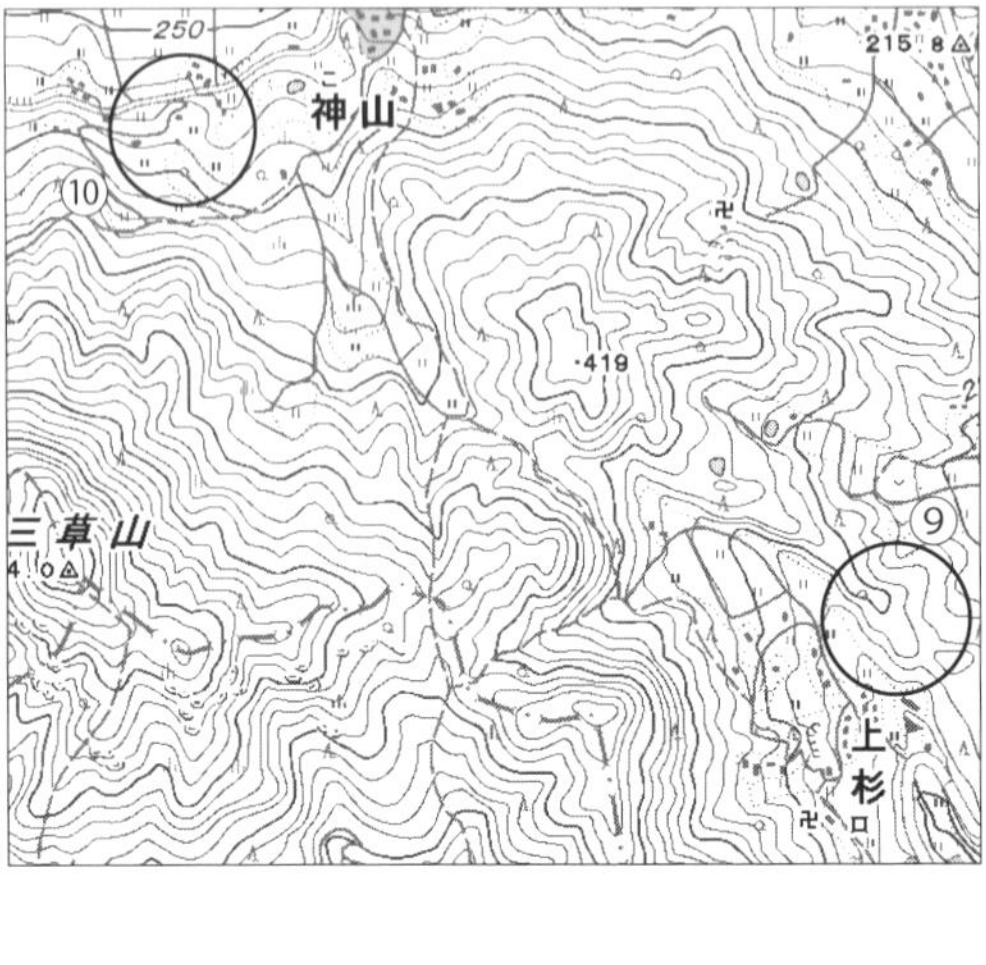

地元では館内を通る道を「殿様道」と呼ぶとの聞き取りを得ている。[*3]

戦国時代の西郷には土豪や侍層による地域的なまとまりがあり、村落の枠を超えて活動した。採銅所は年貢納入を守護請としていたが、十五世紀後半に「在地輩《ざいちのともがら》」「名主百姓中《みょうしゅひゃくしょうちゅう》」らが守護の成敗に応じず、永正十七年（一五二〇）の文書で彼らは「西郷諸侍中」と呼ばれている。

西郷には近世以前の各村の侍を書き上げた記録が伝わり、永禄二年（一五五九）の「能勢郡諸侍書上覚写」は一五の村に「方」の尊称がつく一七〇の人名・寺庵がみえ、ほかに元弘三年（一三三三）の「西郷郷士覚書写」も伝わる。単純に信は置けないが、これらに田口氏、向氏、長谷氏の名が確認できる。文亀元年（一五〇一）の月峯寺の「往古水帳」に重複する人名が複数確認できる点をふまえると、彼らが西郷諸侍中を構成し、宿野・上杉・長谷の各城館の主体も同様であったと推察される。[*4]

上：宿野１区の集落と宿野城が所在する山
中：中央の山が上杉城
下：石垣の前の道が長谷館の「殿様道」

＊1　能勢郡は地形が東西に大きく分かれ、東郷、西郷に地域区分される。戦国期の能勢郡には朝廷に銅を収める供御所が荘園化した採銅所が存在し、公家の大宮氏と壬生氏の間で所有が争われた。『壬生家文書』には能勢に関する記述が散見される。

＊2　浄土真宗の寺院。境内の東端にある墓地から伸びる尾根に宿野城が存在する。

【構造と評価】宿野城は長辺約五〇メートルの単郭で、尾根続きの北側に土塁と切岸（堀か）を設けた単純な構造である。一方、上杉城は最高所の主郭を中心に南へ小規模な曲輪を連ね、北を土塁と堀切で遮断する。堀切西端部は竪堀となって小規模な二本の竪堀が並行し、堀切東端部は横堀となって東側を画す。主郭南東部には外部に城内側からL字状に張り出した特異な堀切が設けられ、南西斜面の堀切から延長する竪堀と、堀切間の土塁の開口部が虎口に比定できる。

その構造から、宿野城と上杉城には構築時期や機能差が想定できるが、ともにベースは長辺約五〇メートルの単郭であり、集落背後の立地も共通している。これは両城の築城主体が集落を基盤とし、さほど動員力が大きくはないことを示す。つまり、西郷諸侍中の構成員による小規模な

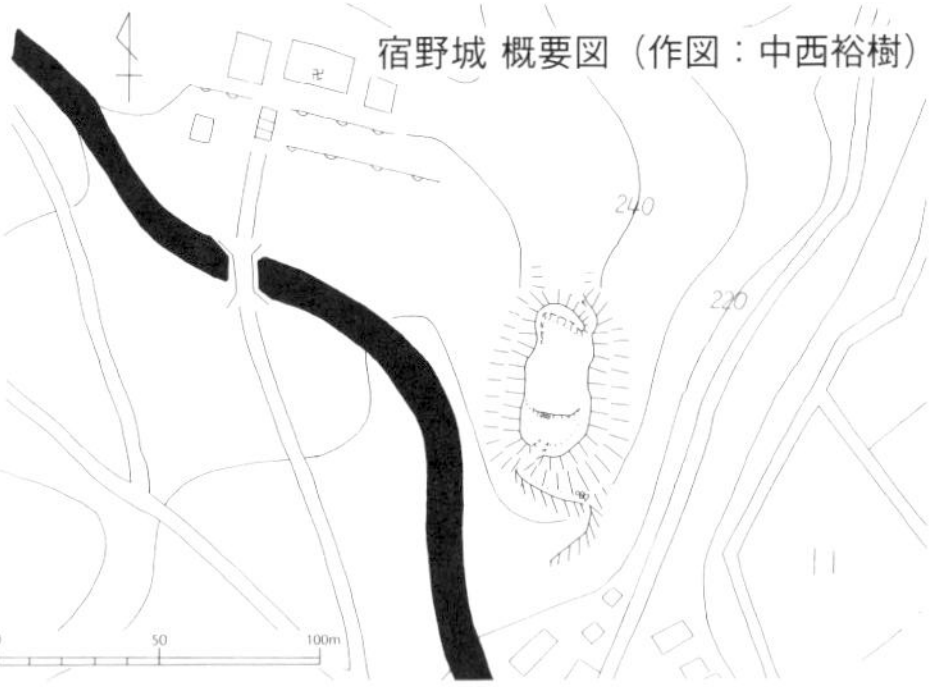

宿野城 概要図（作図：中西裕樹）

上杉城 概要図（作図：中西裕樹）

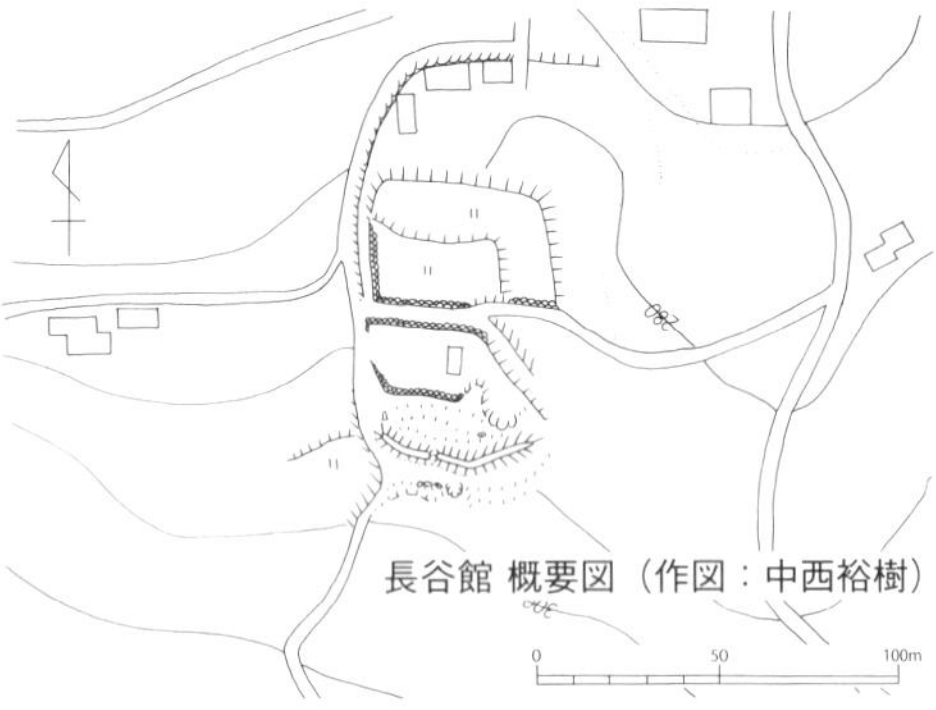

長谷館 概要図（作図：中西裕樹）

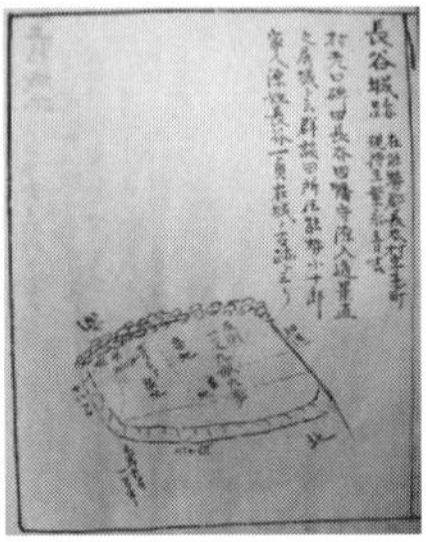

＊3　明治十年代前半（一八七七～八一年）の『東摂城址図誌』には、宿野城跡、上杉城跡、長谷城跡が所収され、所伝も記載されている（左）。

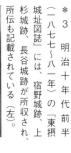

山城と評価できるだろう。

　長谷館は斜面を切り込む直線の土塁と堀を設け、前面に方形の区画を数段設ける。居住機能の強い館城に区分され、規模半町（約五〇メートル）四方の小規模な範疇に入り、斜面地を利用する点では「丘腹切込式」タイプとしてとらえられる。宿野城・上杉城とは異なるが、集落に近い小規模城館という点は共通し、やはり主体は西郷諸侍中の侍層と理解すべきだろう。大阪府下での館城の事例は限られるが、能勢郡にはほかに森上館や野間館など計四つの事例が確認でき、これらはいずれも荘園諸職との関わりがあった。長谷に存在した長谷庄には永正十七年（一五二〇）に代官が入ったと思われる。長谷館のような館城は、在地の土豪や侍層の存在とは別に、荘園政所のような公的支配の場として成立した可能性も想定する必要があるだろう。*5

上：宿野城の内部からみた土塁
中：上杉城主郭東側斜面の横堀
下：長谷館の堀切と土塁

＊4　かつては剣尾山（標高七八四メートル）山頂に所在した天台宗系の山岳寺院。眼下に見下ろす西郷に寺領を持ち、「往古水帳」から内訳が判明する。その年貢の請負人らが西郷諸侍中の構成員であった。近世に寺は山麓へと移った（左）。

＊5　拙稿「摂津国能勢郡西郷・東郷における中世城館構成—築城主体の性格と「小規模城館」—」（『中世城郭研究』11、中世城郭研究会、一九九七年）。

摂丹国境に近い山城と館の遺構

11 吉《よし》野《の》城《じょう》・館《やかた》

①所在地　豊能郡能勢町吉野
②時期　戦国期
③主体　吉野氏・横川氏か
④遺構　曲輪・土塁・堀切

【概要】吉野城・館は、小規模な山城と館城がセットとなる貴重な事例である。

【立地】城跡は吉野集落に向かって伸びる標高約三四〇メートル付近に立地し、集落との比高差は約六〇メートルである。丹波国境に近い吉野の小盆地を見通す位置に立地し、尾根を下った比高約二〇メートルの地点には吉野館と呼ぶ館城の遺構が存在する。吉野は能勢郡東郷地域に含まれ、大阪方面から丹波亀岡に向かう能勢街道と能勢郡西郷方面からの道が交差する地である。*1

【歴史と背景】大正十一年（一九二二）の『大阪府全志』では丸形山に吉野式部の古城跡を伝える。一九八一年の『日本城郭大系』は東山に城跡があり、丹波八上城（兵庫県篠山市）の波多野秀治配下の横川備後守正広が在城し、正広は天正年間に陣没との説を載せる。*2

城主とされる吉野氏や横川氏は詳しくわからない。戦国期の採銅所に関し、文正元年（一四六六）の算用日記に西郷分として「横川方無沙汰」とあるのが関係者かもしれない。*3 興味深いのは、城から五〇〇メートル離れた峠を越えると、丹波国桑田郡であり、所伝で横川氏が波多野秀治の被官とされる点である。

波多野氏は、八上が所在する多紀郡を中心に地域権力を築いたが、

左の低い丘に吉野館、右の山頂部に吉野城が所在する

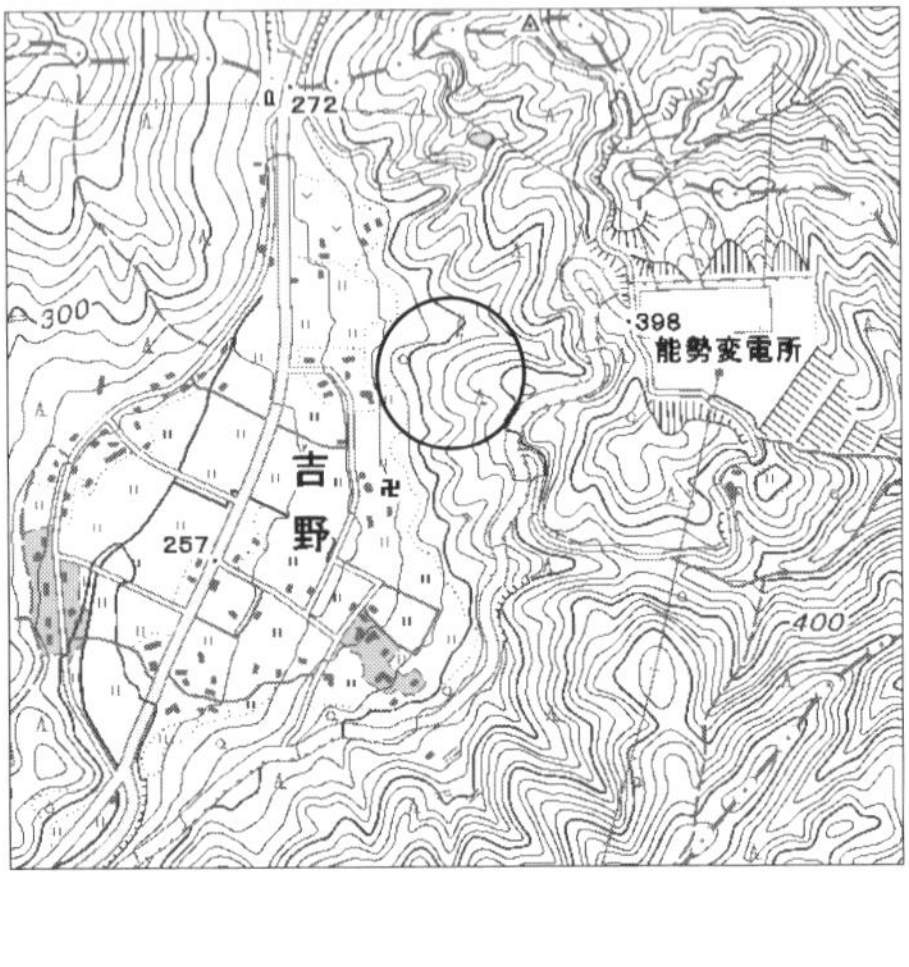

*1　摂津国能勢郡は大きく東郷、西郷に地域が分かれ、東郷では国人能勢氏が大きな力を持ち、野間氏の拠点もあった。

*2　丹波波多野氏については、福島克彦「丹波波多野氏の基礎的考察（上）（下）」（『歴史と神戸』二一六・二一九、一九九九・二〇〇〇年）が関連史料を分析し、動向を端的に整理している。

桑田郡に有力な分家が存在し、主に天文年間（一五三二〜一五五五）に活動した波多野秀長・秀親・次郎らは波多野惣領家から離反し、新たに丹波へ進出した三好氏と結ぶこともあった。その拠点は、数掛山城（京都府亀岡市）という山岳寺院の古渓山千軒寺を利用した山城と考えられ、吉野とは直線距離で約三・五キロと近い。*4

横川氏が属したという波多野秀治は惣領家最後の当主で、天正七年（一五七九）に織田信長によって滅ぼされた。横川氏の天正年間の陣没説とリンクしており、地理的環境を考えると吉野城には桑田郡の波多野氏の動向が影響した可能性もあろう。

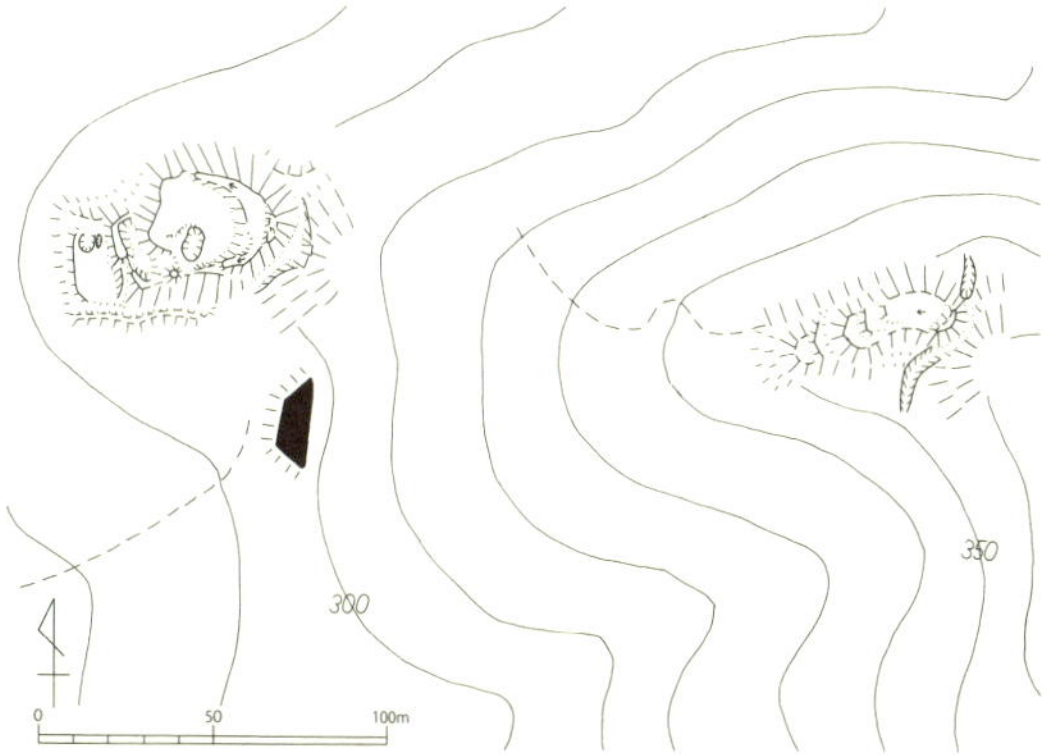

吉野城・館 概要図（作図：中西裕樹）

【構造と評価】吉野城はピークの主郭と数段の曲輪、背後に両端が竪堀となる堀切と曲輪に土塁を設ける構造で、城域は約五〇メートルと小規模である。吉野館は吉野城方向に大規模な堀切と削り残しの土塁を設け、半町（五〇メートル）四方の方形を意識した形と思われる。前面には武者隠し状の土塁があり、くい違い状の虎口の可能性がある。

大阪府下では、山城と麓の山麓の館城がセットになる事例が能勢郡に集中し、森上館や長谷館、野間館の想定主体は代官などの荘園諸職に関係した。吉野館も荘園関連施設の可能性を残す。

＊3　採銅所は朝廷に銅を収める供御所として設置され、範囲は能勢郡全域に及んだ。後に荘園と化し、戦国期には公家の大宮氏と壬生氏の間で所有が争われた。

＊4　能勢郡では確認できないが、丹波国桑田郡では数掛山城（京都府亀岡市）のほかにも神尾山城（京都府亀岡市）といった山岳寺院を利用した地域の支配となる大規模な城郭が確認できる。戦国期には、しばしば山岳寺院が城郭として利用されていた。

元は丹波に属したという集落の山城

12 杉《すぎ》原《はら》城《じょう》

①所在地　豊能郡能勢町杉原
②時期　戦国期
③主体　長沢氏か
④遺構　曲輪・土塁・堀切

【概要】杉原城は集落背後に存在する連郭式の山城で、八幡社が祀られている。

【立地】杉原は丹波との国境に接し、能勢郡東郷の倉垣方面には堀越峠を越える必要があるが、丹波の犬甘野方面には谷を下るだけである。城跡は仏照寺の背後に迫る「城山」と呼ばれた標高約三七五メートルの尾根頂部に所在し、集落との比高は約四〇メートルである。

【歴史と背景】大正十一年（一九二二）の『大阪府全志』によれば、かつての杉原は丹波国桑田郡に属し、西別院犬甘野村（京都府亀岡市）と同村であった。慶長七年（一六〇二）に能勢頼次が領地の交換を願い出たことで、摂津国に編入されたという。*1

杉原の戦国時代の動向は不明な部分が多く、城跡に関する顕著な所伝は無いようである。ただし、西別院一帯には複数の家から成る長沢氏という勢力がおり、複数の家が存在していた。そして、犬甘野を中心に複数の城館が構えられたことが判明している。*2 戦国期の犬甘野では、丹波の波多野氏と内藤氏の合戦が行われた。

また、織田信長の下で丹波攻略を進めた明智光秀は、天正四年（一五七六）以降に長沢氏への攻撃を加え、西別院と亀岡方面の盆

東から杉原城をのぞむ。麓に見えるのが佛称寺

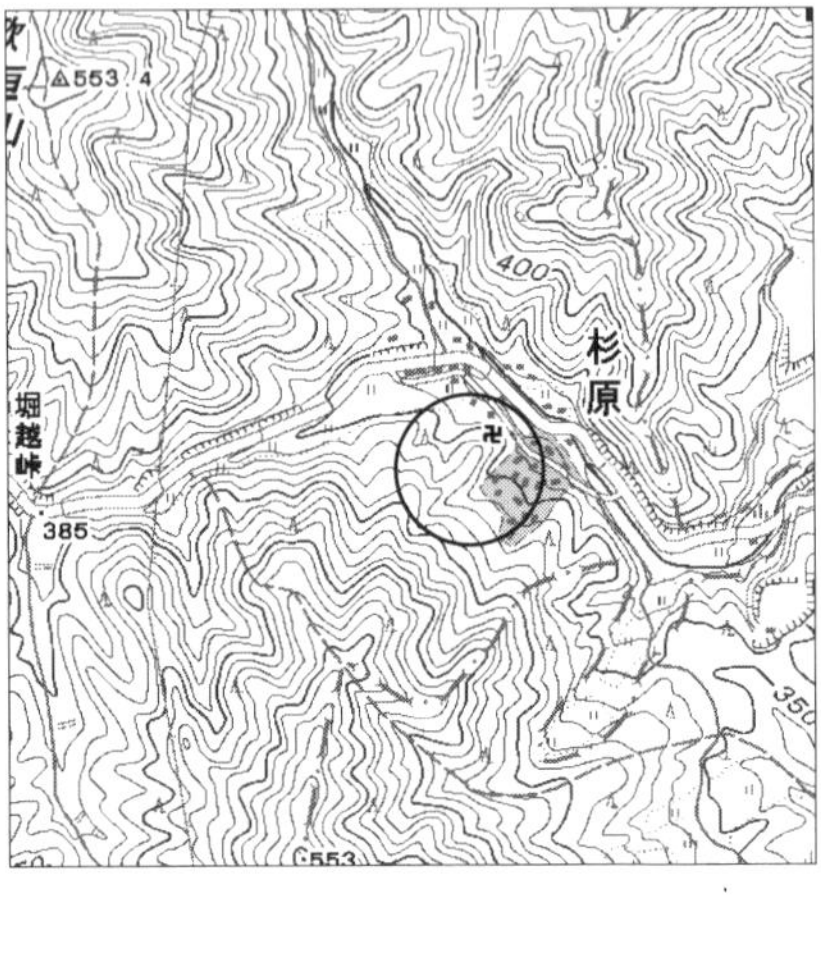

*1　能勢頼次は江戸開幕時に旗本能勢氏の基礎を築いた人物で、以降の能勢氏は東郷の地黄に陣屋を設けた。この頼次と戦国期の能勢氏との関係は不明な部分も多い、中世の能勢氏は地黄の所在する小盆地に加え、倉垣や田尻を本拠としていた。

*2　以下、福島克彦「織田政権期の城館構成―丹波を例として―」（石井進・萩原三雄編『中世の城と考古学』、新人物往来社、一九九九年）を参照。

地との間にあたる法貴（京都府亀岡市）には、光秀の陣城と推定される法貴山城が存在する。摂丹国境の杉原にはたびたび軍事的緊張が及んだと思われ、杉原城が構築された歴史的背景として想定しておきたい。

【構造と評価】城は長辺約一〇〇メートルの城域で、南西の地形背後となる場所に堀切を設けて両端を竪堀とする。堀切内側の小規模な曲輪には土塁が認められ、その前面はまとまった面積の曲輪である。その下位は八幡社がある階段状の曲輪で、やがて佛称寺の背後へと迫る。[*3]

曲輪に通路が取りつく部分は枡形状の地点もあるが、土塁を設けるような意図的な枡形ではなく、これは曲輪面が削り込まれた結果であろう。当城の築城主体は不明だが、集落との位置関係からは集落住民との近い関係がうかがえる。摂丹国境という地理的条件の中、長沢一族や村の有力者らが軍事的に対応した産物と考えたい。

＊3　大正十一年の『大阪府全志』によれば佛称寺は浄土真宗西本願寺派で、正徳元年（一七一一）創建とされる。戦国期には存在しなかったことになるが、前身となる宗教施設が存在していた可能性もあろう。現在は城跡の説明板が建つ。

上：杉原城の八幡社がある曲輪
下：同堀切断面。右側が城内

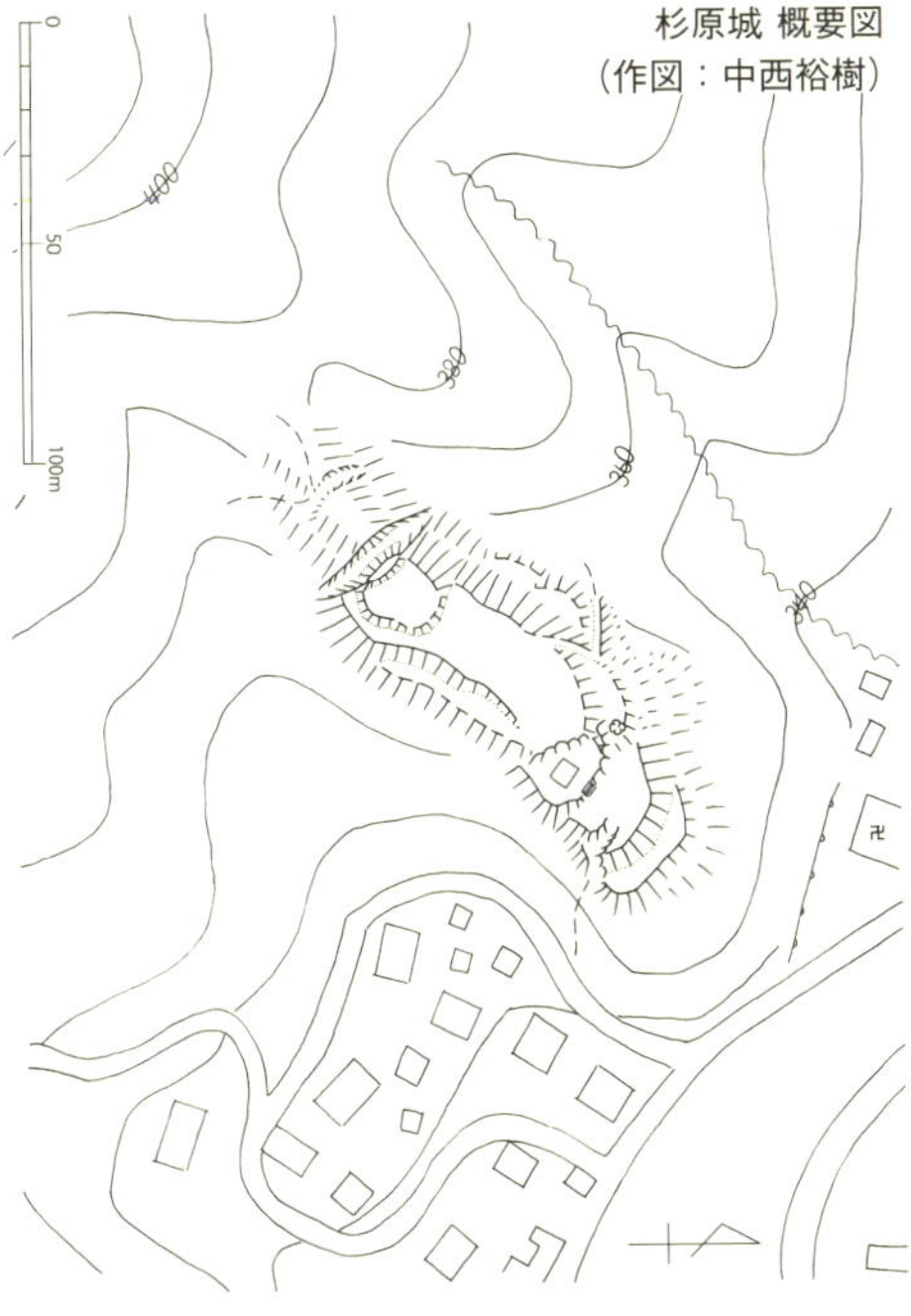

杉原城 概要図
（作図：中西裕樹）

集落背後の山城と盆地を介した高所の砦

13 田尻城《たじりじょう》
14 田尻御所《たじりごしょ》

13田尻城 ①所在地　豊能郡能勢町下田尻　②時期　戦国期　③主体　能勢氏か　④遺構　曲輪・土塁・堀切

14田尻御所 ①所在地　豊能郡能勢町下田尻　②時期　戦国期か　③主体　能勢氏か　④遺構　曲輪・堀切

【概要】 田尻城が集落背後の山城である一方、田尻御所は高山の自然地形に拠る遺構である。

【立地】 田尻城は能勢郡東郷の田尻庄にあたる盆地を見渡す、比高約六〇メートルの城山に立地する[*1]。田尻御所は、下田尻の標高三六六メートルの東山山頂に立地し、麓の盆地からの比高は約一七〇メートルとなる。ピークを南に下った地点は猪子峠であり、田尻と東の地黄・野間の小盆地を結ぶ道が通過するものの、見通すことはできない。

田尻御所が立地する東山（中央）を西から望む

【歴史と背景】 大正十一年（一九二二）の『大阪府全志』では、田尻御所の主体を永承年間（一〇四六～五三）の仁和寺《にんなじ》と伝える。田尻庄は鎌倉期以来、同じ東郷の国人能勢氏が根本所領として相伝し、戦国期には京都や摂津の広域にわたって活動した。両城には、能勢氏が関係したと想定される。

【構造と評価】 田尻城は、山頂の主郭と周辺に数段の曲輪を設け、北側鞍部を城内側に土塁を伴う堀切としたシンプ

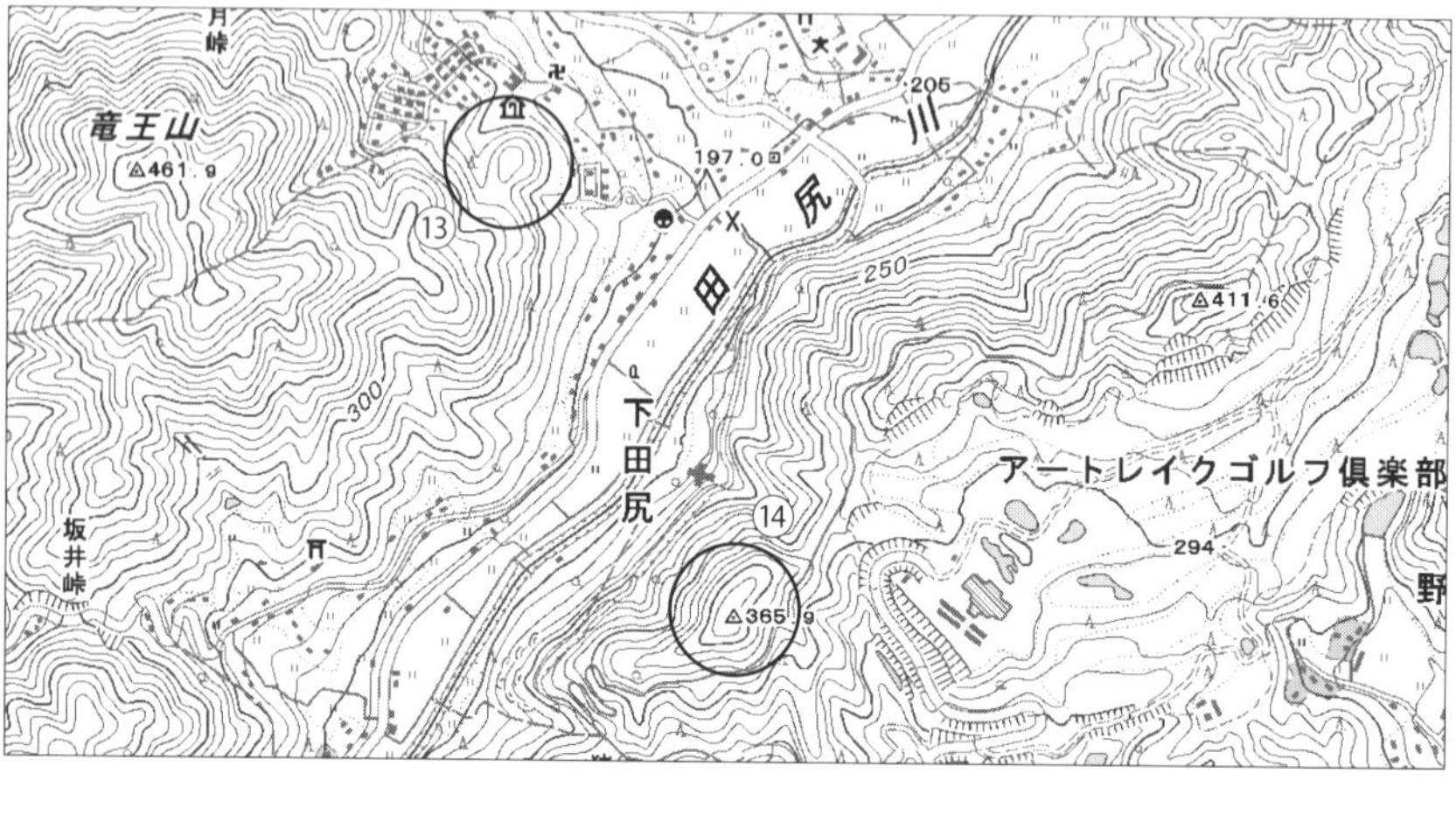

ルな構造である。全長は一〇〇メートルに満たず、曲輪の削平は甘い。周辺にほかの城館は存在せず、能勢氏の根本所領にふさわしい山城といえる。

一方、田尻御所は、北と南に浅い堀切を設けて長辺五〇メートルの城域を設定するが、内部は多分に自然地形であり、戦国期の城郭としては違和感もある。比高は能勢郡の山城としては高く、特に東郷では突出している。伝承が能勢氏ではなく、平安時代の仁和寺とする点もユニークである。

その理由は判然としないが、在地の集落との関わりの希薄さがうかがえよう。本拠の支配目的というよりも、戦国期の早い段階に京都、摂津と細川京兆家有力被官として広域で活動した能勢氏の性格に対応する山城の構造・立地である。[*2]

左：田尻御所 概要図　右：田尻城 概要図（ともに作図：中西裕樹）

上：田尻城が所在する城山
下：田尻城の堀切

＊1　田尻庄は天台宗門跡の妙法院領であったが、鎌倉期は能勢氏が地頭となり、歴代の鎌倉将軍家、室町将軍家から安堵を受けた。

＊2　能勢氏と同様、戦国前期の細川京兆家有力被官として広域に活動した丹波国人波々伯部氏の本拠波々伯部保（兵庫県篠山市）には、比高が低いながらも盆地を見通す淀山城と比高約三五〇メートルの平内丸という山城が存在する。能勢氏との共通点として興味深い。拙稿「摂津国能勢郡西郷・東郷における中世城館構成—築城主体の性格と「小規模城館」—」（『中世城郭研究』11、中世城郭研究会、一九九七年）、拙稿「丹波国多紀郡東部の中世城館構造と在地勢力—荒木・籾井・波々伯部氏関連の城郭から—」（『愛城研究報告』五、愛知中世城郭研究会、二〇〇〇年）。

国人能勢氏の戦国期城郭と近世陣屋

15 丸《まる》山《やま》城《じょう》
16 地《じ》黄《おう》陣《じん》屋《や》

15丸山城　①所在地　豊能郡能勢町地黄　②時期　戦国期　③主体　能勢氏　④遺構　曲輪・帯曲輪・土塁・堀切・横堀・虎口

16地黄陣屋　①所在地　豊能郡能勢町地黄　②時期　江戸期　③主体　能勢氏　④遺構　曲輪・石垣・虎口

【概要】丸山城は、国人能勢氏による技巧的な縄張りのコンパクトな山城である。地黄陣屋は三千石の旗本能勢氏の近世陣屋であるが、城郭に匹敵する石垣などの遺構が良く残る。中世の武家領主の拠点を引き継ぐ大阪府下の貴重な城館遺構として取り上げた[*1]。

【立地】丸山城は旧能勢郡東郷の小盆地北端に突き出した丸山と呼ばれる低い丘陵上に立地し、比高は約三五メートルである[*2]。背後の山塊との間には山道が走り、仏坂峠を経て西郷方面へと至る。

丸山城から東南に約二五〇メートル離れた斜面地に地黄陣屋は所在し、両城の間には小盆地内を南北に貫き、大坂から池田を経て丹波亀岡方面へと至る能勢街道が通過する。同じ小盆地内には野間城・館、野間中城があり、後者との距離は直線で約一・五キロである。

【歴史と背景】付近は東郷の中心地で、丸山城は地黄古城、天王丸とも呼ばれている。元禄十四年（一七〇一）の『摂陽群談』では、城主を能勢小十郎と伝える。明治十年代前半（一八七七～八一）の『東摂城址図誌』では、元和年間（一六一五～二四）の城主を能勢頼国とするが、これは地黄陣屋との混同と思われる[*3]。

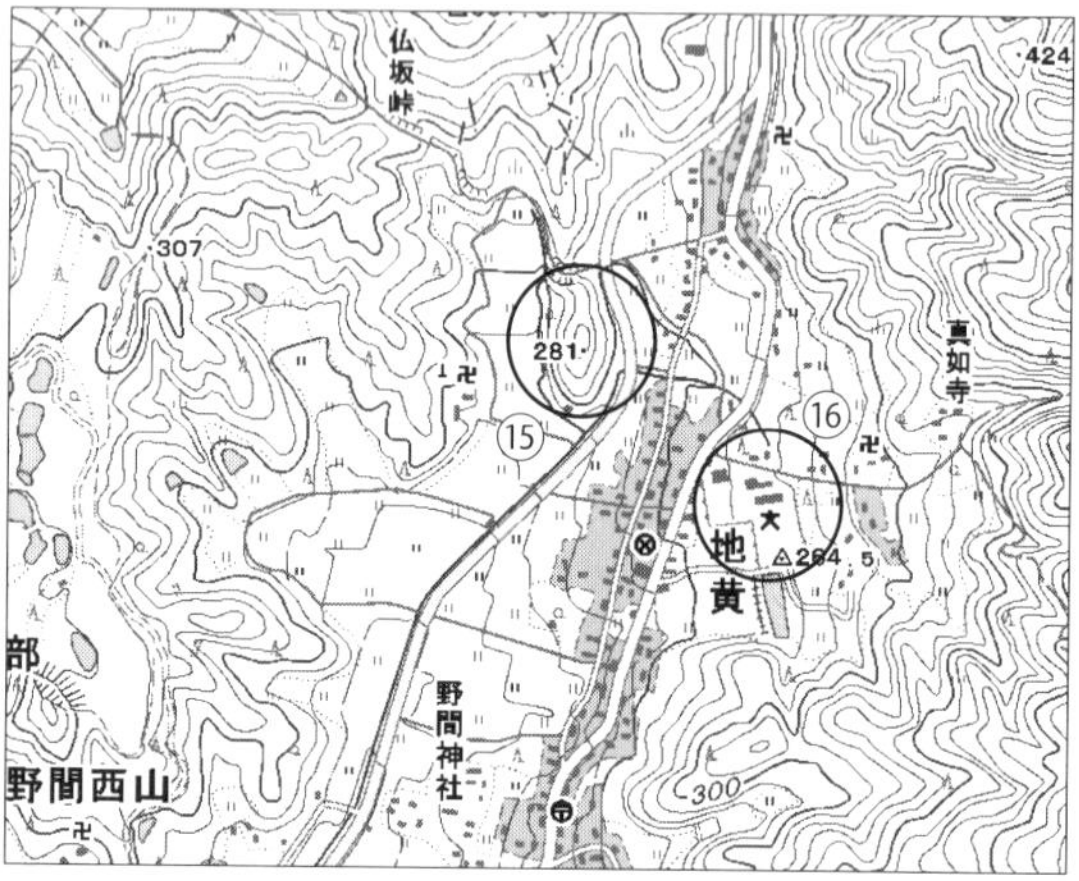

＊1　能勢氏については拙稿「摂津国能勢郡西郷・東郷における中世城館構成―築城主体の性格と「小規模城館」―」（『中世城郭研究』11、中世城郭研究会、一九九七年）、村井祐樹・末柄豊編『真如寺所蔵 能勢家文書』（東京大学史料編纂所、二〇一〇年）を参照。

能勢氏は多田源氏《ただげんじ》の流れを汲む名門武家であり、鎌倉期は摂津国を代表する御家人として在京し、将軍家から東郷の田尻庄と野間村、阿波国篠原の地頭職を安堵された。また、幕府が周辺の武士の掌握を目的に制度化した多田院御家人でもあった。[＊4] 室町時代は将軍家直属の奉公衆として在京し、将軍の出行に従う走衆《はしりしゅう》をつとめた。将軍家からは、同じく田尻庄の安堵を受けている。

丸山城と地黄陣屋。左の尾根上が城、右斜面上の建物付近が陣屋

戦国期には畿内での勢力拡大を図る摂津守護細川京兆家の被官としての活動が顕著となり、応仁・文明の乱では東軍の細川勝元に属し、能勢頼弘らが討ち死にしている。山城国乙訓郡今里（京都府長岡京市）にも土着する一族が現れるなど能勢郡以外にも進出し、細川政元、細川高国の代には能勢頼則、同国頼が芥川城（後に芥川山城。高槻市）を任された。

しかし、細川京兆家が二派に分かれて抗争を繰り返す中、天文十四年（一五四五）に細川晴元方が能勢郡の西郷諸侍中を成敗した際に没落した模様である。以降は奉公衆としての活動以外、三好長慶や織田信長の下での主体的な動きは不詳である。天正十年（一五八二）の本能寺の変後は、明智光秀に属したという。

慶長五年（一六〇〇）の関ケ原合戦後、徳川家康に属した能勢頼次が能勢郡に復帰し、大身の旗本として地黄陣屋を構えた。頼次は中興の祖とされるが、戦国期の能

＊2　摂津国能勢郡は地形が東西で大きく分かれ、東郷、西郷に地域が区分される。能勢氏の本拠は東郷であったが、西郷の支配にも関与した。

＊3　『東摂城址図誌』は大阪府立中之島図書館蔵。山頂に稲荷神社が所在するとあり、現在は白瀧大龍・白政大龍王が祀られる。

＊4　能勢郡に近い川辺郡多田（兵庫県川西市）は多田源氏発祥の地で、鎌倉幕府は一村落・一荘園を根拠とする中小武士層を多田院御家人に編成した。

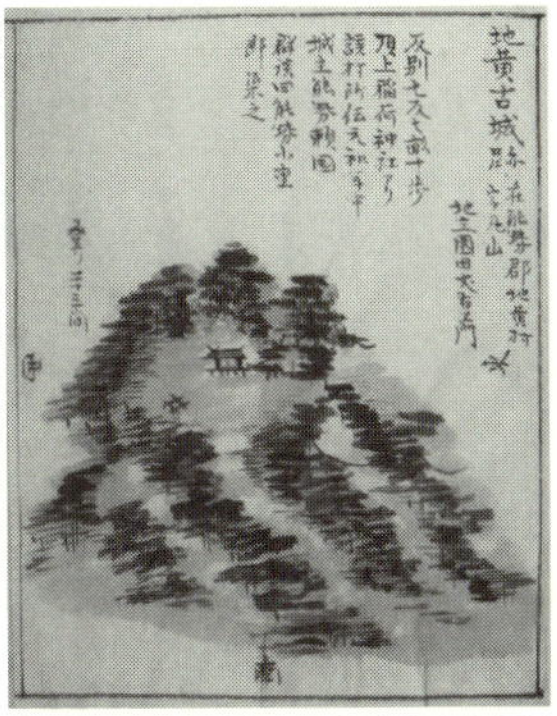
『東摂城址図誌』の「地黄古城跡」

勢氏との系譜などは詳らかではない部分も多い。以降、能勢氏は多数の分家を輩出しながら明治維新まで存続した。

【構造と評価】丸山城は尾根上の主郭に帯曲輪を全周させ、北と南に曲輪を配置しつつ、地形続きとなる北側への防御を固めている。現在、城域北端の尾根の鞍部は仏坂峠への道となり、南側は一部自然地形にみえるが、もともとは堀切の可能性がある。ここからは城内へのルートが通じ、平坦面となる部分に畝状の土塁、堀切を介した前面の曲輪上には幅の広い土塁がある。曲輪西裾にはルートを遮断するような竪土塁が存在し、東西の斜面には、横堀や竪堀が認められる。また、やがて到達する両脇に土塁を持つ虎口は、上部の主郭の土塁に対応した位置関係となる。ルートに対する厳重な守りは、摂津国内でも稀有な構造であろう。

城の規模が一〇〇メートル足らずで、比高も三五メートルと、同じ東郷の野間氏の野間城や西

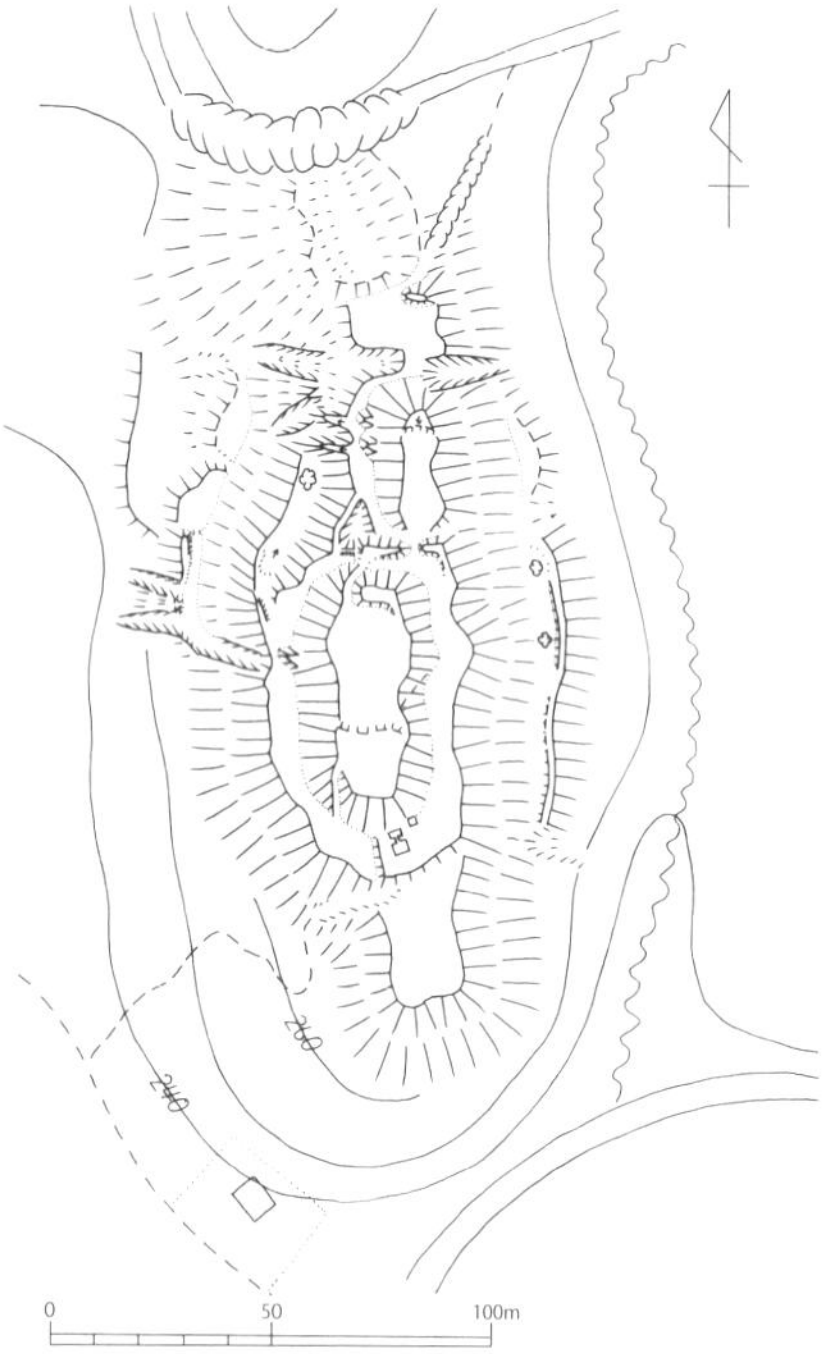

丸山城 概要図（作図：中西裕樹）

上：丸山城の北側から畝土塁と主郭方面をみる
下：同主郭直下の虎口。両脇が土塁となる

＊5　同じ細川京兆家が守護であった隣国の丹波国において、能勢氏と同様に室町将軍家の奉公衆として活動し、戦国期に京兆家の有力被官となった国人の波々伯部氏もほぼ同規模で同様の立地の淀山城（兵庫県篠山市）を営んでいた。＊1拙稿。

郷の諸城と比して見劣りもするが、同様の立地・規模の国人による城郭の事例はほかにも存在する。[＊5]また、小盆地の南には野間氏が城郭を構えるが、東郷は西郷と比して概して城郭の分布自体が希薄である。丸山城の立地は、本拠を安定的に掌握し続けた中世能勢氏の支配を示すように思う。

地黄陣屋は現能勢町立東中学校の校地であるが、東側が高い二段の曲輪で構成されていたことがうかがえ、下段の北・西・南面に高石垣が残存する。西側が正面であり、端正な内枡形虎口が残る。旗本の能勢氏は城郭を構えることができないが、無城主格の大名の陣屋にも見劣りしない見事な遺構で、大阪府下では数少ない本格的な「城」としても必見である。[＊6]

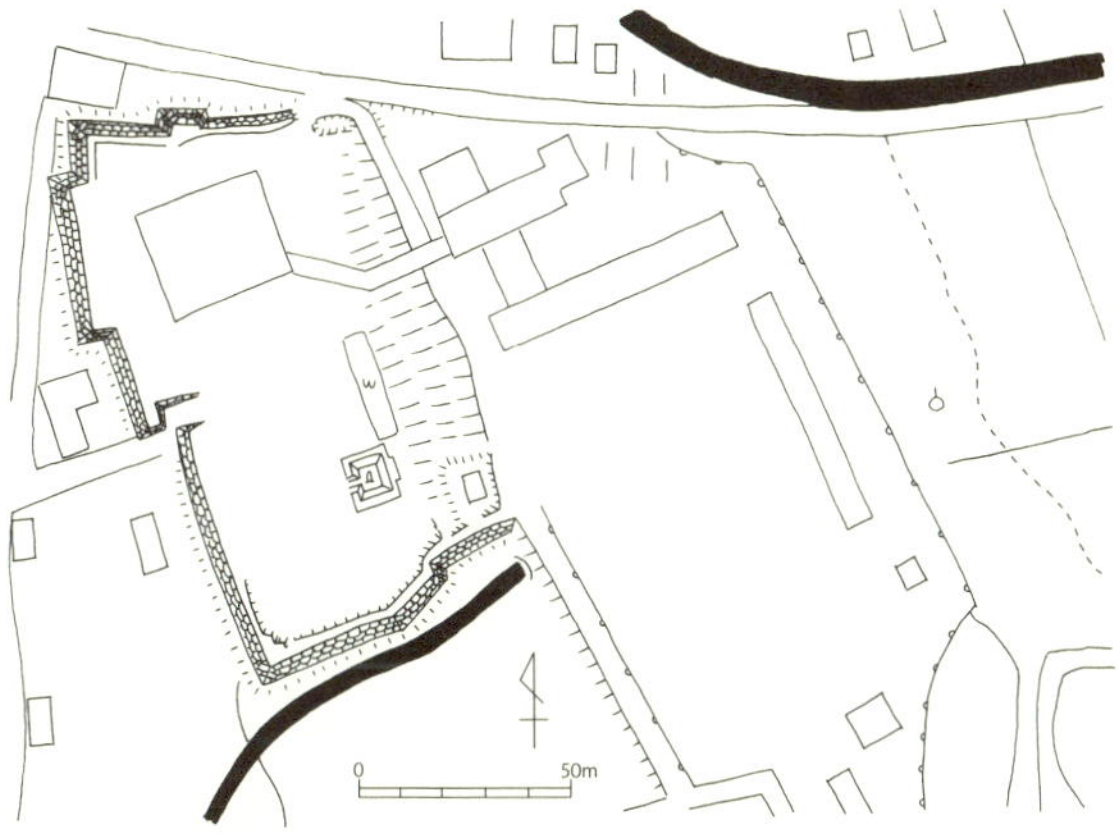

地黄陣屋 概要図（作図：中西裕樹）

上：地黄陣屋の南面の石垣　下：内枡形虎口

＊6　無城主格大名とは一万石以上の大名でありながら、城を持つことが許されなかった大名。大阪府下では一万石の大名青木氏が麻田陣屋（豊中市）、一万一千石の大名北条氏が狭山陣屋（大阪狭山市）を構えた。

山城と館がセットで残る希少な城館遺構

17 野間城《のまじょう》・館《やかた》
18 野間中城《のまなかじょう》

17 野間城・館 ①所在地　豊能郡能勢町野間中　②時期　戦国期　③主体　野間氏　④遺構　曲輪・土塁・堀切・畝状空堀群・虎口

18 野間中城 ①所在地　豊能郡能勢町野間中　②時期　戦国期　③主体　野間氏　④遺構　曲輪・土塁・堀切

【概要】 野間城は国人野間氏による山城であり、山麓の館とセットになった大阪府下では珍しい事例である。土塁を伴う虎口や畝状空堀群の遺構が残る。野間中城には土塁の遺構などが良く残るが、野間氏の系図に「新城を南山に築くも中止す」とあるように未完成の印象を持つ。[*1]

【立地】 野間城は、日蓮宗霊場の能勢妙見山として有名な妙見山の山塊の一角にあたる南嶽山から派生した標高三五五メートルの城山に立地する。集落からの比高は約一一〇メートルである。[*2]旧能勢郡東郷地域の中心である大字野間、大字地黄の小盆地の南に位置し、城からは盆地を挟み北に能勢氏の丸山城が良く見える。

野間中城は、野間城から北に約八〇〇メートル離れた標高約三〇〇メートルの「南山」に所在し、集落からの比高は約五〇メートル。両城の間の谷筋には東の余野で摂丹街道から分岐し、野間峠を越えた東西道が通り、野間の集落内で大坂から池田を経て丹波亀山方面を結ぶ能勢街道と交差する。

【歴史と背景】 元禄十四年（一七〇一）の『摂陽群談』によれば、野間城には野間氏が在城し、子孫は今にありとしている。また、明治十年代前半（一八七七～八一）の『東摂城址図誌』では「野

＊1　城郭研究者の高橋成計氏のご教示による。当城の遺構は同氏によって確認された。

＊2　妙見山には真言宗の為楽山大空寺があったとされ、戦国末期には能勢頼次が為楽山城を築いたという。現在山頂部に土塁が残るが、尾根に並行する形態であり、城郭遺構としては認識できない。妙見山は関ケ原合戦後に旗本能勢氏の基礎を築いた頼次を開基とし、頼次は領内の寺院を日蓮宗へと改宗させている。

田城跡」として多田三郎平嶋冠者高頼が野間に改姓・移住後に築き、天正八年（一五八〇）の野間豊後守資持の代に川辺郡の国人塩川長満の攻撃で落城したとする。[3]

能勢郡には朝廷に銅を納める採銅所が置かれ、平安末期には小槻《おづき》家（後に壬生家と大宮《おおみや》家に分裂）が統括した。その役人の預職《あずかりしき》などを歴任したのが在地の土豪と思われる大江《おおえ》氏で、代々「資」を名の通字とした。野間氏は鎌倉時代に確認され、この大江氏の一族と考えられている。[4] 能勢郡は多田源氏の本拠に近く、野間氏は鎌倉期に清和《せいわ》源氏の霊廟多田院に奉仕する「多田院御家人」でもあった。[5]

戦国期も野間氏は採銅所と関わり、永正十七年（一五二〇）に壬生家の使者が代官野間石見入道に年貢を催促したが、去年の戦乱に際して細川高国が年貢を能勢十郎と野間兵庫らへの兵糧米にしたと述べた。そして年貢を進納には高国の下知が必要で、かつ年貢の四分の一を石見入道の給人に給わり、四

上：手間の林の中に野間館、ピークに野間城
下：南からみた野間中城。左手前の森付近が野間屋敷

『東摂城址図誌』の「野田城跡」

＊3　『東摂城址図誌』では階段状に配置された曲輪や山上の祠が描かれている。

＊4　野間氏については丹生谷哲一「中世」（『能勢町史』一、二〇〇一年）を参照されたい。

＊5　能勢郡に近い川辺郡多田（兵庫県川西市）は多田源氏発祥の地で、鎌倉幕府は一村落・一荘園を根拠とする中小武士層を多田院御家人に編成した。承久の乱（一二二一年）を契機に執権北条氏の支配を受け、多田院への奉仕を目的とした。

分の一を野間被官人に宛がった後であれば納めると回答している。野間氏が守護細川京兆家の被官として勢力を拡大している様子がうかがえよう。

上：野間城主郭の土塁　中：同主郭背後の堀切　下：野間館に残る窪地と石組み

【構造と評価】野間城は最高所の主郭から二股に分かれる尾根上に曲輪を配し、城域は長辺約一〇〇メートルである。背後の尾根続きに多重堀切と畝状空堀群を設け、堀切は岩盤を削り込み、対になる主郭の土塁が櫓台状になるなど強い遮断意識がうかがえる。主郭はまとまった面積の平坦面で、虎口は小規模な内枡形状を呈する。

北麓には野間館と呼ばれる館城の遺構が存在し、山腹に削り残しの直線土塁と堀切を設け、前面にほぼ五〇メートル（半町）四方の方形区画となる。土塁の裾近くに窪地と石組が確認され、庭園跡の可能性がある。虎口は山城へ続く現在の道に面した場所と東

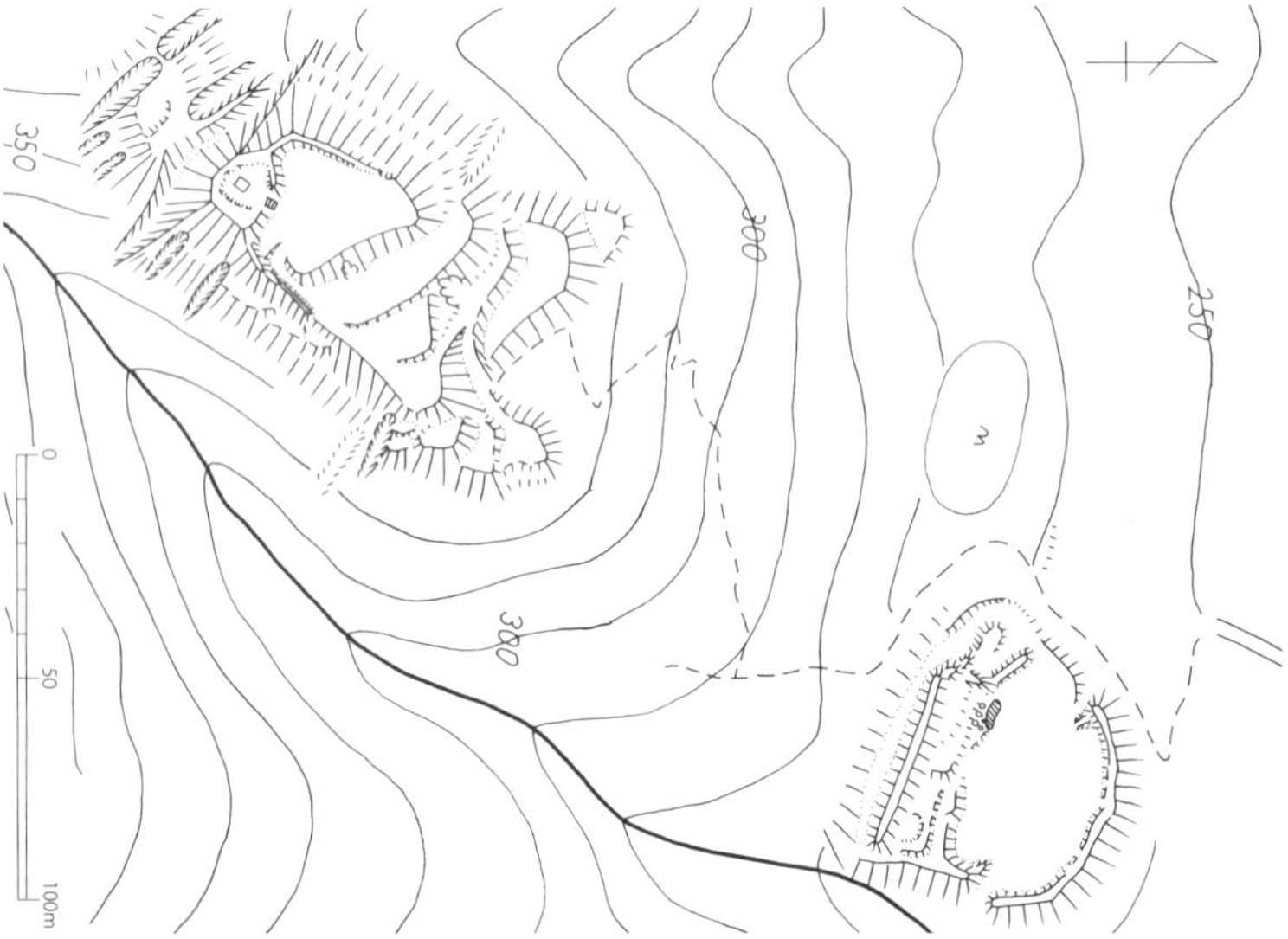

野間城 概要図（作図：中西裕樹）

の小河川が流れる谷に面した地点に想定され、後者は土塁を伴う。野間城・館のように、明確に館城と山城がセットになる大阪府周辺の事例は数少ない。また、北の川対岸には「野間屋敷」とされる場所があり、現状で確認はできないが一九八一年の『日本城郭大系』所収の図には土塁が表記され、[*6]野間城と野間館に対して平地における野間氏の屋敷と見ることもできる。しかし、野間氏の一族や被官の屋敷、さらには戦国期以降の可能性なども想定すべきであろう。[*7]

野間中城には、大きく三つの曲輪が確認される。城域は長辺約一〇〇メートル。ピークの主郭は西側を除く縁辺部に土塁を設け、北側の下位の曲輪は幅の広い土塁を東から北にまわすなど、一貫した防御意識がうかがえる。南西の尾根続きは鞍部となるが明確な堀切は確認できず、粗雑な普請の印象を受ける。先述の「新城を南山に築くも中止す」を想起させる遺構である。[*8]

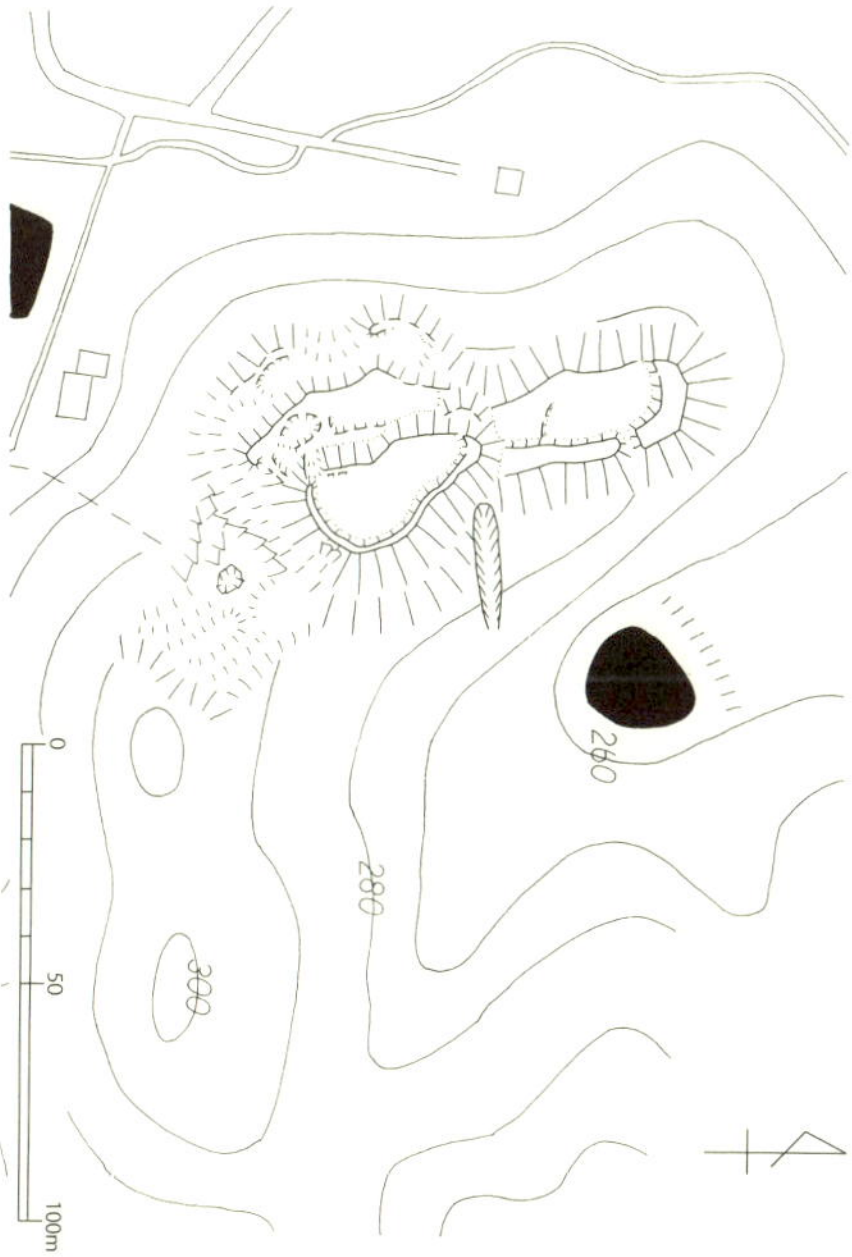

野間中城 概要図（作図：中西裕樹）

野間中城の土塁

＊6　古川与志継「野間城・野間氏居館」（『日本城郭大系』12、新人物往来社、一九八一年）。

＊7　田村昌宏氏は近世以降に野間氏が移った可能性を指摘している（田村昌宏「満久谷城の館の位置について」『満久谷遺跡—兵庫県加西市・加西カントリー倶楽部用地内遺跡の調査—』、奈良大学考古学研究室調査報告所13、河内城・満久谷遺跡調査会　奈良大学・考古学研究室、一九八九年）。

＊8　山麓近くには永禄七年（一五六四）銘の阿弥陀・六地蔵磨崖仏がある。

能勢・川辺郡の境で横堀を持つ小規模山城

19 吉川城《よしかわじょう》

①所在地　豊能郡豊能町吉川・兵庫県川西市黒川
②時期　戦国期　③主体　吉川氏
④遺構　曲輪・帯曲輪・土塁・堀切・横堀

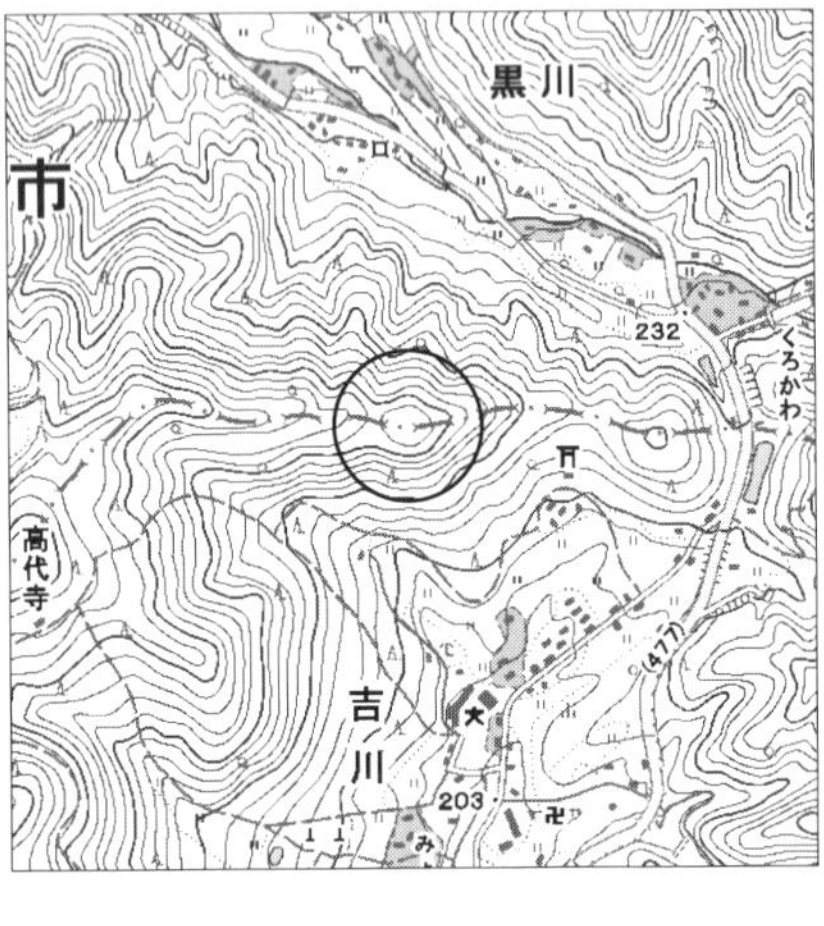

【概要】吉川城は横堀を伴う小規模山城で、曲輪内部が傾斜するなど臨時性が強い。

【立地】旧能勢郡と川辺郡の郡境にあたる標高約三六五メートルの尾根上に立地し、麓の吉川集落との比高差は約一三〇メートルである。尾根続きの標高四四五メートルの地点には多田源氏ゆかりの高代寺があり、山麓には吉川八幡神社がある。

吉川は谷合の集落で、流れる初谷川を約四キロ下ると摂津を代表する国人塩川氏の拠点・山下城（兵庫県川西市）がある盆地へと至る。城跡のある尾根は、東に妙見山塊へと続くが、城跡から約五〇〇メートルの地点は多田から吉川の谷筋を通って能勢郡の中心部に向かう能勢街道の峠であった。[*1]

【歴史と背景】享保二十年（一七三五）の『摂津志』では吉川長仲が拠るとし、典拠に後述の『高《こう》代寺舊記《だいじきゅうき》』をあげている。[*2]

吉川に近い川辺郡多田（兵庫県川西市）は多田源氏発祥の地で、源満仲らを祀る多田院（神社）があった。鎌倉幕府は、この源氏の根拠地である多田地域の掌握に腐心し、周辺の一村落・一荘園程度を根拠とする中小武士層を「多田院御家人」に編成する。弘安元年（一二七八）の多田院金堂の上棟に際し、奉賀した多田院御家人の散所御家人の筆頭に吉河判官代入道がおり、正応六年（一二九三）には一族とみられる勝尾寺《かつおじ》（箕面市）の顕心阿闍梨が、吉川村内の土地を勝尾寺に寄進している。[*3] 吉川（河）氏は、正和五年（一三一六）の多田院堂供養では警固にあたったこ

＊1　妙見山は近世に信仰を集めた日蓮宗霊場で、能勢郡を領した能勢氏は領内の寺院を日蓮宗に改宗させた。戦国末期に能勢頼次が為楽山城を築いたというが、明確な遺構は確認できない。左は城跡からみた妙見山方面。

とも確認される。しかし、以降の吉川氏については戦国期を含めて不明な点が多い。

『高台寺日記（舊記）』によれば、天正元年（一五七三）十一月に塩川氏によって吉川城は攻撃され、吉川定満、同左京亮らは丹波へと退き、同名や一族が打ち死にしたとされる。[*4] 塩川氏は多田院御家人の筆頭とされ、戦国時代には摂津国を代表する国人として多田周辺を中心に成長を遂げていた。

天文十四年（一五四五）には、塩川国満が細川晴元に属して能勢郡西郷へと進出し、同十八年には三好長慶と対立した細川晴元を山下城に迎えている。天正元年当時は織田信長に属して優遇され、後に織田家家督を継いだ織田信忠は、塩川氏から妻を迎えたともいう。

天正元年は足利義昭が信長から離反し、年明けに挙兵した年である。摂津国内では三月に荒木村重が信長方となり、義昭方とみられる高槻城（高槻市）の和田氏が高山氏に追放された。『高台寺日記』は、八月に能勢郡東郷の国人能勢氏、野間氏、山田氏らが塩川氏によって討たれたとし、吉川周辺で合戦があっても不思議な状況ではない。

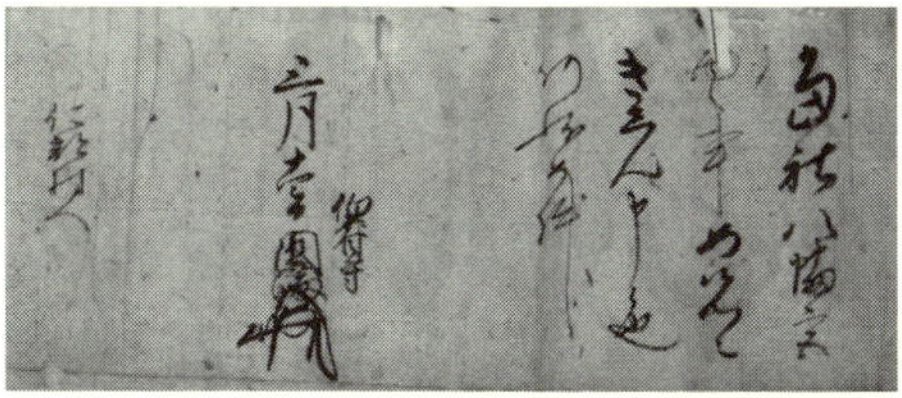

上：塩川国満書状　『吉良家文書』
下：吉川集落からみた吉川城跡

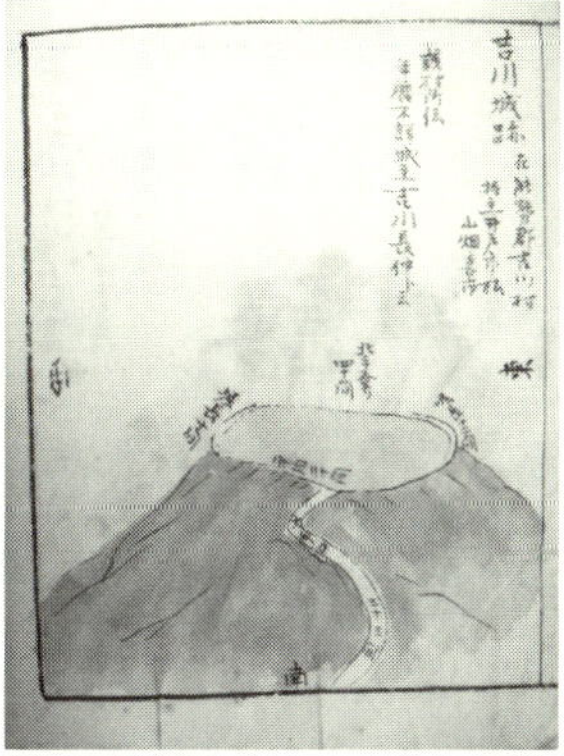

『東摂城址図誌』の「吉川城跡」

＊2　明治十年代前半（一八七七〜八一年）の『東摂城址図誌』にも「吉川城跡」が所収されている。

＊3　『能勢町史一』を参照。また、勝尾寺は大阪平野を望む山岳寺院であるが、この時期は能勢郡周辺の人々と芸能などを介して深い結びつきがあった。

＊4　『高台寺日記　塩川家臣日記』として内閣文庫に伝わる。歴史的事実に加え、独自の事柄が記述されている。興味深い内容であるが、書誌学的検討も必要な記録といえよう。鶴崎裕雄「摂津国人領主塩川氏の記録―「高代寺日記　塩川家臣日記―下」―紹介―」（『史泉』50、関西大学史学・地理学会、一九七五年）。

【構造と評価】吉川城の構造は、ピークの円形の曲輪と周囲の横堀を中心とする。約五〇メートル四方に収まり、小規模山城といえるだろう。曲輪内部が傾斜するなど削平は不十分であり、縁辺には一部、土塁のような部分が認められる。また、横堀は一部で帯曲輪状となり、西側の鞍部となる方向には下位の帯曲輪を設けるが、鞍部は堀切として加工された痕跡に乏しい。

摂津では、削平不十分な曲輪に横堀を使用する山城がみられ、臨時的な性格が強い陣城と考えられる。特に山間部では単郭に横堀を伴う山城が確認されており、広域に及ぶ軍事活動との接点が想定できるため、[*5] 少なくとも吉川城は、特定勢力の支配拠点ではないと思われる。

これは、近隣の国人塩川氏の山下城と比較すれば一目瞭然である。山下城は、大きく東の古城山と谷を挟んだ西の向山の二ヶ所に遺構が分かれ、古城山が主体部である。古城山の遺構は、二股に分かれる尾根に曲輪を連ねる大規模山城で、主郭は長辺約五〇メートルを超える。背後の多

＊5 拙稿「戦国期における地域の城館と守護公権—摂津国、河内国の事例から—」（村田修三編『新視点 中世城郭研究論集』新人物往来社、二〇〇二年）。

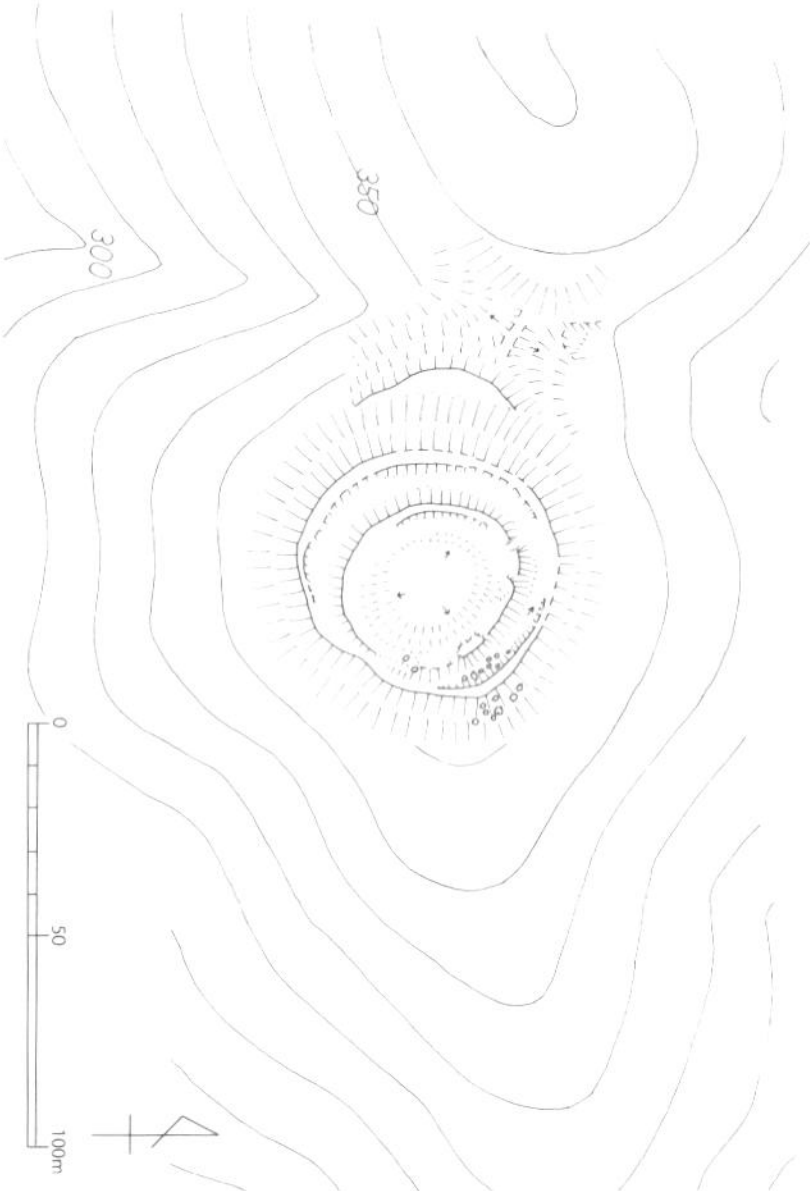

吉川城 概要図（作図：中西裕樹）

上：吉川城の曲輪を取り巻く横堀
下：同曲輪の内部。傾斜している

重堀切は周辺の山城でも突出した規模であるが、全体に土塁の使用は抑制的で横堀はみられない。一方、向山は単郭であるものの、横堀や塁線の突出が確認できるなど技巧的な構造である。拠点城郭と付帯する、軍事的な小規模山城の構造の在り方を示している。[*6]

吉川城の立地は能勢・川辺郡境で、集落からは遊離しつつ、城跡の尾根は妙見山と高代寺山を結ぶ。この尾根上には、城跡へのルートでもある吉川八幡神社から高代寺へと続く道が走り、古くからの道であっても不自然ではない。また、この尾根上には川辺郡と能勢郡を結ぶ能勢街道の峠が存在していた。吉川城は能勢方面と川辺方面の勢力の衝突に対し、吉川氏ら在地勢力が関わる形で臨時的に構築された可能性が高いと思われる。

＊6 拙稿「摂津国における中世城郭構造把握の試み―土塁の使用形態に注目して―」(『中世城郭研究』14、中世城郭研究会、二〇〇〇年)。

山下城 概要図（作図：中西裕樹）

上：山下城（古城山）から見た山麓の景観
下：山下城の主郭。奥の高まりは多重堀切とセットになる土塁

横堀と畝状空堀群が発達した山城と高所の砦

20 余野本城《よのほんじょう》
21 水牢城《すいろうじょう》

【概要】余野本城は複雑な縄張り構造であり、横堀や畝状空堀群などの遺構が良好に残る。水牢城は単郭構造の山城である。

【立地】余野本城は、旧能勢郡東南の山間に集落が点在する余野に所在する。標高約四〇〇メートルの山上に立地し、集落との比高は約六〇メートル。地域内部を流れる余野川の下流は止々呂美（箕面市）から猪名川方面へと谷筋が続き、反対は丹波方面である。この谷筋には摂丹街道が通る。

　西側の妙見山塊の標高約四七〇メートルの野間峠を超えると、能勢郡東郷の野間へと至る。水牢城は、野間峠に近い野間口の標高約五二〇メートルの山上（水牢古城山）に立地し、かつて野間口は余野に属して山口と呼ばれていた。麓との比高は約一二〇メートルである。

【歴史と背景】元禄十四年（一七〇一）の『摂陽群談』

左奥の山頂が余野本城、右の丘上に余野城があった

20余野本城　①所在地　豊能郡豊能町余野
②時期　戦国期　③主体　余野氏
④遺構　曲輪・帯曲輪・土塁・堀切・竪堀・畝状空堀群・横堀・虎口

21水牢城　①所在地　豊能郡豊能町野間口
②時期　戦国期　③主体　山口氏か
④遺構　曲輪・土塁・堀切

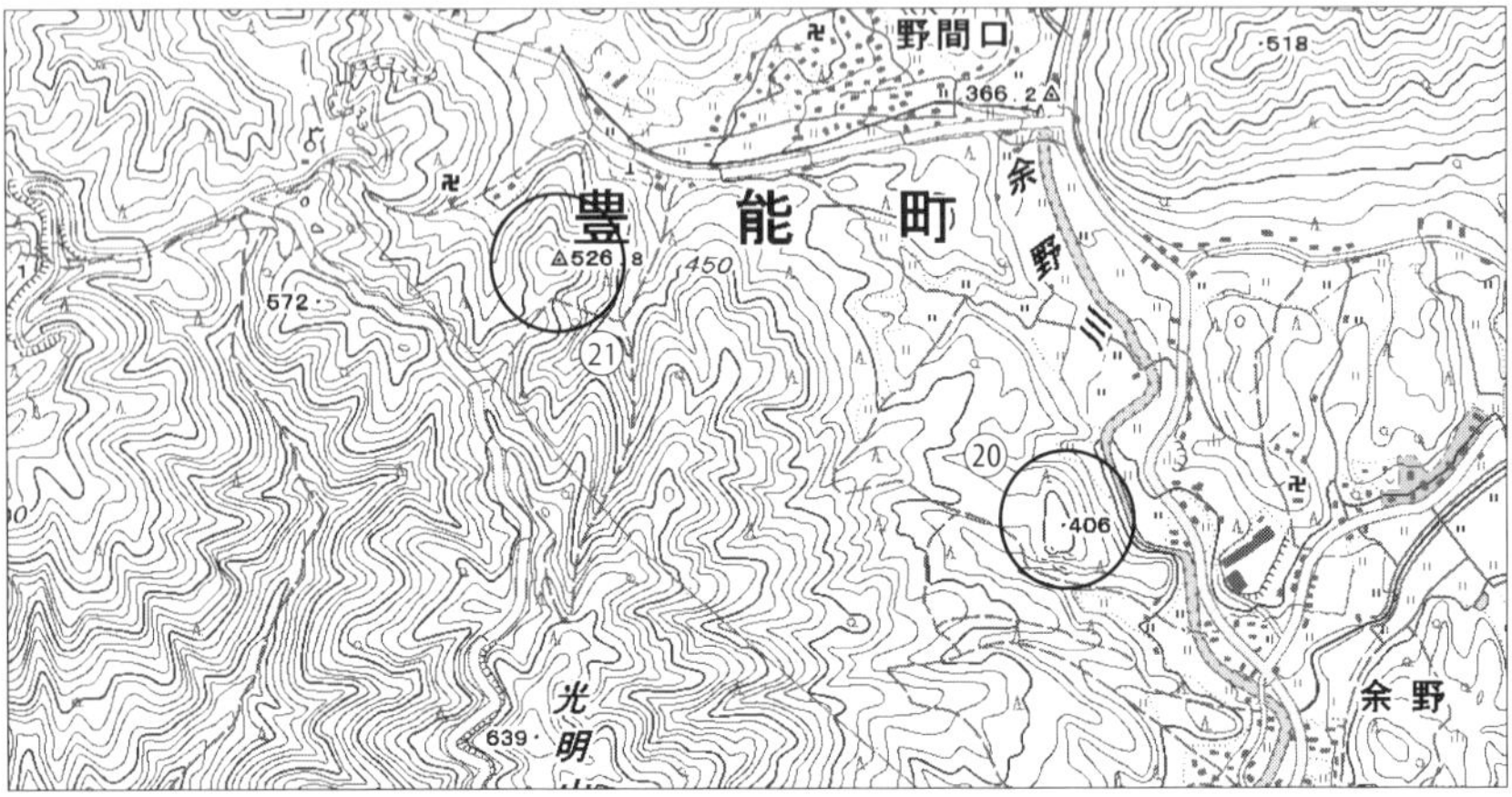

には「余野古城」がみえ、余野山城守の旧郭とし、下屋敷・出丸などの古跡があるという。ただし、これは余野本城とは別の余野城を示すと考えられる。*1 また、大正十一年（一九二二）の『大阪府全志』は大字野間口に鳥坂城址の項を設けており、山口左近を城主とするが、不詳である。

戦国時代の余野には余野氏という在地勢力がいたとされ、『摂陽群談』では能勢氏や野間氏とともに「能勢三想（惣）領」と称したという。一九一九年の森純一『東能勢村誌』によれば、明応年間（一四九二〜一五〇一）に能勢一族の余野山城守頼幸が城を築いたという。天正年間（一五七三〜九二）の余野山城守国綱は、近隣の高山（豊能町）に本拠を持ち、織田信長の下で高槻城（高槻市）主となった高山右近と親交があったという。

余野本城 概要図（作図：中西裕樹）

しかし、キリシタンである右近が寺社を破壊するなど百姓を苦しめたため、天正十二年に国綱は高山城を攻めたものの敗れた。もしくは、同八年に右近が丹波の諸城を攻めるとともに余野を攻撃したため、国綱は民間に下ったとも伝わる。

居宅跡付近には「残念坂」「最後坂」の地名があり、その亡霊を恐れて放置されてきた場所との伝承もあったという。*2 しかし、関連史料が残らず、歴史上の余野氏については不詳である。

*1　余野本城と谷筋を東に挟み、約三五〇メートル離れた城山（標高三六三メートル）に余野城が存在したとされる。旧大阪府立城山高校（左）の敷地で明確な遺構は残らないが、地形続きの北〜東側を遮断する長辺約一〇〇メートルのL字型の堀を伴う曲輪などが存在したという。古川与志継「余野城」（『日本城郭大系』12、新人物往来社、一九八一年）。

上：余野本城の虎口北側の横堀
下：同西斜面の畝状空堀群

右近の父高山飛騨守は、永禄六年（一五六三）の入信後、「遠縁」「友人」の余野の「クロン」殿や余野川下流の止々呂美（箕面市）のクロンの家臣らを入信に導き（フロイス『日本史』）、右近の妻は、クロンの娘であった。

　彼らは地縁的な在地領主層として結びつき、天正元～十三年頃の余野周辺は、高槻城主高山右近の基盤の一つであったと思われる。[＊3]

【構造と評価】余野本城の遺構は長辺一〇〇メートル近い単郭で、周囲に巨大な横堀と竪堀を配置した摂津国内では珍しい構造である。立地は集落から奥まった位置にあり、日常の支配拠点というよりは、城の軍事的な性格をうかがうことができる。地形続きとなる西側では横堀状に喰い込む凹型の堀があり、内側に土塁を伴う。ここは堀切を渡った城外からのルートが取り付く地点で虎口に該当し、南側の畝状空堀群へ横矢を利かせる小曲輪としても機能するようになっている。[＊4]

　ルートは小曲輪から横堀状の帯曲輪を一部経由し、スロープを上がって曲輪に達する。その両サイドで内部は南北に区画され、南側には高まりが認められるが、用途は明確ではない。一方、北側縁辺部は幅の広い土塁が設けられ、横堀を見下す。なお、堀切の城外側には石組が存在して

＊2　松田毅一『近世初期日本関係 南蛮史料の研究』（風間書房、一九六八年）。なお、『豊能町史』付図の埋蔵文化財包蔵地では、余野城を「幣ノ木城」としている。

＊3　拙稿「高山右近への視点―研究整理と基礎的考察―」『織田信長・豊臣秀吉と高山右近』（拙編『高山右近 キリシタン大名への新視点』、宮帯出版社、二〇一四年）。

＊4　高屋茂男「戦国期における斜面防御の一形態―畝状空堀群と横矢の関連性から―」（村田修三編『新視点　中世城郭研究論集』、新人物往来社、二〇〇二年）を参照。

＊5　『東摂城址図誌』（一八七七～八一年）には「餘野城跡」が収録されている（左）。字「氷室」とあり、これは余野本城に隣接した字名である。このため、本図は余野本城を示す（城跡の字名は「証拠谷」「城山」）。曲輪面のみが描かれ、横堀や畝状空堀群などの評価はなされていな

おり、井戸跡の可能性がある。

水牢城は東西約五〇メートルの細長い単郭であり、地形続きとなる南側に土塁を設ける。付属した小規模な曲輪が確認できるが、基本的には単郭と考えてよいだろう。堀切は設けず、土塁とセットになった鞍部の斜面で遮断を行っている。非常にシンプルな構造で、集落からも遊離した立地である。この立地は余野本城に通じる点で、何らかの特定の目的で構築されたと思われる。おそらくは、余野と野間との間の掌握を意図したものだろう。

文献では、これら余野の城郭の使用は確認できず、高山右近による余野攻めなどの伝承の当否は確認できない。しかし、余野は丹波国や能勢方面から余野川を下って池田の平野部を結ぶ位置にあたる。

これらの城郭は、広域を巻き込んだ軍事的動向の中で使用され、山間部と平野部をつなぐような機能、逆にその間で起きた合戦などに応じて機能したものととらえたい。*5

水牢古城山をのぞむ。手前を横断する道が野間峠に至る

水牢城 概要図（作図：中西裕樹）

い。村では城主に天正年間の能勢山城守頼保を伝えるとし、あわせて『摂陽群談』が余野山城守とする説を載せている。

集落外部に向けて築かれた二つの小規模山城

22 高山城《たかやまじょう》
23 高山向山城《たかやまむかいやまじょう》

22 高山城　①所在地　豊能郡豊能町高山　②時期　戦国期　③主体　高山氏　④遺構　曲輪・土塁・堀切

23 高山向山城　①所在地　豊能郡豊能町高山　②時期　戦国期　③主体　高山氏　④遺構　曲輪・帯曲輪・土塁・堀切

【概要】高山城と高山向山城は山間の小規模城郭で、キリシタン大名・高山右近を輩出した高山氏関連の城と考えられる。[*1]高山城は一部破壊を受けるが、高山向山城は良好に遺構が残る。

【立地】高山は山間の小盆地で、千里丘陵の北部から丹波方面へと抜ける高山街道が通過する。両城は高山集落を挟み、この小盆地の外縁部に位置する。高山城は城山と呼ばれる標高約四八〇メートルの山頂に立地し、集落との比高差は約三〇メートルである。一方、高山向山城は標高約四九〇メートルの向山山頂に立地し、集落との比高は約四〇メートル。ともに集落との距離は近いが、城跡から集落の中心部への眺望は効かない位置にある。

【歴史と背景】高山城は大正十一年（一九二二）の『大阪府全志』で高山右近の居城と伝えられる一方、高山向山城については特に伝承などが無いようである。[*2]

中世の高山は、周辺地域に大きな影響力を持った勝尾寺の荘園であった。[*3]十五世紀に高山氏は摂津守護細川京兆家の有力被官長塩《ながしお》氏を請人として代官職に就く。高山の西方寺には、応永二十年（一四一三）に高山正澄が俗道場として開き、玄孫の

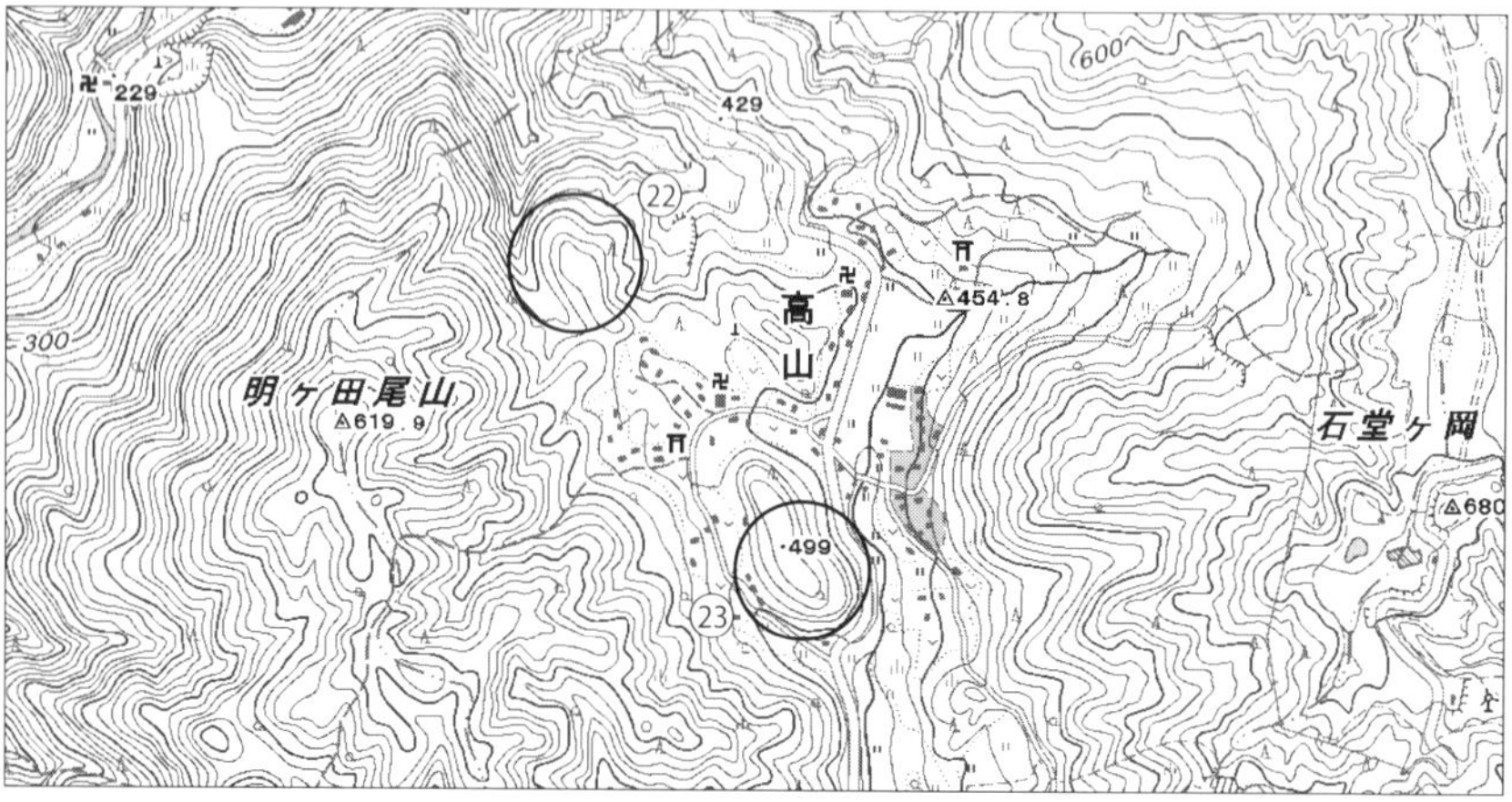

高山正頼が西連寺に改めたとの寺伝が残るなど、高山氏は地元の有力者であった。

　高山氏は十六世紀初頭に百姓衆への圧力を強め、この背景には守護細川政元と守護代薬師寺《やくしじ》氏との摂津国支配をめぐる対立があったと思われる。*4 やがて、百姓衆の訴えで高山氏は代官職を解任されたが、高い身分を保つ。天文十八年（一五四九）の勝尾寺奥坊の火災では「守護代衆」が寺を見舞う中、寺は「高山殿」に礼をしている。この高山殿が三好政権下での活動する高山飛騨守と考えられ、永禄三年（一五六〇）に三好氏の勢力が新たに進出した大和国の沢城（奈良県宇陀市）の城主に登用されている。飛騨守は畿内でも初期のキリシタンであり、高山のほかに縁戚がいた余野（豊能町）や止々呂美（箕面市）といった近隣地域での布教を進めた。

【構造と評価】高山城の構造は、長辺約五〇メートルの細長い曲輪の南側尾根続きに堀切を設ける。小規模な単郭の山城といえよう。現状では、曲輪内部の中央を比較的新しい破壊道が通り、遺構の残存状況は良好ではない。堀切も土塁状の高まりを伴いつつ、尾根の片側斜面にのみ確認できる。ただし、曲輪の内部は傾斜し北端は一段高くなっているなど、元から十分な削平がなされたとは思えない。この点は、城が恒常的に利用されたものではないことを示している。

　高山城は集落と反対の北側の

上：高山城を高山の小盆地外の北東からのぞむ
下：高山向山城を高山の小盆地外の南からのぞむ

＊1　高山右近（一五五二？～一六一五）は日本史上を代表するキリシタン大名である。洗礼名はジュストであり、妻は余野「クロン」の娘ジュスタ。茶人でもあった。徳川幕府の禁教令で慶長十九年（一六一四）に国外追放。翌年にフィリピン・マニラで没。高山には右近生誕の石碑が建つ。

＊2　城郭研究者の高橋成計氏によって確認された遺構である。

＊3　箕面市に所在する真言宗の山岳寺院。中世は広く周辺地域から信仰を集めた。西国三十三所観音霊場として有名。

高山城 概要図（作図：中西裕樹）

上：城外から見た高山城の堀切
下：同曲輪内部の様子。奥に高まりがある

谷を直接見下す場所にあり、下れば余野川が流れ、摂丹街道が通過する谷筋と合流する。谷筋の南に向かうと、止々呂美の集落を経て平野部の池田方面に連絡し、北に向かうと間もなく余野の小盆地を経由して能勢や丹波方面との距離も近い。なお、城の南麓を少し離れた現在「高山右近生誕之地」の石碑が建つ周辺は「殿町《トノンジョ》」と呼ばれ、屋敷などの所在が想定されている。*5

高山向山城は、南北約四五メートル、東西三〇メートルの曲輪の南北に堀切を設けた小規模な単郭の山城である。北の堀切は内側に土塁を伴って両端が竪堀状となるが、東側斜面側はそのまま帯曲輪となって南の堀切へと続く。曲輪内部の削平状況は良好とはいえず、北側で一段高くなる部分が確認できる。高山城と同様、恒常的な山城であった可能性は低いだろう。また、曲輪切岸に加え、堀切と帯曲輪による防御ラインは横堀の機能に近い。横堀を持つ山城は、戦国後期の臨時的で軍事性が高い陣城や小規模な地域支配の拠点ではない山城に多い。なお、尾根続きの城

*4　拙稿「摂津国上郡における守護代薬師寺氏—戦国前期の拠点・国人と守護をめぐって—」（天野忠幸ほか編『戦国・織豊期の西国社会』、日本史史料研究会、二〇一二年）。

*5　高山地区文化財調査団『高山地区文化財調査報告書—豊野町高山地区』（二〇〇一年）。

外の頂部にはかつて大川神社が存在し、祠の痕跡がうかがえる。[*6]

高山城と高山向山城はともに小規模な単郭の山城であり、高山という小盆地の境界に立地していた。この立地は単独勢力の村落に対する支配拠点というよりも、さらに広域への対応を意識しているように思われる。高山氏以外の村落上層部らの意思が介在している可能性もあろう。

戦国初期から高山周辺は守護や守護代勢力の狭間にあり、二つの城は恒常的な施設ではないことが想定された。高山向山城には防御ラインの設定が確認でき、戦国後期の遺構である可能性が高い。高山城と高山向山城には、高山氏が三好氏や織田氏の配下に属した以降の広域な活動に対応した可能性も想定しなければならない。

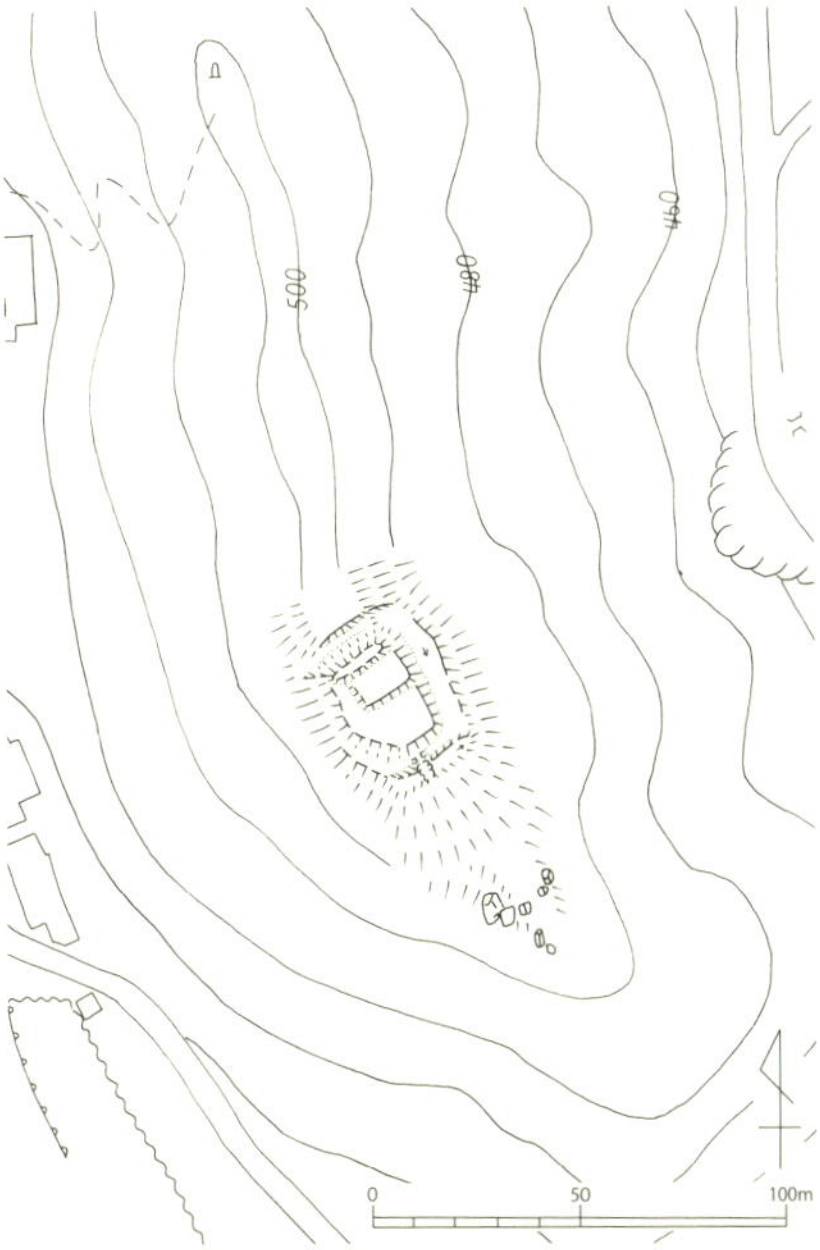

高山向山城 概要図（作図：中西裕樹）

上：高山向山城の堀切とつながる帯曲輪
下：同曲輪内部の様子。奥が一段高くなる

＊6　昭和初期まで大川明神の祠があって土俵がつくられ、大正時代までは青年団の相撲大会が夕方から夜に行われた。提灯が上がり、神社の祭りとされたという。また、かつては正午と午後五時を知らせるサイレンが向山山頂で鳴らされていた。＊5文献。

小規模山城の可能性を残す遺構

24 止々呂美城《とどろみじょう》

①所在地　箕面市下止々呂美
②時期　戦国期
③主体　塩山氏か
④遺構　曲輪・土塁・堀切

【概要】止々呂美城は、現時点で明確な城館とは断言できない遺構である。

【立地】狭隘な止々呂美の谷筋の南端に突き出す標高約二三〇メートルの尾根上に立地し、集落との比高差は約五〇メートル。かつては日枝神社があり、今も神社の鳥居や石積み、手水鉢などを見ることができる。地元では、「岡の上の古城址」と呼ばれていた。*1 複数の集落が存在する止々呂美の谷筋には余野川が流れ、摂丹街道が通過する。南に向かうと、やがて猪名川沿いに出て池田方面に連絡し、反対の北に向かうと、間もなく余野の小盆地を経由して能勢や丹波方面へと至る。

【歴史と背景】元禄十四年（一七〇一）の『摂陽群談』によれば、「塩山古城」と「止々呂美古城」の二つの城郭があり、前者は「下止々呂美村にあり。城主、能勢の郡片山の古城に同じ」とされ、「片山古城」は「塩山肥前守源景信在城の古跡」という。*2 片山城とは、旧能勢郡西郷に所在する城跡で、今も良好な遺構が残る。一方、後者は「上止々呂美村」にある馬場信高の旧地であり、下屋敷並びに子孫がいるとする。ただし、上止々呂美には、明確な城郭遺構が確認されていない。このため、現在では塩山城が止々呂美城という遺跡名で呼ばれている。

近世の豊後中川家が編纂した『中川家御年譜』によれば、天正七年（一五七九）に織田信長は「北郡」（能勢方面）方面の攻撃を行い、中川清秀家臣の田近《たぢか》氏の働きにより、同じ塩山一族であった「止々呂美城」の塩山正秀と「片山城」の塩山信景は城を開いたとされる。*3 止々呂美は、摂津

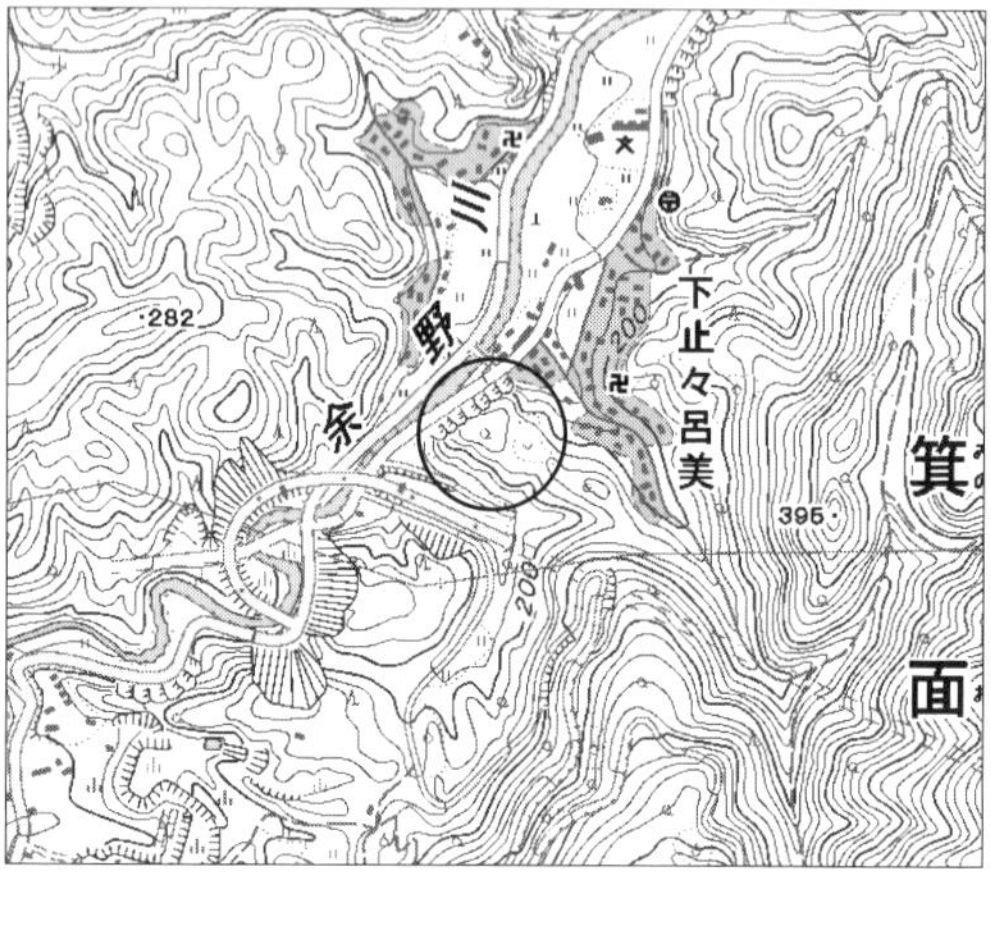

*1　中村博司「塩山城」（『日本城郭大系』12、新人物往来社、一九八一年）。

*2　塩山氏は戦国期の能勢郡西郷という地域に成立した村落の侍層による「西郷諸侍中」の一員であった可能性がある。近世の作成であるが「西郷郷士覚書写」（個人蔵）に「塩山方」がみえる。

北から見た止々呂美の谷。中央の山が止々呂美城

下止々呂美から見た上止々呂美方向。正面の山に城跡があるともいうが明確な遺構は無い

国の能勢方面の山間部と池田方面の平野部をつなぐ位置で、大規模な軍事的緊張に見舞われる機会があったことは間違いないだろう。城が能勢方面の勢力との連携の中で機能した可能性は皆無ではない。

余野川上流には高山氏や余野氏らの勢力がいたが、永禄六年（一五六三）にキリシタンになったことで知られる高山飛驒守の「遠縁」「友人」に余野の「クロン」殿がおり、クロンは止々呂美に家臣がいた。そして、飛驒守はクロンらを入信に導いている（『フロイス『日本史』）。彼らは余野川流域の在地領主層であり、村落の侍層らとの間に被官関係と持つと同時に、地縁的な関係を構築していたのだろう。

天正元年（一五七三）以降に高槻城（高槻市）の城主となった息子の高山右近は、クロンの娘を妻に迎えており、この時点の止々呂美周辺は、高槻城主高山氏の勢力基盤になっていたと思われる。ただし、高山右近と茨木城（茨木市）の中川清秀の勢力は国内で対立し、塩山氏は中川氏の被官であった。止々呂美は、両者の勢力が拮抗する場であったと思われる。[＊4]

【構造と評価】城跡とされる場所には土塁や堀の遺構があるが、現状では尾根上の平坦面を明確に区画、もしくは遮断するようなものではない。一方、尾根には北から旧日枝神社への直線の石段

＊3　茨木城主中川清秀の子孫の豊後岡藩主となった中川家が編纂。所収史料の大半が『中川家文書』と一致するなど史料的価値は高いとされる（竹田市教育委員会『中川家御年譜』、二〇〇七年）。

＊4　拙稿「高山右近への視点—研究整理と基礎的考察—」、同「織田信長・豊臣秀吉と高山右近（拙編『高山右近　キリシタン大名への新視点』、宮帯出版社、二〇一四年）。左は現在の下止々呂美集落。

が取りつき、東の地形続きとなる方向にかけて石積みが存在する。これは明確に神社の区画であり、神社跡の石碑が建つ基壇や新しい瓦の散布や鳥居、手水鉢などが残る。

現状の堀や土塁などを単純に城郭遺構と見なすことはできず、大きな改変を想定しなければならない。そもそも城郭ではなく、城郭に類似した遺構であるかもしれない。

城跡とされる場所は東から伸びる尾根の先端で、参道が取りつく神社跡の西に土塁と一段高い区画、その南に尾根の先端側に土塁を伴う堀切が確認できる。本来、この土塁と堀が一続きであったと仮定すると、ここに城域を画する施設があったことになる。この場合、遮断施設は直線ではなく折れを伴う。*5 ここから先端にかけ、尾根上の平坦面は段差と傾斜を伴い、明確な切岸は認められないものの、周囲は急斜面となっている。

一方、東の尾根続きは、近年に高速道路建設に伴う発掘調査が実施され、近世の棚田遺構が検出された。*6 切り立った尾根に用水を引き、田地を営む山間部の人々の営みの跡には驚くしかない。そして、先の土塁・堀の地点から約二五〇メートル離れたやせ尾根に、二条の堀切が検出されている。この尾根続きには、余野川下流の池田方面と上流方面を結ぶ摂丹街道のバイパスが通過していたと考えられ、止々呂美城の「遠構え」とも評価されている。*7

ただし、検出された遺構はいずれも長さ五～六メートル、最大幅二・三メートル、深さ〇・八メートルと小規模であり、地形を鑑みてもここまでを城域とすることはできない。想定できる城域

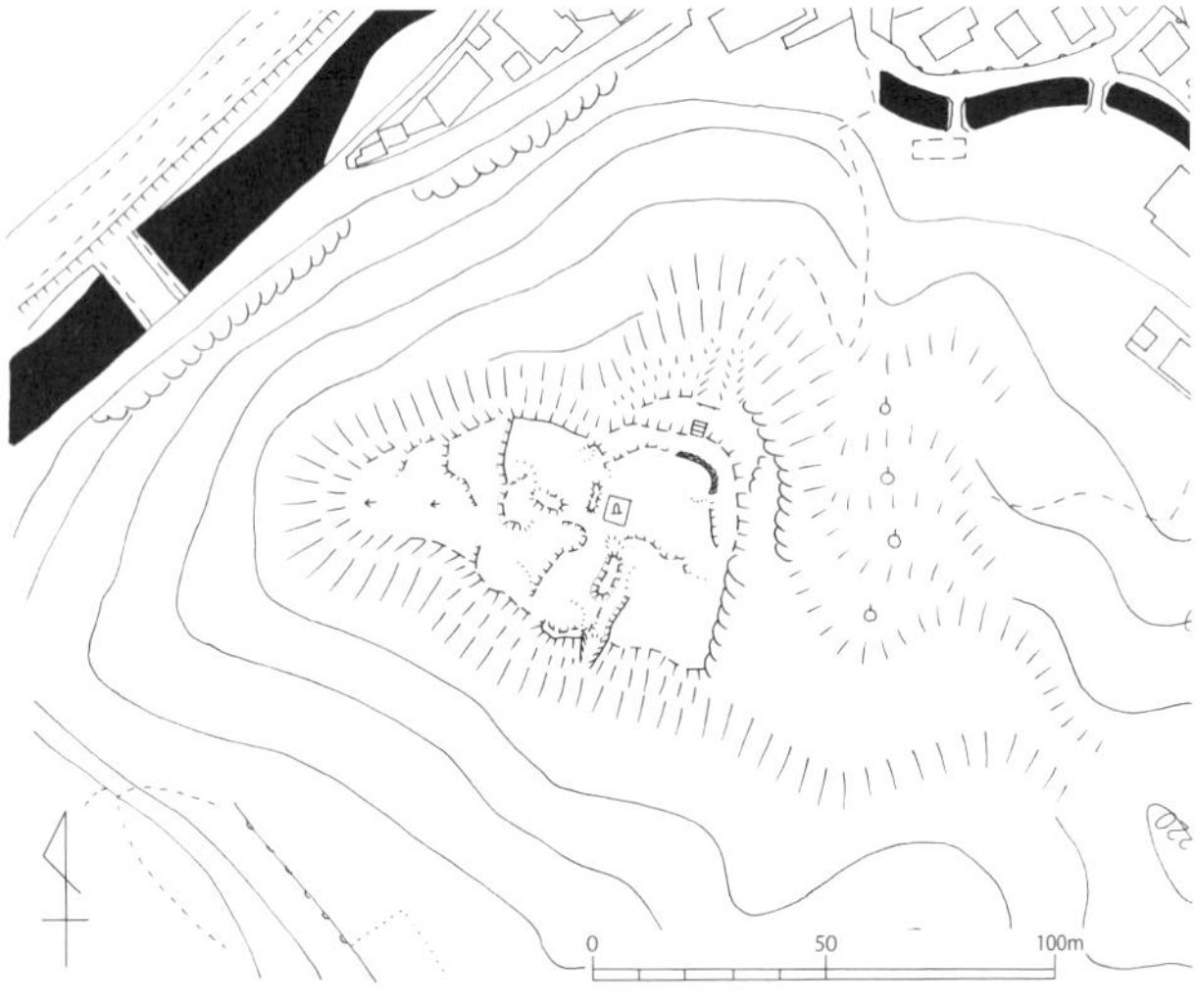

止々呂美城 概要図（作図：中西裕樹）

＊5　村田修三氏は、この遺構をくい違い虎口として復元的にとらえ、在地の築城技術を示すものとして評価している。村田修三「発掘調査成果による止々呂美城の再評価」（『止々呂美城跡』大阪府文化財センター調査報告書 第二四六集、二〇一四年）。

は、先の土塁・堀から尾根先端、つまり四方が五〇メートルの範囲に収まる小規模山城ということになる。

止々呂美から山間部の能勢郡にかけては、単郭をベースとした小規模城館が数多く存在する。＊8中でも「歴史と背景」で取り上げた片山城は、地形続きを低い土塁や堀切で遮断しつつ、尾根上の平坦な地形全体を利用していない点や曲輪内部に段差を伴い、尾根先端は急斜面であるためか明確な切岸を伴わない点など、止々呂美城とされる遺構に通じる点がある（片山城の項を参照）。遺構は、すべて神社に伴うものである可能性は残るが、神社と考えた場合、土塁や堀の機能も十分に説明できない。現時点では周辺地域の城郭と比較した場合、城郭遺構の可能性があることを指摘しておきたい。

＊6　＊5文献。
＊7　＊5村田論文。
＊8　拙稿「摂津国能勢郡西郷・東郷における中世城館構成―築城主体の性格と「小規模城館」―」（『中世城郭研究』11、中世城郭研究会、一九九七年）、岡寺良「摂津能勢郡の戦国期城館にみる築城・改修の画期」（大阪大学考古学研究室編『国家形成期の考古学』―大阪大学考古学研究室10周年記念論集―、一九九九年）。

上：現地に残る石垣。神社に伴うもの
下：神社の鳥居と参道跡

上：神社跡の石碑と背後の土塁
下：堀切状遺構と土塁

国人池田氏の町を見下す台地上の城郭

25 池田城《いけだじょう》

①所在地 池田市城山町ほか
②時期 戦国〜織豊期
③主体 池田氏・荒木氏・織田氏
④遺構 曲輪・土塁・堀

【概要】池田城は摂津最大の勢力であった国人池田氏が構え、台地上に外郭を発達させた巨大な城郭である。池田の町は水陸交通の結節点で戦国期は城下の性格を持ち、近世以降は炭の集散地や酒造で知られる町として繁栄した。*1 城郭中心部の遺構は比較的残り、外郭の堀跡も地形に看取できる。

【立地】標高三一五メートルをピークとする五月山から南に派生した台地縁辺部に立地する。池田は北から流れる猪名川の渓口にあたり、能勢と大坂方面を南北に結ぶ能勢街道、京都と有馬方面を東西に結ぶ有馬街道との結節点に近く、古くから川港や伊居太神社の門前が存在したと思われる。城は池田の町を見下す位置にあり、比高差は約二〇メートルである。*2

【歴史と背景】池田氏は鎌倉時代に藤原姓を名乗る人物が確認され、室町時代には摂津守護赤松氏、同じく細川京兆家の被官となった。垂水西牧（豊中市）などの近隣の荘園の諸職を手に入れつつ、質取や金融活動などを通じて勢力を拡大し、戦国期の初頭には池田に館を構えていた。

京兆家の細川勝元が東軍を率いた応仁・文明の乱では「馬上十二騎、野武士千人許」（『後法興《ごほうこう》院記《いんき》』）の軍勢で上洛し、文明元年（一四六九）に西軍の大内氏の攻撃で城を落とされるが間もなく勢力を回復した。奈良興福寺の大乗院門跡政覚は文明十九年に有馬温泉の帰路に池田を通過し「池田庭倉以下拝見之、驚目者也」（『政覚大僧正《せいかくだいそうじょう》記《き》』）と富貴な有様を記している。また、「池田

＊1 城郭の中心部は公園として整備され、城郭風の展望台が建つ。

館一門者共方々一見了」（『大乗院寺社雑事記《だいじょういんじしゃぞうじき》』）と池田氏の館に一門の姿が見える。

　永正五年（一五〇八）の京兆家の細川澄元と同高国の争いに際し、澄元方の池田貞正は「在所ニ城郭構、一族数十人同心シテ」猛勢を率いて籠城したが、貞正ら一族若党三百人が討ち死に自害し、池田遠江守・同与七・同弥三郎父子兄弟四人らが降伏した（『不問《とわず》物語』）。この後、遠江守正盛が一族の中心となり、高名な連歌師《れんがし》の肖柏《しょうはく》らを招いた「池田千句」なども催した。十六世紀半ばには池田信正が惣領家の地位につき、細川晴元の下で力を強める三好政長の娘を娶った。信正は天文十五年（一五四六）に敵対する細川氏綱に与して城に攻撃を受け、同十七年に生害を強要されたが、子の長正は準三好一門として一族の四人衆に支えられて地位を確立した。*3

　続く池田勝正は、永禄十一年（一五六八）に織田信長の攻撃を受け、その後は将軍足利義昭に属した。信長は、城攻めの様子を「北の山」から見物しており（『信長公記《しんちょうこうき》』）、おそらく五月山に陣を置いたものと思われる。*4 勝正は、信長と三好三人衆との争いでは、信長・義昭方であったが、三人衆方と結ぶ一族や家臣に放逐されて弟の知正が当主となった。知正は、元亀二年（一五七一）には高槻城の和田惟政らとの合戦に勝利を納めたが、その権力は荒木村重に代わる。

織田信長像（神戸市立博物館蔵）

　村重は、信長配下になって間もない天正二年（一五七四）に有岡城（兵庫県伊丹市）へと居城を移し、池田の寺院をも移転させたという。この村

*2　池田の地理環境と町場との関係については藤本史子「伊丹（有岡）との比較からみる中世都市池田」（『一六一七会・池田例会』資料、二〇一〇年）、同「西摂の中世都市—中世後期を中心として」（『地域研究いたみ』41、伊丹市立博物館、二〇一二年）を参照。

*3　池田氏については、『新修池田市史』第一巻（一九九七年）、天野忠幸『戦国期三好政権の研究』（清文堂出版、二〇一〇年）を参照。

上：池田城跡公園の展望台からみた五月山。中腹にみえる建物が大広寺
下：池田城跡公園の枯山水庭園

重は同六年十月に信長に謀反を起し、有岡城に籠城する。信長は、高槻城や茨木城など荒木方の摂津の諸城を降伏させ、十二月には有岡城を攻撃するものの戦いは長期化した。このため、信長方の武将は周辺の村々に砦を構えて在陣し、同月には摂津国人塩川長満が「古池田」、つまり池田城の跡に陣を置いた。翌天正七年三月には信長自身が「古池田に至って御陣を居ゑ」とある（『信長公記』）。以降、信長は度々池田に在陣し、周辺で鷹狩や名所の見物などをしている。最後の城は、信長の「御座所」のように機能した。

【構造と評価】池田氏の勢力は広域に及び、戦国期は軍事的観点から地形の高低差を利用した山城が数多く成立していた。池田では五月山がその候補地となるが、形跡はない。これは城の立地にこだわった結果とみなせ、その理由には後述する麓の町との位置関係が推定される。

城の構造は発掘調査に基づき、変遷が想定されている。[*5]十六世紀の初頭に台地の縁辺部に方形で土塁や堀を伴う主郭Ⅰが整備され、続いて周囲にⅡなどの複数の曲輪が成立する。Ⅰ・Ⅱでは建物の跡や遺物が確認され、日常生活の場であった。一方、十六世紀半ば以降には東の台地続きに堀が開削されてⅢ、最終的には広大な面積のⅣが成立するが、これらの内部は生活痕跡に乏しい。内部を通過する能勢街道付近に小規模な町場の存在が指摘されるものの、発掘では小規模な

＊4　五月山山麓には池田氏の菩提寺である大広寺が所在する（左）。池田氏の墓や寄進した梵鐘、池田貞正が切腹した時の血の跡が残るという天井板も伝わる。城よりも高い場所にある。

＊5　田上雅則・中西正和『池田城跡―主郭の調査―』（池田市教育委員会、一九九四年）。

ピットの確認にとどまり、機能としては空閑地を含む城郭の外郭と評価できる。[*6] このような外郭を持つ城は摂津国内で有岡城（兵庫県伊丹市）以外に存在しない。

一方、麓の町には猪名川の川港があり、一本街村状に家屋が並ぶ景観があったと想像される。この町は池田城攻めに際して攻撃を受け、天文十五年（一五四六）の城攻めは「西の口より一番に三好加助入らる、、二番に淡路衆伊丹衆入らる、。則市庭を放火する也。合戦有。池田衆十余人討死也。寄手も七人討死す」（『細川両家記《ほそかわりょうけき》』）とあり、池田の「西の口」の中には市庭があり、放火されたという。

また、永禄十一年（一五六八）の信長による攻撃は「外構乗込み、爰にて押しつおされつ暫の闘に」「終に火をかけ町を放火候なり」（『信長公記』）とあり、軍勢が外構を突破して町を焼いたと伝える。これらは町の住民が池田氏に同調し、記録からは町には「口」と呼ばれる出入り口や外構の存在が示されている。

町には池田氏の被官の屋敷が存在したといい、城の存在を前提とした城下という一面を持ったことは間違いない。池田の町には西に土塁があったとされ、南は東西の流路が画した歴史的

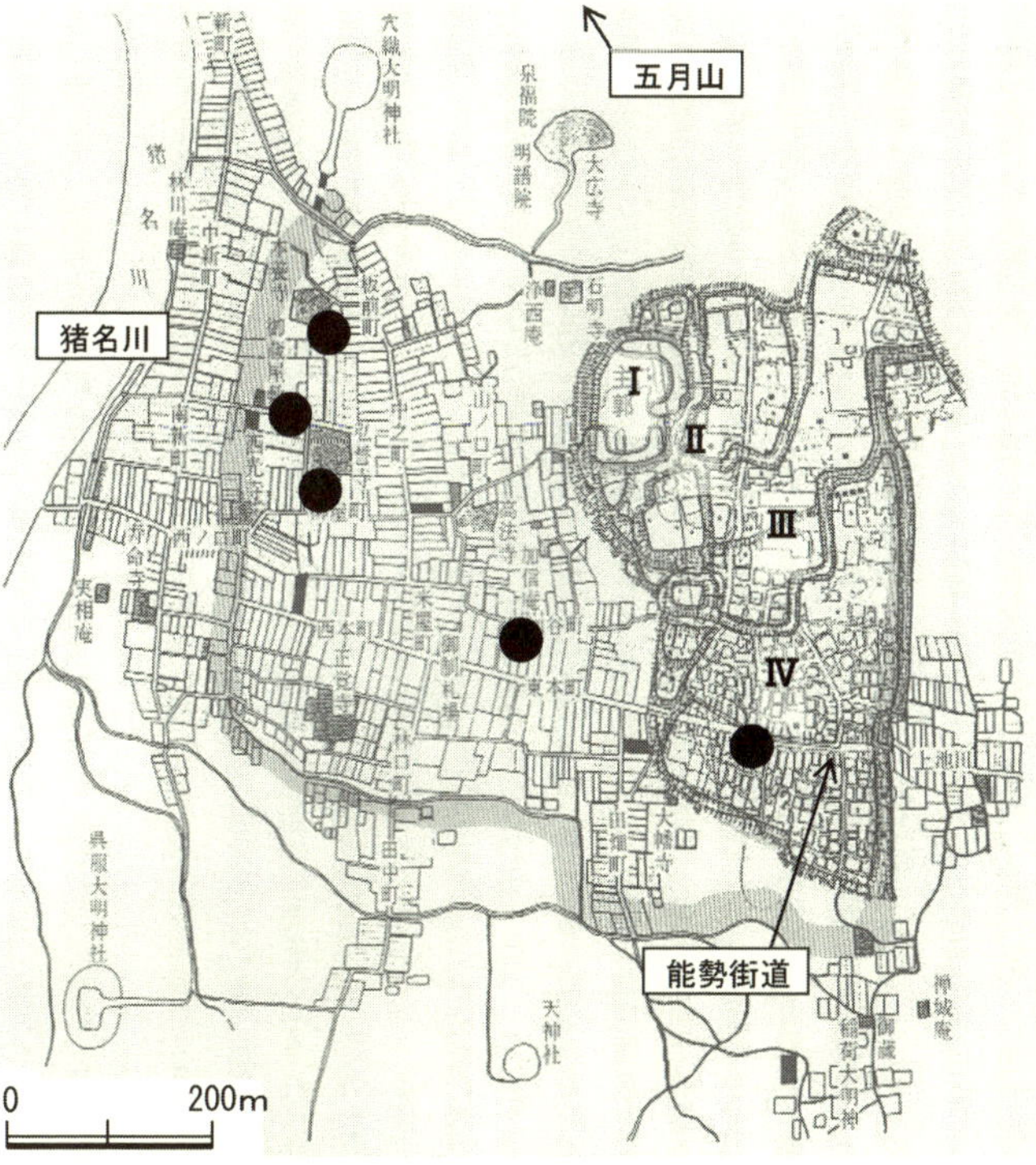

池田城下町復元図

仁木宏 2003「寺内町と城下町　戦国時代の都市の発展」有光友學編『日本の時代史 12　戦国の地域国家』吉川弘文館 に加筆。網かけのラインは惣構の推定線。●は伝承家臣屋敷地。

＊6　以下、池田城の評価や町との関係については、拙稿「城郭・城下町と都市のネットワーク」（中世都市研究会編『中世都市から城下町へ』中世都市研究18、山川出版社、二〇一三年）。

経過をふまえて、これらは城を中心とする惣構であったとも理解されている。[*7]

ただし、土塁は城と反対側の猪名川沿いに存在するため、堤などの治水に関わる施設の可能性が残る。また南側の高低差の無い地形は近世の『摂津名所図会《せっつめいしょずえ》』に描かれた堀や塀などの作事物で遮断していたことが想像されるため、まずは町の「惣構」と考えるべきであろう。[*8] これは城の堀や土塁が町と反対側の台地続きを囲い込む一方、台地下の町場との一体化を図るような土塁や堀が認められない点もふまえなければならない。

一般論として、城の外郭には軍勢の一時的な駐屯地や周辺住民の避難地としての機能があるとされる。[*9] そのうえでは「最前線」という条件付きになるが、池田でも外郭内に住民が避難した可能性がある。ただし、この場合でも町が恒常的に要害性の高い場所、つまり外郭内へと移転することはなく、町と城の空間が一致することはなかった。これは町の住民が経済活動の前提である

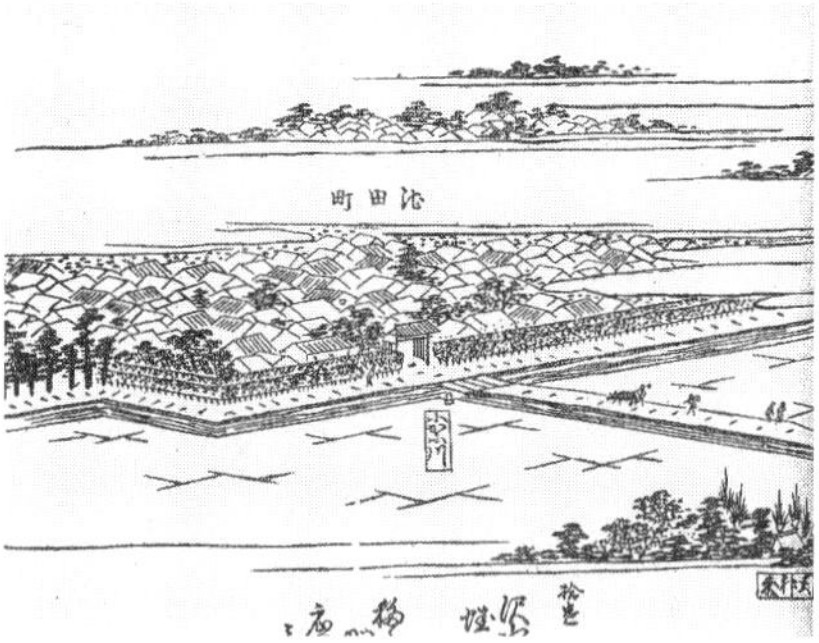

『摂津名所図会』(1796年刊)の「池田」

上:池田城から見下した池田の町
下:池田城Ⅳの堀跡。道となって残る

*7 田上雅則「畿内惣構えに関する素描—池田城跡を中心として—」(『関西大学考古学研究室開設五拾周記念考古学論叢』下、同刊行会、二〇〇三年)、仁木宏「寺内町と城下町 戦国時代の都市の発展」(有光友學編『戦国の地域国家』日本の時代史12、吉川弘文館、二〇〇三年)。

*8 『日葡辞書』の「Sogamaye」の項目には「市街地や村落などの周囲をすっかり取り囲んでいる柵、または、防壁」とある。『日葡辞書』とは、十六世紀後半に編纂された日本語をポルトガル語訳した辞書。

*9 藤木久志「領主の危機管理—領主の存在理由を問う—」(『駒沢大学史学論集』22、駒澤大学大学院史学会、一九九二年)、千田嘉博「日本とヨーロッパの城と戦い」(『考古学研究』43—2、考古学研究会、一九九六年)。

河川や陸路が存在する場を動かなかった結果であり、町の惣構と外郭を持つ城郭は完全に一致せず、空間として「併存」したとみるべきように思う。

なお、最末期の主郭は東西の堀で分割されており、当該期の織田政権の武将が関係した城は広大な曲輪や城域を土塁や堀で仕切って城域を再編する動きがあった。*10 信長が入った池田城もその事例であろう。また、東側堀切に面した虎口に至る道は堀底から上がる形から対岸からの橋を経由し、屈曲が付けられたことが指摘されている。

ほかの城郭との比較が必要であるが、池田城の性格と構造は、織田政権が築いた多くの陣城の中でも、信長自身が滞在する施設を考える視点となるだろう。

Ｉの曲輪（池田城跡公園）東側の堀跡

延享三年池田村絵図（安政４年写。口絵参照。池田市立歴史民俗資料館蔵）

＊10　多田暢久「縄張り」（『史跡岩尾城跡調査報告書』、兵庫県山南町、一九九八年）など。

立地が異なる方形プランの北城・南城が近接する

26 原《はら》田《だ》城《じょう》

①所在地　豊中市曽根西
②時期　戦国期
③主体　原田氏
④遺構　曲輪・土塁

【概要】原田城には北城と南城があり、ともに方形プランであるが、使用主体が異なる。北城は原田城跡として豊中市指定史跡に指定され、昭和初期の和洋折衷住宅の旧羽室家住宅（国登録有形文化財）の庭園の築山として土塁が残されている。

【立地】北城の所在地は小字「城之堂」「弐ノ丸」であり、原田集落の北東を見下す標高一二メートルの台地端に立地する。南城は集落内部の小字「古城」に所在する。

【歴史と背景】元禄十四年（一七〇一）の『摂陽群談』では原田帯刀《たてわき》が築くとする。享保二十年（一七三五）の『摂津志』には「原田両城」とあり、北城に三好日向守、南城に原田氏が拠ると伝える。[*1]

原田氏は、弘安元年（一二七八）の多田院（兵庫県川西市）の金堂上棟引馬注進状に「原田左衛門尉」がみえる（『多田神社文書』）。この史料は多田院に奉仕する多田院御家人の姓名が判明する史料で、原田氏の初見と考えられている。原田は六車郷という春日社領垂水西牧の北郷に属して原田荘とも呼ばれたが、康永三年（一三四四）に年貢を押領する「原田兄弟」が確認される（『師守記《もろもりき》』）。戦国期では、天文二十年（一五五一）に周辺に勢力が進出していた国人池田氏の下で働く原田右衛門尉がいた（『今西《いまにし》家文書』[*2]）。

原田城は、たびたび大規模な戦乱で使用されている。応仁元年（一四六七）に応仁・文明の乱がはじまると、摂津周辺では大内氏を中心とする西軍が優位になったが、文明二年（一四七〇）

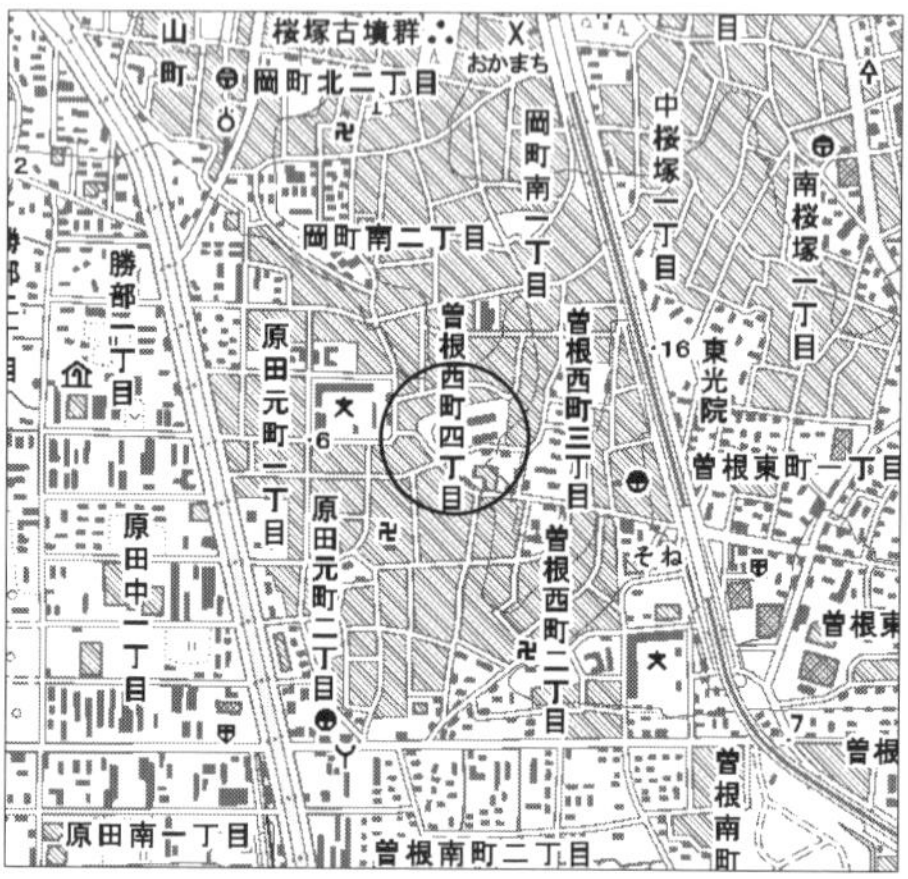

＊1　三好長逸（日向守。長縁）は、三好長慶一族の長老格の人物であり、松永久秀とともに三好政権の中枢を支えた。

＊2　原田氏については古野貢「応仁・文明の乱と豊中地域」「戦国争乱の展開と荘園の解体」（『新修豊中市史』1、二〇〇九年）。多田院御家人とは、鎌倉幕府が多田源氏の本拠であった川辺郡多田（兵庫県川西市）を

に摂津・丹波守護の細川勝元が率いる東軍方が盛り返し、原田に近い椋橋城（豊中市）をめぐる攻防などが行われた。この前後、原田城でも戦いが行われた可能性がある（『夜久文書《やくもんじょ》』）。

天文十年には分裂していた守護細川京兆家の争いが起こり、原田城は有力武将の木沢長政による攻撃を受けた。同十六年には細川晴元方の軍勢が原田城を取り巻き、開城させている（『細川両家記』）。また、天正六年（一五七八）の荒木村重の挙兵に際し、原田郷には織田信長方の陣所が置かれ、茨木城主の中川清秀、古田織部《ふるたおりべ》らが在番している（『信長公記』）。

【構造と評価】北城東側の隣接地では発掘調査が行われ、堀などが検出されている。北城は西の台地端に東西四五×南北五〇メートルの方形の主郭を設けていた。[*3] 十六世紀後半に構築された上面幅一八メートルの堀が検出され、深さは五～六メートルである。この堀は主郭側からの土で埋められ、土量計算から主郭の堀に面した部分には高さ二メートル以上の土塁があったと想定された。

さらに東側では推定幅五メートル、深さ約二メートルで、南北に約六〇メートル伸びる堀が検出され、両端と中央からは主郭側に向かう堀が派生していた。

主郭内部では柱穴や礎石

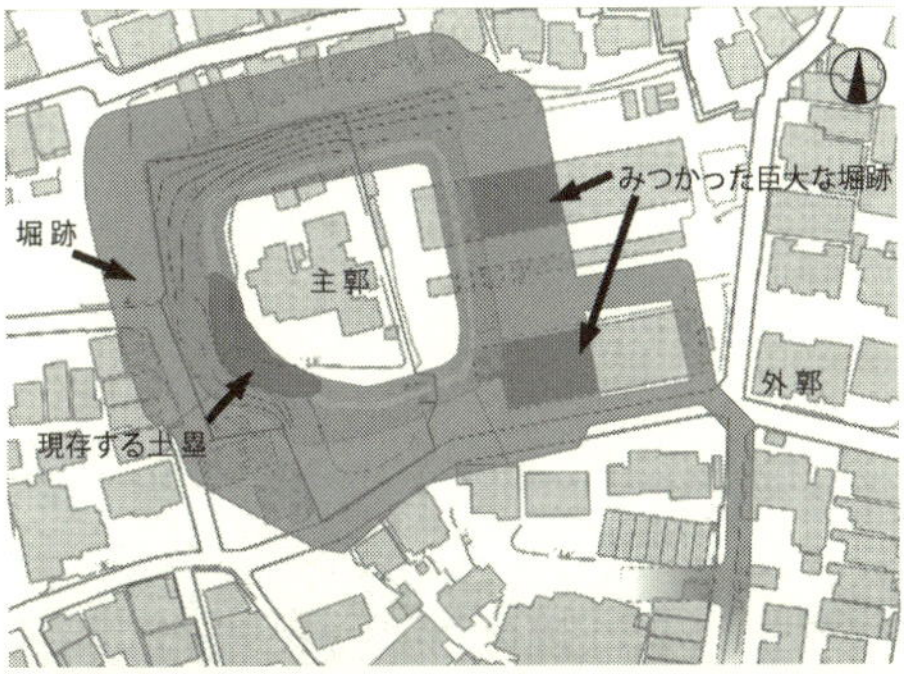

上：16世紀後半の原田城北城推定復元図
下：北城東側の敷地から見つかった巨大な堀
（上・下とも＊3リーフレットより）

掌握するために一村落・一荘園を根拠とする中小武士を編成したもの。

＊3 橘田正徳「原田遺跡第1次」（『豊中市埋蔵文化財年報』4、豊中市教育委員会、一九九六年）を参照。豊中市教育委員会リーフレット「豊中市指定史跡 原田城跡 国登録有形文化財 旧羽室家住宅」も詳しい。城跡は常時公開はされていない（左は敷地の門）。

痕が確認され、三層の焼土層が検出された。現存する土塁は主郭の西南部にあたり、高さは一・五～二・八メートル、幅は約五～一〇メートルである。主郭は土塁と堀に囲まれた方形プランであった。出土遺物からは北城は十五世紀には成立していたと考えられ、十六世紀後半に荒木攻めの付城《つけじろ》として堀の大規模化などの改修がなされたようだ。北城の城域は、現時点で東西一二〇×南北一四〇メートルと考えられている。

南城は、文政七年（一八二四）の「摂津国豊嶋郡原田村絵図」（『原田郷中倉村文書』）に長方形の溝で囲まれた空間として描かれ、内部に建物は描かれていない。発掘調査によれば、南城では十六世紀後半の半町四方の曲輪を囲む堀と、南に付属する空間を形成する堀が確認されており、戦国末期の原田には集落内部に複郭構造の城館が存在した可能性がある。[*4]

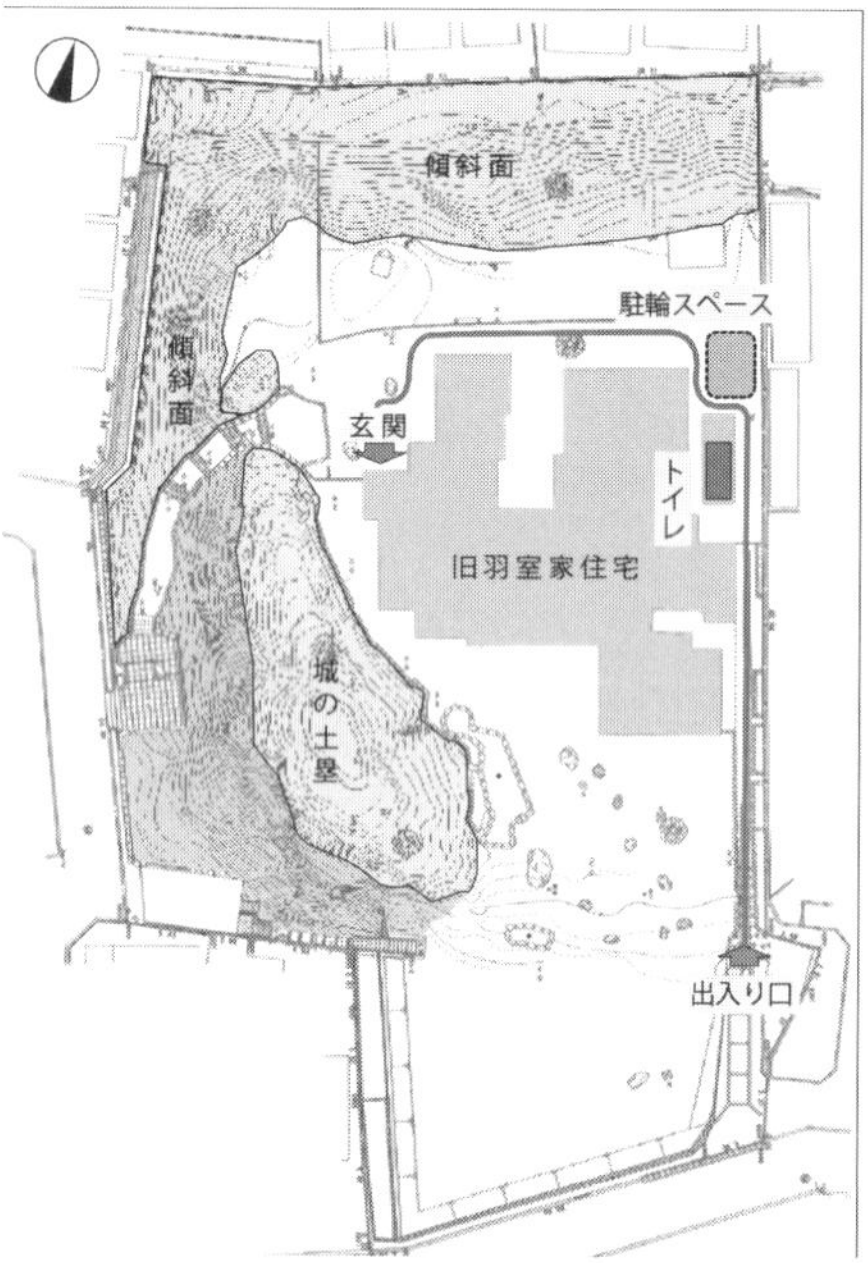

敷地内案内図（＊３リーフレットより）

上：原田城跡に残る土塁
下：西側からみた原田城跡の敷地

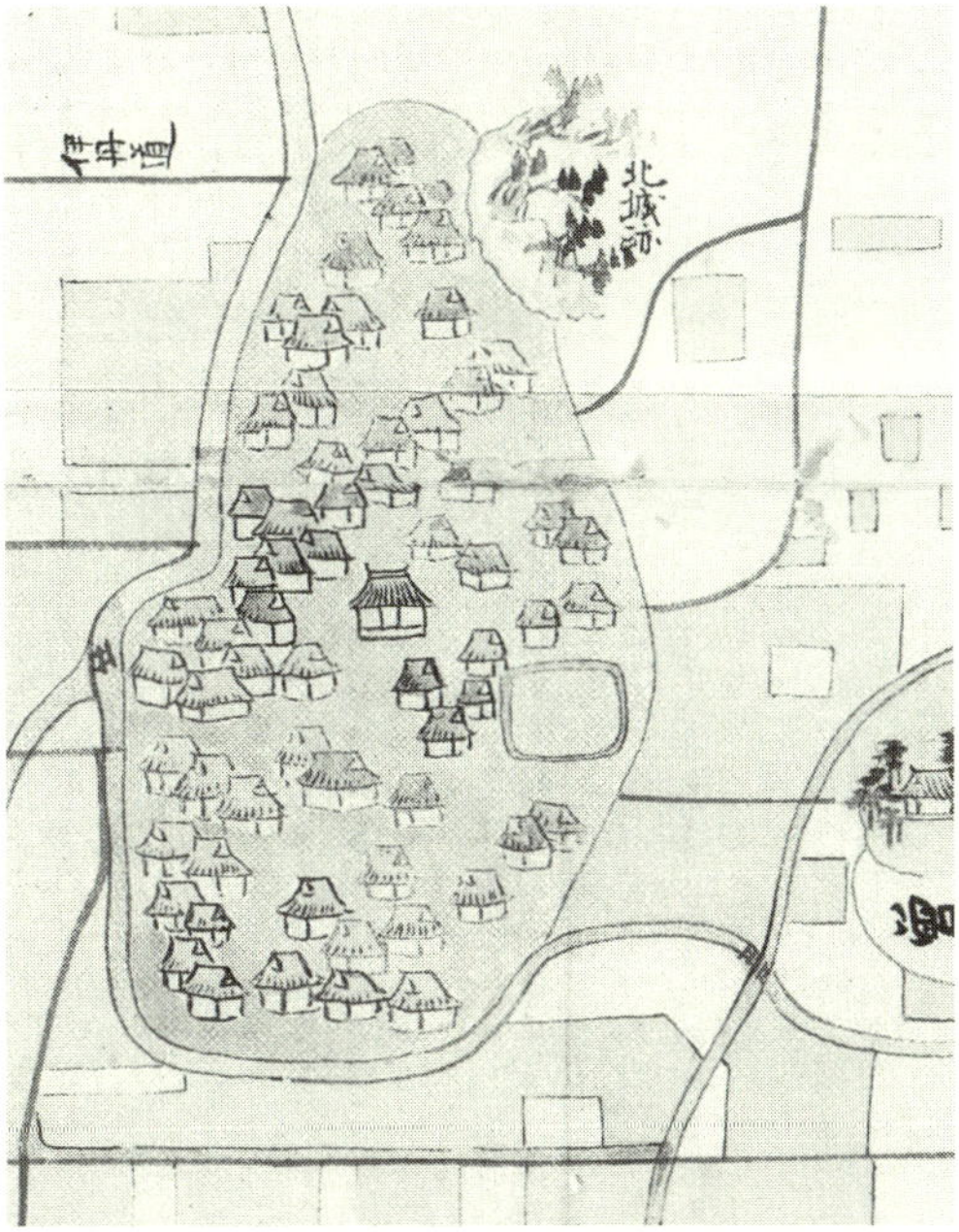

「摂津国豊嶋郡原田村絵図」（部分。『原田郷中倉村文書』豊中市立岡町図書館蔵）

この集落は中世原田郷の本郷にあたり、内部の地割は碁盤目で、かつては「谷せんけん」と称されたともいう。このため、中世末期の原田は町場的な性格を持ち、同時期の摂津では面的に町場を形成する寺内町があるため、原田も内部に所在する誓願寺を中心とした寺内町として編成されたと考えられている。*5 いずれにしても、原田が大きな集落であったことは間違いないだろう。

北城と南城という二つの城は、城館の分布が希薄な大阪平野周辺において近接する稀有な存在である。北城が集落端の段丘端、南城が集落内部に立地する点は、伝承が示すように前者が戦時に外部勢力も使用する城郭、後者は村落との関わりが深い勢力の居住の場として理解できよう。

一般に、半町（五〇メートル）四方の土塁囲みの方形館は土豪層の館城と評価されるが、原田北城では外部勢力が臨時的に使用している。また、土豪などの館城の発掘調査からは十五世紀後半〜十六世紀前半を構築時期とする事例が多いように思うが、それより南城は遅れる。

両城については、方形プラン周辺の構造を含め、その成立背景の検討が必要になるだろう。

*4 橘田正徳「第3・4次調査の成果と課題」（『原田遺跡第4次調査』『豊中市埋蔵文化財発掘調査概要』平成12年度、豊中市教育委員会、二〇〇一年）を参照。

*5 原田の集落については永井規男「中世の城下 原田」（『新修 豊中市史』9、一九九八年）を参照。近世の原田集落は梨井、中倉、角、南町の4つの株（村）に分かれていた。左は南城付近の集落。

国境の軍事動向に対応した山間の山城

27 田《た》能《のう》城《じょう》

①所在地　高槻市田能
②時期　戦国期
③主体　杉生氏・灰方氏か
④遺構　曲輪・帯曲輪・土塁・横堀

【概要】田能城は旧丹波国に位置し、山城・摂津との国境に近い山間部における陣城と思われる。

【立地】丹波国桑田郡に属する田能の標高四八二メートルの城山に所在し、比高は約一三〇メートル。田能は山間の小盆地であり、山城国の乙訓《おとくに》郡（向日市・長岡京市）と摂津の島上・島下郡（高槻市・茨木市など）方面からの東西南北の山道が交差し、丹波の亀岡盆地とを結ぶ位置にあたる。

ピークの曲輪を取り巻く横堀

【歴史と背景】『桑下漫録《そうかまんろく》』[*1]によれば、城には杉生坊という山伏が居た後、「城州ノ徒士」の灰方《はいかた》伊予守が丹波守護代内藤備前守の使で入った。しかし、渡辺上野介が討たれたため、天正年中に廃されたという。

これらの人物は不詳であるが、名字は近隣勢力との関わりを示唆する。城の北山麓に杉生（高槻市）、京都方面に約六・五キロ下った地点に灰方（京都市）がある。また、亀岡方面に約四キロ離れた浄法寺（京都府亀岡市）の城主が渡辺氏であった[*2]。

大正十三年（一九二四）の『南桑田郡誌』には、天正五年（一五七七）に明智光秀が丹波波多野氏を攻撃した際、勝龍寺城

田能集落から見た城山

（京都府長岡京市）の細川藤孝《ふじたか》が田能越えをし、波多野氏の勢力が拠る余部（京都府亀岡市）に進んだとしている。このような亀岡方面へ進む軍勢に対し、その備えとして田能城は機能した可能性がある。

【構造と評価】城域は長辺一〇〇メートルに及び、ピークと南東に伸びる尾根上の曲輪で構成される。総じて削平は不十分であり、ピークの曲輪の周囲には、一部で横堀となる帯曲輪がめぐる。この構造は、『桑下漫録』の図とほぼ同じである。

横堀や帯曲輪による防御ラインの形成は、戦国末期における畿内の山城の特徴であり、摂津周辺では地域支配の拠点城郭よりも臨時性の強い陣城での使用が多い[*3]。この構造は、田能城が日常的な在地の有力者層の拠点というよりも、摂津・丹波国境をまたぐような広範囲に及ぶ軍事動向に対応し、臨時的に取り立てられるような城の機能を示している。

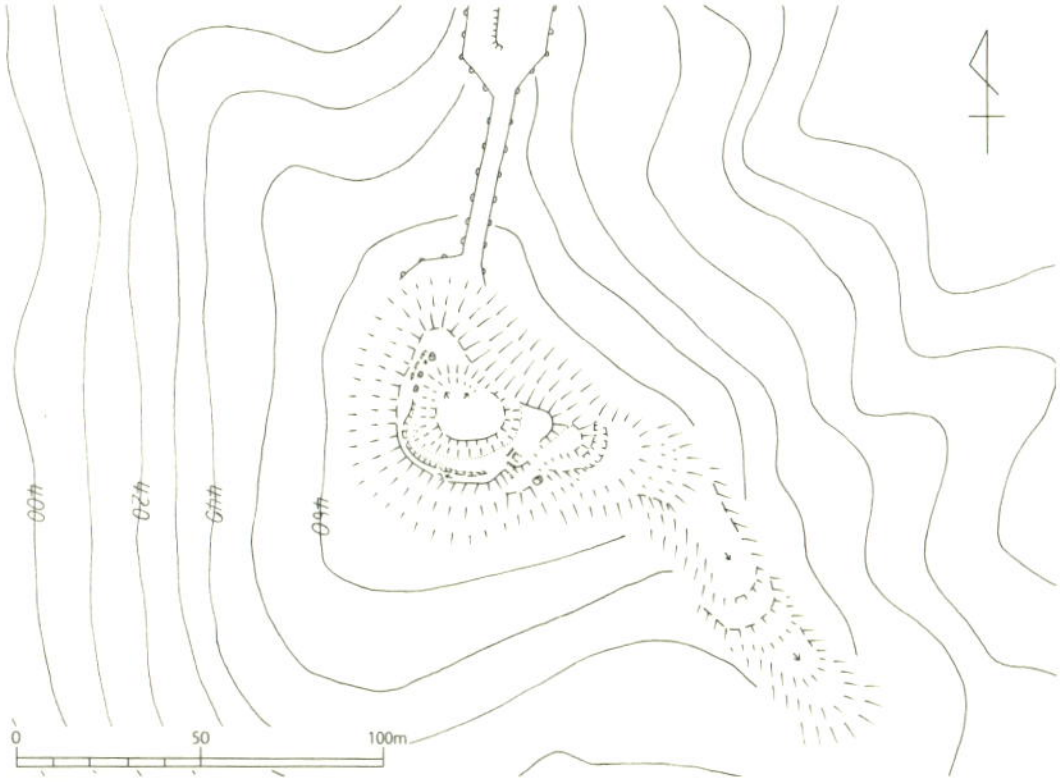

田能城 概要図（作図：中西裕樹）

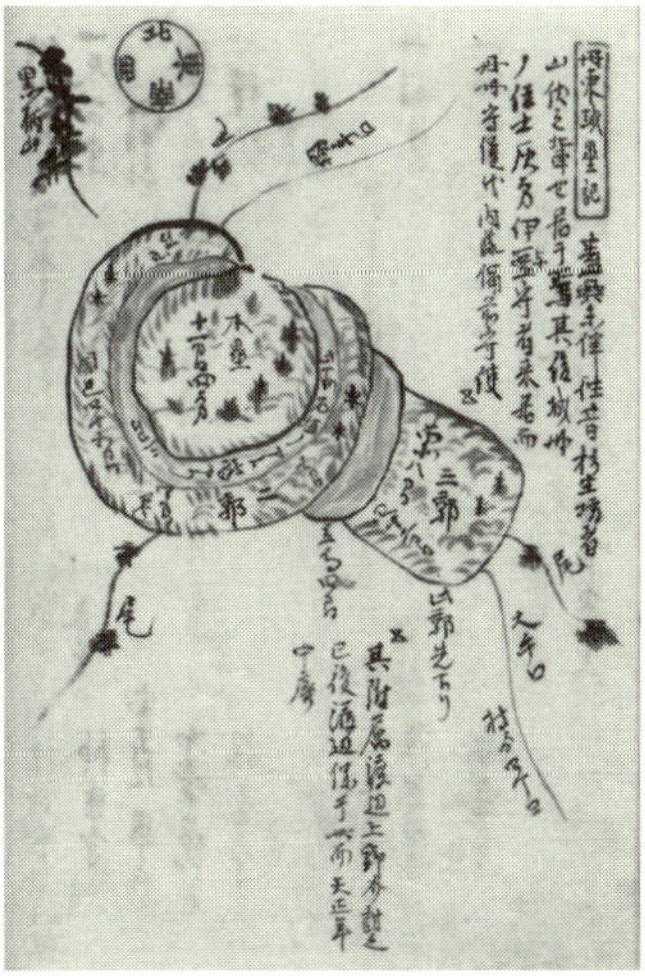

『桑下漫録』の田能城（口絵参照）

＊1　亀岡藩士の矢部朴斎（やべ・ぼくさい）による丹波国桑田郡の地誌。朴斎の通称は八郎兵衛、名は致知。寛政八年（一七九六）に『丹東城塁記』をまとめ、文化五年（一八〇八）〜天保十五年（一八四四）に編纂された『桑下漫録』に成果を取り入れている。矢部が作成した多くの城跡図は現状遺構を見事にとらえている。福島克彦「地誌に描かれた城跡」（『戦国 京都周辺の城をめぐる』大山崎町歴史資料館、二〇一三年）を参照されたい。

＊2　竹岡林「浄法寺城」（『日本城郭大系』11、新人物往来社、一九八〇年）。

＊3　拙稿「戦国期における地域の城館と守護公権—摂津国、河内国の事例から—」（村田修三編『新視点 中世城郭研究論集』、新人物往来社、二〇〇二年）。

城下町を持たない政治拠点の山城と付城・出城

28 芥川山城《あくたがわさんじょう》
29 帯仕山付城《おびしやまつけじろ》
30 今城塚古墳《いましろづかこふん》

28 芥川山城 ①所在地 高槻市原 ②時期 戦国期 ③主体 細川高国・細川晴元・三好長慶・和田惟政ほか ④遺構 曲輪・土塁・竪土塁・堀切・虎口・石垣

29 帯仕山付城 ①所在地 高槻市清水台 ②時期 戦国期 ③主体 三好長慶 ④遺構 土塁・堀切

30 今城塚古墳 ①所在地 高槻市郡家新町 ②時期 戦国期 ③④―

【概要】 芥川山城は、摂津・丹波などの守護で室町幕府管領の細川京兆家、三好長慶らが拠点とした摂津国最大の山城である。[*1] 帯仕山付城は、天文二十二年(一五五三)に同城を攻撃した三好長慶による付城であった。今城塚古墳は、芥川山城の出城の可能性を残す前方後円墳である。

【立地】 芥川山城は、丹波高地に続く北摂山地と大阪平野が接する標高一八二・六九メートルの三好山(城山)に立地し、比高は約一一〇メートル。北・西麓は、芥川が洗う峡谷である。帯仕山付城は、その東側の標高約一九〇メートルの帯仕山に位置し、両者の鞍部を丹波方面に続く山道が通過する。今城塚古墳は、台地の先端を利用し、摂津を東西に横断する西国街道にほど近い。[*2]

【歴史と背景】 細川京兆家は、戦国期も在京を続けたが、十六世紀末期になると細川政元が摂津に下向する機会が多くなり、主に茨木城(茨木市)を利用していた。しかし、延徳三年(一四九一)には、芥川山城から約三・五キロ離れた西国街道の芥

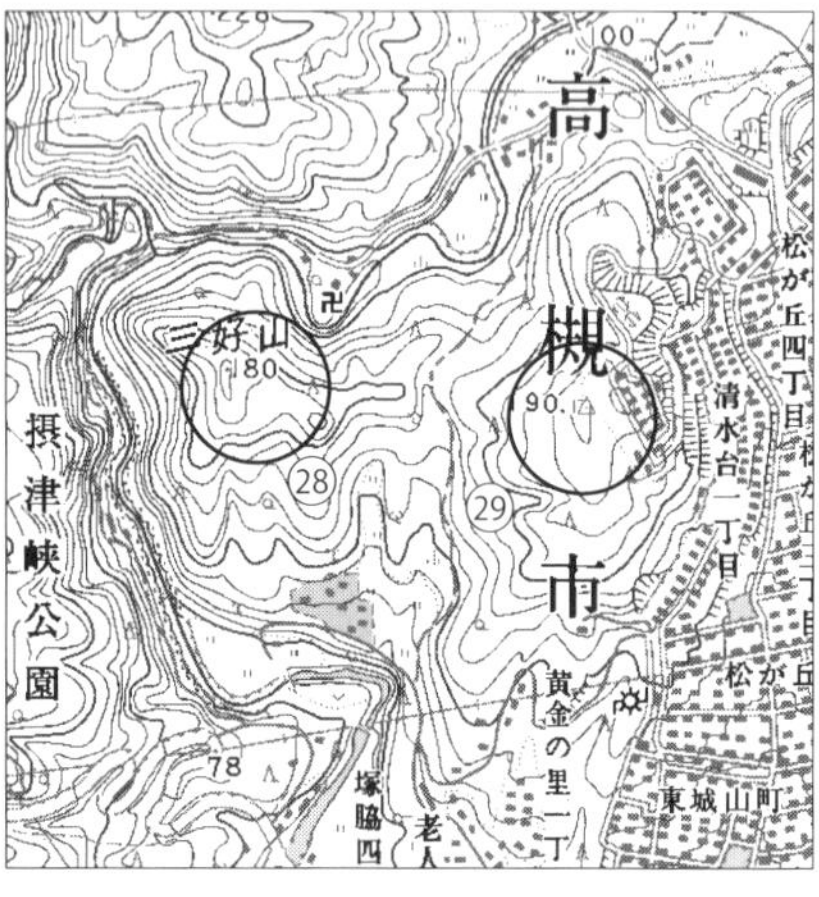

川宿近辺に家屋を整備しており（『後法興院政家記《まさいえ》』）、永正二年（一五〇五）には家臣の能勢頼則が連歌師の柴屋軒宗長《そうちょう》を「芥川の城」に招いた（『宇津山記《うつのやまのき》』）。この城は、芥川宿周辺に所在した可能性が高いものの、発掘調査を含め、周辺に遺構は確認できていない。*3

続いて宗長は、永正十三年に「芥川能勢因幡守新城にして祝の心を」を歌に詠み（『那智籠《なちごもり》』）、この新城は芥川山城と示すと思われる。『瓦林政頼記《かわらばやしまさよりき》』は「当国ニ可然城郭無テハ不可叶トテ、国守（著者注：細川高国）ハ上郡芥川ノ北ニ当リ、可然大山ノ有ケルヲ城郭ニソ構ヘラレケレ、昼夜朝暮五百人・三百人ノ人夫、普請更ニ止時ナシ」とし、『不問物語』は「自昔勝手明神ヲ奉勧請ケル太山有、可然散所也、名詮又目出シトテ」「此折節、出雲之国住人馬木伯耆守繁綱、西国一之要害之上手也、任彼意見、屏鹿垣ヲ緒、堀ヲ堀、陣屋ヲ被造、櫓ヲアケ、同木石弓惣而構へ之為体、以言難宣」とする。*4 当時の細川京兆家は分裂しており、細川高国は、阿波国から上洛を目指す細川澄元への備えに多くの人員と専門家を招聘する築城を行ったと思われる。

左の山に芥川山城、右の山が帯仕山付城

大永三年（一五二三）には能勢国頼が「城山」で千句連歌会を開くが（『宗長手記』）、高国の城代的な存在であったのだろう。国頼は、翌年に高野山から帰京する公家の三条西実隆を芥川に迎えたが、実隆は国頼が用意した輿や馬を利用し、淀川河口の渡辺津（大阪市）から乗船して芥川宿の北に位置した善住寺に入っている（『高野参詣日記《こうやさんけいにっき》』）。芥川山城の城主は芥川宿近くに饗応施設を確保し、淀川を介して渡辺津という摂津国内の交通拠点との行き来が可能であった。*5

＊1　史料上は「芥川（河）」「芥川城」で登場するが、西国街道の芥川宿に城跡伝承地があるため、混同を避けて現在は芥川山城という遺跡名で呼ばれている。

＊2　西国街道は、畿内と九州を結んだ古代の山陽道を踏襲し、中世は播磨道とも呼ばれた。近世には、京都と西宮（兵庫県）を結ぶ道として機能し山崎通とも呼ばれた。芥川宿は、室町期に国人芥川氏が拠点をおいたと思われる。

＊3　各地の守護が在国時の拠点とした守護所の基本は館であり、必ずしも土塁や堀を必要としない。この時点の芥川城は、土塁や堀などの遺構を残さない構造であった可能性がある。拙稿「土塁からみた方形館―土塁の性格と囲まれた空間を考える―」（『城館史料学』4、城館史料学会、二〇〇六年）。なお、文明十四年（一四八二）には、芥川宿に近く、将軍家の祈祷なども行った大蔵寺に政元後見の細川政国の軍勢が駐屯している。

芥川城周辺の空間構成（推定含む。芥川は近世初頭以前の流路。柏書房「高槻」『明治前期関西地誌図集成』を下図に使用）

　享禄四年（一五三一）に高国を討った澄元の子の細川晴元は、天文二年（一五三三）に京都復帰を目指すものの、一向一揆や法華門徒に阻まれる。このため、同五年までの多くを芥川山城で過ごした。この間の城は「守護所」であり、晴元が畿内の実力者でもあったため、城には京都周辺からの訴訟などが持ち込まれ、公家の山科《やましな》家は家礼《けらい》を下向させて奉行人から奉書を入手している（『言継卿記《ときつぐきょうき》』）。城周辺には多くの家臣がいたのだろう。入京後も晴元は摂津方面の軍事拠点として利用し、天文十～十一年と同十二～十三年にかけて入城した。しかし、天文十八年、晴元は家臣の三好長慶に追い落とされる。

　三好長慶は、天文二十二年に帯仕山付城を築き、妹婿の芥川孫十郎が籠る芥川山城を攻めた後、

＊4　末柄豊「『不問物語』をめぐって」（『年報三田中世史研究』一五、三田中世史研究会、二〇〇八年）を参照。

＊5　「慶長十年摂津国絵図」（西宮市立郷土資料館蔵）は、善住寺を芥川宿北側の集落とする。拙稿「城郭・城下町と都市のネットワーク」（中世都市研究会編『中世都市から城下町へ』中世都市研究18、山川出版社、二〇一三年）。なお、同絵図は、五つの古城跡を描き、芥川山城はその一つである（左。口絵参照）。

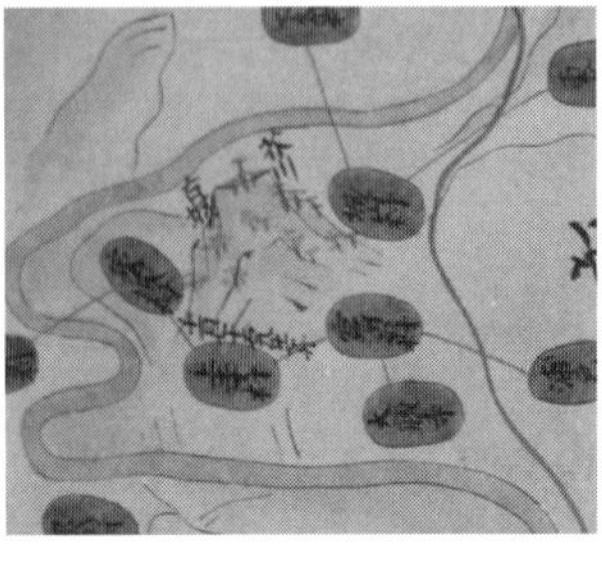

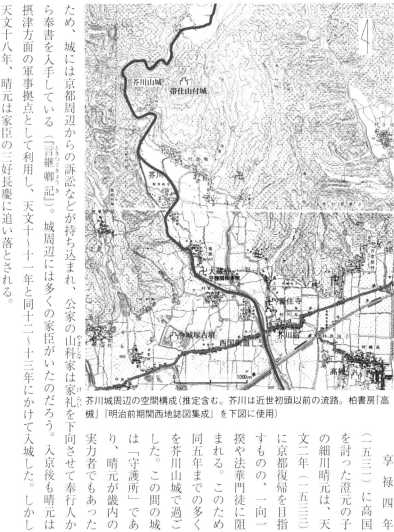

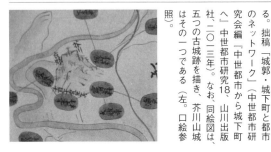

三好長慶像（模本。京都大学総合博物館蔵）

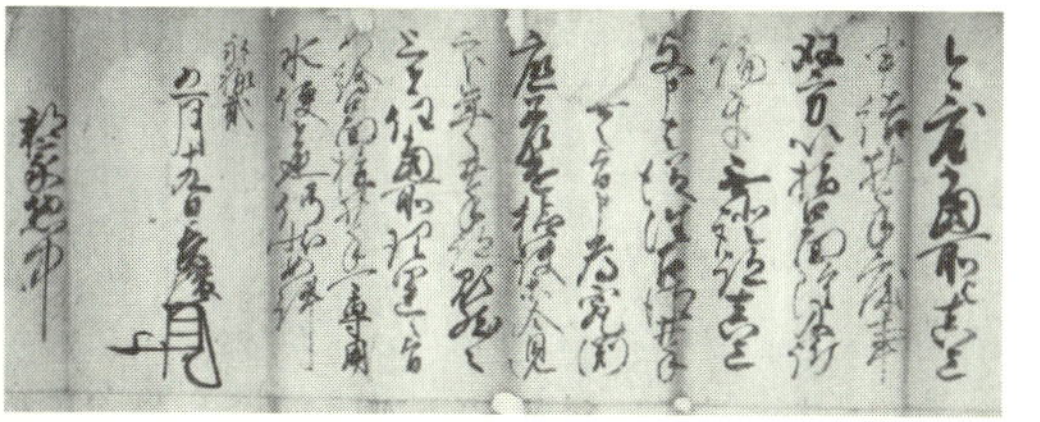

郡家惣中宛 三好長慶水論裁許状『郡家区有文書』（郡家財産区蔵）

自らの居城とした。そして、すぐさま軍勢を城に集め、丹波の波多野氏への攻撃を開始する。長慶は将軍足利義輝と対立し、晴元側の反撃を受けつつも、将軍不在の京都や畿内周辺の掌握を進めた。村落間抗争などの地域社会の紛争解決を図り、永禄二年（一五五九）には近隣の郡家村と真上村の水論《すいろん》を裁定している。[*6] 城には、長慶と息子の三好義興、松永久秀と妻、石成《いわなり》友通、藤岡直綱ら三好政権中枢の人々が居住し、多くの人々が長慶の裁許を求めて登城した。弘治二年（一五五六）正月に起きた火災では、義興や久秀の「陣所」が焼失し、久秀が醍醐寺の「金剛輪院殿御厨子所」を移築している（『厳助往年記《げんじょおうねんき》』）。また、清原枝賢が儒学を講じるなど、城では様々な文芸が行われ、信濃国守護の小笠原氏も身を寄せていた[*7]（『言継卿記』）。長慶は、永禄三年に飯盛山城（四條畷市・大東市）へと移るが、城は義興が継承している。

永禄十一年九月に足利義昭を擁して岐阜を発った織田信長は、上洛に先駆けて三好勢が拠る芥川山城を落として入城した。信長は、城で畿内の要人と対面し、抵抗勢力を服属させた約二週間の後に上洛している。

＊6　この裁定で勝利した郡家村は、近世以降も水論を有利に導いた。村では三好長慶の命日である旧暦七月四日（新暦の八月）にあわせて、芥川山城に祀る「三好大権現」の祠に詣でることを現在も通例にしている（左）。

＊7　天野忠幸『三好長慶 ―諸人之を仰ぐこと北斗泰山―』ミネルヴァ日本評伝選（ミネルヴァ書房、二〇一四年）。

主郭で検出された礎石建物（高槻市教育委員会提供）

在京期間は一〇日余りであり、信長の上洛行動は、芥川山城への入城を当初の目的にしていたといえよう。この後の城には、足利義昭の将軍任官の功労者であった和田惟政が入るが、元は近江国甲賀郡（滋賀県甲賀市）の土豪で摂津に基盤はなかった。惟政は、京都の将軍を支える有力武将であり、将軍権威と信長の軍事力を背景として城主に就いたのだろう。*8 この翌年、惟政は高槻城（高槻市）に移り、徐々に城は機能を停止したと思われる。

【構造と評価】 芥川山城の城域は、東西約五〇〇×南北約四〇〇メートルに及び、構造は大きくⅠ・Ⅱ・Ⅲの地区に分かれる。最高所のⅠが城の中心であり、山頂の主郭では、六・五七×三・九メートル以上の規模で縁をめぐらせた礎石建物の存在が発掘され、弘治二年（一五五六）の火災と思われる焼土層が確認された。*9 Ⅰ周辺の尾根上には面積の広い曲輪が配置され、まとまりごとに堀切が設けられている。この状況は、「出丸《でまる》」と呼ばれるⅡ周辺も同様である。また、Ⅰ・Ⅱ間には堀切などの遮断施設はなく、その谷間を南から上がる道は城へのメインルートであったと思われる。周辺には重点的に石垣の使用が確認され、登城者の目に入ったことだろう。

Ⅲは耕作や墓地による改変が大きいエリアであるが、城内唯一の土塁囲みの曲輪が存在し、削平の不十分な小さな平坦面が広がる。西には北側の末端が多重の竪堀となる堀切が設けられ、Ⅰ・

Ⅰ・Ⅱ間の谷間の石垣

*8 ルイス・フロイスは、当時の惟政を「山城および津の国の執政官、もしくは副王」と記している（『十六・七世紀イエズス会日本報告集』）。当該期の和田惟政については、拙稿「高槻城主 和田惟政の動向と白井河原の合戦」（『しろあとだより』7、高槻市立しろあと歴史館、二〇一三年）。

*9 橋本久和「V 芥川山城跡」（『嶋上遺跡群18』高槻市文化財調査概要XX、高槻市教育委員会、一九九四年）。

Ⅱとは空間的に分離している。また、土塁囲みの曲輪の南側では、二本の竪土塁が斜面を下る。Ⅲの東には、Ⅰよりも標高の高い帯仕山が約三五〇メートルの距離にあり、その間の鞍部は丹波方面への山道が通過する。これらは防御上の弱点となるため、Ⅲには強い遮断機能が

芥川山城、帯仕山付城 概要図（作図：中西裕樹）

Ⅱ・Ⅲ間の堀切の土橋

Ⅲの南側斜面の竪土塁

帯仕山付城の堀切

求められたのだろう。[*10]小規模な平坦面は、臨時的な軍勢の駐屯地であったのかもしれない。[*11]

　芥川山城の山麓には、城山集落が存在し、斜面地に田畑や屋敷地の平坦面が広がる。ただし、戦国期の様相は不明であり、少なくとも城下と呼ぶべき町場の所在は確認できていない。戦国期の畿内における山城は城下を持つこと自体が稀であるが、特に三好政権は被官関係などを通じて堺や兵庫津などの大阪湾岸の港町を掌握したため、積極的な城下経営を意図していなかったと評価されている。[*12]芥川山城の城主は、前段階から地域の交通路や拠点との関係を有し、畿内政治や支配に影響力を持った。城下町を持たない政治拠点の山城は、権力の政治と経済の拠点の一致を求めない権力の性格を示している。

　帯仕山付城は明確な削平地を持たず、ピークは自然地形のままである。周辺は一部破壊を受けているが、南側斜面に土塁と横堀状の堀切が認められ、城域は長辺約一〇〇メートルと考えられる。一般的に陣城は、十分に削平を施した明確な曲輪を持たず、特に戦国末期の畿内では横堀や帯曲輪などで城域を設定する傾向が認められる。[*13]帯仕山付城は、この特徴を備えているが、堀切は城域を囲繞《いじょう》せず、あくまで横堀状にカーブするだけである。『細川両家記』は天文二十二年（一五五三）に「長慶衆、芥川城東の方を帯し山へ陣取給ふ」とした三好長慶による芥川山城攻めの陣城が帯仕山にあったとする。これ以外に、帯仕山に軍勢が陣取るような城攻めは確認できないため、使用年代から考えると、この遺構は横堀が発達する以前の陣城構造として評価できるだろう。

＊10　摂津では、大規模山城の山辺城（能勢町）や山下城（兵庫県川西市）の中心部で土塁の使用頻度が低い一方、周縁に土塁囲みの単郭が設けられており、儀礼・生活空間と要害という機能差が反映した可能性がある。拙稿「城館と都市の土塁が示すもの」（『城館史料学』9、城館史料学会、二〇一四年）。

＊11　村田修三氏はⅢの東端の北側斜面に存在する長辺一〇〇メートルに近い平坦地に曲輪の可能性を見出している（村田修三「芥川山城—付、帯仕山付城」髙田徹編『図説　近畿中世城郭事典』城郭談話会、二〇〇四年）。畑地として利用された跡があり、Ⅱ南側斜面や谷部の田・畑地との差が問題となる。周辺は近年まで家屋が存在しており、城郭としての評価については保留しておきたい。なお、三好長慶が居城を移した飯盛山城でも、城域を大きく区切る堀切の外部に粗雑な削平地が展開している。

今城塚古墳は、芥川山城から南西約三・五キロ離れた台地上に存在する。六世紀前半に築造された最大長三五〇メートルの前方後円墳で、継体天皇の陵墓と考えられている。現地には土塁や横堀状の地形が残り、かつては城郭遺構と考えられた。[*14]しかし、発掘調査が進展し、これらが慶長元年（一五九六）の地震で墳丘が崩壊した痕跡であったことが判明している。

元禄十四年刊（一七〇一）の『摂陽群談』に「郡家古城」「城主不詳。一名今城の古城」とあり、十八世紀末～十九世紀始めの「山崎通分間延絵図」には「字今城山」「細川六郎古城跡」の書込みがあり、明治十二年（一八七九）の『郡家村村誌』では永禄年間（一五五八～七〇）の松永久秀による芥川山城の支城との説がある。西国街道に近い地形的高所であり、城郭遺構は確認できないものの、出城などの機能を持つ芥川山城関連の城郭が存在した可能性は高いだろう。

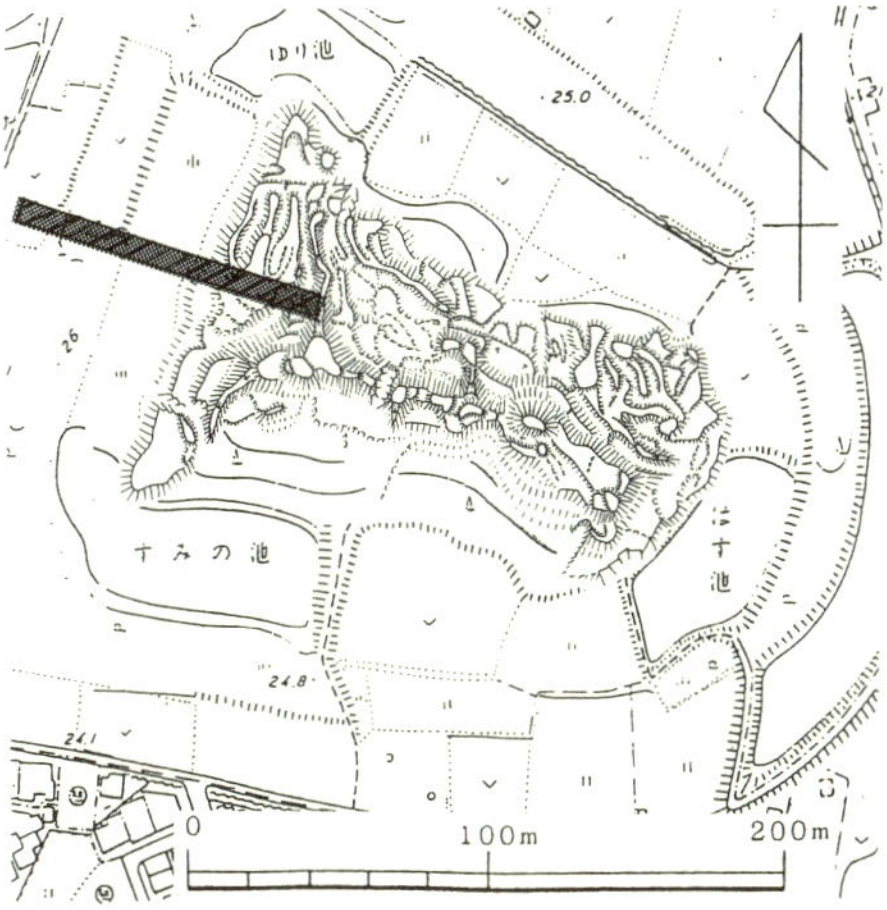

今城塚古墳 概要図（整備前。作図：中西裕樹）
※トーンは平成 12 年度の発掘調査の位置

史跡整備された現在の今城塚古墳

＊12　仁木宏「室町・戦国時代の社会構造と守護所・城下町」（内堀信雄ほか編『守護所と戦国城下町』、高志書院、二〇〇六年）。

＊13　横堀が発達した陣城の代表事例には、足利義輝方と三好長慶方が争った永禄元年（一五五八）や同四～五年に使用された如意ヶ岳城（京都市左京区）、同六年前後の堂之庭城（京都市北区）があげられる。

＊14　拙稿「今城塚古墳」（高田徹編『図説　近畿中世城郭事典』、城郭談話会　二〇〇四年）。

近世城下町となった戦国の城館と集落

31 高《たか》槻《つき》城《じょう》

①所在地 高槻市城内町ほか
②時期 戦国～江戸期
③主体 入江氏・和田氏・高山氏・豊臣氏・徳川氏・永井氏ほか
④遺構 地割

【概要】高槻城は、戦国期の国人入江《いりえ》氏が構えた平地の城館であり、織豊期には和田惟政、高山右近、羽柴小吉秀勝らが城主となり、豊臣家の直轄を経て新庄《しんじょう》直頼が入った。江戸開幕時には頻繁に譜代大名が城主を交替したが、慶安二年（一六四九）に永井直清が入って以降、高槻永井家三万六千石の譜代大名の城として十三代が続いて明治維新に至った。明治七年（一八七四）に鉄道建設用の資材として石垣が使用され、同四十二年以降は陸軍工兵第四連隊が城内を利用した。*1 現在の城跡は学校や公園、宅地などとなり、顕著な遺構を地表面に残していない。

【立地】城は北から伸びる標高約八メートルの扇状地突端に位置し、周囲に平野が広がる。高槻は摂津の幹線道である西国街道の芥川宿（高槻市）とは約一・二キロ離れるが、北の山間部から同宿を経た道と南西からの茨木（茨木市）、富田（高槻市）という戦国期以来の町場を経由した道（三島路）が交差し、東の淀川の川港である前島に至る道と接続する。地域における交通の結節点であった。*2

【歴史と背景】文献上の初見は、大永七年（一五二七）の摂津守護細川京兆家の家督争いで使用された「高槻入江城」である（『細川両家記』）。入江氏は南北朝期に足利尊氏に従って駿河国から移り、地元の高槻氏に入婿したといい、やがて地域社会や在地武士層の中心となる。

たびたび「高槻」を冠して呼ばれ、寛正三年（一四六二）には入江信重が地域の武士層が信仰

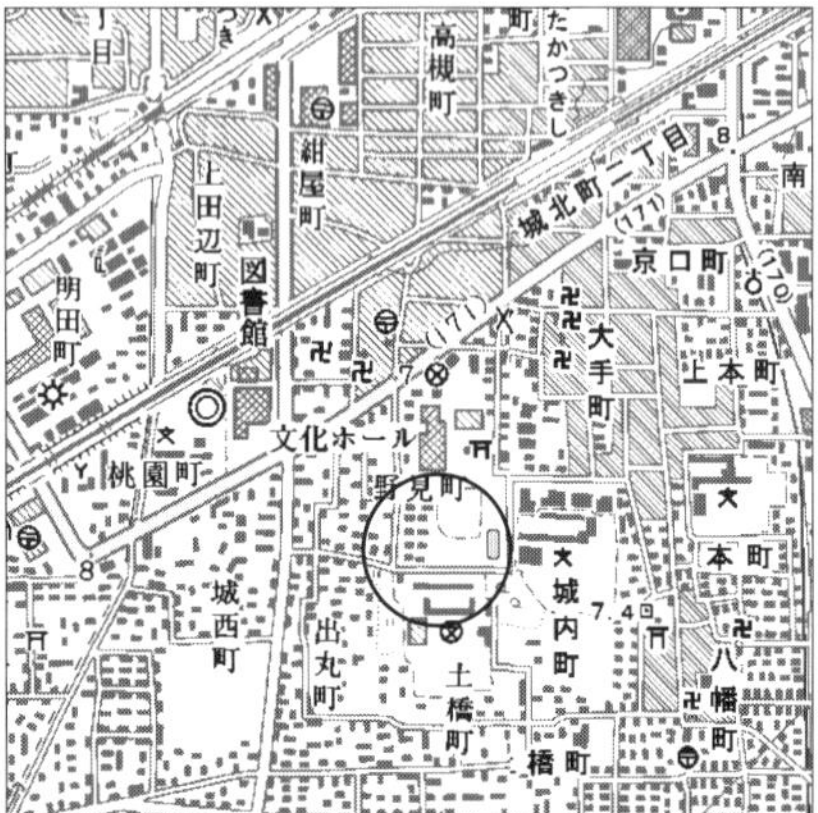

＊1 現在も営門と歩哨舎が残る（左）。近代高槻の歴史遺産である。

する霊松寺に寄進を行い、天文十七年（一五四八）には入江成重が東に一・五キロ離れた桧尾川（天河）の堤修築に関わる。[*3] 享禄・天文年間（一五二八～五四）には地域の氏神である野見神社の祭礼日を定め、同社は「入江大神」と呼ばれた。また、城下の理安寺（禅宗）はもともと安国寺で入江氏を檀家にしたといい、遠縁には近隣の土豪一族の松永久秀がいる。[*4] 入江氏は、永禄十一年（一五六八）に上洛した織田信長に従うが、翌年には敵対する三好三人衆に加担して京都で謀殺された。この事件は、後に武田信玄が信長の大罪の一つに数えている（『甲陽軍伝解《こうようぐんでんかい》』）。

やがて高槻には将軍足利義昭の家臣和田惟政が入り、義昭の京都・畿内支配の一翼を担った。近江国甲賀郡の土豪出身の惟政は、家臣編成などを通じて摂津での勢力基盤の拡大を図るが、しばらくして摂津西部の国人池田氏の勢力と衝突する。そして義昭が信長と対立し、三好三人衆や松永久秀らとも敵対した元亀二年（一五七一）に起きた白井河原の合戦（茨木市）で惟政は荒木村重ら池田方の軍勢の前に戦死した。[*5] 息子の和田惟長（愛菊）は織田方からの離反を進めるが家中が混乱し、同四年に有力家臣の高山飛騨守・右近父子らに城を追われた。

上：城跡公園に建つ高山右近像
下：公園にイメージ復元された堀・石垣

高山父子は有名なキリシタンであり、後述のように城下町の整備を進めながら教会など宗教施設を設け、領内での布教を進めていく。天正六年（一五七八）の

＊2　芥川宿から城下への道沿いは近世に城下の一部となるが、道は併走する水路に沿って湾曲する。城下町の計画的な道路ではなく、自然発生的な中世に遡る道とみられる。前島は戦国期に興福寺領の鵜殿関所が設けられ、近世には山間部集落から淀川舟運へと物資を積み替える川港であった。

＊3　入江氏については拙稿「戦国期の高槻と入江氏」（『しろあとだより』4、高槻市立しろあと歴史館、二〇一一年）を参照。例えば永正八年（一五一一）の『瓦林政頼記』に「入江・高槻ヲ首トシテ」、天文元年（一五三二）の『本福寺草案』に「高槻南北武士」、永禄四年（一五六一）の『私心記』に「入江所へ高槻へ」などとある。

＊4　本書の「松永屋敷跡」を参照されたい。

＊5　拙稿「高槻城主 和田惟政の動向と白井河原の合戦」（『しろあとだより』7、高槻市立しろあと歴史館、二〇一三年）。

荒木村重の謀反に際しては信長による高槻城攻撃を受け、父子や家中が分裂した結果、右近が織田方に投降し、以降は信長に重用された。同十年の本能寺の変後は羽柴秀吉に属したが、同十三年に秀吉一門による畿内支配が進められた結果、播磨明石へと移され、高槻城には秀吉の甥で養子の羽柴小吉秀勝が入ったが、翌年には豊臣家直轄領となった。*6

　豊臣政権の分裂を招いた文禄四年（一五九五）の豊臣秀次事件の後には新庄直頼が入り、慶長五年（一六〇〇）の関ケ原合戦以降は徳川氏の代官が周辺支配にあたった。同二十年の豊臣家滅亡後は徳川の譜代大名が入れ替わるが、*7元和三年（一六一七）に徳川幕府が大規模な公儀修築を行い、寛永十三年（一六三六）に入った岡部宣勝は出丸を増築している。慶安二年（一六四九）に入城の永井直清は、「上方八人衆」の一人として幕府の畿内支配に重きを成し、城下の整備を進めた。以降、高槻藩永井家は、摂津における京坂間の唯一の城を持つ藩として存在を示した。

【構造と評価】戦国期の高槻には二つの集落核があったと推測され、一つは近世城下町の北～東部の「川之町」「新川之町」「馬町」周辺で、戦国期に開創、所在したという浄土真宗の三つの寺院、入江氏ゆかりの理安寺が所在する*8（位置は後掲の絵図を参照）。近世の町並は芥川宿に続く道に沿いに成立し、野見神社は芥川宿との間の上田部集落も氏子圏《うじこけん》とした。また、運送業者の存在を示す「馬町」は、城下町北東の口である「京口」付近にあたる。この前史には、戦国期の集落は道や交通との深い関わりが想定できる。

　もう一つは、城下町南東部の道に沿う町並の「八幡町」「新本町」周辺で、富田からの三島路が到達し、近世には大冠を経て淀川べりへと向かう道の「大塚口」が設けられた。文明五年

永井直清が大坂の陣で着用の甲冑（野見神社蔵）

*6　この前後に秀勝は浅井江と結婚している。福田千鶴『江の生涯　徳川将軍家御台所の役割』（中公新書、二〇一〇年）。

*7　元和元年・内藤信正→同三年・土岐定義→同五年・松平家信→寛永十三年・岡部宣勝→同十七年・松平康信→慶安二年・永井直清の順である。

*8　文明十四年開創の高月山円成寺、延徳元年開創の光明山久宝寺があり、富田寺内町の本照寺は戦国期に高槻にあったとの所伝がある。中部よし子「城下町高槻の成立」（魚澄惣五郎

（一四七三）開創で浄土真宗の是三寺が所在し、八幡宮の氏子圏は高槻の一部と土橋（冠）に及び、文禄三年（一五九四）の高槻村検地帳にみえる集落「ほっかい」に比定される[*9]。この二つの道の交点が、淀川の川港である前島へ向かう口が設けられた「本町」であった。

近世二ノ丸での発掘調査では幅六・八メートル、深さ二・二メートル、断面が薬研《やげん》形の一般的な戦国期城館の堀が検出され[*10]。北の三ノ丸では中世屋敷地の溝が確認されている。付近の調査では十一〜十三世紀の白磁・青磁、十五世紀には輸入陶磁器が出土するなどし、富裕な階層の居住が推測される。また、伝承では本丸近くの「天王弁天の御社辺まで森有之天王森という」「最近天主台から掘出された卒塔婆二基はともに永禄四年とあって、この辺墓地」という[*11]。

入江氏段階の城館や屋敷地は二ノ丸から北側に展開し、本丸周辺が空閑地であったことが想定され、この場合の城は扇状地の先端という地形の利用ではなく、集落との関係を重視した立地であったことになる。戦国期の高槻には交通に関わる二つの集落があり、入江氏は北側集落に強い影響を持ちつつ、集落間に城館や屋敷を構えたと思われる。

和田氏の城は、元亀四年（一五七三）の高山氏との抗争に関し「和田殿の息子は逃れ、彼の母と約三十名の兵士がいた塔に入った」「すべての富と非常に高価な品々、および二万俵の米があった一軒の家が一時間で焼失」（『十六・七世紀イエズス会日本報告集』）、「於高槻城中致鷹山別心、和田太郎既及生害之処、和太引籠天主也」（『兼見卿記《かねみきょうき》』）と国内でも古い天守や蔵があり、伝承の「和田伊賀守殿居城者今之御本丸則五六之城と申て甚宜敷砦南辺に様子有之候体ニ御座候」[*12]をふまえると、この時点で

手前が近世の堀、奥が戦国期の堀（高槻市教育委員会提供）

編『大名領国と城下町』、柳原書店、一九五七年）、＊3拙稿。

＊9　小林健太郎「城下町高槻の形成」（『高槻市史』本編Ⅱ、一九八四年）。なお、是三寺は十七世紀の城下絵図に記載が無い。

＊10　西村恵祥「高槻城跡確認調査」（『嶋上遺跡群』35、高槻市教育委員会、二〇一一年）。

＊11　天坊幸彦『高槻通史』（高槻市役所、一九五三年）。

上：高山期とされる発掘で検出された幅24 mの堀
下：発掘されたキリシタン墓地（南群）
（上・下とも高槻市教育委員会提供）

城域が後の本丸に拡大した可能性がある。

高山氏の城に関しては、『十六・七世紀イエズス会日本報告集』が一五七六年に「かつて神の社があった所に教会を建て」「城内の中には大きな集落があって（略）貴人と兵士、およびその周辺に肥沃な田畑を有する農夫と職工」が住むとし、一五七九年には「水を満たした広大なる堀と周囲の城壁」と記述する。教会の場所は野見神社と思われ、隣接地の発掘でキリシタン墓地が確認された。[*13] 被葬者の年齢や性別に大きな隔たりはなく、当時の高山氏の布教が城下の幅広い階層に及んだことが判明している。

武士・農民・職人の居住や周囲の堀は惣構構造の城下町を想像させ、高山氏は入江氏ゆかりの神社を改編しつつ、織豊系城郭と城下の整備を進めたのだろう。[*14] この城下町は総郭型で、文禄三年（一五九四）の検地帳の復元から、城域は本丸・二ノ丸周辺と小字「芝屋町」「魚屋町」「東大手」を加えた東西約五〇〇メートル×南北約四〇〇メートルとされる。[*15] この範囲の町割は近世高槻城下における主な町割の一本街村状プランではなく、長方形の整然とした短冊型であった。[*16] しかし、

＊12　「近藤家記録」（＊11文献）。

＊13　高橋公一ほか編『高槻城キリシタン墓地―高槻城三ノ丸跡北郭地区発掘調査報告書―』（高槻市教育委員会、二〇〇一年）。二七基の埋葬施設が確認され、二支十字を墨書した木棺や木製のロザリオなどが出土した（左・高槻市教育委員会蔵）。

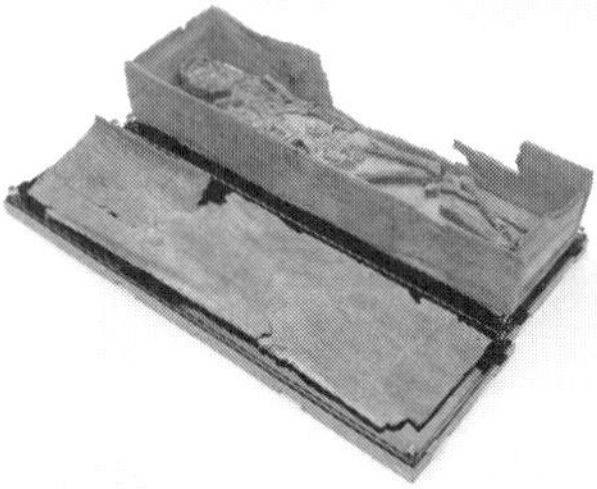

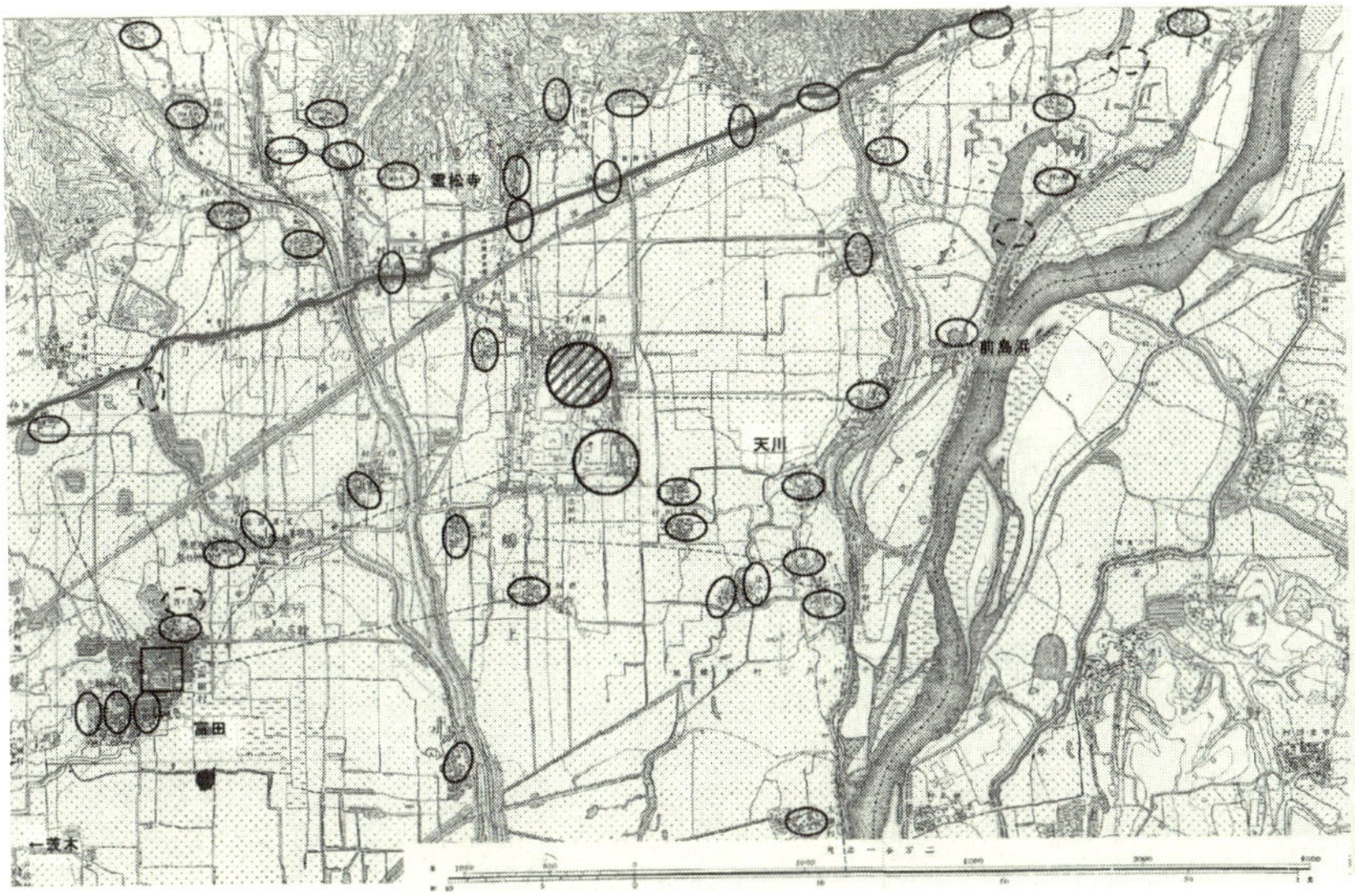

戦国期高槻と周辺交通図　(明治仮製地形図を使用。中央◯は想定集落、四角・小判型は慶長十年摂津国絵図の町・村の集落表記。破線は道筋)

付近の横町・魚屋町の周囲に堀や土塁は伝承を含めて確認できず、高山氏段階の堀は近世三ノ丸の堀に沿う形で発掘された。このため、高山氏の城下町は近世三ノ丸の範囲に収まり、先の城下町の範囲は豊臣期のものと理解しておきたい。

豊臣期に関し、「慶長十年摂津国絵図」をみると、高槻からは北の西国街道へ一本の道が延長し、交点の上宮天満宮近くに「町」と書き込まれた集落がみえる。また、途中で東に分岐した道と街道との交点付近には別の「町」がある。*17 豊臣政権は主に京都近郊で西国街道の整備を進めており、芥川宿近くで新たな町立てがあったのかもしれない。*18

そこで、城の北側に注目すると、近世三ノ丸虎口の「北大手」からは北に直線道路が伸び、「追手筋」とされる。*19

---

*14　織豊系城郭の特徴には礎石建物・瓦・高石垣のセットでの使用があり、枡形虎口などの平面構造も発達する。

*15　総郭型とは、城郭を含む城下の外郭が囲まれた構造。惣構に近い。*9小林論文において、検地帳の二九の小字名と検地順序の復元から検地対象の田地や屋敷地の面積が想定され、明治期の村面積から差し引くことで城郭と武家屋敷地の面積と範囲が示されている。

*16　一本街村状とは街路に面した両側に町屋が並ぶ構造。一般的な町並みのプランである。

*17　「慶長十年摂津国絵図」は西宮市立郷土資料館蔵。左は高槻部分。

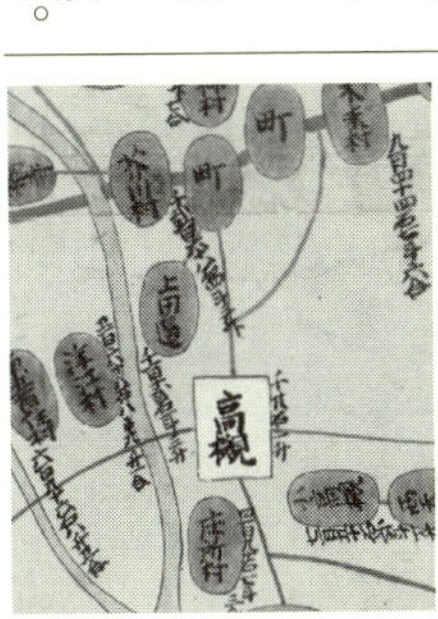

この東西には三ノ丸堀の延長線上の直線道路が並行し、城郭構造と町割が一体である一方、道の幅員は「川之町」など近世に両側町を形成した道や三ノ丸堀に面した道よりも狭い。

このうち、東側の「川之町」「新川之町」間の道は「寺之前町」と呼ばれて寺院が集まるが、各寺院の由緒は理安寺（浄土宗）が寛永年間（一六二四～四四）再興、光松寺（西山浄土宗）が元和年間（一六一五～二四）に城内からの移転（永禄年間説も）、本行寺（日蓮宗）が慶長元年（一五九六）創建（永井直清の整備とも）、本照寺（掛所）は慶長五年の創建という。[＊20] いずれも豊臣～徳川初期に現在地に成立したことになり、この寺之前町が「川之町」とその後発と思われる「新川之町」を隔てた。

十七世紀後半の「高槻城絵図」では、南の「御堂」（本照寺・久宝寺）周辺に空閑地がある。これは周辺の開発が遅れたことを示唆するため、豊臣期の城下は西国街道に近い北側で発達し、寺之前町を挟んで開発が遅れた戦国期以来の集落と併存の可能性がある。

近世に完成した城郭は、南北に並立する方形の本丸と二ノ丸を中心に東の厩郭《うまやくるわ》、南の弁才天郭があり、これを三ノ丸・帯曲輪・蔵屋敷が取り囲む構造であった。藩主の御殿は二ノ丸に所在し、三ノ丸と出丸には家臣団の屋敷が建ち並ぶ。石垣は本丸の天守周辺と櫓、虎口付近のみで使用され、ほかの部分は土居であった。本丸の南西に建つ白漆喰塗込の三階建の天守は、堀と仕切り門で区画された周辺幕府領の年貢を収納する「蔵屋敷」を見下す位置にある。大半の虎口は、元和三年（一六一七）の修築前後のほかの城郭に多くみられる内枡形の形式であった。

城下をみると、元和四年の検地帳では屋敷地に「まへ志ま口」「うおや町ノうら」「市町」、同名請人居住地に「大手口」「八まんノまえ」「本町」「本丁」「馬町」「馬丁」があった。[＊21] 文禄検地帳と比較すると田畑が激減し、本町～八幡町の南北街路と川之町～新川之町の東西街路が整備さ

現在の寺町。手前が本行寺

＊18　拙稿「豊臣期の芥川集落について」（『高槻市文化財調査報告書―芥川村文禄検地帳―』、高槻市教育委員会、二〇〇九年）。

＊19　天保十一年（一八四〇）作成の元田家蔵「高槻城絵図」。

＊20　赤松吉雄『高槻町全誌』（一九三三年）、高槻市史編さん委員会『明治初期村誌集編』（高槻市、一九七二年）など。

れ、「ほっかい」など旧集落が城下に取り込まれたと思われる。[*22] 東大手門の前は「新本町」となって、「京口」間とそこから西に延びる「新川之町」「川之町」の街路が拡張された。「御堂」の門前への道を分断する形となった「横町」も拡幅された模様である。

なお、京口は、永井直清が整備したという西国街道からの直線道路「八丁畷」が到達する地点であった。近世初期に戦国期集落が城下に編成され、中世以来の二つのルートを機軸とする一本街村状の町場に接した横町、芝屋町、魚屋町周辺は整備されたのだろう。なお、城下南東は町屋ではなく松並木が整備された道で接続する形になった。

現状で高槻城跡に顕著な遺構は無い。しかし、地形や地割に城郭の構造がうかがえ、城下の変遷を幅広い時代から考えることができる。[*23]

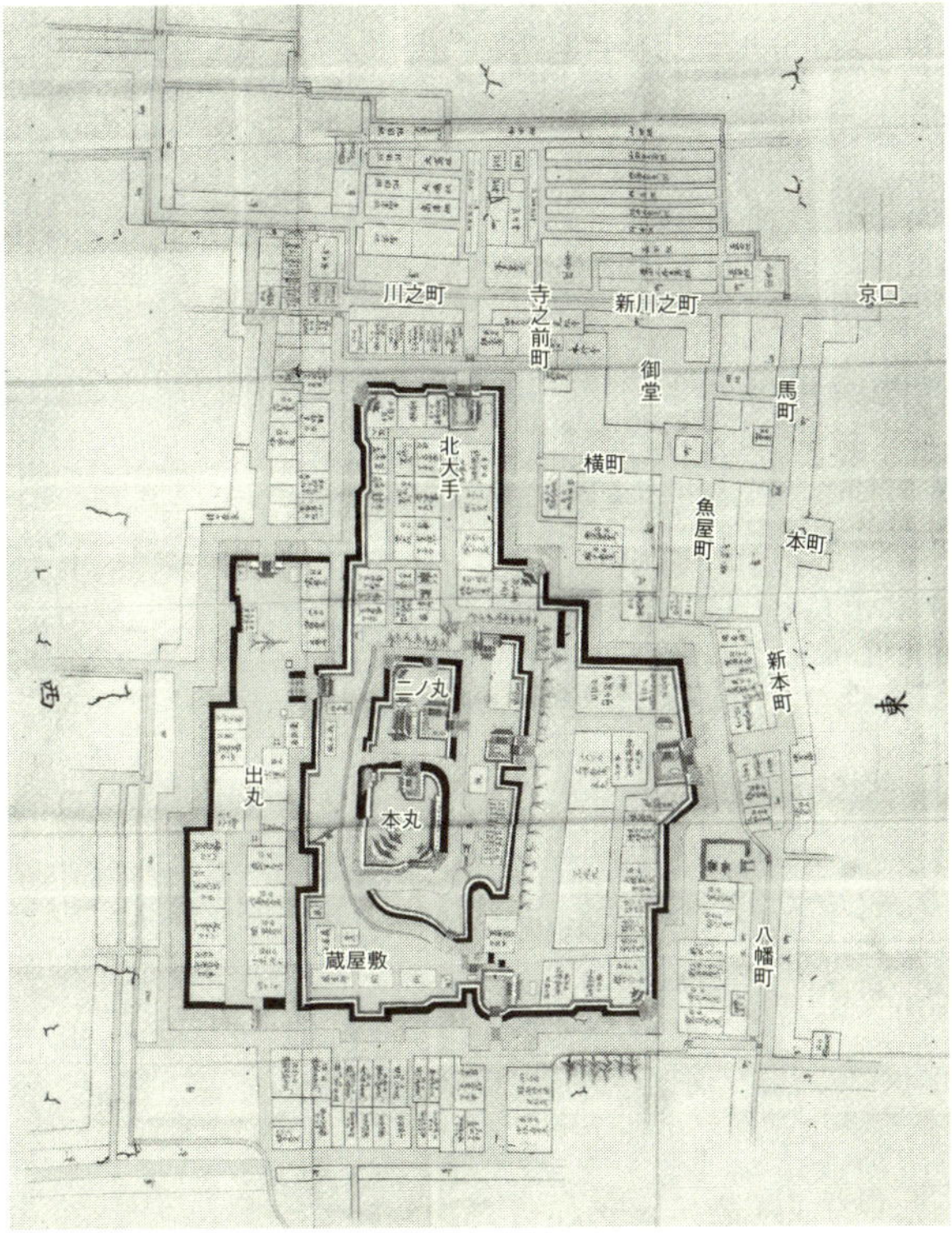

17 世紀後半の様子を示す絵図（高槻市立しろあと歴史館蔵）に加筆

*21　*9小林論文。

*22　検地高のうち約二二〇石の地が城域内に繰り入れられ、百姓が移転したとの伝承がある。*11文献。

*23　昭和五十年（一九七五）に本丸跡で実施された発掘調査は、石垣下部の胴木などの構造を城郭研究史上、はじめて明らかにし、城郭瓦の研究の端緒となった。森田克行『摂津 高槻城 本丸跡発掘調査報告書』（高槻市教育委員会、一九八四年）。

松永久秀ゆかりの絵図で判明した平地城館

32 松永屋敷跡《まつながやしきあと》

①所在地 高槻市東五百住
②時期 戦国期
③主体 松永氏か
④遺構 地割

【概要】松永久秀の出身地を伝える集落近くの小字「城垣内」に所在する城館跡であり、近世の地誌類などでも紹介された。遺構は消滅し、絵図に描かれた姿を地形や地割から想像するしかない。

【立地】松永屋敷跡が所在する東五百住《ひがしょすみ》は、集落の西から中央に如是川が流れる低地の集落であり、南に離れて戦国期の富田寺内町と国人入江氏の城館が存在した高槻を結ぶ三島路という東西道が走る。屋敷跡と富田は約一・五キロ、高槻とは約二キロの距離である。

現在の松永屋敷跡付近

【歴史と背景】松永久秀の出自には諸説があるが、摂津東五百住の出身の可能性が極めて高い。*1 元和六年（一六二〇）に連歌師の松永貞徳が息子で朱子学者の松永尺五に撰しめた「家譜」（『尺五堂先生《せきごどうせんせい》全集《ぜんしゅう》』）によれば、貞徳の父・松永永種は高槻城主入江氏の一族であった。しかし、「不継武業」のために祖母・妙精の松永姓を名乗り、この妙精を「松永氏久秀之伯祖母」とする。

入江氏は「重」を名の通字とする、一揆的な在地武士層の中心的な存在と考えられ、「家譜」の内容は正鵠を得ている。*2 また、兵庫県篠山市の妙福寺（日蓮宗）は、松永久秀の甥で八上城（兵庫県篠山市）

＊1 拙稿「松永久秀の出自と高槻」（『しろあとだより』5、高槻市立しろあと歴史館、二〇一二年）。先行研究に今谷明「松永久秀は悪人か」（一九八二年。改題「松永久秀の虚像と実像」が今谷『天皇と天下人』、新人物往来社、一九九三年）、古藤幸雄『芥川上流域における水論の史的研究』（教育研究所、二〇〇六年）がある。伝承は近世の「山崎通分間延絵図」などの絵図、『摂津志』『摂津国名所図会』『淀川両岸一覧』などの地誌にみえる。

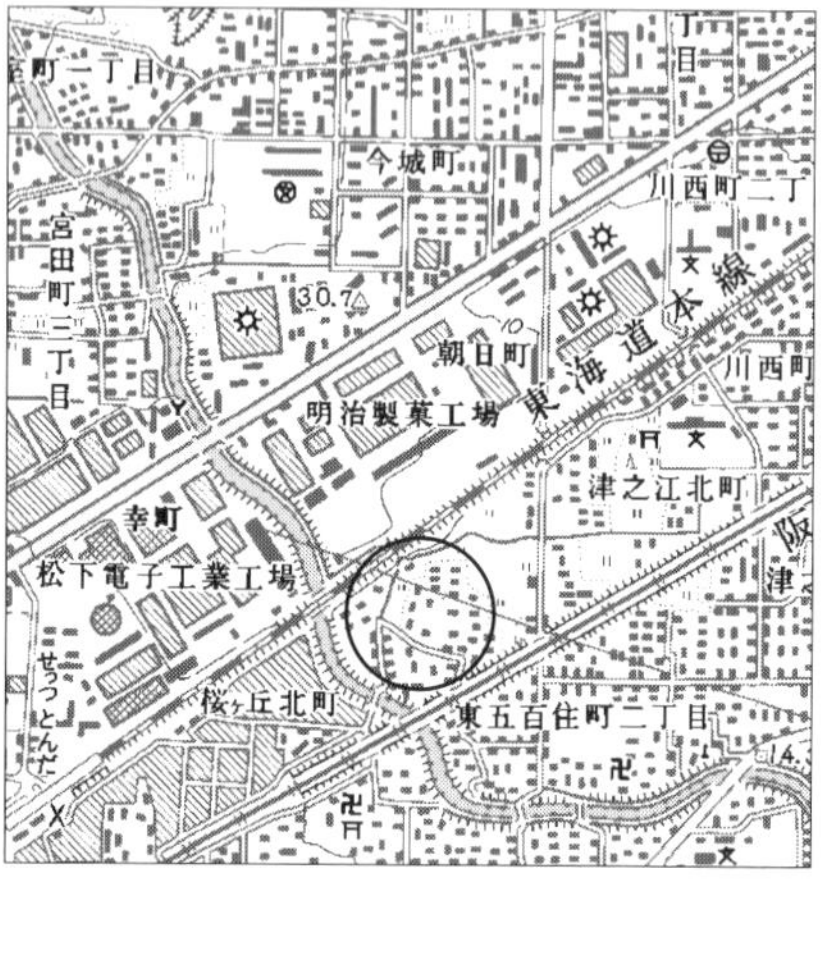

城主となった松永孫六が五百住から八上城下に移し、後に篠山城下に再移転したと伝える。室町期の木造日蓮上人坐像には「永禄五年壬戌七月吉日彩色 施主松永孫六良敬白」との書き込みがある。*3

【構造と評価】 享保十四年（一七二九）の「郡家村・東五百住村境見分絵図」（郡家財産区蔵）には「松永屋敷跡畑田」を描く。小字「城垣内」の範囲と絵図の区画を照合すると、規模は半町（五〇メートル）四方余りと思われ、一般的な土豪クラスの城館規模となる。*4 絵図では記号化された家屋が二群に分けて記入され、この間の畑・田地の中に松永屋敷跡は所在していた。近世以降、中世城館跡は禁忌として開発や個人の土地占有を避ける事例があり、*5 松永屋敷のあり方も類似する。

周囲の溝は北と東で明らかに幅が広く、「とで」という湧水地があることから滞水していたとみられる。判読しづらいが、区画の南縁に看取される樹木のような表現が土塁の痕跡なのかもしれない。また、溝の東の「若宮」は城館と一体なった祭祀施設の可能性があろう。現地に遺構は無いが、湧水池周辺にあたると思しき田地が残り、区画の比定地は周囲よりも若干高くなっている。

松永屋敷跡は在地の土豪層を主体とする城館跡と考えられ、入江氏の遠縁である点も含め、この屋敷跡の様相は松永久秀が東五百住の土豪一族に出自を持つことを示す。なお、松永屋敷跡は、絵図の存在や松永久秀との関係から明らかになったもので、反面では都市部における城館把握の難しさや類例収集の必要性を提示する事例にもなっている。

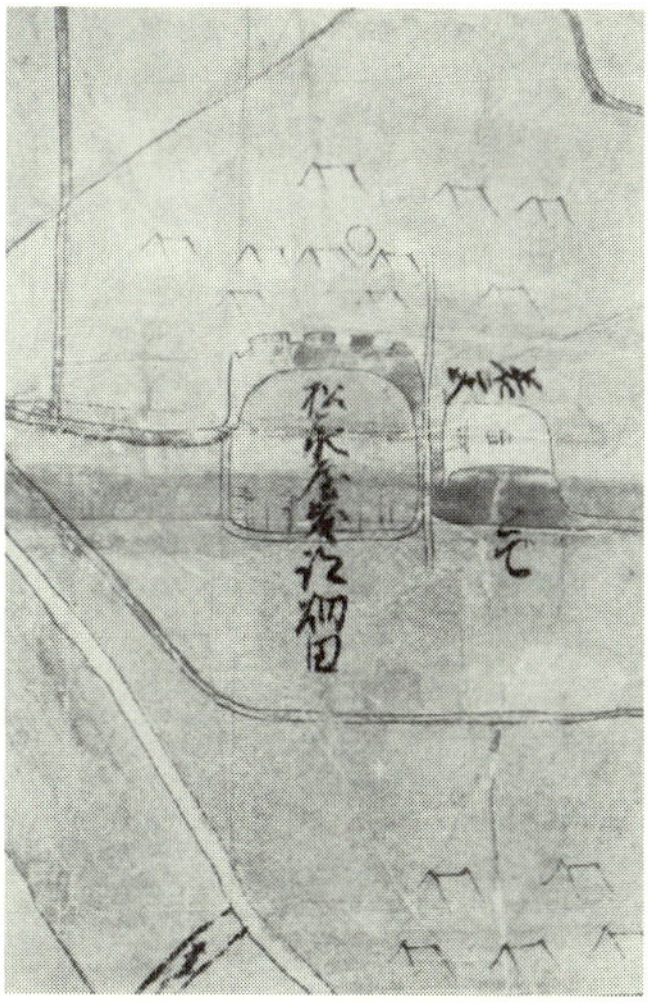
「松永屋敷跡畑田」周辺（「郡家村・東五百住村境見分絵図」部分。郡家財産区蔵）

＊2 拙稿「戦国期の高槻と入江氏」（『しろあとだより』4、高槻市立しろあと歴史館、二〇一二年）。

＊3 高槻市周辺にも松永久秀伝説が複数あり、名刹の本山寺や神峯山寺への久秀による奉納や寄進などが伝わる。なお、古藤幸雄氏によれば、東五百住には、近世に松永姓から改名の伝承を持つ家がある。

＊4 城郭研究では、一般的な土豪の館を半町四方として理解している。

＊5 小島道裕『城と城下―近江戦国誌―』（新人物往来社、一九九七年）では、禁忌として平地城館跡の開発を避ける事例が紹介されている。

複数の町場や集落で構成された戦国の寺内町

33 富田寺内町《とんだじないまち》

①所在地 高槻市富田町
②時期 戦国〜江戸期
③主体 寺内町住民
④遺構 地割

【概要】富田寺内町は、浄土真宗中興の祖である蓮如に由緒を持つ戦国期の寺内町であり、近世は近隣の高槻城下町を上回る規模の町場として、酒造業を中心に繁栄した。*1

【立地】寺内町は北の阿武山から伸びる富田台地の先端に立地する。摂津を東西に横断する基幹道の西国街道と約一・八キロと距離を置く一方、戦国期には東西道の三島路が経由し、茨木、高槻という武家の城館が所在する町場を結んだ。

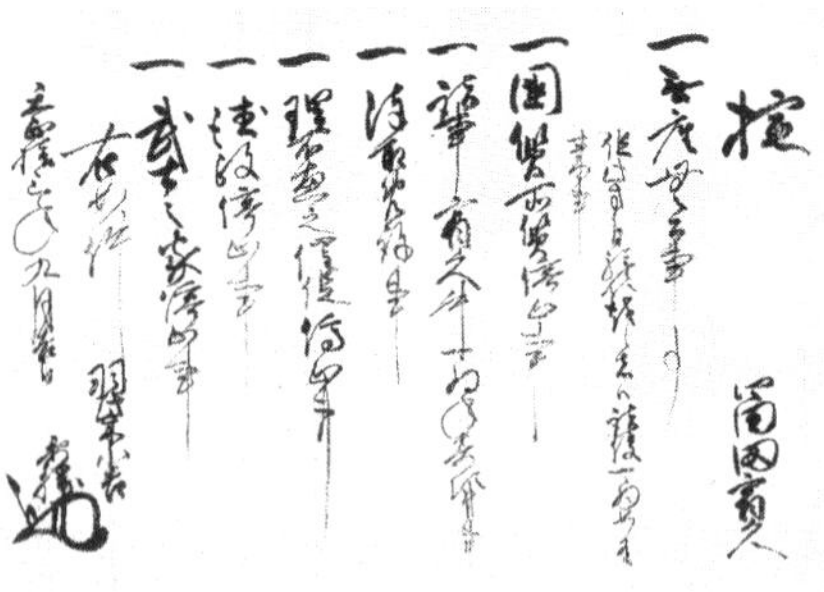

羽柴小吉秀勝禁制 『清水家文書』

【歴史と背景】富田周辺は古代以来の穀倉地で室町期の「富田庄」は将軍家の御料所《ごりょうしょ》であり、十四世紀末には禅宗の普門寺が開創された。富田には御料所の年貢集積地、普門寺門前として小規模な町場が形成されたと思われ、文明八年（一四七六）には浄土真宗中興の祖である蓮如が布教拠点を設けた。蓮如は前年に越前吉崎を退去して畿内での教化を進めており、やがて富田には八男の蓮芸が入って一門一家寺院の教行寺《きょうぎょうじ》とした。

守護細川京兆家は、文明十四年の河内攻めに際して富田に関わりを持ち、同家分裂後の大永四年（一五二四）には細川稙国が河内の畠山稙長の援軍として「津国トンタ迄御出陣」した（『続《ぞく》南行雑録《なんこうざつろく》』）。享禄四年（一五三一）には細川高国方と同晴元方が

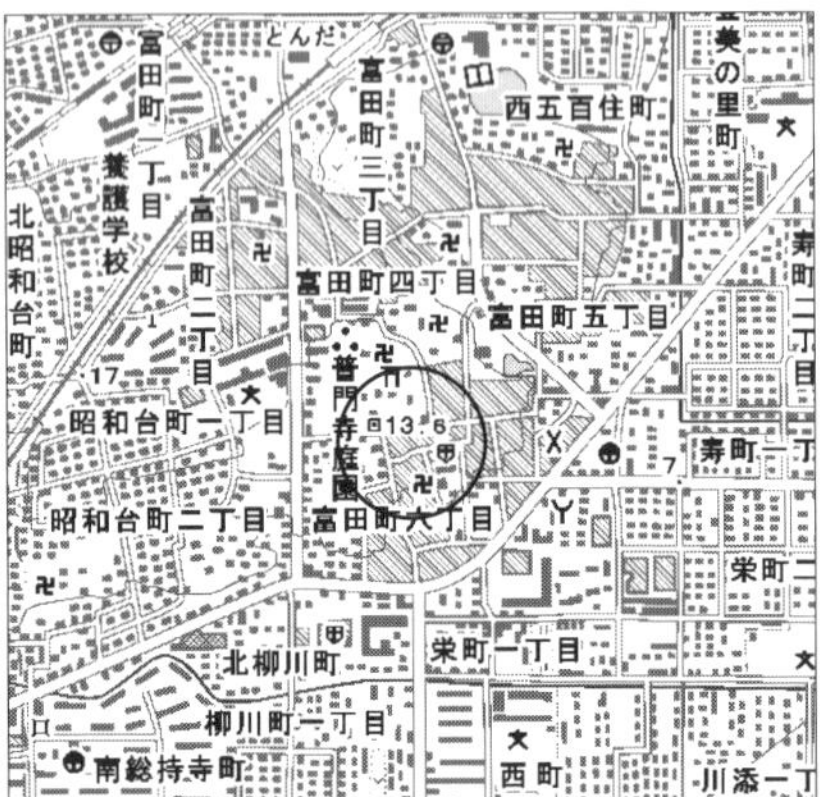

*1 清水家（紅屋）は、慶長二十年（一六〇〇）の関ケ原合戦に際し、徳川家康の命で食糧調達に応じたとされるなど徳川将軍家との関係が深く、凶作時の酒造保証と分割で貸し出せる酒造株「清水株」や将軍代替わり時の拝礼が許された。清水家には、家康から拝領したという印章や絵図、古文書などが伝わる（大阪歴史博物館寄託）。

紅屋印章

富田で合戦に及び、高国方が「富田寺」に退いたという（『後《ご》法《ほう》成《じょう》寺《じ》尚通《ひさみち》公記《こうき》』）。本願寺が京兆家の内紛に巻き込まると、富田は天文元年（一五三二）に細川晴元方や法華一揆の攻撃を受けた。教行寺も衰退したが、晴元が「富田坊」として再興を許可した際、「富田庄」の住人は「教行寺」としての再興を本願寺門主の証如に働きかけている（『証如《しょうにょ》上人《しょうにん》日記《にっき》』）。富田では教行寺を紐帯とした住民らの主体的な行動がみられ、寺内町の背景にもなったのだろう。

やがて晴元は家臣の三好長慶に屈し、永禄四年（一五六一）に「富田庄御料所」を得て普門寺に入った（『細川両家記』）。普門寺は細川京兆家とのゆかりが深く、[*2] 同六年に晴元は同寺で死去している。この普門寺では同十一年に三好三人衆に擁立された足利義栄が将軍に任じられ、公家の山科言継は蹴鞠を見学したという（『言継卿記』）。しかし、義栄は上洛が叶わぬまま、織田信長の畿内進出を迎え、混乱の中で没している。

当時の富田の様子であるが、永禄十年に公家の山科言継、勧修寺《かじゅうじ》晴右らが義栄を訪問した際は「別之宿」で、

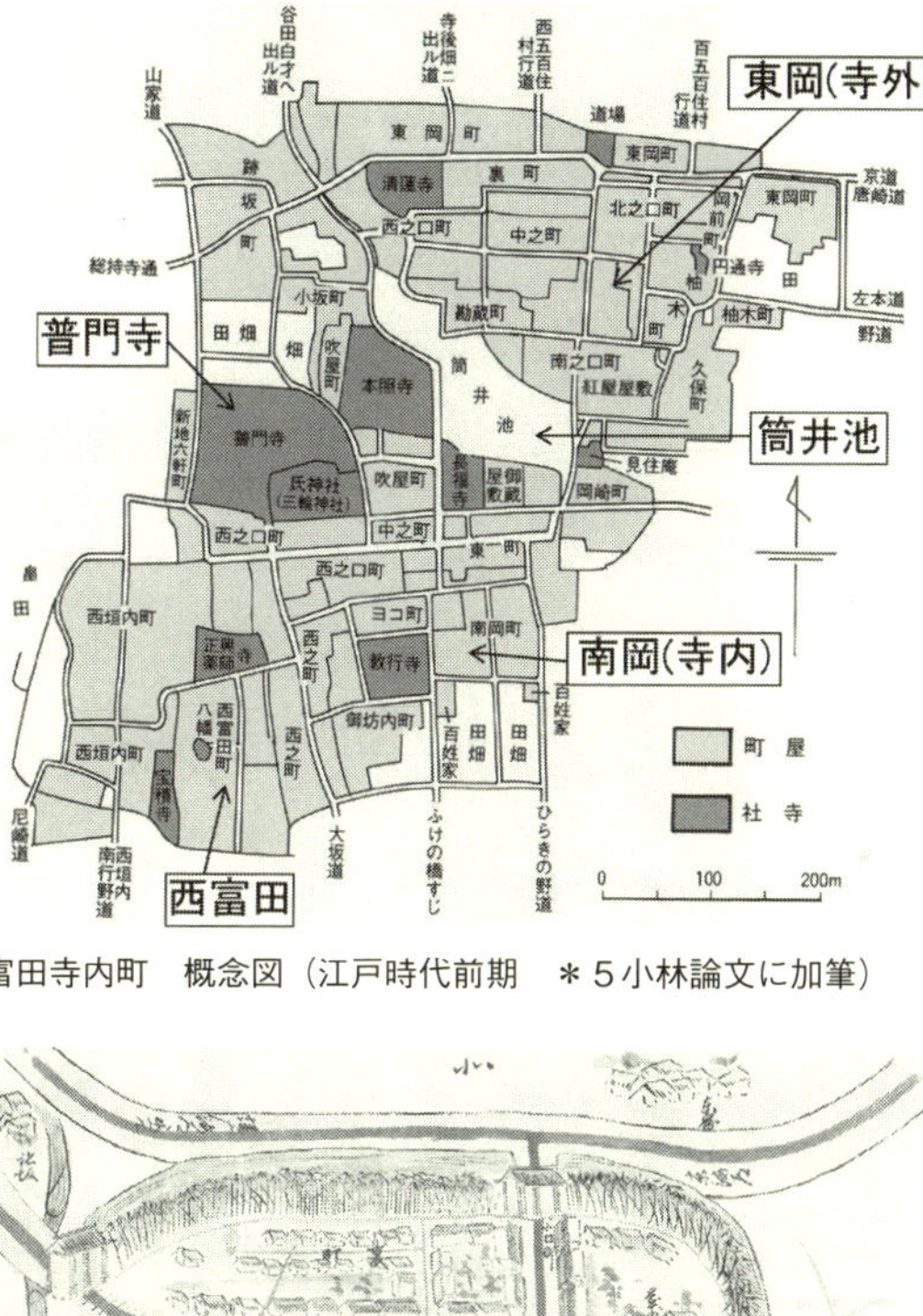

富田寺内町　概念図（江戸時代前期　＊5小林論文に加筆）

富田東岡宿絵図（個人蔵）

＊2　現在は臨済宗妙心寺派。天文年間（一五三二～五五）には、宝徳二年（一四五〇）に細川京兆家の細川勝元が創建した京都の龍安寺の末寺となった。境内には、伝細川晴元の墓が残され、由緒書によれば細川勝元、細川氏綱の位牌があったという。方丈附棟札は国指定重要文化財、枯山水の庭園は国指定名勝。

普門寺境内周囲の土塁

義栄の家臣たちも富田に滞在している（『言継卿記』）。また、上洛直前の織田信長は「富田寺外破之、寺内調有之」（『同』）とあり、信長に異なる態度を示す寺内と寺外という二つの地区があった。

　また、永禄十二年に宣教師ルイス・フロイスは富田に宿を求めたが、疫病による千人以上の死者を避け「外の旅館」（『十六・七世紀イエズス会日本報告集』）、つまり寺外に宿泊している。戦国時代の富田には、将軍の長期滞在を可能とする施設があり、多くの住民がいる寺内と寺外は外部の人間が宿泊に訪れる町場であった。特に寺外には複数の有力者がいて、後には「十人衆」と呼ばれ、天正十三年（一五八五）には高槻城主の羽柴小吉秀勝から徳政免除の特権を獲得し、都市の運営を確立させていく。

　なお、富田には応永三十四年（一四二七）の開創という光照寺という在地の有力末寺も存在し、近世は富田御坊本照寺として中本山の役割を担っていく。*3

【構造と評価】富田は地形的に筒井池（紅屋池）の谷を挟み、北側の丘陵と富田台地先端の南側丘陵に分かれる。

　筒井池北側は東岡と呼ばれる近世在郷町の中心地区で戦国期の寺外に該当し、豪商清水家（紅屋）の屋敷があった。清水家が伝えた近世の「富田東岡宿絵図」によれば町場は周囲を水路に囲まれ、内側に藪を伴う。南西の筒井池に面した藪は「池堤今ハ芝」と記入され、町の東側に土盛があったと伝わることから土塁の可能性がある。水路は北側の台地続きにもめぐり、形状は堀切に近い。内部には街区が形成されており、北・西・南の入口部分には門が描かれている。東岡は

昭和50年代の本照寺と紅屋池

＊3　由緒書では応永三十四年（一四二七）に本願寺存如が開き、第二代が弟子の式部卿正信であった。正保三年（一六四六）には西本願寺門主良如の弟・良教を迎え、良教の妻は第八代正尊が近江守護六角氏の娘を妻として生まれた子であるという。かつては境内に広がる富寿栄松が有名で、筒井池に威容を写した（左は昭和50年代の筒井池埋立以前の写真）。

外部を遮断する施設が備えていたといえるが、織豊期以降に興隆した地区であり、この構造が戦国期にまで遡るか否かについては不明である。

筒井池の西岸には本照寺があり、さらに普門寺と氏神である三輪神社が存在する。この南には両端が屈曲する東西の直線道路が走り、道の両側には短冊形地割が確認されて現在も店舗が存在する。普門寺と三輪神社の近くを「古市場」、東側を「新町」と呼ぶように、普門寺門前の古い町場が後に再編された地区と考えられる。なお、普門寺境内の周囲には、土塁と堀がめぐり、「普門寺城」とされる場合もあるが文献上では確認できない。

道路周辺から南は南岡と呼ばれ、「御坊内町」など教行寺を中心とした地区がある。同寺境内を中心に町場が形成されており、戦国期の寺内町に該当する。一方、この東南には地割や景観に町場の要素や計画性がうかがえないエリアがあり、西富田と呼ばれる。「政所《まんどころ》」という屋号や八幡神社が存在し、町場化する以前は富田庄に由来する農村であったことが想定されている。

「慶長十年摂津国絵図」では町場の富田に接し、「富田之内」「普門寺」「ハサマ」などの集落を描く。*4

富田は性格や景観を異にする複数の集落によって構成されており、戦国期の寺内町や都市を考える上での好事例である。*5

上：普門寺・三輪神社南の東西道路
下：教行寺門前の道。台地を南に下っていく

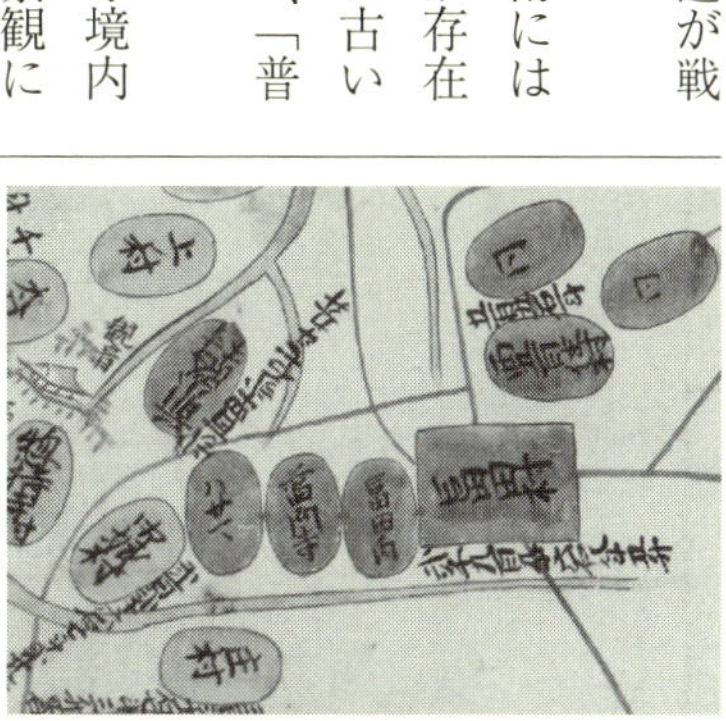

慶長十年摂津国絵図（富田周辺）

＊4　西宮市立郷土資料館蔵。慶長十年（一六〇五）段階の状況を示す。町場を方形、集落を小判形に描く。

＊5　小林健太郎「在町富田の形成と商工業」（『高槻市史』本編Ⅱ、一九八四年）、福島克彦「戦国織豊期摂津富田集落と「寺内」―歴史地理学的手法の再検討―」（『寺内町研究』五、貝塚寺内町歴史研究会、二〇〇〇年）。

潜伏キリシタンの地の小規模山城

34 下音羽城《しもおとわじょう》

①所在地　茨木市下音羽
②時期　戦国期
③主体　―
④遺構　曲輪・堀切・横堀

【概要】下音羽城は横堀を伴う単郭の小規模城郭である。ただし、城跡の伝承などは残されていない。

【立地】谷合の集落に接した小字「番所」の標高三一三メートルの尾根上に立地し、集落との比高差は約二五メートル。下音羽は、摂津国の平野部と丹波国の亀岡方面を最短で結ぶ清坂街道が通過し、分岐して銭原（茨木市）を通過して余野（豊能町）へと至る道が城跡の前を通る。

東側からみた下音羽城

【歴史と背景】特に伝承などが確認できない城郭遺構である。[*1] 周辺は中世に五ヶ庄と呼ばれる地域であり、天正元年（一五七三）以降に高槻城（高槻市）の城主となったキリシタン大名の高山右近の所領であったと考えられるが、茨木城（茨木市）の中川清秀の勢力も及んだ。南の竜王山の山麓に位置する忍頂寺は在地に大きな影響力を持ち、高山右近から寺領安堵を受ける一方で中川氏にも加担する動きを示した。[*2] また、高山氏による焼き討ち伝承を持つ。

【構造と評価】下音羽城は五〇メートルに満たない単郭であり、土塁は確認できない。ただし、南側の裾を横堀が取り巻き、北側の尾

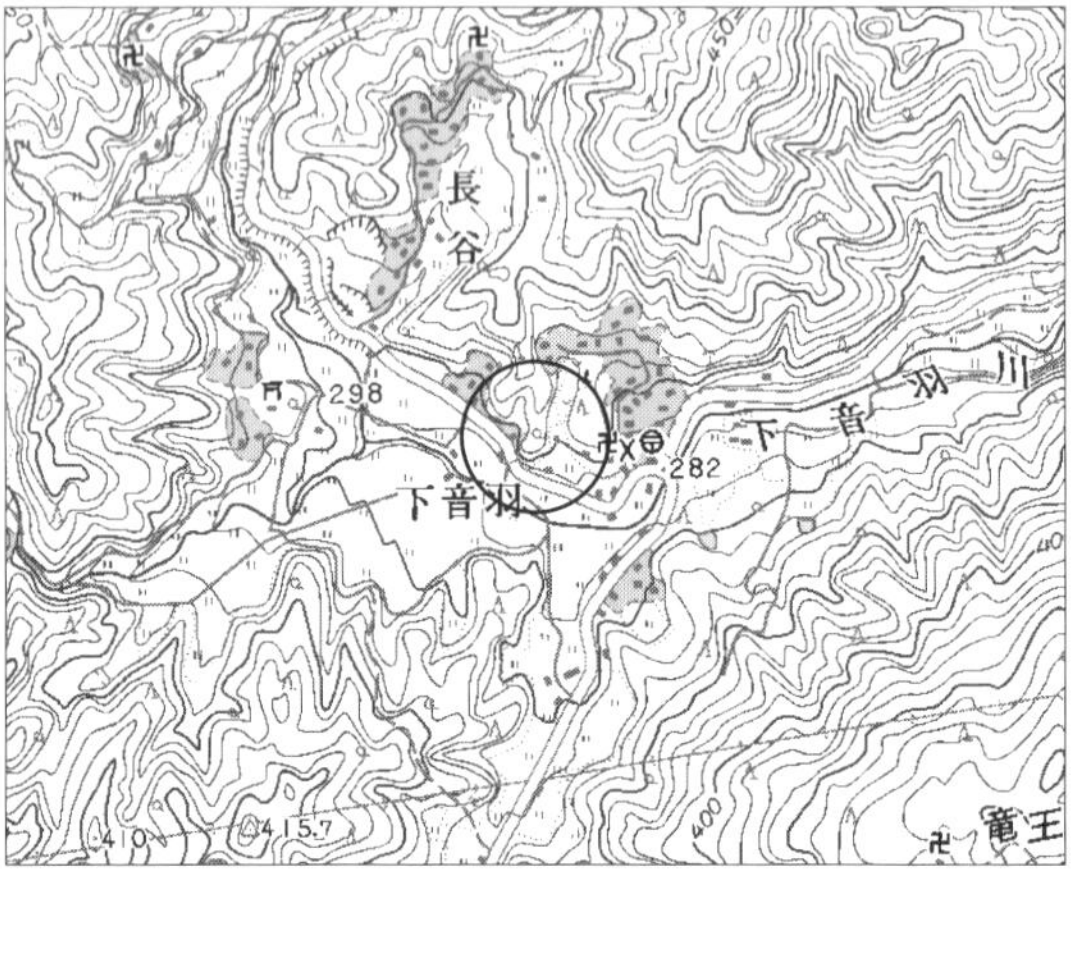

＊1　城郭研究者の高橋成計氏によって確認された遺構である。

＊2　拙稿「織田信長・豊臣秀吉と高山右近」（拙編『高山右近　キリシタン大名への新視点』、宮帯出版社、二〇一四年）。

根続きには堀切を設けるなど小規模ながら技巧的な縄張りである。城跡の比高を考えると、城郭の主体は集落の関係者である可能性が高いと思われる。ただし単郭に横堀を用いる構造は、摂津周辺の山間部での小規模な臨時性の高い山城で使用される傾向がある（田能城や吉川城の項を参照）。なお、背後の堀切には山麓からの道が到達し、北の尾根へ続いていくが、城郭遺構は確認できない。

下音羽は摂津北部の陸路の結節点であり、広域の軍事動向とも無縁ではなかったであろう。また、日常的にも多くの人々が往来したと思われる。小規模な山城に横堀が使用された背景には、少人数で効率的に城を機能させる必要があったためではなかろうか。なお、周辺は潜伏キリシタンの地として著名であり、高雲寺には慶長十五年（一六一〇）の「銭原マルタ」墓碑など二基のキリシタン墓碑が存在する。*3 このキリシタン文化は、活発な当時の人々の交流をうかがわせる。

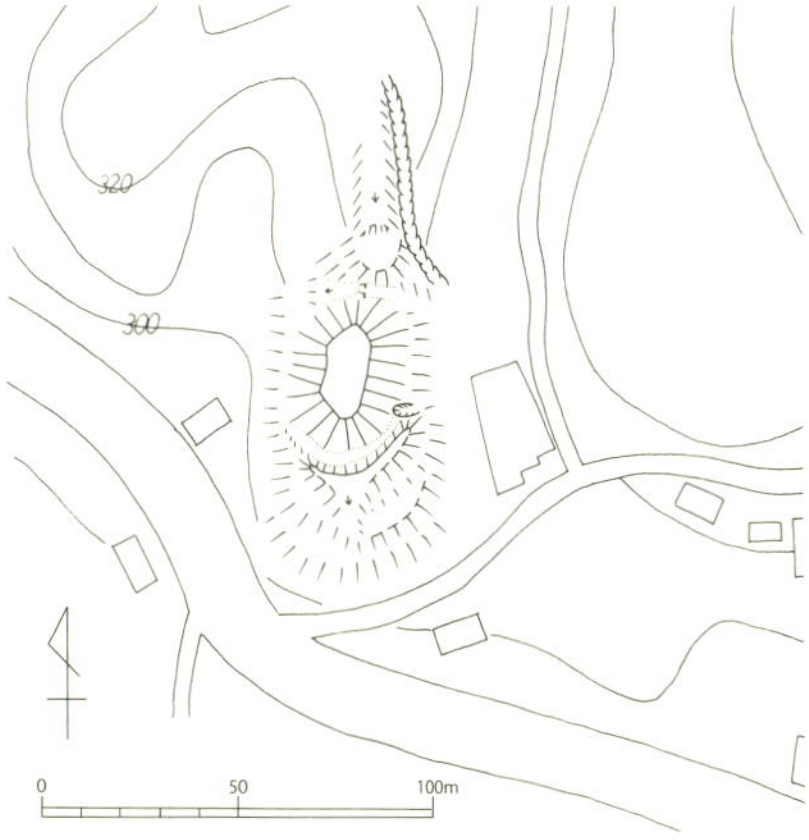

下音羽城 概要図（作図：中西裕樹）

上：下音羽城の横堀　下：背後の堀切

＊3　近隣の千堤寺集落では、大正九年（一九二〇）に個人所有の「あけずの櫃」から江戸時代初期の「聖フランシスコ・ザビエル像」などのキリシタン遺物が発見されている。江戸時代の禁教の中でも一部の人々はオラショという祈りを唱え、断食や苦行を行う信仰が続いていた。左は高雲寺に残るキリシタン墓碑である。

北摂を代表する発達した縄張りを持つ山城

35 安《あ》威《い》砦《とりで》

①所在地　茨木市安威
②時期　戦国期
③主体　安威氏か
④遺構　曲輪・帯曲輪・土塁・堀・堀切・横堀・竪堀・虎口

【概要】安威砦は、戦国期の国人安威氏の山城とされ、横堀などの発達した縄張りを示す遺構が残る。

【立地】東裾を安威川が南流する花園山（天神山。標高約八九メートル）の山頂に立地する。北摂山地と大阪平野の接点付近に位置し、高さは低いが円錐形の山容は平野部から目立つ。南には安威集落が存在する台地状の地形が延び、基幹道の西国街道とは一・五キロ以上の距離があるが、戦国期は丹波方面への亀山街道が集落内と山裾を通過していた。

細川政元像（龍安寺蔵）

【歴史と背景】明治九年（一八七六）の『古城古戦場古跡書上控』では、安威村に「安威城」と「砦城」の二ヶ所が報告されている。[*1] 安威城は集落内に存在し、永正年間（一五〇四〜一五二一）に安威弥四郎が築き、天正十四年（一五八六）に豊臣秀吉の命で安威五左衛門が茨木城（茨木市）に移って廃されたという。ただし、この城跡の遺構は確認されていない。一方、字「城ヶ森」の安威砦は古代の藤原鎌足の築城とされ、これは周辺が鎌足の当初の埋葬地という古墳を祀る大織冠神社などのある藤原氏ゆかりの土地であるためだろう。[*2] こちらが安威砦に該当する。

＊1　『新修 茨木市史』史料集2（二〇〇一年）。

＊2　藤原鎌足は六四五年の乙巳の変（大化の改新）の立役者の一人。元は中臣姓。当時から安威周辺に拠点を持ち、安威砦とは安威川を挟んだ阿武山（標高二八一メートル）山頂に位置する阿武山古墳には被葬者を藤原鎌足とする学説がある。

＊3　室町幕府の官職で、将軍直属の軍事力として「番」ごとに編成された。将軍に近侍し、

安威氏には、室町幕府奉公衆[*3]としての活動が知られ、ほかには守護細川京兆家の細川高国らから軍勢催促を受けた安威弥四郎、細川晴元から感状を受けた安威又四郎らがいる（『中野家文書』）。三好氏被官の中にも安威氏の名が確認され、先述の安威五左衛門は豊臣秀吉に仕えたキリシタンとしても著名な安威シモンのことである。以前はキリシタンの高槻城主・高山右近の配下であったと思われ、天正十三年（一五八五）以降は豊臣直轄領となった周辺の代官となった。この安威氏は、十六世紀前半に安威右近大夫が安威庄惣領職の「父若狭守分」を細川六郎から安堵されたように、安威砦周辺との関わりが示唆される（『中野家文書』）。なお、細川六郎とは細川京兆家の澄元や晴元らの名乗りであるが、当時の安威周辺は京兆家自身が関与を強めた地域でもあった。

延徳二年（一四九〇）、京兆家の細川政元は、摂津における屋形（館）を安威に設けようとしたという（『蔭凉軒日録《いんりょうけんにちろく》』）。京兆家はほかの守護と異なって、戦国期も在京を基本としたが、当時の政元は頻繁に摂津に在国し、西国街道沿いの芥川宿（高槻市）などに家屋を造営した。京都に近い千里丘陵以東の上郡と呼ばれた地域での拠点整備を意図したと思われ、やがて京兆家は茨木（茨木市）を取り立てる。

大永七年（一五二七）には、細川高国と細川晴元が対立する中、晴元方の攻撃を受けた高国方の摂津国上郡の「芥川城。太田城。茨木城。安威。福井。三宅城[*4]」にいた人々が没落したという（『細川両家記』）。城史は判然としないが、安威砦には京兆家の関与も想定できる。先述の城主伝承では安威城が安威氏であるのに対し、安威砦は藤原鎌足であった。史実としてはあり得ないが、城主を戦国時代の地元勢力の城としない点は注目できる。

【構造と評価】 砦が所在する山頂近くには水道施設が建設され、山腹が大きく削り取られているものの遺構の依存状況は良い。構造を見る限り、長辺約一〇〇メートルの城域の大半が残る。

出行などに随行するなど基本的には在京したと思われる。

＊4　太田城と福井城は近隣に所在（茨木市）するが明確な遺構は残らない。『東摂城址図誌』（一八七七～八一年）に図がある（右：太田城、左：福井城）。

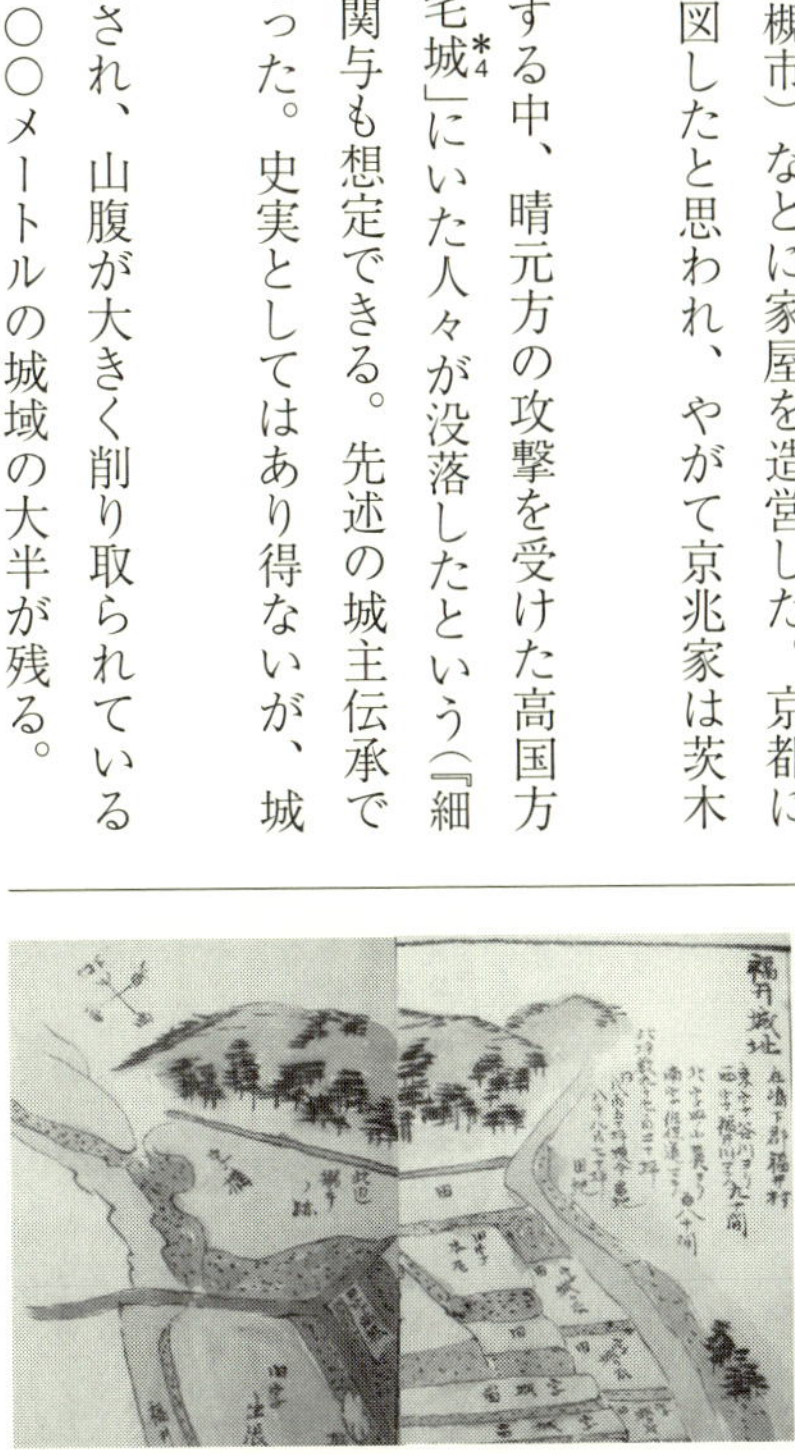

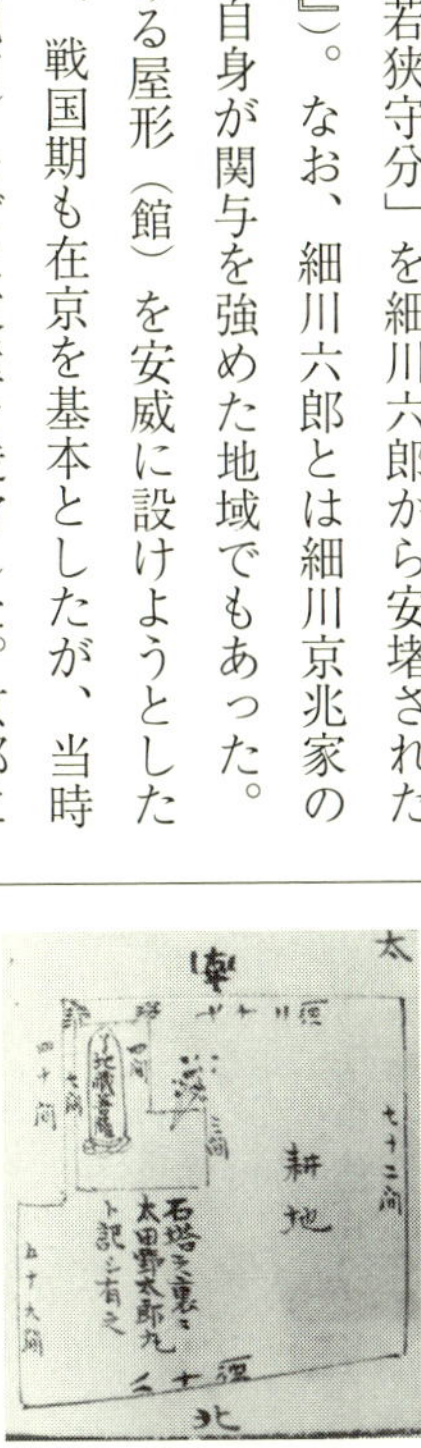

大きくは堀切で分断された曲輪Ⅰ・Ⅱ・Ⅲの部分で構成され、比高差や縄張りからはⅡが主郭に相当する。Ⅰ・Ⅱ・Ⅲの西側は一つの横堀で一体的な防御ラインが設定され、城へのルートはⅠの南西に到達したと思われる。Ⅰの南の竪堀は、南西方面から東斜面への迂回を規制し、Ⅰ・Ⅱ間の堀切は東端で斜面を下る竪堀となる。このためルートは先の横堀内に想定され、Ⅱはこの横堀に向けて土塁を櫓台状に突出させる。一方、ⅠはⅡ側に土塁を設けず、Ⅱに付属する性格が強い。なお、Ⅰ・Ⅱ間の堀切底の東には長方形状の窪地があり、井戸の遺構の可能性がある。

一方、ⅢはⅡ側に土塁を設け、北東山麓からの道が取りつく。Ⅱと連動するような防御施設は無く、むしろⅡ・Ⅲはともに東に虎口を設け、連絡を可能とする帯曲輪を設ける。Ⅲは主郭Ⅱとは並立した構造といえよう。そして、全体構造をふまえると、砦は北西方向の能勢郡などがある

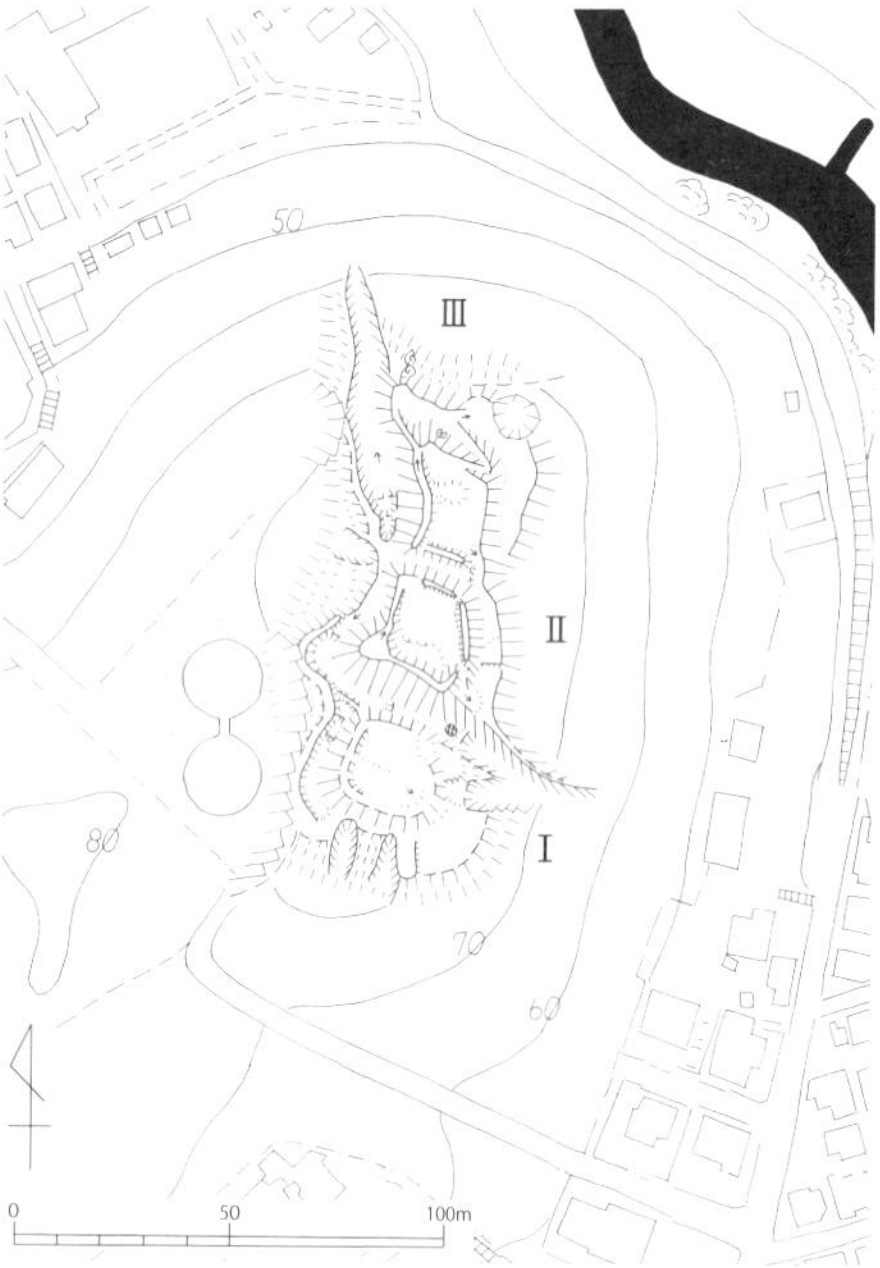

安威砦 概要図（作図：中西裕樹）

上：安威砦のⅠ・Ⅱ間の堀切底
下：西側に防御ラインを設定する横堀

安威砦が所在する花園山を南からみる

山間部への備えを意識しているように思える。戦国期に細川京兆家が分裂し、その対立が軸となる軍事行動では、再三この方面からの大阪平野方面への進出が図られた。この動向を反映してか、本砦の東に位置する京兆家の軍事拠点・芥川山城（高槻市）と山間部との間には発達した縄張りを持つ山城が点在しており、安威砦はその代表として理解できるだろう。

なお、『東摂城址図誌』（一八七七〜八一年）は字城垣内に字「御殿台」があるとし、[＊5]字「中春日」付近に比定され、内郭と土塁を持つ外郭からなる構造が推定されている。[＊6]

上：Ⅰ・Ⅱ間の堀切から伸びる竪堀
下：Ⅱの土塁。向かって右が櫓台状の部分

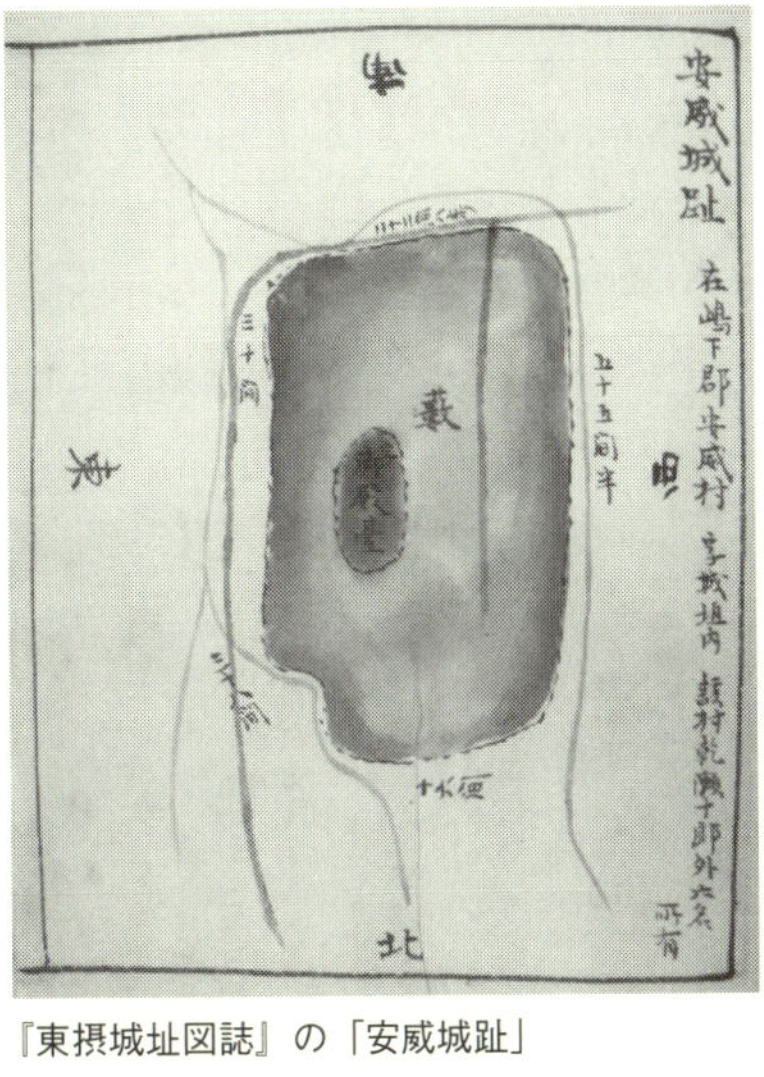

『東摂城址図誌』の「安威城趾」

＊5　『東摂城址図誌』は「安威砦跡」も所収しており（左）、やはり藤原鎌足の命で築かれたとの伝承を掲載する。山中には稲荷社の祠が描かれる。

＊6　免山篤「安威城」（『わがまち茨木』城郭編、茨木市教育委員会、一九八七年）。

山間部の小規模城郭と発掘された山城

36 佐《さ》保《ほ》栗《くる》栖《す》山《やま》砦《とりで》
37 佐《さ》保《ほ》城《じょう》

36 佐保栗栖山砦 ①所在地 茨木市佐保 ②時期 戦国期 ③主体 佐保氏か ④遺構 ―

37 佐保城 ①所在地 茨木市佐保 ②時期 戦国期 ③主体 佐保氏か ④遺構 曲輪・土塁・堀切

【概要】佐保栗栖山砦は全面が発掘調査された山城である。佐保城は、小規模な単郭の城郭で[*1]、同じ谷筋に位置する近隣は「隠れキリシタンの里」で知られ、近くの千堤寺集落には慶長六年（一六〇一）の佐保カララという人物のキリシタン墓碑が残る。

【立地】佐保栗栖山砦は東から突き出した標高約一九〇メートルの尾根上に立地し、小字を「クルス」という。尾根上には摂津と丹波を結ぶ清坂街道の枝道が通過し、両城跡が所在する谷筋の道につながる。[*2]佐保城は約一キロ離れた荘本集落背後の標高二〇〇メートルの里山に存在する。比高五〇メートルで、小字を馬場山という。

【歴史と背景】『東摂城址図誌』（一八七七～八一年）では「佐保砦址」「佐保砦跡」が紹介され、前者の所在地を字「宮ノ上」の「城山」とし、後者を北浦平左衛門の持ち山の字「城屋敷」とする。佐保城の隣に小字「宮之上」があり、佐保栗栖山砦の所有者が北浦氏であるため、前者を佐保城、後者を佐保栗栖山砦に比定できるが、いずれも城主などは不詳である。

両城の背景に押さえたいのは、守護細川京兆家の分裂に伴う天文年間（一五三二

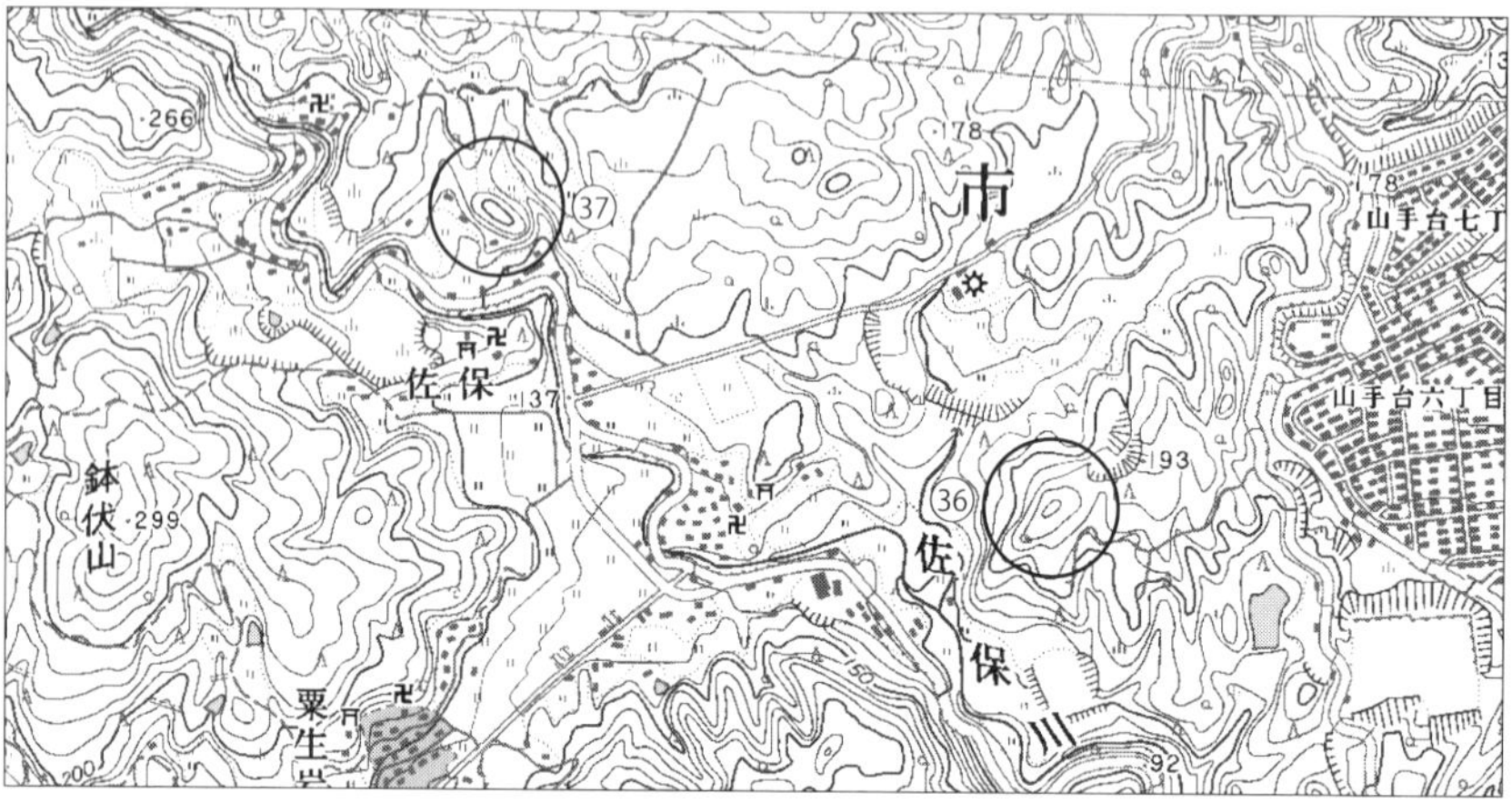

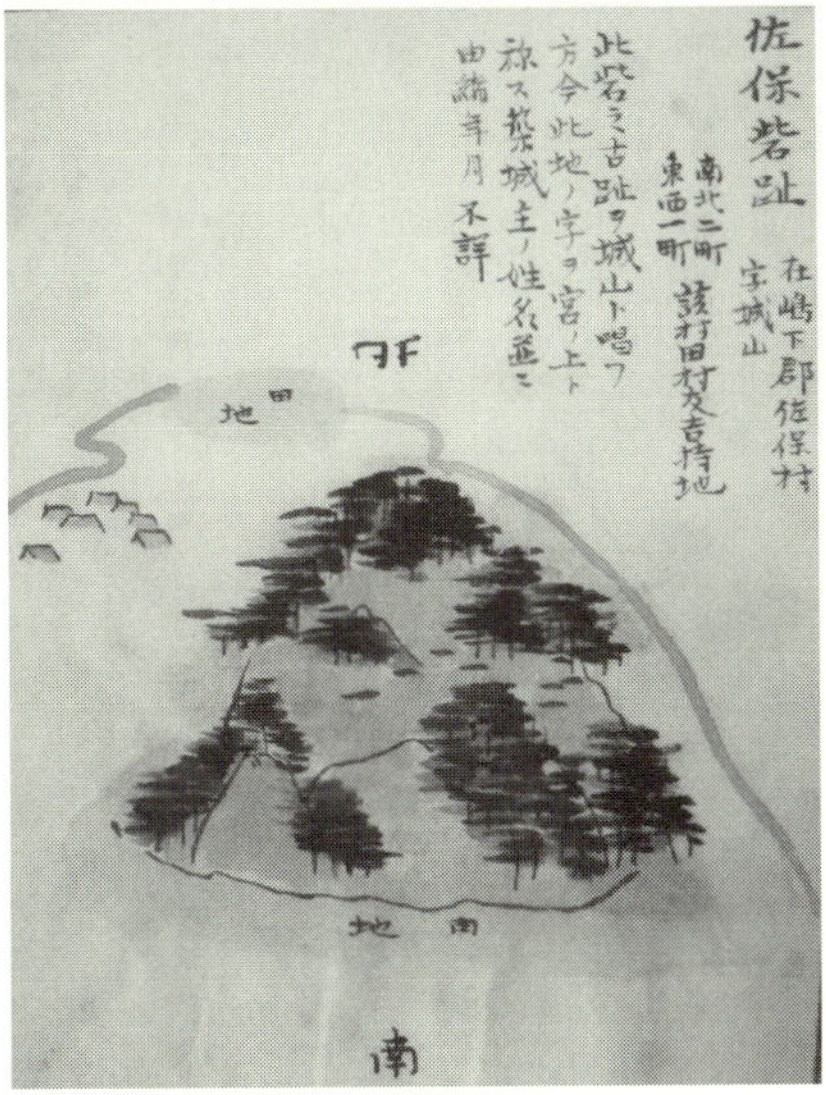

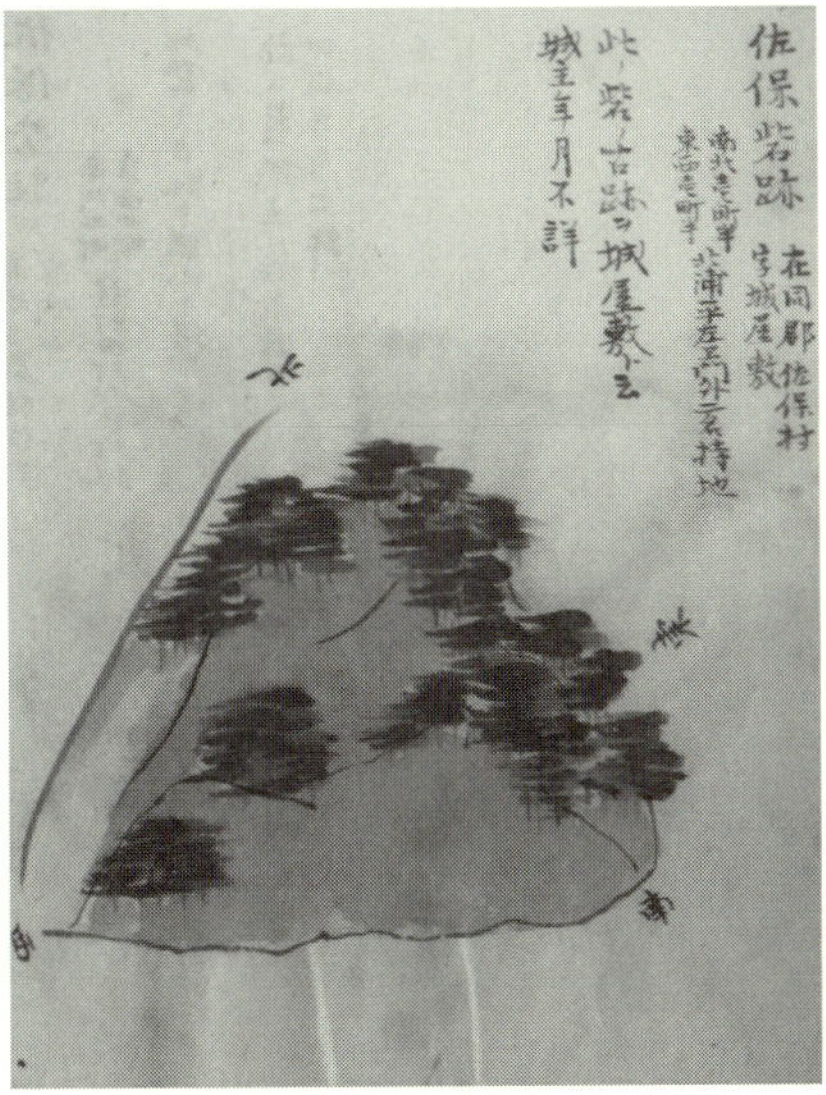

上：正面の尾根の上に佐保城がある
下：『東摂城址図誌』の「佐保砦趾」

上：佐保栗栖山砦を西から望む
下：『東摂城址図誌』の「佐保砦跡」

～五五）の細川晴元による丹波から山間部を経由する大阪平野への軍事行動と、永禄十一年（一五六八）の織田信長上洛後に高槻城（高槻市）に入った足利義昭家臣の和田惟政の動きである。*3

特に摂津に地盤がない和田惟政は勢力拡大を図って、元亀二年（一五七一）に国人池田氏の勢力と佐保の南約三キロの白井河原（茨木市）で衝突して戦

＊1　周辺の城郭に関しては免山篤「佐保城」「佐保栗栖山砦」（『わがまち茨木 城郭編』、茨木市教育委員会、一九八七年）の先行研究がある。免山氏は地元の郷土史家・考古学者であり、佐保城の近くに地元勢力の佐保氏の館跡や教恩寺横に松谷砦跡などを比定している。

＊2　佐保栗栖山砦の南東に並行する尾根の中腹には十三世紀後半～十六世紀の栗栖山南墳墓群があった。発掘調査では約六〇〇の墓が確認され、キリシタン墓に特徴的な伸展葬＝長方形墓坑も検出されている。

＊3　拙稿「戦国期における地域の城館と守護公権―摂津国、河内国の事例から―」（村田修三編『新視点 中世城郭研究論集』、新人物往来社、二〇〇二年）、拙稿「高山右近への視点―研究整理と基礎的考察―」「織田信長・豊臣秀吉と高山右近」（拙編『高山右近 キリシタン大名への新視点』、宮帯出版社、二〇一四年）。

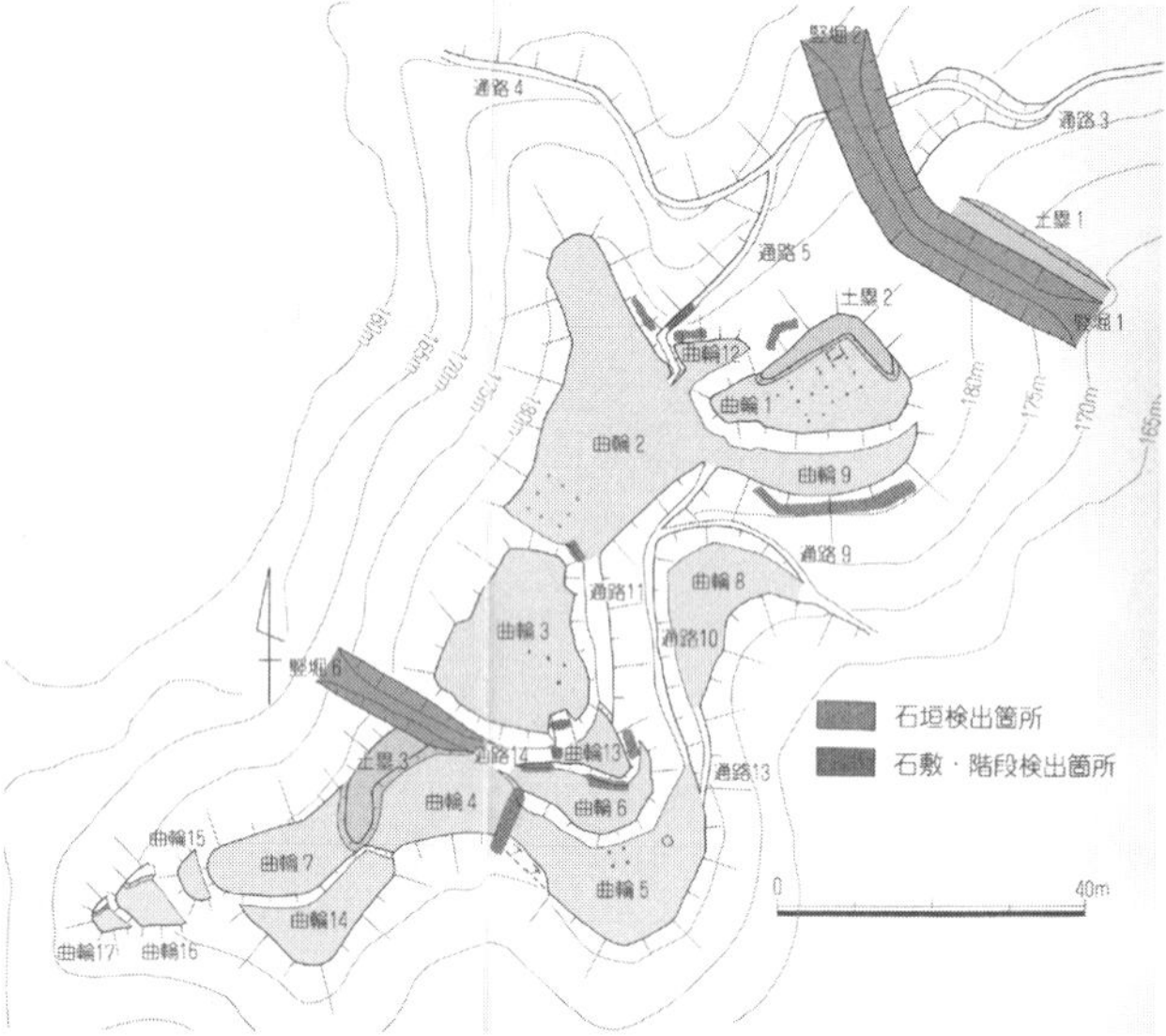

佐保栗栖山砦跡 概略図（[公財] 大阪府文化財センター『栗栖山砦跡の調査 現地説明会資料2』1999年より）

死を遂げ、「高ツキ・イハラキ・シュク城・里城」の四つの城が落ちたという（『尋憲記《じんけんき》』*4）。

発掘調査中の佐保栗栖山砦（[公財] 大阪府文化財センター蔵）

佐保周辺は、戦国期を通じて軍事的緊張に巻き込まれやすい地域であり、他にも城館の存在が指摘されている。「里城」は不詳であるものの「サト」の読みは「サホ」に近く、白井河原合戦時に、いずれかの城が機能した可能性も想定できる。*5

【構造と評価】佐保栗栖山砦跡の発掘調査では、多くの知見が得られている。*6 最終的な砦は二つのピークを含む長辺一二〇メートルを超える規模となり、曲輪1では岩盤を削り出した堀切に面

*4 この後、佐保周辺は高槻城の高山右近と茨木城の中川清秀の係争地となり、佐保栗栖山砦の東へ尾根道を進んだ大岩集落の大岩氏は中川氏の家臣であった。

*5 近隣の粟生間谷（箕面市）にも複数の城跡があったとされ、『東摂城址図誌』（一八七七～八一年）には「粟生間谷砦」（右）、「粟生新家砦跡」（左）が収録されている。

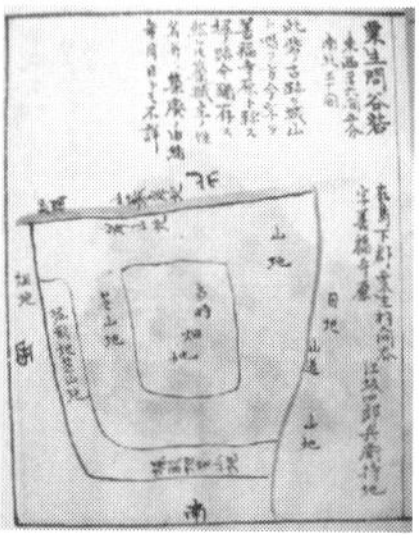

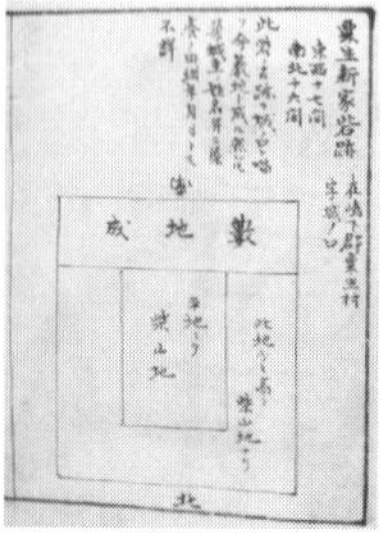

してL字状の土塁2を設けていた。内部には二間×二間か二間×三間の礎石建物があり、南西部には地山を削り出した階段と踊り場を持つ虎口がある。曲輪3でも礎石建物が確認され、石段を伴う通路が存在する。この西にはL字形の土塁3があり、その切れ目に虎口の可能性を残す。

また、曲輪2には曲輪1下の堀切を渡った枝道（通路5）が取り付き、石積みを伴う虎口となる。出土遺物量が最も多い日常生活の中心であり、仏花瓶や香炉、水滴などが出土したことから儀礼的な場であったとも考えられる[*7]。また、曲輪の造成は地表面を階段状に加工して土の崩落防止を図りつつ、版築状に荒い土と細かいシルトを積み重ねていた。

佐保城は、長辺五〇メートル強の楕円形の曲輪の三方向の土塁を設け、尾根続きには堀切を伴う。集落に近く一般的な山城のようにみえ、大振な石積みを使用する南側に設けられた虎口は見どころでもある。

二つの城の姿は異なるが、同じ軍事的緊張下におかれたはずであり、佐保氏ら在地勢力の支配拠点であるとともに広範な軍事動向においても機能した可能性を想定したい。

佐保城 概要図（作図：中西裕樹）

佐保城の虎口に確認される石積み

＊6　財団法人 大阪府文化財調査研究センター『佐保栗栖山砦跡　中世山城の調査』（一九九九年）。

＊7　このほかにも注目すべき遺物に土壁がある。曲輪1の礎石建物は火災を受けており、四方を囲んだと思われる約一〇五キログラムもの土壁も出土した。また、曲輪3の礎石建物にも熱を受けた跡が確認されている。なお、曲輪1の西側では横堀を埋めて曲輪2や虎口などを設け、曲輪3直下の堀切も埋められていた。当初の城域は狭く、二つのピークを中心とする小規模な単郭山城が並立する様相であったのかもしれない。

西国街道を見下す丘陵上の寺内町と城

38 郡《こおり》山《やま》城《じょう》
39 郡《こおり》山《やま》寺《じ》内《ない》町《まち》

38郡山城・39郡山寺内町
①所在地 茨木市郡山
②時期 戦国期
③主体 寺内町住民か
④遺構 地割

【概要】郡山城と郡山寺内町は、西国街道を北に見下す丘陵上に所在する。近隣には従来の郡山城の比定地があるが、近年の考察によって寺内町の一角に城は所在したと考えられている。*1

【立地】千里丘陵の北東部にあたる標高約四五～六五メートルの台地状の地形上に立地する。北麓を京都と西国を結ぶ西国街道が通過し、椿の本陣で有名な近世の郡山宿との比高は約一五～二五メートル。台地周辺の斜面は急であり、麓との隔絶性は強い。丘陵の東麓には摂津の山間部を抜けて丹波国へと至る清坂街道が走り、近隣の中川原（茨木市）で西国街道と交差している。

郡兵太夫像（個人蔵）

【歴史と背景】郡山城と寺内町は一次史料に確認できず、城については元禄十四年（一七〇一）の『摂陽群談』が「郡古城」として「上垣内・北垣内両所の地にあり。城主不詳」としている。

周辺の歴史をみると、西国街道は古代山陽

＊1 下村治男「摂津郡山城位置についての検証」（『歴史懇談』10、歴史懇談会、一九九六年）、同「摂津郡山城 物証についての研究」（『歴史懇談』11、歴史懇談会、一九九七年）、福島克彦「戦国期寺内町の空間構造」（『寺内町研究』10、貝塚寺内町歴史研究会、二〇〇五年）。小文は福島論文に依拠する部分が多く、参照にされたい。

道の系譜を持ち、中世前期には近世郡山宿周辺が「宿河原」と呼ばれた宿であった。[*2] 戦国期の郡山には、東に約四キロ離れた富田寺内町（高槻市）に所在し、本願寺の一門一家寺院であった教行寺の隠居所が設けられたとされ、天文十六年（一五四七）には法主証如が『天文日記』に「郡山堂」の上棟を記している。大坂本願寺との関係は深く、永禄八年（一五六五）の火災後、再建された大坂本願寺の阿弥陀堂は「郡山の御堂」を移設したもので、「郡山衆」が樽などを進上している（『東金堂私日記』）。

永禄十一年に足利義昭を擁した織田信長が摂津に軍を進めた際、郡山道場は富田寺内町の「寺外」とともに破られ、敵対する三好氏庇護下の信濃国守護小笠原氏の妻が捕縛された（『言継卿記』）。郡山は、信長らに敵対する動きを示したのだろう。

元亀二年（一五七一）には、千里丘陵を挟む上郡の和田氏と下郡の池田氏の勢力が「摂州於郡山」（『言継卿記』）で合戦に及び、郡山に隣接する大字郡の土豪と思われる郡兵太夫が和田方に属して戦死した。有名な白井河原の合戦であり、現在も現地には馬塚などが残る。[*3]

天正六年（一五七八）の荒木村重の挙兵に際しては、信長が羽柴秀吉らに「取手」を設けるように命じ（『黒田家譜』）、

上：郡山寺内町の中心部方面を望む
下：現在も郡氏の子孫が供養を続ける馬塚

＊2　郡山宿の大字は道祖本であり、丘陵上の大字郡山には含まれない。また、東麓に別の大字郡がある。郡山宿には「椿の本陣」と呼ばれる本陣（左）が残る。

郡山周辺地形図（茨木市都市計画図　1/3000　昭和 43 年をベース。＊１福島論文より）

郡山村地籍図（大阪法務局茨木出張所蔵「郡山村絵図」明治９年制作をベース。＊１福島論文より）

やがて着陣した信長に対し、高槻城主高山右近が降伏に訪れている。以降も、郡山は荒木攻めの陣所として使用された（『信長公記』）。

【構造と評価】郡山の丘陵上には、集落を含んで階段状の平坦面が斜面にかけて展開し、東西五〇〇×南北二〇〇メートルの範囲で東西南北に直線道路が並行する。小字には東町・中町・南町・西町・上（ン）町・門口・西ノ（之）辻があり、[*4] 明治九年（一八七六）の郡山の地籍図では中町と西町の道路沿いに短冊形地割を看取することができる。[*5] これらの区画は町場の存在を示し、近

＊3　合戦の背景については、拙稿「高槻城主 和田惟政の動向と白井河原の合戦」（『しろあとだより』7、高槻市立しろあと歴史館、二〇一三年）を参照。なお、江戸時代の白井河原は蛍が乱舞する名所として知られ、武者たちの魂が戦っているといわれた。離れた場所には和田惟政の供養塔（右）や惟政を討ったという中川清秀由緒の石碑（左）が建つ。

世郡山宿以前の戦国期に遡る可能性が高い。[6]

城跡は、丘陵西端の南北から谷地形は入り込む字西ノ辻付近に存在したと思われ、『東摂城址図誌』（一八七七〜八一年）が字「城ノ内」として描く土地の形状が合致する。地籍図では堀跡の可能性もあるL字状の地割が確認され、城跡の蓋然性は高いであろう。

一方、『摂陽群談』が「郡古城」とする「上垣内・北垣内両所」のうち、大字郡に所在する北垣内は郡氏の拠点とも想定できる。上垣内は確認できず、こちらが郡山の城跡を示すのかもしれない。なお、大正十一年（一九二二）の『大阪府全志』は、谷を挟んだ別の丘陵（尾根）上に比定し、浪速少年院の建設時に「三つ鱗」「三つ星」の印を施した石が出土している。[7]

戦国期の郡山は寺内町であり、その一角に城が存在したと思われる。ただし、郡山は外部勢力による利用がなされ、隣接する郡集落に別の城跡が存在する可能性がある。恒常的に両者が併存したか否かについては不明としておきたい。

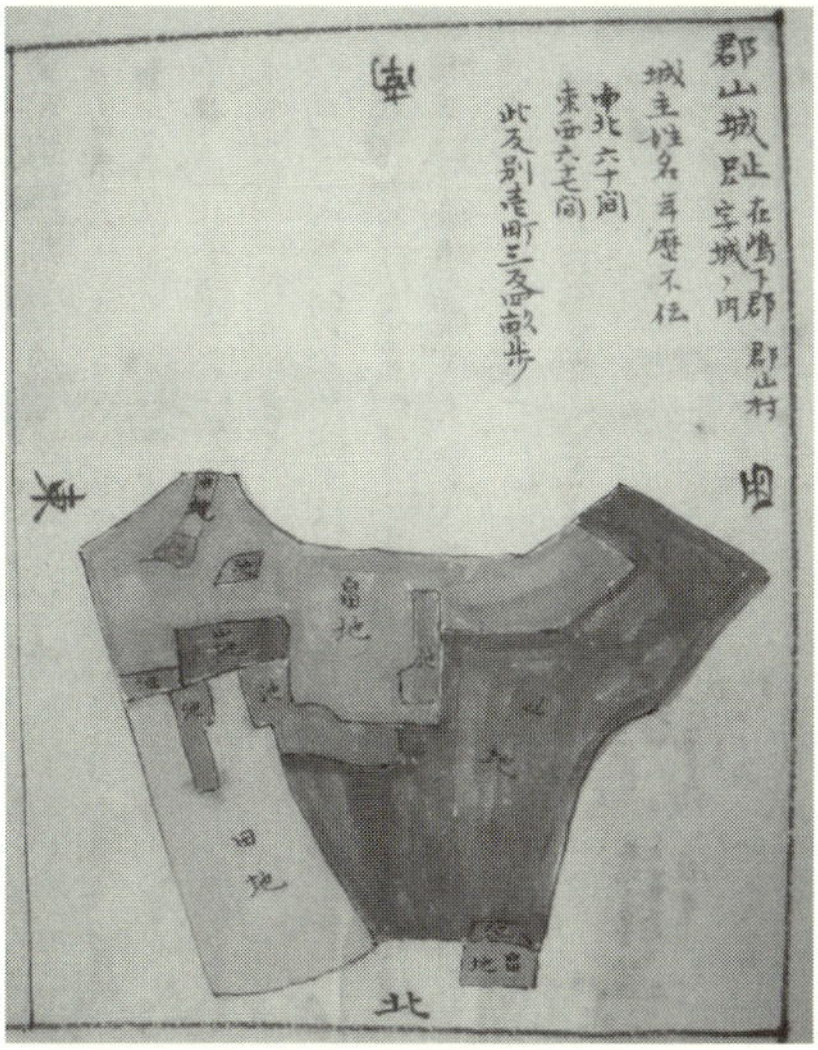

上：郡山寺内町の上町付近をみる
下：『東摂城址図誌』の「郡山城趾」

＊4　「郡山〈復元図〉」（『茨木市史』8 史料編 地理、二〇〇四年）。

＊5　＊1福島論文。短冊形地割は常設店舗の痕跡を示す場合が多い。

＊6　郡山城西町の正現寺は西本願寺派であり、応永元年（一五二一）に開創の所伝を持つ。

＊7　この「城石」と呼ばれる石材は少年院の門前にあり、案内板が設置されている（左）。田中忠雄「郡山城」（『わがまち茨木』城郭編、茨木市教育委員会、一九八七年）。

国人の拠点、守護所から織豊の城下町へ

40 茨《いばら》木《き》城《じょう》

①所在地 茨木市片桐町ほか
②時期 戦国・織豊期
③主体 茨木氏・細川京兆家・薬師寺氏・中川氏・豊臣氏・片桐氏
④遺構 地割

【概要】茨木城は、戦国期の国人茨木氏の城館であり、摂津守護細川京兆家らの拠点ともなるが、織豊期には中川清秀や豊臣氏の城となった。近世の在郷町として存続し、現在は市街地化によって遺構は地表面に残らないが、茨木神社に伝搦手門《でんからめてもん》という神社東門が存在している。*1

【立地】茨木川左岸の自然堤防上に立地し、周囲に平野が広がる。摂津を東西に横断する基幹道の西国街道と約二キロの距離を置く一方、茨木は大坂・京都方面をつなぐ三島路と丹波国から南下する豊臣期の亀岡街道との交点に位置する。前者は富田寺内町、高槻城下町という地域の主要な町場を結ぶ幹線道であり、後者は南の村々を経由して淀川べりに至る。*2 また、茨木は山間部から南流して淀川に至る茨木川と安威川に挟まれ、水上交通との結節点も想定できる。

【歴史と背景】国人茨木氏は細川京兆家の内衆であったが、文明十四年（一四八二）に守護代薬師寺元長の攻撃を受けて没落し、*3 延徳二年（一四九〇）に京兆家の細川政元が狩と称して上原神六（元秀）らの若衆を供に「摂州井原岐」へ下向した（『晴富《はれとみ》宿禰記《すくねき》』）。「摂州在国、茨木辺居住」と言われ（『蓮成院記録《れんじょういんきろく》』）、

茨木神社東門。城の伝搦手門

*1 茨木神社の門は、戦前の絵葉書にみえる。平成七年に解体修理されたが、現状と戦前とでは、瓦や石柱の有無などの異なる点も多い。髙田徹「城郭と絵葉書―戦前絵葉書資料化の試み―」（私家版、二〇〇八年）。

*2 片岡健「摂津茨木の空間構造と交通路」（中村博司編『よみがえる茨木城』、清文堂出版、二〇〇七年）。近世の亀岡街道は、茨木のさらに西側を通る。

政元は明応二年（一四九三）、同八年、永正元年（一五〇四）にも茨木に滞在し、周辺の在地武士を被官化するなど摂津支配の拠点化を進めた。文亀元年（一五〇一）には「薬師寺在所イバラキ」（『言国卿記』）と守護代薬師寺氏の在所と記され、永正四年（一五〇七）には守護代復帰を狙う薬師寺万徳丸（後の国長）が城を攻撃している（『多聞院日記《たもんいんにっき》』）。居住施設などは不詳であるが、両者は在京を基本としつつ、茨木を守護所としたのだろう。[*4]

十六世紀初頭に細川京兆家の拠点は芥川山城（高槻市）となり、城には茨木氏が復帰したとみられる。天文年間（一五三二～五五）に細川晴元の奉行人として活動した一族の茨木長隆が知られ[*5]、永禄十一年（一五六八）の織田信長の畿内進出後は、足利義昭の家臣で高槻城主の和田惟政に与した。しかし、元亀二年（一五七一）に近隣で起きた白井河原の合戦で、荒木村重が率いる摂津国人池田氏の軍勢に惟政は戦死し、「茨木兄弟以下三百人討死」（『言継卿記』）と茨木氏も没落する。やがて城には中川清秀が入り、荒木村重に属した。

中川清秀像（梅林寺蔵）

中川氏は多田源氏の一族で、戦国末期には中河原（茨木市）周辺を維持するだけであったが池田氏の下で力を伸ばしたという。[*6] 高槻城主の高山右近との間には地域支配をめぐる緊張が継続したが、天正六年（一五七八）の村重の謀反に際してはともに信長方へ降った。信長からは「御太刀拵の御腰物、并ニ御馬皆具」、ほかの織

＊3　拙稿「摂津国上郡における守護代薬師寺氏―戦国前期の拠点・国人と守護をめぐって―」（天野忠幸ほか編『戦国・織豊期の西国社会』、日本史史料研究会、二〇一二年）。

＊4　今谷明「畿内近国に於ける守護所の分立」（『国立歴史民俗博物館研究報告』8、一九八五年）、仁木宏「戦国・信長時代の茨木の町と茨木氏」（＊2文献）。

＊5　茨木長隆を評価したのは今谷明氏であり、京兆家を摂津国人と京都の権門の連合政権とした。今谷「細川・三好体制研究序説」（『史林』56―5、一九七三年）。

＊6　『中川家御年譜』。清秀の子孫の豊後岡藩中川家が編纂し、史料的価値は高い。

上：片桐氏が慈光院（奈良県大和郡山市）に移築したという山門を模した茨木小学校の校門
下：城郭中心部の北の掘跡と思われる田地

田一族からも同様のものを拝領し、前日には三十枚の黄金を与えられるなど高山氏よりも厚遇された（『信長公記』）。同時に清秀の息子の長鶴丸（秀政）と信長娘の鶴姫の縁組が成立し、翌年には信長が茨木に立ち寄った（『信長公記』）。

天正八年、清秀は信長から毛利氏攻めの後に「中国一両国」を与えると約され（『中川家文書』）、羽柴秀吉とは「兄弟之契約」を交わした。翌年に秀吉は茨木城で津田宗及らを招く茶会を催すが、清秀は登場しない（『天王寺屋会記』）。清秀は摂津を代表する武将、信長の親族として中国方面への進出が期待され、秀吉と親しい関係を築いたのだろう。[*7]

本能寺の変後、清秀は秀吉方として行動したが、天正十一年の賤ヶ岳の戦いで戦死し、同十三年に中川秀政は播磨三木へと移された。以降、秀吉は茨木城に御殿を設けて京都・大坂間の往来に利用し、天正十七年には茶々（淀殿）が茨木城で鶴松を出産した可能性が高い。[*8] 関ケ原合戦後は片桐貞隆がおり、慶長十九年（一六一四）の大坂冬の陣の直前には豊臣方と袂を分った兄の且元が入っている。翌年の夏の陣で豊臣家が滅んだ後、片桐氏は大和国小泉（奈良県大和郡山市）

＊7　拙稿「高山右近への視点—研究整理と基礎的考察—」「織田信長・豊臣秀吉と高山右近」（拙編『高山右近　キリシタン大名への新視点』、宮帯出版社、二〇一四年）。

＊8　中村博司「豊臣秀吉と茨木城」（＊2文献）、福田千鶴『淀殿　われ太閤の妻となりて』ミネルヴァ日本評伝選（ミネルヴァ書房、二〇〇七年）。

＊9　上野英三「茨木城」（『わがまち茨木』城郭編、茨木市教育委員会、一九八七年）、南出眞助「近世茨木町の形成過程」（『追手門学院大学文学部紀要』27、一九九三年）、豊田裕章「茨木城・城下町の復元案と廃城の経過」（＊2文献）、中井均「茨木城の機能と構造」（＊2文献）、＊4仁木論文などがある。

へ移り、城は元和三年（一六一七）に廃された。

【構造と評価】城の構造は地名や絵図、地籍図などから考察され、織豊期の惣構構造の城下町が復元されている。[*9] 明治初期の「茨木町大字茨木全図」では、中央やや上の現茨木小学校周辺の小字を「本丸」といい、付近には「中土井」という小字や「天守台跡」とされる場があったという。鍵形の畑地が城郭を区画する土塁に比定でき、北側の田地は堀跡であろう。この本丸など城郭中心部は約二〇〇メートル四方に復元できる。また、中心部北側の小字「佐助屋敷」、同じく南側の「殿町」には比較的大きな区画があり、武家屋敷地かと思われる。[*10] 近世には付近に「御土居」があったというが、これは先の土塁や茨木川の治水関係の施設かもしれない。

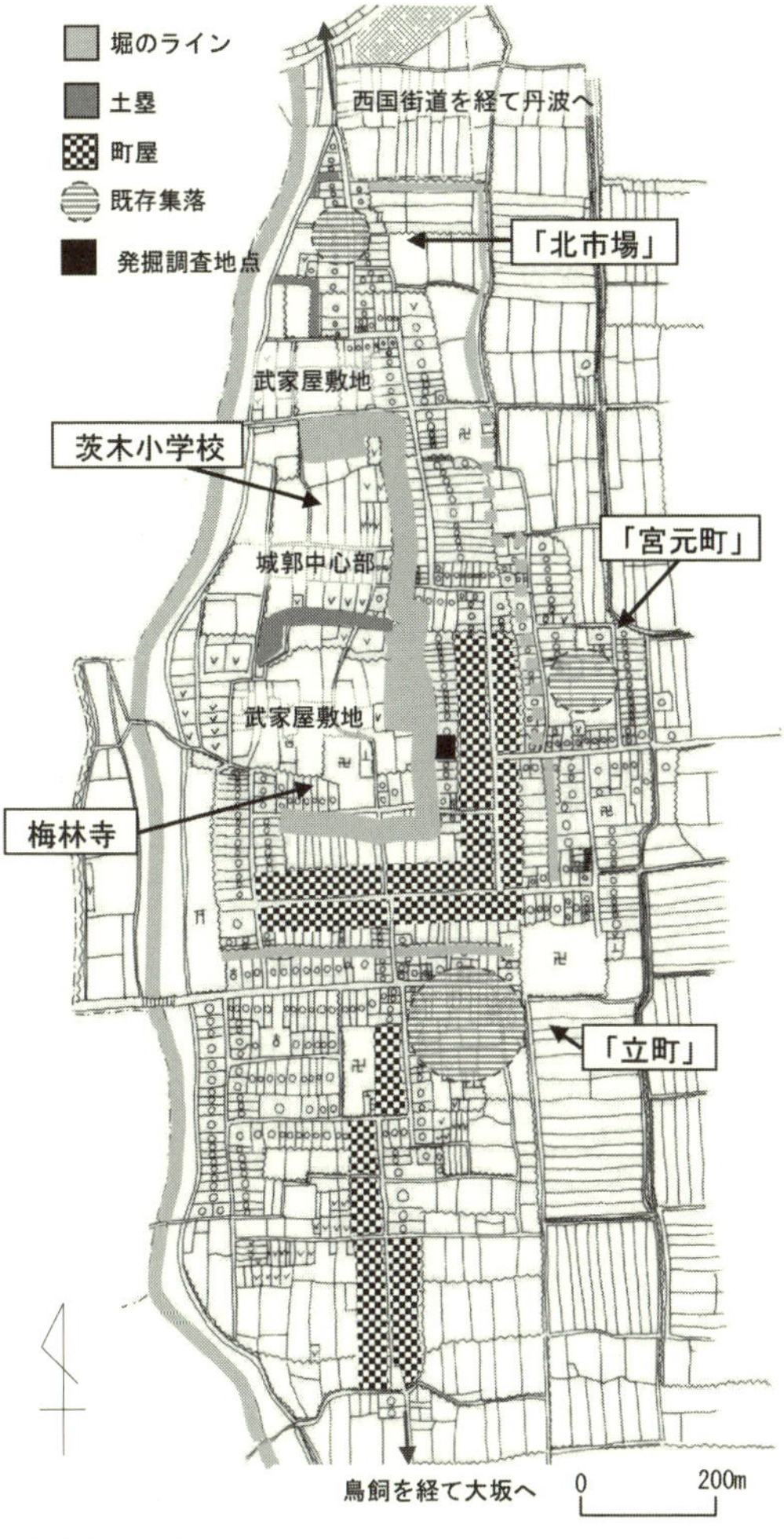

茨木城下町復元図
（「茨木町大字茨木全図」をトレース。『新修茨木市史』8、2004 年所収）

＊10　「佐助屋敷」は、中川清秀の妹を娶り、高名な茶人武将である古田織部（左介）の名に由来すると伝わる。古田織部は、天正六年の中川清秀の信長方への投降や信長娘鶴姫との縁談などをまとめたという。茨木川には「佐助樋」もあった。周辺には古田氏の屋敷が所在した可能性はあるが不詳。現在は、左のように宅地化している。

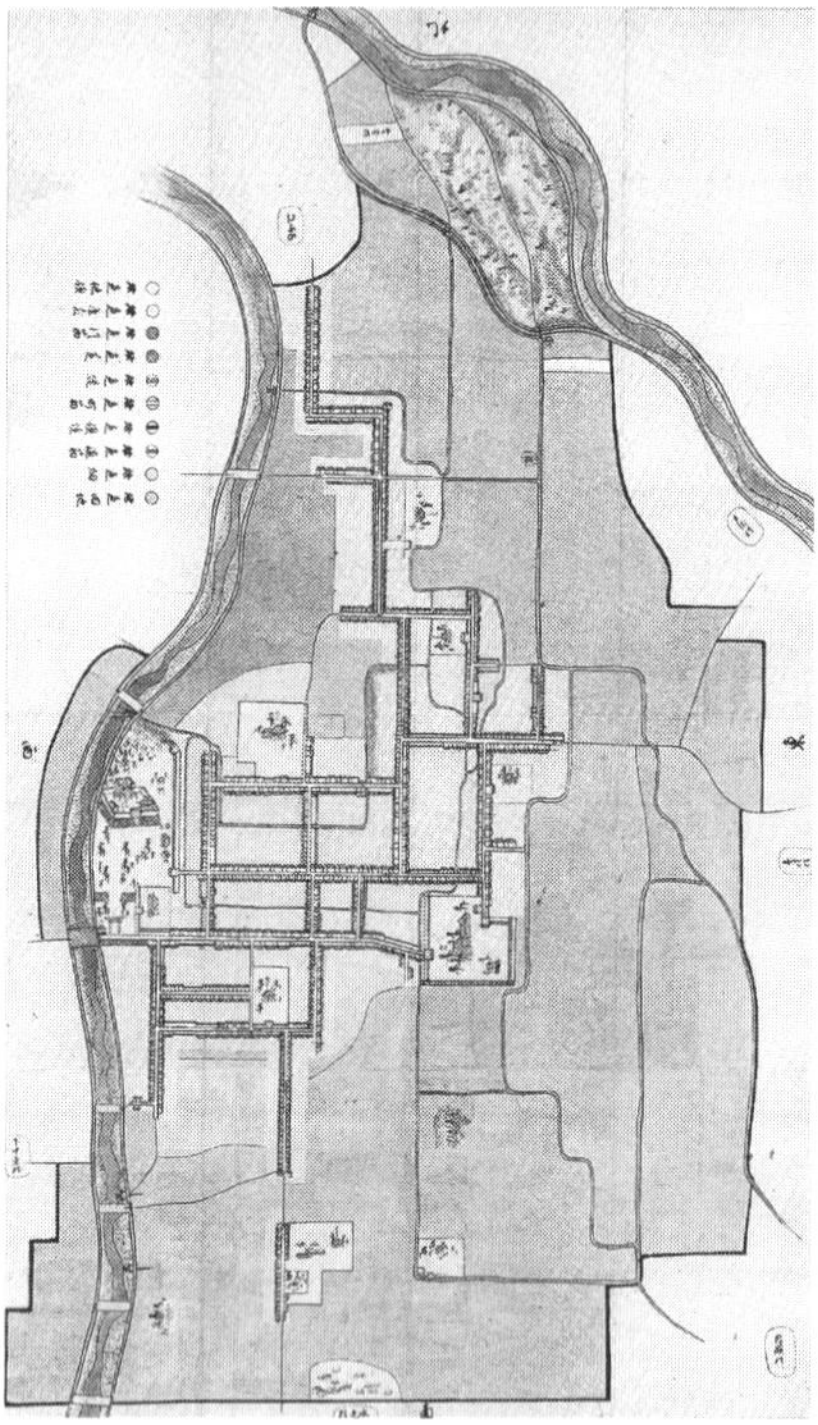

上：「材木町」「魚屋町」付近。現在は商店街となる
下：茨木村絵図（茨木神社蔵）

昭和二十年代の航空写真を見ると、「本丸」「中土井」「殿町」の東側に池（湿地）があり、近世の「茨木村絵図」には帯状の芝地としてみえる。ここは発掘調査で流路が検出された地点で、廃城時に近い時期の遺物や建具などが出土している。建具には、寺院建築など格式ある建物に用いられた筬《おさ》欄間が含まれ、城郭や城下の建築との関係が注目されている。[*11] また、この流路は城郭東側の堀の機能を持つ可能性があるだろう。

流路の東に通過する亀岡街道沿いには、小字「魚屋町」「材木町」「米屋町」「柴屋町」「鍬屋町」があり、「文禄三年茨木村検地帳写」の町名「米屋」「魚屋」「木屋」「鍬屋」に比定される。この地区を挟んで北・南清水町、北・南中之町がそれぞれ存在するため、これらは豊臣期の城下地区とみてよい。街道沿いでは両側に短冊形の町屋が展開し、周囲に見られる水路が町場を囲む惣構であったと推測される。北東の細長い逆L字型の田地が惣構の北東隅の堀であり、西側は茨木川

＊11　黒坂貴裕「茨木城出土筬欄間について」（『奈良文化財研究所紀要２００９』、二〇〇九年）、黒須靖之「茨木遺跡出土の建具―茨木遺跡と筬欄間」（大阪歴史学会『ヒストリア』２２８、二〇一一年）。左は流路から出土した筬欄間の状況。

茨木市立文化財資料館蔵

＊12　縦町型は、城に対する町の通りが縦にぶつかるもの。町通りが城と並行する横町型よりも古い城下町の段階とされる。

＊13　一六〇五年の慶長十年摂津国絵図（左・西宮市立郷土資料館蔵）では、茨木城の周囲が集落となるようすがわかる。なお、絵図では集落は小判型、町場は方形で表現されている。

が画したものと思われる。ただし、近世城下町の惣構のような土塁は確認できない。

惣構外部の南には一本街村状の「新庄町」があった。中川清秀ゆかりの新庄（大阪市）から町人が移住したといい、町場が「縦町型」と古い様相を示すため、[12]新庄町は中川氏段階で成立した可能性がある。惣構と新庄町の間の東西路が三島路であり、ちょうど「大町」「立町」という古い町の中心地を示すような小字があり、区画も不揃いで織豊期以前の町かと思われる。惣構東の現在の宮元町も近世以降に成立の「外ノ町」であり、茨木神社の旧地との所伝を持つ旧集落である。また、惣構内でも北端の小字「北市場町」の地割が一定しないことから、戦国期に存在した可能性がある。

茨木の惣構は、基本的に堀（溝）による囲郭であった。一本街町状の町屋とあわせ、国人城下、守護所の場を継承した豊臣期の畿内における城郭と城下のあり方を知ることができる。[13]

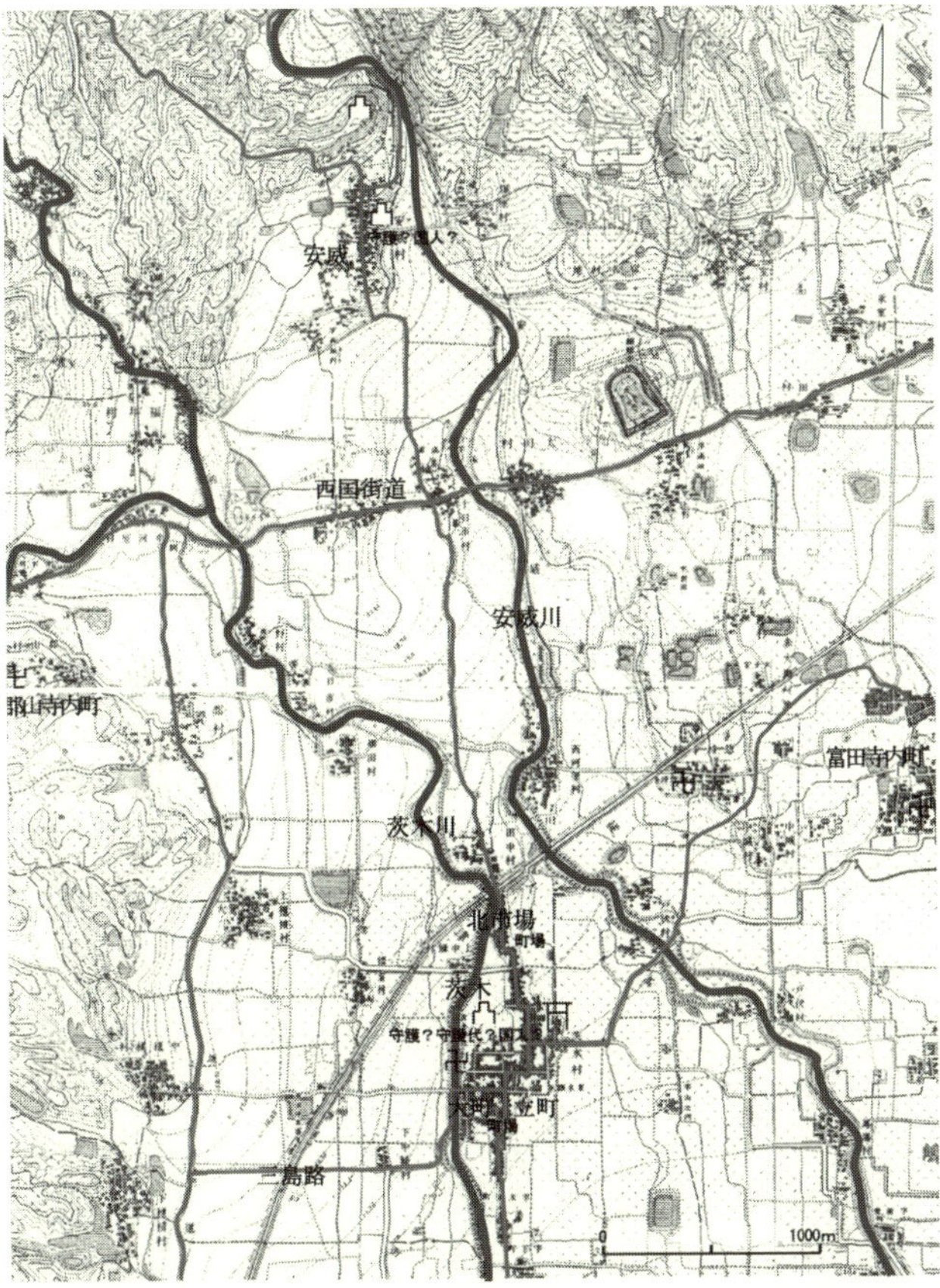

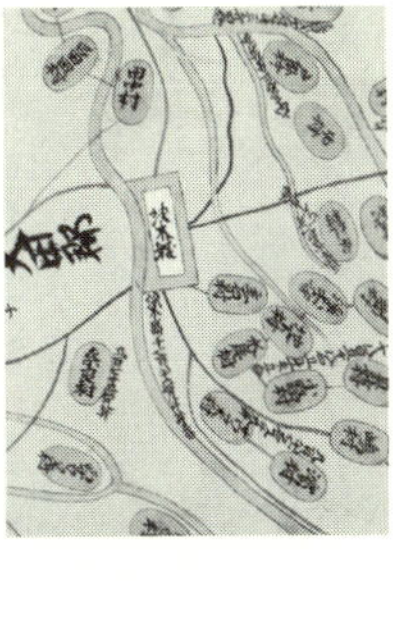

茨木周辺の空間構成（推定含む。柏書房『高槻』『吹田』『明治前期関西地誌図集成』を下図に使用）

国人三宅氏による低地の城館と集落

41 三《み》宅《やけ》城《じょう》

①所在地 茨木市丑寅ほか
②時期 戦国期
③主体 三宅氏
④遺構 —

【概要】三宅城は、摂津でも有力であった国人三宅氏による平地の城館である。遺構は残らず、不明な点が多い。比定地の現状は、集落や市街地になっている。*1

【立地】千里丘陵の南に広がる低地に立地し、淀川水系の茨木川が付近を流れ、安威川にも近い。

【歴史と背景】享保二十年（一七三五）の『摂津志』によれば城跡は東蔵垣村内にあり、三宅国村が拠ったとする。三宅氏には、明応五年（一四九六）には豊島郡で郡代をつとめる三宅五郎左衛門尉（『東寺百合文書《とうじひゃくごうもんじょ》』わ）がおり、天文五年（一五三六）には、三宅国村が大坂本願寺との結びつきを背景として細川京兆家の細川晴元に対抗する細川晴国（総を擁立していた。晴国は、細川高国の弟で、以前から丹波や山城方面で反晴元の軍事行動を繰り返していた。*2

しかし、国村は晴元方に転じ、天王寺で晴国を自害に追い込む。同じ淀川水系である大坂本願寺膝下の地の欠郡は、地理的に三宅と近く、晴元方の武将らが対抗する一向一揆の攻略を進めていた。国村の動向は、周辺地域の動きとリンクしたのだろう。

国村は台頭する三好長慶に対し、将軍足利義晴が天文八年に

集落内の高所となる井於神社

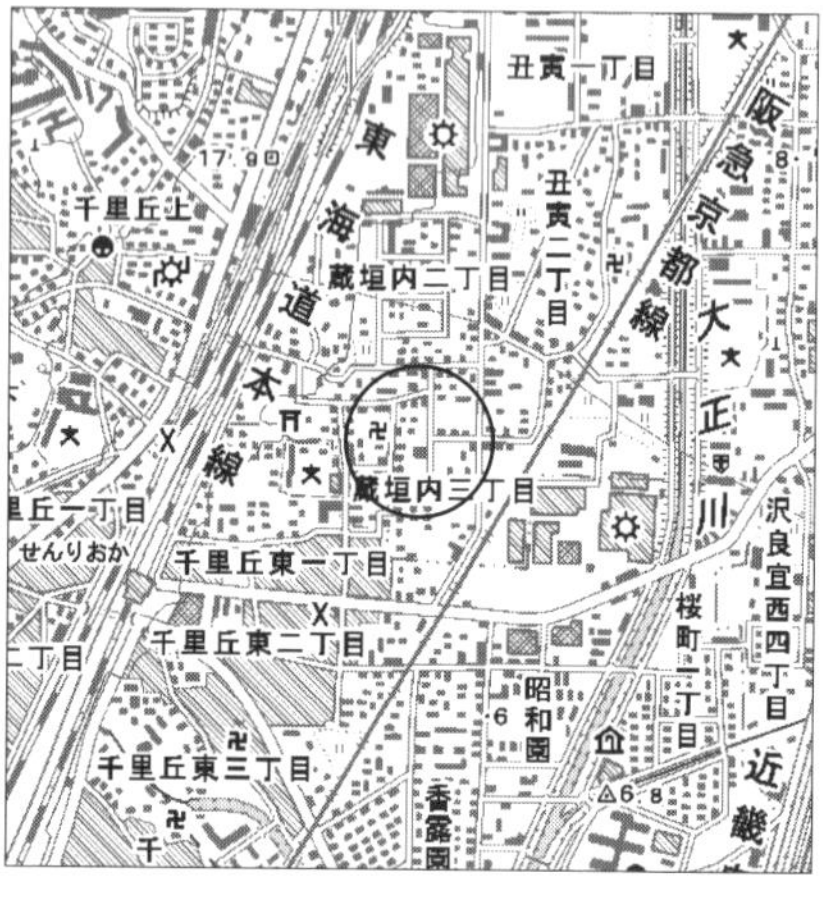

*1 蔵垣内公園に城跡碑や案内板が建つが、付近に城らしい遺構はまったく見当たらない。

牽制を命じた摂津国人の一人であり、この後も晴元方からの離反と帰参をくりかえす。しかし、同十六年に長慶を核とした晴元方の動きが活発になる中、三宅城は攻撃を受けて落城した。そして三好長慶が畿内を掌握すると、三宅氏は配下となる。

以降の動向は不詳であるが、織田政権下の茨木城主中川清秀の家臣に三宅氏がいる一方、対立していた高槻城主の高山右近の配下とした系図もある。[*3] これは、同じく近隣の淀川に面した鳥飼（摂津市）の鳥飼《とりかい》（養）氏が両者の配下であったように、戦国期の千里丘陵周辺が摂津国の上・下郡の勢力境を成したことに起因すると思われ、淀川べりも同様であった。[*4]

【構造と評価】 南北五四〇×東西五九六メートルという広大な城域を推定する説もあるが。構造を含めて現段階では不詳である。[*5]『細川両家記』では、天文十六年（一五四七）に三好方の攻撃を受けた際、「外城」と「本城」があったとする。[*6]

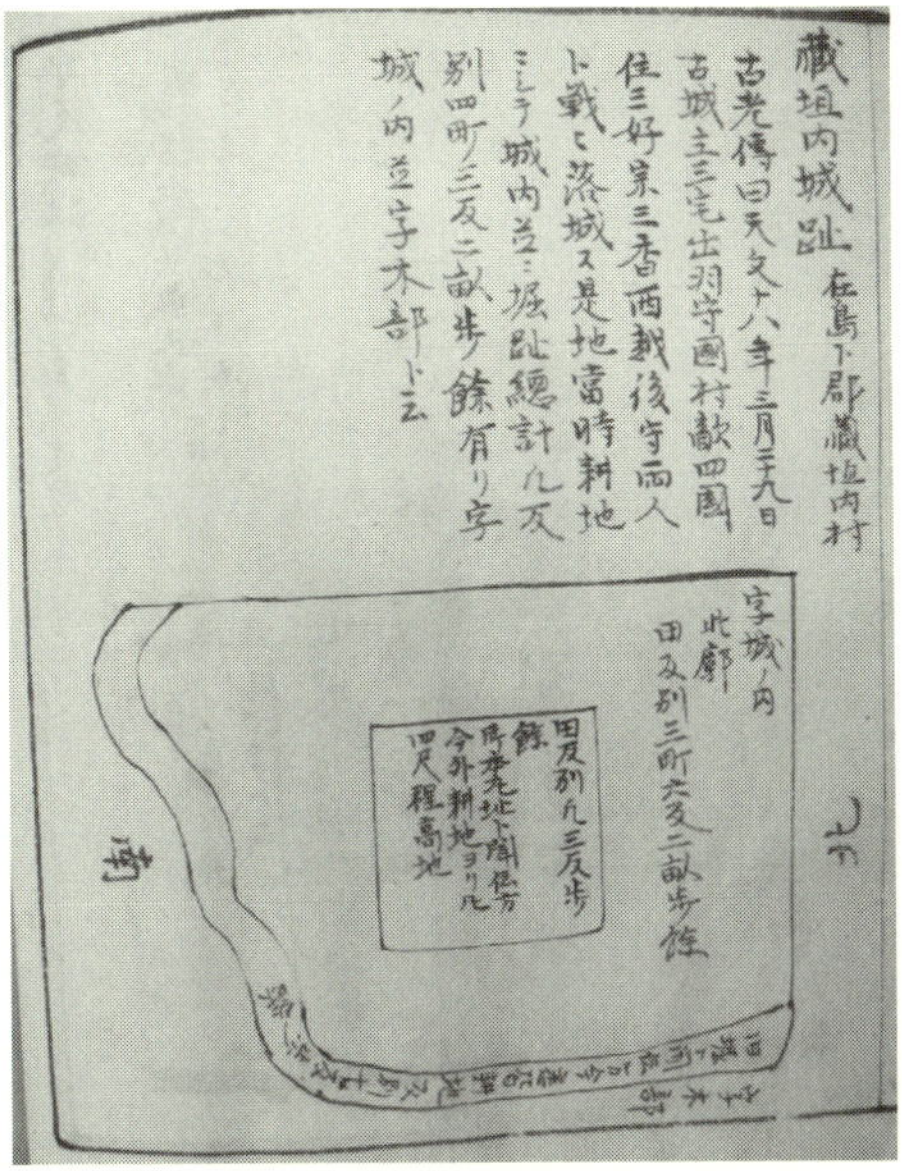
『東摂城址図誌』の「蔵垣内城趾」

三宅城を示す『東摂城址図誌』（一八七七〜八一年）の「蔵垣内城趾」をみると、字「城ノ内」の地に一段高い方形の「本丸」と周囲に流路のような堀跡を描くが、現状の微高地である集落本体の位置ではない。環濠集落の可能性も含め、歴史地理学や考古学的な知見による検討が必要になるだろう。

＊2　細川晴国については、高屋茂男「細川晴国の動向に関する基礎的考察」（『丹波』創刊号、丹波史談会、一九九九年）、馬部隆弘「細川晴国・氏綱の出自と関係―「長府細川系図」の史料批判を兼ねて―」（天野忠幸ほか編『戦国・織豊期の西国社会』、日本史史料研究会、二〇一二年）。

＊3　「三宅継図」（『摂津市史』史料編一、一九八四年）。

＊4　拙稿「高山右近への視点―研究整理と基礎的考察―」（拙編『高山右近 キリシタン大名への新視点』、宮帯出版社、二〇一四年）。

＊5　川中長一郎「三宅城」（『わがまち茨木』城郭編、茨木市教育委員会、一九八七年）。

＊6　「外城」「本城」については、福島克彦「文献史料からみた「物構」について―戦国・織豊期を中心に―」（『中世城郭研究』14、中世城郭研究会、二〇〇〇年）に詳しい。

淀川に面して外部勢力が利用した大型の方形館

42 柴《くに》島《じま》城《じょう》

①所在地 大阪市東淀川区柴島
②時期 戦国期
③主体 細川典厩家、三好氏、十河氏か
④遺構 ―

【概要】柴島城は、地表面に遺構を残していないが、『東摂城址図誌』（一八七七～一八八一年）に図が収められ、近年の石川美咲氏による考察の結果、場所が比定された大型の方形館である。[*1]

【立地】淀川に接した堤防状の「外嶋」の西側に立地する。かつて外嶋には柴島神社が存在し、大坂から吹田を経由して丹波方面へと向かう亀岡街道が通過していた。ただし、柴島周辺は明治四十三年（一九一〇）に完成した淀川の大改良工事の対象となり、現在は旧地形をとどめていない。なお、旧淀川（大川）と神崎川に挟まれた地域は中嶋と呼ばれ、そこに当地も含まれる。[*2]

【歴史と背景】享保二十年（一七三五）の『摂津志』に「柴島塁」とあり、十河一政（存）に始まって稲葉氏に終わると記される。

『細川両家記』によれば、天文十八年（一五四九）三月に細川晴元・三好政長と対立した三好長慶の軍勢が柴島城の「西方濱」で城に籠る政長や典厩家の細川晴賢の軍勢と衝突し、同日夜に城は明け渡された。この年の六月に江口の戦いが起き、政長は長慶方の十河一存らの軍勢の前に戦死した。

柴島城に籠ったのは在地の勢力ではなく、中嶋周辺地域における広域勢力の軍事拠点であったことが示唆される。『摂津志』のいう十河一存が拠るという記述も、これらの軍事的動向の中で

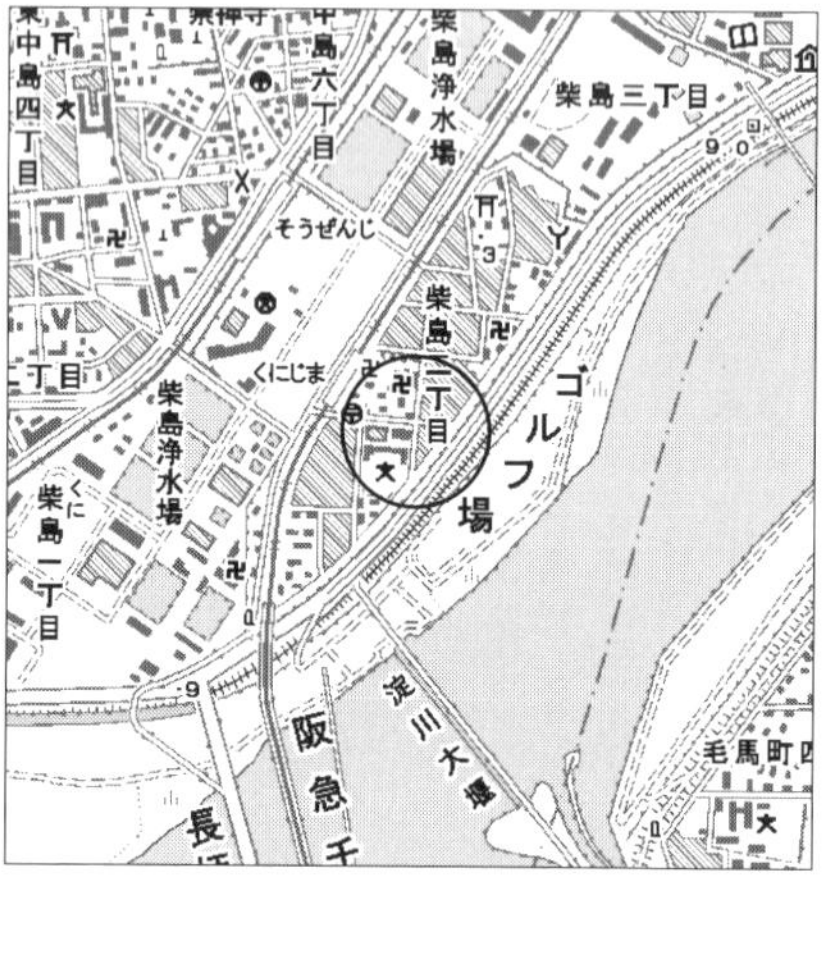

柴島城跡の石碑

＊1 石川美咲「柴島城」（中井均監修『図解 近畿の城郭』Ⅱ、戎光祥出版、二〇一五年）。また、従来の考察に渡辺武「柴島城」（『日本城郭大系』12、新人物往来社、一九八一年）がある。

理解すべきであろう。

【構造と評価】 城の遺構は消滅し、周辺の旧景観も大きく失われているが、『東摂城址図誌』には堀（旧字名「堀」）がめぐる明確な方形館の遺構が描かれている。中心の畑（字「本丸」）は「反別壱町八反」とあり、少なくとも東西の規模は一〇〇メートルを越えると思われる。外嶋との間の水路から堀に水が引き込まれ、一部では滞水していたと思われる。城跡周辺は基本的に空閑地であり、城は集落に接して存在していた。周囲の字名には「屋敷」「西屋敷」がみえる。*3

先述した石川美咲氏は、地籍図を駆使し、一五〇×九〇メートルの大型の方形館が柴島中学校の敷地を含んで存在したことをほぼ確実とした。大阪府下における方形館の確認事例は数少なく、『東摂城址図誌』において城跡の伝承はない。方形館の機能や性格を考える上で興味深い事例になるだろう。

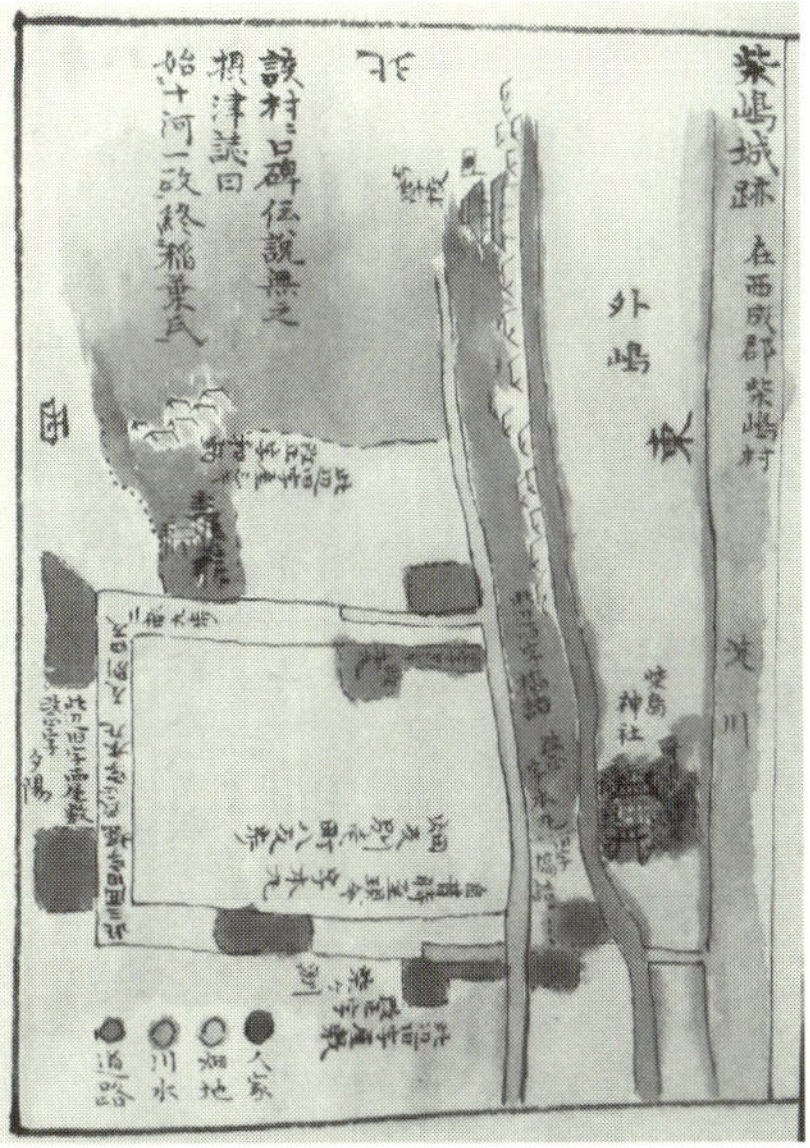

「柴嶋城址」『東摂城址図誌』（口絵参照）

柴島城跡比定地の北端付近

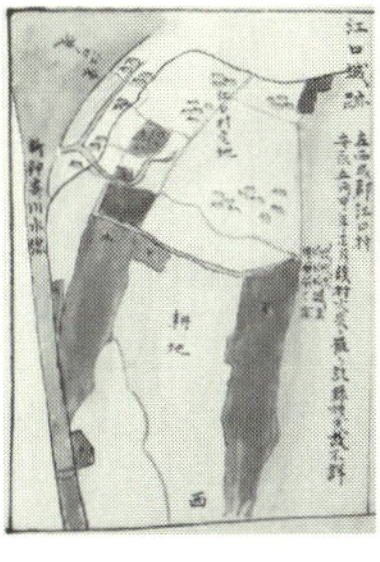

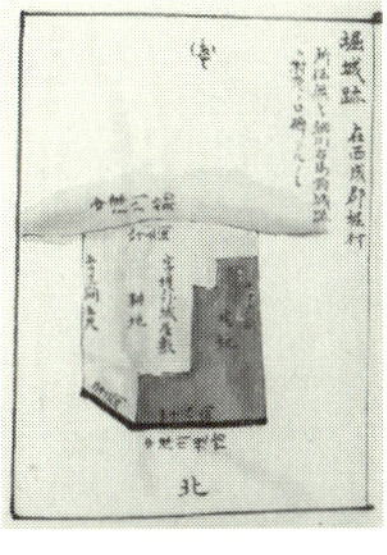

＊2　一八七七～一八八一年頃の景観を描いた『東摂城址図誌』には、柴島から約四キロ離れた同じ中島地域の江口城跡（大阪市東淀川区）や堀城跡（同淀川区）の絵図が収められている（左）。柴島城と同じく、城跡は明治の淀川改修や市街地化の影響で大きく改変されており、その実態を探る作業は今後の課題である。

＊3　現在の柴島神社は集落内部に移転したものである。

日本城郭史を飾る巨大城郭と城下町

43 大坂本願寺《おおさかほんがんじ》
44 大坂城《おおさかじょう》

43大坂本願寺・44大坂城
①所在地　大阪市中央区大阪城ほか
②時期　戦国～江戸期
③主体　本願寺・織田氏・豊臣氏・徳川氏
④遺構　（大坂城）曲輪・堀・石垣・枡形虎口・櫓等建築物

【概要】大坂寺内町は、戦国期の本願寺教団の本山・大坂本願寺の周囲に形成された。この地に豊臣秀吉が豊臣家の本拠として大坂城を築城し、巨大城下町を形成していく。後には徳川氏が新規築城ともいえる大改修を行い、幕府の西国支配の要として明治維新まで存在感を示した。

【立地】南北に長い上町台地の北端に立地し、北に大川（旧淀川本流）を見下す。東に大和川などの河川が流入する旧河内湖の低地が広がり、西の急峻な崖面の台地下は低地となって大阪湾へと至る。＊1

【歴史と背景】大坂本願寺の歴史は、隠居した本願寺の蓮如による明応六年（一四九七）の「大坂御坊」の建立にはじまる。「虎狼のすみか也、家の一もなく畠ばかりなりし所」ともいうが（『拾塵記《しゅうじんき》』）、大川べりには淀川水運で栄えた渡辺津があり、近隣荘園の政所・法安寺に隣接した。

蓮如の死後、大坂は九男の実賢が住持したが、法主《ほっす》の実如が受けた細川政元の援軍要請を摂津・河内門徒らが断ったため、「河内錯乱《かわちさくらん》」と呼ばれた対立を招いて、退去に至った。＊2

享禄元年（天文元・一五三二）、法主の証如は細川晴元の要請を受けて門徒を合戦に動員したが、

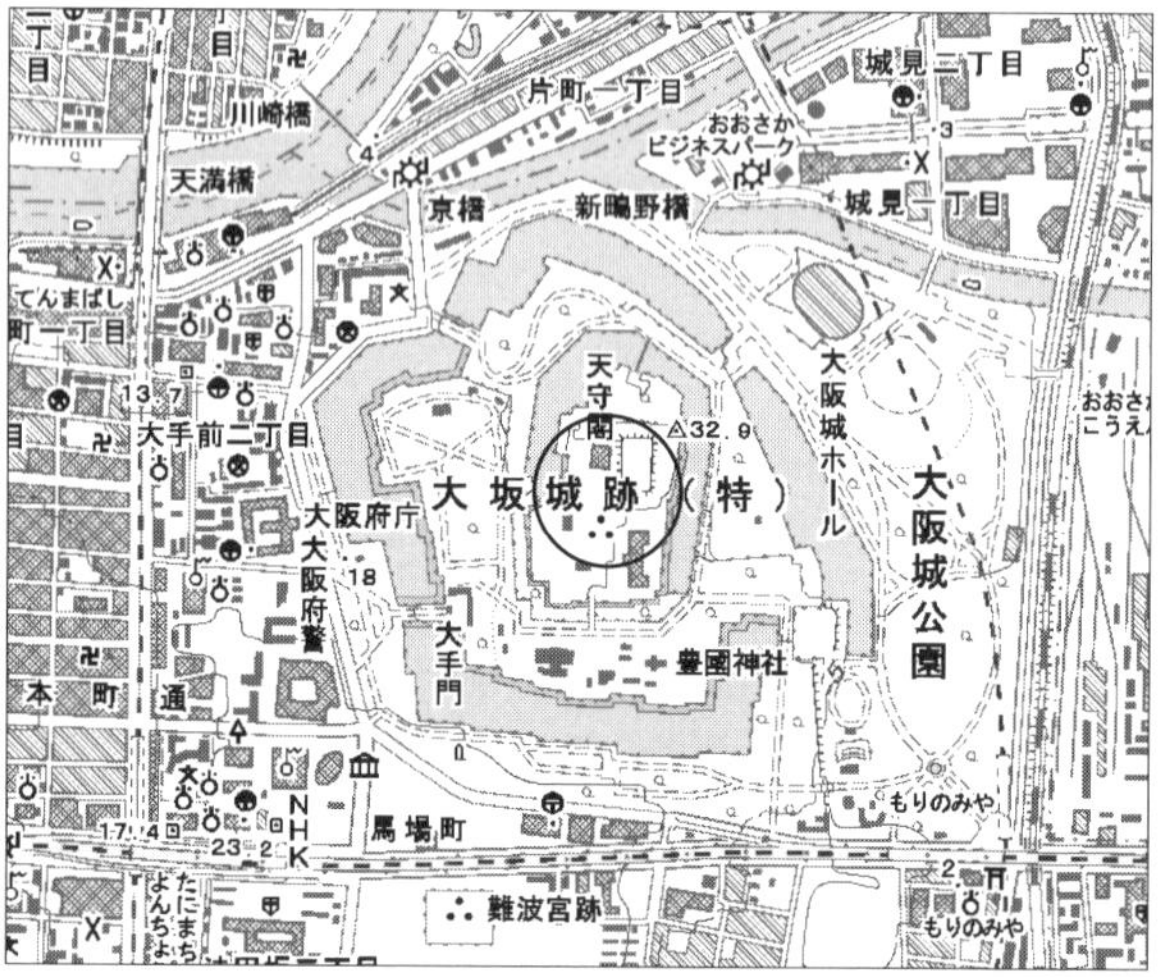

＊1　上町台地の地理環境は交通の発展と物資の集積地を生み出し、古代以来、難波宮や四天王寺などの政治・経済拠点が営まれた。現在の大阪城内にも本願寺にまつわる伝承が残り、蓮如が袈裟を懸けたという松の根（左）などがある。

門徒らは矛先を晴元方にも向けたため、晴元に与した近江六角氏や京都の法華衆らが本山の山科本願寺（京都市）を焼き討ちした。この後、本願寺の本山となったのが大坂である。

大坂周辺には河内路（京街道の前身）や四天王寺門前を結ぶ道（難波宮の朱雀大路）などの交通路が存在し、北町・北町屋・西町・南町屋・新屋敷・清水町の「寺内六町」が成立していた。門徒以外を含む人々が居住し、本願寺が獲得する諸公事免除等の都市特権を手に活動した。この特権は「大坂並《おおさかなみ》」と呼ばれ、やがて河内のほかの寺内町も獲得していく。

また、大川べりには「寺内浦」が整備されて渡辺津は外港化し、法安寺境内の買得《ばいとく》が進んだ。*3 大坂は交通路や都市特権を介し、経済的に発達した大阪平野の寺内町や集落を結ぶ人やモノのネットワークの中心となった。

永禄十一年（一五六八）に畿内進出を遂げた織田信長は本願寺に矢銭《やせん》を要求した。これに法主の顕如は応じた。しかし、信長が朝倉・浅井氏らに苦戦しはじめた元亀元年（一五七〇）には敵対を表明し、大坂周辺で三好三人衆方と対峙中の織田方に攻撃を加えた。以降、断続的に十一年にわたる「石山合戦」がはじまり、本願寺方は中国地方の毛利氏らと連携して大坂に籠り、森口（守口市）などに数十ヶ所の出城を構えた（『多聞院日記』『本願寺文書』）。

顕如像（大阪城天守閣蔵）

しかし、天正八年閏三月に朝廷の斡旋を受け、顕如は大坂退去を条件とする和睦を信長と結ぶ。引き続き息子の教如らが抵抗を続けたものの、八月には「大坂退城」「大坂城渡了」となり（『兼見卿記』『多聞院日記』）、一連の混乱の中で伽藍は焼失した。*4

＊2　当時の大坂周辺の摂津欠郡は河内守護畠山氏の影響下にあり、実賢母の蓮能尼は、畠山一族でもあった。河内錯乱については小谷利明「畿内戦国期権力と真宗寺院―河内国渋川郡慈願寺を中心に―」（『佛教史学研究』43―2、二〇〇一年）を参照されたい。

＊3　大坂寺内町の動向については、仁木宏『空間・公・共同体』（青木書店、一九九七年）を参照されたい。

豊臣秀吉像（大阪城天守閣蔵）

信長は居城の安土城（滋賀県近江八幡市）が所在する近江国を直轄とし、近江の国人らを旗本としていたが、前後には高槻城主の高山右近を側近的に扱うなど摂津でも直轄化を意図した形跡がある。[*5] そして、大坂本願寺跡も城として取り立てたと思われ、天正十年には四国攻めの軍勢が集結し、堺に信長三男の織田信孝、そして大坂城本丸には丹羽長秀、千貫矢倉には信長の甥・織田信澄がいた（『細川忠興軍功記』）。しかし、同年六月に起きた本能寺の変で、信長は明智光秀の軍勢を前に死を遂げる。

変の急報を受け、四国に出帆直前であった織田信孝は大坂城本丸に入り、丹羽長秀とともに信澄を攻め殺した。信孝はただちに弔い合戦を図ったが兵が集まらず、信澄を討った後にようやく河内の武士が従ったという（『十六・七世紀イエズス会日本報告集』）。これは、間接的に大坂城と河内の掌握がイコールであることを示し、実際に光秀が河内進出を図っていた。

信孝は羽柴秀吉と合流して山崎合戦で光秀を倒し、戦後の清須会議では池田恒興に大坂城と河内の「十七所」が与えられた（『多聞院日記』）。恒興は、かつて摂津を治めた荒木村重の伊丹城（有岡城。兵庫県伊丹市）を任されていた人物である。しかし、翌年の賤ヶ岳合戦後、柴田勝家を滅ぼした羽柴秀吉は恒興を美濃へと移し、六月に山崎城（京都府大山崎町）から大坂城に入った。[*6]

秀吉は八月に石材調達を命じ、『兼見卿記』は九月一日のこととして「自今日より大坂普請之由申了、河内路罷通、里々山々、石ヲ取人足・奉行人等数千人不知数」と記す。石材は河内の千塚（八尾市）や善根寺（東大阪市）などから運ばれ、[*7] 築城工事は天守台から着手された（『柴田退治記』）。翌年の小牧・長久手の戦いでは、敵対する根来寺勢の脅威が大坂に迫ったが、八月に

＊4 大坂本願寺は当時の文献に「城」として表現され、宣教師は「信長以外には陥落させ得ない」と評し、本願寺については「諸人が彼に与える金銭がはなはだ多いので、日本の富の大部分はこの仏僧のもとにある」とした（『十六・七世紀イエズス会日本報告集』）。大坂の立地を『信長公記』は「凡そ日本一の境地なり」と交通条件と人々が集まる様を見事に表現し、『柴田退治記』は「五畿内中央」にあることを秀吉の築城理由とした。

＊5 拙稿「織田信長・豊臣秀吉と高山右近」（拙編『高山右近 キリシタン大名への新視点』、宮帯出版社、二〇一四年）。

＊6 宣教師フロイスは池田恒興を「津の国のほぼ全土を領有し、かつて荒木のものであった城に住み、大坂の城をも己れの勢力下に置いていた」と評した（『十六・七世紀イエズス会日本報告集』）。十七所とは淀川沿岸一帯（大阪市北東部〜寝屋川

谷町七丁目の空堀商店街近くで段差となって残る惣構の空堀跡

は秀吉が完成した城に入った。この城が後の本丸にあたる。

城下の建設も進み、細川忠興や高山右近らの大名らが屋敷を構え、町並みは四天王寺へと続いた。大坂遷都も噂されたが実現せず、天正十三年五月に貝塚（貝塚市）に移っていた本願寺が大川対岸の天満に移転して「元ノ大坂寺内ヨリモ事外広シ」（『貝塚御座所日記《かいづかござしょにっき》』）という町場が開発された。

関白となった秀吉は、閏八月に一族と近臣で足元を固める畿内の所領替えを大規模に行い、再び普請の準備をはじめた。翌年四月、工事中の大坂城で秀吉に謁見した豊後の大友宗麟は、「堀の深さ・口の広き事者無比類、た丶大河の様候」「三国無双」と驚嘆し（『大友史料』）、宣教師フロイスは「大坂の市は、すでに堺のほうに伸び、天王寺まで一里以上家屋が並び、今、都へと至る川の側に、同じ位の長さの町並みを建てるよう命じ始めている。市の別の側には、大坂の仏僧の大きい集落があり、そこには良い家屋や建物がある」「濠の巾は四十間、深さは十七間（略）安土山で見られたように基礎からすべて石でつくられている」と述べている（『十六・七世紀イエズス会日本報告集』）。

この普請は京都の聚楽第《じゅらくだい》の工事と並行し、九州攻めが終わった天正十六年三月前後に終了した。これが後の二ノ丸にあたる。その後、秀吉は天正十八年の関東攻め、奥州平定を経て国内統一を果たした。*8

文禄三年（一五九四）正月、朝鮮出兵の最中であった秀吉は「伏見之丸之石垣・同惣構堀、大坂惣構堀」（『駒井日記』）とあるよ

市）にあたり、戦国期に領有をめぐって再三合戦が起きた要地である。

＊7　藤井重夫『摂津大坂城（七）―生駒山系の石切場について―』（日本古城友の会、一九八三年）。

＊8　大坂城の研究は分厚い。主なものには、小野清『大坂城誌』（一八九九年。名著出版再刊）、岡本良一『大坂城』（岩波新書、一九七〇年）、桜井成広『豊臣秀吉の居城 大阪城編』（日本城郭資料館出版会、一九七〇年）、岡本良一編『大坂城の諸研究』（名著出版、一九八二年）、渡辺武『図説 再見大坂城』（大阪都市協会、一九八三年）、宮上茂隆『大坂城 天下一の名城』（草思社、一九八四年）、松岡利郎『大坂城の歴史と構造』（名著出版、一九八八年）、中村博司『天下統一の城 大坂城』（新泉社、二〇〇八年）、跡部信『豊臣秀吉と大坂城』（吉川弘文館、二〇一四年）などがある。

うに、自らの「隠居城」の伏見城と大坂城に城下を囲む惣構の築造を命じた。大坂の惣構は北を大川、西を東横堀川、東を猫間川、南を空堀で画し、規模は二キロ四方に及んだ。

やがて病を発した秀吉は、慶長三年（一五九八）五月にも大坂の大改造に着手し、「城壁の長さは三里に及んだ」（『十六・七世紀イエズス会日本報告集』）、「此塁塀内に住するを以て郭外に移転せしめられ、其家を破毀する数合て一万七千戸に及ぶ」（『日本西教史』）といい、後に「町中屋敷替」（『松谷承伝記』）と呼ばれた。

惣構西の低地であった船場を開発して町人らを移し、天満では「寺屋敷替」（『大阪城天守閣所蔵文書』）が行われた。この都市改造が、三ノ丸築造とされてきた工事である。工事は秀吉が死去して豊臣秀頼の代となり、関ヶ原合戦が行われた慶長五年に至って完成した。

秀頼は江戸開幕後も大名らとの主従関係を保ったが、徳川家康との対立は避けられず、慶長十九年に大坂冬の陣が勃発した。数万の浪人が集結した大坂城に対し、二十万の徳川方の軍勢が城を包囲した未曾有の合戦である。真田丸が増築された惣構は破られず、年末には和睦が成立したが、その条件であった本丸以外の破却に乗じて、徳川方が担当外の二ノ丸破却を強行した。*9そして翌年四月に起きた大坂夏の陣で大坂城は落城し、五月に秀頼は自刃した。

この後、城には家康の外孫・松平忠明が入って、大坂の復興に着手したが、家康没後の元和五年（一六一九）に二代将軍徳川秀忠が直轄とし、城の再興工事を開始する。工事は元和六年、同十年（寛永元・一六二四）、寛永五年の三期にわたった新規築城に等しい内容で、建築は幕府直営、石垣や堀の普請は北国・西国大名による天下普請とされた。以降、大坂城は将軍の西国支配の要として有事に機能し、有力な譜代大名が城代に任じられていく。

大坂城が所在する摂津国には尼崎城（兵庫県尼崎市）、高槻城（高槻市）が存在する一方、河内

＊9　真田丸は惣構南東の外部に増設された曲輪で半円形であった。台地続きの側面を補う位置にある。『東摂城址図誌』（一八七七〜八一年）には「真田城跡」として描かれる（左）。徳川方は「二之丸堀存外深ク広シ、土手雖引落土三ケ一モ不足」（『駿府記』）ながらも、二ノ丸千貫櫓などの建物を引き崩すなど強引に破却を進めた。

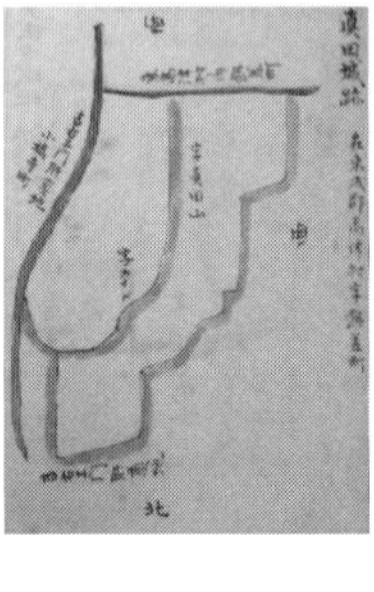

豊臣期を踏襲した徳川大坂城の本丸空堀

国に城は無い。これは戦国期以来、大坂城が「河内の城」といえる存在であった結果ではなかろうか。城は、慶応四年（明治元・一八六八）に起きた鳥羽・伏見戦争の混乱の中で大火に遭い、近代には陸軍用地となって、一帯は大阪砲兵工廠となった。昭和三年（一九二八）、市民の寄付で建設されたのが現在の天守閣（国の登録有形文化財）である。

【構造と評価】かつて大坂本願寺は大坂城の南にあたる法円坂周辺に比定されたが、近年では本丸周辺に中心があったとの理解が有力である。ただし、具体的な「寺内六町」や法安寺と寺内町の惣構との位置関係については諸説がある。*10 寺内町の周囲には土塁や堀があり、惣構構造であったと思われ、拡張して周辺の村落付近を取り込んでいった。その主体は本願寺であったが、維持管理は各町が担っていた。

本願寺には惣構上に多くの櫓があり、天文二年（一五三三）には「大坂殿堀のどい（土居）へつき、保（法）安寺の南」（『本福寺《ほんぷくじ》明宗《みょうしゅう》跡書《あとがき》』）が細川晴元方に攻撃された。惣構は都市空間の設定とともに軍事利用の場であったことを示す。*11 同十年には暴風雨で「寺中之櫓悉吹倒之、只五相残」（『天文日記』）とあり、特に「生玉口大やくら」（『二条宴乗記《にじょうえんじょうき》』）は、豊臣期の大手口が「生玉口」と呼ばれ、名が本願寺に由来するという徳川大坂城の千貫櫓が付近に現存することが興味深い。ただし、天正十年（一五八二）に織田信澄が殺された「千貫《せんがん》矢倉《やぐら》」は類例から曲輪などの空間としても理解が可能である。*12

織田信長は大坂本願寺に事実上勝利を収めた天正八年以降、河内や摂津、大和国に「破城令」を出し、存続する拠点城郭を限定

現在の大阪城天守閣。天守台は徳川大坂城で手前は付櫓台

*10　仁木宏「大坂石山本願寺寺内町の復元的考察」（中部よし子編『大坂と周辺諸都市の研究』、清文堂出版、一九九四年）、藤田実「大坂石山本願寺寺内の町割」（『大阪の歴史』47、大阪市史編纂所、一九九六年）。

*11　福島克彦「中世城館における櫓台の成立と展開」（『城館史料学』創刊号、城館史料学会、二〇〇三年）。

した。寺内町の隣接地や立地・交通路などのロケーションが類似する城郭が選ばれており、発達した地域内部の交通路などの既存インフラの継承が重視されたと思われる。[*13]

この帰結が大坂本願寺跡に立地する豊臣大坂城であり、「すべて昔の城の城壁と濠の内側に建てられたが、元の部分はすべて作り直されて堡塁と塔が付けられた」（『十六・七世紀イエズス会日本報告集』）という。豊臣大坂城の本丸は西方の空堀が最下段の石垣を断ち切っており、織田・池田段階での整備も想定される。[*14] ただし、この築城工事には天正十一年、同十四年、文禄三年（一五九四）、慶長三年（一五九八）の大きく四期があったが、史料上で工事区域の名称が確認できるのは第三期の惣構だけである。

近世徳川城の千貫櫓（左）と内枡形形式の大手門

本丸などの呼称は、各段階の城郭構造や記述者によって不一致で、通時的には使用できないだろう。[*15]

第一期工事段階の構造は「浅野文庫所蔵　諸国古城之図　大坂（摂津）」（口絵）などから判明し、秀吉も入城したように天正十二年時点では一つの城郭としてみなされたと思われる。内部は大きくⅠ～Ⅳの四つの空間（曲輪）に区分され、このうちⅠ（「詰ノ丸」）が天守や「奥御殿」が存在する主郭に該当する。一辺は一〇〇メートル強で石塁をまわして帯曲輪（「中ノ段帯曲輪」）を伴い、南には方形の張り出しを伴う外枡形虎口の「鉄門」を設けている（左図参照）。

Ⅱは「表御殿」が建つ約八〇メートル四方の方形の曲輪で、Ⅰの帯曲輪との間は堀切状となり、土橋を介して接続している。[*16] Ⅰに付属する曲輪化した馬出《うまだし》とも評価できる。Ⅲは長辺一〇〇メートルを超える曲輪で、Ⅱとの間には南北から堀が内部にくい込む。南に巨大な外枡形虎口の「桜

＊12　高田徹「文献史料からみた豊臣期大坂城—豊臣期大坂城縄張りに関する予察的検討—」（『戦乱の空間』3、同編集会、二〇〇四年）。

＊13　拙稿「畿内の都市と信長の城下町」（仁木宏・松尾信裕編『信長の城下町』、高志書院、二〇〇八年）。

＊14　＊8中村文献。

＊15　＊12高田論文、大澤研一「絵図・文献から探る豊臣期大坂城の構造」（『連続講座　大阪城の地中を掘る』資料集、大阪市立大学・大阪市博物館協会、二〇一四年）。

＊16　「浅野文庫所蔵　諸国古城之図　大坂（摂津）」では、この部分を作事物である朱線で表記し「ヘイ」と注記する。ただし、石垣や周辺の高低差をふまえると、この部分も石垣で築造されていたと現時点では考えざるを得ない。

門」が存在し、蔵が建つものの内部の大半は空閑地である。Ⅳ（「山里丸」）はⅠの帯曲輪が北側で拡張した曲輪で内部には区画があり、北の堀対岸には「極楽橋」が架橋されている。なお、「中ノ段帯曲輪」は、Ⅰ〜Ⅳが共有する塁線＝防御ラインとして相互間の連絡機能を持つ一方、最下段の「下ノ段帯曲輪」はⅢ北端で空堀に寸断されるなど、三段の段築石垣を構築する必要上で生じた空間なのかもしれない。

第一期の構造は、天正七年完成の安土城などの織田政権が築いていた城郭との類似点が多い。御殿はⅠに奥、Ⅱに表が分離しており、同様の構造は天正七年完成の織田信長の安土城でも想定されている。[*17] また、Ⅰの「鉄門」で張り出す櫓台状の部分は位置的に安土城中心部の虎口「黒金《くろがね》門《もん》」の外枡形を形成する石塁の突出部に近い。城下町についても同様で、当初の城下町は四天王寺門前と渡辺津との間に設定した帯状の街区での接続を図った。これは安土城など信長の城下町の基本構造である。[*18]

また、秀吉による天正十八年の石垣山城（神奈川県小田原市）や翌年の名護屋城（佐賀県唐津市）の主郭は四角く、信長の守護所を継承した清洲城（愛知県清須市）は方形館で、その移転先の山城である小牧

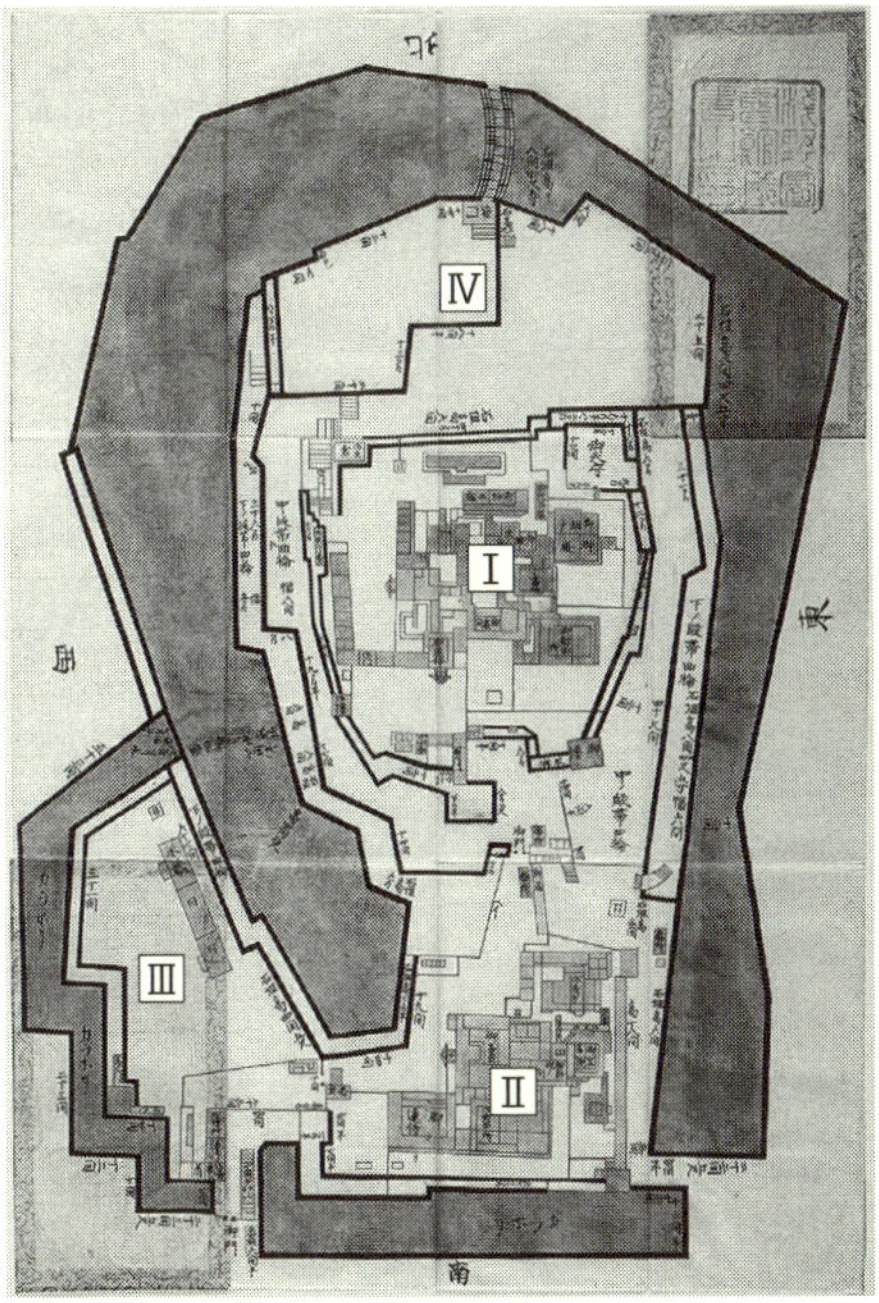

豊臣大坂城の本丸構造（浅野文庫所蔵　諸国古城之図「大坂（摂津）」に加筆）

発掘された京橋口の馬出曲輪の石垣

＊17　千田嘉博『信長の城下町』（岩波新書、二〇一三年）。

＊18　松尾信裕「大坂城下町」（仁木宏・松尾信裕編『信長の城下町』、高志書院、二〇〇八年）。なお、天正十一年の賤ヶ岳合戦に際して築かれた羽柴秀長の田上山城（滋賀県長浜市）、柴田勝家の玄蕃尾城（同上・福井県敦賀市）にも近い虎口構造がみられる。

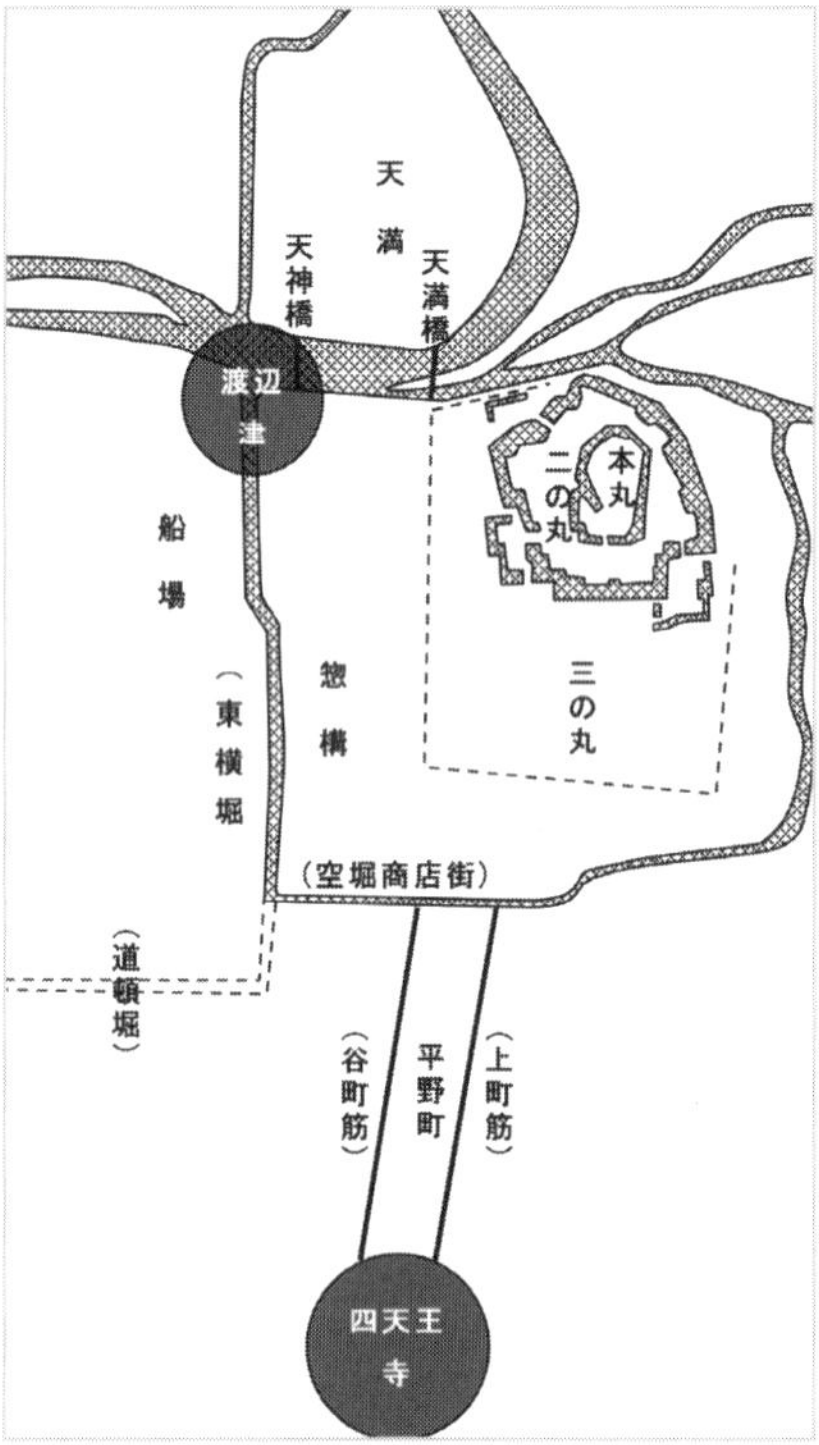

豊臣期大坂城下町の構造

山城（同小牧市）も四角に近い。

大坂城（I）では石垣塁線に細かな折れがあるものの、北面などでは直線の部分も多く、造成は大規模な盛土を伴った。形は自然地形の影響を受けているが、秀吉は前代以来の四角い館の姿を大坂城でも意図した可能性を想定したい。*19 発展した石垣構築などの普請技術もそれを可能にしたのだろう。なお、いわゆる二ノ丸については徳川大坂城と規模などが重複するものと思われ、構造は不詳である。

また、天正十三年に本願寺が開発した天満では周辺の町場の大半が街村状の形態であるのに対し、寺内町と同様に面的な街区を実現している。一方、大坂城下における惣構の構築は、文禄三年（一五九四）と、二ノ丸完成から六年後の実施と期間が空いた。前後の豊臣政権の城下町をみると、八幡城（滋賀県近江八幡市）では惣構は確認できず、茨木城（茨木市）では惣構は想定できるが町場は街村状であった。この点において、惣構の画期は聚楽第を中心に面的に広がる複数の町を囲い込む天正十九年の京都における御土居堀の建設となる。文禄三年は豊臣政権内部の秀吉と後継者の豊臣秀次・秀保兄弟との関係が緊張した時期であり、対応として惣構が構築されたと

＊19 本丸の造成や地形に関しては、三田村宗樹「ボーリングデータから見る大阪城本丸地区における地盤の推移」（『歴史講座 地下に眠る豊臣大坂城の石垣を探る』資料集、大阪市博物館協会ほか、二〇一四年）を参照。なお、現本丸には、陸軍第四師団司令部庁舎（旧大阪市立博物館）が残る（左）。現天守閣の付帯工事で建設され、費用はそれを上回った。このほか、城跡には大阪砲兵工廠の化学分析場や石造アーチ荷揚門などの遺構が残る。

の解釈もある。[*20]

慶長三年（一五九八）の「三ノ丸」工事は、町屋の移動を伴う広域に及ぶのか、また発掘調査で検出された二ノ丸の馬出状曲輪との関係が議論された。[*21] 当時の豊臣政権は、子飼いの大名や直属家臣の屋敷しかなかった大坂に伏見から大名屋敷を移転させ、「公儀」を集中した形で豊臣秀頼への権力移譲を図っていた。[*22] これらの屋敷地は馬出曲輪に収まらず、二ノ丸の南には屋敷地相当の区画が推定される一方、絵図には馬出曲輪に「織田上野介屋敷」と個人名を記すものもある。空間構造としては両者が並存しても問題は無く、文献上では都市改造を伴ったことが確実であろう。

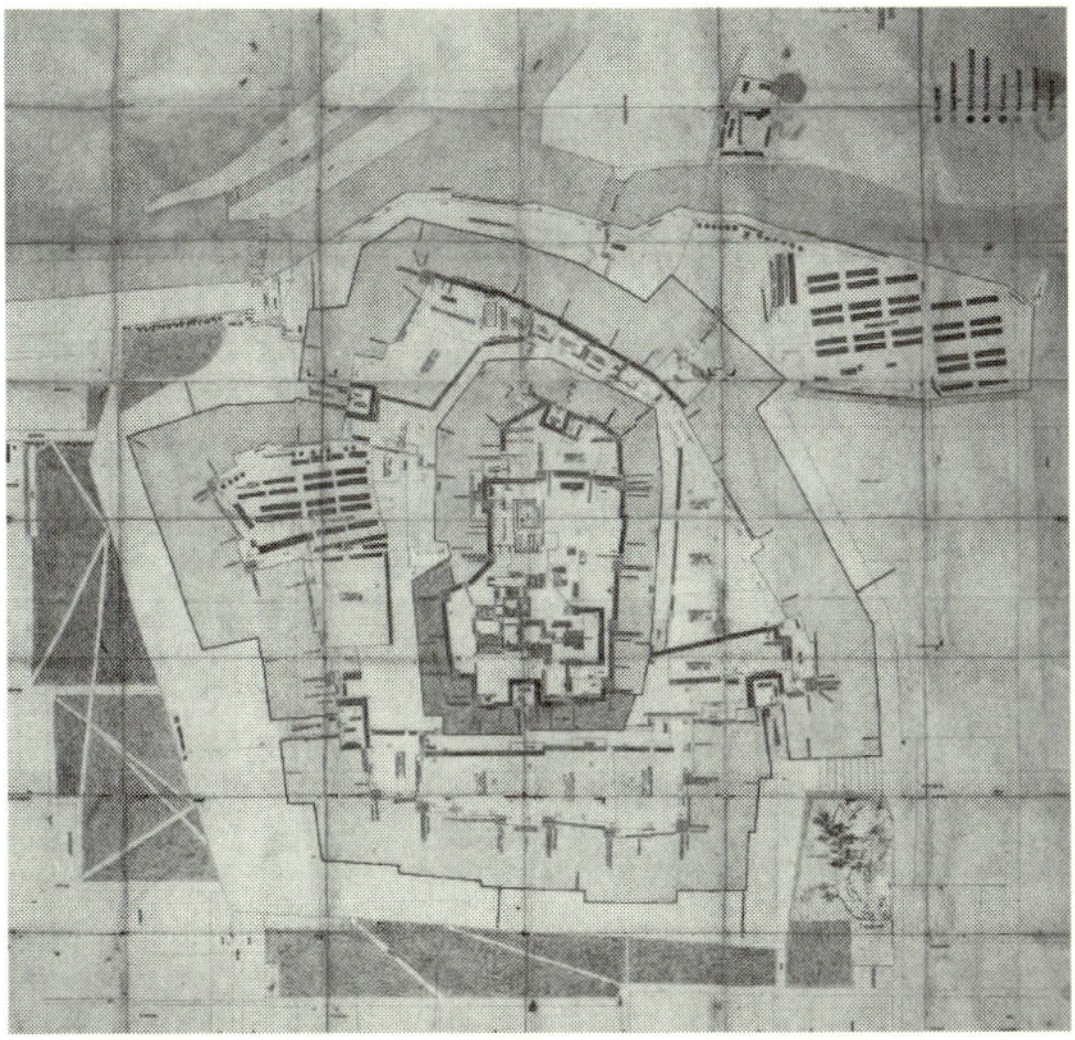

徳川大坂城の絵図　「大坂城絵図」（大阪城天守閣蔵）

元和六年（一六二〇）以降の徳川氏による普請は、豊臣大坂城を新たな高石垣の内部に埋め込んだ。これは豊臣期の痕跡を消すことの意図ではなく、複数の曲輪で構成する複雑な構造から、高石垣による一つのまとまった面積の曲輪の構築へという城郭構造の変化を示す。天守も層塔式という構造のシンプルな外観となり、櫓も白漆喰塗込め、虎口も内枡形形式という規格化が進んでいる。

戦国期の大坂本願寺以降、大坂城は日本城郭史を象徴し続けた城郭といえるだろう。

＊20　中村博司「秀吉の大坂城拡張工事について―文禄三年の惣構普請をめぐって」（渡辺武館長退職記念論集刊行会『大坂城と城下町』、思文閣出版、二〇〇〇年）。

＊21　黒田慶一「豊臣氏大坂城の算用曲輪批判―内田九州男・松尾信裕氏説に対する疑問―」（『中世城郭研究』10、中世城郭研究会、一九九六年）、江浦洋ほか『大坂城址Ⅲ　大阪府警察本部棟第2期工事に伴う発掘調査報告書』（大阪府文化財センター、二〇〇六年）、＊8中村文献を参照。

＊22　横田冬彦「豊臣政権と首都」（日本史研究会編『豊臣秀吉と京都　聚楽第・御土居と伏見城』、文理閣、二〇〇一年）。

徳川家康による大坂冬の陣の陣城遺構

45 茶臼山陣城《ちゃうすやまじんじろ》

①所在地 大阪市天王寺区茶臼山町ほか
②時期 慶長十九年（一六一四）
③主体 徳川氏
④遺構 曲輪

【概要】茶臼山陣城は大坂冬の陣における徳川家康の本陣であり、古墳を利用した城郭であった可能性も指摘されている。現在は、天王寺公園内の茶臼山として親しまれており、大阪府指定史跡である。

【立地】大坂城へと連なる上町台地上に位置し、北西に四天王寺が所在する。南側は、延暦七年（七八八）に摂津大夫の和気《わけの》清麻呂が開削した排水路ともいう河底谷に面し、台地の区切りとなる。

現在の茶臼山。手前が河底池

【歴史と背景】慶長十九年（一六一四）の大坂冬の陣に際し、徳川方は豊臣方が籠る大坂城を包囲し、南方の茶臼山に徳川家康、岡山に徳川秀忠が陣を据えた。戦国期にも周辺は戦場となり、天文十五年（一五四六）には細川晴元方と同氏綱方との合戦で「天王寺大塚へ城」「天王寺城」が構えられた（『細川両家記』[*1]）。天正五年（一五七七）には、大坂本願寺を攻める織田信長方の「付城天王寺」に松永久秀らが入っていた（『信長公記』）。

【構造と評価】現状では、元広島藩主浅野家に伝わる『浅野文庫諸国古城之図』の「茶臼山御陣城」で描かれた削平地が認められる。ただし、周辺地形は大きく改変され、二ヶ所の馬出が

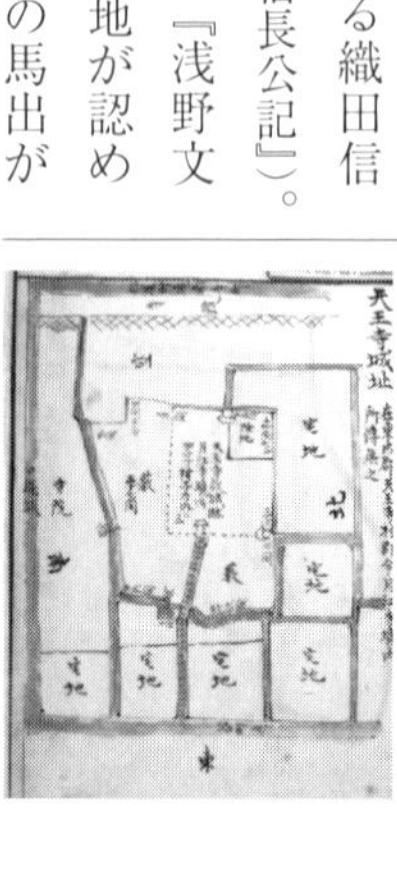

＊1 『東摂城址図誌』（一八七七〜八一年）では、上町台地北方の月江寺付近とする（左）。渡辺武「大塚城」（『日本城郭大系』12、新人物往来社、一九八一年）。

台地続きではなく、側面に描かれる点は城郭構造として違和感がある。『大坂冬の陣図屏風』（東京国立博物館蔵）にみえる陣城は北の大坂城方面に虎口を向けていた。[*2]「寛永十二年亥年五畿内江州大工杣御赦免被為成候時御訴訟申上候覚」には、大工中井家が大坂船場の蔵や家々を壊し、茶臼山の作事を行って「御やくら」も築いたとあり、一部実施された発掘調査では礎石建物などが確認される。[*3]

大阪平野では、ほかに古墳を利用した陣城の類例があるが、茶臼山が古墳か否かは未だ確定していない。しかし、大坂冬の陣に際し、徳川家康の本陣が置かれた場所であることは間違いなく、現状遺構からうかがえる構造とともに、戦国期以降の陣所の立地を考える上で重要である。また、大坂の陣という未曾有の国内戦争を語る上で、貴重な史跡であることは言うまでもない。[*4]

＊2　以下、髙田徹「茶臼山陣城」（『図解 近畿の城郭Ⅰ』、中井均監修、二〇〇一年）に多くを学んだ。

＊3　谷直樹『中井家大工支配の研究』（思文閣出版、一九九二年）、笠谷和比古・黒田慶一『豊臣大坂城　秀吉の築城・秀頼の平和・家康の攻略』（新潮選書、二〇一五年）。

＊4　『浅野文庫諸国古城之図』（広島市立図書館蔵）には「岡山御陣城」が収められる（左）。発掘調査では堀が検出され、『大坂冬の陣図屏風』では堀が廻る陣城が描かれている。

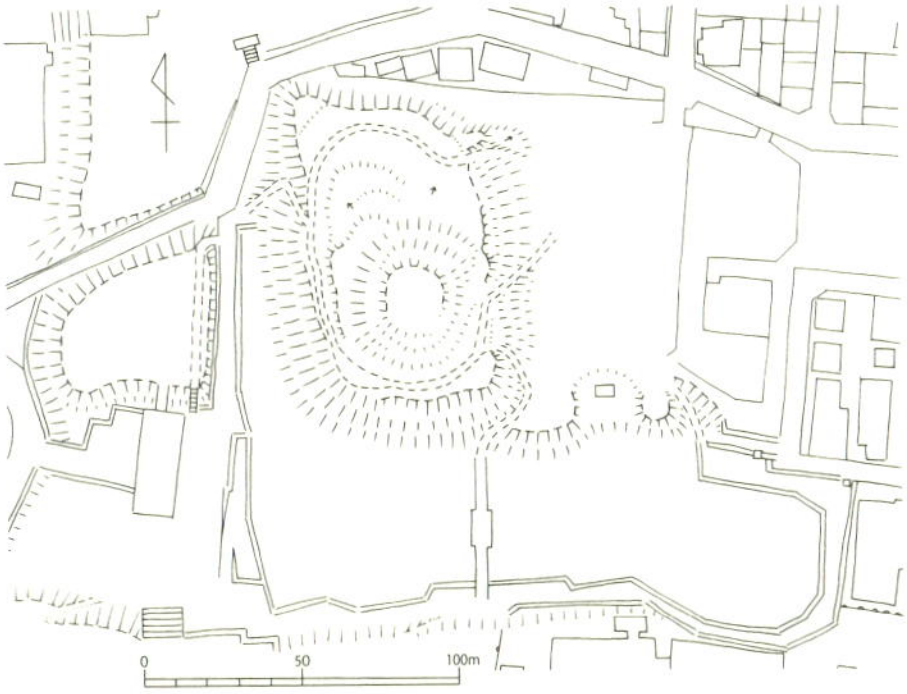

茶臼山陣城 概要図（作図：中西裕樹）

大坂冬の陣図屏風に描かれた茶臼山陣城（東京国立博物館蔵）

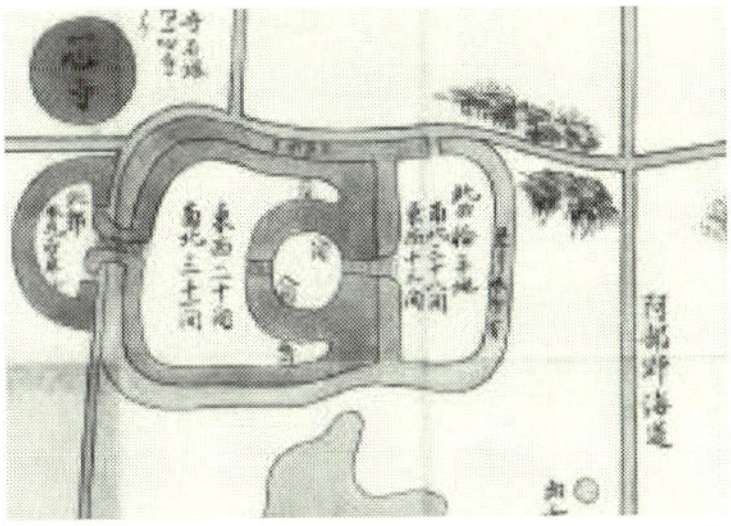
「茶臼山御陣城」『浅野文庫諸国古城之図』（広島市立図書館蔵）

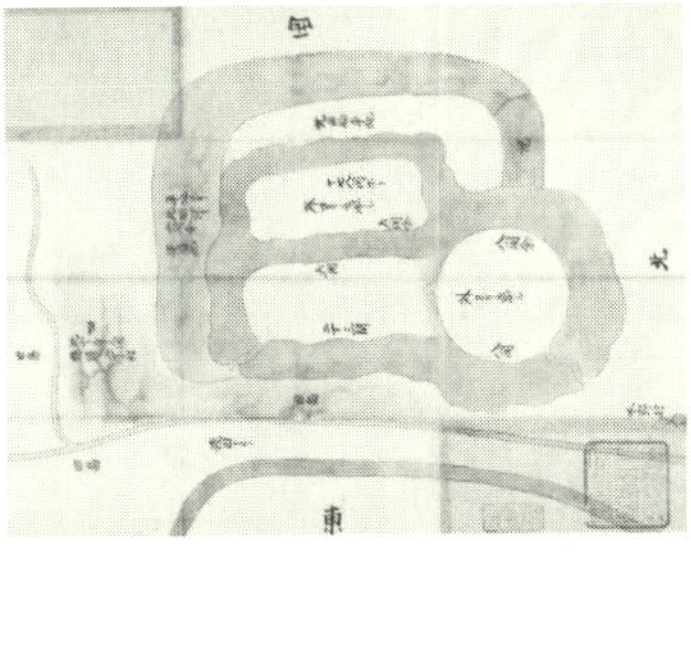

河内国境に近い環濠都市と集落

46 平野環濠都市《ひらのかんごうとし》
47 喜連環濠集落《きれかんごうしゅうらく》
48 桑津環濠集落《くわづかんごうしゅうらく》

46 平野環濠都市 ①所在地 大阪市平野区平野本町ほか ②時期 戦国〜江戸期 ③主体 都市住民 ④遺構 土塁・環濠・地割

47 喜連環濠集落 ①所在地 大阪市平野区喜連 ②時期 戦国〜江戸期 ③主体 集落住民 ④遺構 地割

48 桑津環濠集落 ①所在地 大阪市東住吉区桑津 ②時期 戦国〜江戸期 ③主体 集落住民 ④遺構 地割

【概要】 平野環濠都市は、戦国〜江戸期の大阪を代表する都市である。在郷町として繁栄し、現在も環濠などの遺構が残る。喜連環濠集落と桑津環濠集落は明確な遺構は残らないものの、絵図などにみられる集落の構造が現地の地割や地形にとどまる。

【立地】 平野環濠都市は平野川の自然堤防上に立地し、河内との国境に位置した[*1]。西北の天王寺から東の大和国方面へと向かう竜田越奈良街道が内部を東西に通過し、南に伸びる中高野街道の起点でもあった。平野はこの陸路と平野川の舟運の結節点であり、江戸期は河内木綿の加工・集積地として栄えた。

喜連環濠集落は南から伸びる瓜破台地の西側で、河内国との国境に接した。中高野街道が南北に貫通し、北に約〇・八キロ離れた平野環濠都市と結ばれていた。

桑津環濠集落は平野環濠都市の北西約二キロにあたる上町台地の東縁に位置し、同じ台地上の中世都市・天王寺と平野の中間に位置し、竜田越奈良街道が集落の北を通過していた。

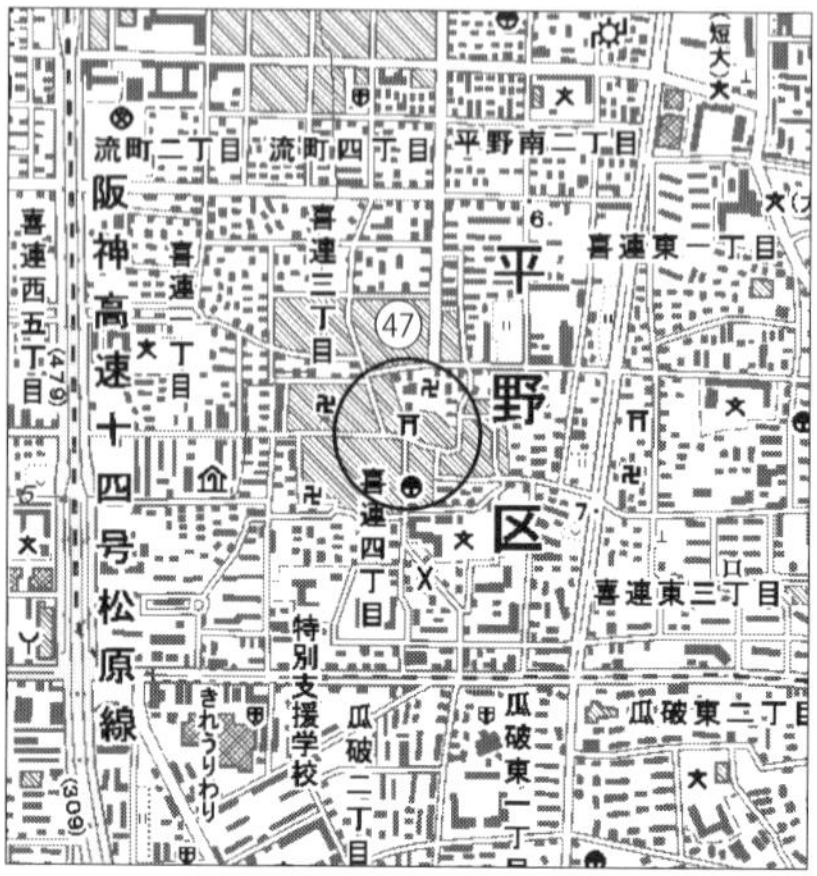

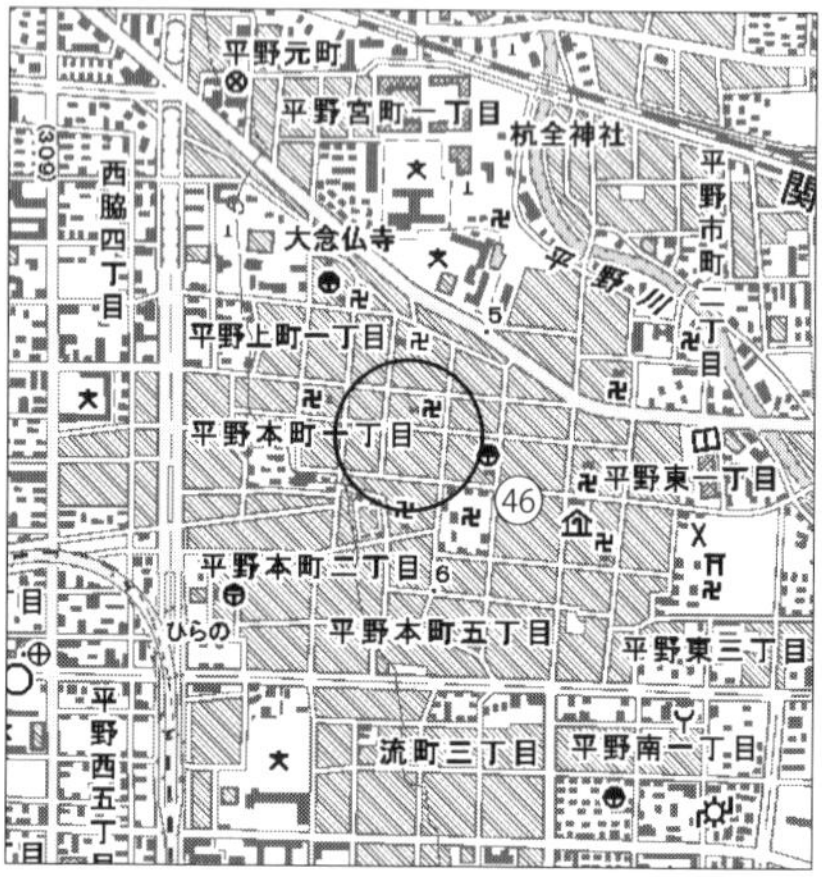

【歴史と背景】 享保二十年（一七三五）の『摂津志』には「喜連城」の項目があり、「今日平野町」とする。高屋城（羽曳野市）の「属城」として河内守護の畠山氏や三好氏らが必ず争う場所と伝える。天文十二年（一五四三）には、和泉国人玉井氏の支援を受けた細川氏綱が拠った。しかし、畠山氏の軍勢の前に陥落し、この後は桃井氏、平井氏が入ったという。

『細川両家記』では、同年に細川氏綱が「欠郡内喜連杭全」に出張したものの、玉井氏が和泉国の横山谷（和泉市）で敗れたために退いたとしている。また、天文十六年には細川氏綱方と争う三好長慶が桑津から北約一・五キロ離れた舎利寺周辺（大阪市生野区）での合戦に勝利を収め、永禄二年（一五五九）には河内の安見氏との交戦中に「喜連杭全」へと陣替した。同八年には、松永久秀が「河内摂津堺喜連」に陣を取る。喜連とセットで現れる杭全《くまた》という地名は、平野を含む地域であり、平野環濠都市の北端には杭全神社が所在している。[*2] 戦国期の平野、喜連、桑津周辺は大規模な軍勢が往来する地域であった。

戦国期の明応二年（一四九三）、平野の北東約五〇〇メートルに位置する正覚寺《しょうがくじ》（八尾市）には畠山政長と将軍足利義材が陣を置き、畠山基家を攻撃していた。しかし、細川政元らのクーデターによって将軍が更迭されるという明応の政変が起こり、政長は戦死した。『明応二年御陣図』には当時の道や周辺の集落などが描かれるが、ここで平野は確認できない。[*3]

杭全神社の東側に残る環濠跡

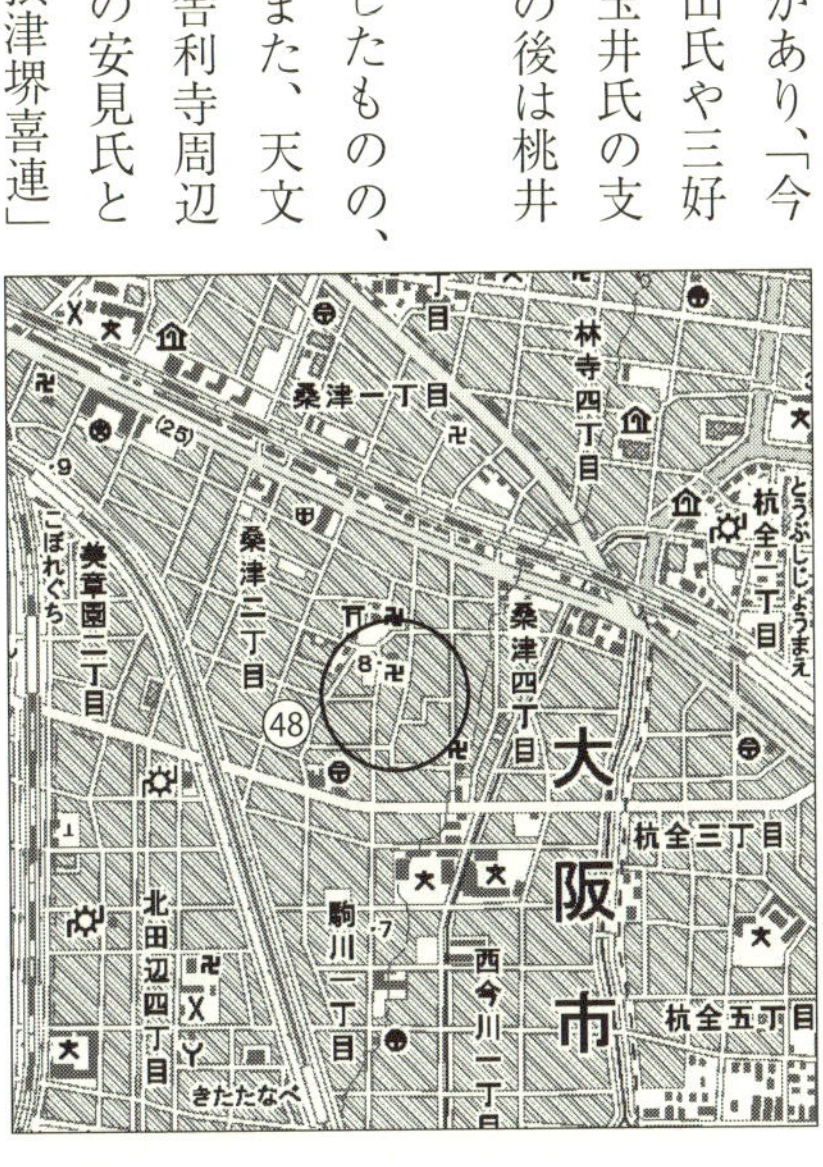

平野環濠都市の樋尻口門跡近くに残る土塁

しかし、平野は少なくとも戦国末期には大阪平野を代表する都市の一つであり、三好氏の代官が置かれた。[*4] 松永久秀は杭全神社神主の「平野殿」（坂上氏）に宛行《あてがい》をし、本庄加賀守と松永孫六に執行を命じている。しかし、弘治三年（一五五七）には、平野の年寄衆である成安氏や徳成氏ら一四名が代官更迭を求めている。永禄十一年（一五六八）に織田信長が上洛した際、矢銭を要求された堺は平野の「平野庄年寄御衆中」と同盟を結ぼうとしている（『東末吉文書』）。天正六年（一五七八）には信長の支配下にあったが、年寄衆は信長配下の蜂屋頼隆の被官・平井四郎兵衛の更迭を求めた。

三好氏、織田氏とともに平野に代官を置いており、それは平野が都市であったからにほかならない。続く羽柴秀吉は天正十一年（一五八三）の大坂城下町建設に伴い、平野の町人を天王寺の北に移住させた。現在の南・北平野町がこれである。慶長十九年（一六一四）・同二十年の大坂の陣で平野、そして桑津周辺は攻防の舞台となり、徳川家康も布陣した。このとき平野は焼亡したが、戦後間もなく再建がはじまり在郷町として発展していく。

【構造と評価】 京都の神官・吉田兼見は天正十一年（一五八三）の大坂築城が始まった直後の平野に立ち寄り、「当在所悉天王寺へ引寄也、竹木堀以下埋之也」と記した（『兼見卿記』）。この翌年、宣教師ルイス・フロイスは「周りを竹で囲み城のようにした立派な町があり、平野と呼ばれている」「はなはだ裕福な人々が住んでいる」と記述している（『十六・七世紀イエズス会日本報告集』）。戦国期の平野環濠都市は堀で囲われ、天正十一年の町民の大坂移転後も竹で囲まれた都市であっ

＊1　平野川は河内を北流した旧大和川から柏原付近（柏原市）で分岐し、北流して大坂城の東側に至った河川である（左）。江戸期のはじめに大きな水害をもたらしたため、平野の末吉氏が復興に取り組み、柏原と大坂の京橋（大阪市中央区）との間に柏原舟と呼ばれる物資運搬船の営業がはじまって、平野には舟入が設けられた。

＊2　平野は杭全郷とも称していた。江戸時代以前の杭全神社は熊野権現社と呼ばれ、貞観四年（八六二）に周辺を領していた坂上田村麻呂の孫・坂上当道が創建したと伝える（左）。境内地の横に環濠跡が残り、かつての面影を留める。

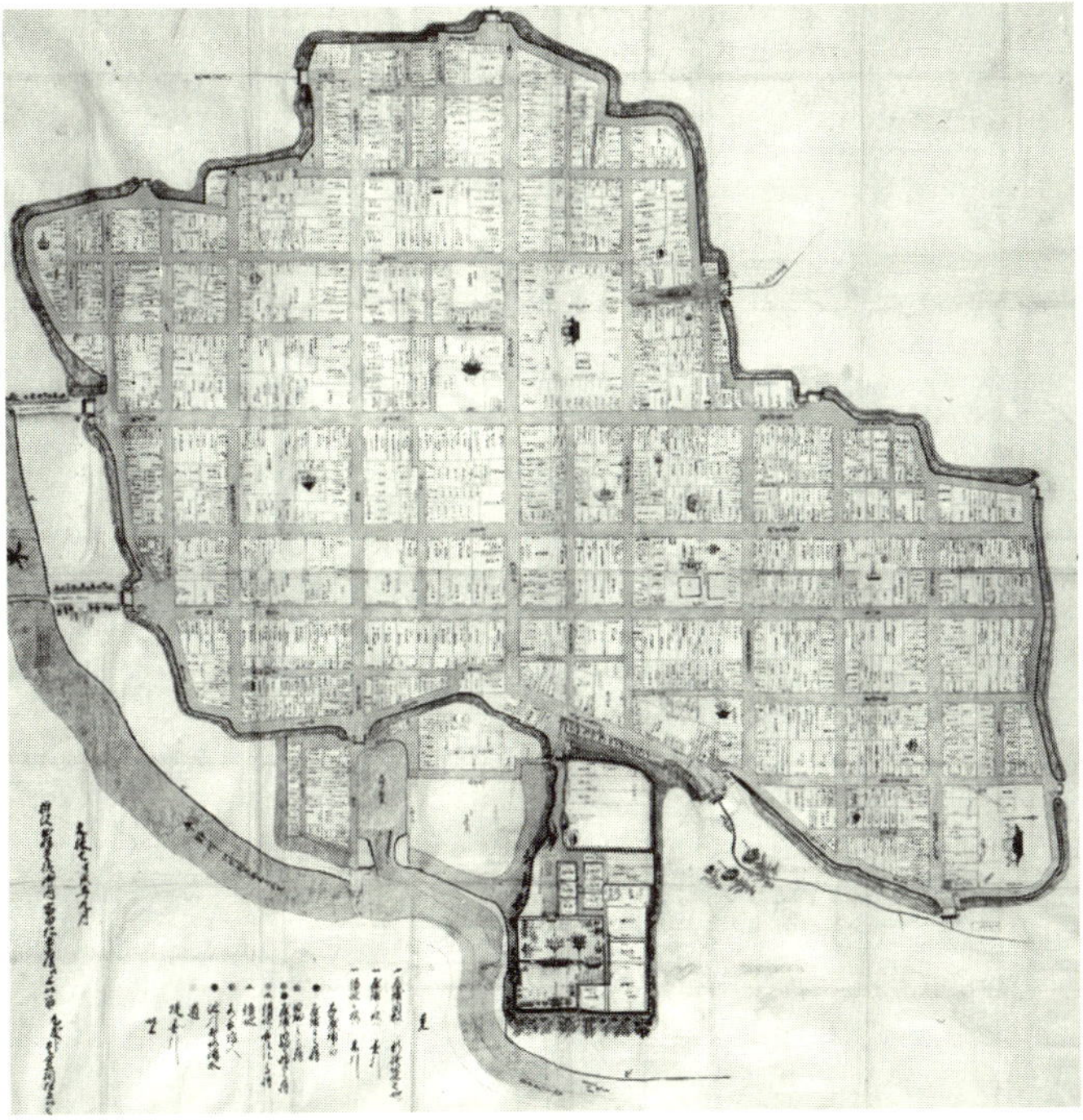
元禄７年（1694）「平野大絵図」　＊下が北

たことがうかがえる。

江戸期の平野環濠都市は東西約九〇〇×南北約七〇〇メートルの範囲に及び、市町、野堂町、流町、背戸口町、西脇町、泥堂町、馬場町の七つの町があり、樋尻門筋などの直線道路による整然とした街区が形成されていた。このうち、平野川に面した自然堤防上の市町、野堂町や杭全神社の門前である泥堂町の開発が先行したとみられている。[*5]

大坂の陣の後、再建された平野は町割を改め、周囲の条理地割とは異なる町割の方位が設定されたといわれてきた。しかし、発掘調査では豊臣期の時点で江戸期の方位に近い町割が確認され、大坂の陣以前に大きな町割がなされたことが指摘されている。[*6]また、泥堂町の発掘では開発が室町期に遡ることが確認され、市町では十世紀頃に集落形成が遡ることが想定されている。

平野環濠都市には、出入り

＊3　『福智院家文書』。興福寺門跡の尋尊が描いたとされる。また、正覚寺は平野に先行する都市として評価されている。小谷利明「河内守護畠山氏の領国支配と都市―畠山政長・義就期を中心に―」（『鷹陵史学』25、鷹陵史学会、一九九九年）を参照。

＊4　天野忠幸『三好長慶―諸人之を仰ぐこと北斗泰山―』ミネルヴァ日本評伝選（ミネルヴァ書房、二〇一四年）を参照。

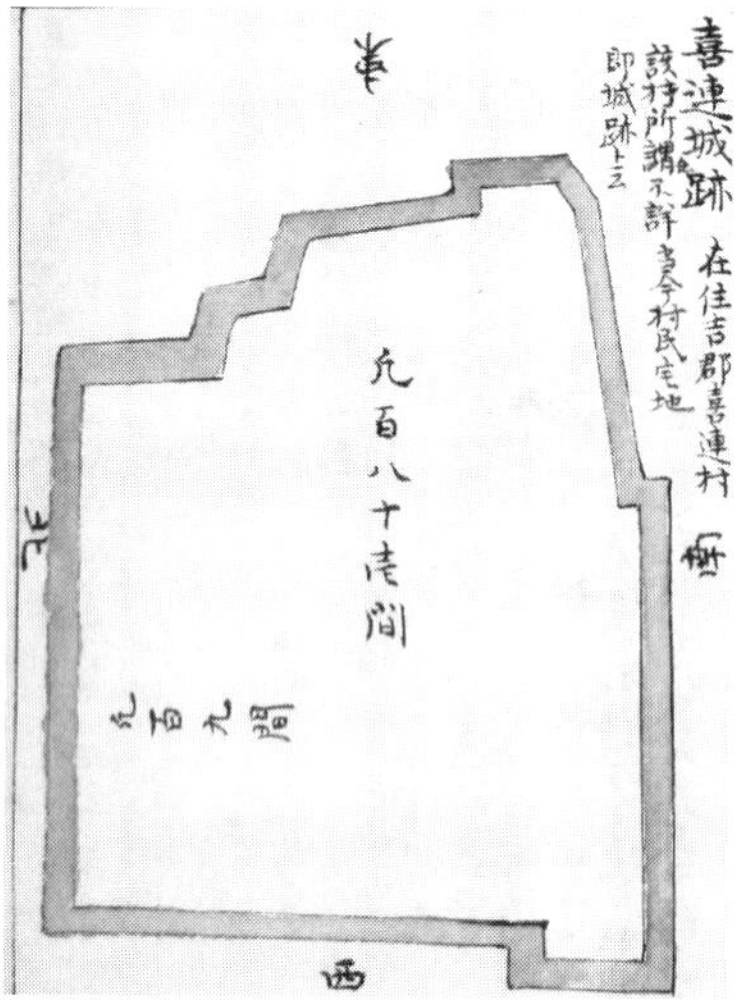

『東摂城址図誌』の「喜連城跡」

喜連環濠集落東南部の環濠跡

口として「市之口」などの一三ヶ所の口があった。戦国期の環濠集落では、主に大和国の事例で口の片側の集落内部が張り出し、城郭の虎口に対する側射、つまり横矢と同じような平面構造が見出されている。[*7] しかし、平野ではこのような構造の口は確認できず、北西の小馬場口は宝暦四年（一七五四）の絵図では張り出しが認められるものの、以前の絵図には確認できず、その要因としては口の横に所在する大念仏寺境内が拡張した結果であったことが判明している。なお、江戸期の絵図に描かれた環濠について、杭全神社や西脇町で発掘が行われているものの、戦国期に遡る遺構は未検出である。

喜連環濠集落は東西約四〇〇×南北約二五〇メートルの規模であり、『東摂城址図誌』（一八七七～八一年）の「喜連城」にみられる環濠跡が確認される。塁線には折れが認められ、集落には東西南北に四ヶ所の口があった。[*8] このうち環濠南西の張り出しが東口に対応し、横矢がかかる。また、北口に到達した中高野街道の道筋は集落内部を直進せずに屈曲し、内部は平野環濠都市のような直線道路による整然とした区割ではない。

喜連環濠集落の構造を示す発掘調査のデータは欠くが、戦国期の環濠集落では内部のメイン

＊5　平井和・松尾信裕・寺井誠『大阪市南部遺跡群発掘調査報告』（大阪市文化財協会、二〇〇九年）のうち「各遺跡の地理的歴史的環境と発掘調査」。以下、発掘調査の成果についても同書を参照されたい。また、平野には開発の祖という坂上氏から分かれた七つの家があったとされる。野堂氏（末吉氏）、則光氏（井上氏）、成安氏、利則氏（三上氏）、利国氏（土橋氏）、安国氏（辻葩氏）、安宗氏（西村氏）である。

＊6　豆谷浩之「平野環濠都市遺跡における地割の転換をめぐって」（大阪市文化財協会編『大阪市文化財協会研究紀要』2、一九九九年）。

＊7　村田修三「城跡調査と戦国史研究」（『日本史研究』二一一、一九八〇年）、同「大和の環濠集落」（『日本城郭大系』10、新人物往来社、一九八〇年）、藤岡英礼「中世後期における環濠集落の構造—大和の中世環濠集落を中心に—」（村田修三編『新視点 中世城郭研究論集』、

ルートが直進しない傾向が指摘されている。[*9] 先の口に対する塁線の折れとあわせ、環濠の成立は戦国期に遡る可能性を想定する必要があるだろう。

桑津環濠集落は東西約二〇〇×南北約三〇〇メートルの規模であり、明治十七年（一八八四）の地籍図によって構造が考察されている。[*10] 集落の周囲には竹藪があり、大正十五年（一九二六）年写の地籍図では同じ場所が山とされるため土塁であったと考えられている。環濠には折れがみられ、集落には北・西・南の三ヶ所に口があった。[*11]

このうち、環濠南東隅の折れは南口に対する張り出しとなり、北口も塁線がずれる。集落内部は、南北にほぼ直線の道路が貫通するが、ほかは整然とした区画にはなっていない。考古学的な知見は得られていないが、集落にはやはり戦国期の構造が踏襲されている可能性があるだろう。

桑津環濠集落（桑津村地籍編成総図により作図。＊10藤田論文より）

桑津環濠集落の北口

新人物往来社、二〇〇二年）。

＊8　各口には地蔵が残されている。左は北口の地蔵尊。

＊9　＊7藤岡論文。

＊10　藤田実「史料紹介　明治期地籍図にみる桑津環濠集落」（『大阪の歴史』9、大阪市史編纂所、一九八三年）。

＊11　桑津環濠集落では北口の地蔵尊が残されている。なお、各口には木戸が設けられ、夜間には閉じられていたという。

堺・天王寺間の要衝で都市的性格を帯びた環濠集落

49 我孫子環濠集落《あびこかんごうしゅうらく》
50 遠里小野環濠集落《おりおのかんごうしゅうらく》

49 我孫子環濠集落 ①所在地 大阪市住吉区我孫子 ②時期 戦国～江戸期 ③主体 集落住民 ④遺構 地割

50 遠里小野環濠集落 ①所在地 大阪市住吉区遠里小野 ②時期 戦国～江戸期 ③主体 集落住民 ④遺構 地割

【概要】 我孫子と遠里小野の環濠集落は上町台地の南の延長線上に存在し、ともに江戸期の絵図が残る。前者は我孫子城の伝承地を含む。

【立地】 我孫子環濠集落は上町台地に続く我孫子台地の端で、集落の北西を堺から平野・八尾方面、天王寺方面へと至る道が通っていた。遠里小野環濠集落は上町台地南端で、堺方面から天王寺へと至る熊野街道が内部を南北に貫通している。

【歴史と背景】 享保二十年（一七三五）の『摂津志』には「我孫子城」として「有郡境」「今井兵部者據此」とある。[*1]

明応二年（一四九三）、畠山政長と将軍足利義材は河内の正覚寺（八尾市）に陣を置き、畠山基家を攻撃した。しかし、細川政元らのクーデターによって将軍が更迭されるという明応の政変が起こり、政長は戦死した。この際の『明応二年御陣図』（『福智院家文書《ふくちいんけもんじょ》』）にみえる「アイコ」という集落が我孫子を示すと思われる。

我孫子や遠里小野は、たびたび軍勢の陣が置かれたことが知られる。享禄四年（一五三一）に細川晴元は天王寺にいる細川高国を攻めたが、晴元方の軍勢が阿波から堺に着岸し、後に我孫子や遠里小野などに陣を配置した（『足利季世記《あしかがきせいき》』）。天文

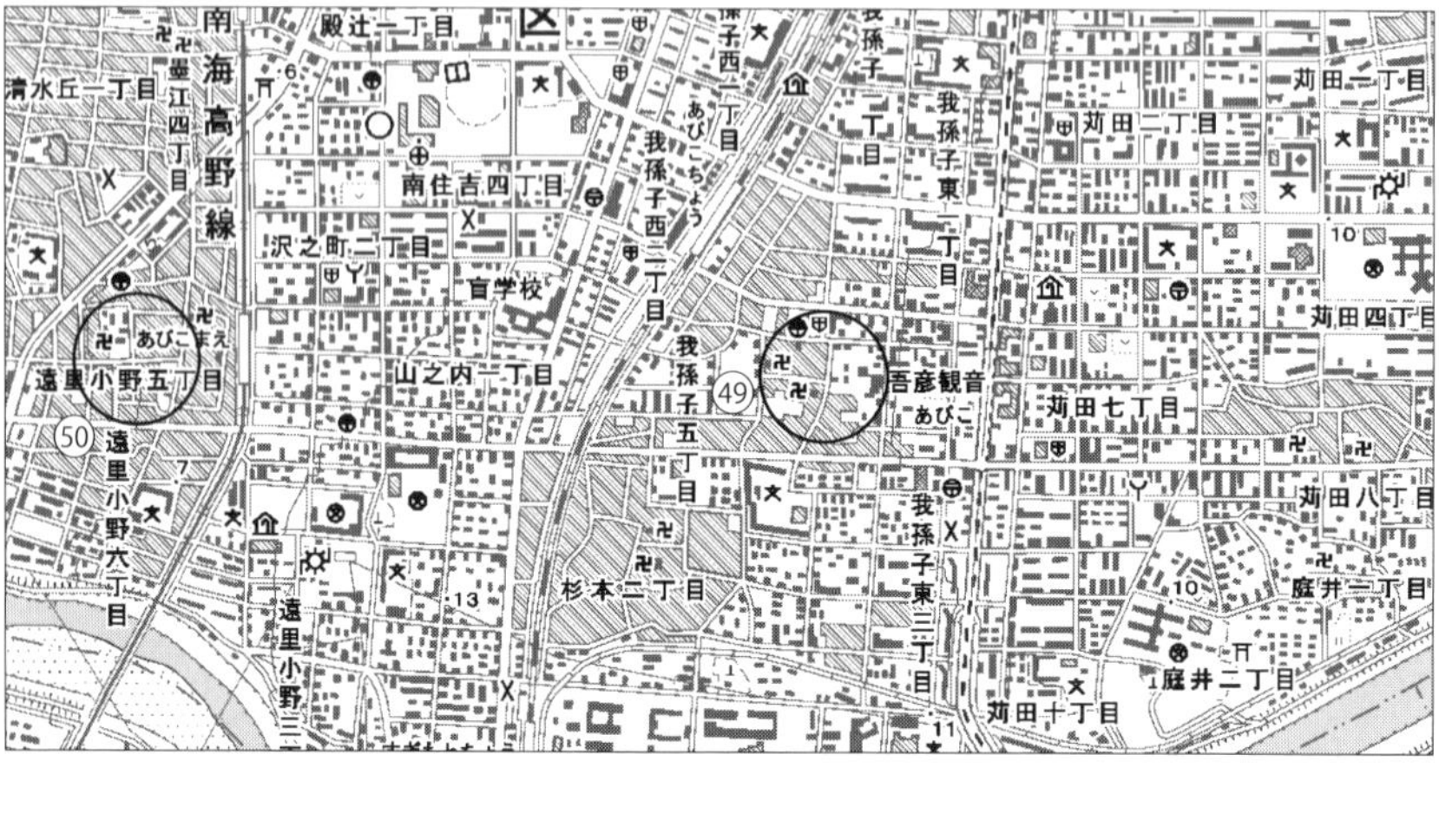

十六年（一五四七）に高屋城（羽曳野市）の攻撃に向かう軍勢が遠里小野や住吉に陣を置き、堺に上陸した三好方の軍勢と合流した（『細川両家記』）。永禄九年（一五六六）には畠山氏や和泉国衆、根来寺の軍勢が堺や遠里小野に陣を置いた（『同前』）。

また、元亀元年（一五七〇）には野田・福島（大阪市）の三好三人衆方を攻める織田信長を加勢する根来寺・雑賀《さいか》衆、紀伊国衆の軍勢が住吉と遠里小野に陣取りし、天正三年には信長方の軍勢が天王寺・住吉・遠里小野に展開し、堺方面への攻撃では信長自身が遠里小野に陣を構えた（以上『信長公記』）。遠里小野は堺や住吉、天王寺と並ぶ上町台地上の要衝の場であり、これは熊野街道が集落を通過することにも起因するだろう。[*2]

上：我孫子環濠集落西側の環濠跡付近の段差
下：遠里小野環濠集落の環濠跡（西側）

文明三年（一四七一）に我孫子屋次郎の跡として「住吉郡五ケ庄内」の知行分が堺と関係の深い大徳寺養徳院へ寄進されている（『大徳寺文書』）。五ケ庄（五箇荘）とは我孫子と近隣の苅田・杉本・庭井から花田にかけての地域である。我孫子屋一族は堺に居住する商人で、その本貫地が我孫子であったことが推察されている。[*3]

我孫子には十五世紀初頭には金属手工業者が存在したと思われるが、永禄十一年の織田信長の上洛後に従った堺の商人・今

＊1　我孫子城跡は大聖観音寺（吾孫子観音）の境内とされている。厄除けで知られる古刹であり、江戸期には多くの塔頭が存在した（左）。慶長二十年（一六一五）の大坂夏の陣では徳川家康が一時逃げ込んだとの伝承がある。掲載の『東摂城址図誌』には「不動院」、「我孫子村絵図」には「中ノ坊」との書き込みがある。

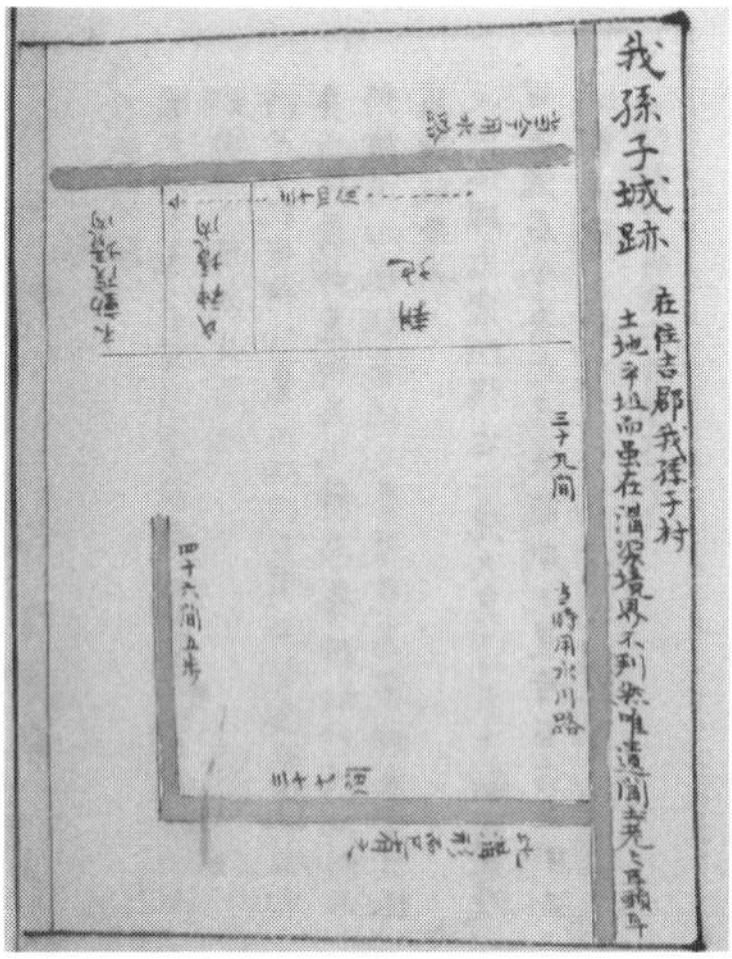

『東摂城址図誌』の「我孫子城跡」

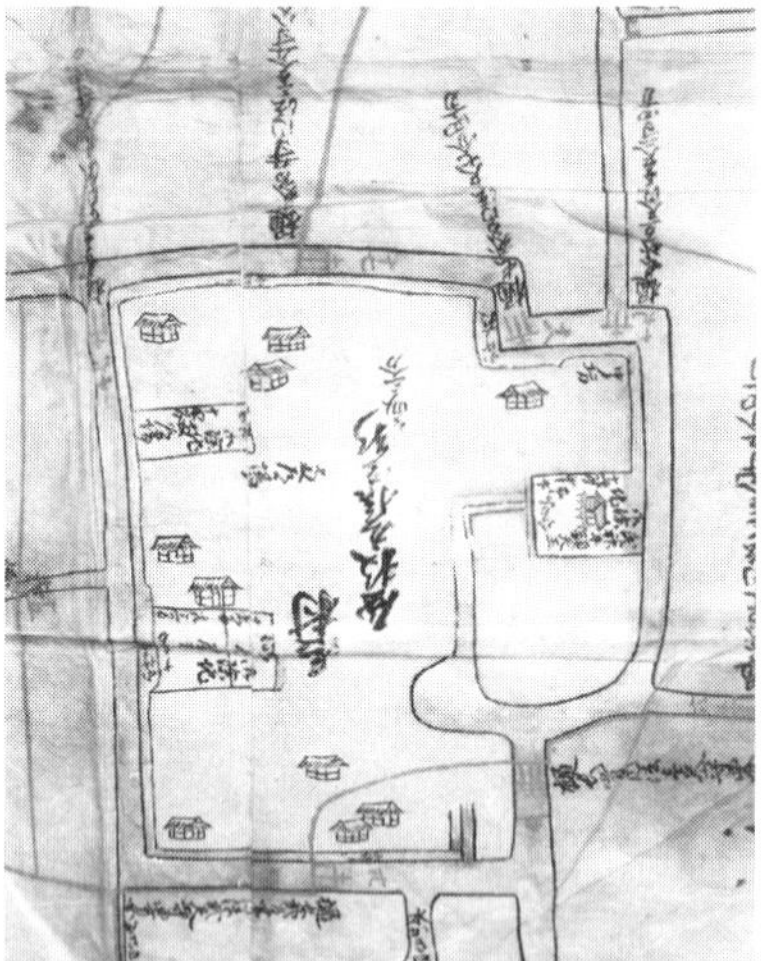
1690～95年代の「我孫子村絵図」（部分。個人蔵）
＊上が北

井宗久は五箇荘の代官となり、我孫子に摂津・河内・和泉の鋳物師《いもじ》・鍛冶《かじ》の集住を進めた。また、宗久は我孫子の鋳物師が遠里小野に鍛冶屋を設けるのを禁止している。*4

室町期の遠里小野は、神人の活動で知られる大山崎（京都府大山崎町）と競った油生産の地であり、我孫子とともに文禄三年（一五九四）には豊臣家直轄領として今井宗久の所縁とされる今井兵部が代官となった。堺、天王寺との関係や職人集団の存在をふまえると、戦国期の我孫子や遠里小野は都市的な性格を持っていた可能性が高い。*5

【構造と評価】我孫子環濠集落は、東西約二四〇×南北約三〇〇メートルの規模である。一六九〇～九五年代の村絵図から構造がうかがえ、現状の地形に環濠の内外に高低差が確認される。北東と南東で環濠が屈曲し、特に南東部には我孫子城跡と伝わる方形区画が存在する。

戦国期の環濠集落は集落の口に対して環濠が屈曲し、横矢の機能を持つ場合が多いとされる

＊2　中世の熊野街道は参詣路だけではなく、摂津と紀伊を結ぶ主要道として機能した。左は遠里小野環濠集落を通る街道。

＊3　高橋素子「中世都市堺成立過程における都市民の変容―開口神社を中心に―」（『お茶の水史学』47、読史学会、二〇〇三年）。

＊4　田中文英「河内鋳物師の活動」（津田秀夫責任編集『図説 大阪府の歴史』、河出書房新社、一九九〇年）。

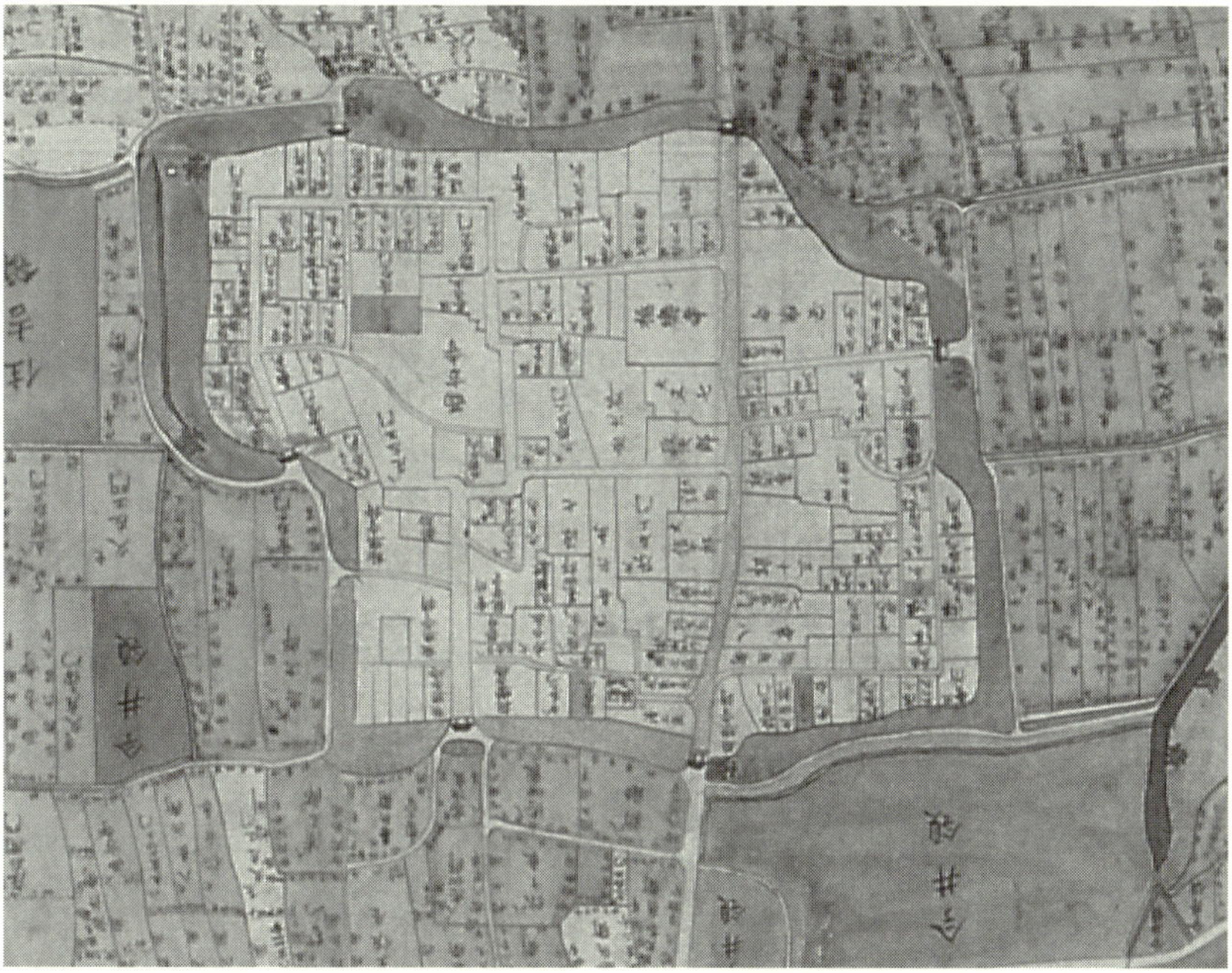

安永７年（1778）の「遠里小野村大絵図写」（部分。堺市立図書館蔵）　＊上が北

が、[*6]我孫子では南東部分がこれに該当し、ここは用水を兼ねた環濠への主たる二本の導水路が接続する地点でもある。[*7]方形区画は、現状推定で一般的な在地土豪の城館規模の五〇メートル四方に近く、氏神が接している。これらのことから、我孫子環濠集落は戦国期には成立しており、横矢という防御の場と集落の口、そして用水を掌握した在地勢力が主体性を発揮したことが想定される。

遠里小野環濠集落は東西約三三〇×南北約二六〇メートルの規模であり、安永七年（一七七八）の村絵図写にみる環濠の跡を追うことができる。

南西と東の集落の口には横矢の機能がうかがえる環濠の屈曲

＊５　遠里小野環濠集落の歴史的評価については、仁木宏「室町・戦国時代の遠里小野―熊野街道と油生産尾の歴史文化―」（第39回住吉区民教養セミナー資料）に多くを学んだ。また、我孫子環濠集落については、山崎隆三『依羅郷土史』（大阪市立依羅小学校創立八十五周年記念事業委員会、一九六二年）に多くを学んだ。左は遠里小野の北側環濠跡。

＊６　村田修三「城跡調査と戦国史研究」（『日本史研究』二一一、一九八〇年）、同「大和の環濠集落」（『日本城郭大系』10、新人物往来社、一九八〇年）、藤岡英礼「中世後期における環濠集落の構造―大和の中世環濠集落を中心に―」（村田修三編『新視点 中世城郭研究論集』、新人物往来社、二〇〇二年）。

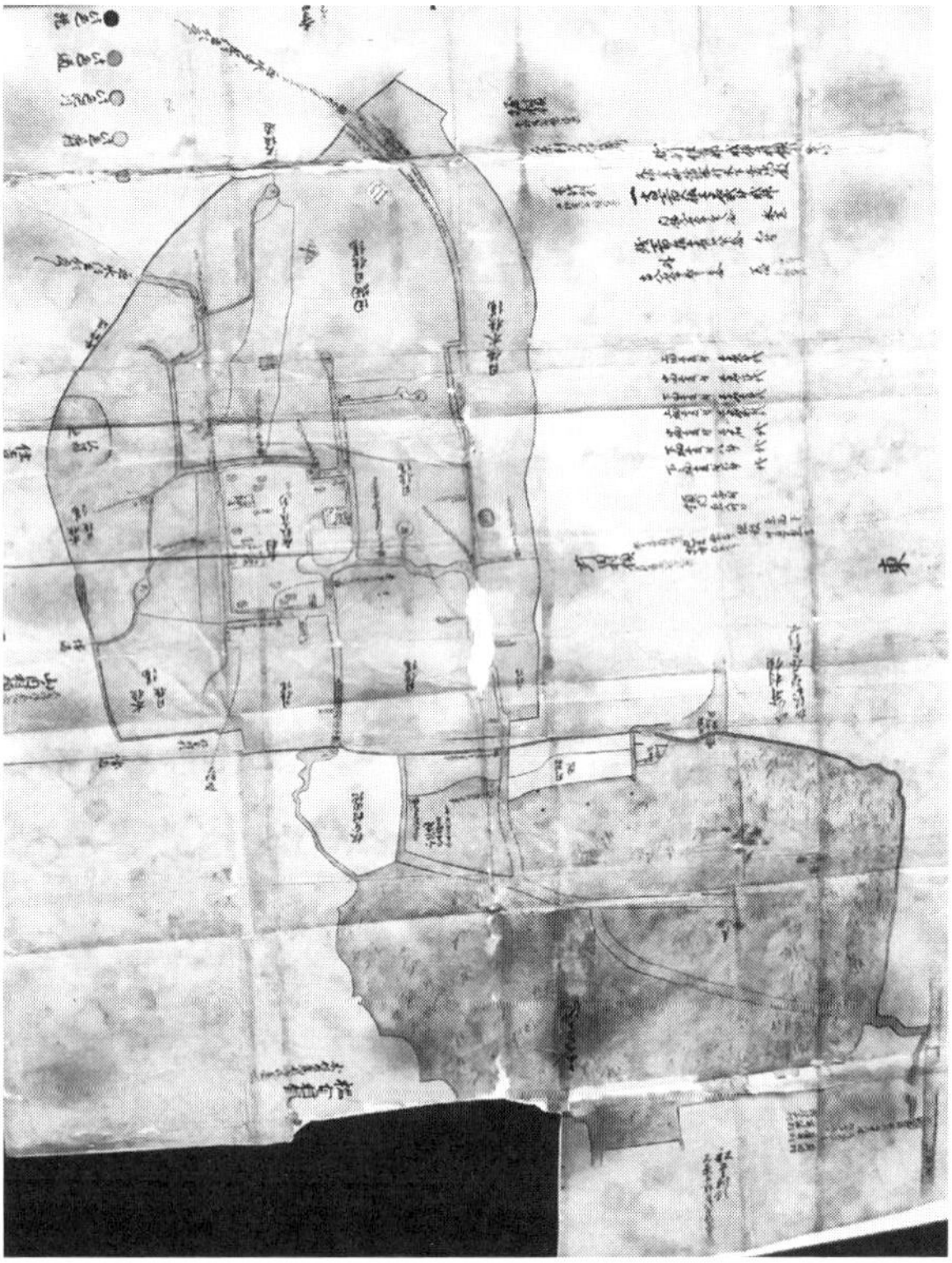

1690～95年代の「我孫子村絵図」全体（個人蔵）

がみられ、中央やや東側を熊野街道が直線で貫通するが、内部は整然とした街区ではない。南側の環濠西側の口からの道路が集落内で最も幅が広く、絵図では木戸の前面に二股の土橋が描かれ、城郭の馬出的な空間が存在したのかもしれない。また、我孫子のような特定勢力の存在をうかがわせる区画は確認できず、村落住民の均衡性を示唆する。

我孫子、遠里小野ともに環濠集落の年代を示す資料を欠くが、上町台地に連なる要衝としてたびたび軍事的な利用がなされ、構造からは戦国期の構築と推定できる。特定勢力の有無などの差はあるが、ともに戦国期の都市的な性格を帯びた環濠集落として注目したい。

＊7　我孫子の村絵図や水利については、川内眷三「17世紀末：我孫子村絵図にみる依網池の水利特性について」（『四天王寺国際仏教大学紀要』40、四天王寺国際仏教大学、二〇〇五年）を参照されたい。なお、北東に約一・五キロ離れた堀村（長居）も環濠集落であり、保利神社は城跡（新堀城）という（左）。

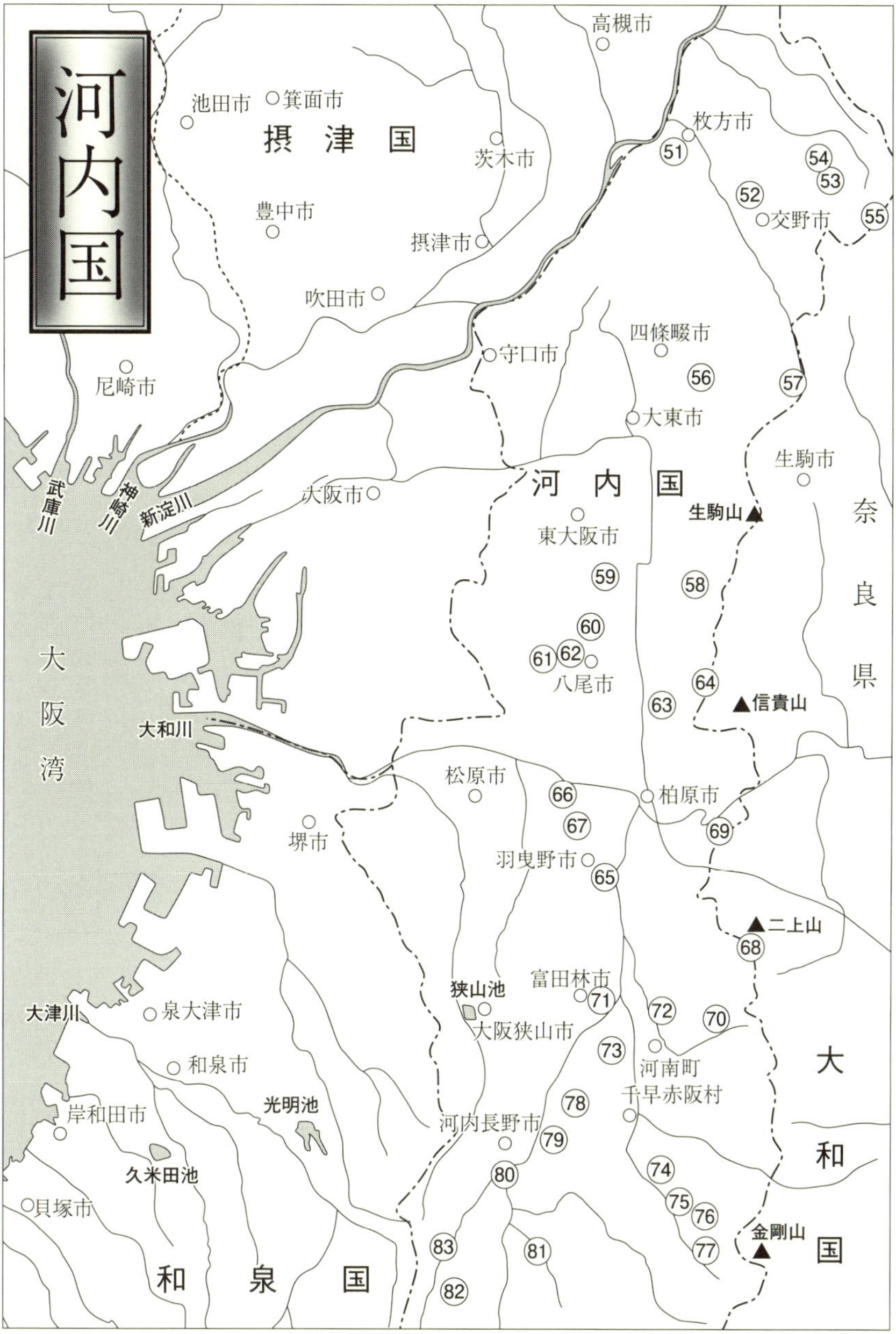
河内国
高槻市
池田市
箕面市
摂　津　国
枚方市
茨木市
豊中市
交野市
摂津市
吹田市
四條畷市
守口市
尼崎市
大東市
生駒市
河　内　国
大阪市
武庫川
神崎川
新淀川
生駒山
東大阪市
奈良県
八尾市
信貴山
大阪湾
大和川
松原市
柏原市
堺市
羽曳野市
二上山
富田林市
狭山池
大阪狭山市
泉大津市
大津川
和泉市
河南町
千早赤阪村
大和国
岸和田市
光明池
河内長野市
久米田池
貝塚市
金剛山
和　泉　国
51
52
53
54
55
56
57
58
59
60
61
62
63
64
65
66
67
68
69
70
71
72
73
74
75
76
77
78
79
80
81
82
83

水陸交通の結節点に接した丘陵上の寺内町

51 枚方寺内町《ひらかたじないまち》

①所在地 枚方市枚方上之町ほか
②時期 戦国期
③主体 寺内町住民
④遺構 地割

【概要】枚方寺内町は、淀川べりの丘陵上に形成された寺内町である。永禄元年（一五五八）年に蓮如十三男の実従が入った順興寺を中心に発達し、近世枚方宿の前史となった。*1

【立地】北の淀川へと突き出す標高三〇～四〇メートル前後の丘陵上に立地する。頂部は幾つかの尾根に分かれ、その合間の谷筋にも寺内町は展開した。北麓を近世の京街道が通過し、枚方宿との比高は約二〇～三〇メートルである。

【歴史と背景】中世の淀川は大阪湾岸から京都への物資を運ぶ水運が発達していた。諸権門は様々な名目で関を設けており、近世枚方宿に含まれる三矢や岡（枚方市）には水路関が置かれていた。三矢や岡は、天川沿いに走る大和からの岩船街道が淀川へと至る地点でもあり、水陸交通の結節点でもあった。近世以前の淀川の流路は、さらに内陸にあり、これらの集落は交通に関わる性格を強めていたと思われる。*2

文明七年（一四七五）に本願寺教団の蓮如が淀川べりの出口（枚方市）に布教拠点を設け、河内門徒は教団の基盤となっていく。やがて低地の三矢や岡に接した丘陵上の枚方に道場が設けられ、享禄二年（一五二九）に畿内の有力武将柳本《やなぎもと》賢治が「河内枚方の道場」に退却したことが知られる（『細川両家記』）。本願寺が天文元年（一五三二）に山科（京都市）から大坂に本山を移した後、法主の証如は枚方を訪れており、やがて永禄元年（一五五八）に実従が入って順興寺となっ

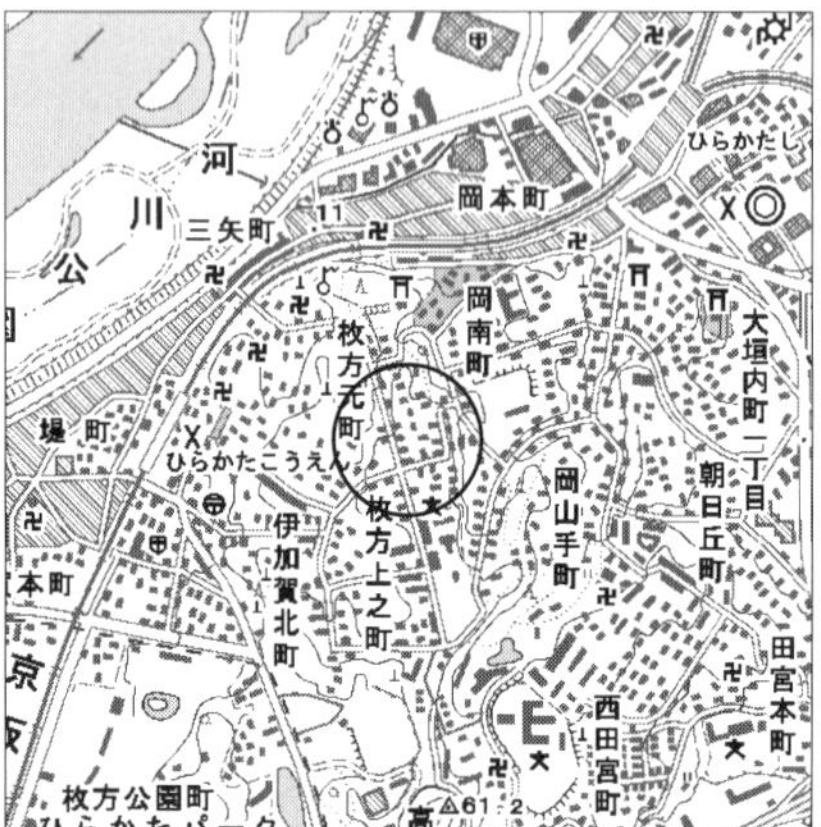

*1 枚方寺内町の主な研究には後述のほか、鍛代敏雄「枚方寺内町の構成と機能」（『國學院雑誌』86―8、國學院大學、一九八五年）、草野顕之「順興寺と枚方寺内町―一門一家寺院論への展望―」（『講座 蓮如』三、平凡社、一九九七年）、天野太郎「淀川中流域における寺内町の展開―枚方寺内町プランの復元を中心として」（足利健亮先生追悼論文集編纂委員会編『地図と歴史空間』、大明堂、二〇〇〇年）、藤田実「寺内と物寺内―枚方にみる「寺内町」

た。実従は明応七年（一四九八）に蓮如の二十七番目の子として生まれ、母親は河内国守護畠山氏一族の蓮能尼である。実従は長く一門の筆頭として法主を補佐し、儀礼面などで教団を支えた。[*3]

以降の枚方は、順興寺を宗教的紐帯とする住民の活動が知られ、実従は三矢の港を利用した。実従が記した『私心記《ししんき》』には「寺内衆」「寺中之衆」「町衆」と呼ばれた人々の動きがみられる。元亀元年（一五七〇）には、織田信長が敵対する三好三人衆方が淀川河口部の野田・福島（大阪市）で蜂起したのに対し、八月二十五日に「淀川をこさせられ、比良かたの寺内」（『信長公記』）に陣を取った。この翌月、本願寺は信長への対立姿勢を明確にし、大坂で兵を挙げて「石山合戦」がはじまる。以降の寺内町の動向は不明な点が多い。[*4]

【構造と評価】枚方寺内町は「蔵谷」「下町」「上町」の三つの町で構成されていた。[*5]このうち、小字名を参照すると丘陵上の「上ノ町」は上町に比定され、ここから北に伸びる尾根と順興寺比定地の西の尾根との間が谷地形となり、「蔵ノ谷」「蔵ノ内」がある。「下町」は上町と対になる町名と思われるため、「蔵谷」とともに、この近辺の谷地形に所在したと想定される。[*6]なお、上町からの尾根先端には枚方城があり、豊臣秀吉との関係で語られたが、現在は存在自体が否定されている。[*7]

『私心記』には、枚方寺内町の堀や土居といった遮断施設の存在が記述されている。永禄四年（一五六一）に実従は「上町屋敷ミ候、ウラホリ芝ノケ候」と、上町を訪れた時に裏の堀を見たようだ。前年の「ウラノ堀サラへ、ドイヲツク也」という記述は同じ裏の堀を

淀川対岸からみた枚方寺内町の丘陵。堤防に沿って近世の枚方宿が展開し、丘陵突端が枚方城とされてきた。

共同体—」（『枚方市史年報』五、二〇〇二年）などがある。

＊2　以下、福島克彦「戦国期寺内町の空間構造」（『寺内町研究』10、貝塚寺内町研究会、二〇〇五年）に多くを学んだ。

＊3　＊1草野論文。

＊4　枚方寺内町の研究は実従が残した『私心記』が基礎史料とされてきたが、近年、馬部隆弘氏は地域の動向や周辺史料から枚方寺内町の全体像をとらえ、織豊期以降の動向についても取り上げている。馬部隆弘「枚方寺内町の沿革と対外関係—『私心記』の相対化をめざして—」（『史敏』10、史敏刊行会、二〇一二年）。

＊5　構造については、＊2福島論文の成果に負うところが大きい。

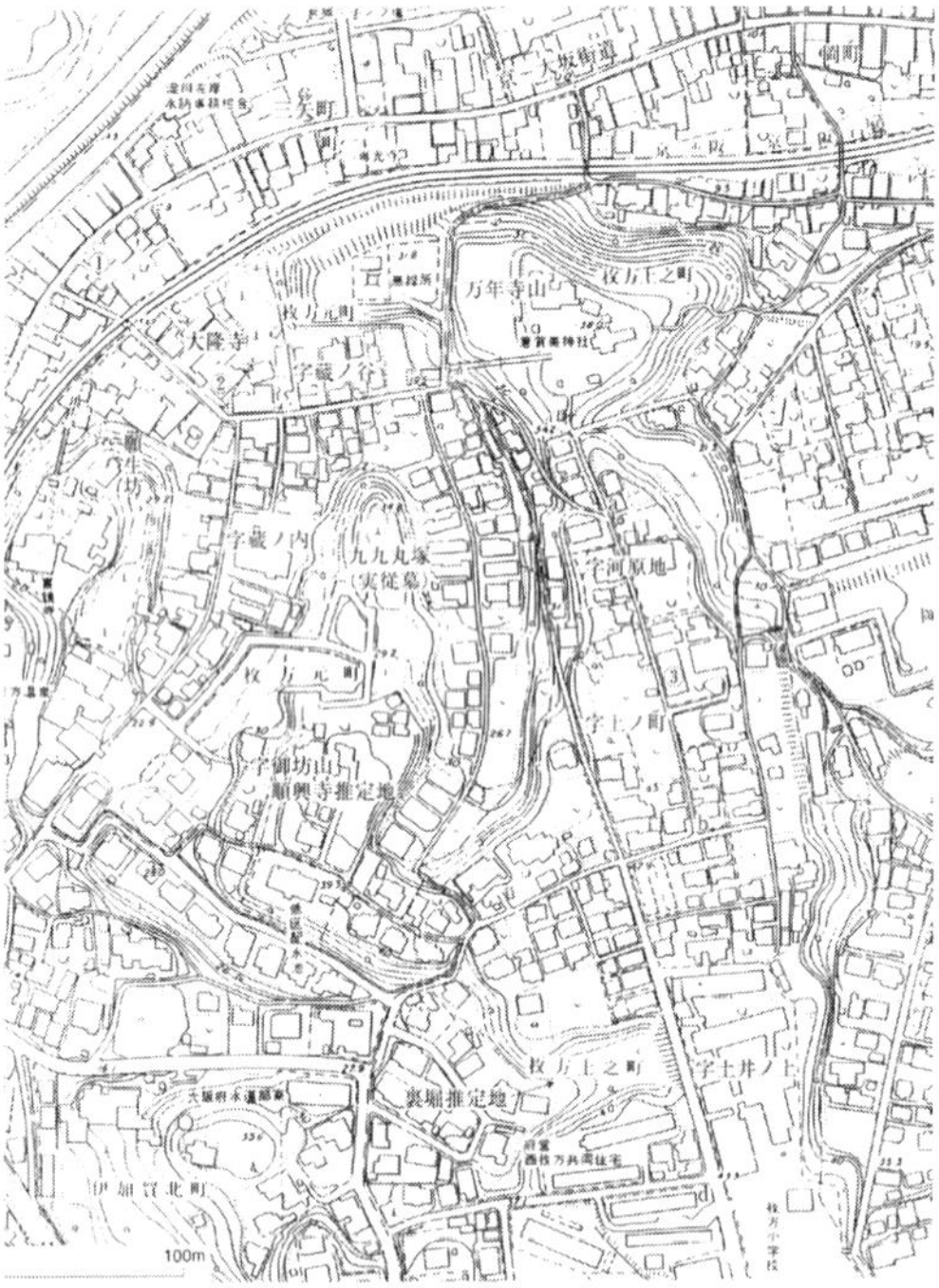

枚方寺内町周辺地形図（昭和50年〈1975〉頃か。枚方市都市計画図がベース。＊２福島論文より）

堀跡と思われる地点を西から見上げる

示していると思われ、その堀を浚えるなど住民たちが恒常的に維持しようとしていたことがうかがえる。

『私心記』には「ウラ土居クズレ候」（永禄四年）、「ウラノドイ崩候ヲツキ候」（同年）、「ウラノ土居ツキハタス」（同年）と、同じく裏と呼ぶ場所に土居（土塁か）があり、維持管理がなされていた。*8 堀の位置は上町南側の丘陵上に比定され、現状でも谷状の地形が残る。

明治二十年の地籍図からは、丘陵上で南からの直線道路を挟んで両側でくい違う様子が確認されている。土居の痕跡はうかがえないが、やはり周辺に存在したものだろう。

この堀と土居の比定地は、寺内町の外部に地形が続く場所にあたり、西からは谷が入り込んでいる。堀と土居は、明確に町の範囲を設定したものと思われる。また地籍図からは、寺内町の道

*6　ここからは、枚方寺内町に比定される遺構が検出されており、注目される。西田敏秀「枚方寺内の甕倉—その焼失をめぐって—」（『枚方市史年報』6、二〇〇三年）。なお、上ノ町では道路の両側にブロック状の地割があり、蔵ノ内では道路の両側に短冊型地割が認められる。

*7　付近には秀吉が設けた御茶屋御殿が存在したが、枚方城の存在については大坂の陣の際に本多忠政が在陣した事実から生み出された虚説であることが馬部隆弘氏によって明らかになっている。*4馬部論文。

*8　永禄三年の『私心記』には、「町衆」が「ヲドリ」によって岸を固めていったことが記録されている。

路両側にブロック状で短冊型となる地割が読み取れる。

枚方寺内町は、淀川の河川交通に関わる低地の集落に接して発展したが、丘陵という立地や堀の存在などから空間的には分離していた。近世の町場が麓の枚方宿に収れんするのに対し、戦国期の分散的な町場や集落のあり方をみることができる[*9]。

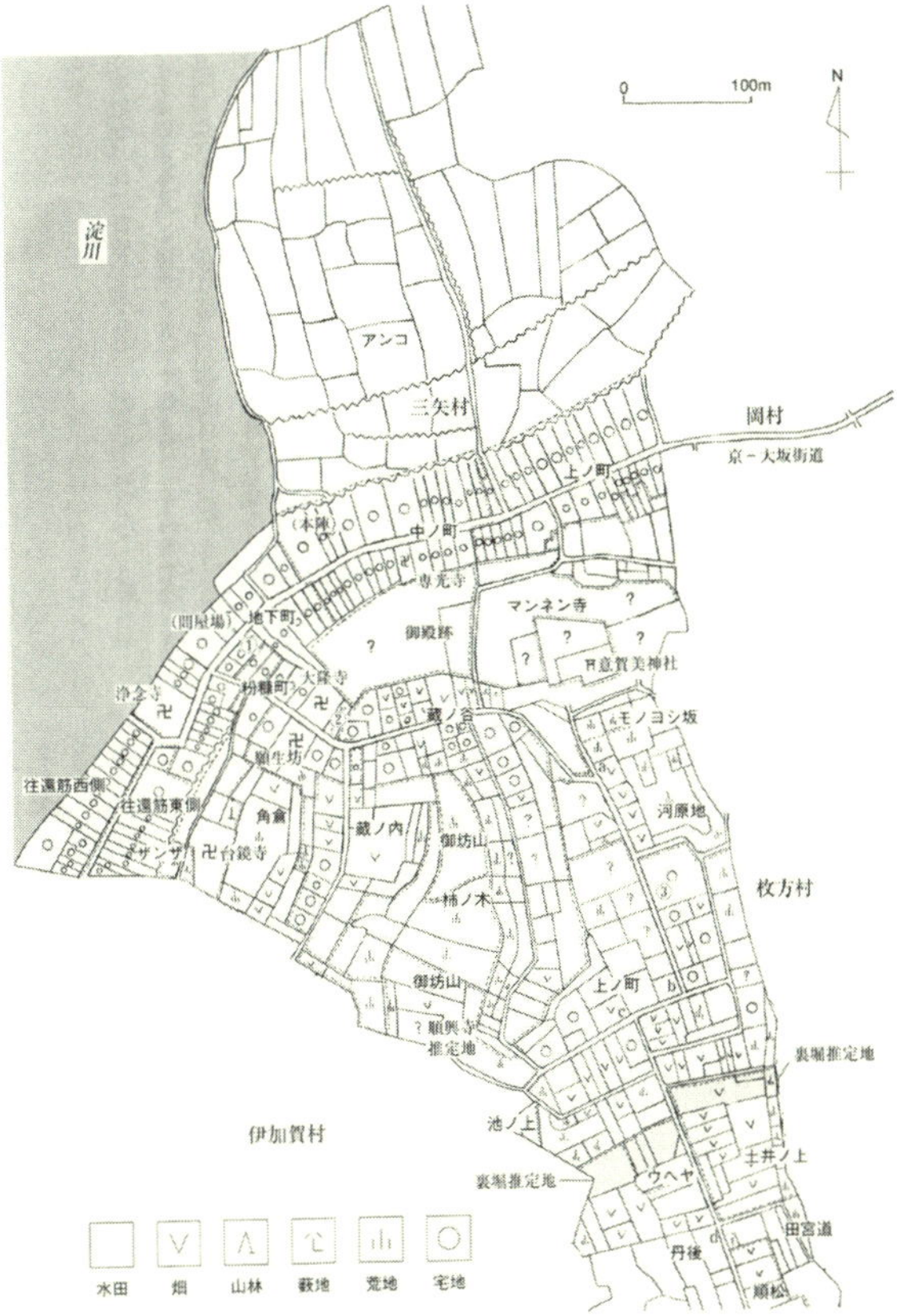

枚方寺内町地籍図〈明治20年〈1887〉旧公図、土地台帳〈大阪法務局枚方出張所所蔵〉、および現行の地番図をもとに制作。＊2福島論文より〉

丘陵上の南北道路を南からみる

＊9　近世の枚方宿は、枚方寺内町と行政的に区別されていた。なお、今も京街道沿いは宿場町の面影が色濃く、かつての宿屋で近代に料理旅館となった鍵屋などが残る（左）。

織豊系城郭成立期の畿内における巨大な平地城館

52 私《きさ》部《べ》城《じょう》

①所在地 交野市私部
②時期 戦国期
③主体 安見氏
④遺構 曲輪・堀切・地割

【概要】私部城は交野城という名称でも知られ、大規模な平地城館の遺構が残る大阪府下では稀有な城跡である。存在は戦国末期から明らかになり、城主は周辺地域を掌握した安見《やすみ》氏であった。

【立地】城跡は現私部集落の北側に所在する。北が免除川による低湿地で、南には谷地形が入り込む。私部は南北に長い河内国でも北河内に位置し、周辺では大和国から続く「かいがけ道」、同じく近隣を走る岩船街道とともに東高野街道[*1]に接続する。また、城の東側を倉治・津田という拠点集落を結ぶ山根街道、西側では郡津へと至る私部街道という地域の基幹道が抜け、私部集落内を通過した。

【歴史と背景】安見氏は戦国末期に台頭し、一族には河内国下郡代をつとめ、飯盛山城（四条畷市・大東市）を拠点に河内や南山城に勢力をふるった美作守宗房がいる。[*2] 宗房は大和北部の国人鷹山《たかやま》氏と行動し、勢力を獲得した。鷹山弘頼は河内守護畠山氏配下の国人で、天文十三年（一五四四）には大和国で河内の軍勢三〇〇人余りを率い、私部周辺の「牧・交野一揆」の動員を期待されるなど私部郷に知行地を持っていた。当時の私部郷は朝廷・幕府と結ぶ光通寺の所在地で、人々は領主の石清水八幡宮から自立の動きを模索し、交野一揆の拠点であったと考えられている。[*3]

安見宗房は鷹山弘頼とともに山城国上郡代職を任されたが、後には対立し、弘頼は天文二十二年に高屋城（羽曳野市）で切腹し、やがて宗房は畠山高政と三好長慶らに戦いを挑む。永禄八年

*1 東高野街道は、京都と紀伊国を結び、細長い河内国を貫通する主要陸路であった。

*2 安見氏については、小谷利明「戦国時代末期の山城国上三郡と安見宗房—畿内政治史の再検討のために—」（『京都市史編さん通信』二五二、一九九四年）、同「天下再興の戦いと私部城」（交野市文化財事業団「私部城関連講座」レジュメ、二〇一三年）を参照。

（一五六五）に将軍足利義輝が三好・松永氏に殺された後は、その秩序回復を目指す「天下」再興の戦いをはじめた。

この後の安見氏では安見右近が活動し、近隣の枚方寺内には宿所を設け、[*4]河内国守護代遊佐信教によって松永久秀の付属となった。元亀元年（一五七〇）には三好三人衆と対抗する織田信長方の城に「片野に安見右近」が確認されるが（『信長公記』）、翌年に久秀が信長方から離反した際、同調しない右近は奈良で切腹となり、久秀らが「カタノヘ出陣」して「安見右近城」を攻めた（『多聞院日記』）。翌元亀三年にも久秀は「安見新七郎居城交野」を攻撃したが（『信長公記』）、佐久間信盛や柴田勝家ら織田氏の武将の来援によって城は危機を免れている。

【構造と評価】 現在、地表面で城郭遺構が確認できる範囲は、東西約三〇〇×南北約二五〇メートルの範囲に及び、中心部は畑地や駐車場となる。Ⅰは、南北約一〇〇メートルの長方形の区画で字「天守」と呼ばれる。かつては西側縁辺に土塁が残っていたという。[*5]

Ⅰ東側の大規模な堀切を挟むⅡは一辺約七〇メートル四方の方形郭で、字は「城」である。一九五四年の航空写真では曲輪南東部が東に張り出し、虎口空間が設けられた可能性も想定されている。[*6] Ⅱの東側は破壊されているものの、Ⅲ・Ⅳの二つの曲輪の痕跡がある。Ⅰ・Ⅱ・Ⅲ間の堀切は後世の改変

上：私部城のⅠを北からみる。手前の田は堀跡
下：Ⅰ・Ⅱ間の堀跡の断面（北より）

＊3 馬部隆弘「牧・交野一揆の解体と織田政権」（『史敏』6、史敏刊行会、二〇〇九年）。織田政権下の安見氏や私部城についても参照されたい。

＊4 小谷利明「畿内戦国期権力と真宗寺院—河内国渋川郡慈願寺を中心に—」、『佛教史学研究』43-2、佛教史学会、二〇〇一年）。

＊5 構造については、中井均「交野城」（『日本城郭大系』12、新人物往来社、一九八一年）、拙稿「私部城」（髙田徹編『図説 近畿中世城郭事典』、城郭談話会、二〇〇四年）。

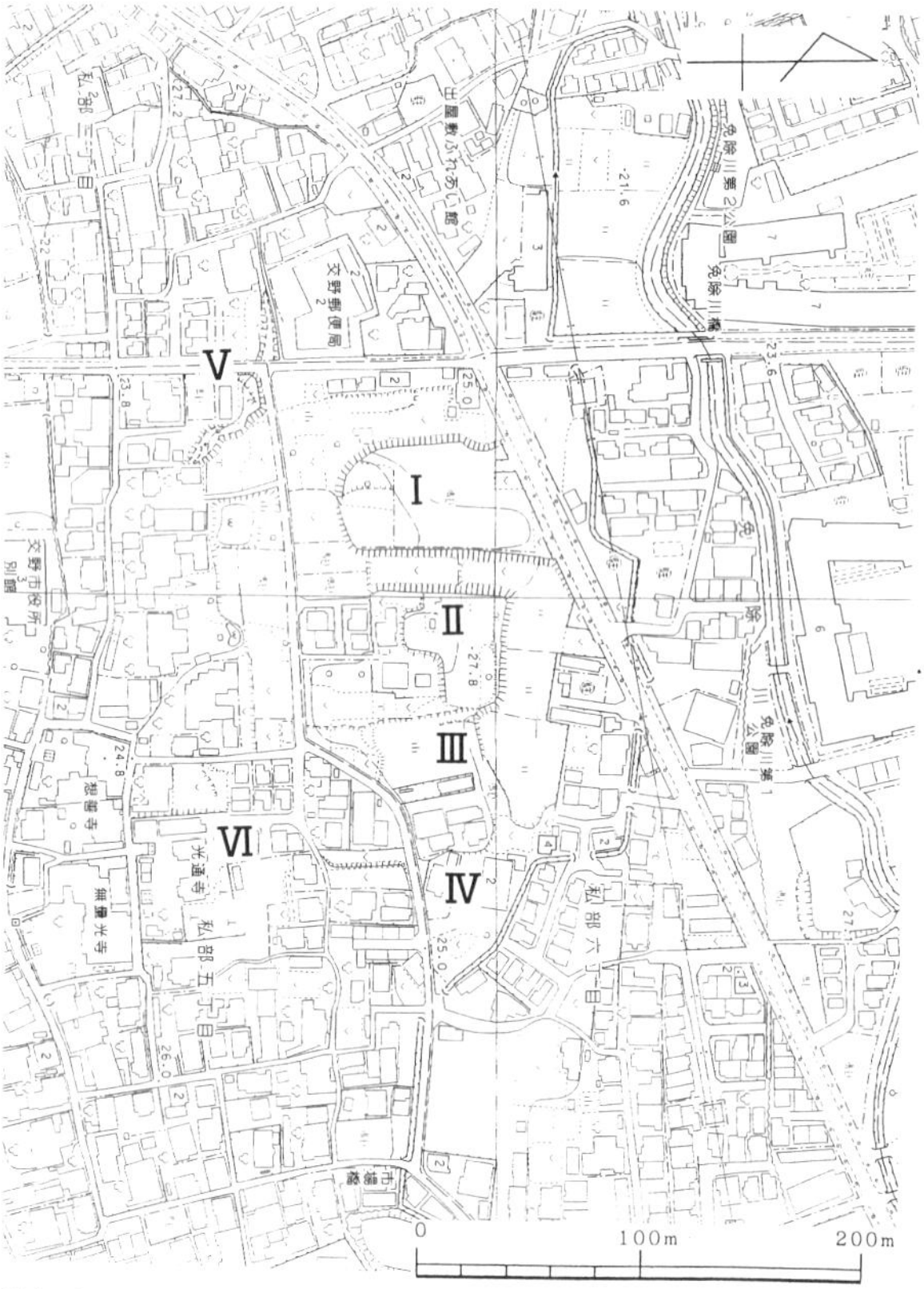

私部城 概念図（作図：中西裕樹）

を受けるが、Ⅰ・Ⅱ間は現状でも急斜面を保つ。

Ⅱの南側は一部に滞水が認められる窪地で、東西方向の堀であったと推定できる。Ⅰ西南の段丘縁には、東西に伸びるⅤの土塁状の高まりが残り、その東側延長線上には周囲より一段高いⅥの光通寺がある。ⅤはⅥに接続して城の中心部を取り巻く土塁であったのかもしれないが、元々は光通寺同様に周囲と高低差を持つ区画の残存部である可能性も高い。

城の基本構造は、段丘を堀切で画した方形の曲輪が並立し、周囲に独立的な曲輪を配置すると考えられる。このような構造の城郭は群郭式と呼ばれ、南九州や東北地方に多い。ただし、並列的な曲輪自体は畿内近国でも珍しくはなく、地域的一揆体制が成立した滋賀県甲賀郡の城館では横並びの権力構造の具現化と理解されている。

光通寺の境内を見上げる

*6 *3馬部論文は織田氏段階の馬出の可能性を指摘する。同様の遺構は物集女城（京都府向日市）にも確認され、今後も類例を探る必要があるだろう。仁木宏・中井均編『京都乙訓・西岡の戦国時代と物集女城』（文理閣、二〇〇五年）。

*7 大和国人筒井氏の筒井など。大和郡山市教育委員会・城郭談話会『筒井城総合調査報告書』（二〇〇四年）、拙稿「畿内の守護所とその周辺―摂津・河内国の事例から―」（『守護所シンポジウム２「新・清須会議」資料集』、二〇一四年）。なお、小谷利明氏は文献の検討か

さて、Ⅳの東に隣接した台地上には市という字地名が残り、発掘調査では城に先行する集落があり、十五世紀には山根街道に並行する溝を持つ屋敷地が確認された。城はこの集落よりも低い位置にあって軍事的には不利であるが、畿内では在地化を志向する武家権力の拠点として先行する経済活動の場に城館が設けられた。私部城の立地も同様であり、群郭式の構造を成立させた堀の多用はこの立地を克服するためとも解釈できる。

文献上で確認できる私部城は、一五七〇年代初頭の畿内支配を織田氏と三好・松永氏が争う最中の安見氏の城であり、枡形虎口や高石垣、瓦の使用などの織豊系城郭の出現期に重なる。一方で、中心部の曲輪が方形で規模が大きく、先行する町場との位置関係など、それ以前からの戦国期畿内の権力拠点のあり方として他国の国人らとの比較も必要かと思われる。[*7] 近年では中心部の発掘が行われ、城からは生活遺物の量に比べ、大量に瓦が出土している。注目すべきは、近隣の廃岩倉開元寺の同笵瓦、また大坂本願寺と若江城との関係で理解できる軒平瓦が出土しており、[*8] 織田政権の城下町は、寺内町など既存の畿内の都市との立地やロケーションを意識していた。[*9] 織豊系城郭成立期の畿内における平地城館の姿を考える上でも、遺構が残る私部城は貴重な存在といえ、その歴史的意義も同様に位置づけられる。

上：Ⅱ南の滞水する低地。堀跡と思われる
下：現状で残るⅤの高まり

ら、鷹山弘頼が私部に居館を構え、以降の鷹山氏が拠点としたことをとらえている。今後、私部城を考える上で注目される。小谷利明「文献史学からみた私部城」(『私部城跡発掘調査報告書』、交野市教育委員会、二〇一五年)。

＊8 吉田知史「発掘調査からみた私部城」(交野市教育委員会『歴史シンポジウム河内の堅城 私部城』資料集、二〇一四年)。

＊9 拙稿「畿内の都市と信長の城下町」(仁木宏・松尾信裕編『信長の城下町』、高志書院、二〇〇八年)。

山根街道沿いの私部集落

山城・大和国境の軍事動向に対応した山城

53 津田城《つだじょう》
54 本丸山城《ほんまるやまじょう》
55 天王畑城《てんのうばたじょう》

53津田城　①所在地　枚方市津田・尊延寺　②時期　戦国期　③主体　三好義継、松永久秀、三好三人衆　④遺構　曲輪・土塁
54本丸山城　①所在地　枚方市津田山手　②時期　戦国期　③主体　三好義継、松永久秀、三好三人衆　④遺構　―
55天王畑城　①所在地　枚方市穂谷・京都府京田辺市天王高ヶ峯　②時期　戦国期　③主体　畠山氏　④遺構　曲輪・土塁・堀切

【概要】津田城は国見山城とも呼ばれ、戦国末期に三好・松永氏らが大和国から河内方面への進出に利用し、平坦面が谷地形に展開する特徴的な遺構である。本丸山城は津田城北西の麓にあったが、遺構は開発で消滅した。発掘調査では、堀切などが確認され、瓦なども出土している。天王畑城は文明十七年（一四八五）の山城国一揆の以前に畠山氏らが使用したことで知られ、山城の遺構が残る。

【立地】津田城は交野山から北に延びる山地最北端の標高二八五メートルの国見山に立地し、大和・山城国との国境に近く、眼下には淀川を挟んで摂津国を遠くに見下ろす。[*1]古代以来、交野山周辺を含む生駒山系には山岳寺院が成立しており、鎌倉期成立とされる『諸山縁起』にみえる修験者の宿である「高峯」を津田城周辺に比定する見解もある。[*2]現状でも津田城内は交野山への道が通過している。本丸山城は、この津田城北西麓の標高約一一〇メートルの丘陵上に所在した。

天王畑城は、河内・山城国境の稜線上の標高約三〇五メートルの天王山に立地し、

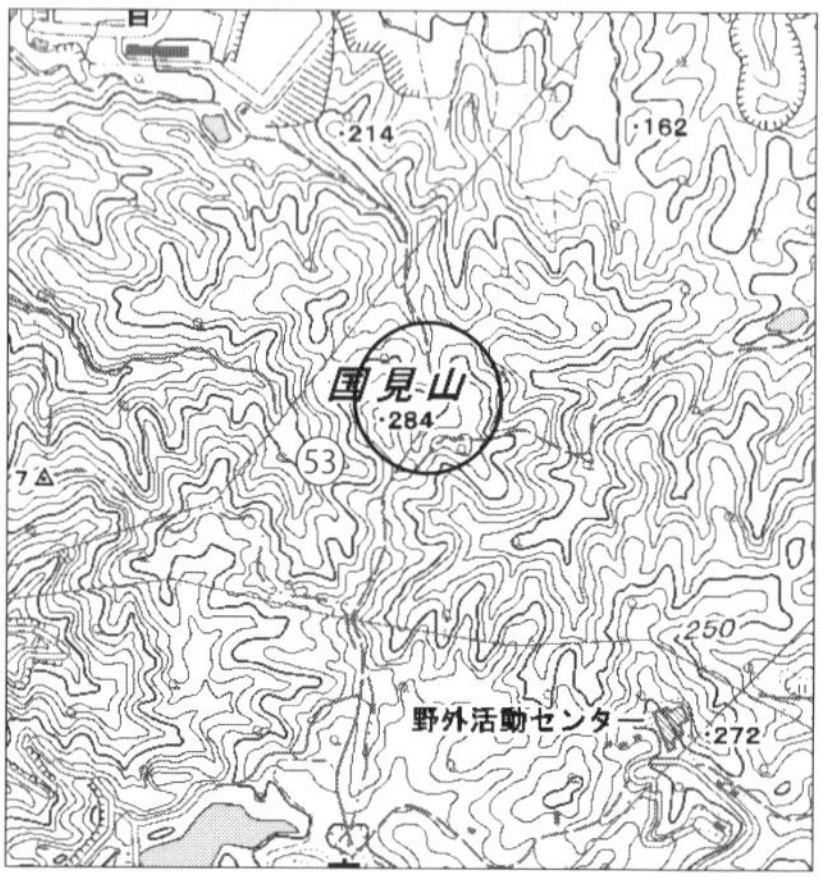

山城国に属する天王の集落を見下すような位置には無い。東の南山城の平野部へと流れる普賢寺川の上流であり、川に沿う普賢寺谷と河内国の穂谷川方面の谷筋との境界を成す稜線上にあたる。この稜線は交野山方面にも続いており、津田城との距離は直線で約二キロである。

【歴史と背景】津田・本丸山城は国人津田氏の城郭とされてきたが、津田氏自体のイメージは近世に起きた山論《さんろん》などを通じて創出されたものであることが明らかにされ、両城の城主についても再考しなければならない。*3

永禄七年（一五六四）の三好長慶死後、畿内支配は三好義継と三好三人衆、松永久秀・久通父子が担うが、間もなく松永父子は三人衆から追いやられた。しかし同十年に久秀が堺で蜂起した際に三人衆から離れた義継が合流し、義継は信貴山城（奈良県平群町）へと移動し、松永父子の本拠多聞城（奈良市）に入った。*4 この後、三人衆方が奈良を攻撃し、両者の戦闘の中で東大寺の大仏が焼失することになる。その後も両勢力は奈良の市街地でにらみ合うが、義継・松永父子は三人衆方の飯盛山城（四條畷市・大東市）を守る松山氏や紀州の畠山氏らを味方に引き入れ、三人衆が富田普門寺（高槻市）に将軍候補の足利義栄を戴くのに対抗し、足利義秋（昭）の上洛と織田信長の軍事行動を支持した。

翌永禄十一年正月に義継は多聞城から津田城に移った（『多聞院日記』）。これは「津田城衆」が義継・松永方となったためであり、義継は大和から河内・山城、さらには摂津の国境付近への進出を図ったのだろう。しかし、二月には足利義栄が摂津富田に滞在し

津田城から見下した山城・摂津方面

松永弾正忠久秀『続英雄百人一首』

津田城 概要図（作図：中西裕樹）

たまま将軍に任官され、やがて三人衆も津田周辺で勢力を盛り返す。結果、義継は多聞城へと帰り、久秀らと奈良周辺で三人衆らとの対峙を続けることになった。[*5] 五月になると、今度は三人衆方が津田城を大和方面への進出に利用している（『多聞院日記』）。

元亀三年（一五七二）に松永久秀は信長方の安見氏の私部城（交野市）を攻撃し、「ツタノ付城」を構築している。また翌年に足利義昭が信長に対して挙兵した際、久秀は義昭の陣営に加わった。そして津田城に入り、軍勢を宇治（京都府宇治市）にまで進出させている（『尋憲記』）。

天王畑城には、文明十五年（一四八三）に分裂していた河内守護畠山氏のうち、畠山義就方の武将斎藤彦次郎が入っていたことが確認される（『大乗院寺社雑事記』）。畠山氏は大和、南山城方面にも強い勢力を持ち、義就は河内に進出してきた敵対する畠山政長方の軍勢と南山城との分断を図ろうとしたものと思われる。[*6] 同十七年に斎藤彦次郎は政長方へと寝返るが、天王畑城には「河内国人」がいた（『大乗院寺社雑事記』）。

時代は下るが、元亀二年（一五七一）に将軍足利義昭方と三好・松永方が対立した際、「公方衆」が天王畑城の所在する普賢寺谷に向かっている（『二条宴乗記』）。この直後、松永久秀は北河内の

---

*1 私部城（交野市）からみた交野山（左）。交野山には岩倉開元寺という天台宗の山岳寺院があり、室町期には大和興福寺の末寺であった。

*2 馬部隆弘「津田城—付、本丸山城」（髙田徹編『図説 近畿中世城郭事典』、城郭談話会、二〇〇四年）。

大和国境に近い私部城（交野市）を攻撃し、摂津高槻城主の和田惟政が救援に向かっている。津田、本丸山城、天王畑城が位置する国境地帯がいわば勢力の境目であり、利用された可能性がある。

【構造と評価】 津田城の基本構造は、国見山山頂で二つに分かれた細尾根を土塁状に加工し、合間の谷地形に削平段を設けたものである。城域は約一五〇メートル四方に及ぶが、まとまった面積の曲輪はなく、自然地形に依拠した印象を受ける。曲輪を連ねる連郭式山城の構造ではないため、城郭遺構としては疑問が残る一方、このような谷間に削平地を設ける施設に山岳寺院がある。畿内近国では武家が廃寺を含む山岳寺院を城郭として利用する事例は珍しくなく、これは尾根上の曲輪だけではなく、谷間の平坦地も城郭の曲輪として利用可能であったことを示す。連郭式山城においても、斜面に多くの削平段を設ける事例は多い。*7

津田城の内部

土橋状の城外の道

同背後の土塁

津田城の南側尾根続きは、土塁状に加工した尾根がくい違って城外への山道は細長い土橋状となり、その両側は谷となって堀切状の地形を呈している。津田城は修験などに使用された山道の存在を前提として周辺に

*3　馬部隆弘「城郭由緒の形成と山論―「津田城主津田氏」の虚像と北河内戦国史の実態―」（『城館史料学』2、城館史料学会、二〇〇四年）。

*4　多聞城は奈良の町の北に接し、瓦葺の高層建築物を備えた。山麓の法蓮郷を城下としたとされる。現在、中心部は中学校などになる（左）。

限って防御施設を設け、削平地などは既存の宗教施設に伴うものを利用したものと解釈したい。

城跡では昭和三十一年（一九五六）に数回の発掘調査が国見山東側の最高所で行われ、焼土層が確認されるとともに、数点の中国・明からの輸入磁器片、瓦器片、瓦片が出土した。*8 この点をふまえると、寺院か城郭かは判断できないが、恒常的な施設の存在がうかがえる。一方、城域は尾根を加工した土塁によって自然の谷を囲うような形になり、類例は戦国末期の陣城などの臨時築城に認められる。津田城は対立勢力が前後して使用したが、同様の事例に京都東山連峰の勝軍山城や如意ヶ岳城（京都市）があり、いずれも山城・近江国境の軍事行動で臨時的に利用されている。*9

本丸山城は昭和四十九年に発掘され、幅四・八メートル、深さ二メートルの溝状遺構や基底幅

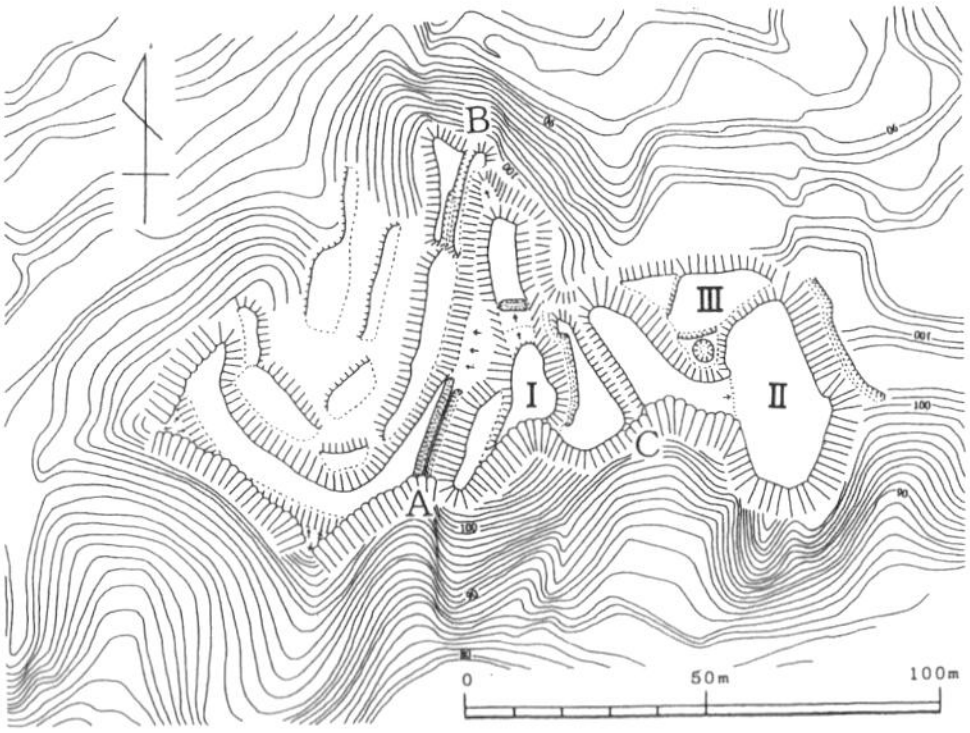

本丸山城 復元図（＊2馬部論文より）

上：発掘調査中の本丸山城

右：本丸山城で検出された堀切の断面

右下：同石組み遺構と丸瓦の暗渠

（いずれも＊10枚方市文化財研究調査会文献より）

＊5　三人衆とは、三好一族筆頭であった三好長逸、かつては長慶に抵抗した三好宗渭、家臣の出世頭である岩成友通のことである。左は東京都立図書館特別文庫室蔵『太平記英雄伝十五』の「岩成主税助左道」。

＊6　福島克彦『畿内・近国の戦国合戦』戦争の日本史11（吉川弘文館、二〇〇九年）。永禄十年の三好義継・松永久秀と三好三人衆らの戦いについても参照されたい。

＊7　拙稿「城郭遺構論からみた山岳寺院利用の城郭―戦国期城郭における削平地の配置場所―」（『城館史料学』2、城館史料学会、二〇〇四年）。

＊8　中井均「津田城」（『日本城郭大系』12、新人物往来社、一九八一年）。

一・三五メートルの土塁状遺構、さらに室町期の丸瓦の暗渠や石組み遺構が検出されている。[*10] また、すり鉢や瓦質甕などの生活什器に加え、輸入陶磁器も出土している。溝状遺構はピークを取り巻く横堀や堀切と評価でき、元亀三年（一五七二）の松永久秀による私部城攻めの「ツタノ付城」に比定されている。[*11] 出土した瓦には宝珠文の棟瓦があり、同時期の私部城や元亀二年（一五七一）に細川藤孝が築いた山城国の勝龍寺城（京都府長岡京市）に共通する。[*12] また、丸瓦の暗渠は後者で出土しており、恒常的な機能を持つ城郭であった可能性を含めた検討が必要であろう。

天王畑城は、長辺五〇メートルの曲輪の周囲に堀切を設けている。曲輪の面積は狭く、削平も十分ではない。周囲の尾根上にも削平地が見受けられるが、いずれも小規模で削平も粗雑である。ただし、北側の二本の尾根に対して設けた堀切は曲輪の裾に沿って湾曲し、その間が帯曲輪状となって接続するなど横堀の形状にかなり近い。南側の二本の堀切は近接するものの、やはりその間は帯曲輪状となってつながっている。時期的には戦国末期に近く、陣城の様相を呈している。

津田城、本丸山城、天王畑城は、河内・山城・大和国境に位置するといえ、さらに摂津を加えた広範囲に及ぶ大規模な軍事活動に際して使用された。本丸山城は要検討であるが、津田城、天王畑城は臨時的な性格が強い山城と評価できる。

天王畑城 概要図（作図：中西裕樹）

*9　拙稿「京都勝軍山城・如意ヶ岳城の再検討」（『愛城研報告』4、愛知中世城郭研究会、一九九九年）。

*10　中井均「本丸山城」（『日本城大系』12、新人物往来社、一九八一年）、財団法人枚方市文化財研究調査会『図録・枚方の遺跡』（一九八八年）。左は出土した軒丸・平瓦（『図録・枚方の遺跡』所収）。

*11　*2馬部論文。

*12　財団法人長岡京市埋蔵文化財センター『勝龍寺城 発掘調査報告』（一九九一年）。

三好氏権力の性格が表れた巨大山城と麓の集落

56 飯盛山城《いいもりやまじょう》

付 岡山城《おかやまじょう》・砂寺内《すなじない》・三箇城《さんがじょう》

①所在地　四條畷市南野・大東市北条
②時期　戦国期
③主体　木沢氏、畠山氏、安見氏、三好氏ほか
④遺構　曲輪・土塁・堀切・竪堀・畝状空堀群・虎口・石垣

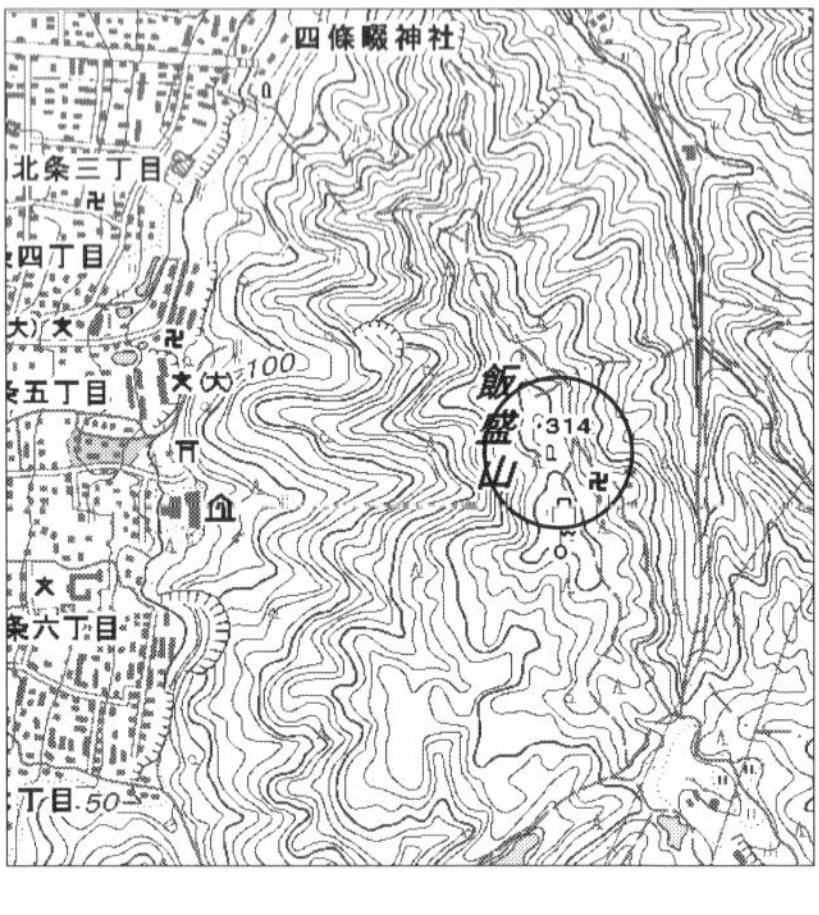

【概要】飯盛山城は戦国末期に畿内を制した三好長慶が居城とした府下最大級の山城である。戦国期に整備が進み、木沢《きざわ》長政や守護畠山氏、安見宗房らが在城した。城下町を持たず、キリシタンでもある長慶被官が拠点を置いた岡山、砂寺内、田原（以上、四條畷市）、三箇（大東市）などの水陸交通の集落が城下のように機能した。

【立地】城跡は大阪・奈良の府県境となる生駒山地から西に派生した急峻な飯盛山山頂（標高約三一四メートル）に存在する。南北に細長い河内では北部（北河内）に位置し、麓からの比高は約三〇〇メートルである。周辺は水陸交通路が発達し、西麓に河内を南北に縦断して京都へと至る東高野街道、北麓に大和につながる清滝街道が走る。そして、西麓の深野池で河内を北流する大和川の水運に連絡し[*1]、国内の物流拠点として栄えた大阪湾岸の港町に接続した。城からの眺望はすばらしく、大阪平野一円と淡路島、京都盆地への眺望が可能である。

【歴史と背景】飯盛山城は南北朝期に楠木《くすのき》氏が使用したというが、本格的な使用は戦国期の木沢長政である[*2]。長政は天文期の畿内で活動し、元は畠山義就流の有力内衆《うちしゅう》（奉行人家の出身）であったが、摂津・丹波守護の細川京兆家に属し、大和国を含む広域に支配を及ぼす。享禄四年（一五三一）と翌年に義就流畠山義堯は「木澤城飯盛」を攻めたが（『細川両家記』）。当時の長政は守護畠山氏と距離を置き、守護代などはつとめていない。飯盛山城は、長政が取り立てた山城といえる[*3]。

＊1　中世の深野池は古代河内湖の系譜をひく巨大な淡水湖で、河内を北流する大和川が流入していた。しかし、宝永元年（一七〇四）の大和川流路の付替え工事後は水位が低下し、新田開発が進んだ。現在は、一部が調整池となり、深北緑地として整備されている。

天文六年（一五三七）頃、長政は義就流の畠山在氏を守護に擁立して飯盛山城は「守護所」となり、高屋城の政長流畠山氏の守護に対し「飯盛御屋形様」と呼ばれた（『観心寺文書』）。天文十一年に長政は戦死を遂げたが、城が所在する北河内は守護の拠点となり、長政の支配が及んだ大和・南山城・北河内の掌握が畿内政治を左右するようになる。永禄三年（一五六〇）に三好長慶が芥川山城（高槻市）から入る直前には、長政と同じく地域権力を築いた畠山氏被官の安見宗房が在城していた。

三好長慶の入城は将軍足利義輝との和睦直後で、以降の長慶は畿内の外へ勢力を拡大していく。芥川山城は息子の三好義長が継承し、同時に阿波三好家の弟・三好実休が高屋城（羽曳野市）に入るが、ともに両城は元守護所である。戦国期の畿内では摂津・丹波国守護の細川京兆家と河内・紀伊国守護家の畠山氏の家督をめぐる大規模な合戦が大阪平野周辺で起こり、勝者が芥川山城、高屋城を掌握する一方、敗者が後背の山間部に没落し、在地の土豪層らの合力《ごうりき》を得て再び平野部に進出するパターンが繰り返された。大阪周辺の城郭の構造や分布には、この戦争のパターンが読み取れるが[*4]、これに飯盛山城は該当せず、

上：四條畷方面から見た飯盛山城
下：飯盛山城跡から見た大阪平野

＊2　貞和四年（一三四八）の四條畷の戦いに際して、北朝の高師直の軍勢が攻めたと『太平記』にある。この戦いで戦死した楠木正行の銅像が城内に建つ（左）。

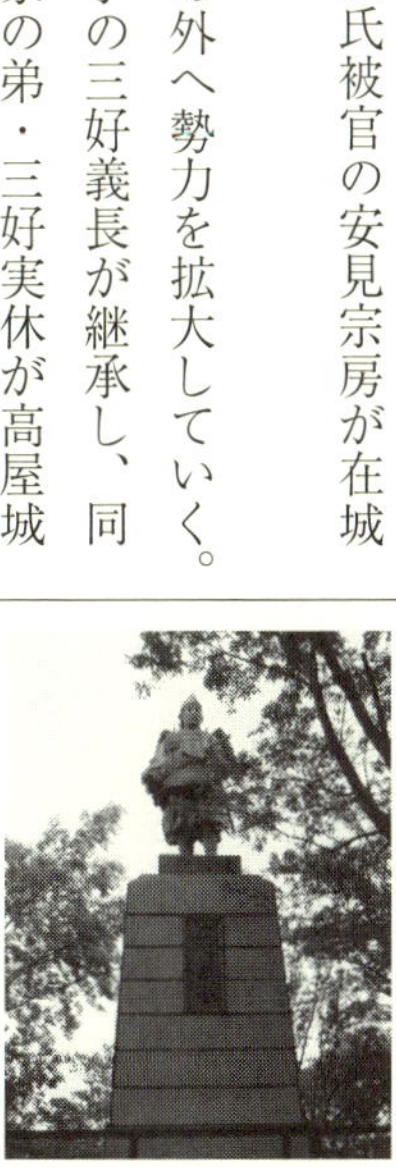

＊3　木沢氏については、小谷利明「義就流畠山氏の河内支配」（『八尾市立歴史民俗資料館研究紀要』8、一九九七年）、同「畿内戦国期権力と真宗寺院―河内国渋川郡慈願寺を中心に―」（『佛教史学研究』43-2、二〇〇一年）、弓倉弘年「戦国期義就流畠山氏の動向」（同『中世後期畿内近国守護の研究』、清文堂出版、二〇〇六年）、拙稿「木沢長政の城―拠点山城の立地と背景―」（『史敏』8、史敏刊行会、二〇一一年）を参照されたい。

周辺地域の城郭に飯盛山城を中心とするような読み解きはできない。つまり、長慶は在地の土豪層らの力を借りるのではなく、自前の軍勢による戦争を可能とし、遠隔地で活動させるだけの力を持っていたことになる。

また、長慶入城の意図には、和泉国・大和国方面の掌握や大和川水運を介した堺などの港町と

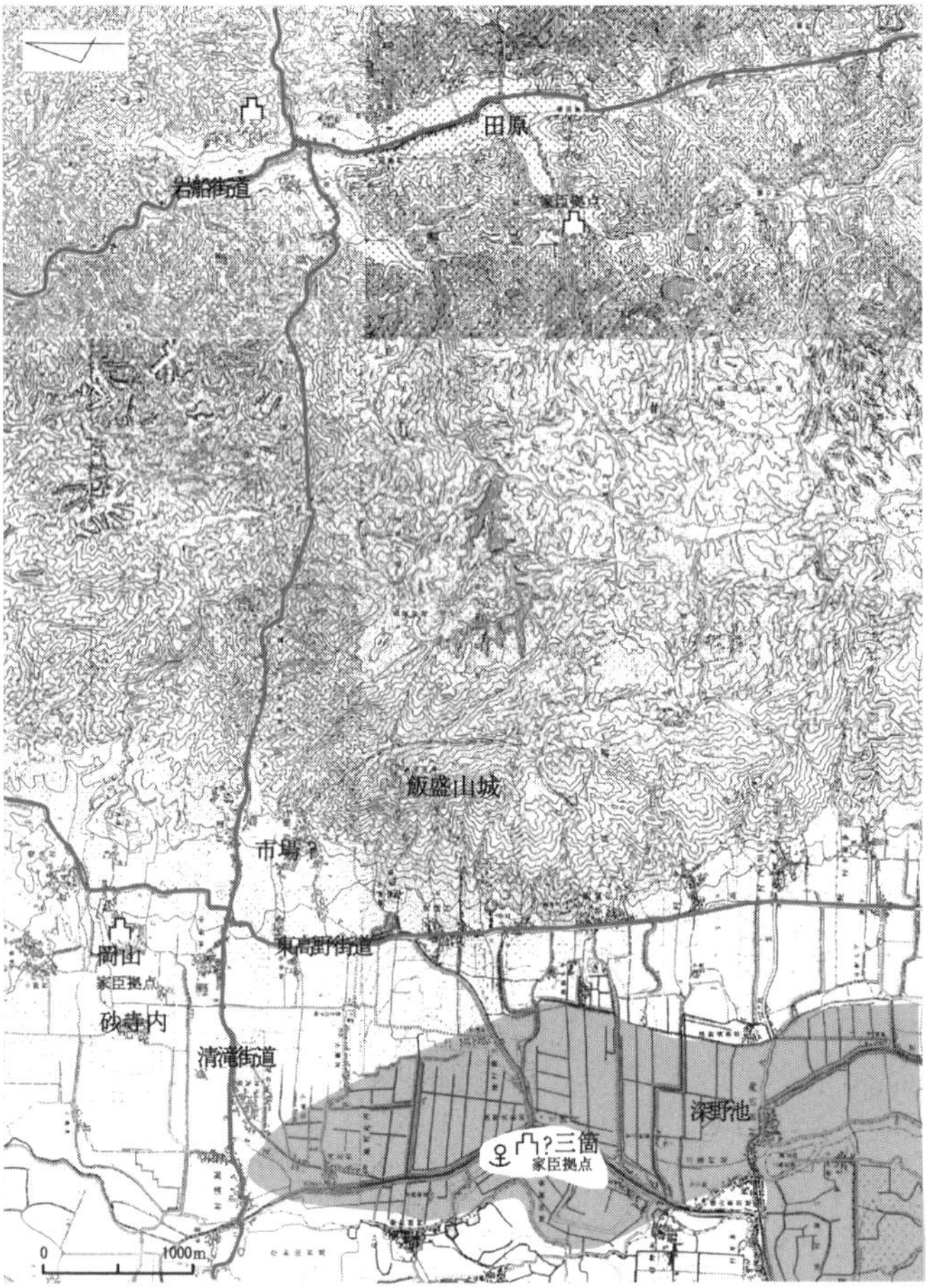

飯盛山城周辺の空間構成（推定含む。深野池・三箇は要検討。柏書房「生駒山」『明治前期関西地誌図集成』を下図に使用）

1596年のファン・ラングレン「東アジア図」に見える「imoris」（部分。神戸市立博物館蔵）は飯盛を示している

＊4　拙稿「戦国期における地域の城館と守護公権―摂津国、河内国の事例から―」（村田修三編『新視点　中世城郭研究論集』、新人物往来社、二〇〇二年）。

の関係強化、経済や社会が成熟し寺内町が栄えた河内の直接掌握などが想定される。[*5] 長慶は芥川在城期に京都や淀川水運に関わる階層を被官としたが、飯盛山城に移った後は周辺の交通路に関わる領主層を取り立てた。彼らは畿内でキリスト教を受容した初期の人々で「河内キリシタン」とも呼ばれる。

このうち結城《ゆうき》氏は城の西北麓で東高野街道と清滝街道が交わる岡山、砂寺内を拠点とし、建設された教会には「キリシタンの武士たち」が集まった（フロイス『日本史』）。三箇《さんが》氏は西麓の深野池に浮かぶ島の三箇を拠点とし、宣教師らは大和川の舟運を利用して三箇を訪れた。彼らは結城アンタンや三箇マンショという洗礼名を持ち、交通路を介して大阪湾岸の堺などの港町と日常的な交流があったと思われる。キリスト教が受容される背景には、教義などの宗教性や信仰形態に加え、活発な経済活動があったことは間違いない。

彼らの拠点は単なる集落ではなく、いずれも城の四キロ以内に立地した交通の要衝で、長慶は被官化を通じて周辺地域の経済活動に関係したともいえる。河内周辺では、寺内町が税や徳政の免除などの「大坂並」と呼ぶ都市特権を獲得し、広範な人々が様々な都市間のネットワークを築いていた。

富田林寺内町（富田林市）では、その特権を永禄四年（一五六一）に高屋城の三好康長から獲得し、翌年には、かつての飯盛山城主である安見宗房から得た。康長は長慶が飯盛に移った後の三好政権の一員で、高屋城主は三好実休であった。飯盛山城主は大坂周辺の都市の活動をうながす存在であり、長慶が飯盛山城に移った背景の一つではなかろうか。[*6]

宣教師によれば「三好殿は飯盛城に住み、そこにはこの河内国主の家臣である約二〇〇名のキリシタンの貴人」がおり、「彼らは家族妻子ともどもここに住んでいる」という（フロイス『日本史』）。

＊5　杉山博『日本の歴史11 戦国大名』（中央公論社、一九六五年）、永原慶二『日本の歴史14 戦国の動乱』（小学館、一九七五年）、天野忠幸「戦国期畿内の流通構造と畿内政権」（『都市文化研究』九、二〇〇七年）。

城跡Ⅰ地区に建つ顕彰碑

＊6　拙稿「城郭・城下町と都市のネットワーク」（中世都市研究会編『中世都市研究18 中世都市から城下町へ』山川出版社、二〇一三年）。なお、拙稿では安見宗房定書を永禄初年頃と理解していたが訂正したい。小谷利明「戦国期の河内国守護と一向一揆勢力」（『佛教大学総合研究所紀要別冊』「宗教と政治」、一九九八年）を参照。

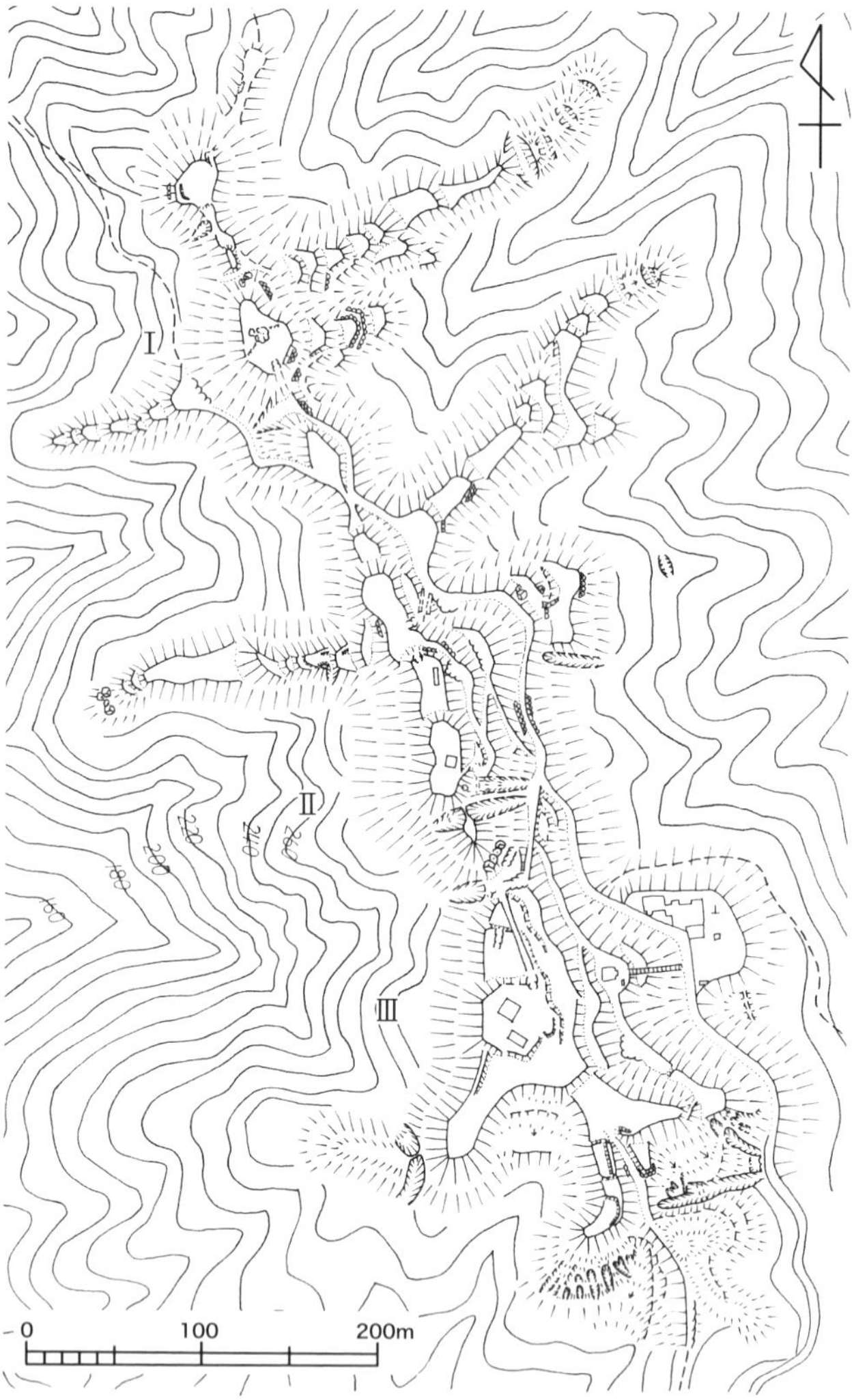

飯盛山城 概念図（作図：中西裕樹）

また、城では連歌が行われ、三好氏の祖先である源義光の祖霊が祀られた。[*7] 永禄四年の「飯盛千句」では、連歌に畿内の名所が詠み込まれ、あたかも城から見渡せる眺望そのものである。[*8] 城には、三好一族や家臣らが居住し、連歌などの文化活動を行う相応の施設があったに違いない。

【構造と評価】 急峻な山容に曲輪を連ねる城の範囲は、東西四〇〇×南北六〇〇メートルに及び、ピークごとに北から大きく三つのブロックとして理解される。[*9] Ⅰは「御体塚丸」周辺であり、東

＊7 天野忠幸『三好長慶―諸人之を仰ぐこと北斗泰山―』ミネルヴァ日本評伝選（ミネルヴァ書房、二〇一四年）。

＊8 鶴崎裕雄「解題 飯盛千句」（鶴崎裕雄ほか編『千句連歌集八』、古典文庫、一九八八年）。

＊9 構造は次の文献を参照。中井均「飯盛山城」（『日本城郭大系』12、新人物往来社、一九八一年）、同「飯盛山城」（村田修三編『中世城郭事典』三、新人物往来社、一九八七年）、同「飯盛山城の構造」（摂河泉地域文化研究所編『波濤を越えて ローマからはるか河内へ』、中井書店、二〇一〇年）、同「飯盛山城の構造と歴史的位置」（『大阪春秋』一四九、二〇一三年）、拙稿「河内飯盛山城の構造について」（『愛城研報告』創刊号、愛知中世城郭研究会、一九九四年）、同「南河内地域における戦国期山城の構造」（『河内長野市城館分布調査報告書』、河内長野市教育委員会、二〇〇一年）。なお、飯盛山城

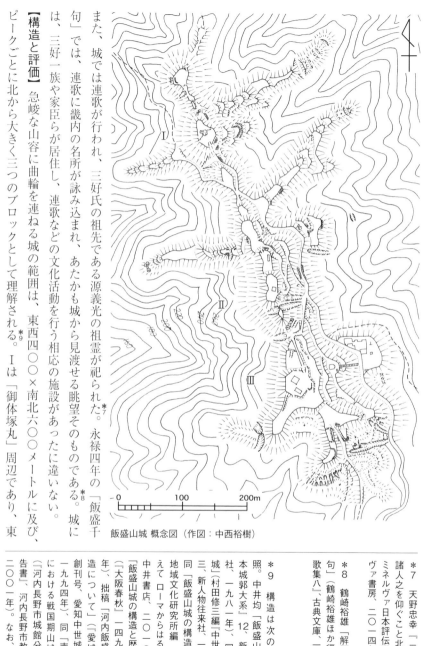

西に張り出す尾根上に一〇〇～二〇〇メートルにわたる細長い曲輪を連ね、要所に堀切を設ける。ただし、周辺の地形は急峻であり、特に大阪平野に面した西側は切り立つような急斜面である。ピークには岩盤が露頭する部分があるなど、大規模な平坦面が造成された痕跡に乏しく、東西の尾根上の曲輪とは高低差があるために直接の連絡は困難であったと思われる。おそらく、東西の尾根からは山腹のルートを介し、南の堀切状の鞍部以南の城内最高所のⅡ地区に接続したと推定される。また、北端は急峻な痩せ尾根で、堀切などの遮断施設が無いまま城外となる。

Ⅱの高櫓郭周辺も面積は狭く、東西に派生した尾根に二〇〇メートルにわたって細長い曲輪を設ける。地形的には高櫓郭が城の主郭に相当し、南に堀切や竪堀を設けるなど軍事的性格が強い一角であった。ただし面積は極端に狭く、これはほかの河内国内の山城に通じる。堀切以南の千畳敷周辺のまとまった面積の曲輪群に対し、いわば詰城的な機能を持ったと思われる。[*10]

Ⅲ地区の「千畳敷」には電波塔が建設され、一部は取り付け道路に拠る破壊を受けている。しかし、ピークは五〇メートル四方以上の規模を持ち、過去の発掘調査で土師皿が出土するなど、城内の主たる居住空間

上：御体塚丸　下：御体塚丸下の堀切

Ⅲ地区東側斜面の竪堀

千畳敷

は野崎城のような周囲の山々に支城があったとされるが、構造や実態は不明なものが多い。堀寛之「野崎城」（中井均監修『図解近畿の城郭Ⅱ』、戎光祥出版、二〇〇五年）。

として多くの施設が存在したと考えられる。なお、南西に伸びる尾根上は土橋を伴う堀切で遮断する。南のピーク上の曲輪も面積が広く、南端の「南丸」には東側に土塁が確認できる。その下には南からの山道が並走し、道の反対側に石垣が設けられるなど、一種の虎口として評価できる。

南丸の南西斜面には大阪周辺の大規模山城には珍しい畝状空堀群があり、道の東側斜面には連続した巨大な竪堀、そして南側は大きな鞍部となるなど、城域の南端が明確にされる。しかし、さらに南側にも小規模な粗雑な削平地が確認され、同じく三好氏の山城である芥川山城にも堀切の外部に同様のエリアが広がるため、軍勢の一時的な収容地として機能したのかもしれない。

千畳敷の東側斜面には楠公寺が建つ「馬場」と呼ぶ平坦面があり、従来から山腹の道沿いに多くの石垣が見られた。御体塚丸南の鞍部や高櫓郭周辺では高さ二メートルを超える石垣の使用が確認できたが、近年の測量調査の結果、一部が段築となるなどの様相が把握された。石垣は東側斜面に集中して構築されていたことが判明し、東の谷筋からの道を意識したものと考えられる。

現在の城へのハイキング道は、急峻な西側斜面を登るが、石垣を見せる東側の谷筋の道が主たる登城路であった可能性があり、傾斜などを考えても首肯できる。

飯盛山城には「麓北市場」があったというが（『私心記』）、明確な城下があった形跡に乏しく、周辺では先述した家臣の本拠地に人や物が集まった。結城氏は、岡山・砂寺内周辺に所領を持つ室町幕府奉公衆だったが、進斎（山城守）アンリケが三好政権の松永久秀の配下となり。息子の左衛門尉アンタンは砂寺内に邸を持った。美濃出身の甥の弥平次ジョルジは「国衆で河内一城（岡山）の主」の結城ジョアンを後見したという。[*11] 岡山城（四條畷市）は、飯盛山城から直線で約二・五キロ離れた独立丘陵上の忍陵神社付近に比定されるが不詳である。

三箇氏は大阪の上町台地の大川付近で乗船し、飯盛山城へと向かう宣教師らの船を手配するな

御体塚丸周辺の石垣

南丸下の虎口の石垣

馬場近くの石垣

ど舟運との関わりが深い。かつての深野池内で、飯盛山城から直線で約二・五キロ離れた三箇菅原神社（大東市）付近に三箇城が比定されるが、実態は不明である。

大和国側での街道の交差点に位置し、田原《たわら》レイマンで知られる三好氏被官の田原氏が拠点を構えた田原（四條畷市。別項）を含め、これら交通との関わりが深い集落が城下のように機能したのだろう。

三好氏は、直接的な城下町運営を避け、既存都市を通じて経済を掌握したと評価されており[*12]、その権力の性格が飯盛山城と麓集落に現れているように思われる。

上：岡山城跡とされる忍陵神社付近
中：砂の町並み
下：三箇城跡の石碑が建つ三箇菅原神社

＊10　Ⅱの高櫓郭には、楠木正行像のほか、アジア・太平洋戦争の際に使用された防空監視の見張り小屋が残る。正行像は昭和十二年（一九三七）に建立され、昭和十八年の供出を経て戦後の昭和四十七年に再建された。見張り小屋（監視哨）は、昭和十七年まで使用されていた。府下に残る身近な戦争遺跡である。大西進『日常の中の戦争遺跡』（アットワークス、二〇一二年）。

＊11　河内キリシタンについては、松田毅一『近世初期日本関係 南蛮史料の研究』（風間書房、一九六七年）、村上始「飯盛山城と河内キリシタン」（『大阪春秋』一四九、二〇一三年）を参照されたい。

＊12　仁木宏「室町・戦国時代の社会構造と守護所・城下町」（内堀信雄・鈴木正貴・仁木宏・三宅唯美編『守護所と戦国城下町』、高志書院、二〇〇六年）。

大和国との国境に面した城とキリシタン武将

57 田《た》原《わら》城《じょう》

①所在地　四條畷市上田原
②時期　戦国期
③主体　田原氏
④遺構　曲輪・土塁・堀切

【概要】田原城はキリシタンの田原レイマン一族の城であったと思われ、遺構は屋敷地の集合体のような構造である。同じ田原には畝状空堀群と横堀を備えた北田原城があるが、こちらは大和国に属している。

【立地】河内・大和国境の田原盆地に西の生駒山地から伸びる尾根の先端に立地し、標高は約一八〇メートルで、麓との比高は三〇メートルである。田原は、北河内の生駒山地東の大和国境に面した小盆地で、両国を結ぶ東西の清滝街道と城の直下を走る古堤街道、南北の岩船街道が交差する交通の結節点であった。

【歴史と背景】享保二十年（一七三五）刊の『河内志』では、郡境の上田原村にある飯盛山城（四條畷市・大東市）の堡とされる。また、天保十五年（一八四四）の『上田原村差出明細帳』には、「古城址、字城山、壱ヶ所、但凡弐百年以前永禄之比、当地守護田原対馬守様御城址と申伝候」との記述があるという。*1

田原氏は戦国期にキリシタンとなり、宣教師フロイスが出した一五七四年の書簡に「三ヶ殿の一元老はキリシタンになった。彼はｔａｕｏｒａの城主」（『イエズス会士日本通信』）とあり、田原城主の可能性がある。また、一五七五年には「聖週と復活祭は三ヶで盛大に催され、甲賀、若江、田原、堺」などの信者三百人が参加し、*2 その後に巡察師オルガンティーノとともに「池田丹後守、三箇マンショ、結城ジョアン、田原レイマン、その他河内のキリシタン武士も信長に挨拶に赴いた」

＊1　中井均「田原城」（『日本城郭大系』12、新人物往来社、一九八一年）。

＊2　松田毅一『近世初期日本関係　南蛮史料の研究』（風間書房、一九六七年）、村上始「田原レイマンの墓碑」（摂河泉地域文化研究所編『波濤を越えてローマからはるか河内へ』中井書店、二〇一〇年）。田原レイマンの墓碑の調査についても、村上論文を参照されたい。

（『同前』）とある。伝田原対馬守の墓が所在する千光寺跡で実施された発掘調査では、土塀の基礎内側からキリシタン墓碑が出土した。[*3] 墓碑は立碑形で、表面の上部にはイエス・キリストを示す「ＩＨＳ」のうちＨの文字と十字架、下部には「天正九年 辛巳」「礼幡」の文字が刻まれていた（府指定文化財）。特徴的なキリシタン墓碑であり、「田原城主」の田原レイマンのものに間違いないだろう。永禄七年（一五六四）に飯盛山城の三好氏家臣が集団洗礼を受け、畿内でも初期にキリスト教を受容した人々となった。「河内キリシタン」と呼ばれる彼らのうち、三箇マンショや結城ジョアンは飯盛山城西麓を拠点とし、田原も近い環境にある。彼らとの交流を通じ、田原氏も洗礼を受けたと思われる。

田原周辺での合戦などは文献に確認できないが、永禄十年（一五六七）から翌年にかけ、奈良で三好義継・松永久秀方と三好三人衆方が対峙し、飯盛山城（四條畷市・大東市）の軍勢が三人衆方から義継・久秀方へと転じ、津田城（枚方市）には三好義継が入るものの後には三人衆方が掌握するなどの動きがあった。元亀元年（一五七〇）から翌年には多聞城（奈良市）を居城とする松永久秀と足利義昭・和田惟政方が対立を深め、安見氏が拠る北河内の私部城（交野市）を攻撃し、摂津国の淀川べりへ

古堤街道から見た田原城

出土した田原レイマン墓碑（大阪府指定有形文化財。四条畷市教育委員会提供）

＊3　千光寺跡では、瓦や青磁袴腰香炉、青白磁小壷などが出土し、鎌倉～室町期に盛期があったことが判明している。現地には案内板・説明板が設置されている。また、遺構の一部を型どりし、復元した展示施設も設けられている（左）。

田原城 概要図（作図：中西裕樹）

の進出を図っている。この間、奈良盆地と大阪平野の間に位置する田原を軍勢が行き来し、同様の環境は戦国期にも存在したと容易に想像される。

【構造と評価】 遺構は東西約一二〇×南北約一〇〇メートルの尾根先全体に確認できる削平地である。ピークには祠が祀られ、背後は土塁と堀切状の山道となる。このほかにも削平地を区切るような土塁が存在するが、尾根全体が後世の耕作地や宅地として利用され、地表面観察では城郭遺構との区別が付け難い。城域を設定する堀切などの遮断施設は確認できず、構造は屋敷地の集合体ともいうべきで、城域が不明確であること自体が特徴といえる。

田原には、同じ盆地内の大和側に北田原城（奈良県生駒市）が存在する。規模は約一六〇×一三〇メートルで、比高は四五メートルと田原城と大きな差は無い。享保二十一年（一七三六）の『大和志』に城主「坂ノ上丹後守の城」とある以外は不詳である。尾根上の曲輪を横堀や帯曲輪が取り巻くことで明確な防御ラインを形成し、東側には長さは短いものの畝状空堀群が設けら

田原城ピークの祠と背後の土塁

田原城からみた風景

れ、遮断性を高めている。このような構造の山城は、戦国末期の畿内の山城として評価でき、府下では紀伊との国境に接した南河内に事例が多い。また、畿内では守護などの軍勢が没落する機会が多い山間部に小規模城館が多く成立する一方、拠点城郭の周辺では城郭の分布が希薄となる傾向が認められる。

田原は畿内を代表する拠点城郭の飯盛山城と直線で約三・七キロと近い距離にあり、田原城と北田原城以外に城郭が存在しない。田原氏は飯盛山城に拠った三好氏の家臣に連なり、三箇氏や結城氏らとともにキリシタンであった。彼らの拠点は飯盛山城西麓の交通の結節点を本拠とし、その集落には多く人々が集まり、飯盛山城の城下のように機能したと思われる。[*4] 田原も同様の条件にあり、人的、政治的関係をふまえると、大和側における飯盛山城の城下のような性格を持ったと思われる。[*5]

北田原城 概要図（作図：中西裕樹）

一方、北田原城の構造は、戦国末期の国境付近における厳しい軍事的緊張への対応が求められたことを示唆する。田原城との構造の差は大きいが、これは日常の生活の場と臨時的な要害という機能差の表れではなかろうか。田原の城郭は、戦国大名の拠点との結びつきと国境という二つの地域性を示すように思われる。

＊4　拙稿「城郭・城下町と都市のネットワーク」（中世都市研究会編『中世都市から城下町へ』中世都市研究18、山川出版社、二〇一三年）。

＊5　田原の月泉寺の墓地には、田原城主田原対馬守の墓という五輪塔が建つ（左中央）。かつては「千光寺谷」「寺口」と呼ばれ、千光寺跡が検出された墓地に存在していた。

南北朝～戦国期にかけて軍事的に地用された山岳寺院

58 往生院城《おうじょういんじょう》

①所在地 東大阪市六万寺町
②時期 南北朝～戦国期
③主体 楠木氏、畠山氏
④遺構 平坦面（坊院跡）

【概要】 往生院城は南北朝期から戦国期にかけ、山岳寺院の往生院を楠木氏や河内守護畠山氏らが合戦に際して利用したものを示し、現在の境内地のほかに広大な坊院跡が確認されている。*1

【立地】 近世以前の往生院は、現在の岩瀧山往生院六萬寺の境内の北に中心部が位置した。大和国との国境を成す生駒山の山麓にあたる標高六〇～一〇〇メートルの低位段丘上に寺域が展開し、金堂跡は府指定史跡である。近くを京都と紀伊方面をつなぎ、河内を縦断する東高野街道が通過する。また、往生院は修験道との関わりも深く、葛城《かつらぎ》修験《しゅげん》の和泉山脈から生駒山地を経て山城国へと至る宿の一つであり、鎌倉期の『諸山縁起』には、近隣の信貴山（奈良県平群町）や田原（四條畷市）とともに名がみえる。

【歴史と背景】 往生院は十二世紀初頭に成立した三善為康『拾遺往生伝《しゅういおうじょうでん》』に創建の説話が収められ、日想観との関わりが知られる。*2 鎌倉期には東福寺末寺として知られ、南北朝期の貞和三年（一三四八）には楠木正行が四條縄手の戦いで戦死する直前に「河内ノ往生院」に陣を置いた（『太平記《たいへいき》』）。後には、この正行の着陣が城跡とみなされ、「岩瀧山図」（往生院蔵）には、金堂跡である「九重堂山」の麓に国絵図などで城跡を示す段築状の地形が描かれ、「正行の城あと」と記入されている。

戦国期には、文明九年（一四七七）に河内・紀伊守護の畠山氏が畠山政長流と義就流に分裂す

*1 河内往生院の歴史などについては、『岩瀧山往生院六萬寺史上巻―考古編―』（同寺史編纂委員会、一九九九年）を参照されたい。

る中、義就が河内に下向し、政長方の遊佐長直が拠る若江城、往生院城、客坊城を攻撃し、客坊城が落ちた（『大乗院寺社雑事記』）。若江城は往生院の西約四・五キロ離れた河内国守護所であり、客坊城とは往生院の北約一キロ離れた位置にある客坊廃寺であろうと思われる。客坊城は、寺院が往生院とともに軍事利用された結果、城郭と呼ばれたものと思われる。後に将軍追放を招く明応二年（一四九三）の正覚寺合戦に際し、幕府軍と義就の息子である畠山基家方の双方の陣所などを描いた「明応二年御陣図」（『福智院家文書』）には「往生院」がみえる。*3

【構造と評価】往生院の金堂跡周辺は、過去に測量調査が行われている。*4 約八〇メートルの範囲で山腹斜面に雛壇状の平坦面が造成されており、その最上段で南側に尾根が張り出す地点に金堂があった。周辺からは、古代以来の瓦が採取されている。山麓には直線の道が下っており、その道の両サイドに雛壇状の平坦面がみられる。これは近江国などで顕著にみられる山岳寺院

「岩瀧山図」（部分。往生院蔵）

上：現境内から見た往生院金堂跡方面
下：現在の往生院の門前

＊2　日想観とは、彼岸の中日に真西へと沈む夕日に西方浄土を重ね、極楽往生を想う行為のことである。往生院からは四天王寺（大阪市）の五重塔（左）の先端に夕日が落ちることで知られる。

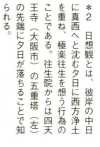

に伴う坊院の平坦面のあり方である。[*5]城郭利用された山岳寺院の中には、堀切などの遮断施設や曲輪といった明らかな城郭遺構を伴う場合があるが、往生院では確認できない。

戦国期の山城は、尾根上に曲輪を連ねるパターンが多いが、必ずしもその必要は無く、山岳寺院と同様の山腹に曲輪を雛壇状に設けるものも多かった。山に人が籠る、もしくは居所を据える場としては、山岳寺院の平坦面は城郭における同様の場として利用できるのであり、まして寺院跡ではなく建造物などが備わっている現役の寺院の場合はなおさらであろう。[*6]また南北朝期～戦国期前半の山城は、平坦面自体が未発達であり、そのような労力を投じるような恒常的な施設でもなかった。

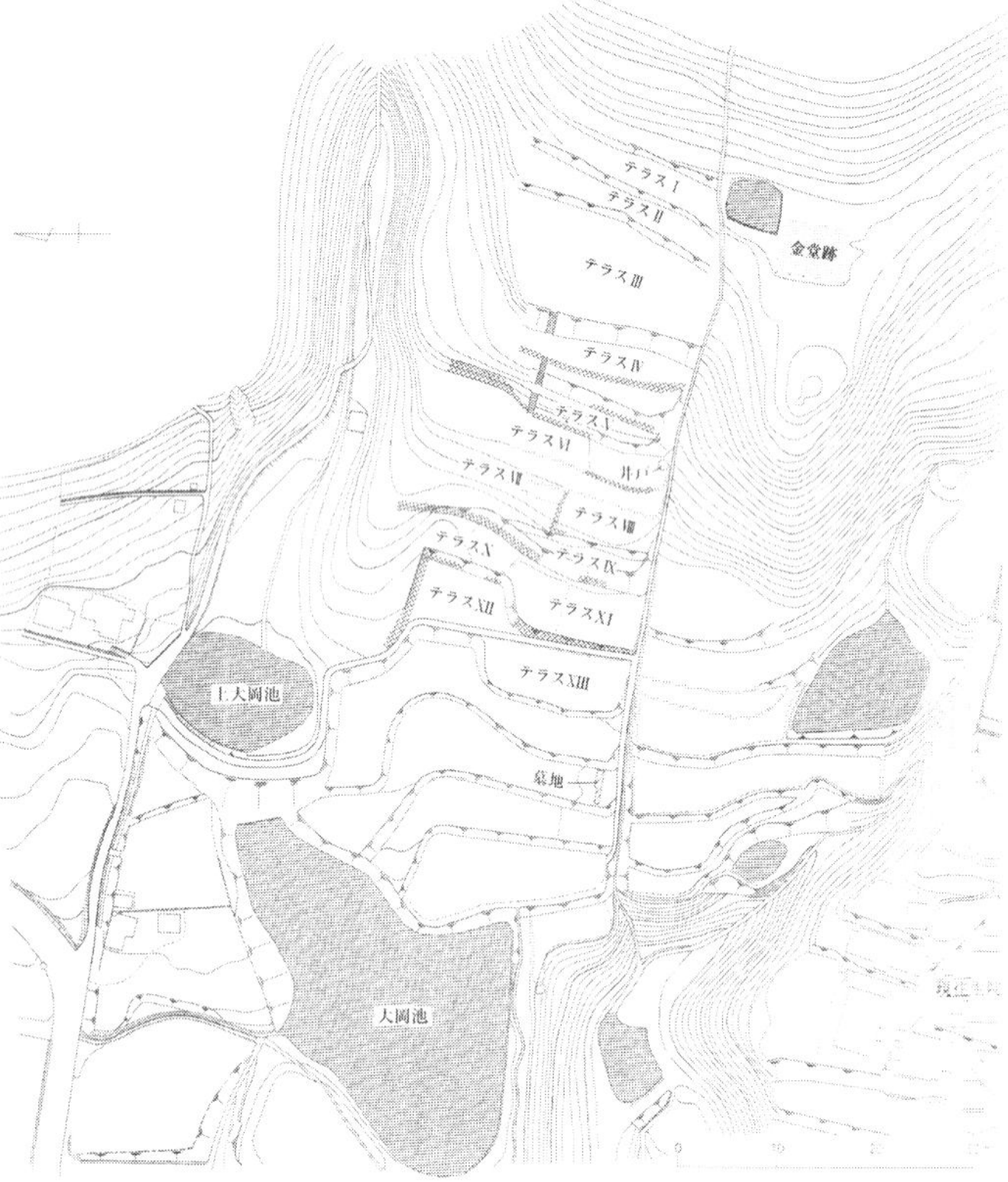

金堂地区・北部地区全体図。網目は石垣（＊1文献より）

＊3　現在の往生院周辺は宅地化を遂げているが大阪平野方面への眺望に優れ、若江がある河内の平野部を見下す立地であることがよくわかる（左）。

＊4　＊1文献を参照。

＊5　山岳寺院の平面構造については、藤岡英礼「近江湖南における山寺遺構の展開—栗東市金勝寺遺跡の復元と山寺」（『忘れられた霊場を探る—栗東・湖南の山寺復元の試み—』、栗東市教育委員会、二〇〇五年）、同「縄張り調査と山寺研究」（『佛教藝術』三一七、毎日新聞社、二〇一一年）を参照されたい。

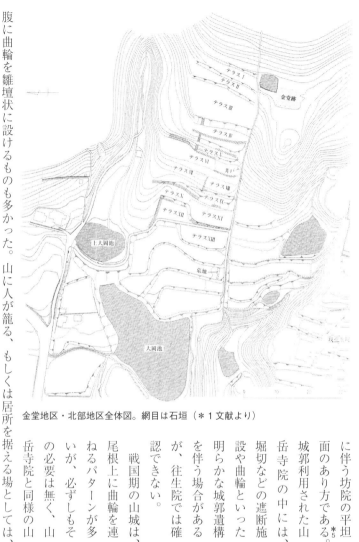

往生院周辺の航空写真（1964年頃。＊1文献より）

往生院では、現在の境内周辺で数ヶ所の発掘調査が行われており、中世の寺域が金堂周辺だけではなく、さらに広域に及んでいたことが判明している。現境内からは、やはり西に直線道路がのびており、約五〇〇メートル離れた地点に大門池があった。この道の両側には棚田状の田地が展開したが、これらの一部が坊院と重複すると想定されており、金堂周辺の北地区に対して南地区と呼ばれている。現往生院に接した地区の調査では、十三世紀の土壙墓《どこうぼ》などが検出され、当該期に北地区に関連して整備がされたとされる。そして、十四世紀後半〜十五世紀の掘立柱跡を伴って造成された平坦面が確認され、前後に整地を伴う造成が行われたと思われる。池跡や仏道跡を伴う数段の平坦面では、高さ約二メートルの石垣も検出されている[＊7]。

往生院は、戦略上の要地に立地し、このような施設を整えていたため、武家に利用された。このときに「城」という表現が使用されたのであり、あくまで本質は山岳寺院である。遺構は大阪府下を代表する山岳寺院跡であり、その構造を考える上で興味深い[＊8]。府下の南北朝期〜戦国期前半の山岳寺院と城郭との関わりを考える好事例といえるだろう[＊9]。

＊6　拙稿「城郭遺構論からみた山岳寺院利用の城郭—戦国期城郭における削平地の配置場所—」（『城館史料学』2、城館史料学会、二〇〇四年）。

＊7　＊1文献。

＊8　生駒山西麓一帯に所在する山岳寺院跡については、福永信雄「生駒山西麓の山岳寺院（大阪府）」（『佛教藝術』二六五、毎日新聞社、二〇〇二年）を参照されたい。

＊9　往生院には「楠木正行公四條畷合戦本陣跡」の石碑が建てられている（左）。

守護所の系譜を持つ瓦葺きの城郭

59 若《わか》江《え》城《じょう》

①所在地 東大阪市若江本町ほか
②時期 戦国〜織豊期
③主体 畠山氏、一向一揆、三好義継、若江三人衆、織田信長
④遺構 —

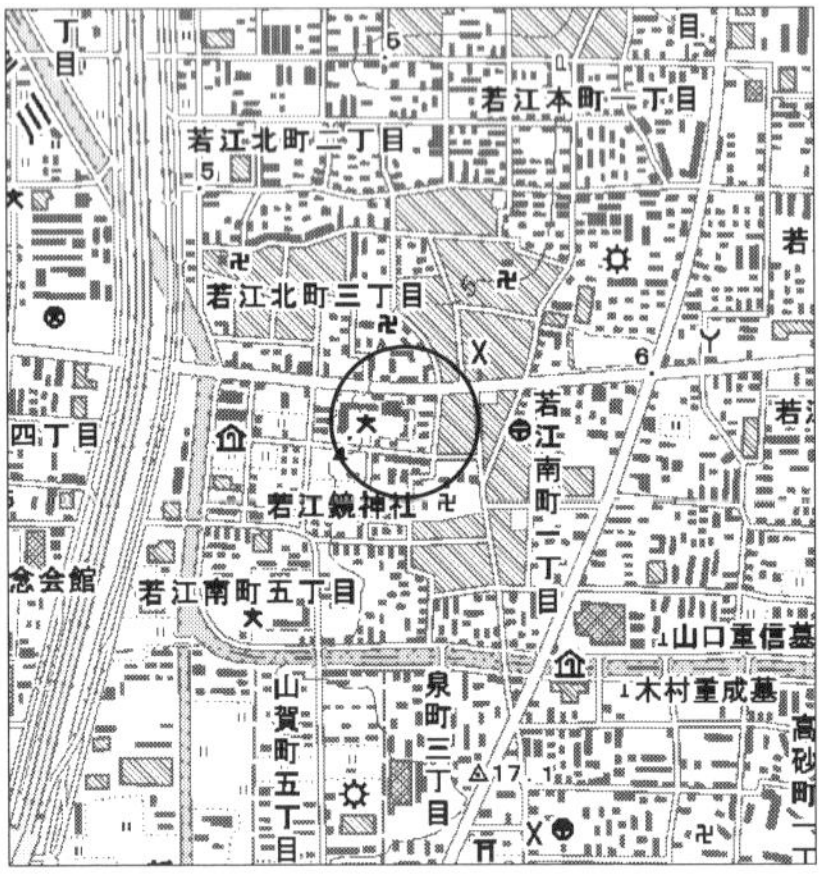

【概要】若江城は河内国守護畠山氏が構えた守護所であり、戦国末期には三好義継が入った。後には、織田信長方の城となって若江三人衆という旧義継の家臣に城は預けられている。現在、地表面に遺構は残されていない。

【立地】南北に細長い河内のほぼ中央に位置し、かつて北流していた大和川の支流が形成した自然堤防上に立地する。周囲には低湿地が広がり、古代以来、若江寺や若江郡衙《ぐんが》が営まれた政治の場であった。また、水運が発達する河内の流通の中心地であり[*1]、若江鏡神社の南では大阪と奈良の平群谷方面を結ぶ十三峠道と北・中河内の集落を結ぶ河内街道が交差する。

【歴史と背景】家督が分裂した守護畠山氏のうち、長禄四年（一四六〇）に京都を追われた畠山義就が若江城に入った[*2]。この後、対立する畠山政長の守護代遊佐長直が入り、若江が守護所であったと思われる。畠山氏は永徳二年（一三八二）に河内に入国しているが、以降の守護所は不明であった[*3]。一方、戦国期の守護所は誉田・高屋（羽曳野市）に置かれている。

永禄十一年（一五六八）の織田信長の上洛後、通説では若江には三好義継が入ったとされる。しかし、直前の若江には武家の関与が確認できず、一向一揆の拠点であった。そして、元亀元年（一五七〇）に「石山合戦」が開始されて以降、義継は信長方から本願寺方に転じ、若江に入った。このことから、現在では永禄十一年当初の義継は若江を居城としたのではなく、飯盛山城（四條

＊1 福永信雄『若江遺跡第38次発掘調査報告』（財団法人 東大阪市文化財協会、一九九三年）。

＊2 内田九州男「若江城」（『日本城郭大系』12、新人物往来社、一九八一年）、東大阪市立郷土博物館『なぞの城―発掘調査からみた若江城―』（二〇〇五年）を参照。

畷市・大東市）などに居り、後に一向一揆方の拠点である若江を居城としたとの理解も示されている。[*4]

元亀三年頃の義継は、一族の三好長逸や久秀を配下に畿内の勢力を糾合し、朝倉・浅井、武田による「信長包囲網」の一翼を担った。しかし、元亀四年（天正元）には反信長の挙兵に失敗した将軍足利義昭が若江に入城した。やがて、義昭が毛利氏を頼った後、信長は義継を攻める軍勢を派遣し、若江城内では池田教正・野間長前・多羅尾《たらお》綱知らが義継を裏切る。この三人は後に信長から若江城を預かり、「若江三人衆」と呼ばれた。義継は城の天主の下まで奮戦し、妻子を刺殺しつつ戦い続け、最後は十文字に掻っ切って「比類なき御働き、哀なる有様なり」であったという（『信長公記』）。

この後、若江城は、信長方の城として若江三人衆が預かり、天正三～六年間の大阪平野周辺の軍事行動に際しては信長が宿泊する場となる。また、池田教正はシメオンという洗礼名を持つキリシタンで、若江は信仰の拠点として教会が設けられた。しかし、宣教師ルイス・フロイスは、天正九年には「そこにはもはや城も何もなく、ただ多数の住民のいる町のみがあった」（『十六・七世紀イエズス会日本報告集』）とし、この時点で城の機能は八尾城（八尾市）に移っていた。[*5]

三好義継像（紙形・京都市立芸術大学芸術資料館蔵）

【構造と評価】若江城では、これまで数次にも及ぶ発掘調査が行われている。[*6]

畠山氏段階の遺構は、幅三メートルの堀と杭列（逆茂木《さかもぎ》）、三好氏段階では幅五メートル前後のL字状の堀が確認され、若江寺の北西

＊3　小谷利明「河内国守護畠山氏の領国支配と都市―畠山政長・義就期を中心に―」（『鷹陵史学』25、鷹陵史学会、一九九九年）。

＊4　小谷利明「若江城」（仁木宏・福島克彦編『近畿の名城を歩く　大坂・兵庫・和歌山編』、吉川弘文館、二〇一五年）。

＊5　若江城の遺構は地表面で確認はできず、発掘調査で大量の瓦などの建築部材が場所も道路となっており、説明板が設置されている（左）。

＊6　以下の城の構造については＊1福永文献による。

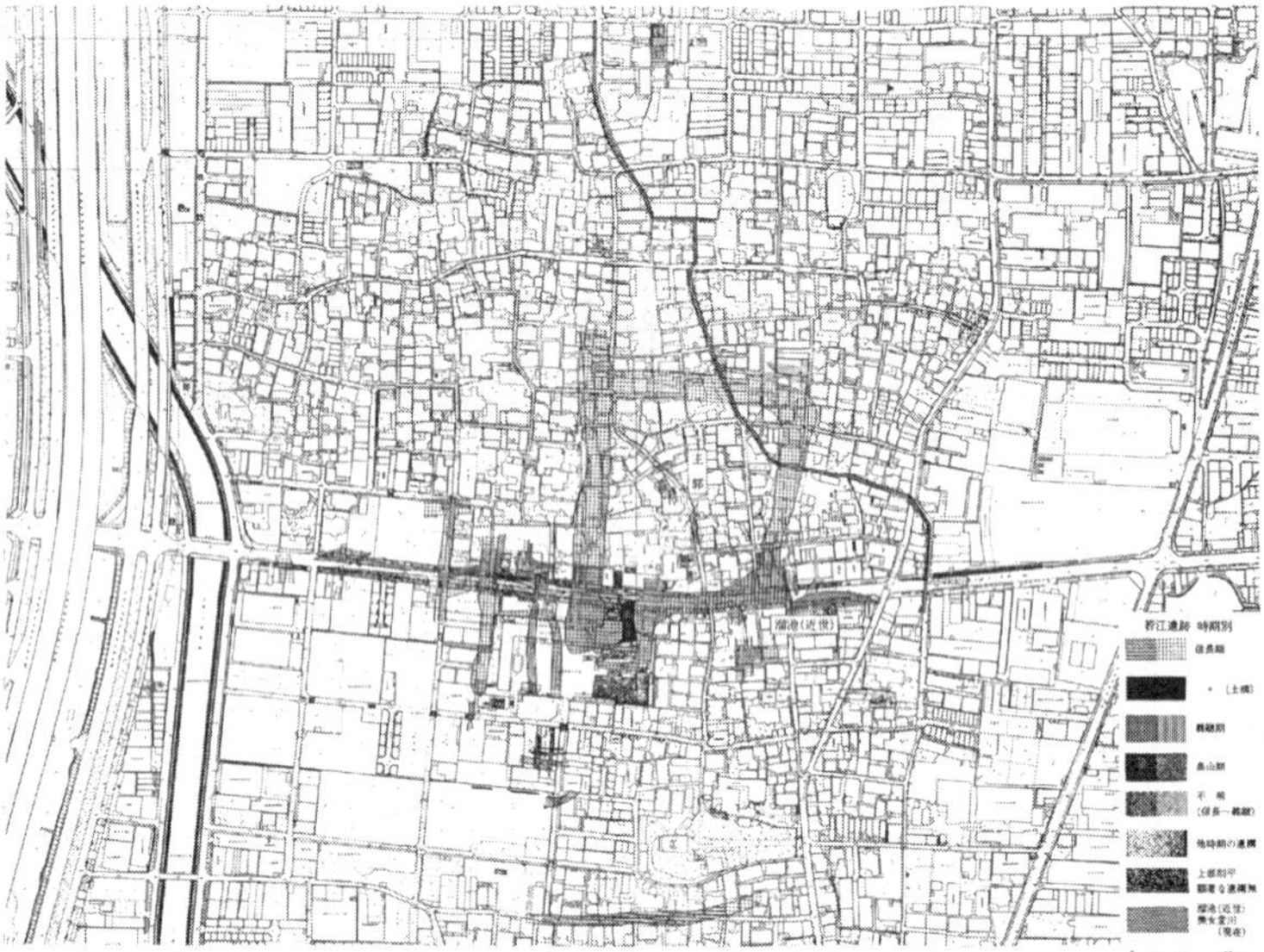

若江城関係検出遺構配置図（＊１福永文献より転載　182・183 頁の図版・写真の提供：東大阪市立埋蔵文化財センター）

に立地したと考えられるが、不詳な点が多い。織田氏段階は、東西約一三〇メートル×南北約一五〇メートルの方形の主郭が確認され、周囲の堀では逆茂木や土橋が検出され、南には馬出が想定されている。[*7] ただし、馬出は土橋よりも一段高い、主郭外部の堀に沿った土塁の外側に想定されている。この推定によれば、城内への通路から直接アプローチができないことになり、外部への出撃空間を機能とする馬出としては違和感が残る。

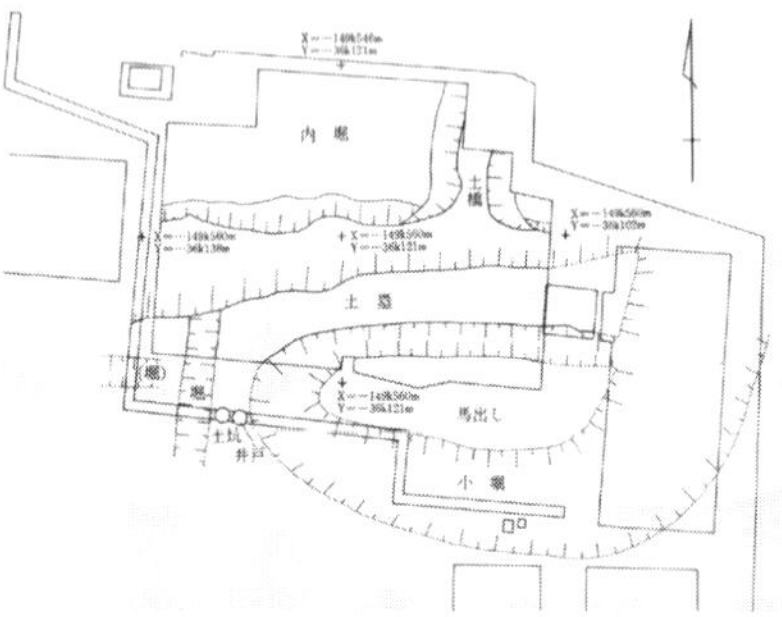

上：検出された主郭南側の堀と土橋（右寄りの土手）
下：第 38 － 2、－ 1 調査検出遺構平面図（＊１福永文献より転載）

＊7　若江城を含む織豊期の城郭の馬出については、高田徹「織豊系城郭における馬出」（村田修三編『新視点 中世城郭研究論集』、新人物往来社、二〇〇二年）を参照されたい。

堀からは若江寺のものを含む大量の瓦や建具が出土し、主郭西側には多聞櫓的な建築物が存在した可能性も指摘されている。瓦は織田氏段階との評価の一方、これを遡る可能性も示唆されている。唐草文軒平瓦《からくさもんのきひらがわら》の中には大坂本願寺（大阪市）、私部城（交野市）と同笵、かつ後発のものが含まれており、若江城については三好氏段階で瓦が葺かれたことも考えられる。*8 したがって、織田氏段階の城郭構造は、三好氏段階に遡ってとらえる必要もあるだろう。

また、集落では断片的な堀が確認されるために求心的な惣構構造になっていたとの見方もある。*9 なお、城の周辺には「大臼」「クルス」というキリシタン関連と思われる小字が残る。

三好義継は、従来の河内における拠点を飯盛山城ではなく若江城とした。飯盛山城では、山麓に離れた交通の結節点の集落が「城下」的に機能したのに対し、若江では城と水陸交通の拠点が一致する。移転の要因の一つとして、城郭と経済拠点を一致させる意図があったと想定したい。

上：検出された逆茂木
中：出土した大量の建具や瓦
下：若江城跡に建つ多くの石碑

*8　瓦の評価は、中井均「安土城以前の城郭瓦」（『織豊城郭』九、織豊期城郭研究会、二〇〇二年）、山崎信二『近世瓦の研究』（同成社、二〇〇八年）、吉田知史「発掘調査からみた私部城」（交野市教育委員会『歴史シンポジウム 河内の堅城 私部城』資料集、二〇一四年）、中村博司「安土築城以前の瓦」（萩原三雄・中井均編『中世城館の考古学』、高志書院、二〇一四年）を参照。

*9　前川要「河内における中世若江城惣構えの復元的研究」（『光陰如矢―荻田昭次先生古稀記念論集―』、「光陰如矢」刊行会、一九九九年）。

国人の本拠と重複した寺内町

60 萱振寺内町《かやふりじないまち》

①所在地 八尾市萱振町
②時期 戦国〜江戸期
③主体 寺内町住民
④遺構 堀・地割

【概要】萱振寺内町は恵光寺を核とする寺内町で、環濠の跡が確認できる。同寺は本願寺の宗主《しゅうしゅ》一族が入った一家衆寺院であった。戦国期の周辺は、国人萱振氏の本拠でもあったと思われる。

【立地】大和川が分流した玉串川と長瀬川に挟まれた沖積地上に立地し、八尾寺内町から北進する河内街道が集落内部を通過する。付近には小字「城土居」という小字が残るという。＊1

恵光寺と萱振の環濠

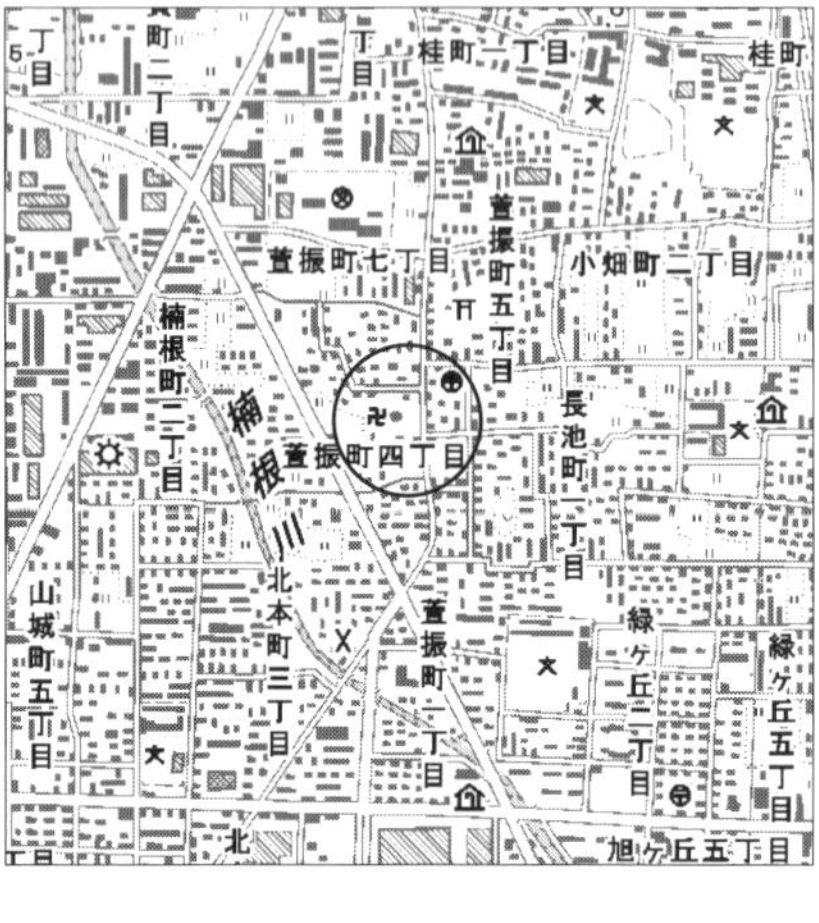

【歴史と背景】萱振の恵光寺は、十五世紀の後半に本願寺蓮如の子である蓮淳によって開かれた。国人萱振氏は守護畠山氏の配下として十六世紀初頭には周辺地域の支配を担い、天文二十年（一五五一）の守護代遊佐氏の暗殺後、萱振賢継が河内上郡代として守護所の高屋城（羽曳野市）にいた。翌年には粛清されたが、萱振氏は「米銭以下充満し」「随分の果報」といわれた（『天文間日次記《ひなみき》』）。寺内町と国人の本拠が重複する事例として注目される。＊2

恵光寺住職の賢心は大坂本願寺を支える「大坂六人坊主」の一人であったが、天文七年の没後、門徒らは後継住職の推薦を

＊1 内田九州男「萱振城」（『日本城郭大系』12、新人物往来社、一九八一年）。

＊2 萱振寺内町や萱振氏に関しては、小谷利明「畿内戦国期権力と真宗寺院—河内国渋川郡慈願寺を中心に—」（『佛教史学研究』43—2、佛教史学会、二〇〇一年）、同「戦国期の河内国守護と一向一揆勢力」（『佛教大学総合研究所紀要別冊「宗教と政治」』、佛教大学総合研究所、一九九八年）、同『やおまち 発見 八尾の寺内町—久

本願寺に求めた。そして入寺したのが宗主・証如の外祖父にあたる蓮淳の孫・慶超である。河内周辺の坊主衆の子息が「威勢」であるため、「一家之童子」を置いたという（『証如上人日記』）。

天正三年（一五七五）に織田信長が大坂本願寺や三好氏らと戦った石山合戦の中、萱振は信長方の若江城（東大阪市）に対する本願寺方の「付城」であった（『信長公記』）。萱振は燃やされたといい、慶長二年（一五九七）に恵光寺は再建されたが、都市としては発展しなかった。

【構造と評価】近代の地籍図では周囲に堀がめぐるが、江戸期の絵図では南面の堀を欠く。河内街道は集落の南西に取り付き、内部で二度屈曲した後に直線道となる。[*3] この集落の口に対し、絵図では北側で堀が屈曲し、内部からの側射が可能にみえる。城郭の横矢に相当するが、堀の屈曲に対応して外部にも突出部がみられる。横矢としては不十分であり、ほかの口に堀の屈曲はない。

戦国期の環濠集落では口への横矢が確認できるとされる。[*4] 堀が集落を完全にめぐらない点も加味し、江戸期以降の萱振寺内町の構造は豊臣期の恵光寺再建以降の所産であるかもしれない。

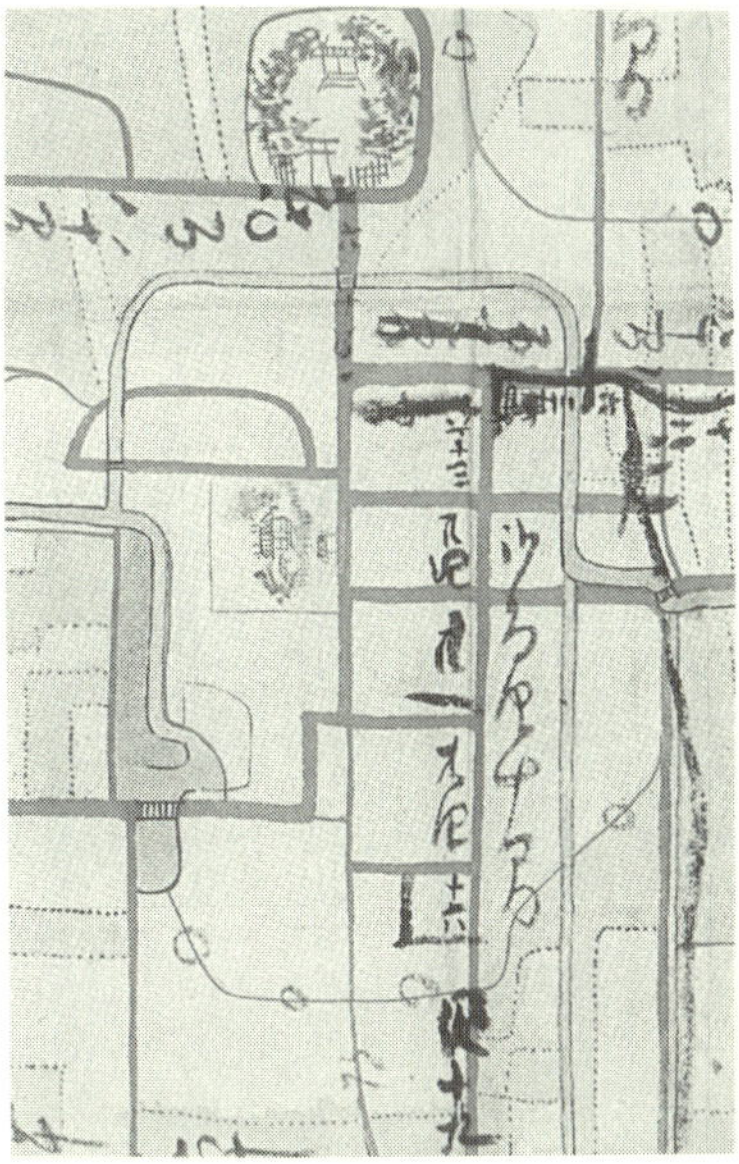

「萱振村絵図」（年未詳。個人蔵）　＊上が北

集落に残る環濠

宝寺・萱振・八尾—』（八尾市立歴史民俗資料館、二〇〇九年）を参照されたい。

＊3　道の正面には産土神の加津良神社があり、参道のようにもみえる（左）。

＊4　村田修三「城跡調査と戦国史研究」（『日本史研究』二一一、一九八〇年）、同「大和の環濠集落」（『日本城郭大系』10、新人物往来社、一九八〇年）、藤岡英礼「中世後期における環濠集落の構造—大和の環濠集落を中心に—」（村田修三編『新視点 中世城郭研究論集』、新人物往来社、二〇〇二年）。

河内を代表する寺内町と川を挟んで隣接した織田期の城郭

61 久宝寺寺内町《きゅうほうじじないまち》
62 八尾城《やおじょう》

61久宝寺寺内町 ①所在地 八尾市久宝寺 ②時期 戦国～江戸期 ③主体 寺内町住民 ④遺構 堀・地割

62八尾城 ①所在地 八尾市本町 ②時期 織田期 ③主体 若江三人衆 ④遺構 地割

【概要】 久宝寺寺内町は有力な一家衆寺内町であり、江戸期以降も在郷町として存続した。近接する八尾城は織田政権下の河内の拠点であったが存在期間は短く、豊臣期以降の八尾は寺内町として存続した。*1

【立地】 久宝寺寺内町は、長瀬川（旧大和川）と平野川に挟まれた低地に立地し、住吉から八尾へと続く八尾街道が東西に内部を通過する水陸交通の結節点であった。八尾城は長瀬川を挟んだ東の微高地に存在し、付近では八尾街道と北進して萱振寺内町へと続く河内街道が接続した。

【歴史と背景】 久宝寺には室町期に久宝寺惣道場（後の慈願寺）が存在し、寛正六年（一四六五）と文明二年（一四七〇）には蓮如が訪れて西証寺を建立し、十一男の実順が入った。天文元年（一五三二）にはじまる一向一揆で西証寺は焼亡したと思われるが、大坂に本山を移転した本願寺は宗主・証如の外祖父で蓮如の六男であった蓮淳を住持《じゅうじ》とし、天文十四年（一五四五）に顕証寺として再建した。この後に寺内町が成立したと思われ、「寺内衆」「久宝寺衆」と呼ばれた人々が堺や平野という都市の住民と交流を持った。*2

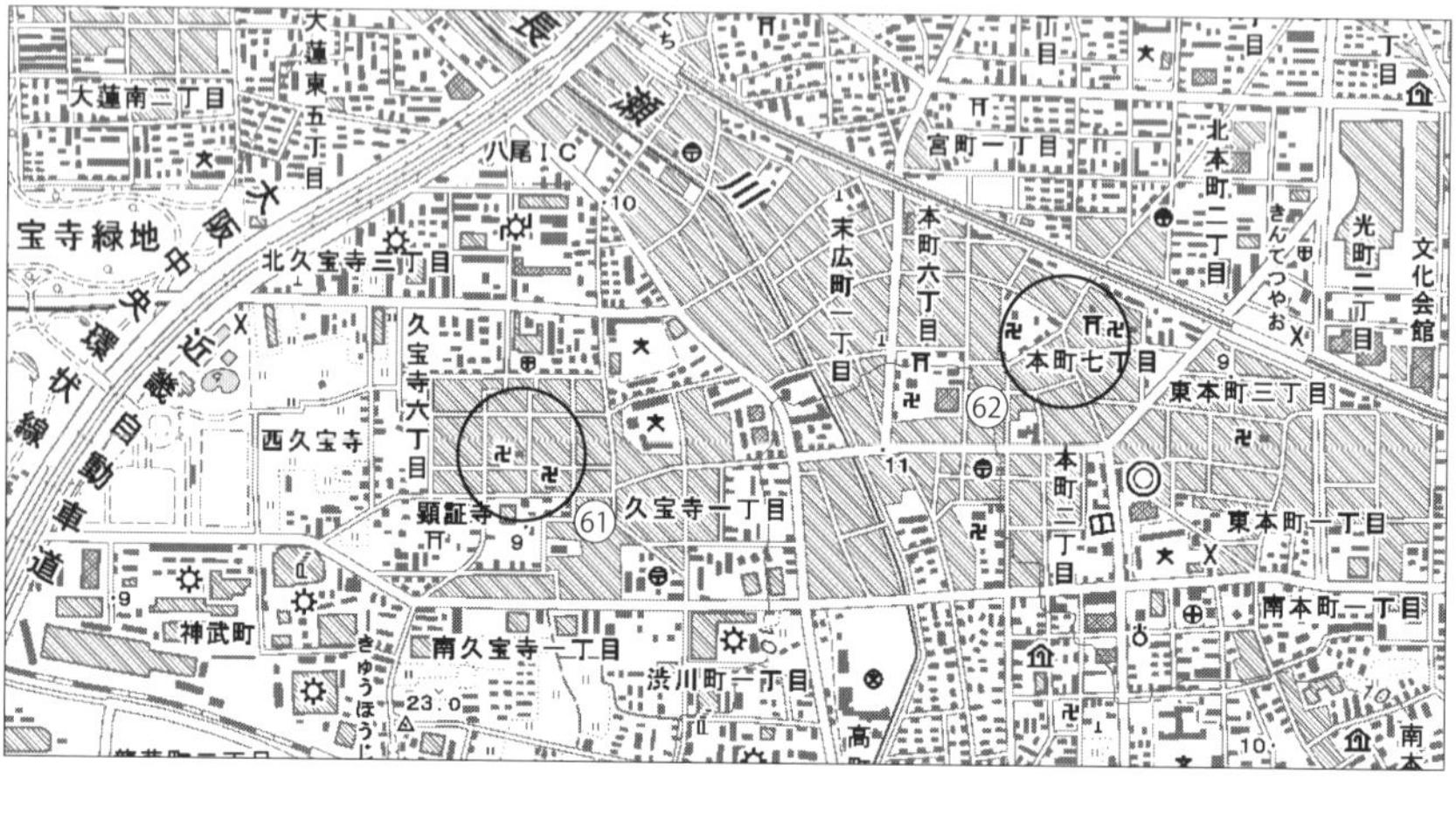

大坂本願寺と織田信長と対決した石山合戦では住民が分裂し、久宝寺は焼亡した。天正八年（一五八〇）に事実上、勝利を収めた信長は信長方であった安井《やすい》氏を久宝寺の領主とした。同年、織田政権は河内・摂津・大和国で破城令を実施し、国内で存続する城郭を限定した。河内では若江（東大阪市）に代わり、池田教正が八尾城を取り立てた。教正は天正元年に三好義継を裏切り、織田信長に属した若江三人衆の一人である。八尾には若江から人々が移住し、拠点都市として新たな河内の中心となった。教正はキリスト教の信者であり、八尾には多くのキリシタンがいたことが知られる。

天正十一年に羽柴秀吉が大坂に拠点を据えると河内は直轄地となり、久宝寺の安井氏は豊臣蔵入地の代官となった。一方、八尾城は廃され、池田教正は美濃国へと移される。やがて久宝寺では本願寺の東西分裂の動きの中、慈願寺が一部の住民とともに八尾に移転した。慶長十二年（一六〇七）頃からは八尾寺内町が形成され始め、東本願寺の教如によって八尾御坊大信寺が創建される。*3

上：八尾神社に建つ「八尾城跡」の石碑
下：慈願寺の本堂

【構造と評価】久宝寺寺内町は東西約四八〇×南北約四〇〇メートルの規模で、内部は直線道路による整然とした区画

*1 南北朝期にも八尾城は存在していたが、室町・戦国期の様相は不明である。また、八尾には河内音頭発祥の地として知られる常光寺がある（左）。かつては堀で囲まれた境内であった。八尾・久宝寺周辺は慶長二十年（一六一五）の大坂夏の陣の戦場となり、同寺では伊勢藤堂家家臣の戦死者が祀られ、慰霊が続けられてきた。

*2 久宝寺寺内町の歴史については、小谷利明『久宝寺寺内町と戦国社会』（八尾市立歴史民俗資料館、二〇〇一年）、同「久宝寺寺内町の成立と再編」（『八尾市立歴史民俗資料館研究紀要』24、同館、二〇一三年）を参照。

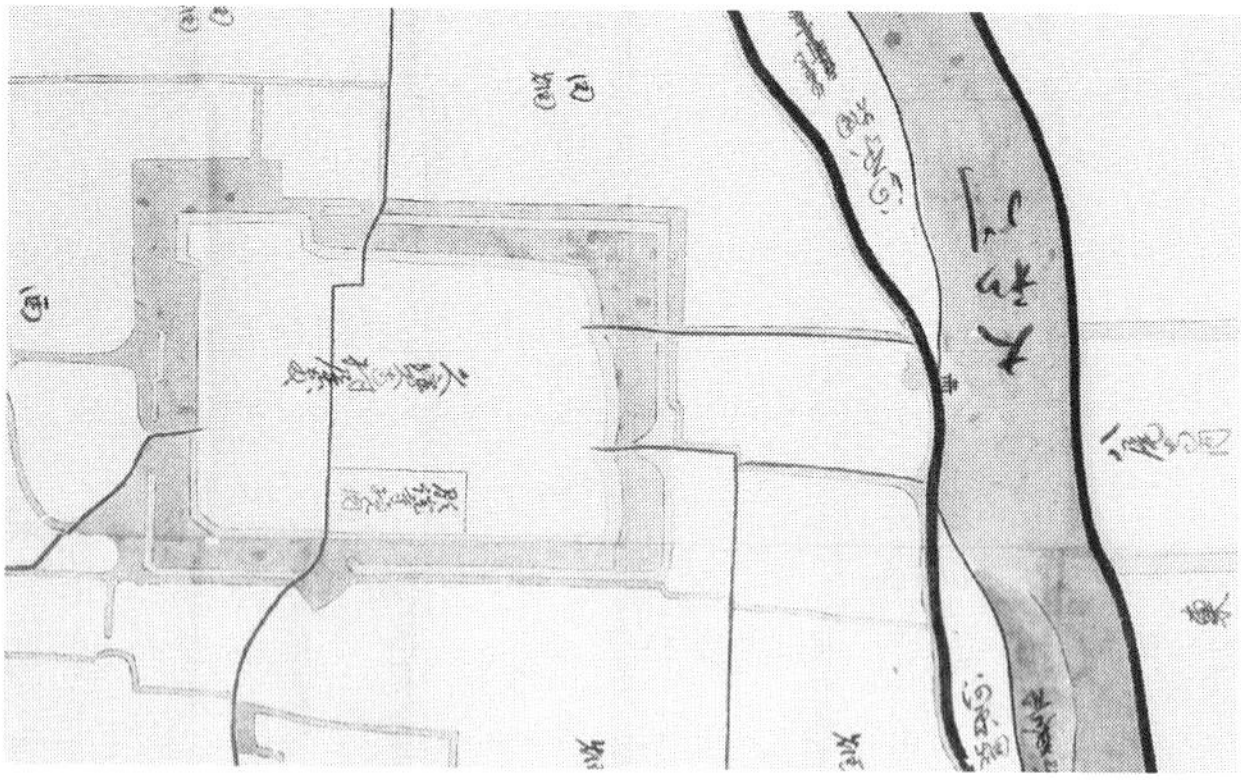

「久宝寺村絵図」（部分。個人蔵）　＊上が北

になっている。慶長十四年（一六〇九）～元和年間（一六一五～一六二四）頃の姿を描く絵図（上）では、長方形の寺内町を一部で二重の堀が取り巻く構造が成立していた。

北西隅の張り出し部分は「城土居（城垣内）」と呼ばれ、寺内町成立以前の安井氏の居館にも比定されたが、寛永期（一六二四～一六四四）の絵図では南東隅に安井氏屋敷がみえる。城土居部分は寺内町の北口への側射の機能を可能とし、城の横矢に近い軍事的な場であったとも想定できる。戦国期の環濠集落の特徴に口への横矢があった。*4 また、東・西・南口の堀幅が広がる部分には島状空間が存在しており、形態は城郭の馬出に近い。

久宝寺での寺内町形成は大和川の堤防整備が始まる十六世紀以降であり、以前は荒蕪地《こうぶち》であったと考えられている。発掘調査によれば寺内町の北西～南西は安定した地盤であり、鎌倉期以降

上：顕証寺の本堂
下：久宝寺寺内町南口の環濠の屈曲部

＊3　元の大信寺は慈願寺に接したといわれるが、万治三年（一六六〇）に現在地へ移転、境内を拡張した。現本堂は昭和四十二年（一九六六）に落慶（左）。

＊4　村田修三「城跡調査と戦国史研究」（『日本史研究』二一一、一九八〇年）、同「大和の環濠集落」（『日本城郭大系』10、新人物往来社、一九八〇年）、藤岡英礼「中世後期における環濠集落の構造」（村田修三編『新視点 中世城郭研究論集』、新人物往来社、二〇〇二年）。なお、久宝寺寺内町の口には地蔵尊が祀られている（左は北口地蔵尊）。

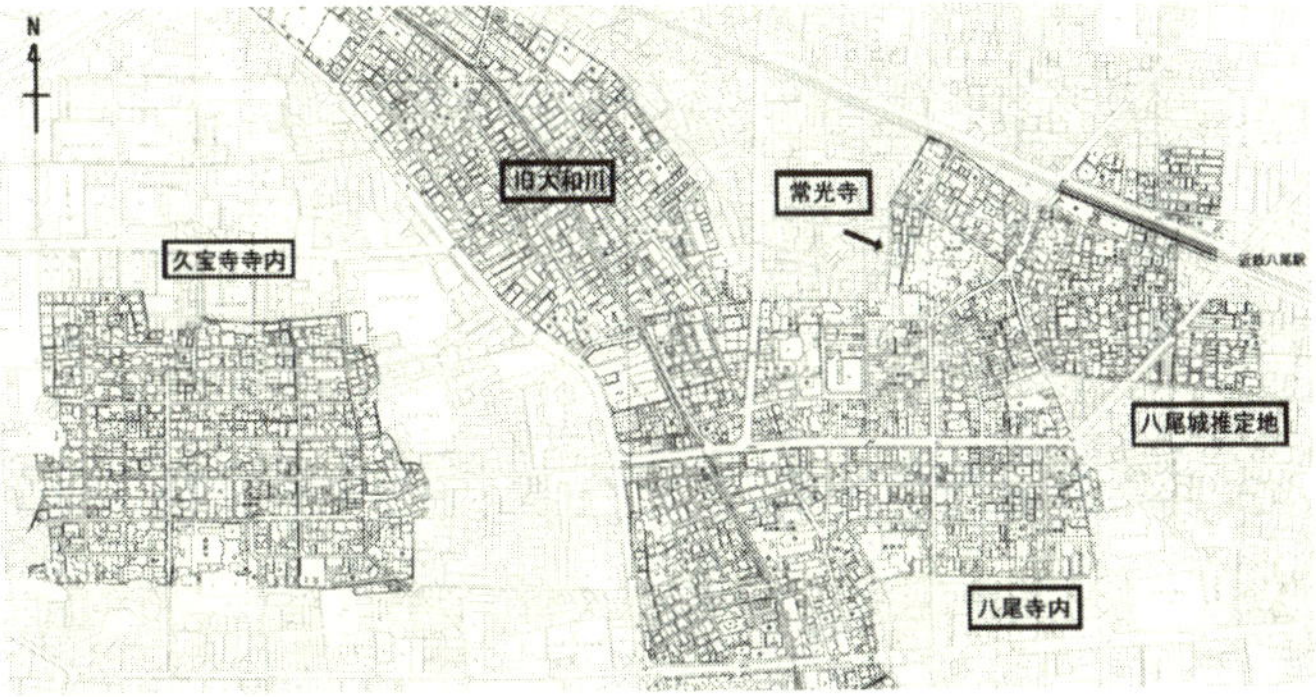

久宝寺寺内町と八尾城の位置関係（＊6小谷文献より）

の生活遺構が確認されるのに対し、北~東部では石山合戦に伴う天正期の焼土層が無く、洪水や湿地の跡がみられる。[*5] 絵図にみえる寺内町の構造が完成するのは、十七世紀初頭以降のことであり、軍事的な構造の読み込みにも留意が必要である。

八尾城の比定地には二ヶ所があるが、近年では八尾寺内町の東にあたる西郷地区が有力視されている。なお、元広島藩主浅野家に伝わる『浅野文庫所蔵諸国古城之図』所収の図には「常光寺」がみえる。このため、久宝寺寺内町とは地理的に一体であった理解される。[*6] ただし、詳細な構造については不詳である。

八尾城と同様、天正八年（一五八〇）に織田政権が設定した畿内の城郭の特徴として、寺内町に隣接した立地や、寺内町との立地・交通路の類似があり、これは発達した地域内の交通路の既存インフラの継承が重視された結果と思われる。旧大和川を挟んで隣接し、街道で結ばれた八尾城と久宝寺寺内町は、その一事例になる。[*7]

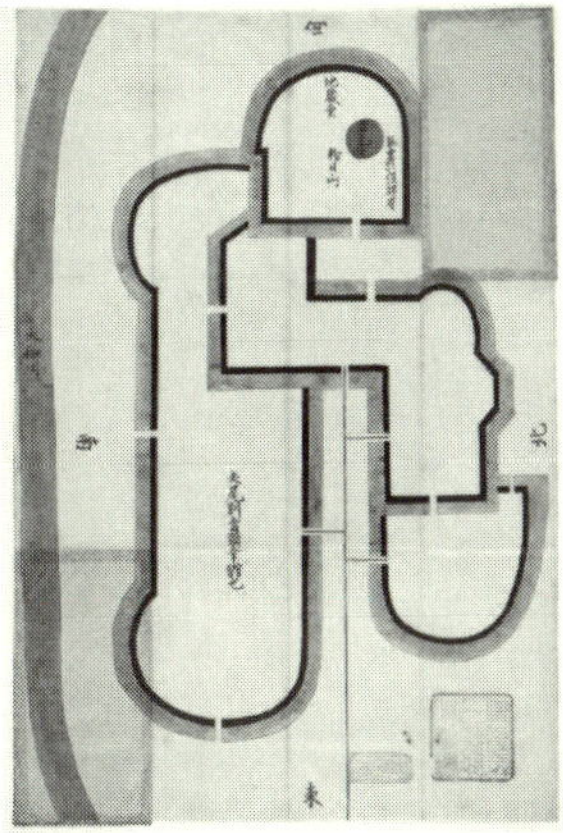

「矢尾」『浅野文庫所蔵諸国古城之図』

＊5　考古学的知見については、岡田清一『変わる寺内町像―発掘調査の成果から―』（八尾市立歴史民俗資料館、二〇一四年）を参照されたい。

＊6　地理的環境については、小谷利明「八尾市内に展開する土地空間と地理的状況」（尾崎良史『絵図が語る 八尾のかたち』、八尾市立歴史民俗資料館、二〇〇〇年）、同『大坂の陣と八尾―戦争とその復興―』（八尾市立歴史民俗資料館、二〇〇三年）を参照されたい。

＊7　拙稿「畿内の都市と信長の城下町」（仁木宏・松尾信裕編『信長の城下町』、高志書院、二〇〇八年）。

高安山麓の集落と重複する城郭

63 恩《おん》智《ぢ》城《じょう》

①所在地 八尾市恩智
②時期 戦国期
③主体 恩智氏か
④遺構 曲輪か

【概要】恩智城は遺構が明確ではないものの、標高約四五メートルの尾根状を呈する場所に比定され、周辺を含めて戦国期に城郭として機能した可能性を残す。

【立地】恩智村は大和国との国境である標高四八八メートルの高安山の西麓に位置して河内国二宮とされる恩智神社が存在し、谷ごとに集落が存在した。東高野街道が南北に貫通し、東には大和の信貴山方面への山道である恩智越えが通じている。

【歴史と背景】大正十一年（一九二二）の『大阪府全志』では恩智左近の築城とする。

恩智城跡とされる高台に建つ石碑

恩智左近は南北朝期に楠木正成の一族とともに活躍したとされるが[*1]、戦国期の恩智左近大夫貞成がモデルとされた架空の人物であることが判明している。恩智貞成とは戦国期の政長流畠山氏の内衆であり、ほかにも恩智氏は戦国期に活動したことが確認されている[*2]。恩智神社は南北朝期と戦国末期の焼亡が推定されており、恩智城との関連でも興味深い。

【構造と評価】恩智城は東高野街道から東に約一〇〇メートル離れた集落からの比高が約三メートルの高台に比定され、三〇メートル四方の平坦面が存在する。かつて小学校が存在するなど大きな改変が加えられているが、東側の地形が高所となる斜面方向に

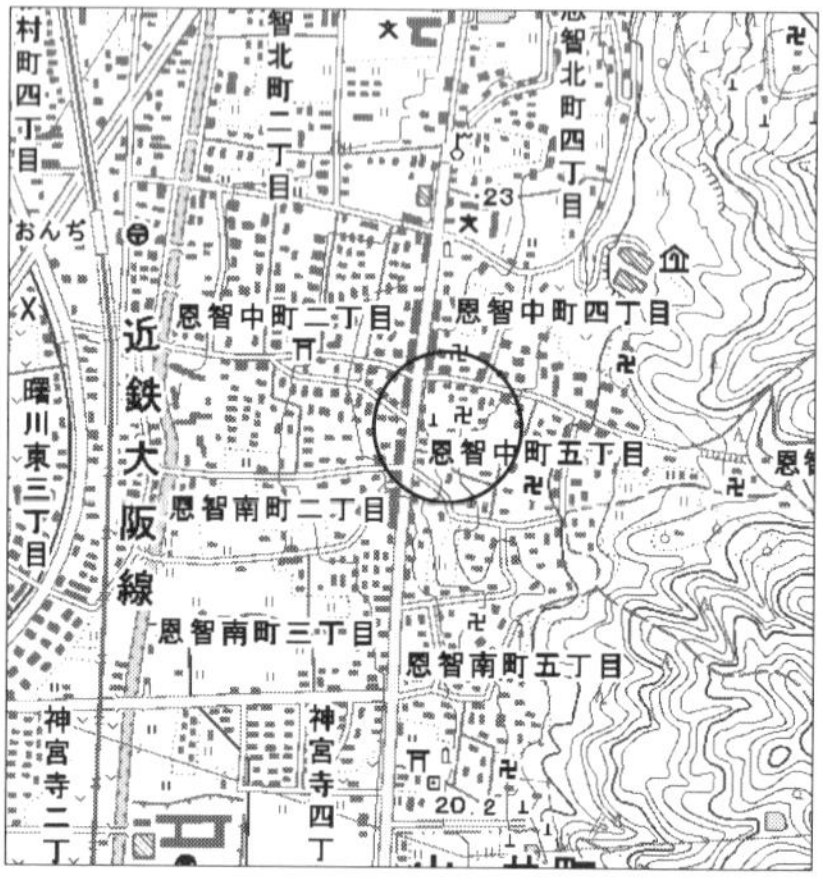

＊1　内田九州男「恩智城」（『日本城郭大系』12、新人物往来社、一九八一年）。

＊2　小谷利明「河内国守護畠山氏の領国支配と都市―畠山政長・義就期を中心に―」（『鷹陵史学』25、鷹陵史学会、一九九九年）、同「河内国高安郡恩智神社の歴史と祭礼」（『八尾市立歴史民俗資料館研究紀要』22、八尾市立歴史民俗資料館、二〇一一年）。なお、恩智神社の鳥居脇には城の見付石という地蔵がある。

一段低い平場が存在し、堀跡であったとされる。[*3] 周囲との高低差が確保され、やはり城郭の一つの候補地であろう。なお、西に約一五〇メートル離れた場所に伝恩智左近の墓がある。

一方、近世の恩智村の絵図（左）では、比定地は山状に描かれる一方、東高野街道の西側で集落の北に接した位置に「北城」との表記がなされている。[*4] 恩智城比定地から北西に約四〇〇メートル離れた位置であり、周囲に遺構らしきものは確認できないものの、方角の表記は恩智城比定地と対になるとも考えられ興味深い。

河内では、北河内の犬田城（枚方市）が広く集落の丘陵地を城域ととらえられている。[*5] 恩智城も従来の比定地に加え、城域や関連施設の所在地が広がる可能性を想定したい。

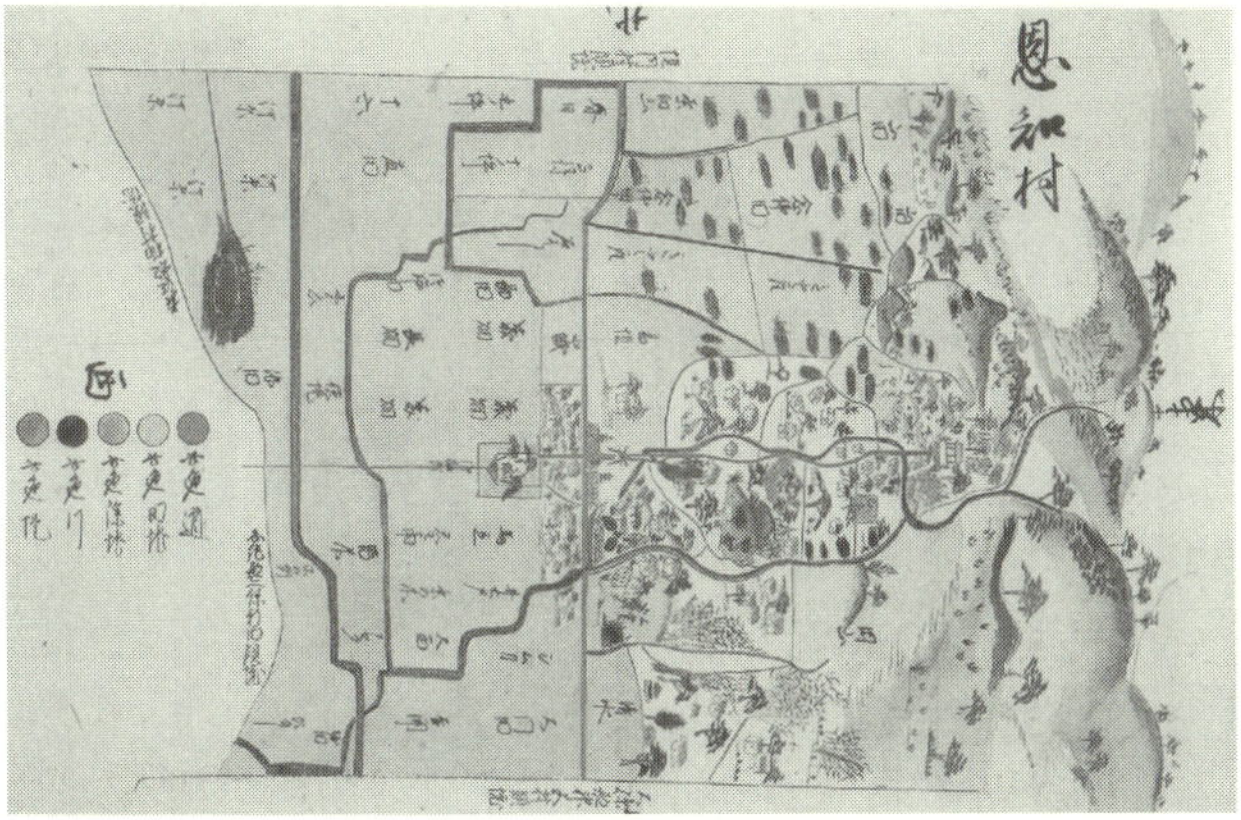

「恩智村絵図」（稲葉神社崇敬会蔵「河内国高安郡渋川郡若江郡御領分村々細見絵図」より。京都府立総合資料館寄託）　＊上が北

上空からみた恩智城周辺

城の見付石

＊3　＊1内田論文。

＊4　尾崎良史『絵図が語る八尾のかたち』（八尾市立歴史民俗資料館、二〇〇〇年）に所収。また、小谷利明「高安郡の宗教施設と「高安郡図」―「館蔵 大東家文書所収の絵図」―」（『八尾市立歴史民俗資料館研究紀要』24、八尾市立歴史民俗資料館、二〇一三年）もあわせて参照にされたい。

＊5　馬部隆弘「犬田城」（髙田徹編『図説 近畿中世城郭事典』、城郭談話会、二〇〇四年）。

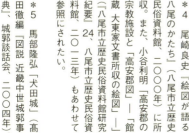

横堀と虎口が発達した信貴山城の出城か

64 高安山城《たかやすやまじょう》

①所在地 八尾市服部川・奈良県平群町久安寺
②時期 戦国期
③主体 松永氏か
④遺構 曲輪・土塁・堀切・横堀・虎口

【概要】高安山城は、大阪府下でも虎口空間や横堀が発達した山城である。

【立地】奈良県との府県境の標高四八七メートルの高安山山頂に位置し、*1奈良県側の小字は「出城」である。大阪側山麓との比高差は約四一〇メートルで、現状では約一キロ離れた大和国の信貴山城（奈良県平群町）方面へと抜ける山道が遺構を分断し、城横の尾根道（信貴生駒スカイライン）は大和国の平群谷に抜ける十三街道などと連絡する。

北の生駒山方面からみた信貴山城（左のピーク）と高安山（右）

【歴史と背景】享保二十年（一七三五）の『河内志』は「俗呼志貴出城」と信貴山城の出城《でじろ》とする。*2 信貴山城は永禄二年（一五五九）～天正五年（一五七七）に松永久秀が利用し、天正元年の織田信長による多聞城（奈良市）接収後は居城となった。同五年には織田勢の攻撃を受け、久秀は同城で敗死する。

【構造と評価】遺構は道を挟んで二つの部分に分かれ、東側に土塁と横堀に囲まれた曲輪Ⅰがあり、南西に曲輪Ⅱがある。ⅡはⅠ側に土塁を設け、先端に導線を屈曲させる虎口が認められる。

道の西側には土塁囲みの曲輪Ⅲがあり、東に土塁を伴う虎口空間を向ける。Ⅲの発掘調査では礎石や柱穴が確認され、陶磁器や

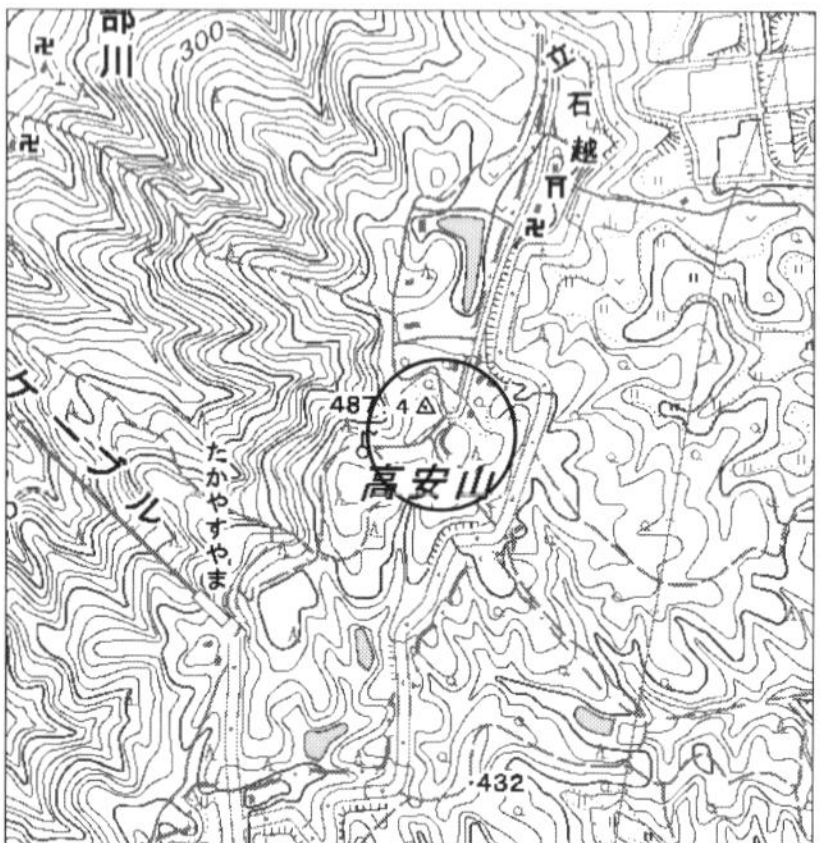

*1 高安山には、六六三年の白村江の戦いで敗れた大和朝廷が唐・新羅の侵攻に備え、構築した古代山城が所在した。

*2 高安山城については、村田修三「高安城」（『日本城郭大系』10、新人物往来社、一九八〇年）、同「高安山城」（村田編『中世城郭事典』三、新人物往来社、一九八七年）、池田光雄「高安山城」（高田徹編『図説 近畿中世城郭事典』、城郭談話会、二〇〇四年）を参照。

武具類が出土し時期は十六世紀と考えられている。[*3] Ⅰ・ⅡとⅢとの接続の復元は難しいが、互いに独立的な構造を持つ曲輪群が密集するパターンは近隣の信貴山山麓の立野城（奈良県三郷町）や近隣の西宮城（同平群町）で認められる。[*4] また、Ⅲの虎口は織豊系城郭の枡形としても理解され、織田政権による石山合戦との関係も注目された。ただし、土塁囲みの曲輪＋横堀という構造で虎口を伴う事例が大和国宇陀郡などの城郭に確認でき、一五六〇年代の陣城として理解されている。[*5] 高安山城については、さらなる検討が必要であろう。

信貴山城近辺では、類似の構造の城郭遺構が近年に確認されている。[*6] 当城は大規模な拠点城郭に付属する戦国末期の山城のあり方として興味深い。また、府下には明確な織豊系城郭の平面プランを示す山城は皆無であり、戦国末期の畿内の城郭との構造を比較する上でも注目される。

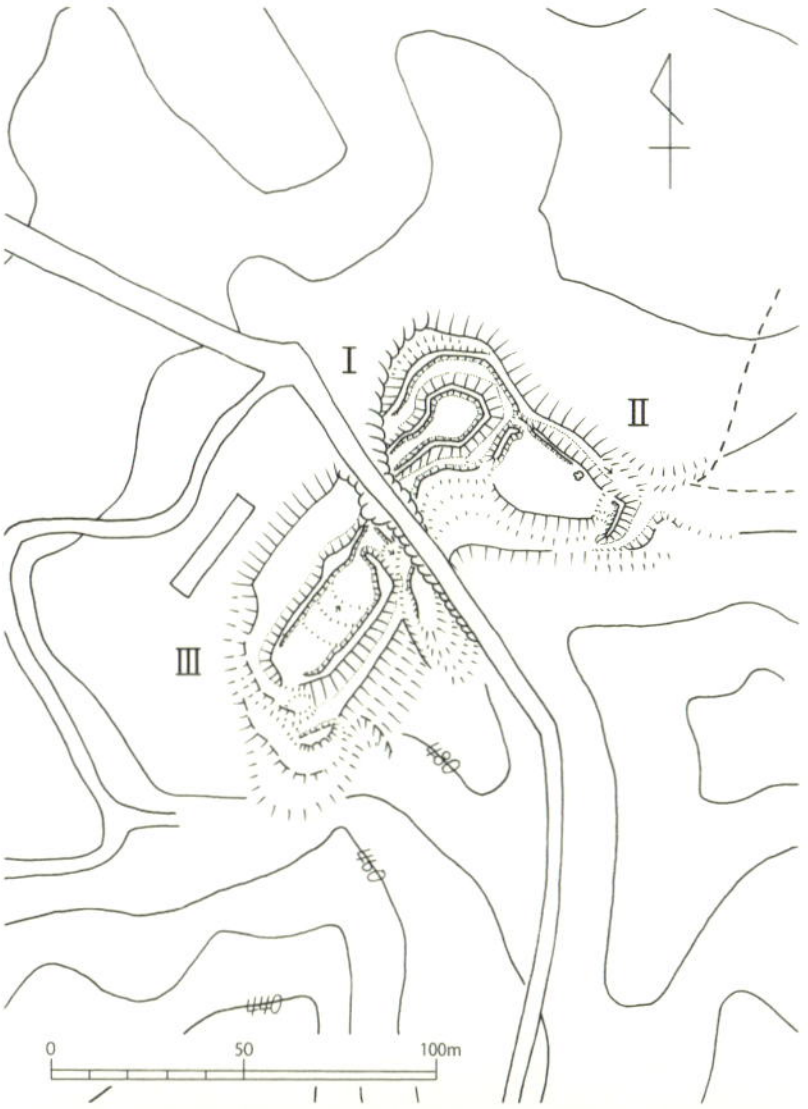

高安山城　概要図（作図：中西裕樹）

曲輪Ⅰの横堀

曲輪Ⅲの虎口空間

＊3　大阪府教育委員会『高安城跡範囲確認調査概報Ⅱ』（一九八二年）。

＊4　村田修三「立野城」「西宮城」（『日本城郭大系』10、新人物往来社、一九八〇年）。

＊5　金松誠「戦国期における大和宇陀地域の城館構成と縄張技術」（『城館史料学』6、城館史料学会、二〇〇八年）。

＊6　内野和彦氏が「玉蔵院墓地遺構」として確認している。内野和彦「信貴山・平群谷周辺平坦地群の調査報告―城砦利用の検証と役割考察に向けての取り組み―」（城郭談話会平成25年2月例会レジュメ、二〇一三年）。

守護所の変遷がうかがえる巨大な台地上の城

65 高屋城《たかやじょう》 付 誉田城《こんだじょう》

①所在地 羽曳野市古市
②時期 戦国期
③主体 畠山氏、三好氏
④遺構 曲輪・土塁・堀切・地割

【概要】高屋城は戦国期の河内・紀伊国守護畠山氏の守護所で、戦国末期には河内に進出した阿波三好氏が拠点を置いた。遺構はほとんど残されていないが、地形や地割にかつての規模や構造をとどめている。誉田城は高屋城以前の守護所であり、その所在地が近年判明しつつある。

【立地】高屋城は、高屋築山古墳[*1]が所在する石川西岸の河岸段丘上にある。古墳墳丘上は標高約四七メートルで、この南の標高三〇～四〇メートルの高屋丘陵上を最終的に長辺八〇〇メートル以上にわたって城域とした。古墳の北側は段丘崖となり、比高差約二〇メートルの古市という集落がある。古市は、大和国と大阪湾岸の堺を結ぶ竹内街道と東高野街道の交点で、古くから都市的な集落として繁栄した[*2]。東高野街道は、京都と紀伊を結んで河内を縦断し、南河内の北端にあたる高屋城内を通過したと思われる。誉田城は、誉田御廟山古墳と誉田八幡宮に近く、東高野街道が走る高屋城近隣の低位段丘上（羽曳野市誉田）に所在した[*3]。

【歴史と背景】南北朝期の守護所は古市にあり、やがて守護となった畠山氏は南河内の国人層を掌握した後、中河内の若江（東大阪市）を守護所として国内の流通拠点を押さえた。戦国期の畠山氏は畠山政長流と同義就流に分裂し、京都にいる政長に対し、文明九年（一四七七）に義就は河内に下国し、同十一年「新造之屋形」を誉田に構えた（『大乗院寺社雑事記』）。「誉田城」とも

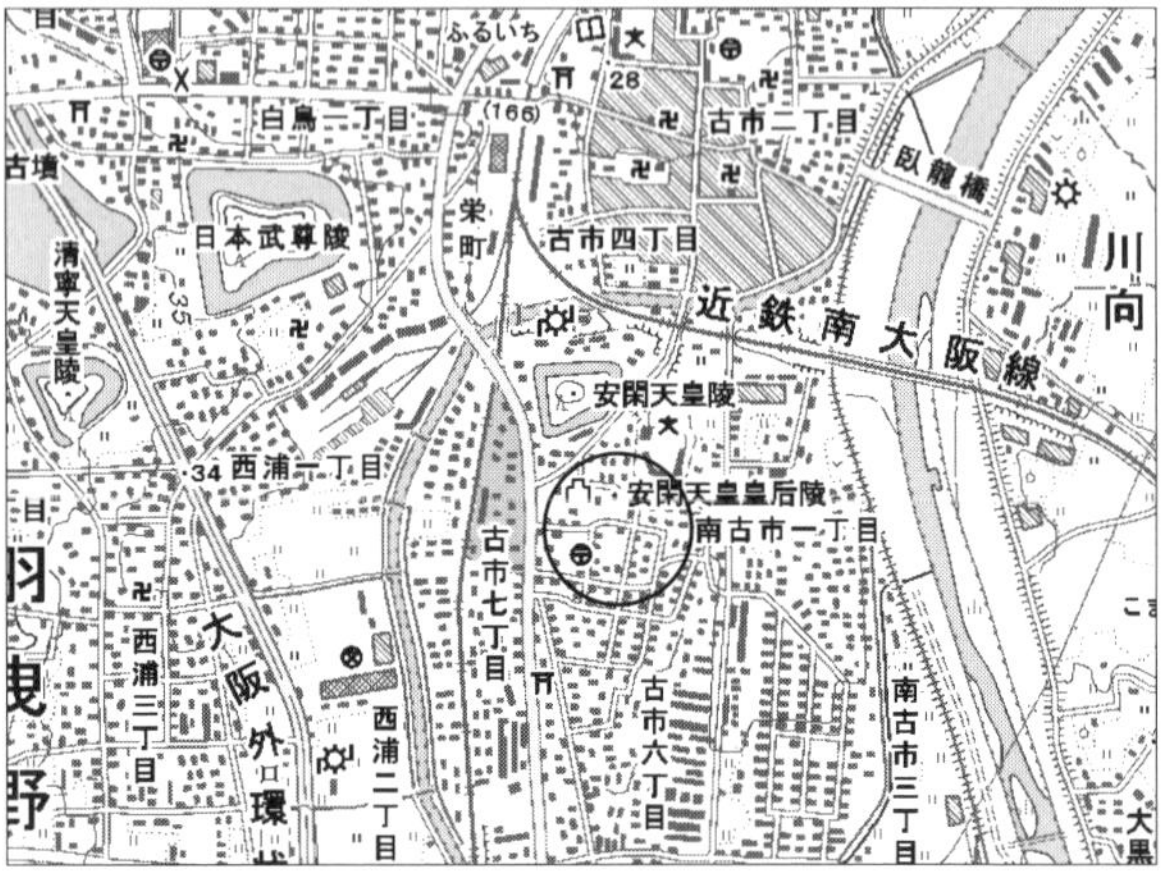

＊1 六世紀前半の前方後円墳で墳丘長一二二メートル。安閑天皇陵に治定されている。

＊2 笠井敏光「高屋城と古市」（『ヒストリア』113、大阪歴史学会、一九八六年）を参照。左は竹内・東高野街道の交差点である蓑の辻。

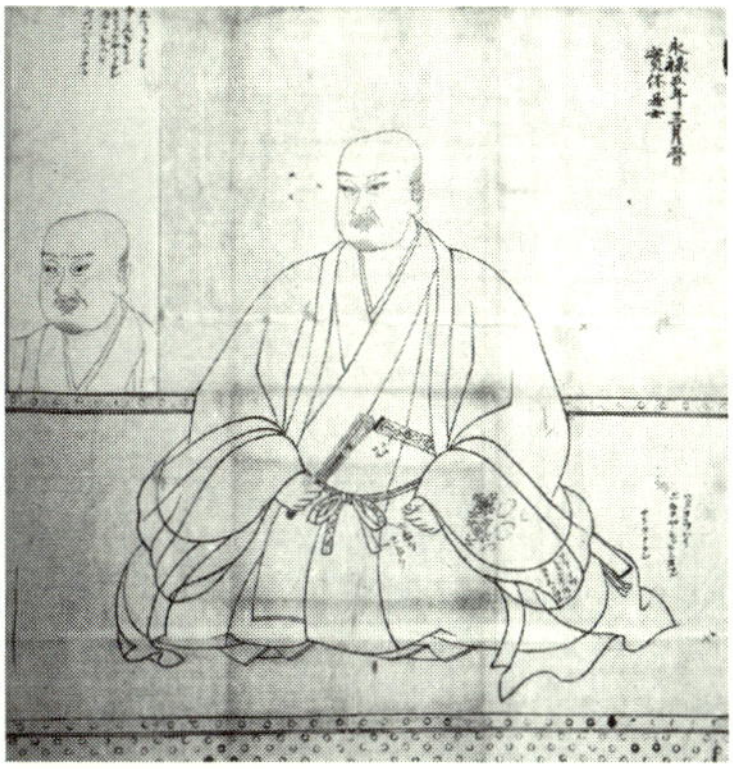

三好実休像（紙形。京都市立芸術大学芸術資料館蔵）

城外の北東方面からみた高屋城。左にみえる森が高屋築山古墳

呼ばれ、義就の内衆誉田氏の拠点があり、周辺には守護代遊佐氏らも集住した。[*4]義就は大和国に強い影響力を持ち、他国の港町・堺（堺市）を影響下においた。

以降の畠山氏は「誉田屋形《やかた》」と呼ばれ[*5]、高屋城を明応二年（一四九三）頃から詰城に取り立てる。竹内街道の存在をふまえ、誉田は大和国、堺と深い結びつきを有したといえる。また、政治都市として発展し、真宗道場も設けられた。

高屋城は、永正四年（一五〇七）頃から守護所として機能する。大永三年（一五二二）には城内で大きな火災があり、「高屋城尾張守館始而百八十間　自火云々、河内守在所者不苦云々」（『経尋記《きょうじんき》』）と守護畠山稙長（尾張守）と守護代遊佐長教（河内守）の屋敷は延焼しない距離にあったことがわかる。

戦国期の河内では守護と守護代が重層的な支配を行ったが、天文二十一年（一五五二）には守護代遊佐長教の暗殺事件を受け、城内で萱振、野尻、中小路氏といった守護代内衆の一族が城内で惨殺された（『興福寺大般若経（良尊一筆経）奥書』）。これらは守護・守護代の家臣が家族とともに城内に居住していたことを示す。

やがて畠山氏は三好長慶らと対立し、永禄三年

＊3　墳丘長約四二五メートルの巨大前方後円墳。五世紀前半の築造で応神天皇陵に治定されている。

＊4　誉田城については中田佳子「戦国の城・高屋城」（井上薫編『大阪の歴史と文化』和泉書院、一九九四年）、小谷利明「河内国守護畠山氏の領国支配と都市――畠山政長・義就期を中心に――」（『鷹陵史学』25、鷹陵史学会、一九九九年）を参照。

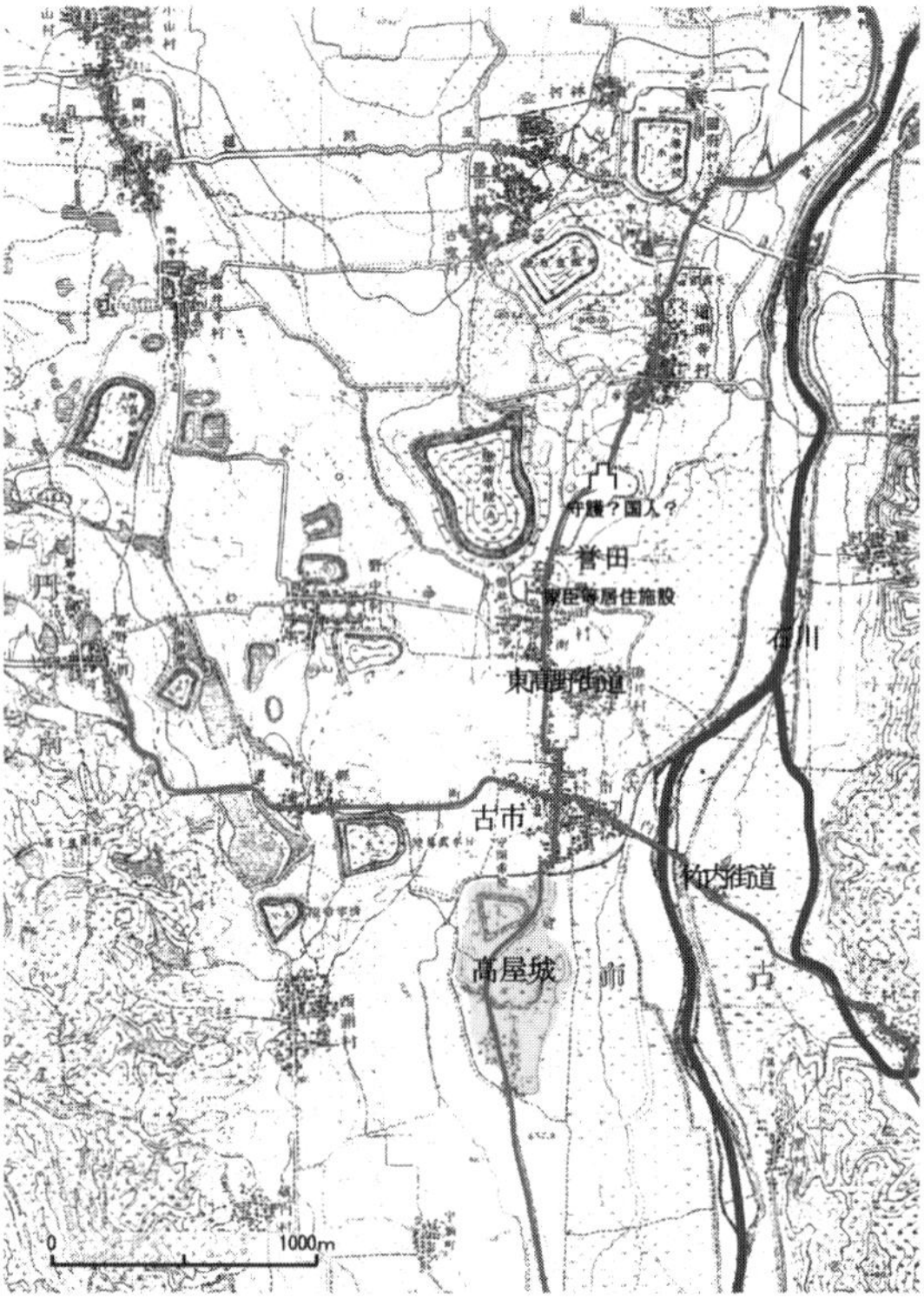

誉田・高屋城周辺の空間構成（推定含む。柏書房「古市」『明治前期関西地誌図集成』を下図に使用）

（一五六〇）には長慶弟の三好実休が城に入っている。実休は阿波三好家の当主であり、[*6]永禄五年の死去後も一族や家臣が城にいたが、この頃の城内には大日如来を置く「大タウ」（尋憲記）、「寺内」（『己《こ》行《ぎょう》記《き》』）などの宗教施設が確認できる。

畠山氏は「高屋屋形」と呼ばれ、高屋城が居所と認識されたが、家督は遊佐氏に左右され、政長流と義就流の間でも当主の統一をみなかった。この過程で敗北した勢力は紀伊へと再三没落し、畠山稙長は天文三年（一五三四）～同十一年の間、紀伊から勢力挽回を図った。続く畠山高政はおよそ永禄元年（一五五八）～同十一年の間に紀伊へ没落を繰り返す。このため、河内復帰への軍事行動は南河内が起点、紀伊は態勢を立て直す場所「後背地」となり、南河内の山城は、この戦争パターンを反映して技巧的な構造になっている。[*7]永禄十一年（一五六八）の織田信長の上洛後、城には畠山氏が復帰したが、天正三年に信長が三好康長の籠る城を落として以降、機能は停止したものと思

＊5　福島克彦「戦国期畿内近国の都市と守護所」（内堀信雄ほか編『守護所と戦国城下町』、高志書院、二〇〇六年）。

＊6　天野忠幸「総論　阿波三好氏の系譜と動向」（同編『阿波三好氏』論集戦国大名と国衆10、岩田書院、二〇一二年）参照。

＊7　特に紀伊北部（紀北）には、畠山氏を迎え入れる「隅田党」などの土豪層が存在し、軍事行動を支えた。紀北には、この土豪らによる小規模な城館が多く確認できる。拙稿「戦国期における地域の城館と守護公権—摂津国、河内国の事例から—」（村田修三編『新視点　中世城館研究論集』、新人物往来社、二〇〇二年）、同「畿内近国の城」（『甲賀市史』七、二〇一〇年）。

われる。

【構造と評価】城の遺構は昭和二十年代以降の住宅開発で大半が失われたが、その後の発掘調査は城の様相を明らかにし、地形や古絵図、地籍図などをふまえた構造復元がなされてきた。[*8] 複数の案が示されているが、それらは城の基本構造を三つのブロックで捉えることで共通し、高屋築山古墳周辺のⅠ、古墳の周濠を南に介したⅡ、さらに堀・土塁を介したⅢという構成で理解している。そして発掘調査をふまえ、Ⅰは墳丘裾から突出した土塁による要害部、Ⅱは武家屋敷地、Ⅲは惣構（城下町）とされ、軍事・階層的な序列を達成し、織豊・近世城郭の構造に近い先進性や都市を内包する丘城として注目されてきた。特にⅡには、近世の絵図の記載、そして文禄四年

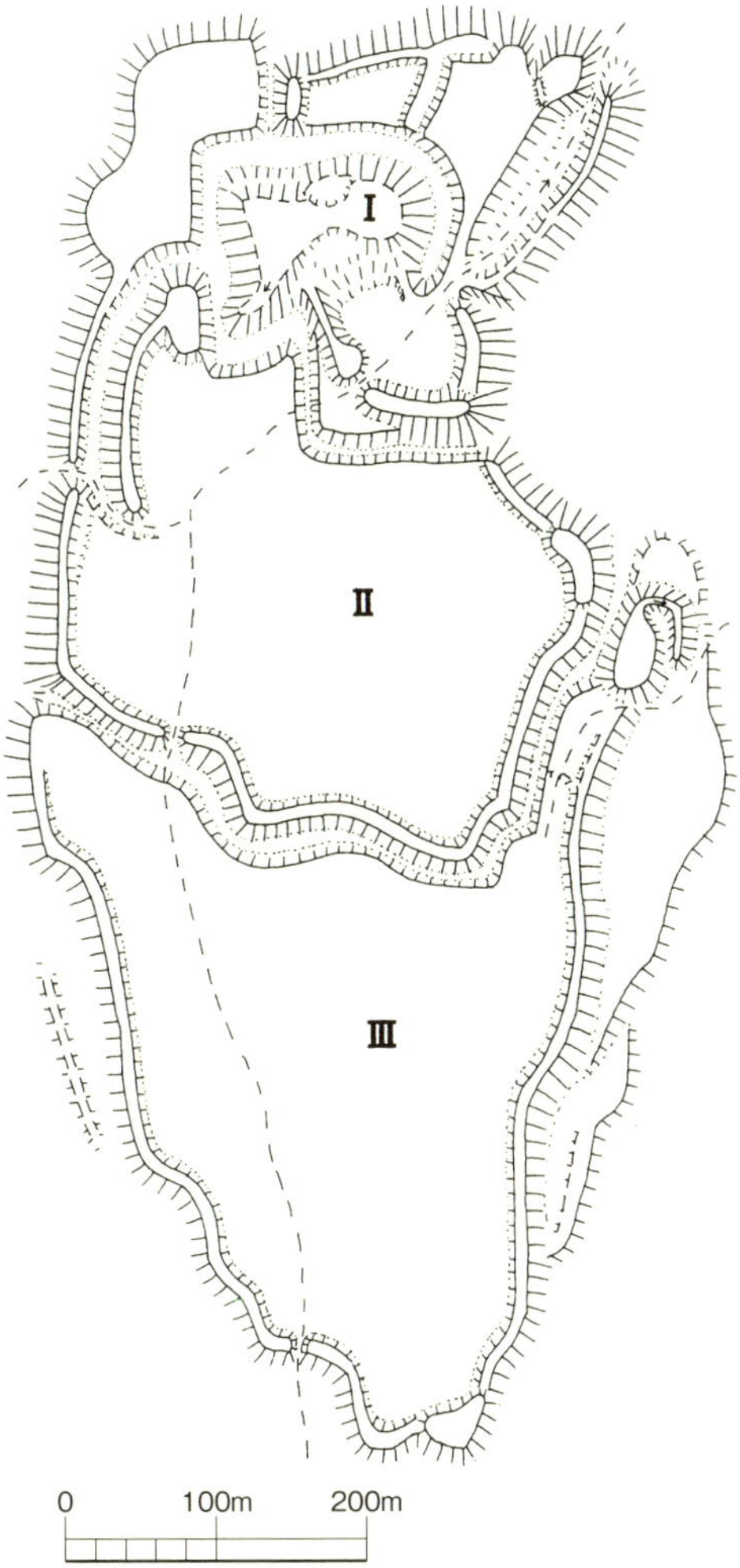

高屋城の復元案（＊８拙稿より）

＊8　富原道晴氏、村田修三氏、中田佳子氏、村井毅史氏らが復元案を提示している。次の文献を参考。今谷明「河内高屋城の近況と保存問題」（『日本歴史』四〇一、一九八一年）、村田修三「高屋城」（同編『中世城郭事典』三、新人物往来社、一九八七年）、中田佳子「近世史料による河内高屋城の復元」（『ヒストリア』一四六、大阪歴史学会、一九九五年）、村井毅史「河内高屋城の復元的考察」『関西近世考古学研究』Ⅷ、関西近世考古学研究会、二〇〇〇年）。ここでは拙稿「高屋城」（髙田徹編『図説 近畿中世城郭事典』、城郭談話会、二〇〇四年）の復元案を使用する。

上：発掘された「櫓台」（大阪府教育委員会提供）
下：発掘された園池状の遺構（羽曳野市教育委員会提供）

（一五九五）の名寄帳《なよせちょう》に見える小字名「御屋形屋敷」「丹下屋敷」の変遷と場の特定から南東部に守護館と守護内衆の丹下《たんげ》氏の屋敷があったことが解明されている[*9]。

一方、畿内の戦国期城郭として高屋城を解釈すると、Ⅰには墳丘を起点とした土塁による強引な防御・城域ラインが想定されるが、同様の事例は陣城などに多い。河内では津田城（枚方市）が該当し、Ⅰ周辺の臨時性を示唆するものだろう。Ⅱは園池や礎石建物、塼貼建物などが検出された守護や家臣の屋敷地があったブロックであり、従来確認された焼土層も集中し[*10]、先述の守護・同内衆、守護代・内衆の居住が証明されている、そして、臨時性の高いⅠと構造的に分離する点では、阿波三好家の勝端城（徳島県藍住町）に近い。勝端城の発掘調査では、従来の館などの縁辺部において、別の土塁・堀を構えた区画が十六世紀末に成立したことが判明している[*11]。

これをふまえると、高屋城も戦国最末期にあたる天正三年の織田信長の攻撃などに備えた改変がなされた可能性があり、発掘でも城の最終段階で礎石建物上に築かれた土塁や堀の掘削などが確認された[*12]。一方、Ⅲは明確な遺構の検出が少なく、空疎地を多分に含む可能性がある。縁辺部

＊9　＊8中田論文。

＊10　河内一浩「考古資料から見た高屋城とその周辺」（『一六一七会高屋例会報告』、二〇〇三年）。

＊11　重見高博「阿波の守護所」（内堀信雄ほか編『守護所と戦国城下町』、高志書院、二〇〇六年）。

＊12　羽曳野市教育委員会『古市古墳群Ⅵ』羽曳野市埋蔵文化財調査報告書10（一九八五年）。

北西からみた高屋築山古墳

の土塁は丘陵地形を軍事的に確保する外郭線とも解釈でき、Iと同様に何らかの軍事緊張下で構築された可能性がある。城下の存在＝惣構には、議論の余地があるだろう。

さて、城郭全体として、土塁は城域コーナー部で幅が広くなり、外縁部の土塁線東端には「櫓台」がある。「櫓台」は馬出など虎口空間との関わりで取り上げられたが[*13]、形状・規模は一つの曲輪であり、南に入るルートへ横矢を効かせる。畿内近国の大規模城郭では、城域・防御ライン付近に同様の小規模な曲輪を設ける事例として芥川山城（高槻市）や観音寺城（滋賀県近江八幡市）の布施淡路丸、有岡城（兵庫県伊丹市）の岸砦などがある。また、一般的に城郭の主郭となる地形ピークの高屋築山古墳は曲輪として利用した形成に乏しいが、この点は南河内の国見山城（千早赤阪村）や千早城（同）と共通する。

高屋城は先行する町場の古市に隣接して整備され、主たる経済的な活動は古市で行われたと思われる。全国的に守護所が既存の町場に吸着する事例は多く、畿内では戦国期の国人ら在国する勢力の城館に見られる[*14]。このように高屋城は戦国期畿内の城郭の特徴も備えるが、ほかの畿内の城館において、内部を東高野街道のような幹線道が通過した可能性が想定できる事例は乏しく、守護所ゆえの特徴か否か興味深い。古墳の公開を含め、今後の研究が期待される[*15]。

誉田城は、誉田御廟山古墳の東側に広がる茶山遺跡が比定されている。現状は地形も判然としないが、低位段丘の先端にあたり、付近の発掘調査では十六世紀までの園池状遺構や集石土坑群等が確認されている。また、輸入陶磁器等が出土するなど、一般集落ではないことが確実視される。遺構の実態は不詳であるが、近年も発掘調査が実施されており、その成果が待たれる。

＊13　村田修三「高屋城の縄張り」（羽曳野市教育委員会『古市古墳群Ⅵ』羽曳野市埋蔵文化財調査報告書10、一九八五年）。

＊14　拙稿「畿内の守護所とその周辺—摂津・河内国の事例から—」（『守護所シンポジウム2@清須「新・清須会議」資料集』、二〇一四年）。

＊15　宇治田和生「高屋築山古墳（伝安閑天皇陵）の公開」（『ヒストリア』一三八、大阪歴史学会、一九九三年）。

誉田御廟山古墳横の誉田八幡宮

大型前方後円墳を利用した戦国末期の陣城

66 岡《おか》ミサンザイ古墳《こふん》
67 津堂城山古墳《つどうしろやまこふん》

66 岡ミサンザイ古墳 ①所在地　藤井寺市藤井寺　②時期　戦国期　③主体　三好氏か　④遺構　曲輪・土塁・竪堀・畝状空堀群・横堀

67 津堂城山古墳 ①所在地　藤井寺市津堂ほか　②時期　戦国期　③主体　三好氏か　④遺構　曲輪か

【概要】 岡ミサンザイ古墳（仲哀天皇恵我長野西陵）には二重の横堀や土塁など戦国期の陣城遺構が残り、津堂城山古墳（国史指定史跡）は小山城とも呼ばれ、発掘調査で中世の遺構が確認されている。ともに古市古墳群に属し、国内を代表する大型前方後円墳である。*1

【立地】 岡ミサンザイ古墳は羽曳野丘陵の北端に立地し、北に伸びる恵我丘陵の北端に津堂城山古墳が立地する。両古墳の間は約一・五キロで、大和国と大阪湾岸を結ぶ長尾街道が東西に走り、西国観音霊場の葛井寺が存在する。岡ミサンザイ古墳の南約〇・五キロには古代以来の歴史を有する野中寺があり、大和国から河内国守護所の高屋城（羽曳野市）を経由した竹内街道が東西に通過する。

【歴史と背景】 岡ミサンザイ古墳は五世紀後半の築造、津堂城山古墳は四世紀後半の築造と考えられている。

津堂城山古墳（小山城）は、南北朝期に南朝方の志貴右衛門が拠ったとされる。*2

嘉永六年（一八五三）刊の『西国三十三所名所図会』巻四には「三好城址」として「小山津堂両村の間にあり」とし、「元亀年間」に「三好山城守康重入道笑岩」が籠

るとする。また、天正元年（一五七三）に織田信長が三好義継の籠る若江城（東大阪市）を攻めた時には織田信包や滝川一益らが「当城の押へ」として「高屋口」に布陣したとする。

　この城跡は津堂城山古墳を示し、「三好康重」とは三好長慶の叔父である三好康長を指すと思われる。[*3] 元亀年間（一五七〇～七三）の三好康長は三好三人衆らと基本的に反織田信長の軍事行動を展開し、元亀二年には松永久秀らと信長方の畠山秋高が拠る高屋城を攻撃している。康長は天正二年（一五七三）に高屋城に入り、翌年に織田方に攻められて降伏した。

　また、大正十一年（一九二二）の『大阪府全志』は、戦国初期に畠山義就に属した安見清時が拠り、永禄九年（一五六六）に三好康長の攻撃を受けて交野城（私部城。交野市）に移ったとし、天正元年の織田方の攻撃に関する口碑《こうひ》を掲載する。

上：南西からみた岡ミサンザイ古墳（仲哀天皇恵我長野西陵）　下：南からみた津堂城山古墳の墳丘部

　永禄九年は三好方の高屋城と和泉方面からの畠山方が泉北から摂津南部、そして高屋城周辺で合戦を繰り広げた年であり、畠山方の有力武将に安見宗房がいた。

【構造と評価】　岡ミサンザイ古墳は、墳丘長約二四〇メートルであり、堀を含むと三六〇メートル四方の規模となる。陵墓であるために立ち入りはできないが、宮内庁が作成した測量図から城郭構造を

＊1　津堂城山古墳の周辺には城郭関連の小字が残されていた。墳丘北東部が「本丸」、同南西側が「二ノ丸」、内濠を挟んで「三ノ丸」「四ノ丸」があった。内濠には「八幡神社」があり、かつての神社の存在を示す。津堂の集落には「町」「殿町」「寺屋敷」という小字が存在していた。内田九州男「小山城」（『日本城郭大系』12、新人物往来社、一九八一年）参照。

＊2　＊1内田論文。

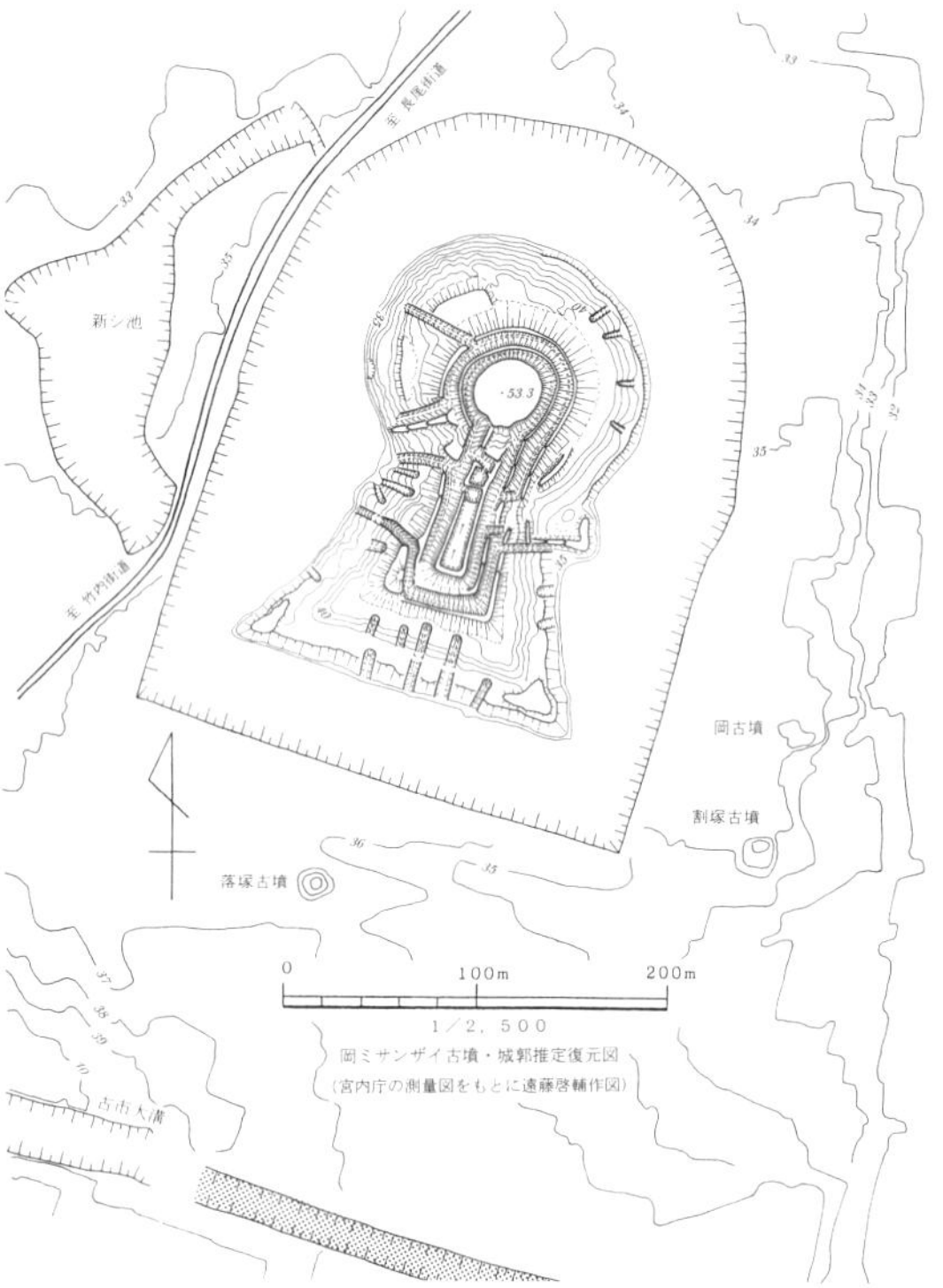

岡ミサンザイ古墳復元図（＊5遠藤「岡ミサンザイ古墳」（中井均監修『図解近畿の城郭』Ⅱに再掲）より）

読み取ることが可能であり、村田修三氏が縄張りの概要図を作成している。*4 また、墳丘周辺部は一部発掘調査がなされており、その成果をふまえた復元図が遠藤啓輔氏によって作成されている。*5

　遠藤氏の復元図を参考にすると、北の後円部の墳頂部が径四〇メートル弱の比較的まとまった面積の曲輪となるが、その裾を二重の横堀が取り巻き、南の前方部へと続く。古墳は四段築成と考えられており、そのテラスを利用したものだろう。前方部の墳頂は内部が傾斜する土塁囲みの空間であり、全体の構造は戦国末期の典型的な畿内の陣城と評価できる。

　後円部と前方部の接続部に土塁囲みの小空間があり、段差や土塁の開口部がみられ、虎口や武者隠しなどの機能を持つ可能性がある。横堀は西側斜面に向けて巨大な竪堀となり、その間には複数の竪堀が設けられている。飯盛山城（四條畷市・大東市）を除いて河内では類例が少ない畝状空堀

＊3　『西国三十三所名所図会』には「三好康重小山城に怪異を見る」という挿絵がある（左）。文化に通じた三好康重が謡曲に興じていると座敷へ上がる階段に少女が現れ、「山城」と三度唱えて消えたという。

＊4　村田修三「「陵墓」と築城」（日本史研究会・京都民科歴史部会編『「陵墓」からみた日本史』、青木書店、一九九五年）。

群として理解することが可能である。

なお、古墳の周濠は空濠《からぼり》と考えられ、城郭利用の際も空堀の様子を呈していたと想定されている。また、古墳と南の野中寺との間には古代の古市大溝が存在し、戦前まで堀切状の地形が残されていた。[*6]

津堂城山古墳は、墳丘長約二一〇メートルである。後世の改変が大きく、墳丘を土塁に見立てたような粗雑な構造の城郭として理解されている。[*7] 既往の発掘調査では、南側前方部で土師器や瓦片を含む小規模な造成の痕跡が確認され、後円部周囲では中世後期の丸瓦が出土している。また後円部では古墳のテラスを利用した土塁や城郭としてのテラスの造成が指摘され、中世段階の井戸も検出されている。[*8]

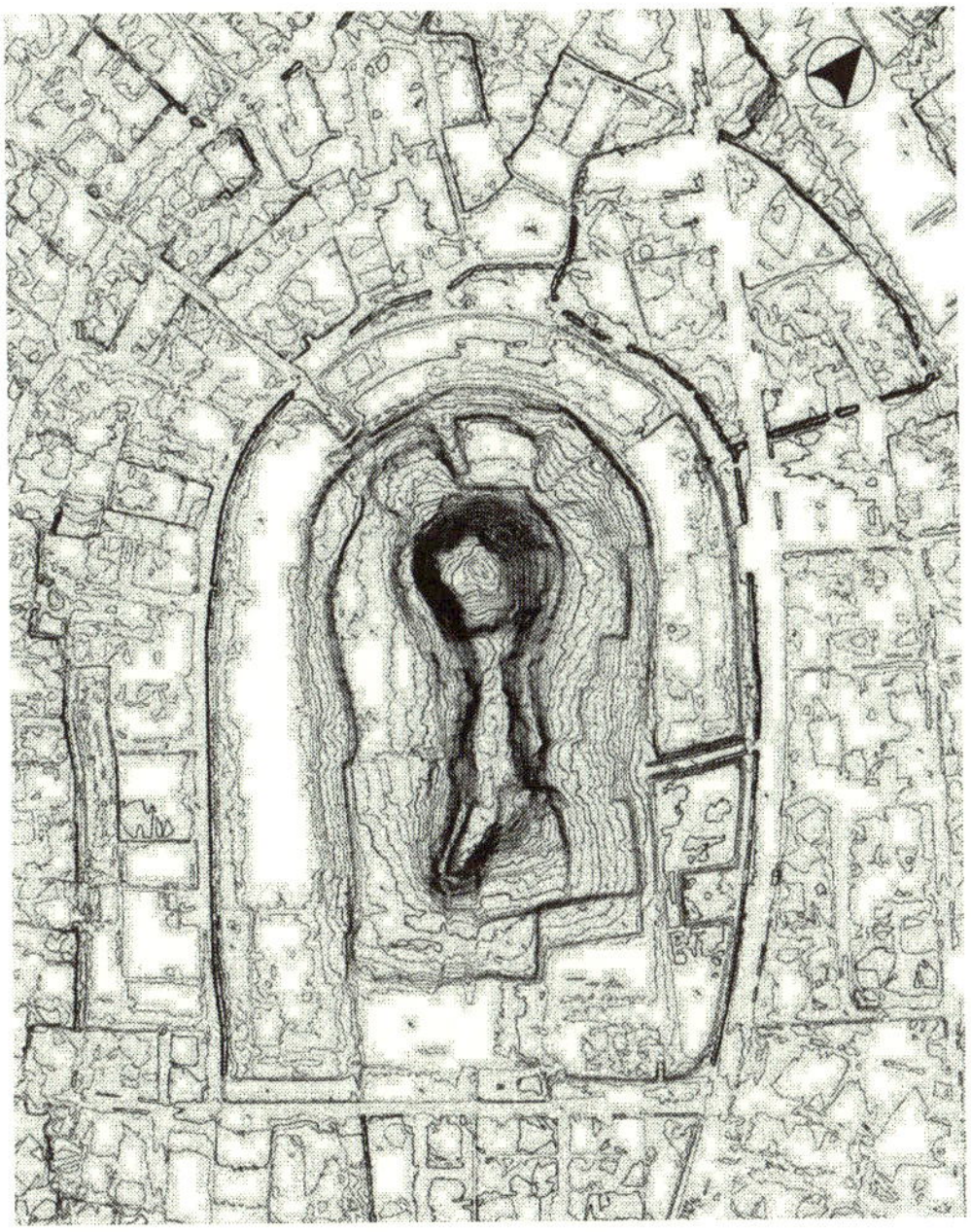
津堂城山古墳　墳丘測量図（＊８山田文献より）

古墳のテラスを利用した施設は城郭の防御ラインを横堀や帯曲輪の可能性があり、大規模な曲輪の存在が見込めないこともふまえ、津堂城山古墳は岡ミサンザイ古墳と同じく戦国末期に陣城として利用された可能性が高い。伝承などのとおり、永禄～天正にかけての戦乱で三好氏を中心とする勢力が利用したものと考えたい。[*9]

＊５　詳しくは、遠藤啓輔「岡ミサンザイ古墳」（高田徹編『図説 近畿中世城郭事典』、城郭談話会、二〇〇四年）、同「古墳の城郭利用に関する一考察」（『城館史料学』３、城館史料学会、二〇〇五年）の成果を参照にされたい。

＊６　＊５遠藤「岡ミサンザイ古墳」。

＊７　＊４村田論文。

＊８　山田幸弘編『津堂城山古墳 古市古墳群の調査研究報告Ⅳ』（藤井寺市教育委員会、二〇一三年）。

＊９　ただし、三好康長は高屋城に拠った三好方の中心人物であり、天正二年以降は城主にふさわしい立場にあった。『西国三十三所名所図会』などの伝承は高屋城と津堂城山古墳の城郭（小山城）を混同した可能性もある。なお、高屋城との距離は約三・八キロであり、同じく前方後円墳を利用した城郭であった。

河内・大和国境の性格が異なる二つの山城

68 二上山城《にじょうさんじょう》
69 七郷山城《しちごうやまじょう》

68 二上山城 ①所在地 南河内郡太子町山田・奈良県葛城市染野 ②時期 戦国期 ③主体 赤沢氏、大和国人、木沢氏 ④遺構 曲輪・土塁・堀切

69 七郷山城 ①所在地 柏原市国分東条町・奈良県香芝市関屋北 ②時期 戦国期 ③主体 ― ④遺構 曲輪・土塁・堀切・横堀・虎口

【概要】二上山城は南北朝期に使用されたが、天文十年（一五四三）頃の木沢長政による整備が知られ、現在の遺構は戦国期の大規模山城である。七郷山城は戦国期の小規模山城であるが、両城は河内・大和国境に位置する点が共通している。

【立地】二上山城は河内・大和国境の相耳峰である二上山に立地する山城である。*1 大和側の雄岳（標高五一七メートル）の比高は約四〇〇メートル、河内側の雌岳（標高四七四メートル）は約三八〇メートルで、両国を結ぶ古代以来の竹内街道の峠が近い。

七郷山城は、同じく河内・大和国境の稜線上の標高二五六メートルに立地し、眼下に両国を結ぶ竜田越が並走する大和川の渓谷を見下す。比高は大和側約一三〇メートル、河内側約二二五メートルで、国分越という山道が城内を通過していた。*2 二上山城とは直線で約五キロ離れ、近隣に集落は存在しない。

河内側から見た二上山。左が雄岳、右が雌岳

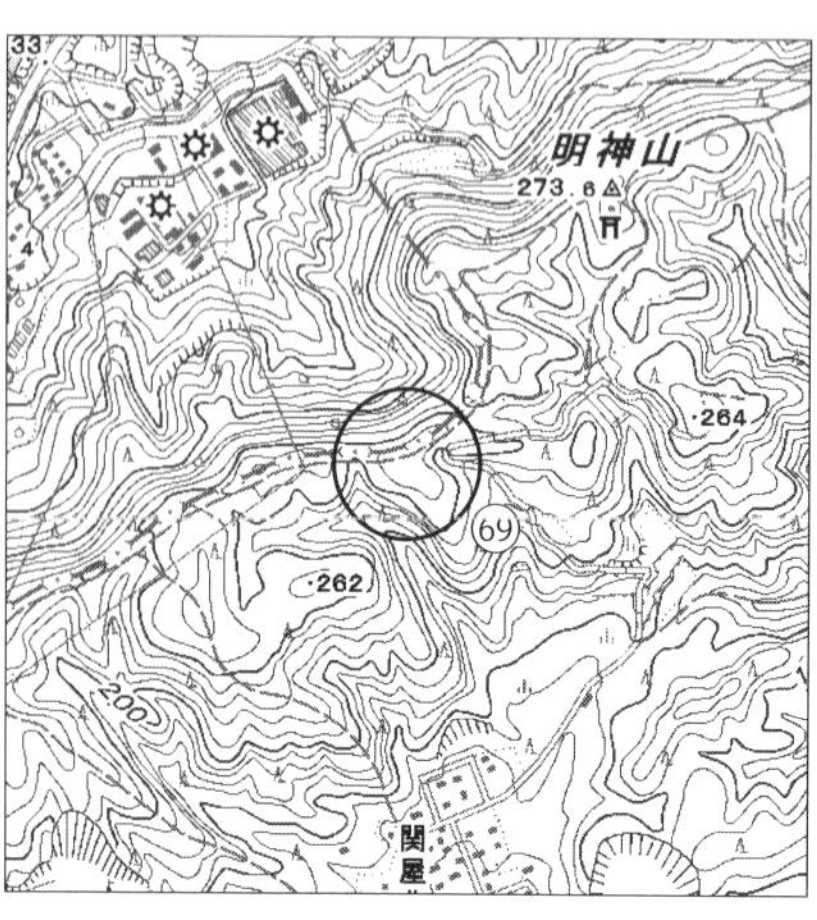

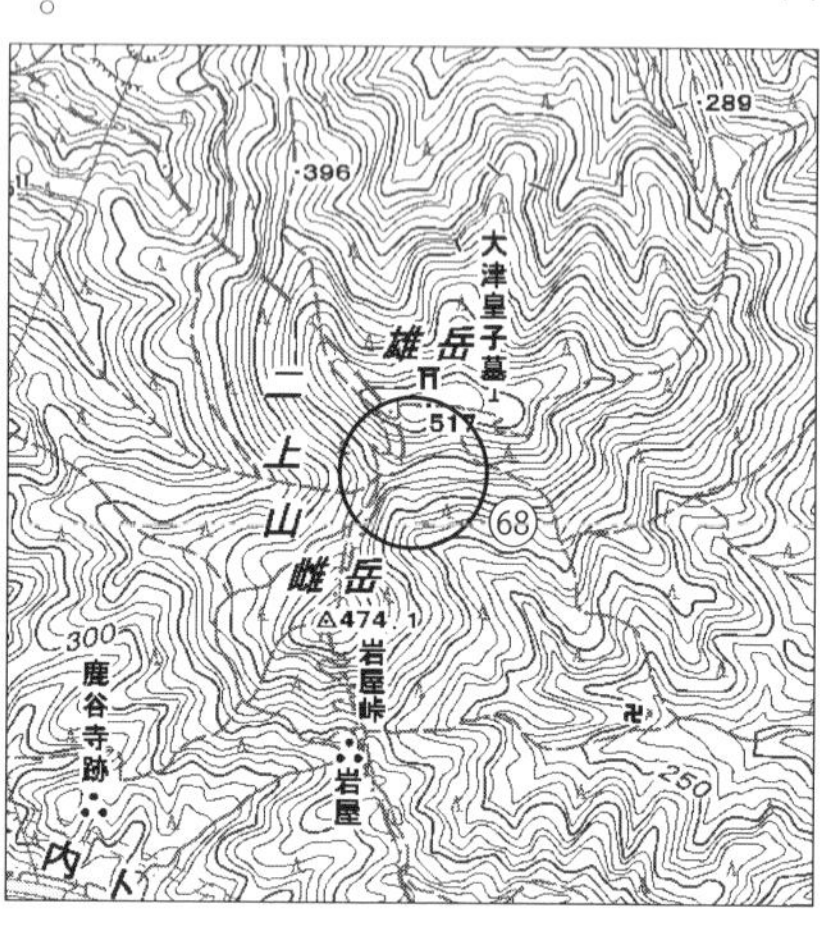

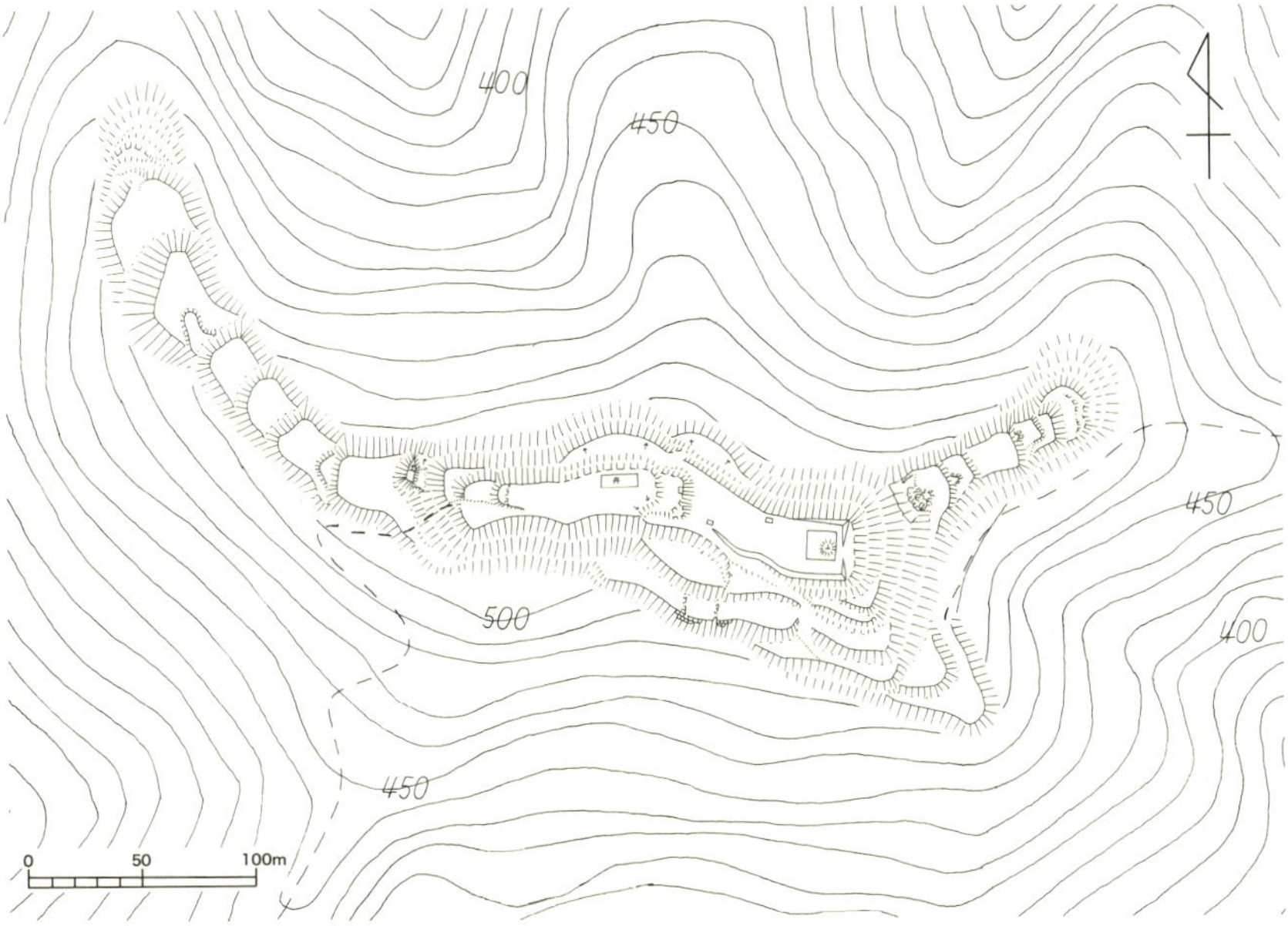

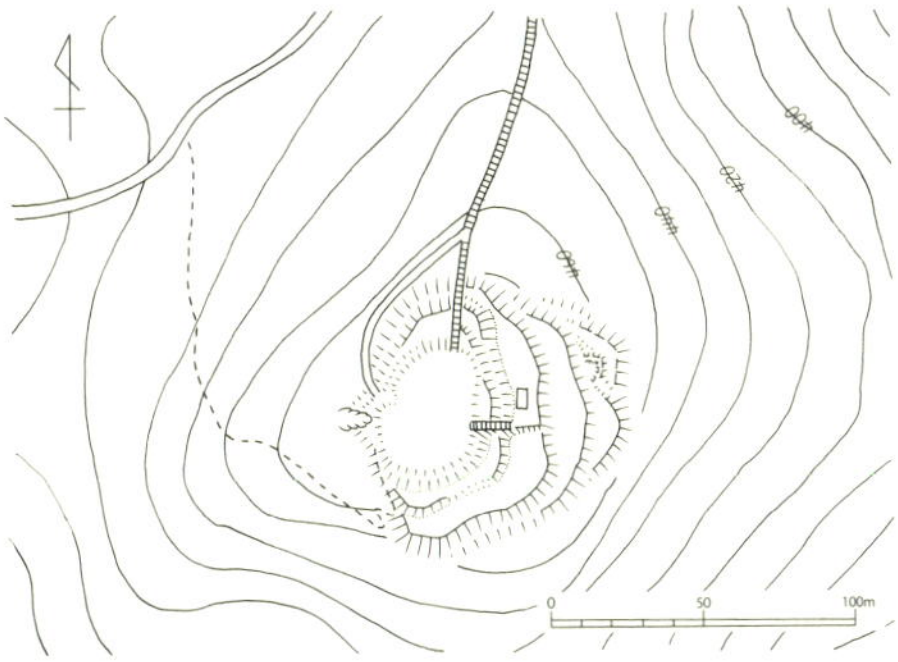

二上山城 概要図（作図：中西裕樹）
上：雄岳　下：雌岳

【歴史と背景】 延元二年（一三三七）に南朝方の安満了願《あまりょうがん》は「於二上城令勤仕籌役、相待兇徒」と城に詰め、山麓で北朝方との合戦に及んだ（『紀伊続風土記《きいぞくふどき》』）。戦国期の永正二年（一五〇五）、畿内で影響力を強めていた細川京兆家の細川政元は配下の赤沢《あかざわ》朝経に河内侵攻を命じ、翌年に守護所誉田と高屋城（ともに羽曳野市）を落とす。当時の畠山氏は両流に

＊1　村田修三「二上山城」（『日本城郭大系』10、新人物往来社、一九八〇年）、鍋島隆宏「二上山城」（大阪府教育委員会『南河内における中世城館の調査』、二〇〇八年）。なお、雄岳山頂は宮内庁管理の「大津皇子二上山墓」がある。

＊2　村田修三「七郷山城」（『日本城郭大系』10、新人物往来社、一九八〇年）、金松誠「七郷山城」（髙田徹編『図説 近畿中世城郭事典』、城郭談話会、二〇〇四年）。

＊3　木沢長政は畠山義就流の有力内衆で、細川京兆家にも属して大和国を含む広域に支配を及ぼした。木沢氏については、小谷利明「義就流畠山氏の河内支配」（『八尾市立歴史民俗資料館研究紀要』8、一九九七年）、同「畿内戦国期権力と真宗寺院―河内国渋川郡慈願寺を中心に―」（『佛教史学研究』43-2、佛教史学会、二〇〇一年）、弓倉弘年「戦国期義就流畠山氏の動向」（同『中世後期畿内近国守護の研究』、清文堂出版、二〇〇六年）を参照。

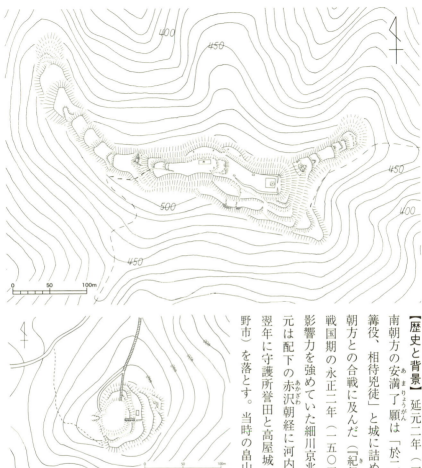

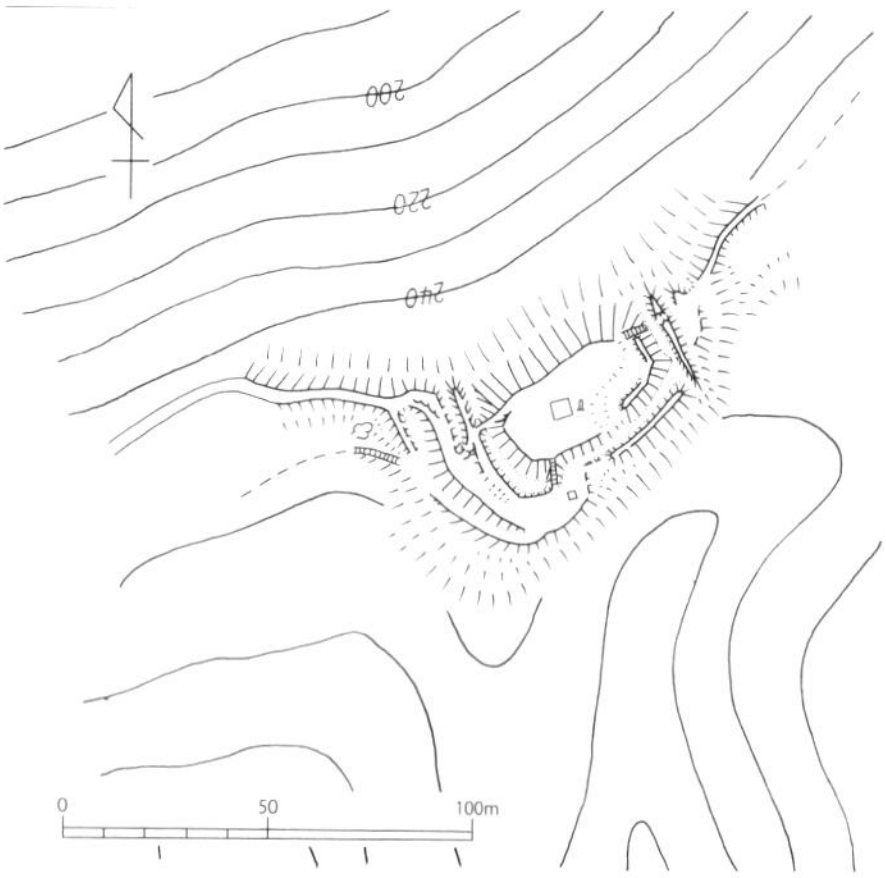

七郷山城 概要図（作図：中西裕樹）

分かれた畠山義英と畠山尚順の和睦に成功していたがともに没落し、朝経は河内攻撃への不参加を理由に大和国にも軍勢を進めていく。

赤沢方は河内・大和国境の二上山を城に取り立てたと思われ、永正四年に政元が暗殺されると、高屋城の細川勢が撤退した。そして赤沢方の和田源四郎らの軍勢が二上山を逃れ、大和桜井（奈良県桜井市）で数百人が討たれた。この後、朝経の養子である長経が再び大和に侵攻すると、今度は一揆を結んだ大和国人が蜂起して二上山などに篝火をあげている（『多聞院日記』）。

天文十年（一五四一）頃になると、木沢長政が二上山城を整備した。*3 長政は天文四年に二上山城から北に約一〇キロ離れた河内・大和国境に近い信貴山朝護孫寺の地に信貴山城（奈良県平群町）を築き、飯盛山城（四條畷市・大東市）から移っていた。

天文十一年に長政は「信貴城、二上、飯盛等城郭之人数五千余人」（『惟房公記《これふさこうき》』）を率いて出撃し、河内太平寺（柏原市）で畠山氏らと戦って死亡する。二上山城は「二上并信貴両城焼失候」（『証如上人日記』）と信貴山城とともに落城したが、城の「大将」は一族の木沢中務であり（『多聞院日記』）、信貴山城、飯盛山城と並ぶ長政の拠点であったと思われる。また、天文十年には伊賀国境に近い山城国の笠置寺を笠置城（京都府笠置町）として整備した。長政は国境付近の山城を重視し、既存の宗教施設などを利用しつつ、大規模な整備を行ったと思われる。*4 なお、七郷山城の歴史につ

＊4　拙稿「木沢長政の城—拠点城郭の立地と背景—」（『史敏』八、史敏刊行会、二〇一一年）を参照されたい。左は木沢長政が山城とした信貴山朝護孫寺。なお、江戸幕府の京都大工頭中井家が伝えた城絵図には「木沢殿取立之時之古屋敷」との注記がなされている。

＊5　すぐ北側の明神山は葛城修験の二十八宿の経塚の一つとされている。

いて、詳しく知ることはできない。[*5]

【構造と評価】二上山城のうち、雄岳の遺構は東西約四四〇×南北約一七〇メートルに及ぶ大規模な連郭式山城である。[*6]ピークの西側に土塁を伴う小さな曲輪が認められるが、ほかは高低差が大きく明確な切岸を持ったまとまった面積を持つ曲輪を連ねている。

　戦国期の畿内における地域支配の場となる大規模山城では土塁の使用が抑制的であり、[*7]後の利用をふまえる必要があるものの、ほかの木沢長政の山城にも大規模な曲輪が確認される。雄岳の遺構は長政段階で成立し、拠点城郭らしい山城構造であったと評価したい。雌岳には約一〇〇メートルの範囲に数段の削平地が認められるが、アジア・太平洋戦争の際に民間防空監視哨として、聴音壕と通信室兼控室、防空壕が設けられ、在郷軍人や学生が詰めていた。[*8]削平地は、城郭遺構の可能性があるものの改変も大きいだろう。

　七郷山城は、長辺五〇メートルの曲輪を中心とした単郭構造で、全体規模も一〇〇メートルに及ばない。しかし東側では尾根筋を完全に塞ぐ堀切と土塁を設け、西側にも多重の堀切で備える。曲輪の周囲には横堀があり、尾根を通る山道はここを通過する堀底道として取り込まれていたのだろう。小規模ながらも山道への強い意識が感じられる複雑な構造で、城には関門的な機能が備わっていたと思われる。また、横堀は戦国末期の畿内で発達する構造であり、陣城など臨時的な山城での使用が多いと考えられている。

　二上山城と七郷山城は、ともに河内・大和国境の山城であるが、規模や構造には大きな差が認められた。[*9]この要因は時期差にあるかもしれないが、拠点城郭と山道を掌握するという山城の目的の差が大きいように思う。

＊6　雄岳は大半が奈良県に属するが、府下では飯盛山城、芥川山城、根福寺城に次ぐ規模である。二上山周辺は一九九八年の台風によって風倒木の大きな被害を受けた。掲載の図はそれ以前に作成した図である。

＊7　拙稿「城館と都市の土塁が示すもの」（『城館史料学』9、城館史料学会、二〇一四年）。

＊8　大西進『日常の中の戦争遺跡』（アットワークス、二〇一二年）。

＊9　＊1・2村田論文では、二上山城は後の松永久秀の段階で利用された可能性を述べる。また、七郷山城は信貴山と二上山城をつなぐ機能があり、畠山氏に属した大和国人片岡氏や木沢・松永氏の関与を想定している。＊2金松論文では七郷山城を永禄十二年（一五六九）に松永久秀が大和片岡城（奈良県上牧町）を攻めた際に築いた陣城の可能性を指摘している。

南北朝期の使用が確認される戦国の小規模山城

70 平《ひら》石《いわ》城《じょう》

①所在地 南河内郡河南町平石
②時期 南北朝～戦国期
③主体 平岩氏
④遺構 曲輪・帯曲輪・堀切

【概要】平石城は南北朝期に南朝方の城郭として機能し、遺構からは戦国期にも使用されたことがうかがえる。

【立地】大和国境に近い平石集落の標高二四四メートルの通称城ヶ塚、または鎮守山と呼ばれる山に立地し、集落との比高は約八〇メートルである。東西に長い谷地形の平石には平石峠街道が走り、西の富田林方面と平石峠を経て大和の当麻方面を結び、竹内街道に合流している。近隣には南北朝期の落城とともに焼け落ちたという高貴寺があり、ともに府指定史跡である。＊1

集落からみた平石城

【歴史と背景】『太平記』巻三十四「平石城軍事付和田夜討事」には、延文五年（一三六〇）に北朝の畠山国清らが河内に侵攻し、平石城は「城戸」「逆木」を破られる猛攻を受けた。城兵は金剛山を目指して落ちたとあり、細川清氏が配下の武士の軍忠を承認している（『田代文書』）。同時に龍泉寺城（富田林市）も攻略され、この合戦の後に南朝方の楠木正儀や和田正武は赤坂城（千早赤阪村）に籠るも、間もなく金剛山方面に撤退した。『平石城旧記』によれば、城主とされる平岩氏は元弘三年（一三三三）に後醍醐天皇を迎えようとしたというが、以降の歴史や在地の状況につ

＊1 前田航二郎「平石城」（『日本城郭大系』12、新人物往来社、一九八一年）。高貴寺は役行者の開基を伝える真言宗の寺院である。城跡には近世に建てられた平石大明神の祠や平岩茂直城跡・平岩城内祈願所などの石碑が存在し、南朝方の史跡として顕彰されてきた様子がうかがえる（左）。

いては不詳である。

【構造と評価】遺構は細長い山頂部の集落側端部のみで確認でき、地形に即した形の曲輪と周囲の帯曲輪が確認できる。全体の規模は五〇メートル四方に満たず、単郭の小規模山城と評価ができるであろう。

曲輪内部の削平は不十分であり、城の臨時性がうかがわれる。帯曲輪は北西のピークや小規模な尾根が派生する部分で堀切となり、遮断線が連続する横堀に近い形態になっている。このような帯曲輪は近隣の金胎寺城（富田林市）などでも確認され、戦国期の山城形態であることは間違いないだろう。また、横堀は陣城など臨時性の強い城郭で使用が顕著であり、当城の曲輪の状況とあわせると、南北朝期と同様、守護畠山氏をめぐる河内一国の軍事的緊張において、当城が取り立てられたことが推測できる。[*2]

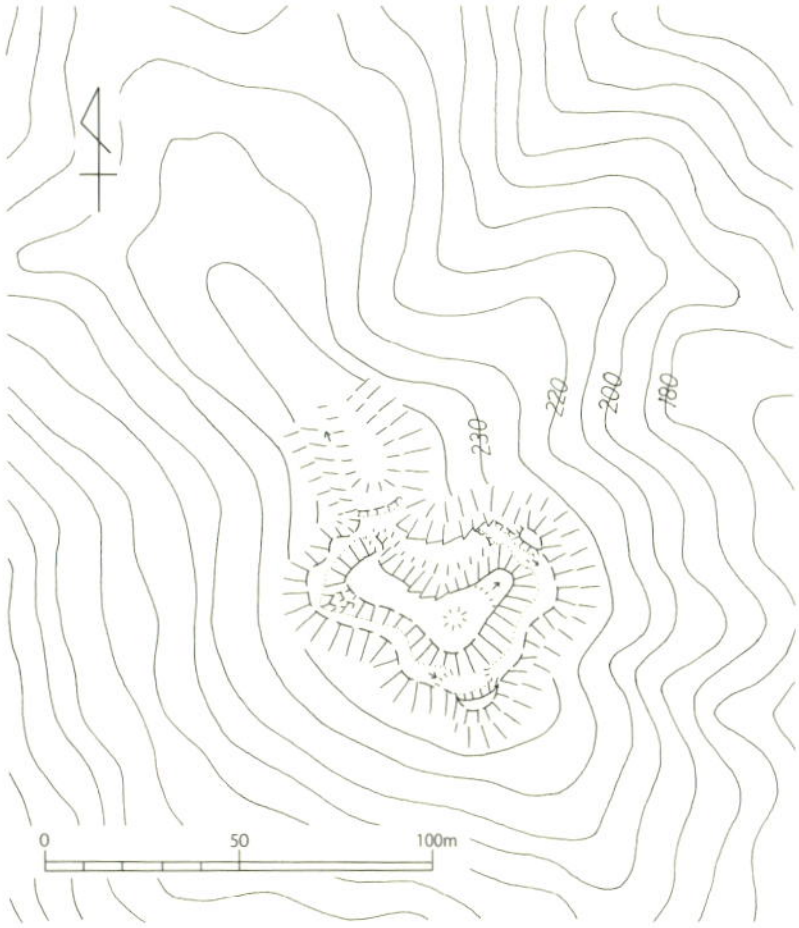

平石城 概要図（作図：中西裕樹）

上：北の帯曲輪から上の曲輪を見上げる　下：帯曲輪南の堀切

＊2　林部與吉「楠公築城論」（『上方』39、一九三四年）では、南朝方の「金剛山要塞」の一つとして理解されている。近隣の南朝方による城郭と連動して機能したことは想定される。平石の谷筋からは同じく南北朝期に機能した嶽山城（龍泉寺城）を正面にのぞむことができる（左）。

地域住民が開発して発展した河内の寺内町

71 富田林《とんだばやし》寺内町《じないまち》
72 大ヶ塚《だいがづか》寺内町《じないまち》

71 富田林寺内町 ①所在地 富田林市富田林 ②時期 戦国〜江戸期 ③主体 寺内町住民 ④遺構 地割

72 大ヶ塚寺内町 ①所在地 南河内郡河南町大ヶ塚 ②時期 戦国〜江戸期 ③主体 寺内町住民 ④遺構 地割

【概要】富田林寺内町と大ヶ塚寺内町は、いずれも戦国期に地域の住民が荒れ地を開発してはじまった。武家権力から都市特権を獲得し、近世以降も地域の町場として発展した。*1

【立地】富田林寺内町は、東を流れる石川の河岸段丘の端に立地し、南と東で石川に面している。京都と紀伊を結ぶ東高野街道と紀伊方面へと続く富田林街道（水越峠道）が交差する場所でもある。大ヶ塚寺内町は、石川の支流である梅川と浦川に挟まれた河岸段丘上に立地し、富田林からの道と古市（羽曳野市）と千早方面を結ぶ道が交差している。両寺内町の間は、約二キロと近い。

【歴史と背景】富田林寺内町は永禄初年（一五五八）頃、興正寺証秀が土地を買得し、近在の中野・新堂・毛人谷・山中田の有力者が開発を進めたという。*2 富田林は、永禄四年には高屋城（羽曳野市）の武将三好康長から、大坂寺内町と同じ都市特権を得た。翌年には、河内を中心とする地域権力であった安見宗房から「大坂並」の特権を守護畠山高政の介在を経て獲得し、同年には高屋城の在城衆から「寺法惣国可為寺内事」とある特権を得た。*3 これらはほかの都市共同体とのネットワークの発展

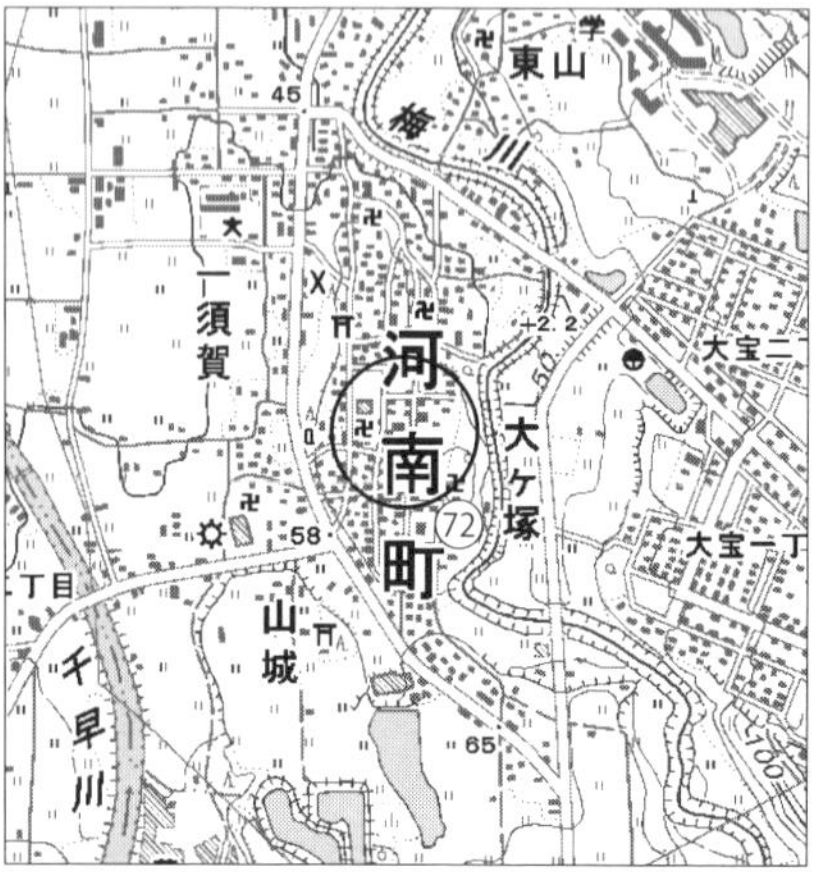

上：石川河川敷からみた富田林寺内町
下：梅川河川敷からみた大ヶ塚寺内町

を示唆し、富田林寺内町が興隆する基礎となった。*4 元亀元年（一五七〇）には、大坂本願寺と織田信長が「石山合戦」を繰り広げる中、富田林は信長から朱印状を得て寺内町は維持された。近世以降は河内を代表する在郷町となり、酒造業や染物業などを中心として、とりわけ元禄年間（一六八八～一七〇四）以降の発展が知られる。

大ヶ塚寺内町は、天文年間（一五三二～一五五五）に近在の山城・一須賀などの住民が「茫々たる柴山」を開発し、後の大念寺も建立されたと伝承される（『大雅塚由来略記』、『紫雲山歴代録』）。永禄初年（一五五八）頃に紀伊の根来衆が城を築いて人口も増えたが、永禄十一年に織田信長の河内攻撃で退去したという。*5 大ヶ塚は富田林寺内町との間に位置する大伴（富田林市）が元亀三年（一五七二）に「富田林・大ヶ塚並」とする都市特権を得ていることから、少なくともこの時点までに寺内としての特権を得ていた。天正元年（一五七三）には織田政権の武将柴田勝家から禁制を得、同九年に京都で行われた馬揃《うまぞろえ》を記す『信長公記』には「二番、蜂屋兵庫頭、并に河内衆・和泉衆、根来寺の内大ヶ塚、佐野衆」とある。近世は周辺農村からの移住があり、農産物の集積地となって酒造業も行われた。

【構造と評価】 富田林は段丘上に町場が東西約四〇〇×南北約三二〇メートルにわたって展開する。直線の城之門筋や

＊1　以下、大澤研一「富田林」「大ヶ塚」（大阪歴史博物館編『大阪の町と本願寺』、毎日新聞社、一九九六年）を参照されたい。

＊2　富田林には興正寺別院があり、「富田林御坊」と呼ばれて寺内町の核となっている（左）。本堂や鐘楼などは国指定重要文化財。

＊3　小谷利明「戦国期の河内国守護と一向一揆勢力」（『佛教大学総合研究所紀要別冊』「宗教と政治」、一九九八年）を参照。

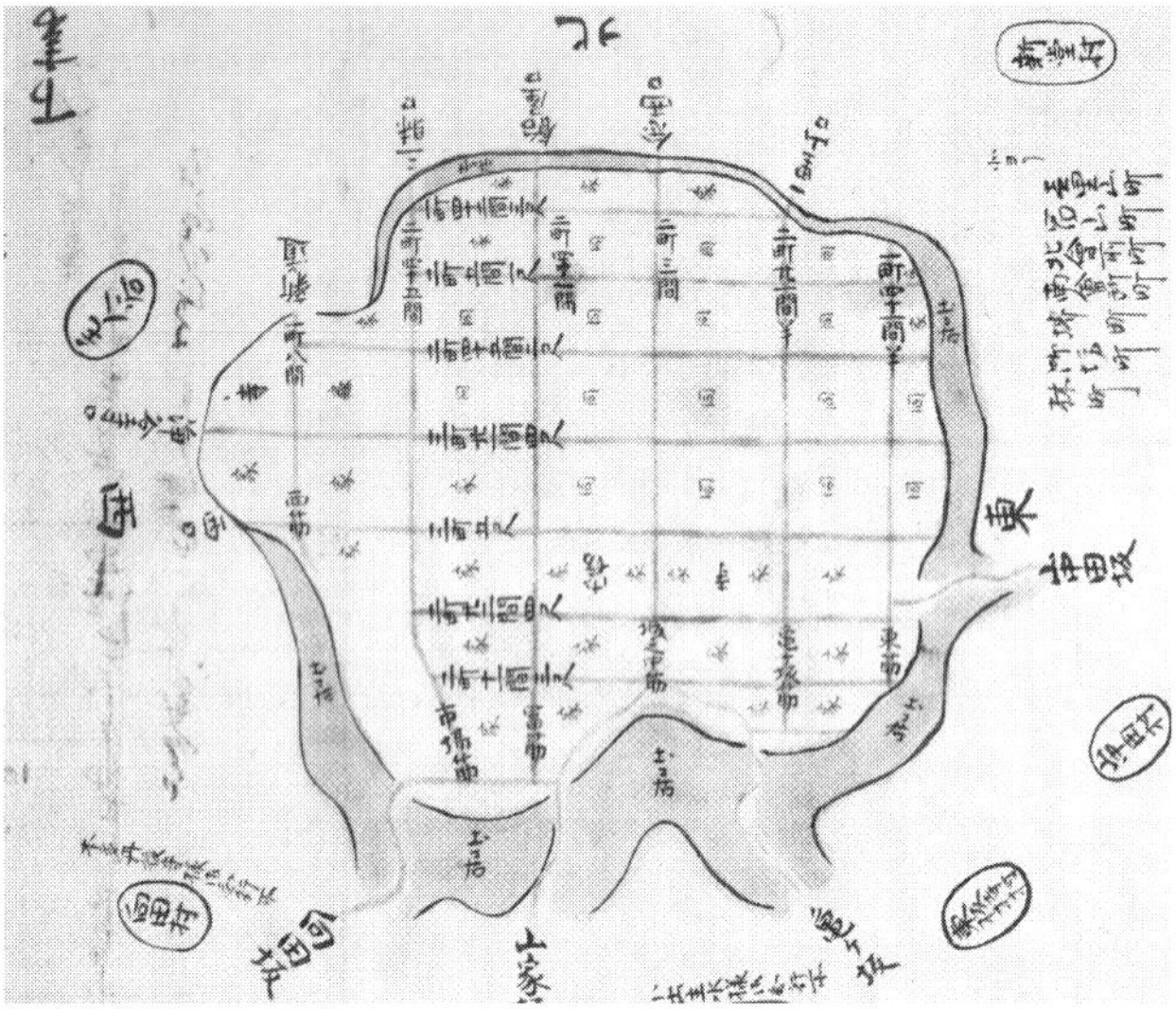

富田林村絵図下書（宝暦３年〈1753〉。富田林市教育委員会蔵）

亀ヶ坂口筋、富筋など六本の南北道路と、交差する七本の東西の直線道路によって整然とした町割がなされ、壱里山町、富山町、北会所町、南会所町、堺町、御坊町、西林町、東林町が成立し、興正寺別院が存在を示していた。これまで寺内町では、発掘調査が実施されてきたが、検出された遺物や遺構の多くは近世のものであり、戦国期の様相は不明な点が多い。*6

この富田林寺内町は、土塁で囲まれていたと説明されることが多いが、現状の遺構として地表面では確認できない。戦国期の寺内町のうち、明確な遺構をとどめる山科寺内町（京都市）では巨大な土塁で町を囲み、おそらく大坂寺内町も同様であった。ただし、これらは本願寺の本山であり、すべての寺内町に共通する特徴ではない。*7 富田林に残る宝暦三年（一七五三）の村絵図（右）には、町のほぼ周囲が茶色の帯状に塗られ「土居」と記入される。幅は一定せず、特に石川に面した段丘端で周囲との高低差が大きい南側で顕著である。これは、安永七年（一七七八）の絵図が町の囲む朱線に「高岸」と書きこむように、「土手」と考える方が自然であろう。段丘上の地形が続き、比較的高低差に乏しい北側には土塁が設けら

富田林寺内町の城之筋通の町並み

石川の河岸段丘側の亀ヶ坂

＊4　仁木宏『空間・公・共同体　中世都市から近世都市へ』（青木書店、一九九七年）を参照。

＊5　北組の顕證寺は善念寺といい、根来衆の寺であったとされる（左）。南組の大念寺は融

れた可能性はあるが、安永の絵図では高岸を示す朱色が描かれない。少なくとも十八世紀の時点での痕跡は乏しかったといえる。

大ヶ塚寺内町には、三町から成る北組と二町から成る南組があり、それぞれ直線道路による町割であったが、両者間の道路の軸線は一致せず、異なる空間となっている。周囲に明確な土塁の痕跡はない。

両寺内町は、高台に立地し、周囲の平野部や低地と高低差を伴うことで、その範囲を設定していた。近世以降も発展し続ける町場であり、歴史的にみても、軍事目的で土塁などが構築された可能性は低いように思う。

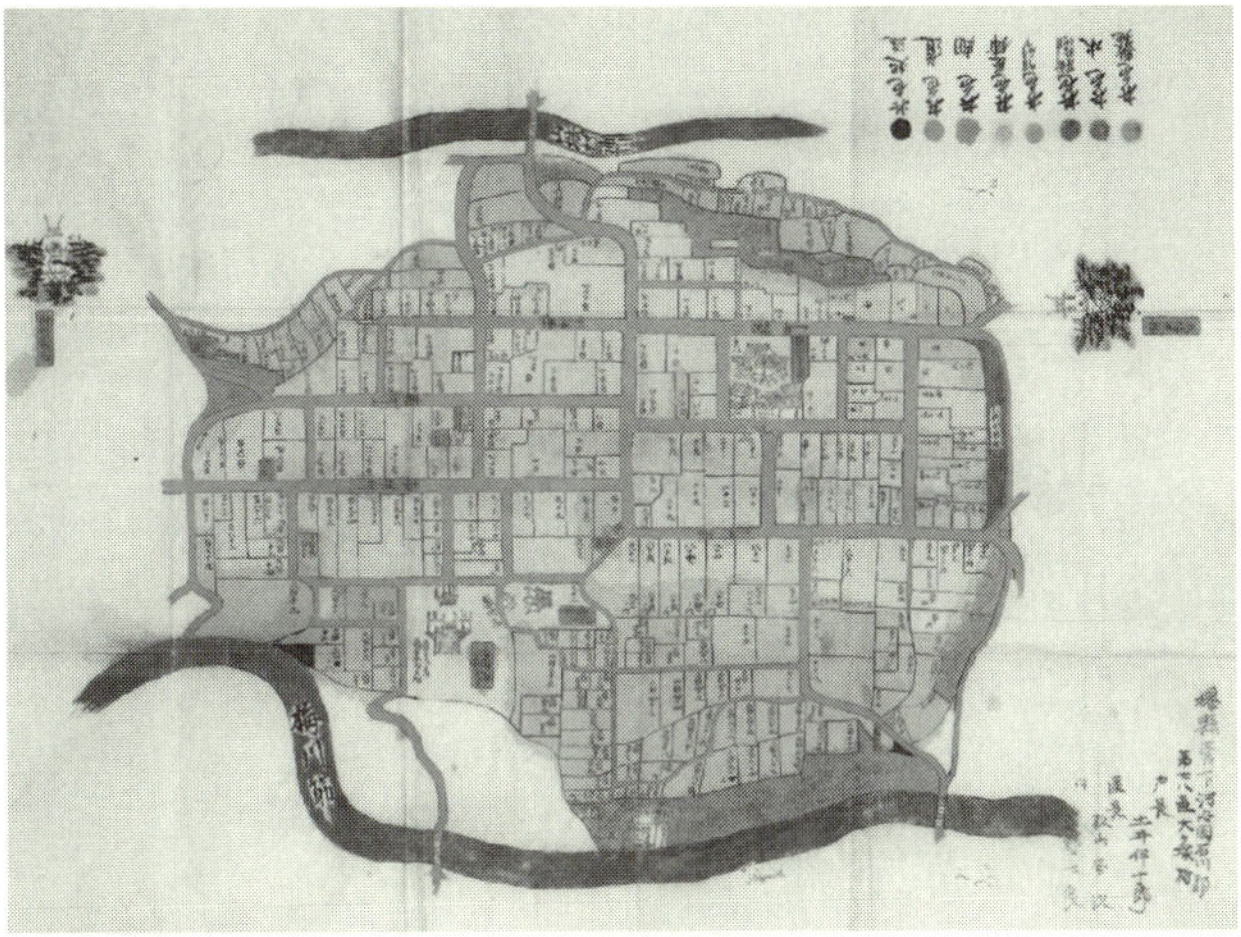

大ヶ塚村絵図（明治前期。＊1文献より転載）　＊右が北

大ヶ塚寺内町の北組と南組の間の東西道路

通念仏衆の中本山であった。

＊6　中辻亘「富田林寺内町遺跡」（『関西近世考古学研究』Ⅷ、関西近世考古学研究会、二〇〇〇年）、岡田清一『変わる寺内町像—発掘調査の成果から—』（八尾市立歴史民俗資料館、二〇一四年）。

＊7　仁木宏「寺内町と城下町—戦国時代の都市の発展—」（有光友學編『戦国の地域国家』日本の時代史12、吉川弘文館、二〇〇三年）。

発掘調査で横堀や瓦が確認された山城

73 山中田城《やまなかだじょう》

①所在地 富田林市かがり台
②時期 戦国期
③主体 —
④遺構 —

【概要】山中田城は、宅地造成に伴う発掘調査で確認された山城であり、現在は消滅している。*1

【立地】北へと伸びる標高約八五メートルの丘陵突端に立地し、山麓の山中田集落との比高は約二五メートルである。北側には水越峠を経て、大和国の御所へと向かう富田林街道（水越峠道）が走る。

【歴史と背景】山中田城は西大寺山遺跡の一部であり、近隣の篝山城と区別するために付けられた名称である。篝山城は南北朝期の楠木氏の塞とされ、杉山氏、または山中氏が拠るとされてきたが、現時点において遺構は把握されていない。*2 また、戦国期の近隣は守護畠山氏の抗争の舞台でもあったが、文献などで山中田城との関わりを押さえることはできない。

北に五〇〇メートル離れた河岸段丘には大伴寺内（富田林市）が存在した。大伴道場が中心であり、元亀三年（一五七二）には守護畠山氏や河内国守護代の遊佐信教らから近隣の寺内町である「富田林・大ヶ塚並」の寺内特権を与えられている。近世は農村であった大伴寺内の様相は不明であるが、戦国期に一定の町場が存在した可能性がある。大伴寺内は「坊舎破壊」となって衰退したが、背景には天正三年（一五七五）に高屋城（羽曳野市）を落とした織田信長の勢力が浸透し、その過程で戦いに巻き込まれたことが想定されている。*3

【構造と評価】山中田城は、南側の地形続きを少なくとも二重の堀切で遮断した連郭式山城である。

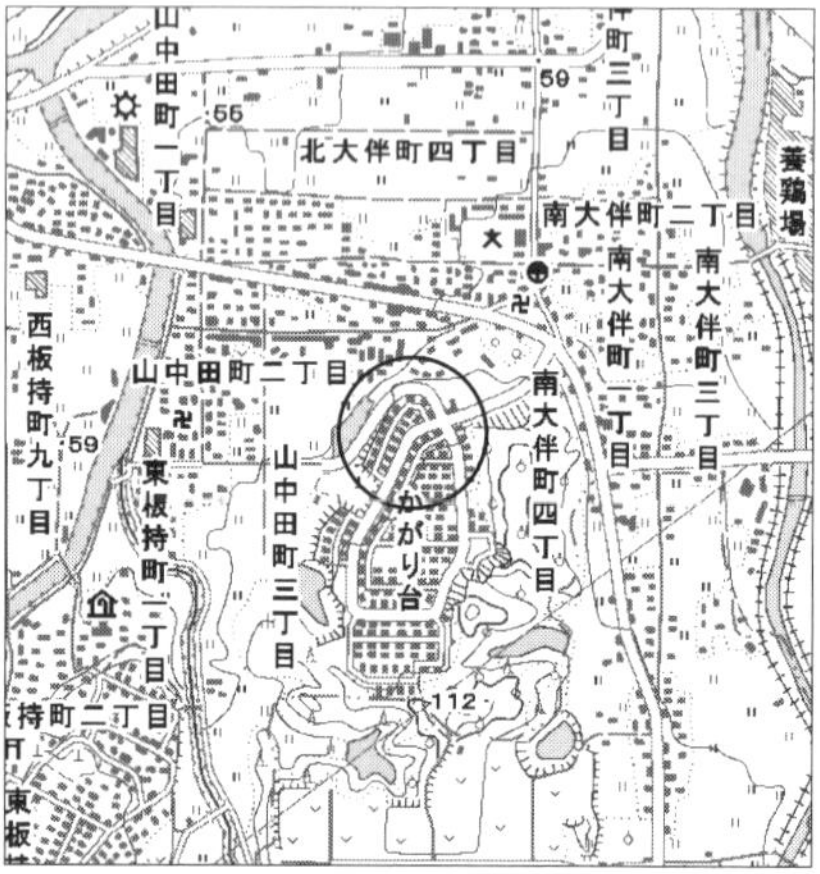

*1 青木昭和「西大寺山遺跡（山中田城）」（大阪府教育委員会『南河内における中世城館の調査』、二〇〇八年）。
*2 林部與吉「楠公築城論」（『上方』39、一九三四年）、前田航二郎「篝山城」（『日本城郭大系』12、新人物往来社、一九八一年）。
*3 大澤研一「大伴」（大阪歴史博物館編『大阪の町と本願寺』、毎日新聞社、一九九六年）。

城域は南北約一二〇メートルと大規模ではないが、最高所に約三〇メートル四方の主郭を設け、北側に各々堀切を介した二つの曲輪を設けている。発掘調査では、主郭部に建物の痕跡が検出され、十四世紀前半〜中頃の和泉型瓦器椀が出土し、北側の堀切では十五世紀末から十六世紀前半の土師質甕が出土している。また、主郭南側には多量の瓦が投棄されていた。河内国では烏帽子形城（河内長野市）の発掘で南北朝期に遡るものなど、多くの瓦の転用が確認されている。[*4] 山中田城においても、同様の想定が可能である。

また、主郭は東南コーナー部に土塁を設け、その東側裾では溝状の遺構が検出されている。この溝は南の堀切を経て主郭西側へと続くことから、横堀の可能性が高い。横堀は戦国末期における畿内の山城の特徴であり、当城が所在する河内南部は先の烏帽子形城を含めて顕著である。出土遺物の年代観に加え、大伴道場などを取り巻く地域社会の動きもふまえると、山中田城の使用年代は、南北朝〜戦国末期の幅でとらえる必要があるだろう。[*5]

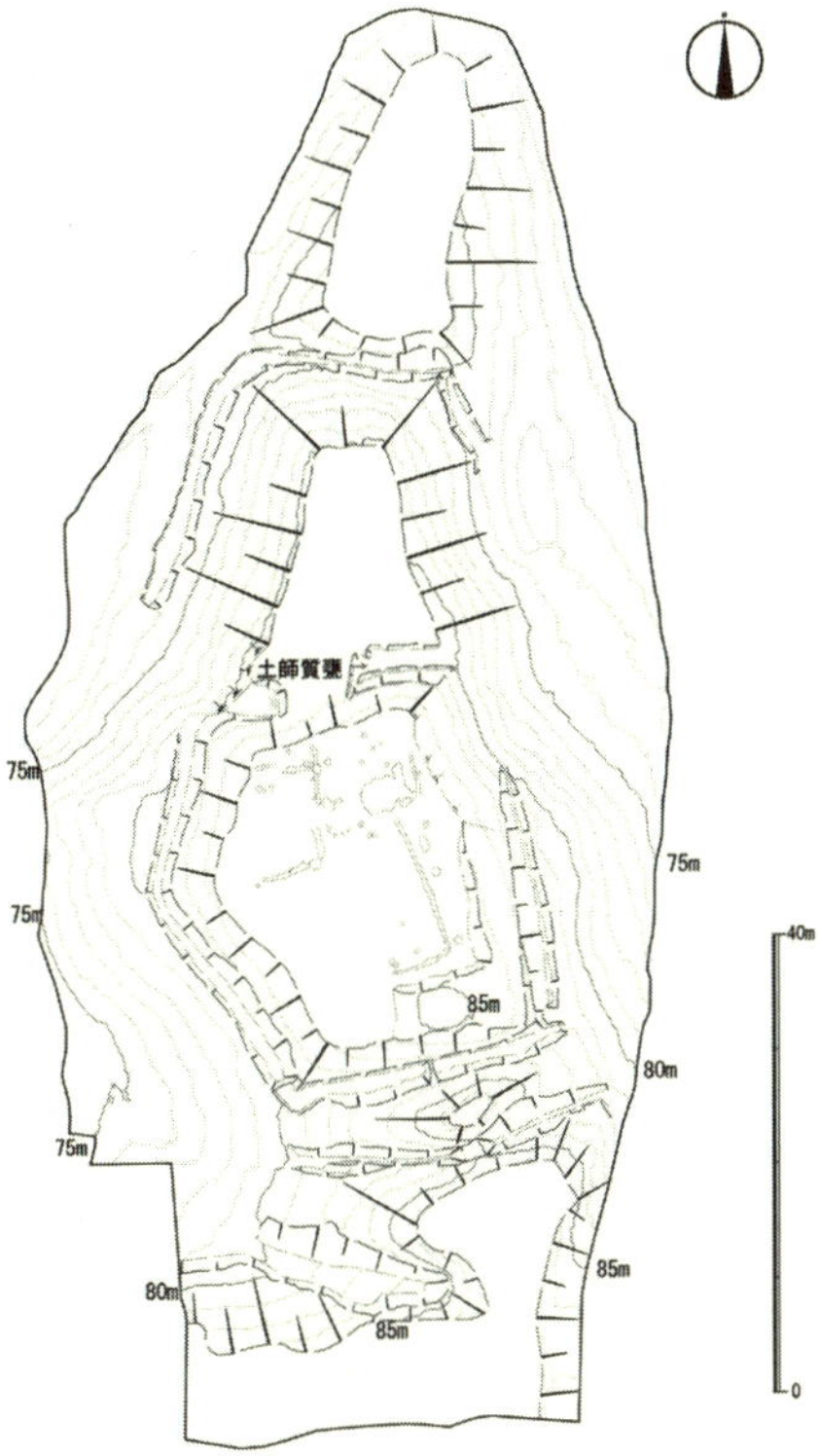

西大寺山遺跡（山中田城跡）遺構平面図（＊１青木論文より）

＊４　河内長野市教育委員会『烏帽子形城跡総合調査報告書』（二〇一一年）。

＊５　富田林寺内町の開発には山中田の庄屋も参加したとされ、寺内町の東には山中田坂という口がある。左は別の口である亀ヶ坂口近くからみた山中田城跡方面の住宅地。

同一稜線上の府下でも稀有な城塞群

74 上赤坂城《かみあかさかじょう》
75 猫路山城《ねこじやまじょう》
76 国見山城《くにみやまじょう》

74 上赤坂城　①所在地　南河内郡千早赤阪村桐山・東阪　②時期　南北朝～戦国期　③主体　楠木氏、畠山氏か　④遺構　曲輪・帯曲輪・堀切・竪堀・横堀

75 猫路山城　①所在地　南河内郡千早赤阪村桐山　②時期　南北朝～戦国期　③主体　楠木氏、畠山氏か　④遺構　曲輪・帯曲輪・堀切・横堀

76 国見山城　①所在地　南河内郡千早赤阪村森屋　②時期　南北朝～戦国期　③主体　楠木氏、畠山氏か　④遺構　曲輪・帯曲輪・土塁・堀切

【概要】上赤坂城は、別名を小根田城、切（桐）山城、楠木本城という。昭和九年（一九三四）に「楠木城跡」として国指定史跡となった。[*1] 猫路山城、国見山城を含め、南北朝期に楠木正成が取り立てた城塞群とされるが、周辺の南河内は大和国や紀伊国と接し、戦国期には守護畠山氏を軸とした大規模な戦乱に見舞われた。いずれの遺構も戦国期のものであり、引き続き城塞群として機能したと考えられる。

【立地】上赤坂城は奈良県の境界を成す金剛山塊から北西に伸びる稜線突端の標高三四九メートルのピークに立地し、平地との比高は二一〇メートルである。同じ稜線上の南東に約七〇〇メートルの標高四〇六メートル地点に猫路山城、同じく約二キロの金剛山中腹にあたる標高六四六メートルの地点に国見山城が存在する。高低差は大きいが、付近には大和国南部の宇智郡方面へと至る千早街道や複数の山道が通り、この稜線にも同様のルートがあったものと思われる。

【歴史と背景】周辺は南北朝期の楠木正成と一族の拠点であり、正成は反鎌倉幕府

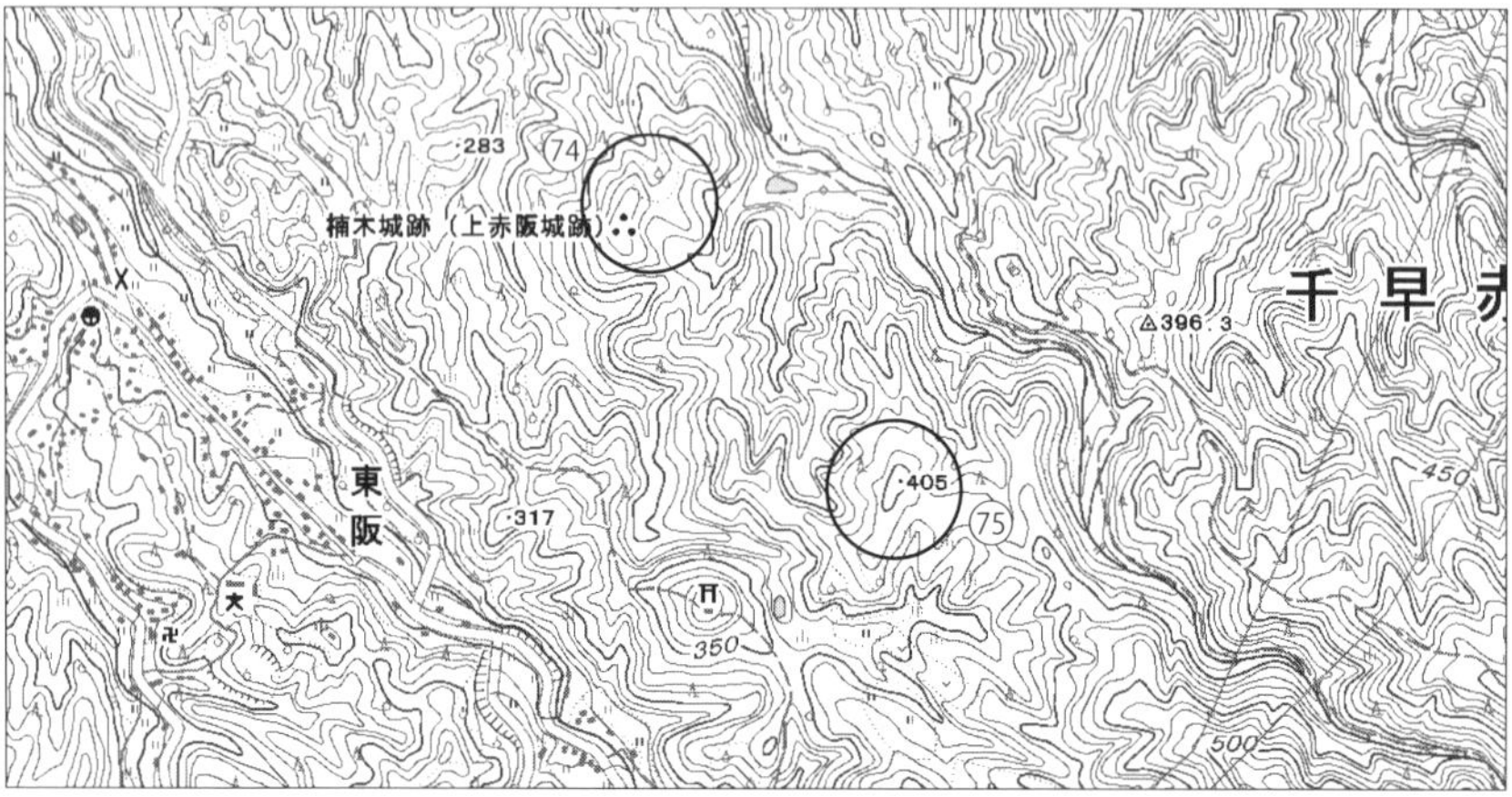

千早赤阪村の中心部からみた城塞群。右手前の山に上赤坂城跡、奥の稜線に猫路山城、国見山城がある

の兵を挙げた後醍醐天皇に与《くみ》して正慶二年（一三三三）に赤坂城に籠城し、千早城（千早赤阪村）で百日に及ぶ籠城戦に成功した。この後も楠木一族は、南河内を中心に北朝方との戦いを継続していく。*2

戦国期の河内・紀伊国守護畠山氏は大和国にも影響力を持ち、家督が分裂した後は敗れた勢力が大和・紀伊国へと没落し、河内奪還の合戦を度々引き起こした。文正元年（一四六六）に畠山義就は千早城の近くを通って金胎寺城（富田林市）へと進出しており、上赤坂城なども使用された可能性がある。また、畠山稙長は天文三年（一五三四）～同十一年の間に紀伊へと没落するが守護所高屋城（羽曳野市）への復帰を果たし、畠山高政はおよそ永禄元年（一五五八）から同十一年にかけて紀伊没落を繰返した。*3この間、南河内は軍事的な境目地域となり、文献では主に東高野街道沿いの金胎寺城や烏帽子形城（河内長野市）などの山城の利用が確認されるが、上赤坂城周辺の山道が利用されたことも想像される。

【構造と評価】 上赤坂城の構造は大きく三つに分かれる。Ⅰは標高約三四〇メートルのピークから派生する尾根上に約一〇〇メートルにわたって曲輪を配置し、周囲に派生する尾根を堀切で遮断する。南東の二本の堀切は段差を伴う帯曲輪で接続し、一部は横堀となる。城へのルートが取りつく東北の尾根続きに対しては「そろばん橋」と呼ばれる連続堀切と竪堀群を設けて遮断する。

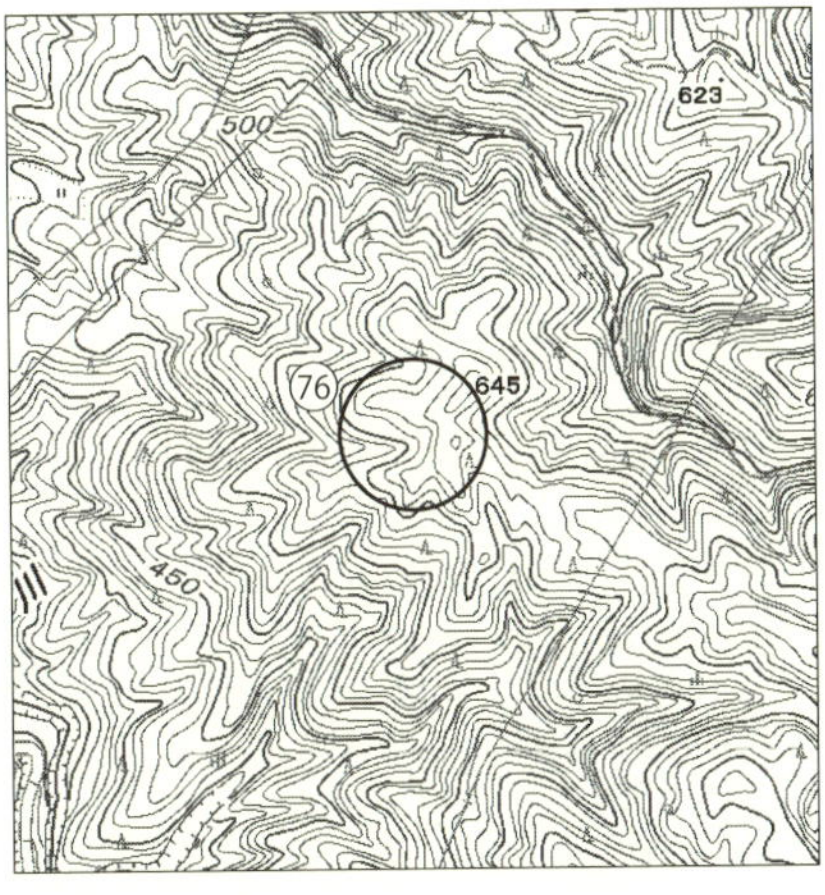

*1 同じ金剛山塊の千早城とともに南朝の忠臣である楠木正成の顕彰を目的に指定された。詳しくは尾谷雅比古「昭和9年における建武中興関係史蹟の指定について—大阪府を中心に—」（『藤澤一夫先生卒寿記念論文集』、同刊行会、二〇〇二年）を参照。なお「赤坂城」には下赤坂城と上赤坂城の二ヶ所があり、下赤坂城跡（国指定史跡 赤阪城跡）は、千早赤阪中学校の裏手とされ、石碑が建つ。しかし周辺は後世の改変も激しく、城郭遺構は確認できない。

Ⅱは「千畳敷《せんじょうじき》」といわれ、標高約三五〇メートルの約一〇〇メートルに及ぶ細長いピークを数段の曲輪とし、周囲に帯曲輪を設ける。派生する尾根には堀切を設け、特に南西斜面は堀切間を結ぶ長大な横堀となるが、猫路山へのルートが続く南東尾根の堀切は小規模である。ⅠとⅡの間のⅢは谷地形で「茶碗原」と呼ばれ、畑地利用の大きな改変を受けている。しかし、まとまった面積の曲輪であったと思われ、南東に派生する尾根には二重堀切を設けている。

上赤坂城は「一城別郭」の構造に近いが[*4]、特徴的な堀切の間をつなぐ帯曲輪や横堀によって一

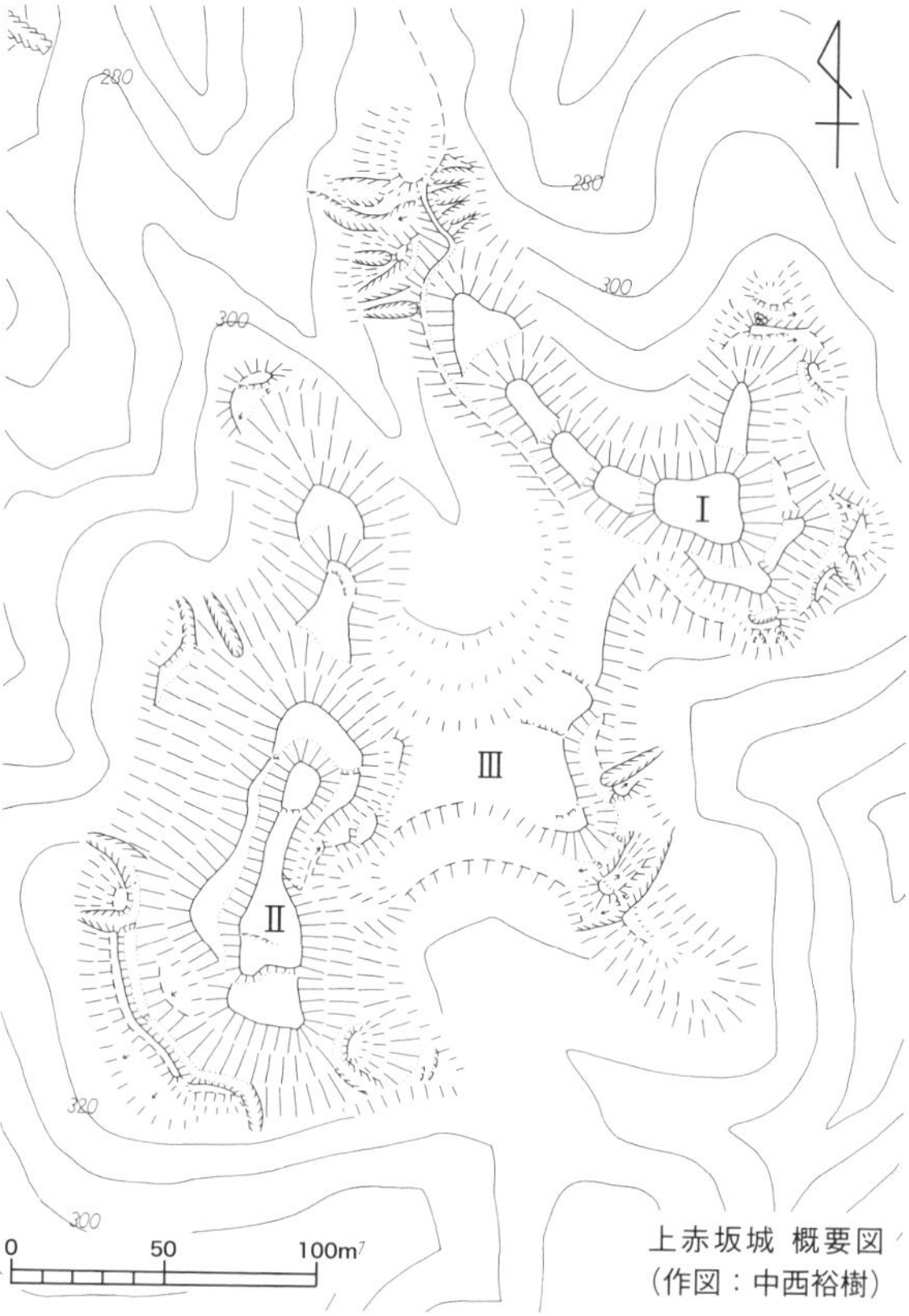

上赤坂城 概要図
（作図：中西裕樹）

上：上赤坂城Ⅰの東で帯曲輪が横堀となる部分
下：「そろばん橋」と呼ばれる連続堀切

下赤坂城跡に建つ石碑

体的な城域と防御ラインを設定し、山麓方面には強烈な遮断線を構築する。この構造は、戦国末期の畿内の特徴である。また、Ⅱでは発掘調査が行われ、建物と思われる柱穴などの遺構が確認され、十四～十六世紀にかかる遺物が出土した。戦国期に至るまで、長期にわたる城の使用が判明している。*5

猫路山城は約七〇メートルと細長いピークを数段の曲輪とし、周囲に帯曲輪を設けるが削平状況は良くない。南西隅に上赤坂城からのルートが到達し、この地点は尾根を分断しない浅い堀切を設けるだけである。一方、北側に派生する二本尾根には曲輪直下に横堀を設け、少し距離を置いた地点の各尾根の堀切がつながって長大な堀切となる。上赤

猫路山城 概要図（作図：中西裕樹）

上：猫地山城の尾根の間をつなぐ堀切
下：同北東の尾根に設けられた二重堀切の断面

＊2　南北朝期の楠木氏の城郭に対する考え方として林部與吉「楠公築城論」（『上方』39、一九三四年）、近年では角田誠「近畿地方における南北朝期の山城」（村田修三編『中世城郭研究論集』、新人物往来社、一九九〇年）の成果がある。

坂城との連郭を重視しつつ、構造にも共通性がうかがえる。また、国見山城へのルートが続く東側の尾根上は粗雑な削平地と浅い堀切が存在するが、尾根を完全に遮断するものではない。

国見山城は、平地からの比高約四七〇メートルと非常に高く、標高は約六四五メートルである。構造は大きく北側のⅠと南側のⅡに分かれる。Ⅰは狭隘な二つのピークを含んで二〇〇メートル以上にわたって粗雑な曲輪を連ね、周囲を帯曲輪とする。派生する三本の尾根上にはまとまった面積の曲輪が確保され、北に伸びるに二本の尾根の先端に堀切を設ける。一方、西に伸びる尾根の先端には堀切が認められず、根本の堀切状となる部分に猫路山城からのルートが取りつく。ルートはさらにⅠとⅡの間を通過し、金剛山方面へと続いていく。

Ⅱのピークはほぼ自然地形であるが、金剛山方面への尾根上を粗雑な曲輪として堀切を設ける。

国見山城 概要図（作図：中西裕樹）

国見山城Ⅰのピークの曲輪

国見山城Ⅰ・Ⅱの間のルート。堀切状となる

＊3　拙稿「戦国期における地域の城館と守護公権—摂津国、河内国の事例から—」（村田修三編『新視点 中世城館研究論集』、新人物往来社、二〇〇二年）。

ただし、この堀切も完全に尾根を寸断するものではない。西側に伸びる尾根はしばらく自然地形のまま下るが、先端に長辺一〇〇メートルに近い広大な面積の二段の曲輪を設けている。なお、

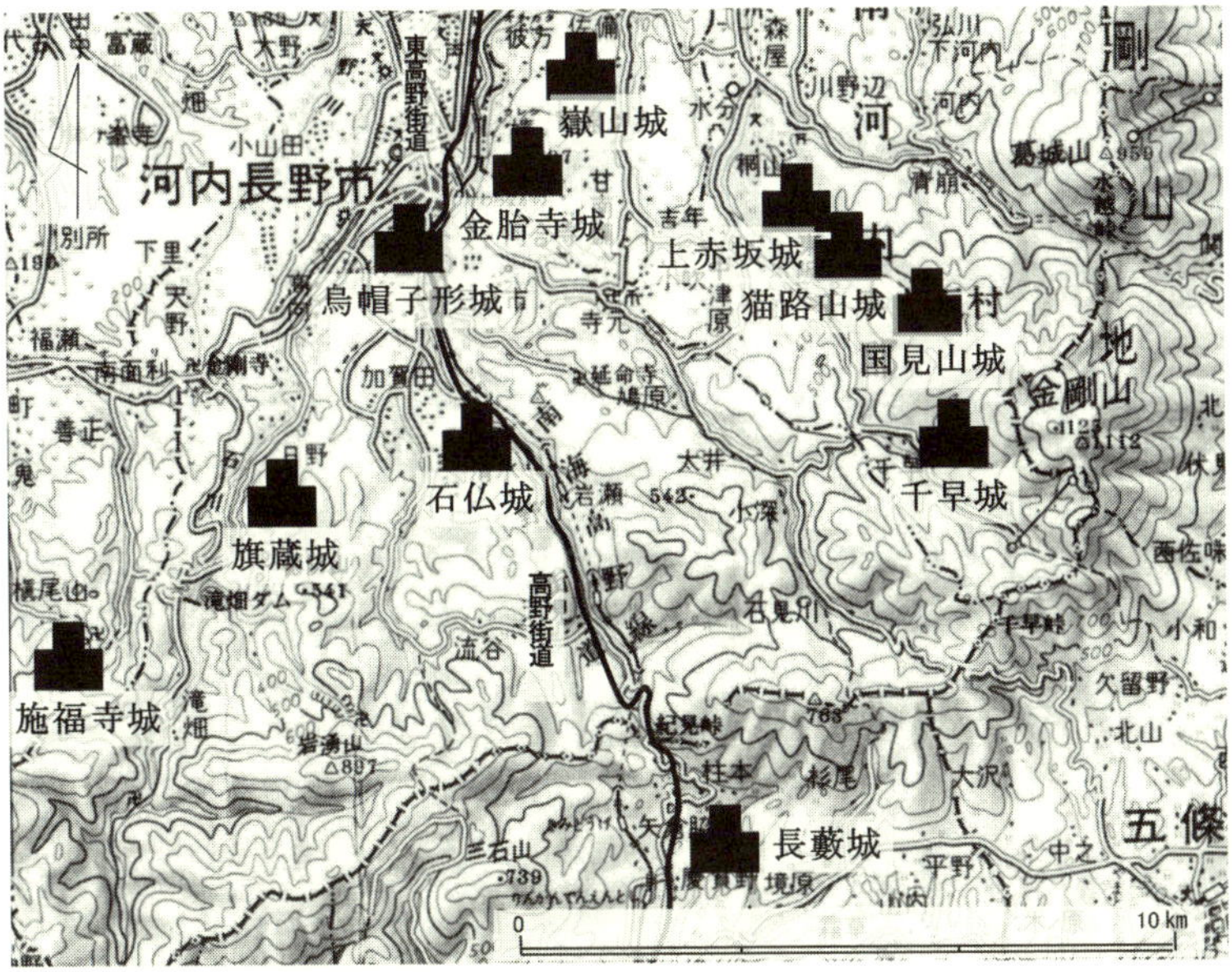

南河内における城郭分布図

国見山城のある場所は坊領山と呼ばれ、かつて坊領千軒という寺院があったという。曲輪群の中には寺院に伴うものを含む可能性があるが、明確ではない。[*6]

同じ稜線上に位置する上赤坂城、猫路山城、国見山城は、堀切や横堀などの遮断施設が発達する一方、相互を結ぶ尾根筋のルートに対しては開放的であった。これらは城塞群としての明確な機能を示す。また、まとまった面積の曲輪は最高所の国見山城に存在する一方、軍事的な構造の発達は上赤坂城と猫路山城にみられた。これは駐屯と軍事という機能分化があった可能性を示し、人員の移動を前提として構築されたことも想像できる戦国の城塞群として重要な事例となる。[*7]

＊4　核となる曲輪が複数存在して主郭が不明確となる一方、一つの城として理解すべき城郭構造を示す用語。

＊5　和泉大樹「国史跡楠木城跡の発掘調査」（『大阪府埋蔵文化財研究会（第53回）資料』、財団法人 大阪府文化財センター、二〇〇六年）。

＊6　山岳寺院は谷地形に平坦面を設け、主たる堂舎を構える事例が多い。河内においても往生院（東大阪市）などにみることができる。国見山城では谷部に平坦面が確認できず、坊領千軒が尾根上を利用する寺院であったのかもしれない。

＊7　城砦群としての理解や構造については村田修三「赤坂城塞群」（同氏編『中世城郭事典』3、新人物往来社、一九八七年）、＊2角田論文、『河内長野市城館分布調査報告書』（河内長野市教育委員会、二〇〇一年）を参照。

戦国期にも使われた楠木正成の山城

77 千早城《ちはやじょう》

①所在地　南河内郡千早赤阪村千早
②時期　南北朝～戦国期
③主体　楠木氏、畠山氏か
④遺構　曲輪・土塁・堀切

【概要】千早城は楠木詰城・金剛山城とも呼ばれ、南北朝期に楠木正成が反鎌倉幕府の兵を挙げ、百日にも及ぶ籠城戦を成功させた舞台として有名である。城跡には正成らを祀る神社や顕彰碑などが建ち、昭和九年（一九三四）に国指定史跡となった。*1 城は戦国期にも使用されている。

【立地】金剛山から伸びる標高約六七四メートルの稜線上に立地し、深い谷に囲まれる。千早集落との比高差は約一七五メートルで南に千早川が流れ、北麓には金剛山への登山ルートが通過する。

まとまった面積となる北西の曲輪

【歴史と背景】楠木正成の出自は定かではなく、垣間見えるのは南河内を拠点とした悪党《あくとう》と呼ばれた豪族の姿であった。正成は、打倒鎌倉幕府を呼びかける後醍醐天皇に応え、標高一一二五メートルの金剛山を頂く南河内の山々を舞台として、元弘元年（一三三一）に武装蜂起した。この翌年、正成は千早城に百万とも形容された鎌倉幕府の大軍を迎えたが、山岳地形を巧みに利用する戦いは幕府を滅亡へと追い込み、正成は建武の親政を支える武将となる。周辺は以降も楠木氏を中心とする南朝方の軍事拠点となった。

室町期の長禄四年（一四六〇）には、二派に分かれた守護畠山氏

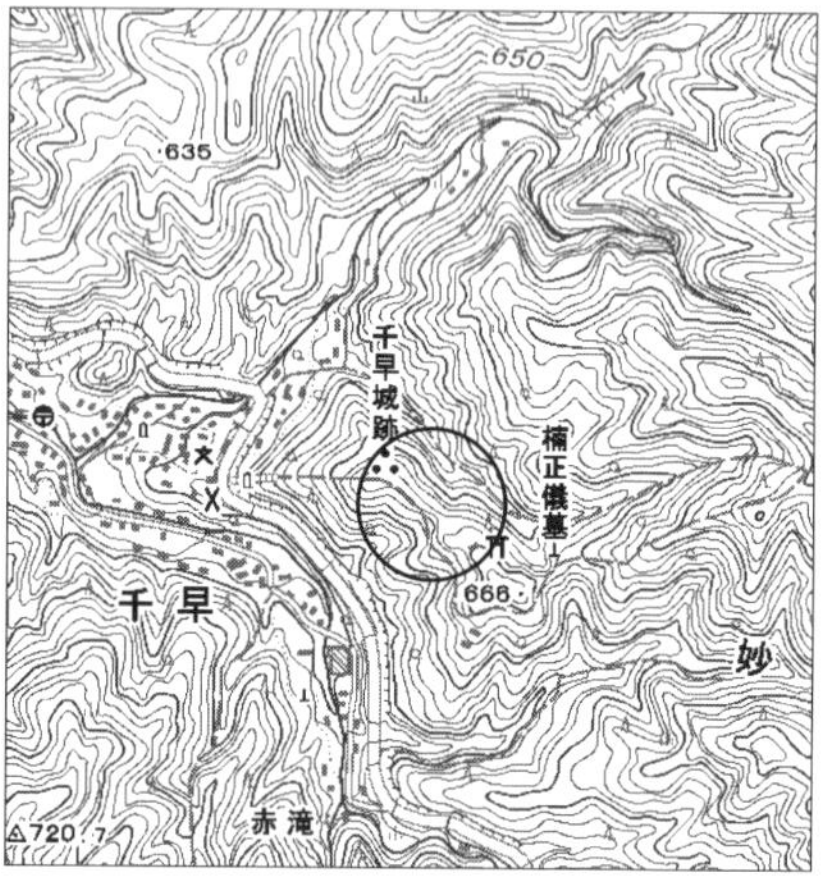

＊1　城跡には楠木神社のほか、大阪府立山の家などの施設が設けられた。背景などについては尾谷雅比古「昭和9年における建武中興関係史蹟の指定について―大阪府を中心に―」(『藤澤一夫先生卒寿記念論文集』同刊行会、二〇〇二年）を参照。

＊2　曲輪や堀切が明確になるのは概ね戦国時代以降であり、南北朝期の山城が戦国時代に再利用、改修されることは珍しくない。

のうち畠山義就が河内に下国し、嶽山城（富田林市）で対立する畠山政長や幕府軍を迎えた。義就は、一旦大和・紀伊方面へと没落するが、文正元年（一四六六）に「千破屋城ノ間ヲ通テ」南河内へ進出し（『経覚私要抄《きょうがくしようしょう》』）、翌年には上洛して応仁・文明の乱を引き起こしていく。

【構造と評価】　遺構は大規模な改変を受けているが、おおむね全体の構造は旧態を保ち、約三〇〇×四〇〇メートルの大規模な戦国期の連郭式山城が確認できる。[*2] 楠権現跡の石垣が残るピーク部分はほぼ自然地形であるが、東側には大規模な曲輪が存在し、そこからの帯曲輪がピークを取り巻くことで、一つの主郭部を形成する。

城域の北西端にも大規模な曲輪が存在し、内部に数ヶ所の段差が確認できるため、従来は複数に区画されていたと思われる。この曲輪とピーク間の鞍部には堀切が存在したとされるが山道によって痕跡は確認できず、また東北尾根続きの鞍部も堀切状となるものの金剛山への登山ルートが地形を大きく改変するために詳細の観察は難しい。

いずれにしても、千早城の曲輪配置は求心的なものではなく、施設も分散したのだろう。このような城郭構造は、河内周辺における特徴である。[*3] 周辺は山城が多く分布し、千早城と連動した機能も想定できる。

金剛山へのルート付近には楠木正成の子である伝楠木正儀の墓が存在する

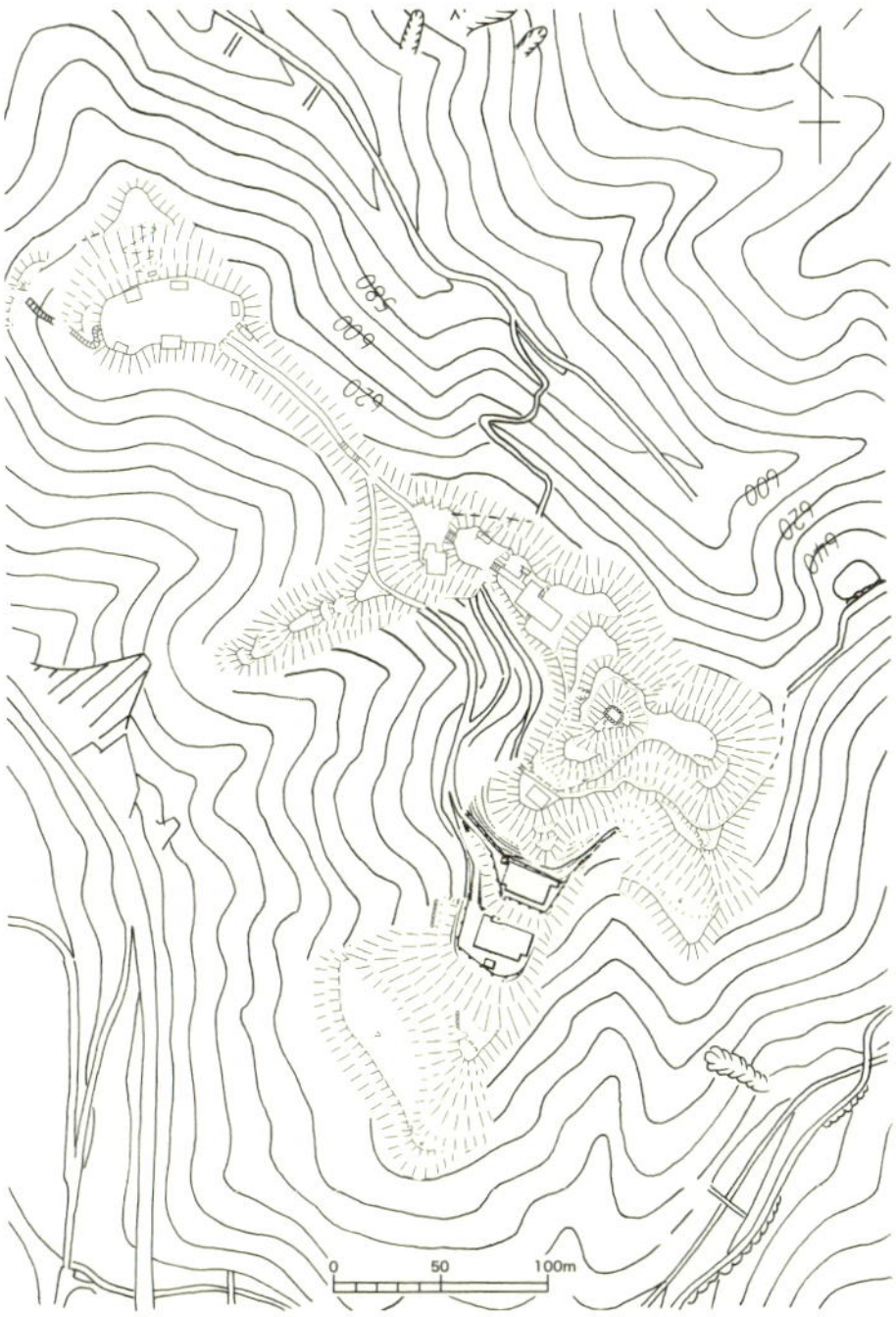

千早城 概要図
（作図：中西裕樹）

＊3　拙稿「南河内地域における戦国期山城の構造」（『河内長野市城館分布調査報告書』、河内長野市教育委員会、二〇〇一年）。

同一山塊に所在する戦国初期と末期の山城

78 嶽《だけ》山《やま》城《じょう》
79 金胎寺《こんたいじ》城《じょう》

78 嶽山城 ①所在地 富田林市龍泉寺ほか ②時期 南北朝〜戦国期 ③主体 楠木氏ら南朝方、畠山氏 ④遺構 平坦地

79 金胎寺城 ①所在地 富田林市嬉塚 ②時期 南北朝〜戦国期 ③主体 楠木氏ら南朝方、畠山氏 ④遺構 曲輪・帯曲輪・土塁・堀切

【概要】 嶽山城は龍泉寺城とも呼ばれ、南北朝期に楠木氏らが拠り、戦国期には金胎寺城とともに河内守護畠山氏の家督をめぐる合戦の舞台となった。嶽山城には顕著な遺構が確認できない一方、金胎寺城には本格的な城郭遺構が残る。[*1]

【立地】 二つの山城は南河内の同じ独立山塊に立地し、台形状を呈した標高約二八〇メートルの嶽山に嶽山城、南の標高約三〇〇メートルの城山に金胎寺城が存在する。西山麓の長野谷は、京都からの東高野街道と堺からの西高野街道が合流して紀伊へと向かう交通の要衝であり、東側の佐備谷は千早・赤坂方面と連絡している。東側中腹には古代以来の二〇以上の坊院を擁した龍泉寺が存在し、城山周辺には近世に西側山麓に所在した金胎寺があったとされる。

【歴史と背景】 城は戦国期直線の「嶽山合戦」で知られる。[*2] 長禄四年（一四六〇）に将軍足利義政に家督を奪われた畠山義就は河内に下国し、若江城（東大阪市）を経て南河内の寛弘寺（河南町）に入った。そして嶽山城に籠って、南河内に勢力を持つ旧楠木党の家臣を主力とし、畠山政長ら幕府方の軍勢を迎え撃った。続いて山名氏、安芸国人の毛利氏、石見国人の益田《ますだ》氏らが増援し、寛正三年四月には嶽山城と金胎寺城の間に幕府方の山名・細川氏の軍勢が入って義就方が撤退した（『経覚私要鈔』）。翌月に「金胎寺城責落了、筒井計略云々」（『大乗院寺社雑事記』）と大和

＊1 青木昭和「龍泉寺城・龍泉寺」「金胎寺城・金胎寺」（『南河内における中世城館の調査』、大阪府教育委員会、二〇〇八年）、藤岡英礼「金胎寺城」（『河内長野市城館分布調査報告書』、河内長野市教育委員会、二〇〇一年）を参照されたい。

＊2 小谷利明「河内嶽山合戦の構造」（萩原三雄・中井均編『中世城館の考古学』、高志書院、二〇一四年）。なお、中腹に龍泉寺が所在し、南北朝期には南朝方の楠木氏らが城砦として利

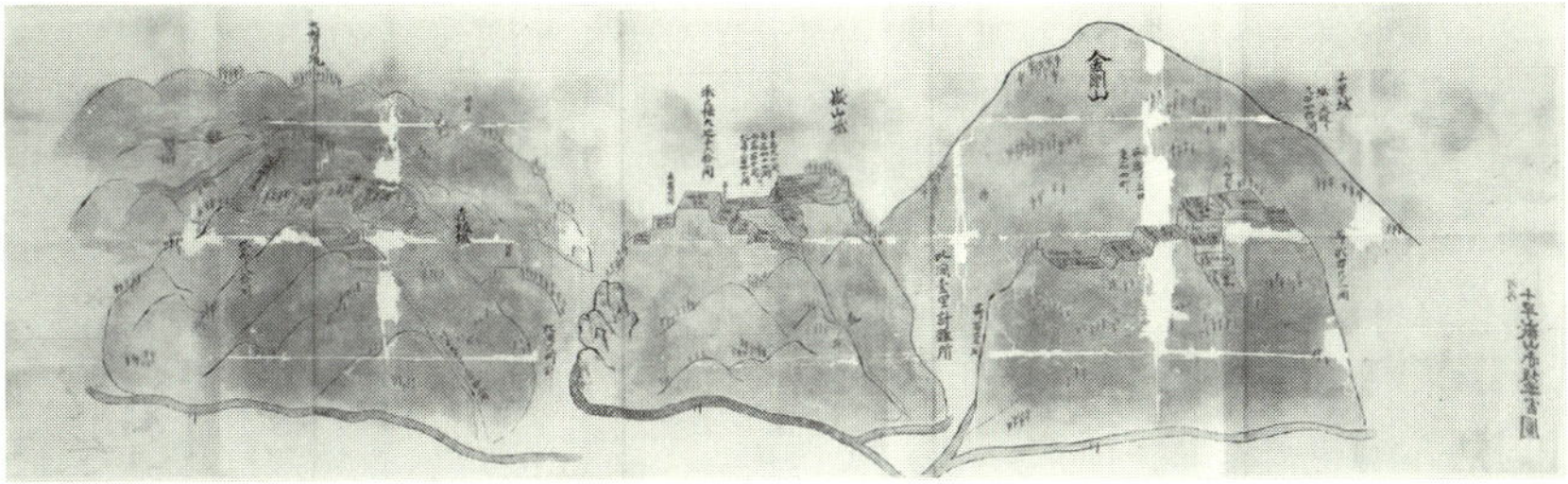
「河内千早嶽山赤坂要害図」（池田文庫、岡山大学附属図書館蔵）

上：上赤坂城からのぞんだ嶽山城方面
下：西からみた金胎寺城がある城山

国人筒井氏の働きで金胎寺城が落ちたが、合戦は大和国境付近にかけて断続的に展開している。

やがて嶽山城を放棄した義就は紀伊や大和で勢力を挽回し、文正元年（一四六六）に大和国を出立した。そして千早城（千早赤阪村）付近を通って金胎寺城に入り、敵方の押子形城（烏帽子形城・河内長野市）を攻めて嶽山城を奪還する。嶽山合戦時、南河内の諸城は連動して機能していた。*3

以降は両流に分かれた畠山氏の争いに際して利用され、永正四年（一五〇七）に畠山義英が嶽山城に拠り（『多聞院日記』）、大永四年（一五二四）には紀伊から河内進出を図る畠山義堯に対して畠山用していたことが『太平記』にみえる。

*3　金剛山地には、南北朝期の楠木氏による城塞の伝承が数多く残る。「河内千早嶽山赤坂要害図」（池田文庫、岡山大学図書館蔵）には、千早城、嶽山城、赤坂城が描かれる。鳥瞰図風に平坦面が描写された連郭式山城の構造をみることができ、遺構などをふまえた可能性が高い。嶽山城に関しては金胎寺城の遺構に近い構造である。左は嶽山城からみた金剛山地。

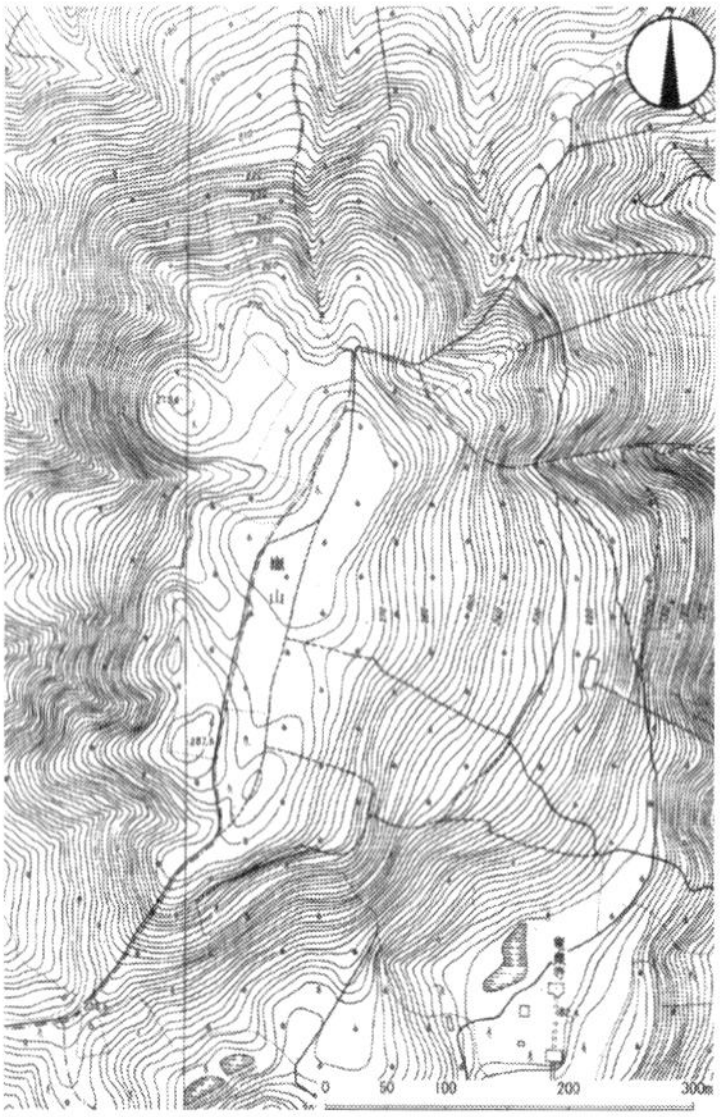

開発以前の嶽山城周辺の地形図（＊1青木論文より）

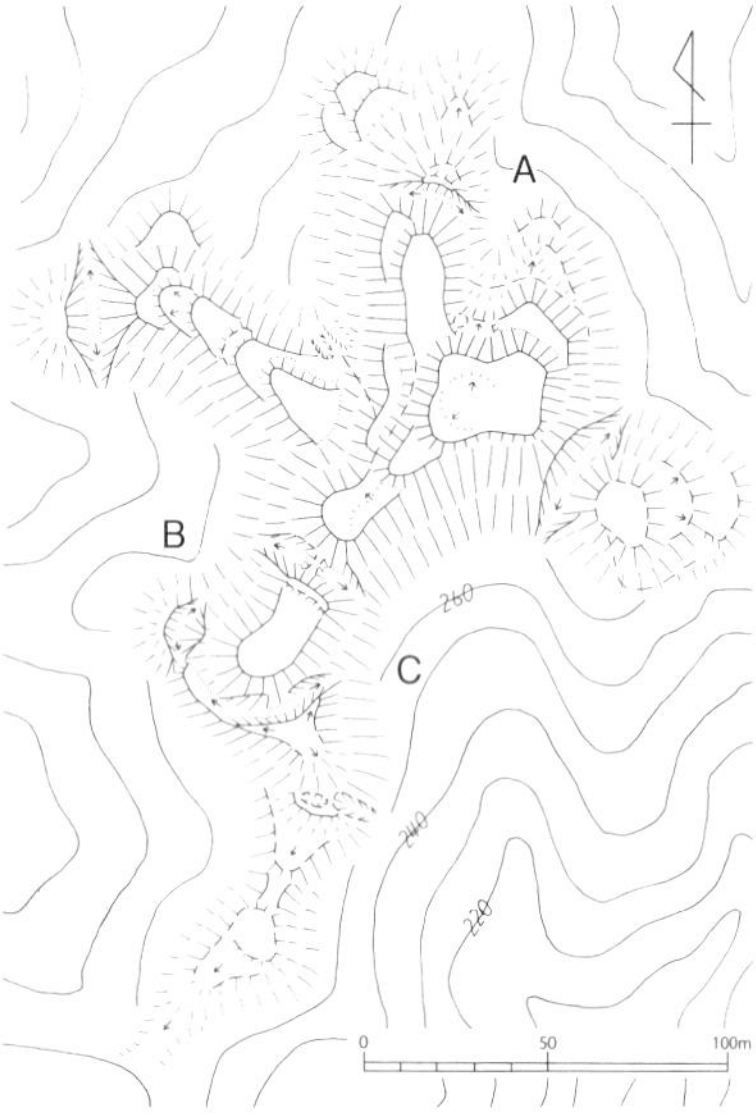

金胎寺城 概要図（作図：中西裕樹）

稙長が高屋城（羽曳野市）から軍勢を繰り出し、「コンタ井城寺衆」が義堯方の仁王山城（河内長野市）を攻めた（『祐維記』）。また、享禄元年（一五二八）には、柳本賢治の攻撃を受けた稙長が高屋城から金胎寺城に撤退している。

【構造と評価】嶽山城の比定地には地表面で城郭遺構が確認できず、昭和五十八年（一九八三）から行われた発掘調査でも遺構などは検出されていない。文献の最終年代は永正四年（一五〇七）であり、当時の城郭は明確な曲輪などの大規模な土木造成工事自体を伴わなかったことが指摘されている。*4 近隣の大永四年（一五二四）に畠山義英方が利用した仁王山城でも遺構が確認できず、「仁王山ニ、アマノ、寺坊ヲヒキテ城ヲ構テ」（『祐維記《すけつなき》』）とあることが興味深い。戦国期前半においては城に先行して本格的な居住施設を備えた山岳寺院を城郭利用する事例は多く、嶽山城の場合も城郭の中心は龍泉寺周辺であったことも想定できる。*5

＊4　当該期の山城の曲輪の形成については、山上雅弘「戦国時代前半の中世城郭の構造と変遷」（村田修三編『新視点 中世城郭研究論集』、新人物往来社、二〇〇二年）を参照されたい。なお、嶽山城のピーク一帯には宿泊施設などが建設され、それに伴う広場や駐車場が存在する（左）。ただし、元々から嶽山山頂は平らな地形であった。

金胎寺城は、山頂部の主郭と周辺の尾根上に配置された曲輪を主体とする連郭式山城である。堀切の形態は注目に値し、堀切Aは主郭側の曲輪の形状に沿い、堀切B・Cも同様にカーブする。先端は竪堀となって斜面を下って帯曲輪となり、堀切の間を接続させる。形状は横堀に近く、城域・防御ラインを設定する意識が読み取れる。このような構造は、戦国末期における畿内の山城の特徴であった。[*6]

烏帽子形城（右）の麓からみた金胎寺城方面（左の山塊）

南河内では上赤坂城（千早赤阪村）、猫路山城（同）で同様の横堀状の堀切＋帯曲輪の使用が確認でき、烏帽子形城（河内長野市）では横堀が発達している。この差の要因が時期差なのか、地形の問題なのかは慎重に考えなければならないが、南河内の山城に共通する構造であることも確実であり、これらの山城が戦国末期にも連動していたことを示す。

また、金胎寺城の西麓を走る東高野街道沿いには烏帽子形城と帯曲輪で城域を確定する石仏城（河内長野市）が並ぶかのように立地している。城域・防御ラインの発達という視点からは、やはり嶽山城が戦国末期に機能した可能性は低いようにみえる。また一般的に連郭式山城は曲輪周囲の斜面を人口の切岸に仕立てやすい地形が求められ、広大な台形状の地形の嶽山はこの点において不利である。現在のところ、嶽山城が戦国末期まで機能していたと考える材料に乏しい。その反面、地形的な条件も含め、戦国末期に金胎寺城が機能していたことは確実である。

＊5　拙稿「城郭遺構論からみた山岳寺院利用の城郭―戦国期城郭における削平地の配置場所―」（『城館史料学』2、城館史料学会、二〇〇四年）。

＊6　多田暢久氏は、堀切間を連絡するルートがやがて土塁を伴い、横堀になるという変遷を想定している。同氏「播磨中世の城と城下　御着城と英賀寺内・城山城と置塩城」（『地中に残る古代の播磨』、神戸新聞社、一九九九年）。このパターンにあてはめると、金胎寺城は横堀への発展段階にあたる。一方、上赤坂・猫路山両城では横堀状の堀切＋帯曲輪と横堀が併用されており、これらの使用要因には立地や地形などの考慮も必要であろう。

瓦・横堀・礎石建物が示す南河内最後の山城

80 烏《え》帽《ぼ》子《し》形《がた》城《じょう》

①所在地　河内長野市喜多町
②時期　戦国・織豊期
③主体　畠山氏、三好氏、羽柴氏ほか
④遺構　曲輪・土塁・堀切・横堀・虎口

【概要】烏帽子形城は戦国期の河内国守護畠山氏をめぐる合戦で使用され、最末期には多くのキリシタンがいたことでも知られる。*1 二〇一二年には府下の中世城郭として、昭和九年（一九三四）の千早城跡、赤阪城跡、楠木城跡（上赤坂城跡）に続く四件目の七十八年ぶりの国指定史跡となった。*2

【立地】金剛山地からのびる丘陵先端の標高約一八二メートルの烏帽子形山に立地し、麓の上田集落からの比高は約六〇メートルである。山麓の西から北に石川が流れ、東麓には東高野街道が通る交通の結節点に位置している。*3

【歴史と背景】烏帽子形城は文正元年（一四六六）、畠山政長と対立する畠山義就が「馳向押子形城、二夜二日責戦」（『経覚私要抄』）と猛攻撃を加えた城である可能性が高い。このとき城側も激しく応酬したが、三日目の夜に落ちたという。当時の義就は大和から河内へ進出を図ろうと金胎寺（富田林市）に着陣し、落城を知った政長方の嶽山城（同前）は義就に降ったという。

大永四年（一五二四）には紀伊から仁王山城（河内長野市）に進出した畠山義尭に対し、畠山稙長方の「コンタ井城寺衆」、つまり金胎寺城の軍勢が攻撃した。稙長は「エホシカタト云所」（『祐維記』）に軍を進め、義尭を高野山に追っている。烏帽子形城は河内をめぐる合戦の最前線として機能し、永禄五年（一五六二）には三好長慶と教興寺（八尾市）で戦った畠山氏が撤退している。

同十年には、河内を押さえた三好三人衆方が拠る烏帽子形城を紀伊の根来寺方が攻撃し（『多

＊1　天正三年（一五七五）に宣教師のフロイスは烏帽子形城を訪問し、城の三人の領主のうち、二人がキリシタンであったとする。城の周りには三〇〇人の信者がいたといい、聖堂を建てようとしていた。このうち伊智地文太夫は、キリシタン大名として有名な高山右近の縁者であった。天正九年には巡察師ヴァリニャーノも訪れたが、文禄元年（一五九二）の時点で教会は取り壊されていたという。

聞院日記』)、元亀元年（一五七〇）に、今度は河内奪還を目指す三人衆方が攻撃している（『言継卿記』）。この頃から烏帽子形城は地域支配の拠点となり、天正三年（一五七五）に高屋城（羽曳野市）を落とした織田信長が、翌年に原田（塙《ばん》）直政と松井友閑を派遣し、金剛寺に徳政に従うよう命じている（『金剛寺文書』）。また、天正十年には烏帽子形城の軍勢が紀州に派遣されたといい（『隅田一党地士書上』）。同十二年の羽柴秀吉の紀州攻めでは「河内国高屋城ノ奥、ゑほしがたと云古城普請」（『宇野《うの》主水《もんど》日記《にっき》』）と岸和田城を守る中村一氏が古城であった城を整備している。

【構造と評価】烏帽子形城の城域は、東西約一六〇×南北約一四〇メートルであり、一部で二重となる横堀が城域全体と内部を区画する。横堀が東側で途切れる部分では土塁が道を挟んでくい違い、これは南河内で確認できる唯一の明確な虎口である。*4

南河内では、堀切や帯曲輪が発達し結果的に一部が横堀となって城域や防御ラインを設定する構造の山城が多い。ただし、ほぼ周囲を取り巻く横堀が認められる山城は烏帽子形城だけである。また虎口は曲輪面ではなく、横堀という城域・防御ライン上に存在する。これは烏帽子形城が曲輪ではなく、横堀による区画をベースとした構造であることを連想させる。

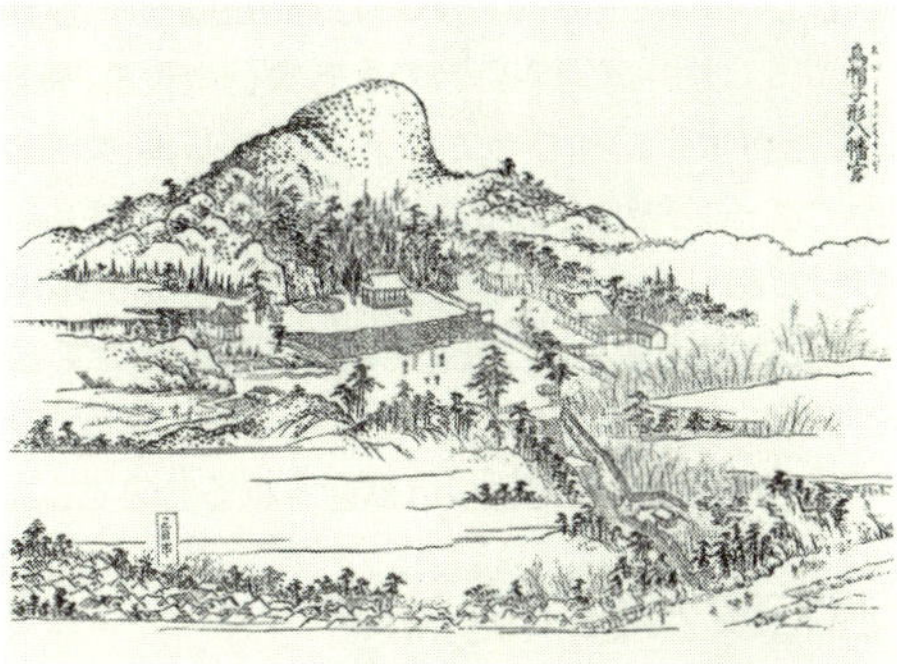

上：東側から見た烏帽子形城
下：1801 年刊『河内名所図会』に描かれた烏帽子形山。山容が烏帽子の形に似ているとある

＊2　昭和二十八年（一九五三）には、近世城郭の大坂城が特別史跡になっている。

＊3　山の東側中腹には、周辺地域の氏神で文明十二年（一四八〇）の棟札を持つ烏帽子形八幡神社が存在し、室町時代建立の本殿は国指定重要文化財である（左）。

＊4　拙稿「南河内地域における戦国期山城の構造」（河内長野市教育委員会『河内長野市城館分布調査報告書』、二〇〇一年）。

また、興味深いのは、横堀が単純に地形に沿うのではなく、全体として方形に近いプランを形成する点である。一般に横堀が発達する山城は陣城などの臨時的なものが多いが、通常の居館のプランである方形への志向は地域支配の拠点としての性格を表すのかもしれない。

烏帽子形城では数次に及ぶ発掘調査がなされ、重要な成果が得られている。[*5] 細長い巨大な土塁とも評価できる最高所の曲輪では、瓦葺きの礎石建物が二棟確認され、多聞櫓のような建物であったと想定されている。[*6] 建物の下からは古い段階の曲輪が検出され、火災後の拡大が確認された。出土した瓦は十四～十六世紀のもので、近隣の寺院の瓦が持ち込まれた可能性が指摘される。一方、十六世紀後半の陶磁器が出土するものの、生活に関する遺物は少ない。また、東側の横堀では土塁の下から瓦が出土し、曲輪面に土塁を構築することで横堀を設けていた。南側の横堀底では段差が確認され、障子堀のような施設があったこともわかっている。[*7]

文献での最終使用年代は、天正十二年（一五八四）の羽柴秀吉方による普請である。同時期に旧織田政権の武将が構築した城郭では、横堀に櫓台による横矢掛けや曲輪面に枡形虎口などの築城技術を採用していたが、烏帽子形城では確認できない。[*8] このため、羽柴方が烏帽子形城の横堀を直接的に構築した可能性は低く、同城の横堀は以前から存在したか、新規の構築であっても戦国以来の南

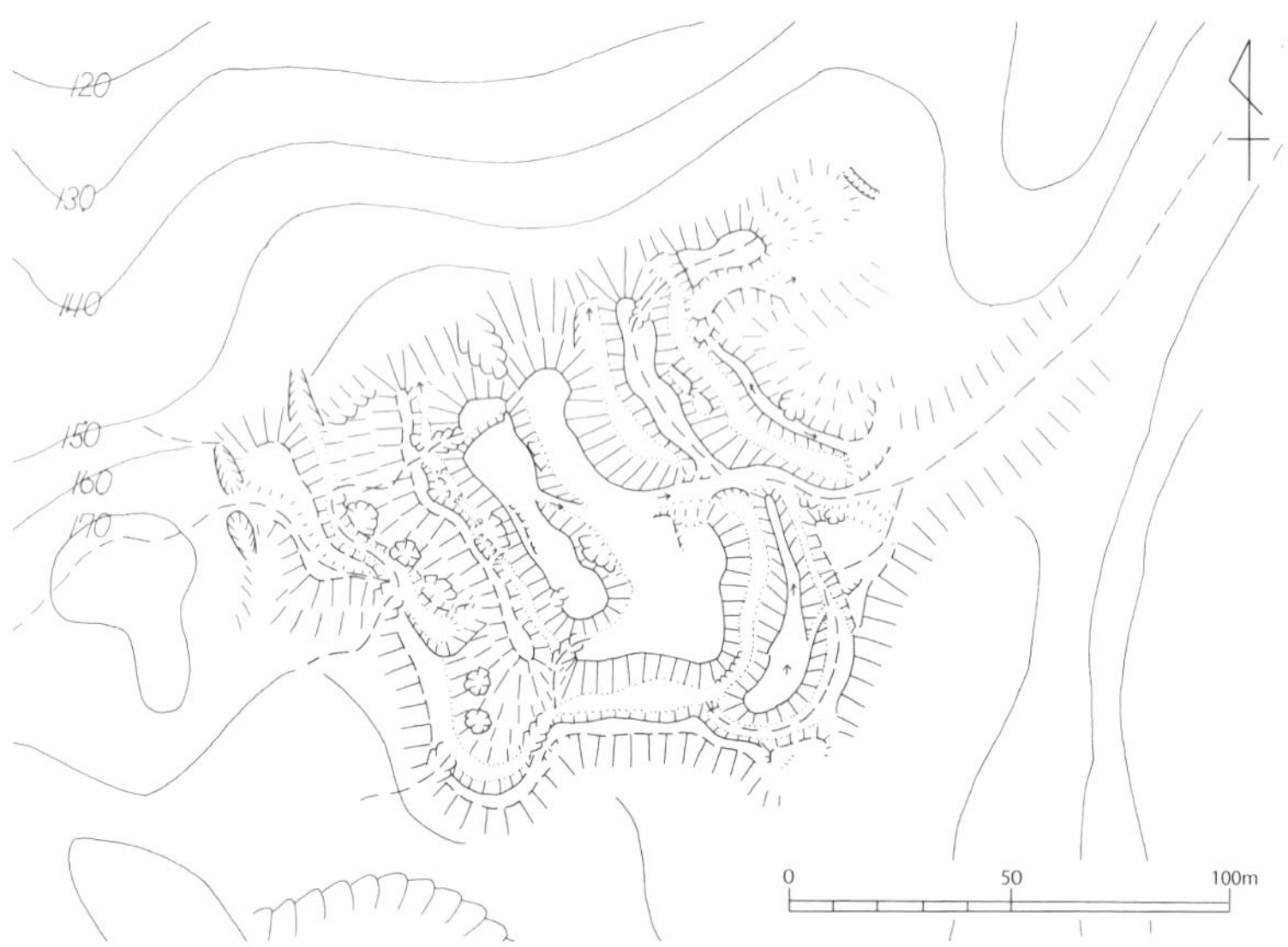

烏帽子形城 概要図（作図：中西裕樹）

＊5 河内長野市教育委員会『河内長野市指定史跡 烏帽子形城跡総合調査報告書』（二〇一一年）。

河内の築城技術を反映したと考えられる。隣国の和泉国では、天正十三年に根来寺が陣城として使用した千石堀城（貝塚市）で城域を確定する横堀の虎口がくい違いとなり、虎口を形成している。烏帽子形城の構造は、戦国最末期の府南部地域における山城の臨時築城技術の一つとして、横堀の城域・防御ラインによる区画を基本構造とし、虎口部分で横堀をくい違いとするプランがあったことを示す。

城には改修時期があったことは明白であり、横堀を形成する土塁の下から瓦が検出されたことから、最終改修以前の戦国期には瓦が使用されていたことも確実である。寺院からの転用を多分に含むと考えられるが、山城における瓦の使用の時期や城郭の性格を考える上で重要な事例となろう。また、礎石建物は織豊期の可能性があり[*9]、城郭史を考える上で興味深い。南河内最後の山城であり、周辺の地域史を考える上でも無視できない城跡である。

上：南側の横堀。この先で段差が検出
中：下層で曲輪が検出された東側の横堀
下：礎石建物が確認された最高所の曲輪

＊6　中井均「烏帽子形城の構造について」（河内長野市教育委員会『河内長野市城館分布調査報告書』、二〇〇一年）。

＊7　障子堀とは、堀の中に土手や段差を設け、堀内部での移動を制限する仕掛けである。関東を代表する戦国大名の小田原北条氏の城郭に使用される築城技術として知られている。近畿地方では、福住井之市城（奈良市）の横堀などで地表面から確認することができる。

＊8　羽柴秀吉が天正六年（一五七八）の三木城攻め（兵庫県三木市）で築いた付城や同十一年に秀吉と柴田勝家が近江国部で戦った賤ヶ岳の戦い時の陣城群などに多くの事例がある。

＊9　織豊系城郭の特徴の一つには、礎石建物・瓦・高石垣をセットで使用することが指摘され、あわせて枡形虎口などの平面構造が発達する。中井均「織豊系城郭の画期—礎石建物・瓦・石垣の出現—」（村田修三編『中世城郭研究論集』、新人物往来社、一九九〇年）。

81 石《いし》仏《ぼとけ》城《じょう》

城域を取り巻く帯曲輪が発達した山城

①所在地 河内長野市石仏
②時期 戦国期
③主体 甲斐（庄）氏か
④遺構 曲輪・帯曲輪・土塁・堀切

【概要】石仏城の城史は不詳であるが、遺構は戦国末期のものであり、周辺の城郭の機能をふまえると、河内・紀伊国境付近での畠山氏らによる合戦で使用されたと思われる。なお、小さな谷を西に挟む、約三〇〇メートル離れた丘陵裾に左近城とされる遺構が存在するが、明らかな耕作の痕跡のほか、内部が不自然に傾斜するため、城館遺構とは断定できない*1。

【立地】天見川が北流する谷筋西岸の標高約二八〇メートルの城山山頂に立地する。東の谷筋を通過する東高野街道沿いでは最も紀伊国に近い山城遺構で、麓の石仏集落との比高は約一二〇メートルである。

【歴史と背景】大正十一年（一九二二）の『大阪府全志』では、元弘三年（一三三三）の楠木正成の築城とし、甲斐《かい》氏が拠ったという。ただし、これ以外の歴史は不明である。

【構造と評価】遺構はⅠ周辺とⅡに大きく分かれる。Ⅰが主郭であり、城内で唯一となる土塁はⅡ方面が最も高く、東側に延長して下段の曲輪との一体化を図る。Ⅱは内部に小規模な段差が認められ、Ⅰとの間は堀切となる。堀底は後述の帯曲輪よりも若干高く、Ⅰ・Ⅱ間を完全に分断するものではない。また周囲に派生する尾根に対しては、Ⅱ周辺のみに曲輪や堀切が認められ、両者には機能差があったことを示すのかもしれない。

Ⅱの西端は明確な切岸となるが、さらに自然の緩斜面を挟んで西に急勾配の斜面が存在する。

伝左近城との間の谷からみた石仏城

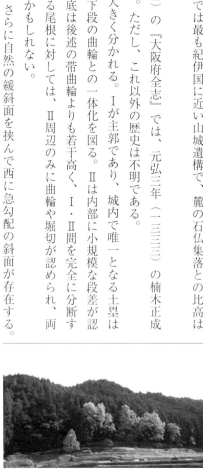

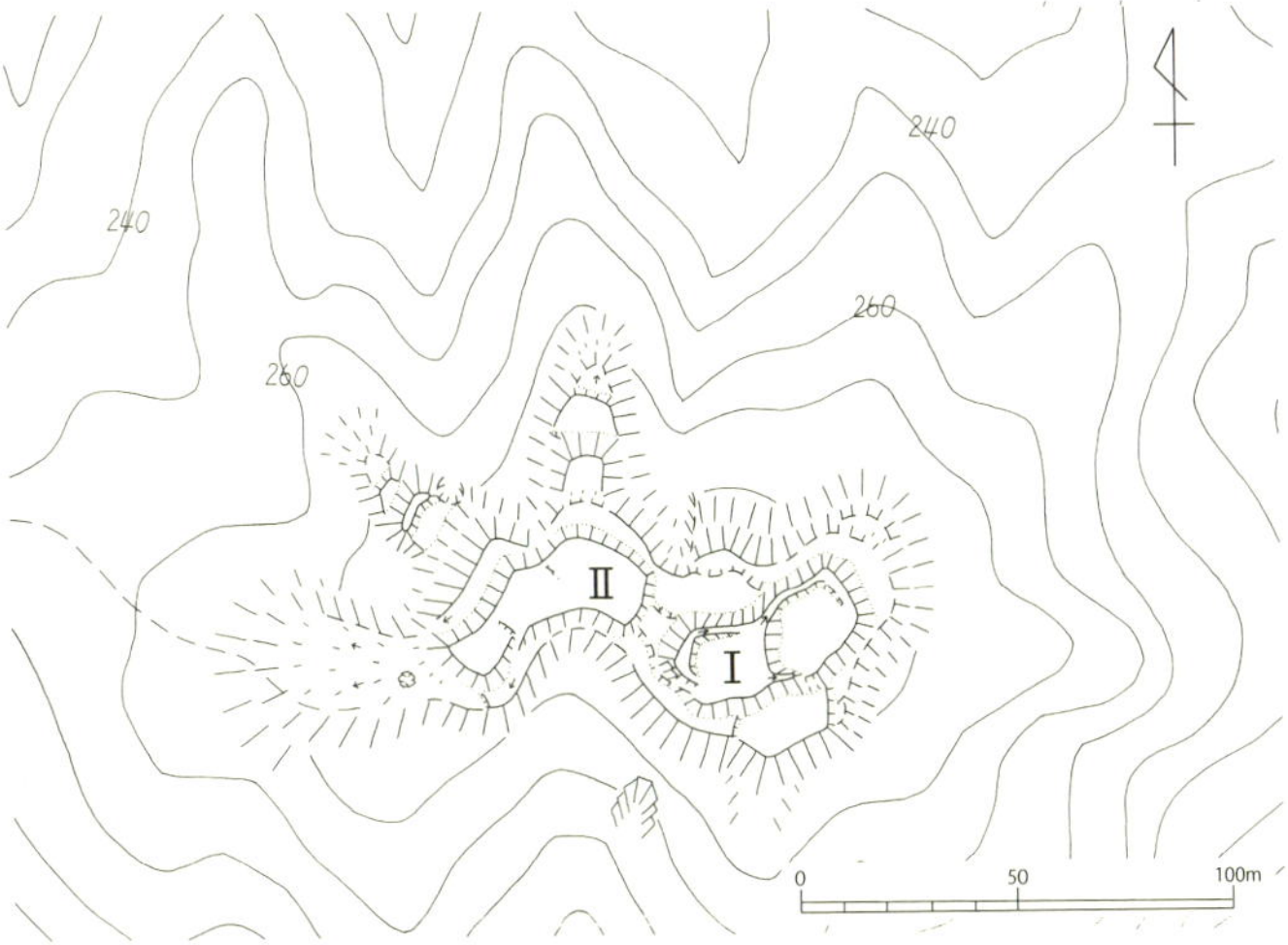

石仏城 概要図（作図：中西裕樹）

石仏城Ⅰの土塁を堀底からみる

このため、周辺も城域である可能性が高く、臨時的な駐屯地的な場であったことも想定される。さらに西側尾根続きには別のピークが所在し、段築など人工的な地形の改変が確認される。ただし、周辺は山仕事に伴う山道が発達し、現在の平坦面は近代以降に整地されたものとの話もあるため、遺構の評価には慎重を期する必要がある。なお、周囲に散乱する石材は、祠跡に伴うものと思われる。*2

このほか、遺構の特徴にはⅠ・Ⅱの周囲をルート状に取り巻き、城域全体を一体化する帯曲輪がある。この機能は戦国末期の畿内における山城の特徴の横堀に近く、河内・紀伊国境の大規模な軍事動向に関係した、周辺の南河内の山城においても認められる。石仏城の遺構は戦国末期のものであり、ほかの周囲の山城とともに機能したと考えられるだろう。

＊1　伝・左近城の遺構は周囲を丘陵で囲われた場所に存在し、内部が傾斜する四〇×二五メートル、五〇×二〇メートルの不定形な二段の平坦地から成る。外部には溝がめぐり、付近の耕作地と質的に差が無い。地表面観察では伝・左近城の遺構は平地城館の可能性が低い。なお、前面の谷は「ジョウノコシ谷」と呼ばれるが、これは石仏城にともなう一般的な城郭関連地名の「城ノ越」のことであろう。中西裕樹・秋本哲治「石仏城及び伝・左近城」（河内長野市教育委員会『河内長野市城館分布調査報告書』、二〇〇一年）。

＊2　戦後間もない石仏城周辺は写真のように山頂近くまで開墾されていた（＊1文献）。ほかの城郭においても同様であった可能性があり、地表面の遺構を考える上では視野に入れるべきであろう。

小規模な山城と広大な平坦面の城か

82　旗蔵城《あたくらじょう》
83　仁王山城《におうさんじょう》

82　**旗蔵城**　①所在地　河内長野市日野　②時期　戦国期　③主体　—　④遺構　曲輪・土塁・堀切

83　**仁王山城**　①所在地　河内長野市天野・日野付近　②時期　南北朝〜戦国期　③主体　畠山氏　④遺構　—

【概要】　旗蔵城は小規模な連郭式山城であり、戦国期の遺構とみられる。周辺には主に南北朝期に使用という城郭伝承地が多く、仁王山城にも三ヶ所の比定地がある。

【立地】　和泉・紀伊国への交通路が通る石川上流の谷に位置し、南北朝期に南朝方の行在所《あんざいしょ》となった天野山金剛寺に近い。旗蔵城は、周囲の山々よりも一段高い標高四九〇メートルの山頂に立地する。

北から望む旗蔵城跡。右手のピーク付近

【歴史と背景】　旗蔵城を文献で確認することはできないが、仁王山城は正平四年（一三四九）の和泉国の南朝方武士であった和田助氏の軍注状に「天野二王山越州責登時」（『和田助氏軍注状』『和田文書』）と金剛寺周辺をめぐる戦いに登場する。

戦国期の大永四年（一五二四）には対立する畠山義英と畠山尚順との合戦に際し、義英方が日野に着陣し、仁王山に「アマノ、寺坊ヲヒキテ城ヲ構テ」とおそらく金剛寺の建築を転用した城郭を設けた（『祐維記』）。

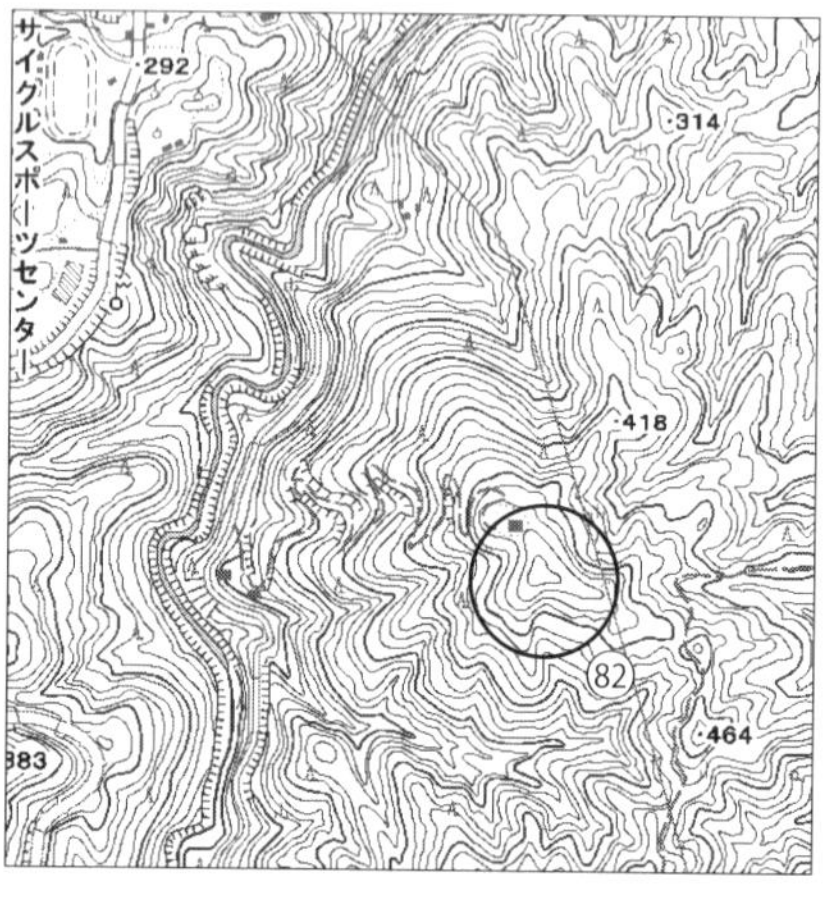

【構造と評価】旗蔵城の遺構はピークの約五〇メートルの範囲に階段状の小規模な曲輪があり、堀切を設ける。削平状況は悪く、臨時的な小規模な山城という性格が想定される。

仁王山城の比定地には、日野集落の石川対岸にあたる尾根先端ⅠやⅡがあり、Ⅰには小規模な削平地と土塁状遺構が存在する。しかし地形を遮断する堀切などはなく、斜面には通路兼用の水路が存在するなど後世の改変も大きい。Ⅱは標高二四四メートルのピークに平坦な地形が認められ、西側に堀切状遺構が存在するが、カーブする形状から山道の切通しだろう。

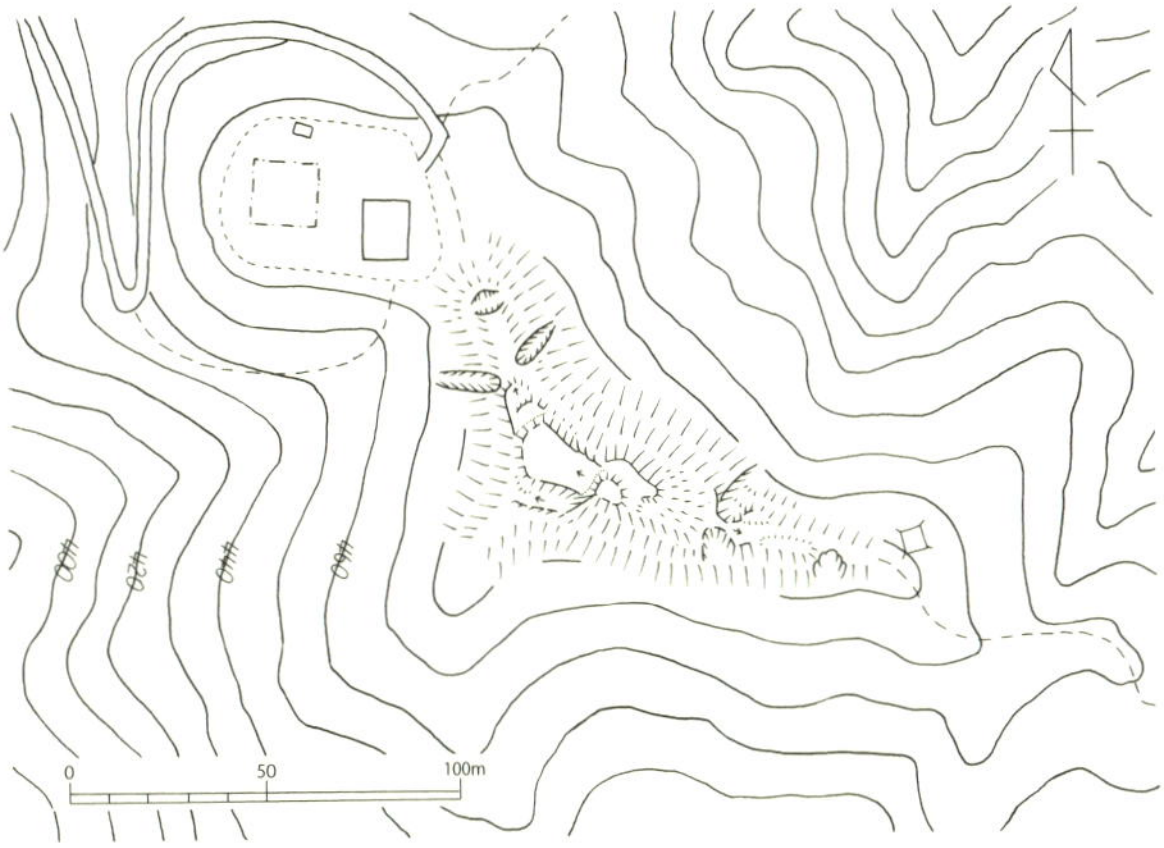

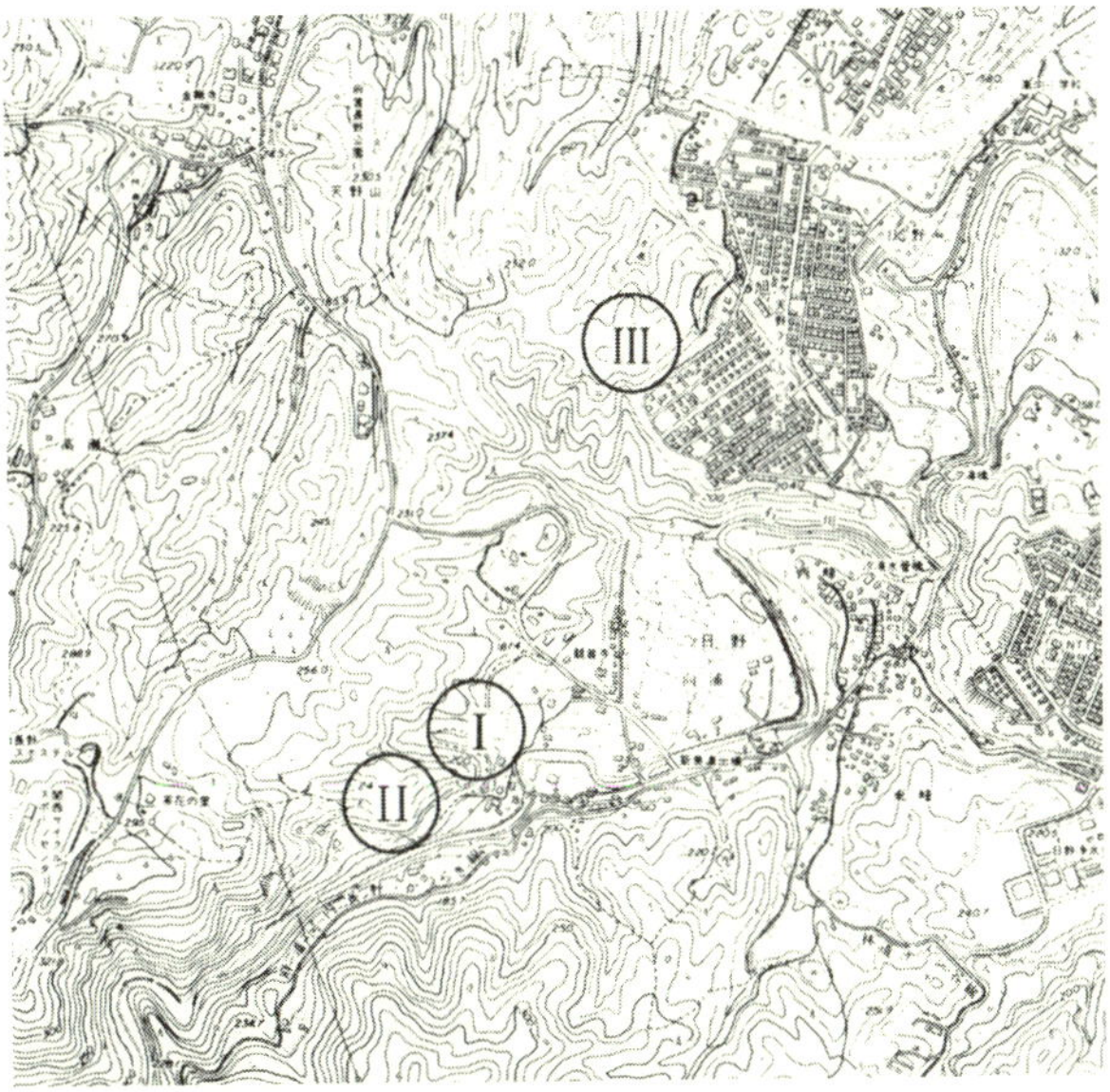

上：旗蔵城 概要図（作図：中西裕樹）
下：仁王山城比定地（＊１文献より）

北の旭ヶ丘住宅からみた仁王山城の比定地Ⅲ

一方、標高二五二メートルを中心とするⅢには、約一二〇×七〇メートルの内部に段差を伴う平坦地が存在する。切岸や堀切などの城郭遺構は確認できないものの、永正年間（一五〇二〜一五二〇）まで使用された嶽山城（富田林市）の比定地も同様の地形である。

天保八年（一八三七）の「河州錦部郡絵図」にみえる「仁王寺古城」がⅢ周辺にあたるため、比定地としての可能性は高い。*1 金剛寺周辺をめぐる一連の軍事動向では、様々なタイプの城郭が構築されたと思われる。

*1 河内長野市郷土研究会『河内長野市古城址調査報告書』（一九七六年）では、日ノ谷城とする。堀内和明氏は、近世の「河州錦部郡絵図」の「仁王寺古城」付近に描かれた建築物を『祐維記』にいう寺院からの城への転用建築が残存したものとする。堀内和明「天野合戦と金剛寺々辺の中世城郭」（河内長野市教育委員会『河内長野市城館分布調査報告書』、二〇〇一年）。

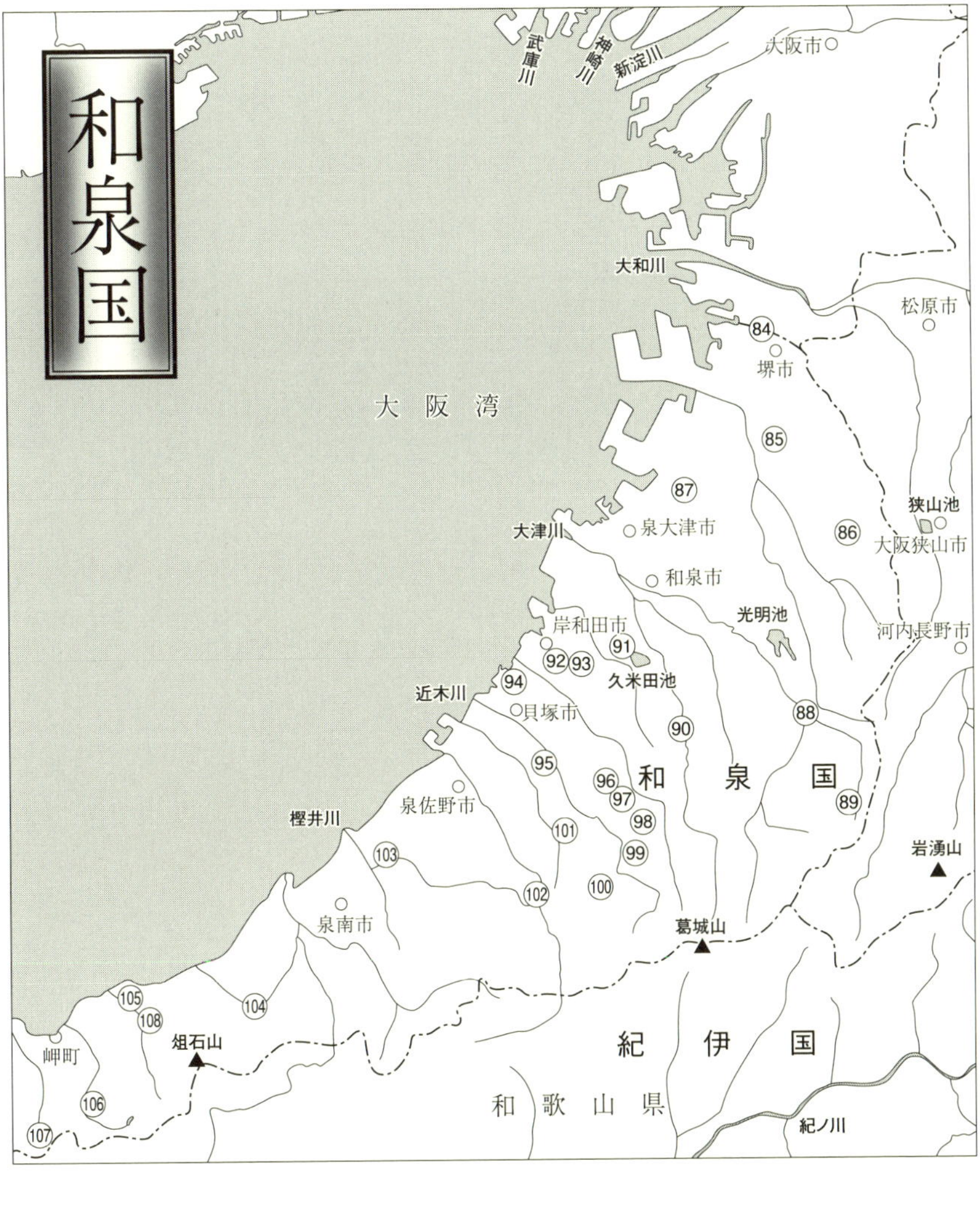
和泉国
武庫川
神崎川
新淀川
大阪市
大和川
松原市
84
堺市
大阪湾
85
87
狭山池
大津川
泉大津市
86
大阪狭山市
和泉市
光明池
岸和田市
91
92
93
河内長野市
94
久米田池
近木川
貝塚市
90
88
95
96
和泉国
97
89
泉佐野市
樫井川
98
101
岩湧山
103
99
102
100
泉南市
葛城山
105
104
108
紀伊国
岬町
俎石山
106
和歌山県
107
紀ノ川

国内屈指の港町として栄えた環濠都市

84 堺《さかい》環濠《かんごう》都市《とし》

①所在地　堺市市之町東ほか
②時期　南北朝～江戸期
③主体　都市住民
④遺構　堀・地割

【概要】戦国期の堺環濠都市は、水陸交通の結節点に成立した国内屈指の港町であり、府下を代表する都市でもあった。自治都市である一方、武家権力が掌握する場であり、旧市街地よりも一回り小さな範囲に堀をめぐらせ、繁栄する環濠都市の様相が発掘調査などから判明している。*1

【立地】堺は大仙古墳（仁徳天皇陵）などが所在する段丘の西側から大阪湾に面した砂堆にかけて立地し、北側ではその間が湿地になっていた。東の大和国から大阪湾へと伸びる長尾街道、竹内街道の終着点であり、長尾街道につながる大小路を挟んで北側が摂津国に属した堺北荘、南が和泉国に属した堺南荘に分かれていた。紀伊国へと向かう天王寺から伸びる熊野街道が南北に通過し、同じく南西に向かう西高野街道の基点であった。なお、堺の北側を流れる大和川は、後の宝永元年（一七〇四）に開削されたものである。

【歴史と背景】堺の地は中世前期から船が着く場であったが、本格的な町場が形成されるのは室町期になってからと考えられている。

永和四年（一三七八）に和泉国守護山名氏清は守護所を府中（和泉府中市）から堺南荘と思われる阿弥陀寺へと移す。山名氏が明徳二年（一三九一）に明徳の乱で室町幕府の将軍足利義満に敗れた後、新たな守護となった大内義弘は国衙の機能も堺に移したが、応永六年（一三九九）の応永の乱で室町幕府の軍勢に敗れ、義弘が「勢楼四十八、矢櫓一千七百」（『応永記』）を構えた堺

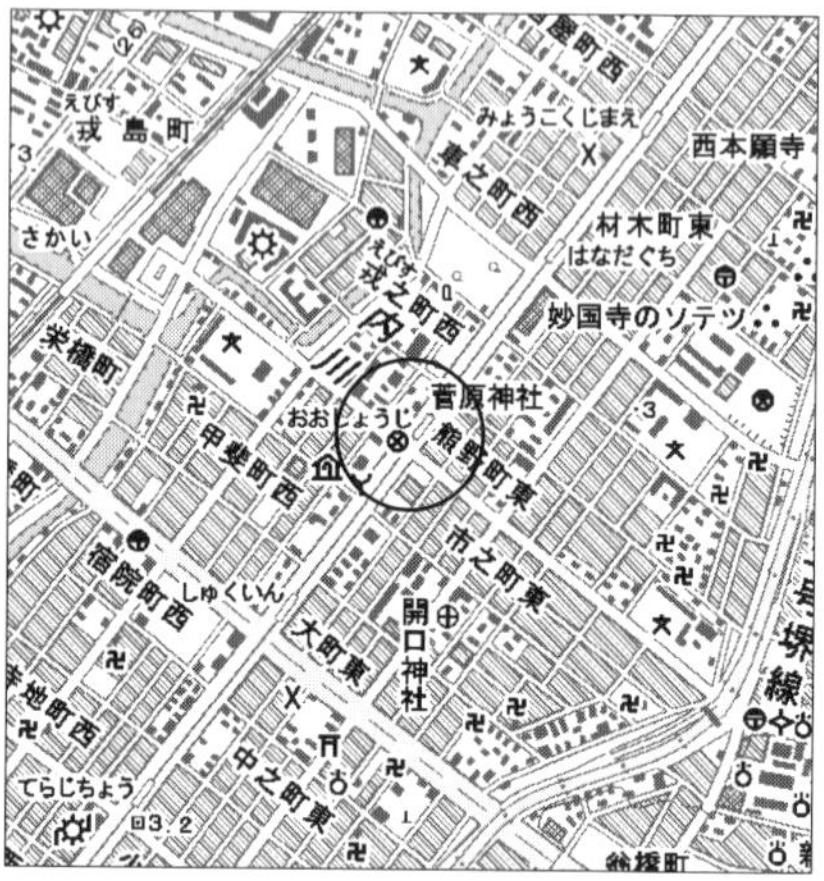

*1　堺に関しては分厚い研究があるが、ここでは吉田豊「堺中世の会合と自由」（『堺市博物館報』17、堺市博物館、一九九八年）、朝尾直弘・栄原永遠男・仁木宏・小路田泰直『堺の歴史 都市自治の源流』（角川書店、一九九九年）、續伸一郎『よみがえる中世都市 堺―発掘調査の成果と出土品』（堺市博物館、二〇一〇年）、廣田浩治「武家政権・地域公権の都市としての中世堺」（『堺市博物館研究報告』32、堺市博物館、二〇一三年）に多くを学んだ。

は焼失したという。

和泉の守護は上・下守護家として細川氏がつとめるようになったが、当該期の方一町（一〇〇メートル）を越える館が大仙古墳に接した段丘上の発掘調査で検出されており（大仙遺跡）、守護所の可能性が想定されている。[*2] このころ、堺北荘は摂津国守護細川京兆家が支配を強める一方、堺南荘では室町幕府が直轄化を進め、上・下守護家も支配を強めた。また、両荘とも住吉社（大阪市）との深い関係を有している。

戦国期になると、堺には河内国守護畠山氏が影響力を持ちつつ、[*3] 一〇〇名を超える守護関係者が居住して守護所と化しながら細川京兆家の支配が伸びた。そして兵庫津（神戸市）に代わる遣明船の発着地として国際貿易の拠点となり、北荘の住民と開口神社を鎮守とする南荘の住民がそれぞれ結合を強め、都市の自治を担っていく。多くの寺院が成立し、禅宗を中心に「泉南仏国」と称された。人口も増加し、文明五年（一四七五）に起こった高潮では数千戸が流失し（『大乗院寺社雑事記』）、天文元年（一五三二）の大火では北荘の大半と南荘の三分の一が被災し、合計四千戸が焼失したという（『二水記《にすいき》』）。

堺南荘鎮守の開口神社

細川京兆家と室町幕府の分裂の中、堺は大永七年（一五二七）から将軍候補の足利義維を擁した細川晴元と有力被官の三好元長らが拠点を置き、「堺幕府」と評されている。[*4] 彼らは堺南荘を居所とし、義維は四条道場と呼ばれた引接寺を御座所とした。[*5] しかし内部対立の結果、享禄五年（一五三二）に三好元長が晴元と手を組んだ一向一揆に敗れ、顕本寺で自刃している。

＊2　廣田浩治「堺」（『第12回東海考古学フォーラム 岐阜大会 守護所・戦国城下町を考える 資料集弐』、守護所シンポジウム＠岐阜研究会、二〇〇四年）。

＊3　小谷利明「河内国守護畠山氏の領国支配と都市―畠山政長・義就期を中心に―」（『鷹陵史学』25、鷹陵史学会、一九九九年）。

＊4　今谷明『戦国三好一族』（新人物往来社、一九八五年）。

＊5　吉田豊「堺幕府はどこにあったのか―中世都市の空間構造」（『堺市博物館研究報告』31、堺市博物館、二〇一二年）。

上：南宗寺　下：妙国寺

天文十九年（一五五〇）、前年に来日して京都を目指すイエズス会の宣教師フランシスコ・ザビエルは、堺の商人日比屋《ひびや》了珪に迎えられた。後に了珪は熱心なキリシタンとなるが、この対応は堺商人が持つ広域の人的ネットワークや文化への許容の広さを示す。*6

やがて三好氏は堺に関係の寺院を建立し、弘治二年（一五五六）には芥川山城（高槻市）を居城とする三好長慶が法華宗の顕本寺で父の元長の法会を営み、翌年には一族の菩提所である臨済宗の南宗寺を設けた。有力家臣の松永久秀は、南宗寺に亡妻を弔う塔頭を建立している。長慶弟で高屋城（羽曳野市）の三好実休が建立を意図した法華宗寺院は、実休戦死後の永禄十一年（一五六八）に妙国寺として完成した。また三好一族や家臣らは茶会や連歌を通じ、堺商人との関係を深めた。これらの寺院や宗派、そして帰依する堺商人らを介し、三好氏は彼らが持っていた遠方との交易ルートに関与する一方、奉行を置くなど堺の支配を強めていく。堺は、三好一族の拠点ともいえる。*7

しかし、長慶死後の永禄八年に三好義継・三好三人衆らと松永氏が対立し、前者が堺を制圧したものの、畠山氏と与した松永氏が軍勢を展開して堺を確保し、義継らが堺を包囲する。松永氏は逃亡したが、再び永禄十年に堺で蜂起し、義継が松永方に合流した。堺は畿内の趨勢に関わる軍勢が衝突する場でもあった。

*6　川村信三氏が政・商・教による「瀬戸内海リンク」という概念を提示している。川村信三『戦国宗教社会＝思想史　キリシタン事例からの考察』（知泉書館、二〇一一年）。

*7　三好氏と堺については、天野忠幸「大阪湾の港湾都市と三好政権―法華宗を媒介に―」（『都市文化研究』四、大阪市立大学都市文化センター、二〇〇四年）、同「戦国期における三好氏の堺支配をめぐって」（『堺市博物館報』30、堺市博物館、二〇一一年）、同『三好長慶　諸人之を仰ぐこと北斗泰山』ミネルヴァ日本評伝選（ミネルヴァ書房、二〇一四年）に多くを学んだ。

かつての海岸線が環濠のように残る内川

永禄十一年に上洛した織田信長は堺に二万貫の軍用金を要求し、堺は同じく町人自治が形成されていた平野（大阪市）と連携して抵抗の動きをみせたが、最後は受け入れている。信長は堺商人の今井宗久を代官に任じて堺を支配しようとし、茶の湯などを通じて商人らとの関係を深めた。今井宗久と津田宗及、千宗易（利休）は信長の茶頭《さどう》でもあった。

また、天正十一年（一五八三）から大坂築城を開始した羽柴秀吉は城下町を堺にまで伸ばす構想を持っていたという。これは実現しなかったが、信長と同様に堺に代官を置き、経済力とともに、住民の力量を評価した。秀吉の茶頭となった堺商人の千利休が、秀吉の外交や政治に大きな力を発揮したことはいうまでもない。

堺は慶長二十年（一六一五）四月に大坂夏の陣の前哨戦で豊臣方に焼き払われ、約二万戸が焼失したという（『イエズス会日本年報』）。この後、堺は江戸幕府によって復興し、堺奉行が置かれて近世都市として発展していく。市街には整然とした長方形街区が形成され、長辺は約二・八キロに及んだ。[＊8]

【構造と評価】堺の町は環濠を持ち、天文十八年（一五四九）の発給と考えられる河内国守護代遊佐長教の書状には「堺津堀際」で合戦が行われたとある（『古簡雑纂《こかんざっさん》』）。この頃には堺に環濠が成立し、永禄三年（一五六〇）以前には三好長慶が「堺南庄中」に対して土手の維持管理に関する文書を出していることから環濠などの施設が三好氏の承認の下で存在したと考えられている。[＊9]

この後、環濠は維持がなされ、永禄五年に堺に滞在していた宣教師ガスパル・ヴィレラは堺の町について「西側は海に、また東

＊8　江戸幕府は町の面積を拡張し、新たな幅約一八メートルの環濠を設けた。環濠は土居を伴っており、堀は土居川とも呼ばれる。ただし、東側と北側の環濠は戦後に埋め立てが進み、現在は南側の環濠が幅を狭くして残されている。また、海岸に面した部分は近世に埋め立てが進み、内川と呼ぶ水路になっている。

＊9　文献史料による環濠の評価については、＊1吉田論文、＊7天野「戦国期における三好氏の堺支配をめぐって」に多くを学んだ。

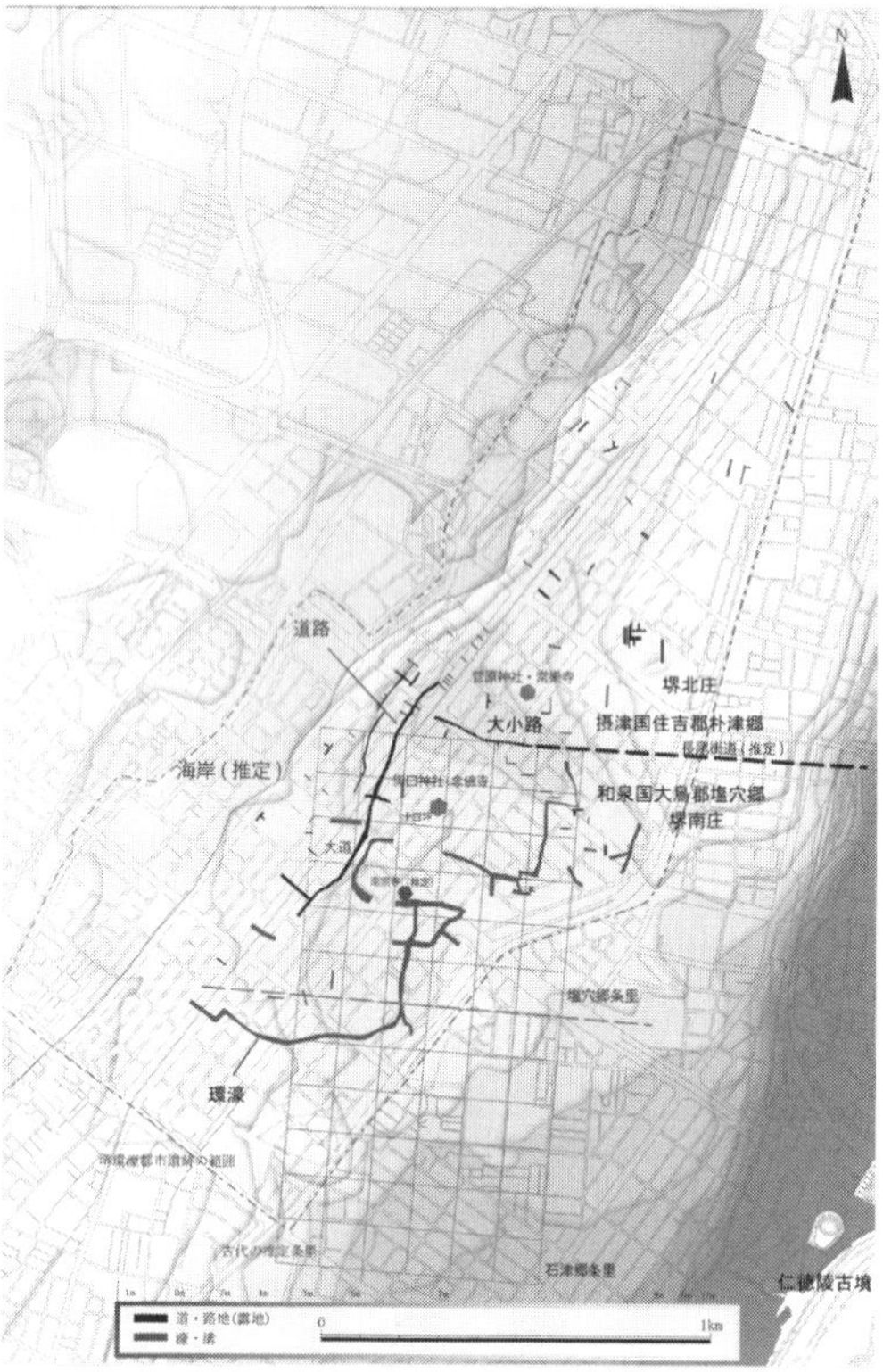

堺環濠都市遺跡の復元図（慶長期・1615年まで。＊10續文献より）

側は常に満々と水をたたえる深い堀によって囲まれている」（『十六・七世紀イエズス会日本報告集』）とし、同七年七月には堺南荘が「東堀普請」を行っている（『言継卿記』）。また、永禄九年に宣教師ルイス・フロイスは「市の濠の内部では、まるで自宅で平穏にいるかのようにいとも安全に通行し、（略）五歩濠の外に出ると、どこで出会ってもただちに殺し合った」と記す。

これまでの発掘調査では、町を囲む堀と内側に存在する堀の二種類が確認されている。[*10] 地形的高所となる東側では堀が一部二重であった。また南側では幅一七・〇メートル、深さ四・二メートルの二段掘りの堀と幅六・〇メートル、深さ約一・八メートルの堀が併存していた。この巨大な堀は十六世紀後半の開削と考えられ、永禄十二年の津田宗及（天王寺屋）の茶会記『宗及他会記《そうぎゅうたかいき》』にみえる「去年十月此ヨリ、堀ヲホリ櫓ヲアレ」[*11] とあるものに該当すると思われる。これ以前の堀は、町の中心部である開口神社や南宗寺推定地付近の東側で検出された推定幅七メートル（後

＊10 續伸一郎『よみがえる中世都市 堺—発掘調査の成果と出土品』（堺市博物館、二〇一〇年）。

＊11 現在の南宗寺は、慶長二十年（一六一五）に起きた大坂夏の陣の前哨戦で焼失した後、移転して再建されたものである（左）。

に石垣で幅が縮小）でかぎ状に折れる堀などであると考えられている。

天正十四年（一五八六）に豊臣秀吉は環濠を埋めたとされ、フロイスは「外的に備えて構築していた濠を埋め、町の周囲にめぐらされていた繁茂した大樹をことごとく伐採するように命じた」と記し、町の自由を奪ったとしている（フロイス『日本史』）。ただし環濠は堺を軍事的に利用する武家らには必要な施設であり、天正十四年に至って軍事利用が不必要になったことも示す。[*12]『貝塚御座所日記』の十一月の記事には「去月廿六日より堺南北ノ堀ヲウムルナリ。関白殿ヨリ被仰出候了。十一月三日四日之時分ハ、大かたウメタル由申也」とある。しかし、これ以降も環濠は規模を縮小し、排水機能を持って存続した。

堺の環濠は町を囲む惣構であるが、寺内町や城下町のように明確な核となる寺院や城郭は想定されていない。戦国期の環濠や市街地の全貌は未だ解明途中であるが、武家との関係を有した巨大な惣構として、戦国期の都市や城館を考える上で稀有な事例となる。[*13]

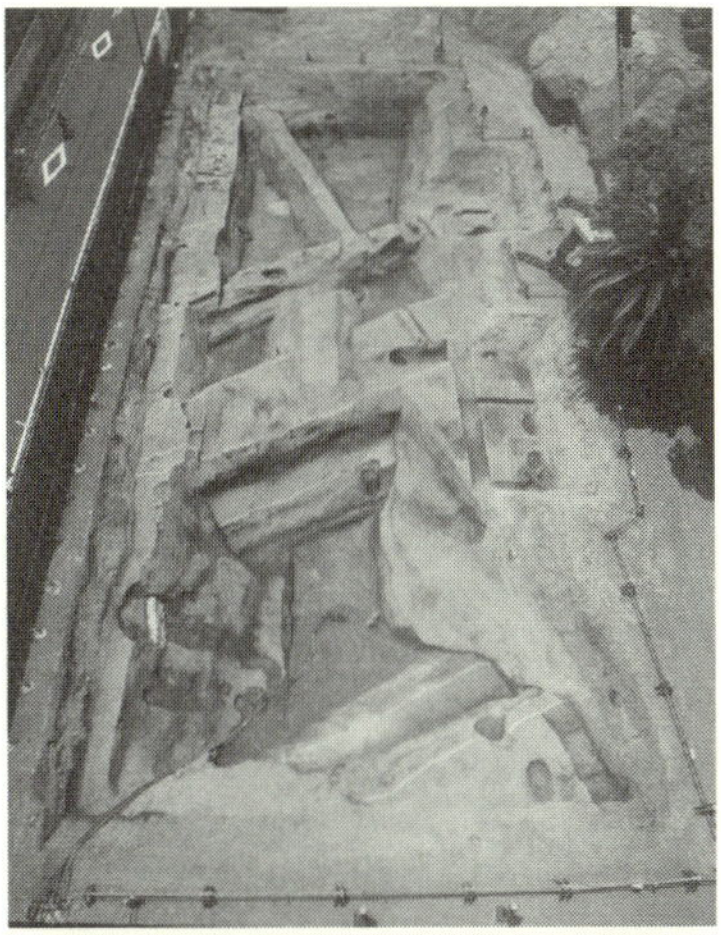

上：町の南側で検出された巨大な堀（濠。SKT960 調査地）
下：堀（濠）の断面（SKT960 調査地／上・下とも［公財］大阪府文化財センター提供）

町の中心部の堀（濠。SKT19 調査地／堺市教育委員会提供）

堺台場の石垣と土塁（西面）

＊12　＊7天野「戦国期における三好氏の堺支配をめぐって」。

＊13　堺に関する城館遺跡としては幕末に築かれた堺台場（北・南）がある。外国船対策として大阪湾に築かれた台場で、安政年間（一八五四～六〇）に旧堺港を挟んで南北に2つの台場が整備された。後に南台場は稜堡式台場に改造され、現状でも大浜公園内に驚くほど良好な状態で遺構が残る。

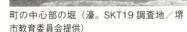

織豊以前の畿内の城郭構造を考える好事例

85 家《え》原《ばら》城《じょう》

①所在地　堺市西区家原寺町
②時期　戦国期
③主体　和泉国人、三好義継・松永勢、寺町・雀部氏
④遺構　—

【概要】家原城は遺構を残さないが、戦国末期に使用され、絵図から城郭構造がうかがえる。

【立地】家原集落西端の石津川に面した段丘先端に立地し、南西には家原大池がある。近くには、奈良時代の高僧行基の生家を寺院に改めたという家原寺がある。

【歴史と背景】宝暦七～八年（一七五七～五八）頃に編纂の「和泉住古城跡」には「田安御領地、平城跡」「二ヶ所共、大鳥郡家原寺村の内。寺町左近将監・雀部佐兵衛城跡の由。過半畑に成る」とある。*1

　戦国期の家原は四国や和泉から大阪平野へと進出する勢力が拠る場となり、*2 永正八年（一五一一）には畿内復帰を目指す細川澄元方と細川高国方が「家原口」で合戦を行った（『北河原氏家蔵文書』）。永禄九年（一五六六）の三好義継・三人衆と松永久秀との対立では、畠山高政、松浦氏らの和泉国人、根来寺が松永方に与して「根来衆出家原城相構之云々」（『永禄九年記』）とあり、和泉国人らが家原から出陣している（『細川両家記』）。

　永禄十一年には、足利義昭・織田信長の上洛直後、阿波からの進出を図る三好三人衆が十二月、義昭・信長に与する義継・松永方の家原城を攻めた。「泉州江原ノ城松永ヨリ池田丹後・寺町以下百余入置之処、三人衆ヨリセメ、八十余討死落居了」（『多聞院日記』）、「和泉の家原と云城に三好左京大夫殿の人数楯籠条。軍の首途に此城を可攻とて則取巻。其日の晩に責落し百計首討取と

＊1　田安徳川家領に二ヶ所の城跡とあるが、もう一ヶ所は不明。なお、家原城は、ほかの和泉の近世地誌などでも歴史の項で多く紹介されている。井田寿邦「和泉の中世城跡（2）」（『泉佐野の歴史と今を知る会』284、泉佐野の歴史と今を知る会、二〇一一年）。

云。城主寺町左衛門大夫。雀部治兵衛尉両人は腹切て此城落居候也」（『細川両家記』）とある。

【構造と評価】 城の遺構は壊滅しているが、昭和二十三年米軍撮影の航空写真では『和泉国城館跡絵図』に描かれた城の輪郭がかろうじて確認できる。[*3] 丘陵の端部に、水堀をまわす推定の長辺五〇メートル強の土塁囲みとなる長方形の曲輪と西側水堀内の小曲輪があり、北東と南東の道の取りつき部分が虎口と思われる。特に南東虎口は直下の小曲輪が「馬出」のようになる。馬出は織豊系城郭で定型化することが知られ、家原城に近いプランは天正四年（一五七六）以降に確認されている。[*4] 畿内では、物集女城（京都府向日市）で家原城と類似の構造が確認されており、畿内における戦国末期の虎口を考える好事例となる。[*5]

また、曲輪南東コーナーは絵図に「此間出張」とあるように水堀への横矢がかかる技巧的な構造となる。遺構は残らないが、家原城は織豊系城郭登場以前の畿内における城郭構造を探る重要な存在である。

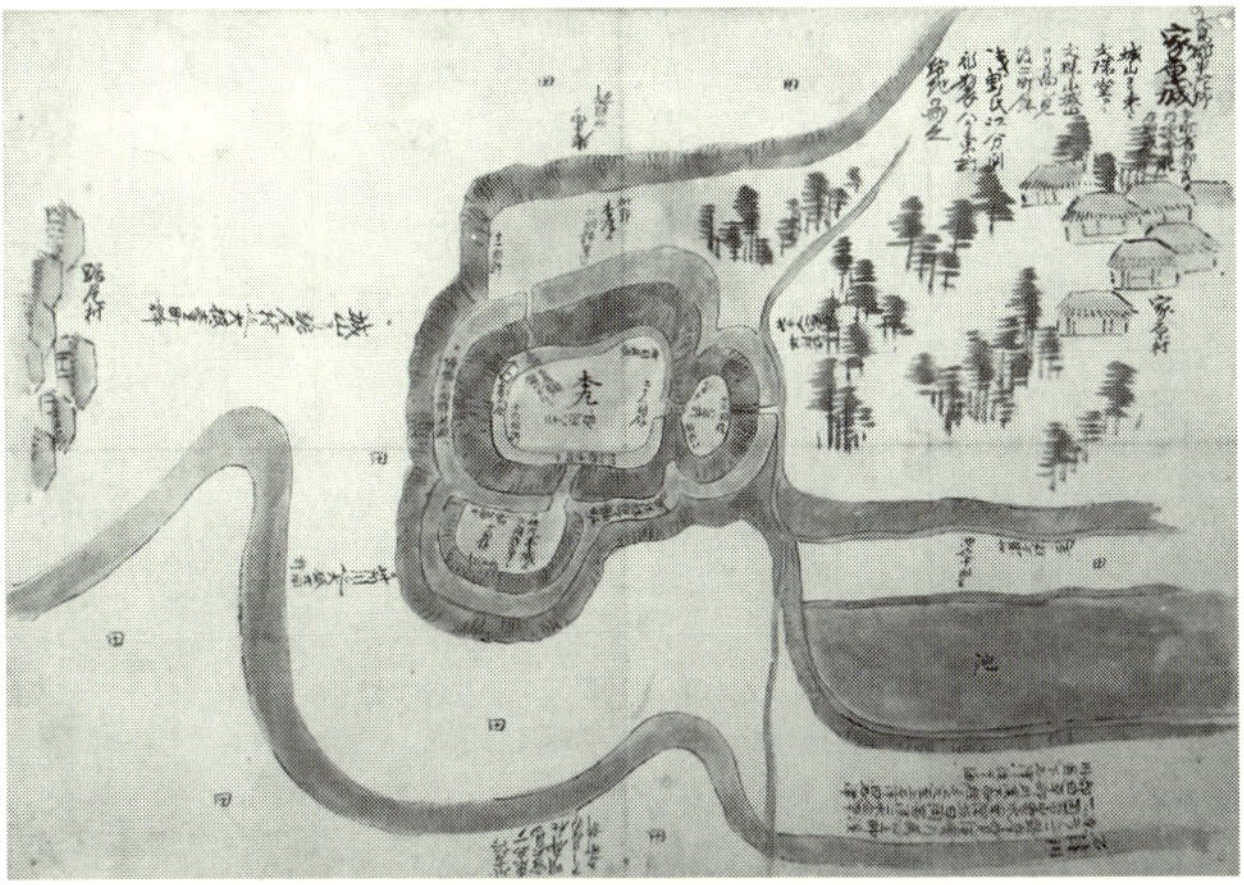
「大鳥郡半陀郷家原城」『和泉国城館跡絵図』（＊本書別稿を参照。左上が北）

家原城跡に建てられた説明板

＊2 歴史及び構造については、福島克彦「『和泉国城館跡絵図』と城館研究—鬼洞文庫旧蔵絵図を中心に—」（大澤研一・仁木宏編『岸和田古城から城下町へ 中世・近世の岸和田』、和泉書院、二〇〇八年）を参照。

＊3 文政元〜二年（一八一八〜一九）に岸和田藩士の浅野秀肥が現地踏査の成果から作成した城絵図。＊本書別稿を参照。

＊4 千田嘉博「織豊系城郭の構造」（『史林』70-2、史学研究会、一九八七年）。

＊5 福島克彦「乙訓・西岡の城館と集落」（中井均・仁木宏編『京都 乙訓・西岡の戦国時代と物集女城』、文理閣、二〇〇五年）。織豊系城郭でも馬出の発達は平城で先行し、永禄三年（一五六〇）頃に成立していた可能性がある。高田徹「桶狭間合戦時の織田氏陣城」（『中世城郭研究』14、中世城郭研究会、二〇〇〇年）。

平地における小規模城館の多様性を示す

86 陶器城《とうきじょう》（北村古塁《きたむらこるい》）

①所在地　堺市中区陶器北
②時期　戦国期
③主体　―
④遺構　曲輪・土塁

【概要】陶器城は文政元〜二年（一八一八〜一九）の『和泉国城館跡絵図』で「大鳥郡陶器荘北村古塁」とされた城館跡で、現状でも一部の遺構と区画が看取できる。なお、『日本城郭大系』の「陶器城」は、『同絵図』の「大鳥郡陶器荘田園村古塁図」のことであり、本城跡は「北村砦」にあたる。*1

【立地】河岸段丘の南縁部に立地し、周辺は集落となる。近隣には紀伊方面と結ぶ西高野街道が走る。

【歴史と背景】宝暦七〜八年（一七五七〜五八）頃に編纂の「和泉往古城跡」の「陶器村」には「門□平城跡。ただし大鳥郡陶器村領。城主知らず。過半田地に成る」とある。正慶二年（元弘三・一三三三）、後醍醐天皇方の楠木氏は、鎌倉幕府方との転戦を繰り返し「当器左衛門尉、自放火」（「楠木合戦注文」）と陶器に攻撃を加えたようである。また、観応三年（一三五二）には南朝方の和泉国人の和田助氏と淡輪《たんのわ》助重が前年の陶器城などでの合戦の参加を楠木正儀に報告している（『古文書集』『淡輪文書』）。周辺は南北朝期の戦乱に巻き込まれたが、戦国期の状況については不明な点が多い。

【構造と評価】「大鳥郡陶器荘北村古塁之図」に描かれた城の構造は立会による発掘調査で南東隅の堀が認められており、概ね首肯されている。*2 城の中心は約二六メートル四方の土塁囲みで、西を除く周囲に水堀（「堀田」）をめぐらせた曲輪（「本丸跡」）となり、南東と北西に長方形の区画が接続する。全体の規模は約一六〇×一九〇メートルであり、「土居」と「堀田」が囲む。本丸

*1　田代克己「陶器城」「北村砦」（『日本城郭大系』12、新人物往来社、一九八一年）。「本丸跡」に接する公園には説明板が建つ（左）。

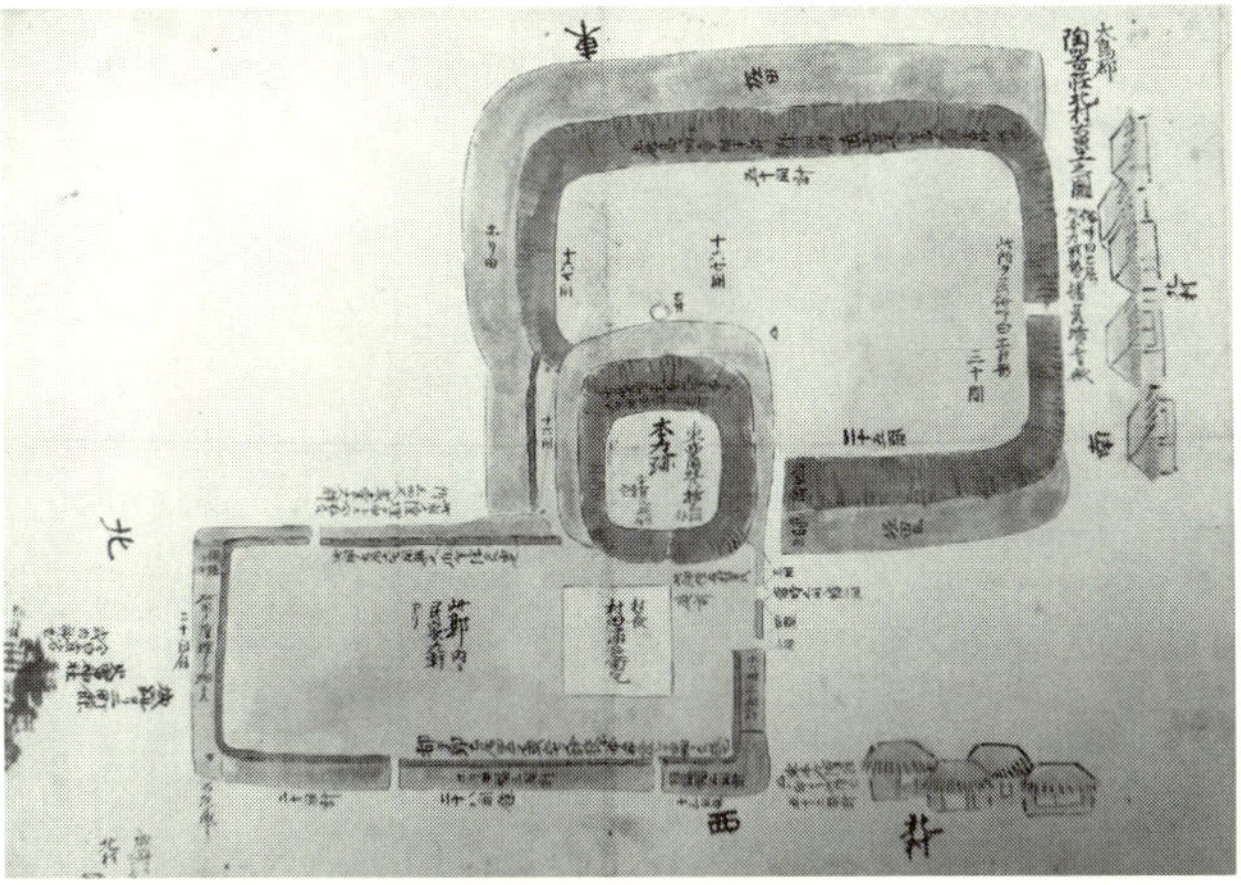

「大鳥郡陶器荘北村古塁之図」『和泉国城館跡絵図』

の形は「荒墓」、つまり古墳かとも記述されており、当時は宇賀御魂明神が祀られていた。また、南東の曲輪は、土塁の内側に「武者走」がめぐり、地元では「出升形」と呼んだ。一方、北西の曲輪には「村長 村田満兵衛宅」や「民家六軒」が建ち並ぶ。およそ、このような構造の中世城館は事例に乏しく、一般的ではない。特に北西の曲輪は土塁と水堀の規模が小さく、当時の有力者の居宅が所在することから、近世の構築である可能性も否定できない。径約二五メートルで土塁囲みの曲輪を中心とした平地の類例には稲葉塁（岸和田市）があるものの、こちらが土塁囲みが直接河川に面するなど立地の差も大きい。

フェンス越しにみる土塁状の遺構

陶器城跡は地割を含めて現状で遺構が良く残る。平地の小規模城館の多様性を考えさせる事例である。一方、近世以降も人が居住し続けた場である＊3。今後は遺物などによる遺構の年代比定が必要だろう。なお、現状の遺構の中心部はフェンスで囲まれており、立ち入りはできない。

＊2　福島克彦「『和泉国城館跡絵図』と城館研究—鬼洞文庫旧蔵絵図を中心に—」（大澤研一・仁木宏編『岸和田古城から城下町へ 中世・近世の岸和田』、和泉書院、二〇〇八年）。

＊3　現在も「大鳥郡陶器荘北村古塁之図」が描く居宅に近い風景をみることができる（左）。なお、同図には段丘下にあたる城跡の南の二ヶ所に「北村」と表記した集落を記号化して描いている。

寺院の境内となった国人沼間氏の平地城館

87 綾《あや》井《い》城《じょう》

①所在地 高石市綾園
②時期 戦国期
③主体 綾井氏、沼間氏
④遺構 曲輪・堀

【概要】綾井城は戦国末期に国人沼間《ぬま》氏が拠り、文禄二年（一五九三）以降は助松（泉大津市）から移転した城蹟山専称寺の境内となる。堀などの遺構が残り、府下の平地城館を考える貴重な事例である。

【立地】大阪湾に近い段丘上に展開した集落の内部に立地する。

【歴史と背景】元禄九年（一六九六）の写という『泉州四郡村高』の「綾井庄」に「市場村沼任世の城跡。今に惣堀の跡、溝田と成りこれ在り。その境内に浄土宗専称寺と云うてこれ在り」とある。*1

南北朝期の延文五年（一三六〇）に和泉国人田代氏は、綾井城の警固を北朝方の守護細川清氏から賞された（『田代文書』）。室町期以降は、守護被官の綾井氏が周辺に勢力を持つ。*2

戦国末期の和泉では、畿内を掌握した三好氏の勢力を背景に守護代松浦氏が公権力となるが、北部では一族の松浦虎と国人沼間氏が影響力を強め、沼間伝内が綾井城に入る。織田政権下の沼間氏は大阪湾の制海権に関わり、伝内と沼間伊賀守が天正四年（一五七六）の大坂本願寺を来援した毛利方との海戦で戦死し、伝内の子の沼間任世は直接、織田信長に仕えたという。

沼間氏は和泉を代表する有力国人であり、任世は横山谷（和泉市）に出された禁制に連署している（『池辺弘氏所蔵文書』）。また、天正九年の信長による和泉の指出検地・知行替《ちぎょうがえ》に際しては、国衆から信長の朱印状を得る費用を徴収し、安土へ向かうなど、その代表でもあった。豊臣政権

*1 井田寿邦「和泉の中世城跡（5）」（『泉佐野の歴史と今を知る会』287、泉佐野の歴史と今を知る会、二〇一一年）。

*2 歴史・背景については廣田浩治「綾井城」（『守護所・戦国城下町を考える』資料集弐、第十二回東海考古学フォーラム岐阜大会、二〇〇四年）、山中吾朗「和泉国松浦氏小考—永禄年間を中心に」（小山靖憲編『戦国期畿内の政治社会構造』、和泉書院、二〇〇六年）を参考。

下では岸和田城に入った中村一氏の配下となり、近世は旗本として存続した。

【構造と評価】綾井城の遺構は境内地となり、方形の区画と水堀をみることができる。その構造は、文政元〜二年（一八一八〜一九）の『和泉国城館跡絵図』の姿とほぼ同じであり、発掘調査では十三世紀末〜十六世紀後半の遺物が出土し、歴史的経過と合致する。[*3] また、数度の改修が判明しており、境内西では土塁が検出され、規模が五〇メートル四方を超える方形館であったことが想定されている。

また、絵図では東南側の集落との間で、城の堀と集落の堀が並走し二重になる。大阪平野周辺では方形館の確認事例が少ないが、和泉国ではほかに樫井城（泉佐野市）、淡輪城（淡輪町）などの検討材料があり、府下の方形館を考える上で興味深い地域でもある。

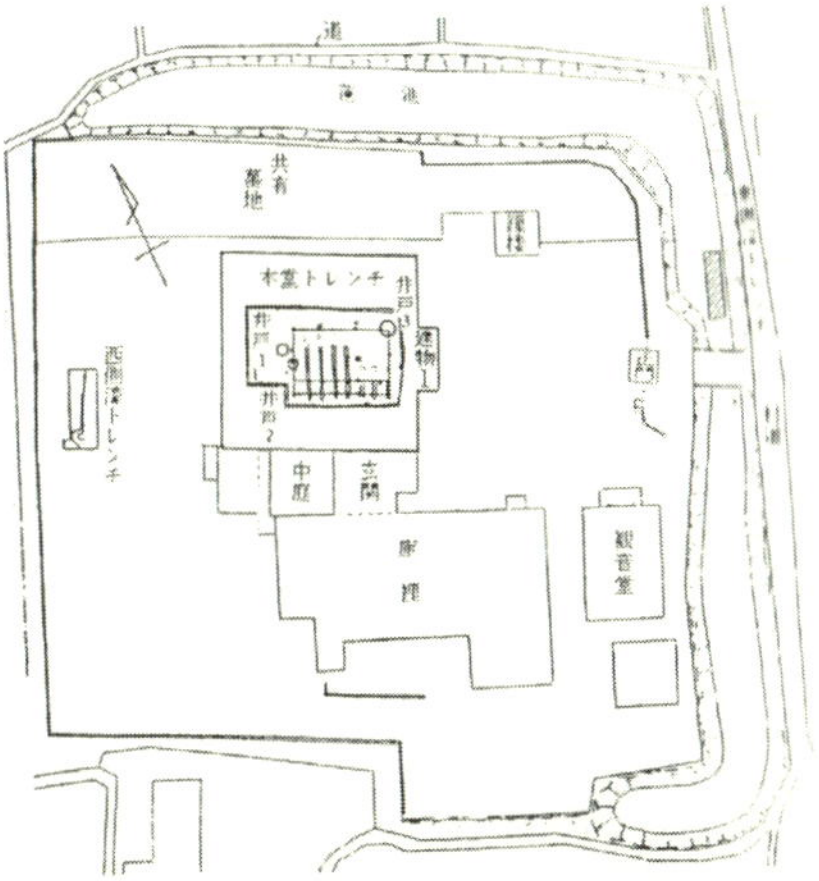

上：遺構配置図（＊３より）
下：現在の東側の堀跡（右側が境内）

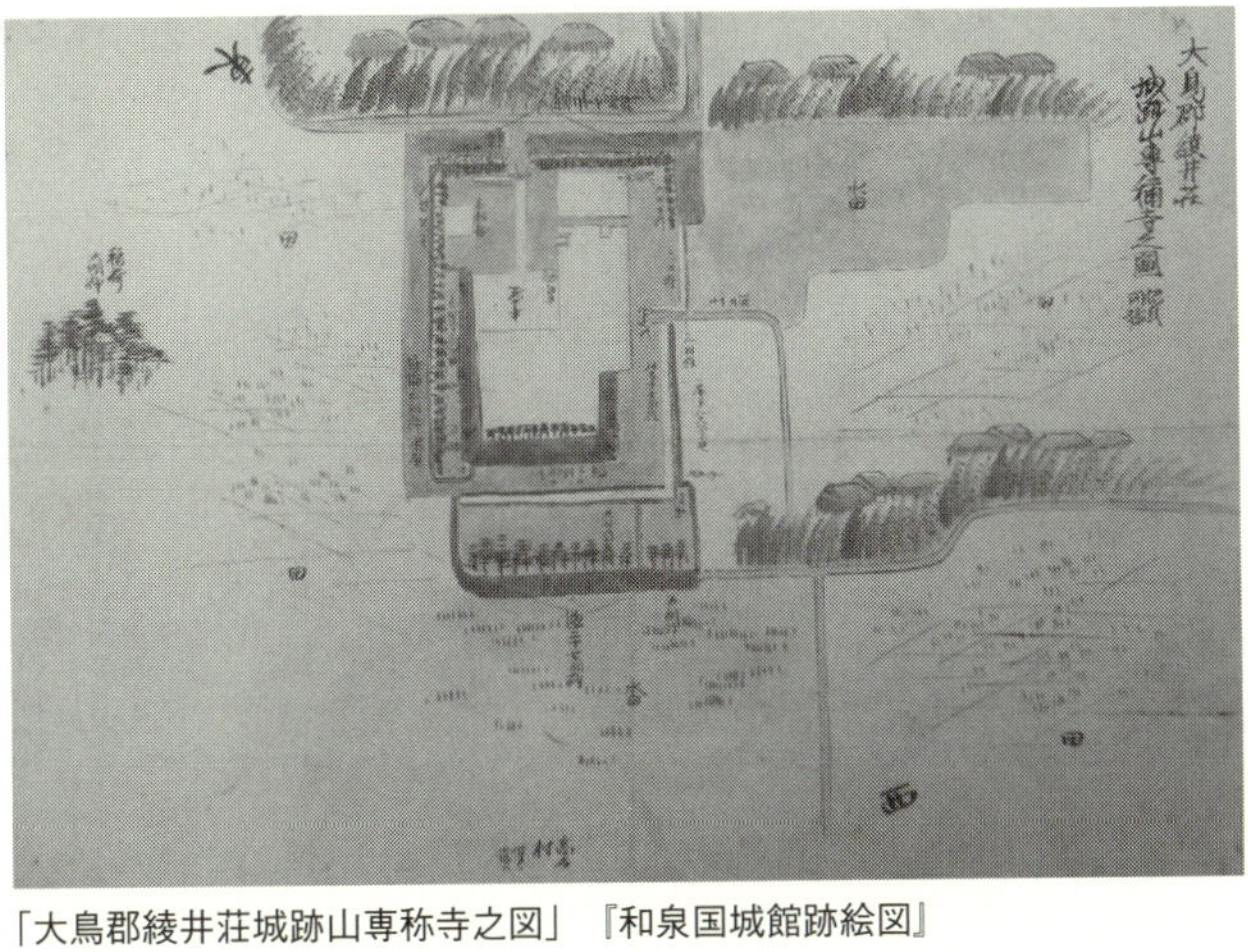

「大鳥郡綾井荘城跡山専称寺之図」『和泉国城館跡絵図』

＊3　高石市教育委員会『綾井城と専称寺』（高石市教育委員会、一九九二年）。

河内・和泉国境の街道を押さえる小規模山城

88 切《きり》坂《さか》城《じょう》

①所在地 和泉市国分町・下宮町
②時期 戦国期
③主体 寺田氏か
④遺構 曲輪・土塁・堀切

【概要】切坂城は国境に位置した軍事性の高い小規模山城で、織田政権下に機能した可能性がある。

【立地】河内国境に近い標高約一五〇メートルの国分町と下宮町にまたがる独立丘陵上に立地し、北側は槙尾川が流れて切り立つ斜面となる。南の山塊との鞍部は国分峠であり、直前で合流した泉大津から和泉府中を経て南河内に続く河泉（槙尾）街道と和泉北部から紀伊に向かう父鬼街道が通過し、峠を降りた地点で再び分岐している。城と峠との比高は約二〇メートルである。

直線距離で約五キロ離れた和泉山脈には槙尾山施福寺（槙尾寺）があり、周辺は同寺が大きな影響力を持った横山谷に含まれる[*1]。

【歴史と背景】かつては南北朝期の史料にみえる「宮里城」とされたが、現在は違う場所が比定地となり[*2]、散布する瓦片などは廃城後に営まれた城山寺のものとみられる[*3]。

元禄元年（一六八八）書写の『和泉地方の農事調査』では「切坂・横野堤・古城跡有り。平野治部在城の由申し伝う」とあり、同九年写の『泉州四郡村高』では国分寺の項目に「下宮と領境に垣坂また掻上坂とも異説有りて具わらず。根来御追討の時、槙尾山も一味故、

切坂城跡を国分峠を挟んだ南の集落からのぞむ

＊1 以下の地域や槙尾山の歴史については、和泉市史編さん委員会『横山と槙尾山の歴史』（和泉市、二〇〇五年）を参照されたい。

＊2 白石博則「南北朝期の宮里城跡推定地について」（『泉佐野の歴史と今を知る会』275、泉佐野の歴史と今を知る会、二〇一〇年）。

＊3 白石博則「城と館」（和泉市史編さん委員会『和泉市の考古・古代・中世』、和泉市、

寺田又左衛門殿に仰せ付けられ、御責め破り成られ候節、附城なり」とある。[*4]

天文十二年（一五四三）、和泉国人玉井氏は細川氏綱を擁立し、槙尾寺で挙兵した。横山谷は河内・紀伊国守護の畠山氏に与した紀伊の根来寺の勢力が強く、敵対する畿内の実力者細川晴元への対抗であった。この挙兵は失敗するが、周辺は畿内の勢力図が反映する国境地域であった。[*5]

天正九年（一五八一）に槙尾寺は織田信長からの寺領の指出（寺領帳面の提出）を拒否して焼き払われるが、このとき信長配下の和泉国人であった寺田生家[*6]が破却と寺領没収、国内の指出を実行したという（『天正九年松尾寺破滅記』）。先の『泉州四郡村高』の「寺田又左衛門」は、おそらく寺田生家（又右衛門尉）を示し、切坂城は槙尾寺攻撃の付城であったことになる。

【構造と評価】切坂城は、五〇メートル強の規模の城郭である。ただし、中心部の曲輪では西側で高さや幅を増す土塁と、これに対応する小さな堀切が認められる。周囲には帯曲輪状の曲輪がみられ、基本は小規模な単郭山城であるが、軍事性は高い。戦国期の大規模な戦乱で使用され、天正九年の寺田氏ら織田勢による槙尾寺攻撃への付城という伝承も否定できないだろう。

切坂城 概要図（作図：中西裕樹）

城跡に残る土塁を見上げる

二〇一三年）。和泉市周辺の城郭を踏み込んで紹介されており、ぜひ参照されたい。

＊4　井田寿邦「和泉の中世城郭（8）」（『泉佐野の歴史と今を知る会』290、泉佐野の歴史と今を知る会、二〇一二年）。

＊5　切坂城は、まさに国境の街道に接して立地する珍しい城跡であり、現在の国分峠も眼下に望む（左）。

＊6　谷口克広「寺田生家」（同『織田信長家臣人名辞典』第2版、吉川弘文館、二〇一〇年）。

山岳寺院の一角に位置する二つの城

89 施福寺城《せふくじじょう》（槙尾山《まきおさん》）

①所在地 和泉市槙尾山町
②時期 戦国期
③主体 玉井氏らか
④遺構 曲輪・堀切

【概要】施福寺城の所在地は葛城山系の河内国境に近く、古代以来の山岳寺院槙尾山施福寺（槙尾寺）の一角にあたる。二ヶ所に小規模な城郭遺構が確保され、槙尾寺を取り巻く戦乱の中で使用された可能性がある。

【立地】堂舎の背後にあたる標高約五〇〇メートルの尾根上と標高六〇〇メートルの槙尾山頂に立地し、山麓に広がる横山谷との比高差は、それぞれ約二〇〇メートル、約三〇〇メートルである。

施福寺境内から見渡した南河内方面の山々

【歴史と背景】尾根上の城郭遺構は、城郭研究者の高橋成計氏が確認し、槙尾山頂の城郭遺構は近年に岡寺良氏によって見出された。二ヶ所とも特に伝承などは無いようである。[*1] ここではあわせて施福寺城と呼んでおく。

横尾山周辺の横山谷は河内・紀伊国守護の畠山氏に与した紀伊の根来寺の勢力が強い地域で、天文十二年（一五四三）には和泉国人玉井氏が細川氏綱を擁立して槙尾寺で挙兵した。細川晴元と対立する畠山氏らの支持を受けたが挙兵は失敗し、槙尾寺も徐々に荒廃した。[*2]

やがて槙尾寺は上洛した織田信長に誼《よしみ》を通じたが、天正九

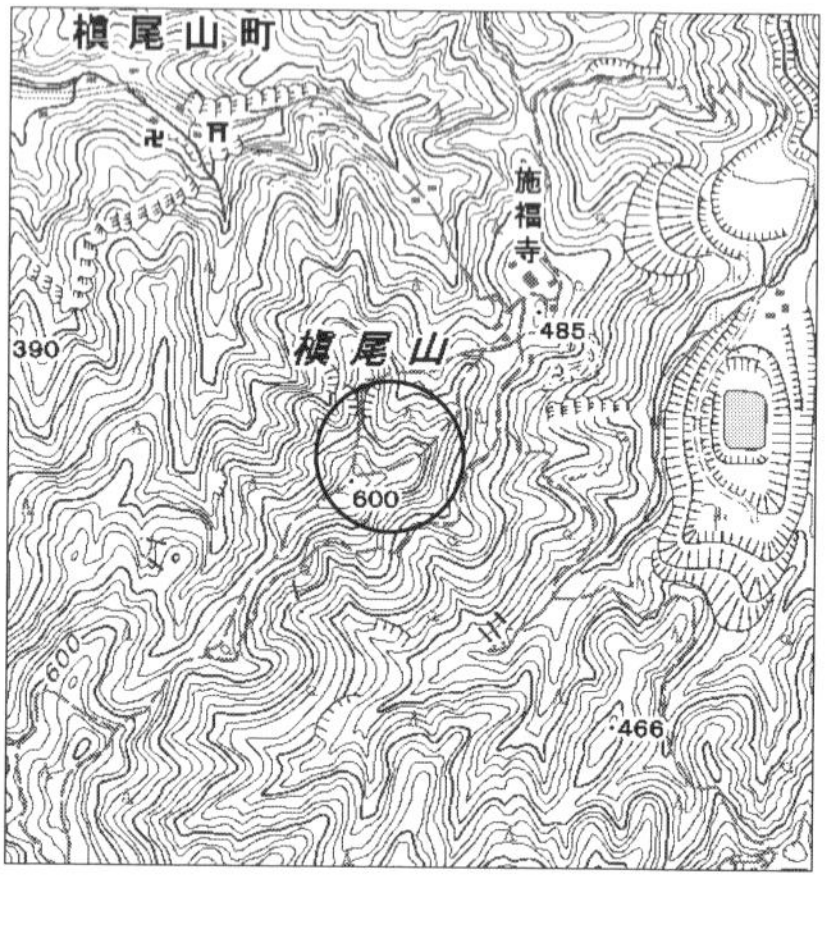

＊1 高橋成計「施福寺城」（高田徹編『図説 近畿中世城郭事典』、城郭談話会、二〇〇四年）。岡寺良氏からは直接、ご教示を得た。

＊2 前後の動向については、古野貢「和泉の戦乱と政治」（和泉市史編さん委員会『和泉市の考古・古代・中世』、和泉市、二〇一三年）、和泉市史編さん委員会『横山と槙尾山の歴史』（和泉市、二〇〇五年）を参照されたい。

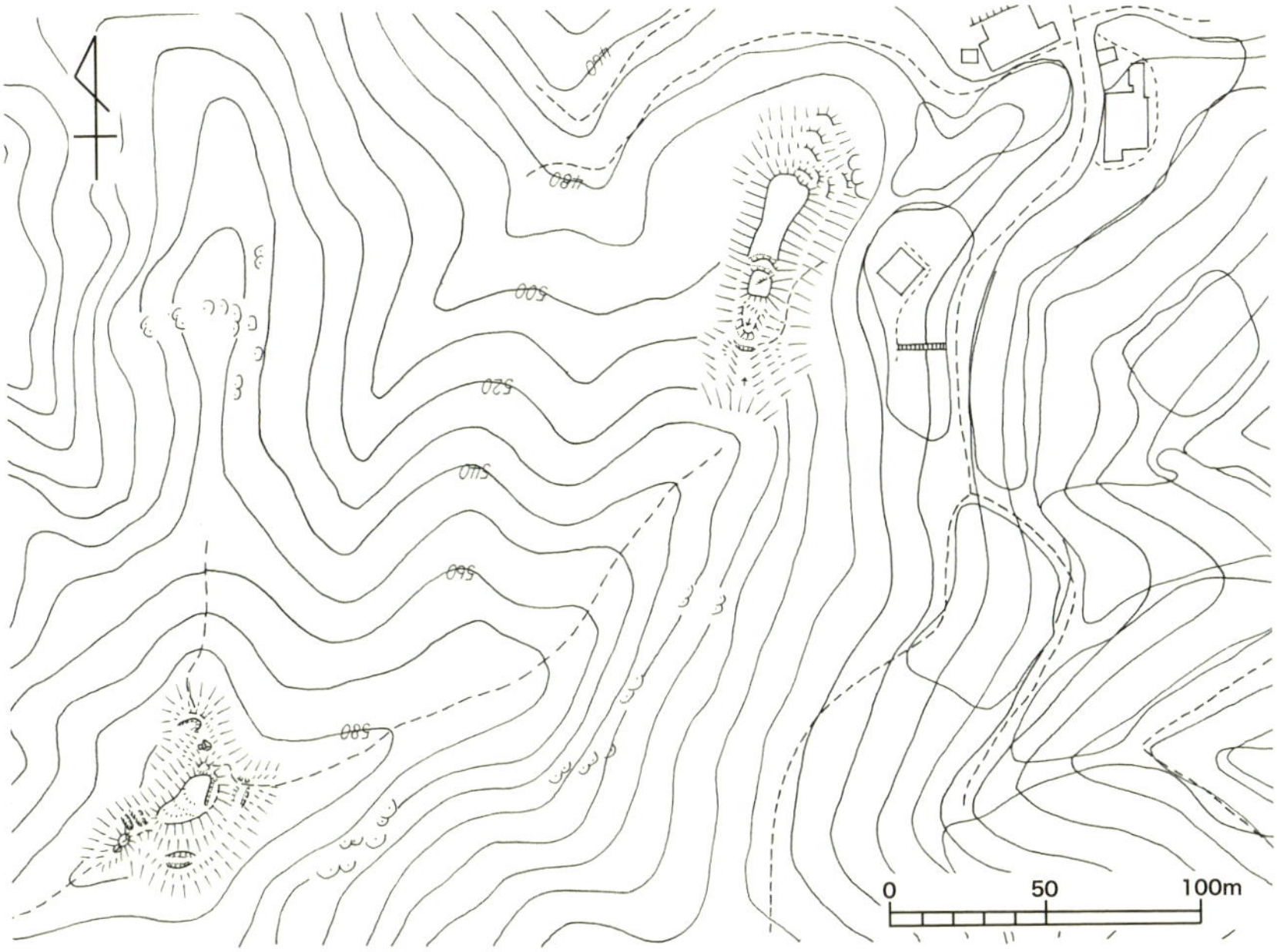

施福寺城 概要図（線囲みは寺院の平坦面。作図：中西裕樹）

年（一五八一）の寺領の指出に応じなかったため、検使をつとめた堀秀政による攻撃を受けた。『信長公記』によれば、「槙尾寺本尊は、西国三十三所四番目の巡礼観音、霊験あらたなる大伽藍、富貴繁盛、高野山の境内なり」であったが、この攻撃によって「叫声諸伽藍に響き」「哀れなる次第目も当てられず」という有様となり、「堂塔伽藍・寺庵僧坊・経巻」は一宇も残さず、堀秀政のほか織田信澄、蜂屋頼隆らに焼き払われた。

【構造と評価】槙尾寺は一山寺院として多くの子院を有し、現在も参道沿いには石垣を伴った削平地が数多く確認される。[*3]

本堂から下る尾根の北二〇〇メートルには堀切と土塁状の遺構、周辺に寺院の施設を伴う平坦地が

＊3　施福寺の寺域は広大であり、八〇〇×二〇〇メートルと山全体が寺院であったといえる。近世の絵図には、七三の子院が描かれ、その最盛期は十五・十六世紀であったと考えられている。土江文子「槙尾山施福寺子院跡の測量調査」（＊2和泉市史編さん委員会文献）を参照されたい。

上：尾根上に設けられた城郭遺構の曲輪をみる
下：中之院付近から見上げた城郭遺構が存在する尾根

存在し、何らかの防御施設の可能性がある。[＊4]

　尾根上に確認される城郭遺構は本堂の平坦面から南西約三〇〇メートル離れて存在し、直下には虚空蔵堂が建つ平坦面と坊院跡がある。南河内方面へと続く裏参道を見下ろす尾根の背後を浅い堀切で画し、約五〇メートルにわたって細長い三段程度の削平地を設けている。小規模であり、かつ簡単な構造といえよう。

　槙尾山頂の城郭遺構は、尾根上の遺構から直線で約二五〇メートル離れて位置する。五〇メートルに満たない規模であり、一部に岩盤が露出する削平地も粗雑である。しかし、三方向の尾根には浅いものの堀切が確認でき、周囲を画する意識がうかがえる。

　なお、北に尾根を下った地点には「蔵岩」「仏岩」という岩場がある。非常に厳しい地形が広がっており、付近は宗教的な「聖地」にあたる。修験の行場にあたることが想定され、寺院や関係者にとっては信仰の対象として大切な場であったことが考えられる。

　戦国期の山岳寺院は軍事力を持ち、城郭を構えることがあった。文献上ではそのように理解できても、遺構として城郭が確認できないものも多い。一方、城郭遺構が認められる場合、その多

＊4　白石博則「城と館」（和泉市史編さん委員会『和泉市の考古・古代・中世』、和泉市、二〇一三年）。

くは境内の縁辺部に見受けられる。また、大半は小規模であり、一般的な戦国期の山城のように大規模化する事例は乏しい。

ただし、中には本堂背後の山頂部などの信仰の場に城郭遺構が存在する事例もある。これは武家などの外部勢力が構築した事例に多い傾向がある。[*5]

槙尾山寺の城郭遺構は、信仰の対象となる巨岩が存在する槙尾山頂と、そこから伸びる尾根上にあり、歴史的に槙尾山には武家が内部に駐屯していた。施福寺城は、山岳寺院における城郭を考える上で、重要な遺構といえるだろう。[*6]

上：槙尾山の山頂
下：槙尾山山頂の堀切遺構

＊5　拙稿「城郭遺構論からみた山岳寺院利用の城郭」（『城館史料学』2、城館史料学会、二〇〇四年）、同「「山の寺」と城郭」（『日本中世における「山の寺」（山岳宗教都市）の基礎的研究」研究会『シンポジウム中世「山の寺」研究の最前線』資料集、二〇一一年）。

＊6　中世の施福寺は多くの参詣者で賑わい、その様子は室町期の参詣曼荼羅などにみることができる。西国三十三ヶ所霊場の札所であり、巡礼に訪れる人が絶えない。左は施福寺の本堂。

土塁と横堀をまわす小規模な単郭の城

90 稲《いな》葉《ば》塁《るい》

①所在地　岸和田市稲葉町
②時期　戦国期
③主体　稲葉氏か
④遺構　曲輪・土塁・横堀

【概要】稲葉塁は土塁と横堀をまわす小規模な単郭山城であり、周辺では珍しいタイプの城郭である。

【立地】牛滝川と支流に挟まれた河岸段丘に立地し、現在は菅原神社と極楽寺の境内地となる。牛滝川対岸の稲葉集落内部を牛滝街道が通過し、久米田方面と修験道で知られる葛城山方面を結ぶ。

【歴史と背景】延宝九年（一六八一）編纂の『和泉一国古跡名所』には「城主大井備中守殿ト申伝り」、元禄九年（一六九六）写の「泉州四郡村高」には「土井備中の云う人在城の由」とある。また、享保二十年（一七三五）の『和泉志』は「蛇谷城 尻池塁」の項に「倶在木積村共松浦氏所據又有郡境者（略）今木氏據稲葉村」とする。稲葉から牛滝川を北に約四キロ下った地点に今木村があり、今木氏に関係するかもしれない。このほか、大正十一年（一九二二）の『大阪府全志』では「稲葉弥治郎の拠りし所なり」とし、天正八年（一五八〇）の織田勢による岡山御坊（岸和田市）への攻撃に際して稲葉氏が御坊方についたため、後の紀州根来寺への攻撃に伴って落城したとする。

城主伝承は一様でなく、十九世紀前期の泉州熊取の大庄屋・中盛彬による『かりそめのひとりごと』には、稲葉から北西約三キロ離れた尾生村の郷士・福田九郎左衛門の項に、年未詳「山直郷内稲葉合戦」に対する十河一存の感状を収めている。*1 先の「郡境」の今木氏の伝承なども勘案

＊1　十河一存とは、三好長慶の弟で讃岐の国人十河氏の養子。天文十八年（一五四九）に細川晴元を追った三好長慶は、三好氏独力による畿内支配を進め、永禄元年（一五五八）頃には和泉の公権力であった松浦氏の後見する形で、一存が岸和田城に入った。一存は、同四年に死去したが、松浦氏は子の万満（孫八郎）が継いでいた。なお、万満の兄が長慶死後の三好本家を継いだ三好義継である。天野忠幸『三好長慶―諸人之を仰ぐこと北斗泰山―』ミネルヴァ

すると、周辺は軍事的緊張に見舞われやすい地域であったと推察できる。

【構造と評価】 現地の遺構は、『和泉国城館跡絵図』所収の「南郡山直郷稲葉塁址」とほぼ合致する。*2 東の段丘端の極楽寺境内は、等高のまま堀切を挟んで西に菅原神社境内となり、両者の南は浅い堀状の地形となる。この西の比高差約五メートルの河川に面した地点に、横堀と一部土塁がまわす円形の曲輪がある。径約二五メートルと非常に小規模であるが、先の境内地とは分離しており、詰城的存在である。基本構造は単郭なのだろう。

稲葉塁は集落と河川を挟むため在地支配には適さない立地であり、周辺に類例となる城郭は存在しない。中心は小規模な単郭構造であるが、広域の軍事動向に対応した城郭であった可能性を想定したい。

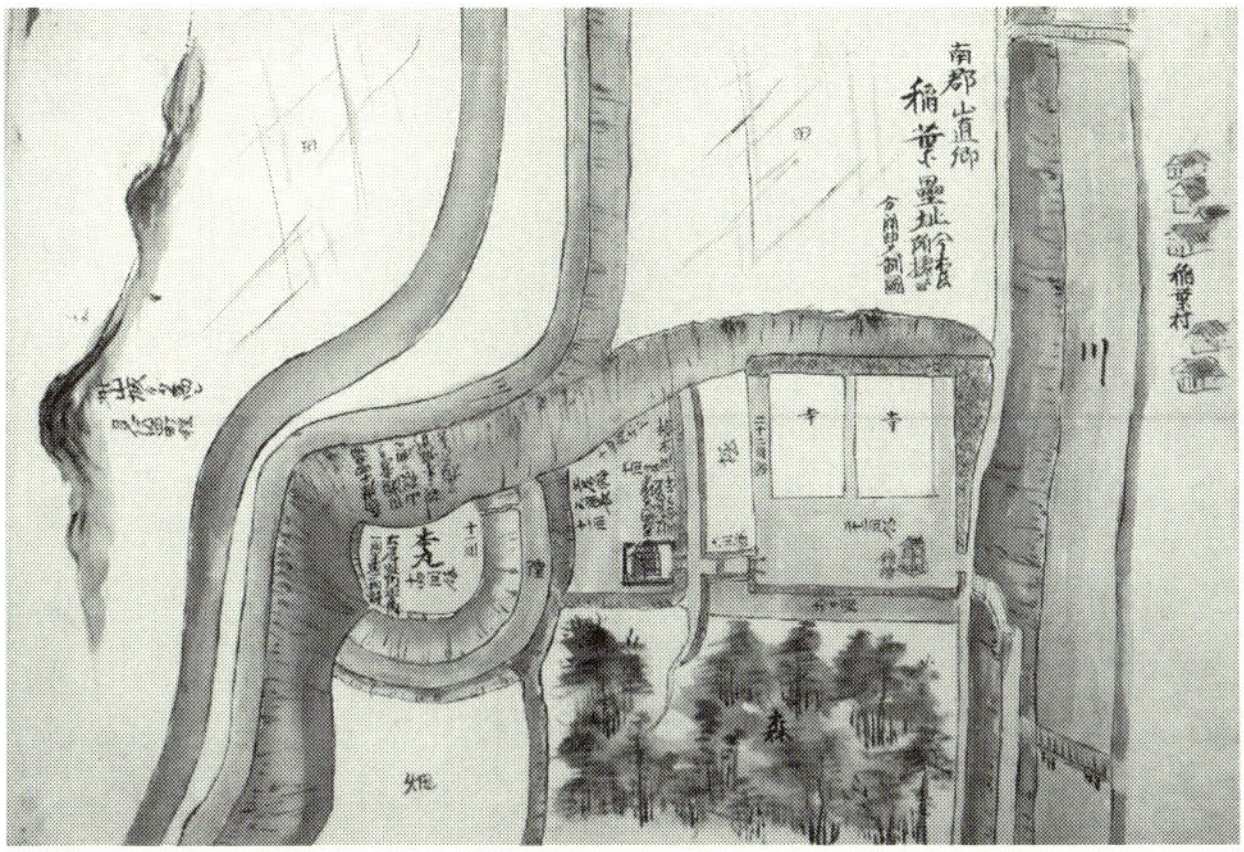

「南郡山直郷稲葉塁址」『和泉国城館跡絵図』（大阪歴史博物館蔵）

稲葉塁 概要図（作図：中西裕樹）

稲葉塁に残る横堀。左が曲輪内部

日本評伝選（ミネルヴァ書房、二〇一四年）を参照。

＊2 文政元〜二年（一八一八〜一九）に岸和田藩士の浅野秀肥が作成したもので、「今木氏所拠」としている。単郭部分には見事に横堀と土塁が表現されており、「本丸」との記入がみられる。なお、絵図に描かれた「寺」は現在の極楽寺にあたると思われる。

古墳を利用した横堀をまわす戦国末期の陣城

91 貝吹山古墳《かいぶきやまこふん》 付 摩湯山古墳《まゆやまこふん》

①所在地 岸和田市池尻町
②時期 戦国期
③主体 三好実休
④遺構 曲輪・堀切・横堀（発掘）

【概要】貝吹山古墳は久米田古墳群に属し、墳丘長一三〇メートルの古墳時代前期の前方後円墳である（岸和田市指定史跡）。永禄五年（一五六二）に三好実休が臨時的な城郭として利用し、「貝吹山」の名は陣貝に由来するといわれる。発掘調査によって城郭の遺構が検出されている。*1

【立地】古墳は久米田丘陵の上に立地し、北西に約〇・五キロ離れた熊野街道を見下ろす。東には古代に行基が開創という久米田寺の境内が接し、二キロ離れて古墳時代前期の前方後円墳・摩湯山古墳（国指定史跡）が存在する。西に約三・五キロの距離には、弟の十河一存が後見し、和泉北部を押さえた甥の松浦万満の拠点・岸和田城がある。

南東からみた貝吹山古墳

【歴史と背景】久米田貝吹山古墳は、久米田寺と縁が深い橘諸兄の墓と伝えられてきた。延宝八年（一六八〇）の『武辺咄聞書《ぶへんばなしききがき》』に「三好実休は一万余にて阿波より渡海し、岸和田の東久米田寺の山に陣を取。（中略）則此山に諸兄公の墓有。三好勢此山に陣を取」とある。

永禄四年（一五六一）の和泉では十河一存が死去し、代わって高屋城（羽曳野市）に在城中の三好実休が松浦氏を後見した。*2 一方、三好氏に敗れて没落していた河内・紀伊国守護の畠山氏や根来寺が

＊1 以下、和田晴吾ほか「久米田古墳群発掘調査報告1―貝吹山古墳の調査―」（岸和田市教育委員会、二〇一三年）を参照されたい。

＊2 天野忠幸『三好長慶‐諸人之を仰ぐこと北斗泰山‐』ミネルヴァ日本評伝選（ミネルヴァ書房、二〇一四年）。

＊3 遠藤啓輔「久米田貝葺山古墳」（髙田徹編『図説 近畿中世城郭事典』、城郭談話会、二〇〇四年）。同「古墳の

巻き返しを図ったため、翌年に実休ら三好勢が久米田に陣を張り、畠山方と対峙した。そして開かれた久米田合戦で実休は戦死を遂げる。

【構造と評価】発掘調査に基づいて構造が推定復元されており、三段築成の後円部が主郭に該当し、最上段の斜面裾で検出された断面がV字形の溝が横堀とみられる。外部に土塁を伴い、羽釜などの中世の遺物を伴う。また、墳丘の西側裾では別の横堀が確認されており、前方部で認められた横堀と接続したものと思われる。墳丘上は城郭利用以前から宗教施設の建設などに伴って削平を受けていたようである。戦国末期の畿内では、横堀を伴う陣城が多く確認されており、貝吹山古墳は一例と考えられる。*3

なお、摩湯山古墳は、文政元～二年（一八一八～一九）の『和泉国城館跡絵図』に「泉南郡山直郷摩湯墓地」として図が所収され、「俗呼曰城跡」とされる。*4 しかし、平坦面が表現されるものの「追而可考」との注記があり、城郭としての評価はなされていない。*5

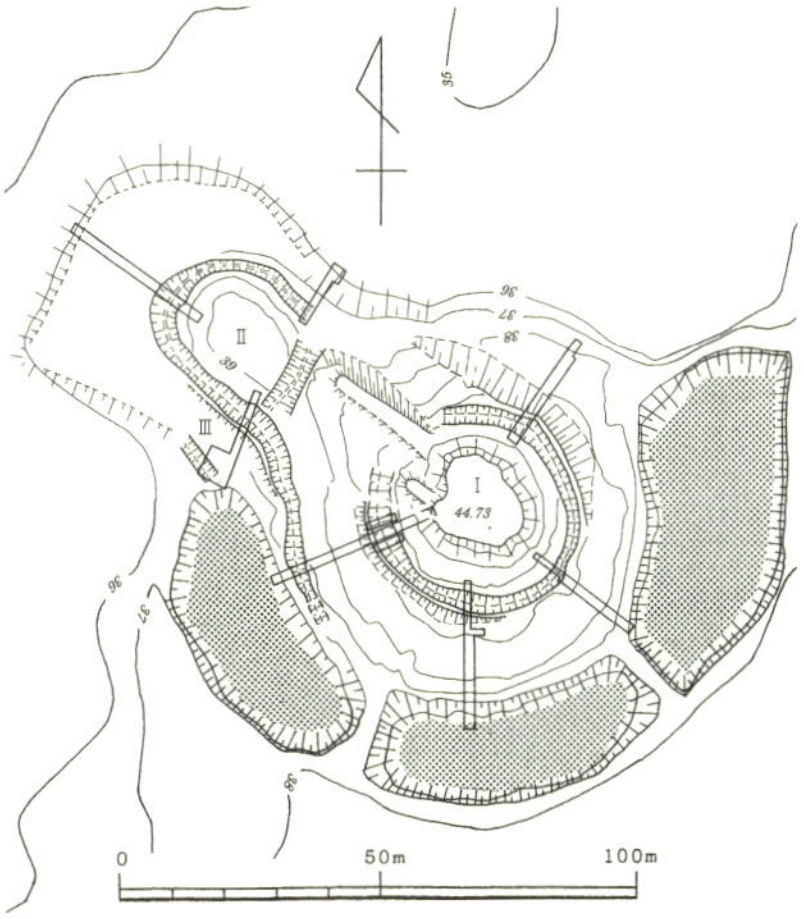

貝吹山古墳 城郭推定復元図（＊３遠藤「久米田貝吹山古墳」〈中井均監修『図解近畿の城郭』Ⅱに再掲〉より。枠内は発掘調査のトレンチ、トーンは水濠を示す）

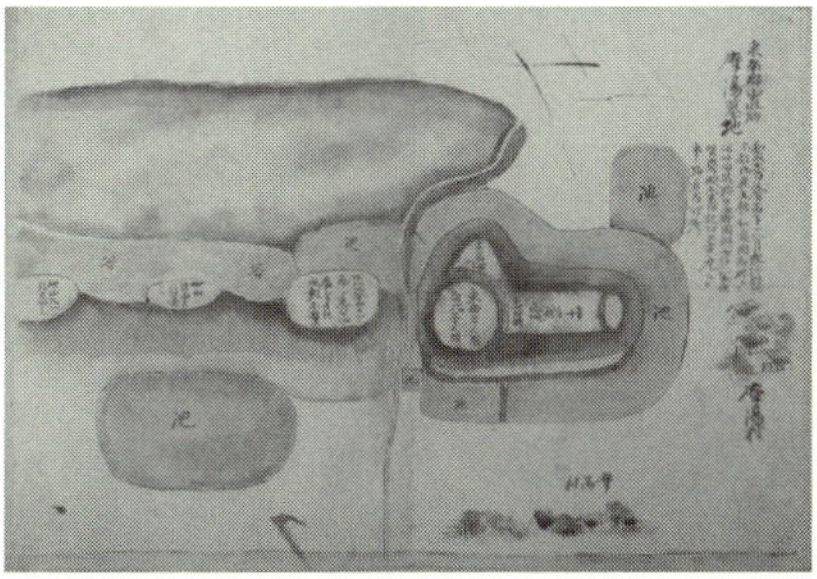

「泉南郡山直郷摩湯墓地」『和泉国城館跡絵図』

城郭利用に関する一考察」（『城館史料学』3、城館史料学会、二〇〇五年）も参照されたい。

＊4　墳丘長約二〇〇メートルの和泉最大の前方後円墳である。

＊5　福島克彦「『和泉国城館跡絵図』と城館研究—鬼洞文庫旧蔵絵図を中心に—」（大澤研一・仁木宏編『岸和田古城から城下町へ　中世・近世の岸和田』）、和泉書院、二〇〇八年）。

南北朝期以降の地域拠点の変遷が追える稀有な事例

92 岸和田城《きしわだじょう》
93 岸和田古城《きしわだこじょう》

92岸和田城 ①所在地 岸和田市岸城町ほか ②時期 戦国〜江戸期 ③主体 岸和田氏・松浦氏・岡部氏ら ④遺構 曲輪・堀・石垣・虎口

93岸和田古城 ①所在地 岸和田市野田町 ②時期 南北朝〜戦国期 ③主体 岸和田氏 ④遺構 —

【概要】 戦国期の岸和田城は、岸和田氏や松浦氏らの和泉国人が拠った城郭である。織豊期以降は和泉一国の拠点として整備され、近世は譜代大名岡部氏五万三千石の城として明治まで存続した。岸和田古城は南北朝期の岸和田氏の居館であり、戦国期に機能を岸和田城の地に移す。両城は岸和田という地域の中心地の変遷を示す稀有の遺跡であったが、近年に岸和田古城の遺構は消滅した。*1

【立地】 両城は、西へと流れる古城川を挟む別の丘陵上に立地し、中心部間の距離は約六〇〇メートルである。古城川河口部には町場を伴う中世の港が存在し、この後背の高台に両城は位置した。

岸和田城がより海浜に近く、西側の丘陵直下には紀州街道の前身の道が戦国期には成立していた。古城東側の約一・七キロ離れた山手には紀伊国への主要道であった熊野街道（小栗街道）が走り、府中街道という古道で接続していた。*2

【歴史と背景】 元禄十三年（一七〇〇）の『泉州志』は、南北朝期に楠木正成一族の和田高家が「岸村」に拠点を置いたとし、岸和田の地名を説明するが事実ではない。すでに十四世紀には岸和田荘という荘園が存在し、南朝方の岸和田氏が小守護代（郡

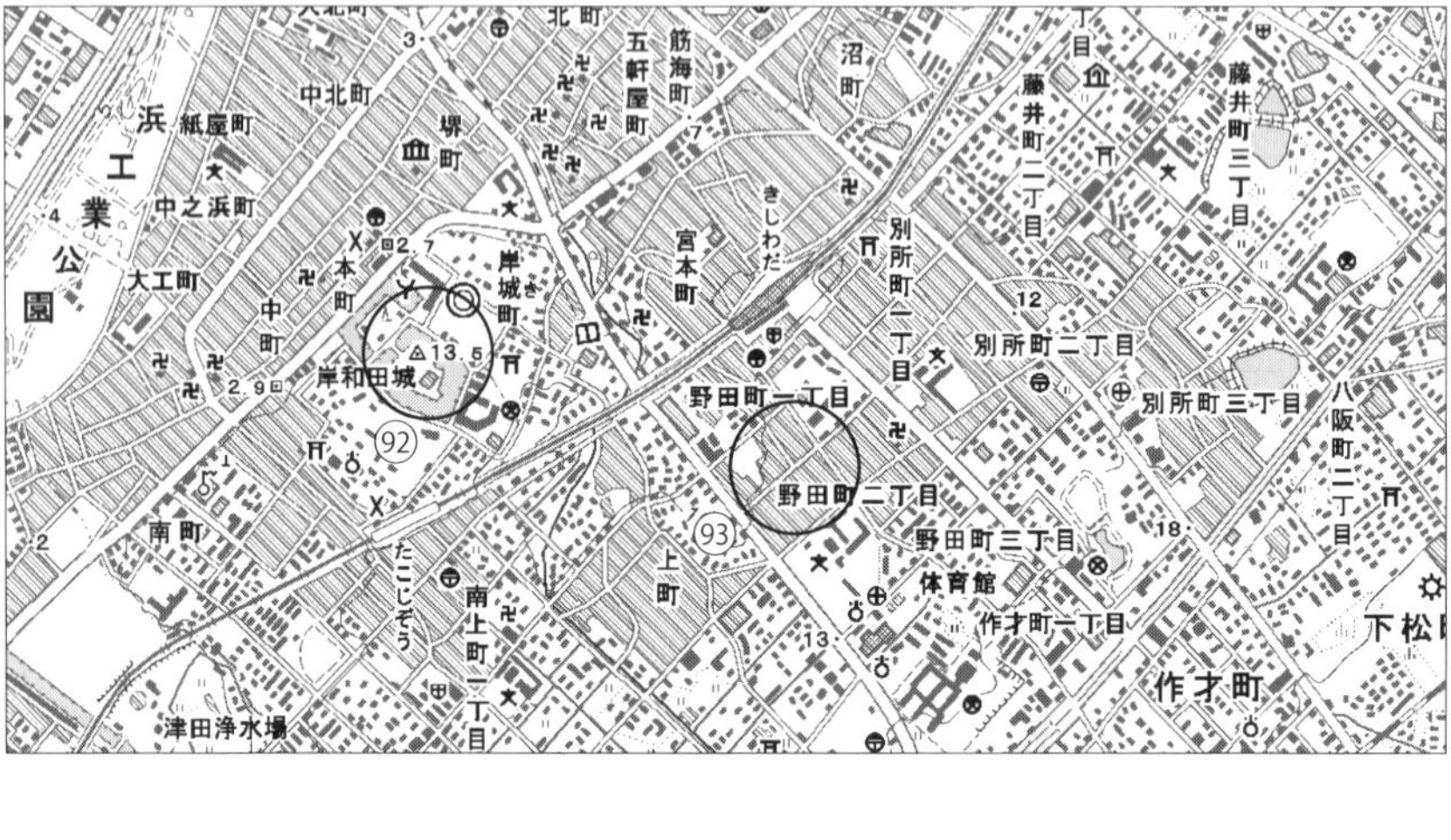

代）として活動していた。[*3] ただし、和田氏の城跡として、天明八年（一七八八）の『古今重宝記』が岸和田城の「二三町東」の「小寺池之尻辺」、文政二年（一八一九）に正編完成の『かりそめのひとりごと』が「百姓町の東」の字「城屋敷」の地で「方一町余」の規模を伝える。その場所にあたるのが岸和田古城で岸和田氏の拠点であった。

　戦国期の岸和田氏は和泉国守護細川元常の被官であり、十六世紀前半に岸和田城の地に拠点を移したと考えられる。やがて和泉では守護代松浦氏が自立し、天文十八年（一五四九）に細川晴元を追った三好長慶に与して、永禄元年（一五五八）頃に三好長慶実弟の十河一存が岸和田城に入り、その子で当主の松浦万満を岸和田周防守が養父として一存とともに後見した。[*4] 岸和田氏は、松浦氏の重臣に転じ、岸和田城も松浦氏の拠点に性格を変えたのである。

　松浦孫八郎（万満）と同孫五郎虎との対立を経て、永禄十一年（一五六八）以降、孫八郎は上洛した織田信長方に属した。しかし、当主の肥前守光（孫八郎か）に代わり、寺田氏（又右衛門・松浦安大夫兄弟）と綾井城（高石市）の沼間任世らが和泉の支配を行うようになった。天正五年（一五七七）には紀州雑賀攻めを終えた信長が佐野城（泉佐野市）に一族の津田信張らを在番に置き、天正九年になると津田信張、そして信長配下の武将である蜂屋頼隆が岸和田城に入った。

中村一氏画像（模本。東京大学史料編纂所所蔵模本。原本は大龍院〈京都市〉蔵）

　天正十年に信長が本能寺の変で斃れた後、羽柴秀吉は岸和田城に中村一氏を入れ、対立する紀伊の根来寺への備えとした。天正十二年に秀吉が東海地方に出陣し、織田信雄・徳川家康と戦った小牧・

＊1　かつては方形の土壇のような城跡に「和田氏居城伝説地」の石碑があった（左）。遺構の消滅に際しては市民による熱心な保存活動やシンポジウムなどが開催され、成果の一端は大澤研一・仁木宏編『岸和田古城から城下町へ 中世・近世の岸和田』、和泉書院、二〇〇八年）にまとめられている。

＊2　交通路については大澤研一「岸和田城下町の成立」（＊1文献）を参照されたい。

＊3　南北朝期の和泉国の国衆や岸和田氏の評価については堀内和明「南北朝内乱における岸和田氏とその周辺」（＊1文献）を参照されたい。

岡部宣勝像（泉光寺蔵。岸和田市教育委員会提供）

長久手の合戦の際、根来寺勢は岸和田城を包囲して堺にまで進出したが一氏らが撃退し、翌年の紀州攻めの際には秀吉の本隊が入城している。

　この後は桑山重晴、木下家定らの在番を経て、小出秀政が入った。小出氏は秀吉一族であり、大坂周辺の固めとなったが、慶長十九年（一六一四）の大坂冬の陣に際して小出氏は徳川方の先鋒に加わり、松平信吉が岸和田の城番をつとめている。翌年の夏の陣では豊臣方の軍勢が城を包囲したが、今度は紀伊和歌山の浅野長晟勢が北上して撃退した。

　豊臣家滅亡後の元和五年（一六一九）、小出氏に代わって松平（松井）康重が岸和田城主となり、城郭と城下町の整備を進めて近世岸和田城の骨格が完成した。そして寛永十七年（一六四〇）に岡部宣勝が岸和田城主となり、大坂の南を固める譜代大名として明治に至った。*5

【構造と評価】 岸和田古城には、文政元～二年（一八一八～一九）の『和泉国城館跡絵図』に、「南郡加守郷岸和田古城図」が収められ、地籍図などとの検討から絵図が描く一辺一〇〇メートル四方の曲輪と土塁を備えた二つの小規模な曲輪の存在が確認された。*6 この規模と構造は守護所などの広域権力の拠点にふさわしく、主体には南北朝期に小守護代（郡代）であった岸和田氏がふさわしい。発掘調査では絵図が描く城の構造が検出され、十四世紀後半～十五世紀前半の遺物と十五世紀後半～十六世紀初頭の遺構・遺物が検出された。*7 南北朝期に岸和田氏が役所的な施設を

＊4　当該期の和泉国の動向や岸和田城については、山中吾朗『戦乱の中の岸和田城―石山合戦から大坂の陣まで―』（岸和田市立郷土資料館、二〇〇四年）、同「戦国期和泉の地域権力と岸和田城」（＊1文献）、松浦万満と十河一存との関係や動向については馬部隆弘「信長上洛前夜の畿内情勢―九条稙通と三好一族の関係を中心に―」（『日本歴史』736、日本歴史学会、二〇〇九年）を参照されたい。

＊5　以下、城下町の成立過程については＊2大澤論文、近世岸和田城の位置付けについては岩城卓二「譜代大名岡部氏と岸和田」（＊1文献）を参照されたい。

構えて戦国期初頭に城として整備したが、やがて使用の頻度が低下したことが推定される。

天文十六年（一五四七）、かつて将軍に擬された足利義維が阿波から和泉に渡海し、一時は岸和田に滞在した。関連と思われる史料に「うえさま」「きしわたの御しろ」とあり（『醍醐寺文書』）、岸和田古城の存続時期をふまえると、これが岸和田城の地に整備された戦国期岸和田城を示すと考えられる。[*8] この場合、遺構は近世岸和田城に埋没したことになるが、城は将軍相当の人物が滞在できる施設を備えていたと想像できる。

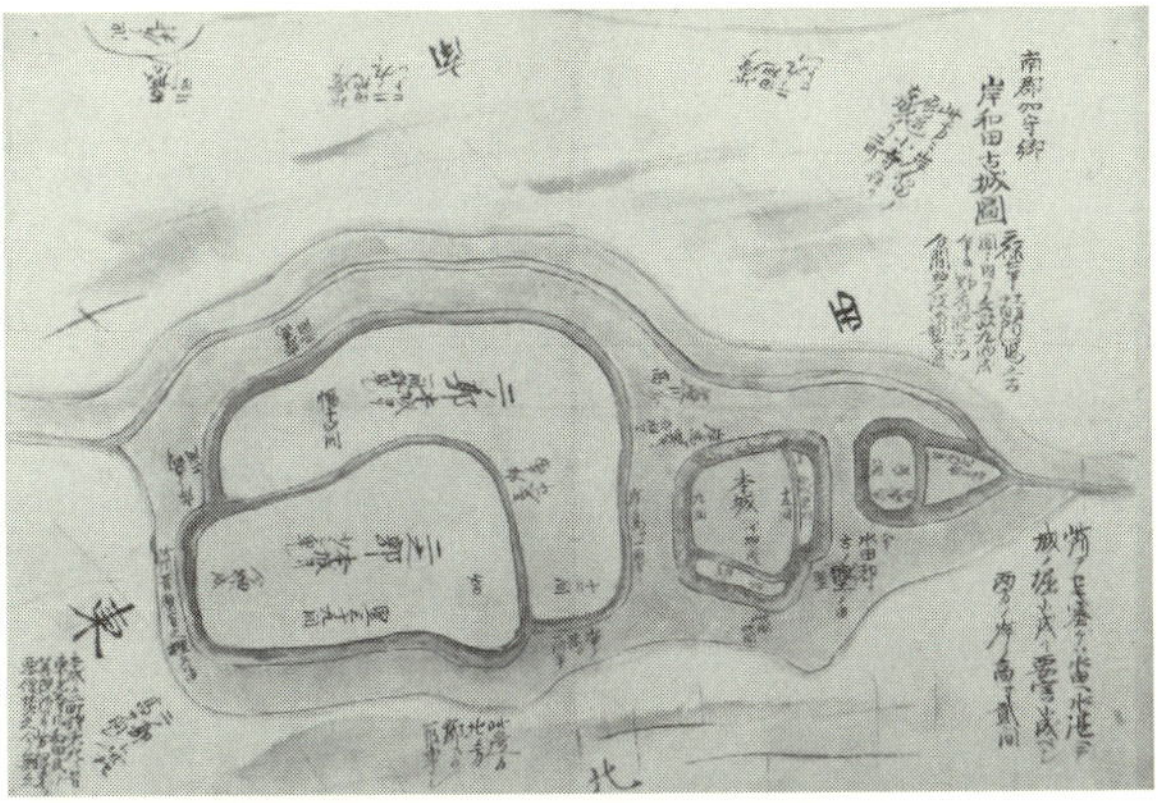
「南郡加守郷岸和田古城の図」『和泉国城館跡絵図』

発掘中の岸和田古城と現地説明会の様子

また、松浦氏の在城時期である永禄九年（一五六六）に和泉北部で起こった家原合戦（堺市）では、三好三人衆方に敗れた松浦氏の勢力が「和泉国衆討死して残衆岸和田へ被籠由候」（『細川両家記』）という。松浦氏の権力は岸和田、寺田氏らの「国衆并四人之者等」（『九条家文書』）が支え、城には岸和田、寺田氏らの年寄、三好長慶弟の十河一存が在城し、和泉一国の政庁として機能していた。[*9] 構造などは不

*6　仁木宏「岸和田古城の歴史的評価をめぐって」（『基盤研究（B）（15320116）中・近世における都市空間の景観復元に関する学際的アプローチ』、科学研究費報告書 代表藤田裕嗣、二〇〇七年）、同「岸和田古城が残したもの—研究成果と今後の課題—」（*1文献）。

*7　山岡邦章「発掘調査からみた中世後期の岸和田—岸和田古城跡の発掘調査—」（*1文献）。

*8　詳しくは、*4山中論文を参照されたい。

*9　松浦氏については、山中吾朗「和泉国松浦氏小考—永禄年間を中心に—」（小山靖憲編『戦国期畿内の政治社会構造』、和泉書院、二〇〇六年）、馬部隆弘「永禄九年の畿内和平と信長の上洛—和泉国松浦氏の動向から—」（『史敏』4、史敏刊行会、二〇〇七年）。

上：昭和29年（1954）に建てられた復興天守
下：二ノ丸南側の掘から本丸方向をみる

明であるが、岸和田城は和泉国内の松浦氏に与する国人らの勢力が結集する国レベルでの拠点城郭になっていた。

蜂屋・津田氏を入城させた織田政権は、畿内で城破りを実施する一方、地域の経済拠点である寺内町と在地社会の結集核であった場の城郭を選択するかのように存続させた。岸和田城は近隣の貝塚寺内町と同じく海浜の紀州街道を見下す高台に存在し、かつ戦国期に国衆が拠った。近世の記録ではあるが『真鍋家記』は両氏の岸和田入城を国衆間の紛争調停を収めるためとする。戦国末期以来、和泉の地域社会を掌握する権力は岸和田城の確保が必須であり、結果的にこれ以降の和泉では岸和田城のみが存続することになる。*10

文化九〜十年（一八一二〜一三）に編纂の『岸城古今記』は、松浦氏や秀吉配下の中村一氏段階の城郭を「矢倉石垣等も無之、屋舗が間栄に堀をほりて、麁相なる躰」と伝える。しかし、一氏は「只今之被退様自天主見候而感入候」との書状を発給しており（鳥取県立博物館蔵「中村一氏書状」）、一氏段階に城は天主を備える体裁を整えていた。織豊系城郭として高石垣などを備えていた可能性も高いだろう。*11

城下に関しては、戦国期には、中村一氏の段階までの大手と思われる城の東側に集落が存在し、

＊10　城郭史における評価については拙稿「城郭史からみた岸和田古城と戦国期・近世岸和田城」（＊1文献）、同「畿内の都市と信長の城下町」（仁木宏・松尾信裕編『信長の城下町』、高志書院、二〇〇八年）。

＊11　城下南町の天性寺（左）には根来寺による「松浦肥前守」の岸和田城への攻撃を地蔵菩薩と無数の蛸が守ったとの縁起がある。ただし「天正の頃」とされるため、中村一氏の代の攻撃を示すのかもしれない。

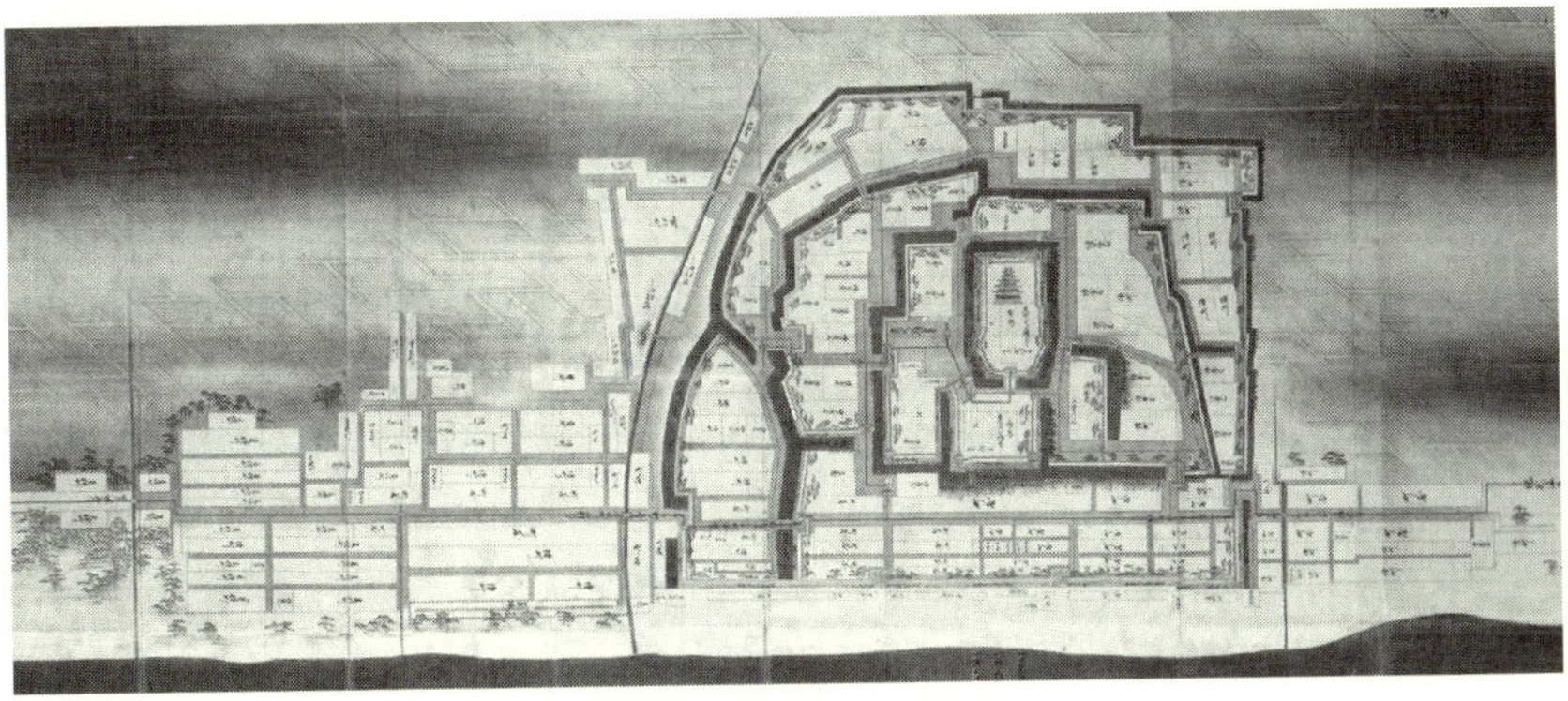

岸和田城絵図（正保２年〈1645〉。国立公文書館蔵）　＊左が北

海側には港に伴う集落や街道沿いに町場が成立していた。一氏の時代には多く家臣団の屋敷地が設けられたが、一氏が去った後に屋敷地は空き地となったと考えられている。

　続く小出氏は城の大手を北へ付け替え、城郭は港や街道沿いの町場と直結した。また、『文禄検地帳』にみえる「浜町」「南町」「北町」などが成立していたことが知られる。小出氏は、この城下の南北を挟むように寺町を設定し、既存の集落と分断するなどの空間設定を行ったと思われる。

　そして松井松平氏は城下西側に石垣を設け、城下の範囲を明確にするとともに、城郭の外曲輪の整備を進め、城下部分を取り込む惣構を完成させる。この後の町場は紀州街道沿いに拡大していくが、基本的な城郭の形はこの時点で完成したといえる[*12]。

　岸和田城の前史は岸和田古城であり、南北朝期～戦国初期に機能した地域の拠点城館が戦国末期に国レベルの拠点と連続し、織豊期に和泉国で唯一と存続する城郭として選択された。城下の成立という経済の中心機能を加え、近世から近代、そして現代に至るまでこの役割は継承されているといえる。中世以降の地域における拠点の変遷を理解する上で全国でも稀有な二つの城郭と評価できる。

＊12　戦国期以降の岸和田城の構造の変遷や小出氏の代の評価については、西川寿勝「戦国武将を映し出す岸和田城」（鈴木重治・西川寿勝編『戦国城郭の考古学』、ミネルヴァ書房、二〇〇六年）を参照。なお、城下の南町には松平（松井）康重の墓である約三メートルの高さの五輪塔が残されている（左）。もとは光明寺（本町）の隠居寺である心蓮寺が存在していた。

反織田信長の一揆が籠り一時は本山が置かれた寺内町

94 貝塚寺内町《かいづかじないまち》

①所在地　貝塚市中ほか
②時期　戦国～江戸期
③主体　寺内町住民
④遺構　堀・地割

【概要】貝塚寺内町は戦国期に成立し、石山合戦に際しては織田信長への抵抗として一揆が立て籠もったことで知られる。天正十一～十三年（一五八三～八五）には浄土真宗本山として本願寺が置かれた。江戸期以降も願泉寺（卜半氏《ぼくはん》）を領主とする寺内町として繁栄した。[*1]

【立地】海岸に面した標高約一〇メートルの段丘上から標高約三メートルの砂堆部にかけて寺内町が展開した。砂堆部では紀州街道が南北に通過し、東南の山間部へと向かう水間街道と合流していた。

【歴史と背景】かつて貝塚寺内町の歴史は、浄土真宗中興の祖である蓮如が応仁年間（一四六七～六九）に逗留した寺院があり、その住持に住民たちが京都の落人《おちうど》という右京坊を根来寺から迎えたことにはじまるとされた。右京坊は卜半斎（了珍）と名をあらため、草庵を再興したという。

しかし、これは後の由緒書に基づく話であり、近年の研究では後に願泉寺となる前身寺院は天文十九年（一五五〇）に本願寺が和泉の拠点寺院として建設した「海塚坊」であったと考えられている。また、卜半氏は佐野川（上瓦屋村。泉佐野市）の土豪である新川氏出身であった。[*2] 同年に証如から下された方便法身尊像には「和泉国南郡麻生郷堀海塚」とある。このため、海塚坊は中世の堀村と海塚村の境界に近い荒蕪地に営まれたと推定されている。[*3]

海塚坊は津田左衛門や雑喉屋藤右衛門らの門徒が支え、本願寺と織田信長が繰り広げた石山合

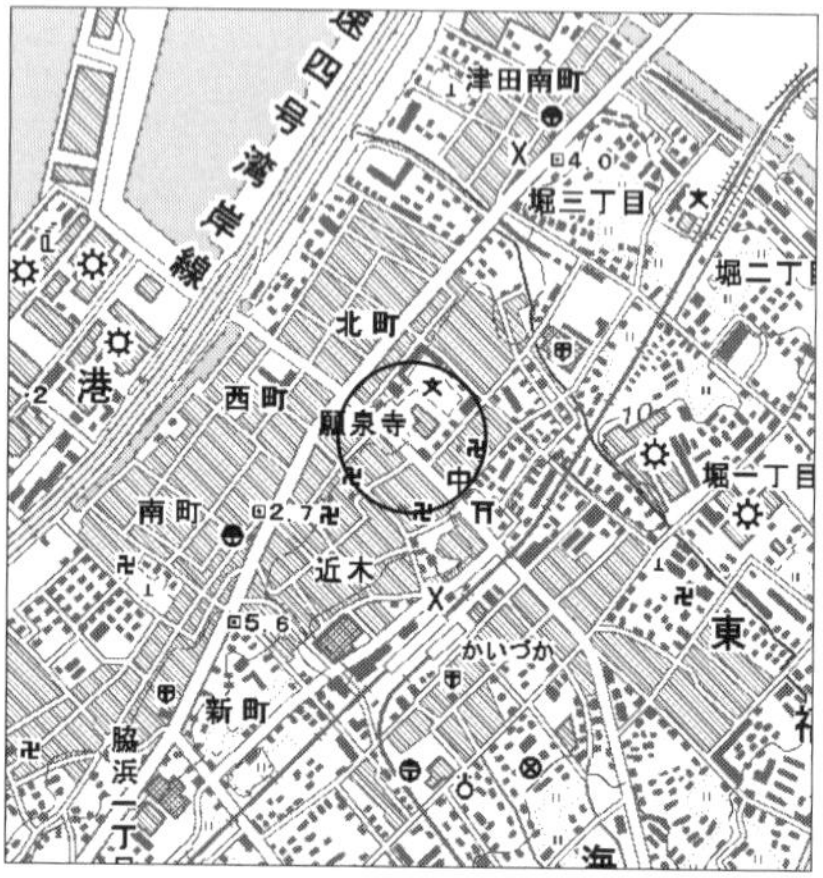

＊1　貝塚寺内町の歴史については、大澤研一「泉州のなかの貝塚願泉寺」（吉田豊編『貝塚願泉寺と泉州堺』、堺市博物館、二〇〇七年）を参照されたい。

＊2　近藤孝敏「貝塚寺内の成立過程について―「貝塚寺内基立書」の史料批判を通じて―」（『寺内町研究』創刊号、貝塚寺内町研究会、一九九五年）、大澤研一「貝塚」（大阪市立博物館編『大阪の町と本願寺』、大阪市立博物館、一九九六年）、＊1大澤論文。

戦に際しては天正五年（一五七七）に一向一揆が立て籠もり、この際に卜半氏は「佐野川卜半」として津田氏らとともに戦ったという。『信長公記』によれば二月十六日に「国中の一揆、貝塚と云う所海手を拘へ、舟を引付け楯籠り、翌日、先陣の衆貝塚へ取懸け攻干るべきの処、夜に入り舟に取乗り罷退き候」とある。一揆は織田方の攻撃を受け、夜陰に紛れて海上に退いた。

本願寺は天正八年に事実上、織田信長に屈服すると、大坂本願寺（大阪市）を明け渡し、紀伊国の鷺森（和歌山市）へと移った。そして三年後の天正十一年に貝塚へと移転し、海塚坊を利用した。本願寺の本山が所在する寺内町として、当該期の貝塚が発展を遂げたのは間違いないだろう。天正十三年に本願寺は豊臣秀吉の命により、大坂の天満へと再移転した。宗主の顕如は津田左衛門に海塚坊の留守居を命じたが辞退を受けたため、卜半氏がその役に就いた。

上：重要文化財の願泉寺本堂
下：感田神社に残る堀（環濠跡）

天正二十年に顕如が死去すると、本願寺内部には後継者をめぐる分裂が顕著となり、やがては西本願寺と東本願寺に分かれる、卜半氏は、東本願寺の教如の妻が同じ新川氏出身であったことから親密な関係を築き、徳川家康にも接近した。

一方、西本願寺の准如は卜半氏を海塚坊の留守居と扱うものの、重視する姿勢に変わりはなかった。このため、願泉寺（海塚坊）は江戸期を通じて東・西本願寺に両属

＊3　貝塚寺内町の感田神社は、創建年代不詳ながら海塚村の牛頭天王社と堀村の天神社から祭神を勧請したとされる。寺内町の産土神であり、勇壮な太鼓台祭りが行われることでも知られる。境内には環濠跡が残されており、一之社本殿や神門（左）など一二棟の建造物が国の登録有形文化財である。

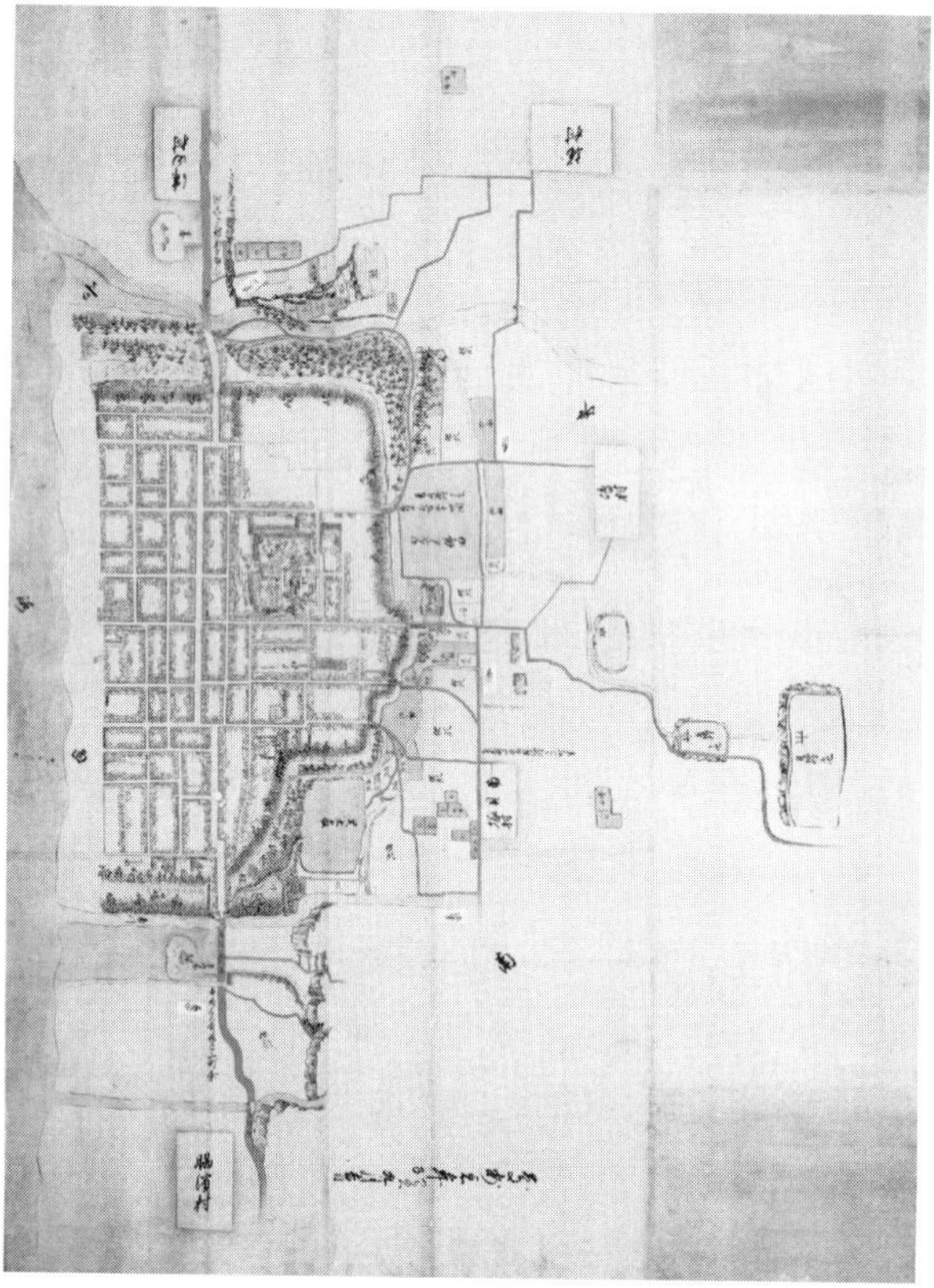

貝塚寺内絵図（慶安元年〈1648〉。願泉寺蔵）　＊上が北

する寺院として存続した。

慶長十五年（一六一〇）、貝塚に支配の姿勢を強める卜半氏と住民との間で訴訟が起こった。この争いは卜半氏が勝利し、徳川家康から「貝塚本願寺下卜半寺内」として諸税免除を受けた。海塚坊は卜半氏の自庵である願泉寺となったが、本願寺の御坊の性格は保たれた。この卜半氏を領主とし、以降の貝塚寺内町は地域の中核都市として存在していく。＊4

【構造と評価】貝塚寺内町の地形は東の段丘から西の海岸に向かって傾斜し、寺内町の南北を画する北に北境川、南に清水川が流れていた。そして、段丘上には二つの川を結ぶ堀が構えられ、東の境を成した。コの字型で堀に囲まれた形態であり、規模は東西約五五〇×南北約八〇〇メートルである。

＊4　南海本線貝塚駅前の歩道上には「従是東西海塚領」と刻まれた石碑（左）が立つ。ただし、近代の産物であり、「明治参拾年参月」、「自他倶安　南無妙法蓮華経　同帰寂光　一石一字（以下埋没）」とある。

南北の紀州街道沿いには旅籠町が形成され、交差する東西の中之町筋は水間街道となり、山手の村々を結んだ。寺内町の街区は、東西と南北道路によって整然と区画されている。ただし、この構造は江戸期の寺内町の姿である。

発掘調査では、十六世紀半ばに段丘下で一定の規模を持つ商業的な性格を持つ町場が形成されはじめたことが推定されている。[*5] 囲郭施設については、寺内町の東南部では慶安元年（一六四八）の絵図（右）に描かれた堀に合致する遺構が確認されている。しかし、戦国期の構造は不明な点が多く、寺内町開発の最盛期は十八世紀以降であった。海岸に面した地点では高さ約一メートルの土塁・石塁が検出されているものの時期や性格は不詳である。

戦国期の城郭や環濠集落の構造を念頭に置くと、中之門筋の出入口部分の環濠の幅が広く、感田神社が建つ島状遺構がある。平面形態は城郭の馬出に類似しているものの、環濠の塁線に側射（横矢）を可能とする張り出しは無く、軍事的観点から環濠が戦国期に遡るといえる論拠は乏しい。戦国期の構造については、新たな考古学的知見が待たれる。

上：清水川付近の紀州街道の町並み
下：北境川を西にみる

＊5 発掘調査については、前川浩一「貝塚寺内町遺跡の分析」（『貝塚寺内町遺跡発掘調査概要』貝塚市埋蔵文化財調査報告第43集、貝塚市教育委員会、一九九八年）、同「貝塚寺内町遺跡」（『寺内町研究』四、貝塚寺内町研究会、一九九九年）、上野裕子「貝塚寺内町遺跡」（『関西近世考古学研究』Ⅷ、関西近世考古学研究会、二〇〇〇年）、岡田清一編『変わる寺内町像―発掘調査の成果から―』八尾市立歴史民俗資料館、二〇一四年）に学んだ。

天正十三年の羽柴秀吉と根来寺の戦いにおける陣城

95 千石堀城《せんごくぼりじょう》　付 周辺の陣城

①所在地　貝塚市名越
②時期　天正十三年（一五八五）
③主体　根来寺方
④遺構　曲輪・土塁・横堀

【概要】千石堀城は、天正十三年（一五八五）に羽柴秀吉が紀州攻めに向けて和泉に侵攻した際、根来寺方が構築した陣城で、現在も遺構が良く残る。このとき根来寺方であった周辺の村落は城郭として機能し、秀吉方も陣城を構築した。[*1]

【立地】和泉山脈を発した近木川が北流する谷筋左岸の標高約六四メートルの丘陵上に立地し、近隣の名越集落との比高は約二五メートルである。この谷筋には貝塚から紀伊国へと向かう水間街道が通過している。

谷を挟んだ南東側から見た千石堀城

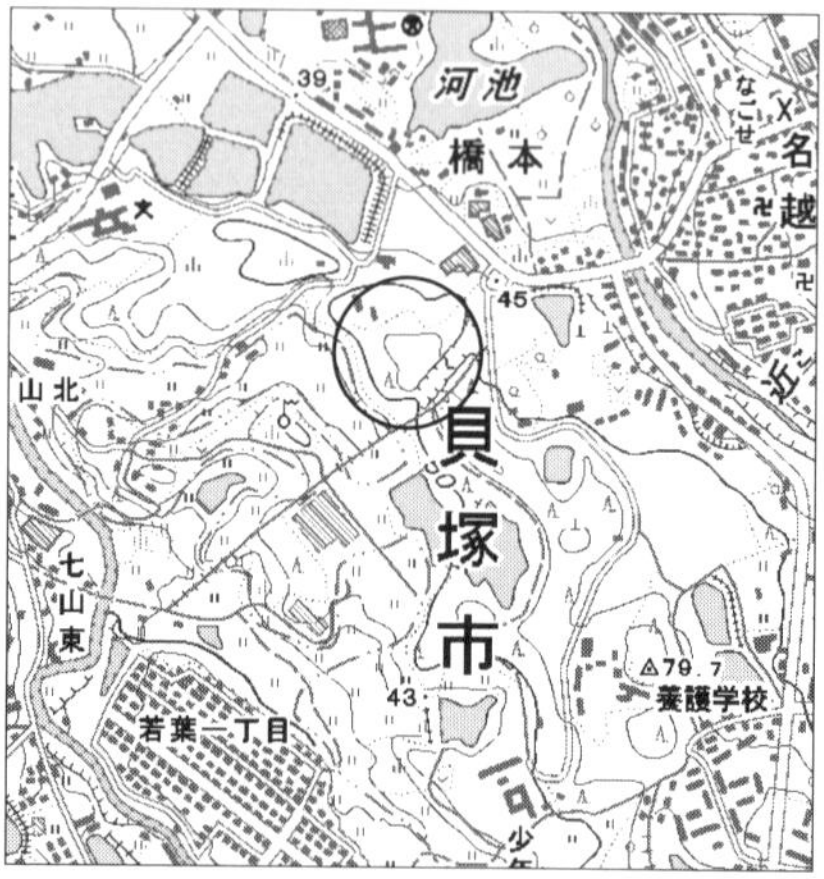

【歴史と背景】天正十二年（一五八四）三月に羽柴秀吉は紀伊の根来・雑賀攻めを計画したが、織田信雄・徳川家康との対陣に東海地方へと出馬する。直後、根来・雑賀勢は陸路で岸和田城、海路で堺に攻め寄せたが、岸和田城主中村一氏が反撃に転じた。本願寺の『貝塚御座所日記』によれば「下和泉ノ一揆ノ在所」の近木の「鳥羽、中村、シャクゼン寺」の城を落とし、「畠中、沢」の在所は放火されて「城」は「相拘了」となった。[*2]これら貝塚市の近木川沿いは、戦国後期には岸和田城の松浦氏と根来寺との勢力境であった。[*3]

中村一氏は重臣の河毛氏に年未詳八月廿一日付で「積善寺前」での軍功を称し、年未詳十二月十九日付の感状では鳥羽での戦いを岸和田

＊1　水島大二「根来寺の出城群」（『和歌山県立博物館紀要』8、和歌山県立博物館、二〇〇二年）、藤岡英礼「積善寺城―付、千石堀城等根来寺城郭群」（髙田徹編『図説 近畿中世城郭事典』、城郭談話会、二〇〇四年）を参考されたい。

＊2　大澤研一「史料翻刻『貝塚御座所日記』（二）」（『寺内町研究』2、貝塚寺内町研究会、一九九七年）。

城の天主から見たとある。[*4] 前年三月以降も合戦は継続していたのかもしれない。これらの城や集落を描いたのが、江戸後期の「根来出城図」である。[*5]

　小牧・長久手の合戦を終えた秀吉は、翌天正十三年三月二十一日に岸和田城へと入り、同日に根来・雑賀方への攻撃を加えた。再び『貝塚御座所日記』によれば、多くの損害を出しながらも千石堀城に拠る根来寺衆を討ち果たし、「百姓持タル」畠中城は自焼して退いた。根来寺衆が拠る「山ノ手」の積善寺城には攻撃を加えず、翌日に扱いで開城となった。雑賀衆が持つ「浜ノ手」の沢城では塀際に攻め寄せたものの鉄砲の反撃にあい、二十三日に扱いで開城したが、秀吉弟の羽柴秀長が助命と開城を認めた起請文を提出する形であったと推測されている。[*6]

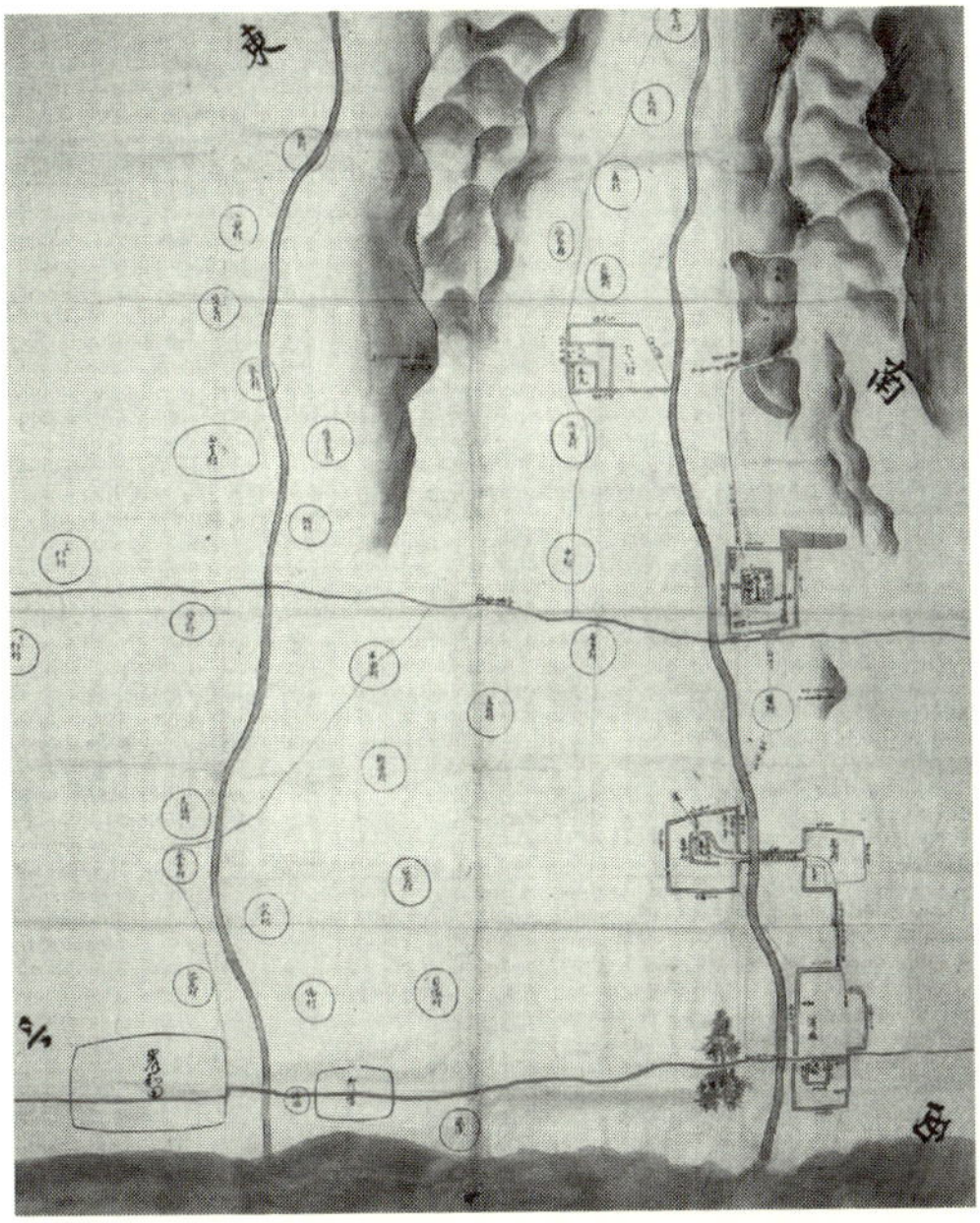

「根来出城図」（岸和田市立郷土資料館蔵　岸和田市教育委員会提供）

　宣教師フロイスによると、根来・雑賀勢は海岸近くに一一の城を構えたが、午後四時頃から始まった千石堀城攻撃は秀吉方が甚大な損害を出しつつも激しい攻撃を加え、一人の助命も許さなかった。この後、夜になるまでに「道中にあった三城」が落ち、ほかの七城は恐れをなして退却したという（『十六・七世紀イエズス会日本報告集』）。

　秀吉は三月二十六日付の文書で

＊3　廣田浩治「中世後期の畿内・国・境目・地域社会―和泉国を中心に―」（川岡勉編『中世の西国と東国　権力から探る地域的特性』、戎光祥出版、二〇一四年）。

＊4　鳥取県立博物館所蔵文書。山中吾朗『戦乱の中の岸和田城―石山合戦から大坂の陣まで―』（岸和田市立郷土資料館、二〇〇四年）を参照。

＊5　山中吾朗『岸和田城と岡部家』（岸和田市教育委員会、二〇一一年）に詳しい図版が収められている。

＊6　＊4山中文献。

＊7　鴨川達夫「秀吉のいくさと上杉・武田のいくさ―いくさはどこまで再現できるか」（山本博文・堀新・曽根勇二編『豊臣政権の正体』、柏書房、二〇一四年）。

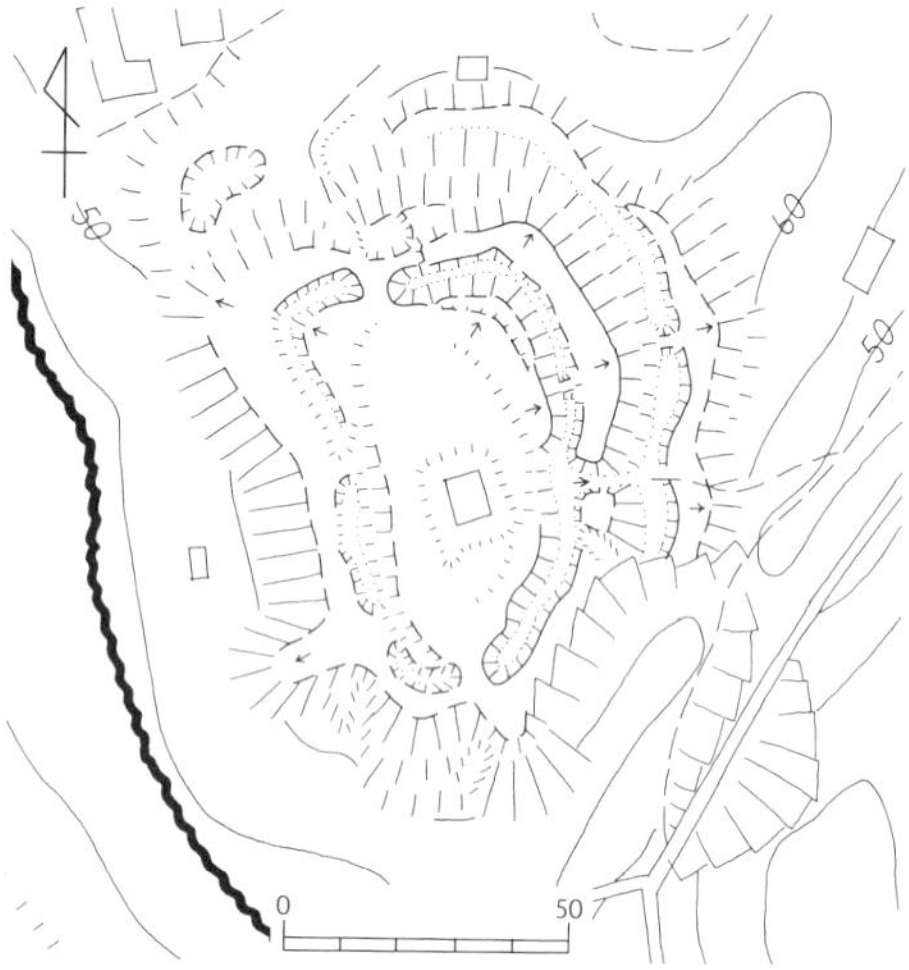

千石堀城 概要図（作図：中西裕樹）

千石堀城に残る横堀の断面

戦況を小早川隆景に伝えている。[*7] その中では「小山・田中城両城」を攻め崩し「畠中・積善寺・千石堀・岸・佐和・佐野、以上六ヶ城」が退散したとある。根来寺・雑賀は海岸沿いと近木川沿いの二つの防衛ラインを構え、秀吉も兵力を二つに分けたと考えられている。なお、『太閤記《たいこうき》』は千石堀に羽柴秀次、積善寺に細川藤孝と忠興・蒲生氏郷、「浜の城」に中川秀政、高山右近を差し向けて押さえようとしたとする。

【構造と評価】千石堀城は、横堀をまわす長辺一〇〇メートルの半円形のような曲輪を核とする。横堀は東で二重になっている。曲輪の中心部には近年まで建築物があった。このため、大きな改変を受けている可能性が高いが、周辺には自然地形も見受けられることから、横堀で防御ラインを構築した戦国末期の陣城と評価することが可能である。[*8]

また、曲輪北側では横堀が土橋を挟んでくい違っている。類例としては天正十二年（一五八四）に中村一氏が改修し、戦国末期には南河内の拠点として機能していた南河内の烏帽子形城（河内長野市）がある。主体の枠を超えた戦国最末期の城郭構造とみてよいだろう。[*9]

＊8 「根来出城図」には千石堀城が描かれている（左）。二重の横堀や地形との関係などが正確に表現されており、現地遺構の調査が行われたことが推定される。

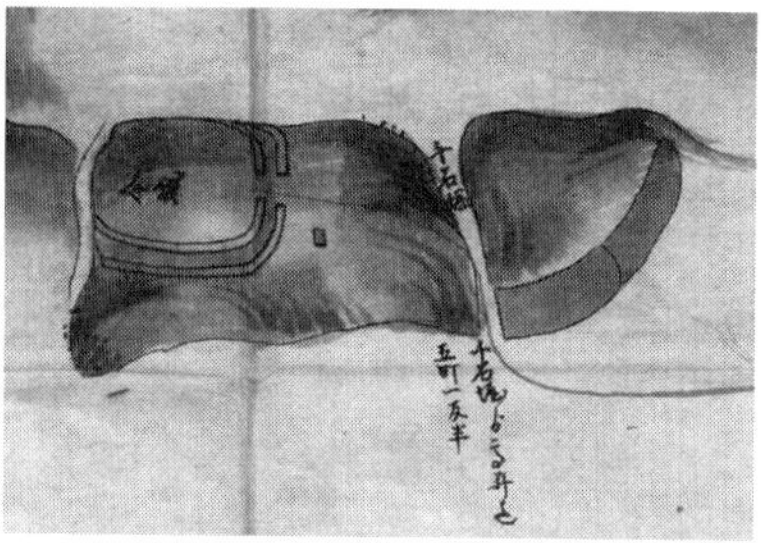

＊9 拙稿「南河内地域における戦国期山城の構造」（『河内長野市城館分布調査報告書』、河内長野市教育委員会、二〇〇一年）。

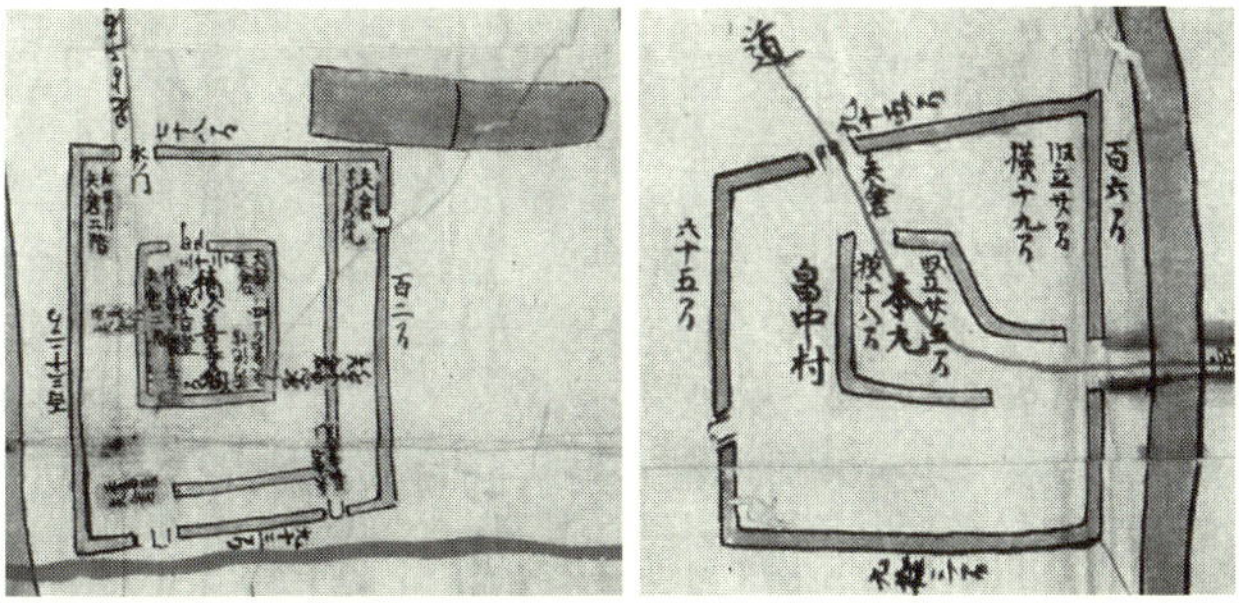

「根来出城図」より積善寺城（左）と畠中城（右）の部分

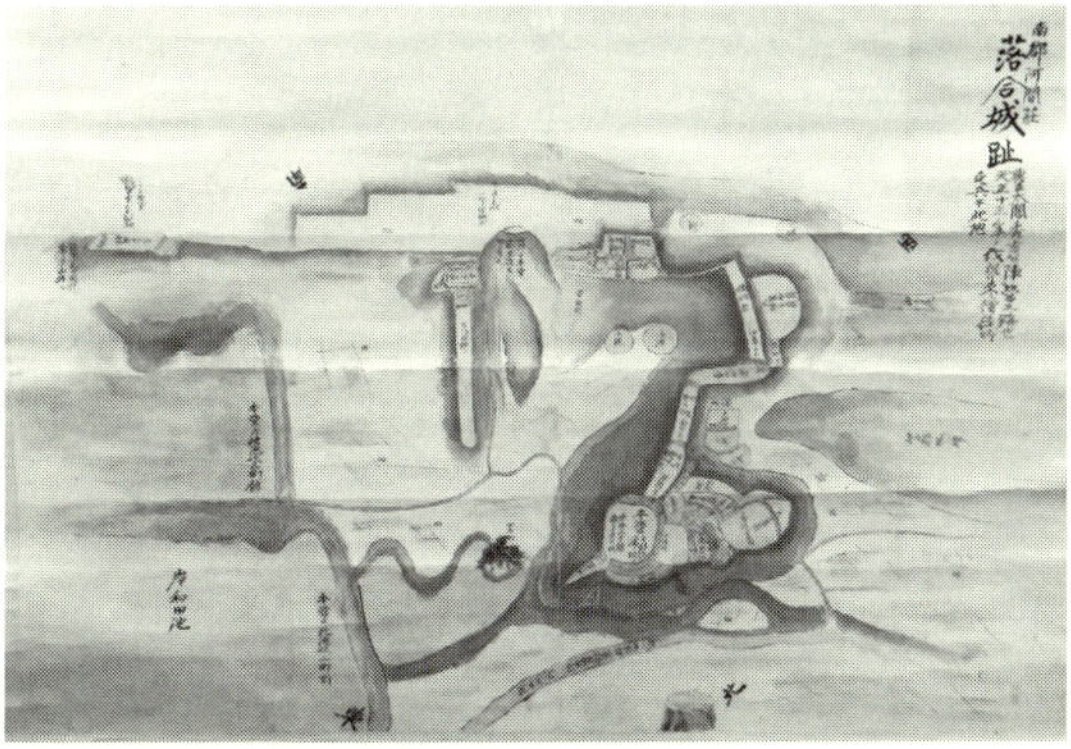

「南郡阿間荘落合城趾」『和泉国城館跡絵図』

千石堀城では横堀の周囲が幅の広い土塁状となり、また北側に降った地点には平坦な地形がみられる。近年実施された発掘調査では、北側の平坦面に横堀がめぐることが判明し、瓦なども出土している。[*10] 城域が横堀で囲まれた範囲外に広がる可能性があり、今後の調査が待たれる。なお、江戸期の城跡は弘法大師を祀る信仰の地であった。[*11]

「根来出城図」には、文献にみえるほかの城郭が描かれている。その多くは「本丸」などを中心に多重の堀がめぐり、コーナーには「矢倉」が建つ。しかし、これらの城は集落の所在地と重複しており、現状の景観から絵図の様相はうかがえない。

一方、秀吉の陣所とされる落合城跡（岸和田市）が文政元～二年（一八一八～一九）の『和泉国城館跡絵図』に収められている。現状の改変は非常に大きいが、地形の表現は概ね首肯できる。[*12] ただし、現地に明確な城郭遺構は確認できず、再考を要する。

＊10　「千石堀城跡の発掘調査報告」（『テンプス』53、貝塚市教育委員会、二〇一四年）。

＊11　「文献からみた千石堀城」（『テンプス』53、貝塚市教育委員会、二〇一四年）。

＊12　城跡周辺は大規模な墓地となっている。ただし、絵図が大きく描くピーク周辺は残る（左）。

『和泉国城館跡絵図』で構造が知られる山間の山城

96 三《み》ケ《か》山《やま》塁《るい》
97 三《み》ケ《か》山《やま》城《じょう》
98 河合《かわい》城《じょう》

96三ケ山塁　①所在地　貝塚市三ケ山　②時期　戦国期　③主体　三箇山氏か　④遺構　曲輪

97三ケ山城　①所在地　貝塚市三ケ山　②時期　戦国期　③主体　瀧氏か　④遺構　曲輪・帯曲輪

98河合城　①所在地　岸和田市河合町　②時期　戦国期　③主体　河合氏か　④遺構　曲輪・帯曲輪・土塁

【概要】三ケ山塁と三ケ山城、河合城は、いずれも和泉国南東の山間部の谷筋にまとまって存在する山城である。後世の開墾などの影響で遺構は不明確であるが、文政元～二年（一八一八～一九）の『和泉国城館跡絵図』（以下『絵図』）に収められた絵図を参考にすることで存在が肯定できる。[*1]

【立地】三ケ山塁は三ケ山集落背後の標高約一五〇メートルに立地する山城で、比高は三〇メートル強であり、東に約六〇〇メートル離れた神於山（標高二九六メートル）へと続く稜線上の標高約二〇五メートル地点に三ケ山城が所在する。稜線の南には国道一七〇号線が通る。河合集落が存在する東西の谷筋で、北から紀伊国へと向かう貝塚からの水間街道、岸和田からの葛城街道が交差している。河合城は、この谷を南に挟んだ標高約二四〇メートルのやや奥まった山に立地する。

【歴史と背景】三ケ山塁は、元禄元年（一六八八）書写の『和泉地方の農事調査書』に「古城跡、土居の山、時代知らず」とある。[*2]『絵図』では「俗呼曰土居和泉志ニ

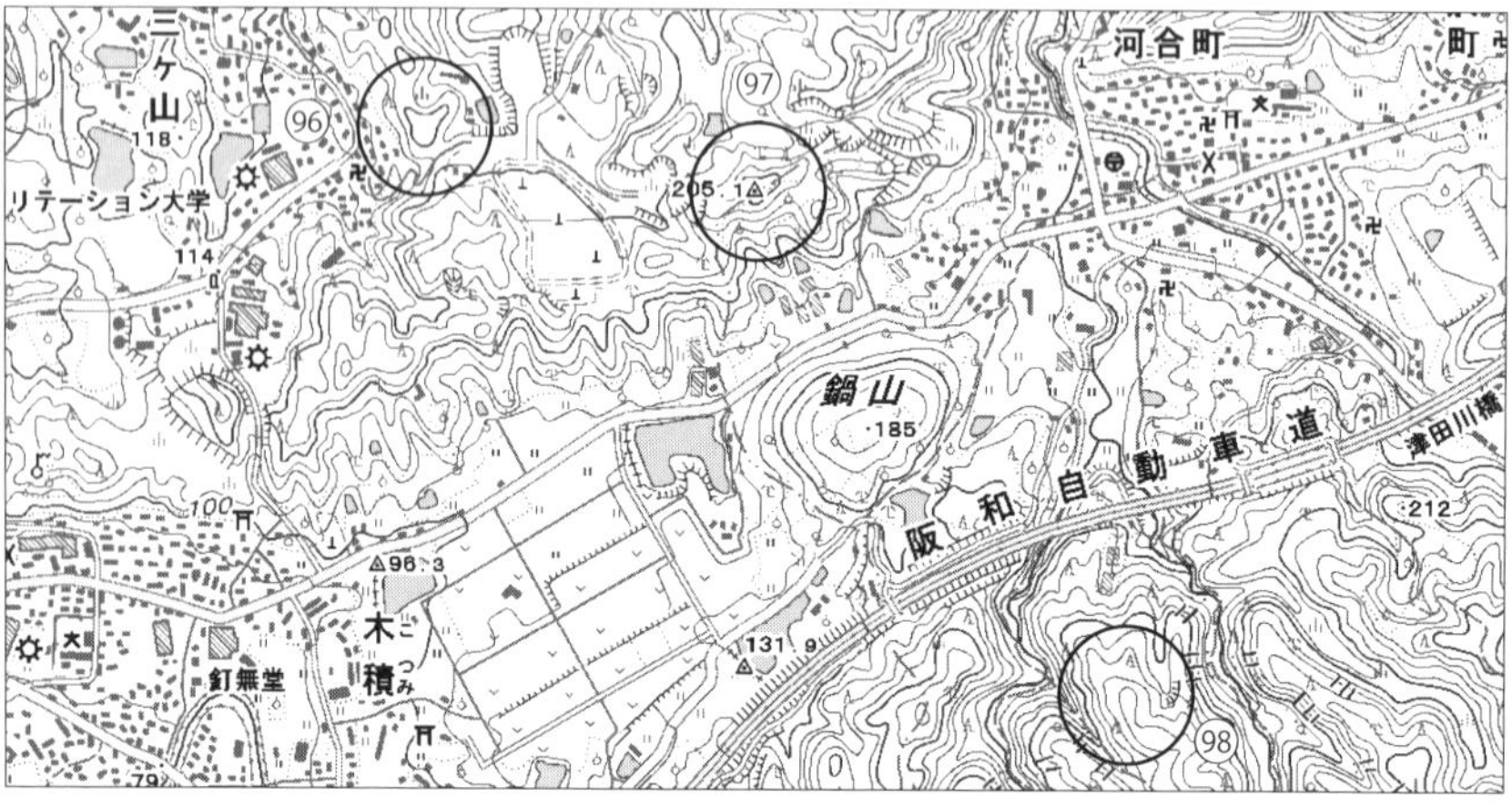

三箇山氏所拠云々」とされ、「此道熊鷹城山ニ至ル」と三ケ山城とを結ぶ道が示される。三ケ山城は『絵図』に「俗呼曰瀧殿滝七右衛門尉所拠欤」とあり、背景に河合城（「河合城山」）描かれる。河合城は『絵図』に「相川村安福寺古記云左馬頭三好朝臣所保」とあり、遠くに「熊鷹城山」が見える。また、享保二十年（一七三五）の『和泉志』は「又有郡境者（略）三箇山氏據三箇山村（略）河合氏據河合村（略）各有故址」とする。三箇山氏らは在地の勢力であろうか。

戦国期の和泉国には河内・紀伊国守護の畠山氏（政長流）が力を伸ばし、明応九年（一五〇〇）には、畠山尚順が根来寺とともに和泉に侵攻し、和泉国両守護家の細川元有・基経が神於寺（岸和田市）で自害に追い込まれている。*3 この後は「神於寺三十人衆」らが根来寺勢力とともに反守護の動きをみせた。

以降の歴史は不明な点が多いが、和泉の山間部は戦国末期に至るまで畠山氏と行動をともにする根来寺勢力が南の紀伊から進出し、和泉北部の岸和田に拠る松浦氏らの国人勢力、さらには畿内中央を掌握する三好氏の勢力と対峙した。城主伝承が地元勢力を示唆する一方、三ケ山塁などは広域に及ぶ軍事的緊張に見舞われた地域に所在したといえるだろう。

【構造と評価】 三ケ山塁は長辺約七〇メートルの連郭式山城で、自然地形に即した形である。果樹園として使用

上：三ケ山城近くからみた三ケ山塁
下：河合城の土塁

*1　岸和田藩士の浅野秀肥が現地踏査の成果から作成した城絵図。福島克彦「『和泉国城館跡絵図』と城館研究―鬼洞文庫旧蔵絵図を中心に―」（大澤研一・仁木宏編『岸和田古城から城下町へ　中世・近世の岸和田』、和泉書院、二〇〇八年）を参照。以前の拙稿「城郭史からみた岸和田古城と戦国期・近世岸和田城」（同前）では遺構の特定に至らぬ一方、三ケ山城・河合城の存在を前提に考察したが、今回は白石博則氏のご教示により、存在を確定した。

*2　井田寿邦「和泉の中世城郭（25）」（『泉佐野の歴史と今を知る会』312、泉佐野の歴史と今を知る会、二〇一三年）、同「和泉の中世城郭（25）」（『泉佐野の歴史と今を知る会』312、泉佐野の歴史と今を知る会、二〇一三年）。

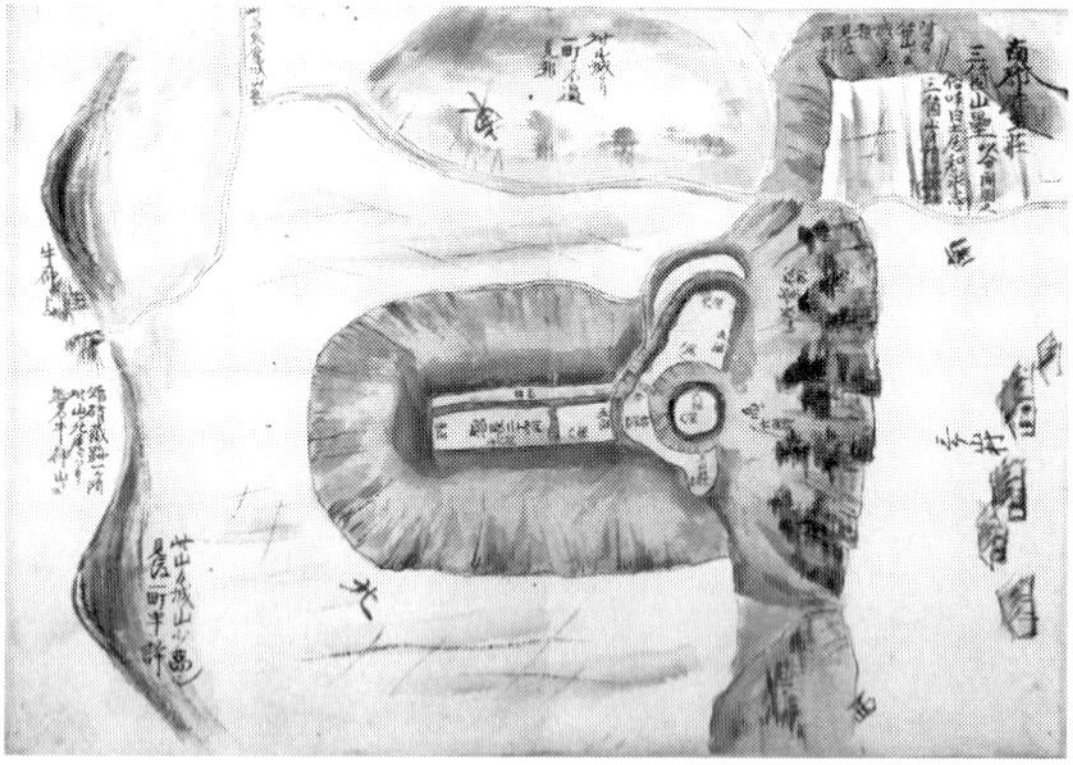
「南郡麻生荘三箇山塁」『和泉国城館跡絵図』

三ケ山塁 概要図（作図：中西裕樹）

されているため、曲輪の縁辺部は不明確である。しかし、周辺斜面は切岸として評価でき、基本は『絵図』が描く構造である。現地からは貝塚、岸和田方面へ優れた眺望が確保されている。

三ケ山城は、『絵図』では尾根上に曲輪の表現がなされ、連郭式山城として理解されている。[*4] 現状では周辺に開墾地があり、尾根上に土地の境界土塁が設けられるなど遺構の改変は大きい。しかし、標高二〇五メートルの地点には『絵図』の曲輪と帯曲輪と思われる遺構が存在し、不詳ながらも、三ケ山城は帯曲輪を伴う小規模な単郭山城として理解できる。

河合城も開墾がなされ、全体が竹林となって遺構は大きな改変を受けているが、ピーク付近は曲輪の痕跡を残すと思われ、『絵図』に見える帯（腰）曲輪も存在する。南側の尾根続きに高低

＊3 和泉国の地域性については、廣田浩治「中世後期の畿内・国・境目・地域社会―和泉国を中心に―」（川岡勉編『中世の西国と東国 権力から探る地域的特性』、戎光祥出版、二〇一四年）を参照されたい。

＊4 『絵図』（左・口絵を参照）には「当山ハ火性ニテ所々山崩多ク形ヲ損スル所アリ今地形ヲ補ヒ一分二間ノ以曲尺製図」とあり、崩れやすい地形であるため復元的に描いたとある。

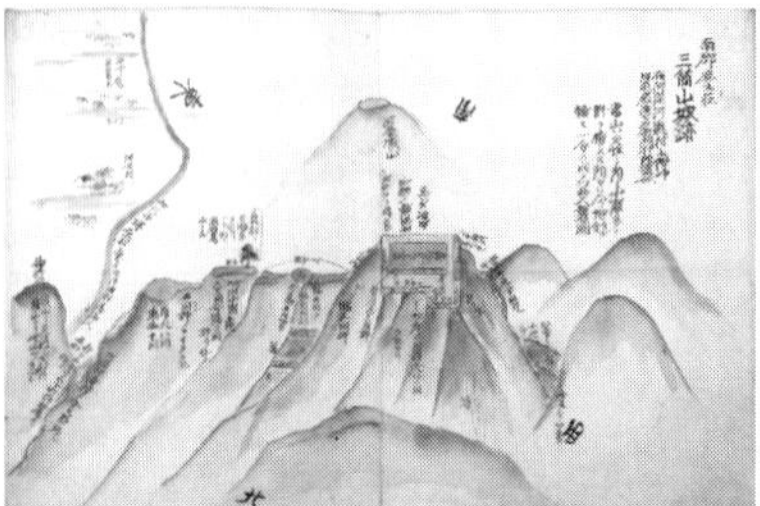

差が無いため、地形的に鞍部となる長辺約一八〇メートルの尾根上が城域であった可能性が高い。構造や規模は、『絵図』が描く連郭式山城として理解しておきたい。[*5]

これらの城郭が存在する谷筋からさらに南の山間部には、松浦氏による蛇谷城（貝塚市）、根来寺勢力による根福寺城（同）が存在するなど和泉国内の勢力の「境界」があり、紀伊国から河内国かけての大規模な軍事行動が展開したと思われる。和泉の城郭分布は、この枠組みからの解釈が可能である。[*6] 遺構からは直接うかがい知れないが、三ケ山塁・三ケ山城・河合城は在地勢力が関係しつつも、大規模な軍事動向に対応して利用された可能性が高いように思う。

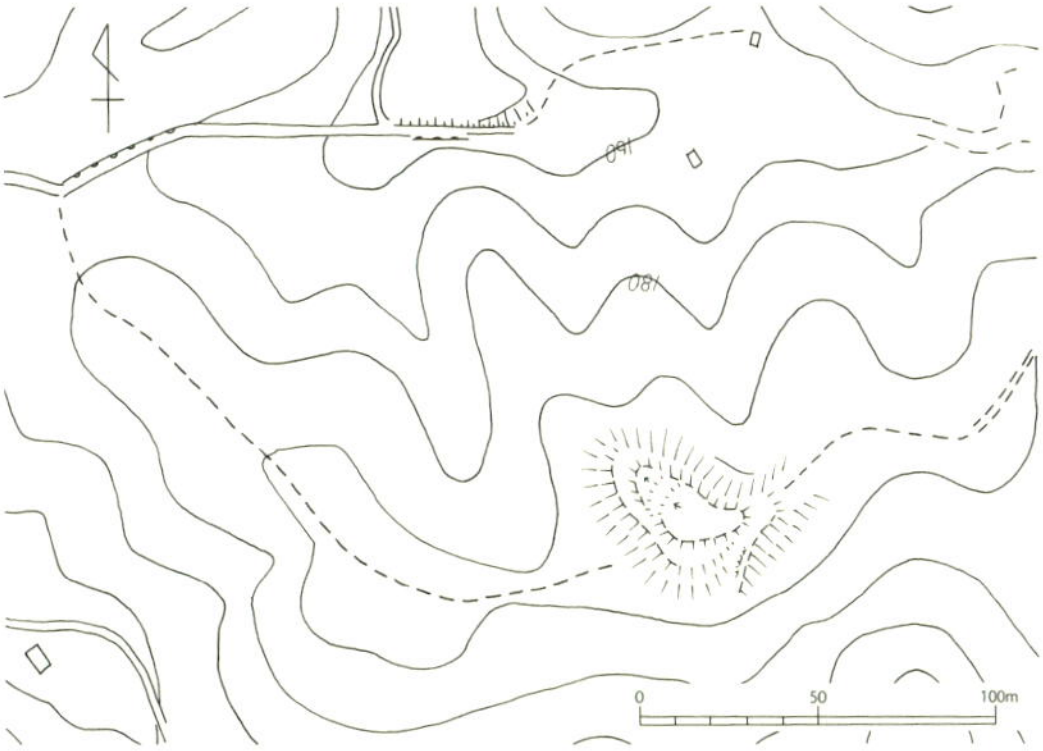

三ケ山城 概要図（作図：中西裕樹）

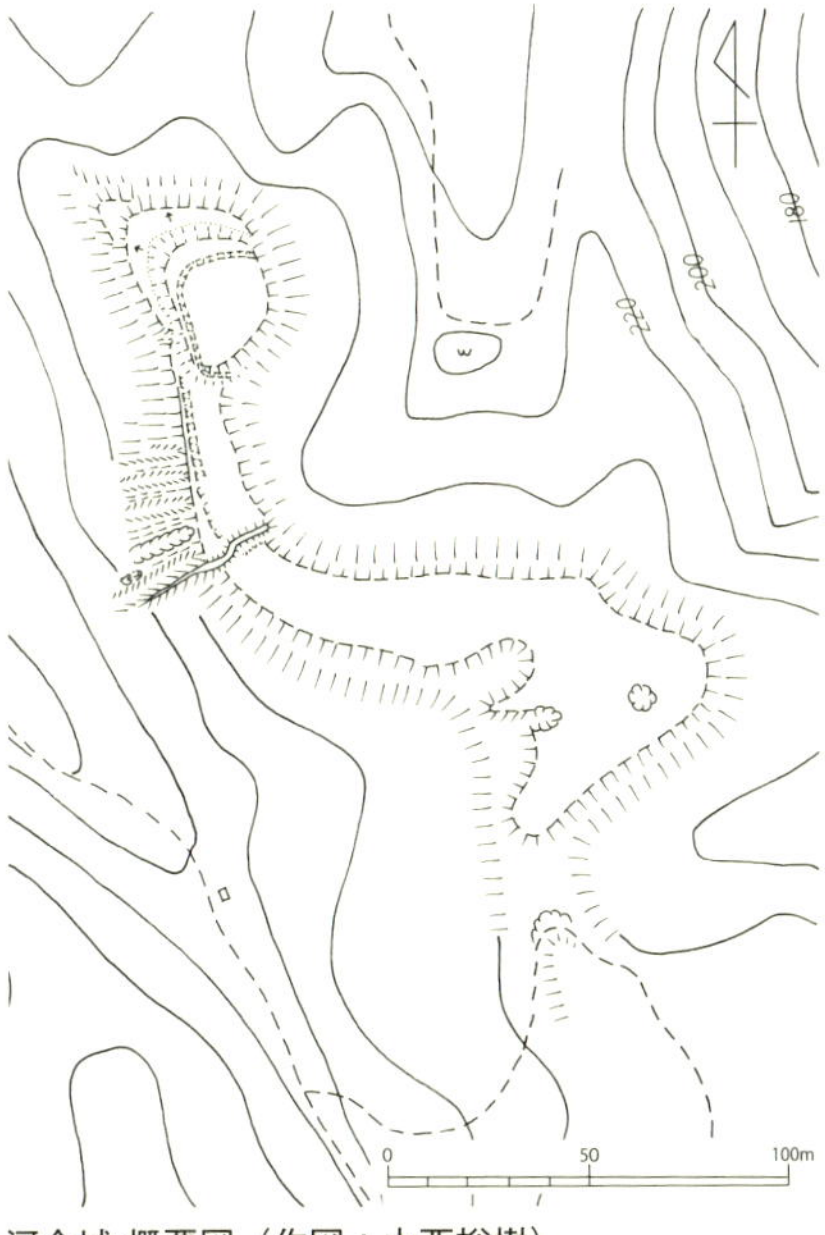

河合城 概要図（作図：中西裕樹）

＊5　『絵図』（左）では、ピーク付近が俗に「下丸」と呼ばれたとし、「腰曲輪土ノ郭十一間ノアイダニ付キ廻レリ幅三間許リ」と評価する。堀切状に描かれた鞍部に接した城内側の「上丸」は「下ノ丸ゟ見渡四十間許地形下卑シ」と遺構が雑であるとする。

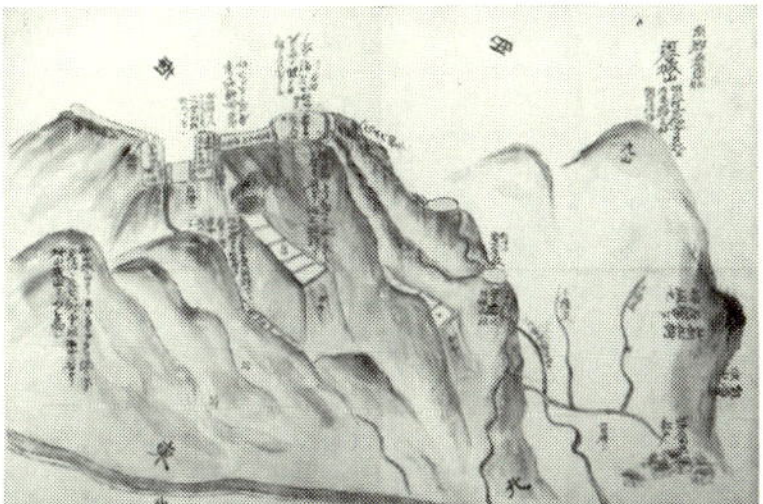

＊6　＊1拙稿。

99 蛇《じゃ》谷《たに》城《じょう》

和泉北部を押さえた松浦氏が山間部に設けた城

①所在地　貝塚市木積
②時期　戦国期
③主体　松浦氏
④遺構　曲輪・堀切

【概要】蛇谷城は、戦国末期に和泉国北部を掌握した松浦氏の連郭式山城であり、山間に位置する。

【立地】平野部から奥まった和泉山脈の標高約三三〇メートルの山頂に位置する。紀伊方面への水間街道が通過する南山麓の集落とは比高差約一九〇メートルである。

【歴史と背景】延宝九年（一六八一）の『和泉一国古跡名所』では「城主松浦肥前守殿子息也」とし、明和九年（一七七二）以前の『和泉国在名高寺社并古城名所記』には「城主松浦肥前守、弘治三十月松浦孫九郎取立」と伝える。[*1] なお、文政元～二年（一八一八～一九）の『和泉国城館跡絵図』にも二種類の絵図が収められている。[*2]

戦国末期の和泉国では、畿内を二分する三好氏と畠山氏の対立の中、松浦守（肥前守）が前者、根来寺が後者に属した。文政二年（一八一九）に正編完成の『かりそめのひとりごと』では、南西に約二キロ離れた和泉最大の山城の根福寺城は根来寺が松浦氏・沼間氏から奪った城とし、同年に松浦孫五郎（虎）が蛇谷城を築いたとする。[*3] 永禄六年（一五六三）前後の松浦氏は分裂しており、その一方の孫八郎は三好方でもあった。[*4]

南西側から見上げた蛇谷城跡

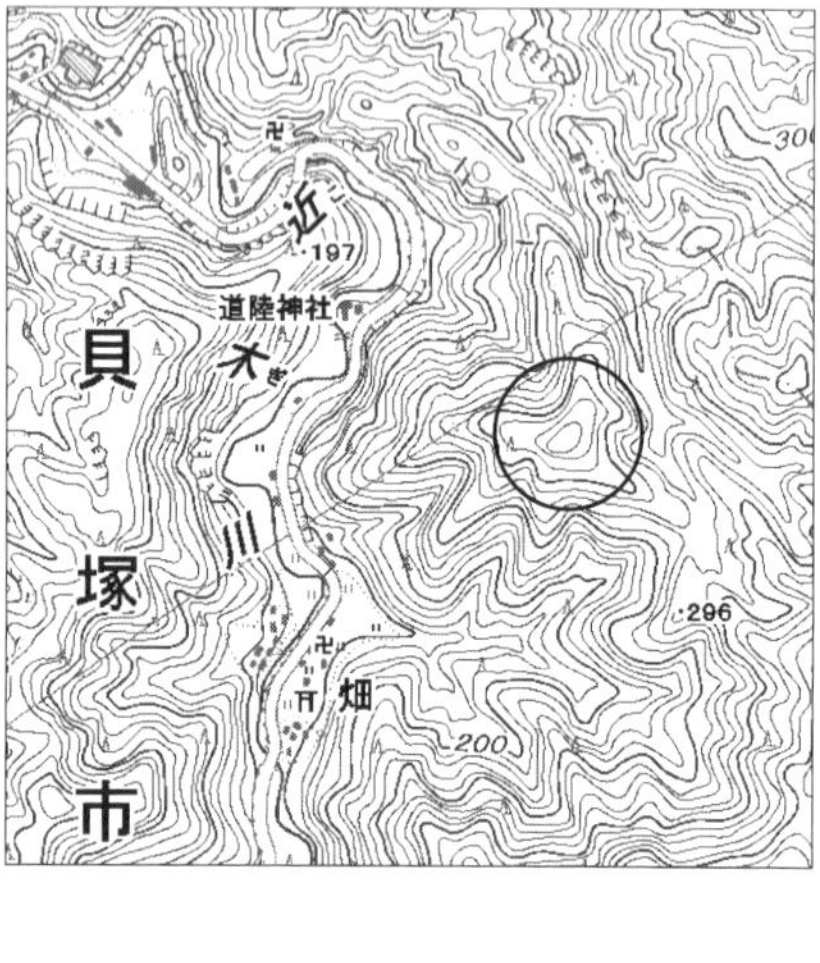

＊1　井田寿邦「和泉の中世城跡（25）」（『泉佐野の歴史と今を知る会』312、泉佐野の歴史と今を知る会、二〇一三年）。

＊2　描写方法は鳥瞰図と平面図と異なるが、概ね遺構の輪郭を描く。

＊3　廣田浩治「根福寺城・千石堀城」（『守護所・戦国城下町を考える』資料集弐、守護所シンポジウム＠岐阜研究会、二〇〇四年）も参照されたい。

松浦氏は十六世紀半ばに岸和田城（岸和田市）を取り立てており、南の紀伊から進出する根来寺と緊張関係にあった。蛇谷城周辺は、山間部における松浦氏の前線であった可能性がある。

【構造と評価】 蛇谷城は尾根筋に曲輪が展開する典型的な連郭式山城で、規模は約一五〇×一〇〇メートルである。突出した規模ではないものの、城の分布が希薄な和泉国では存在感を示す。根福寺城は紀伊と和泉・南河内を山間部で結ぶ恒常的な施設であり、[*5] 蛇谷城も松浦氏の拠点である岸和田方面と山間部をつなぐ性格があったと思われる。ただし、根福寺城が設けた大規模な横堀や畝状空堀群による防御ラインは認められず、個々の曲輪も小規模である。蛇谷城は、恒常的に周辺地域を掌握するものではなく、松浦氏の出城的な性格が強かったと思われる。

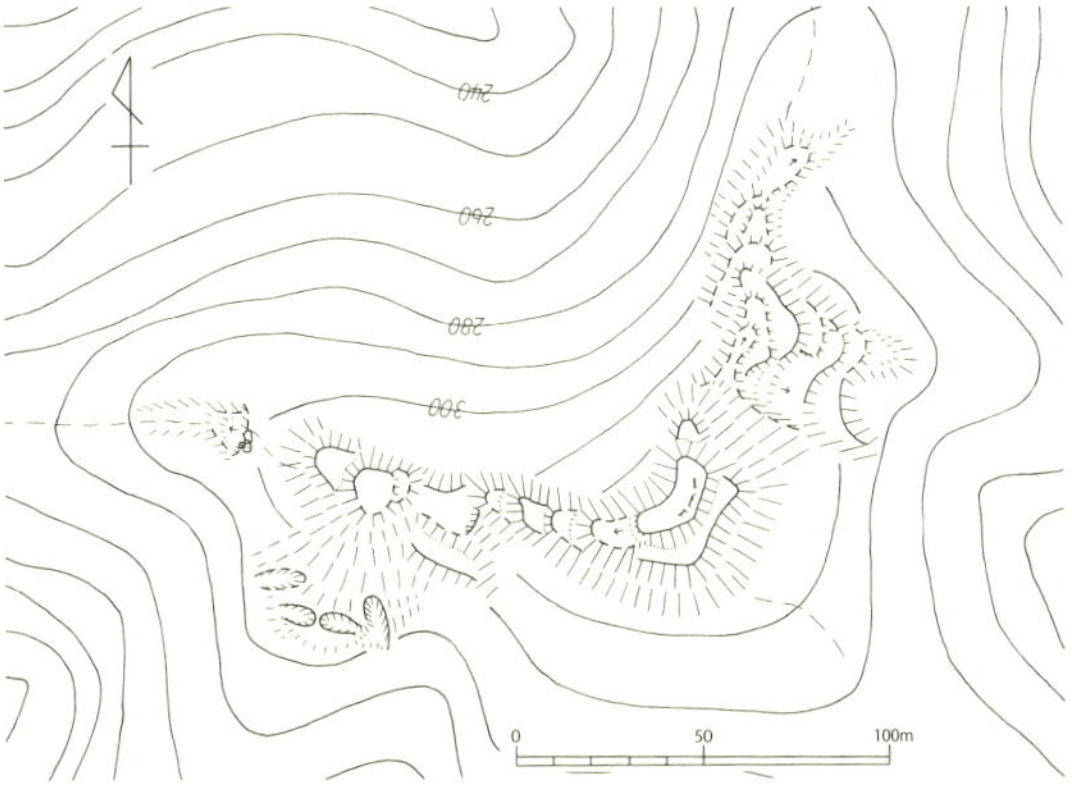

蛇谷城跡 概要図（作図：中西裕樹）

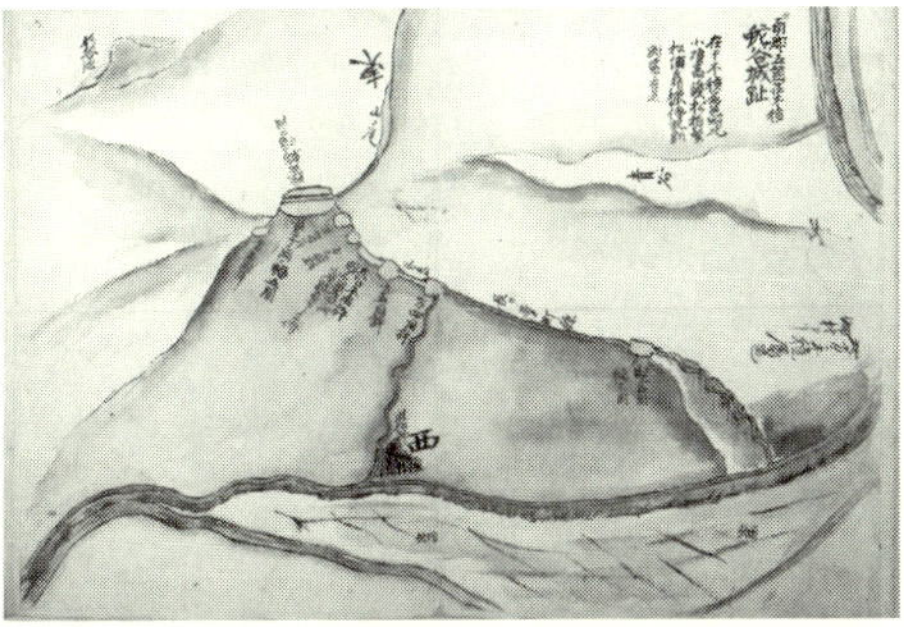
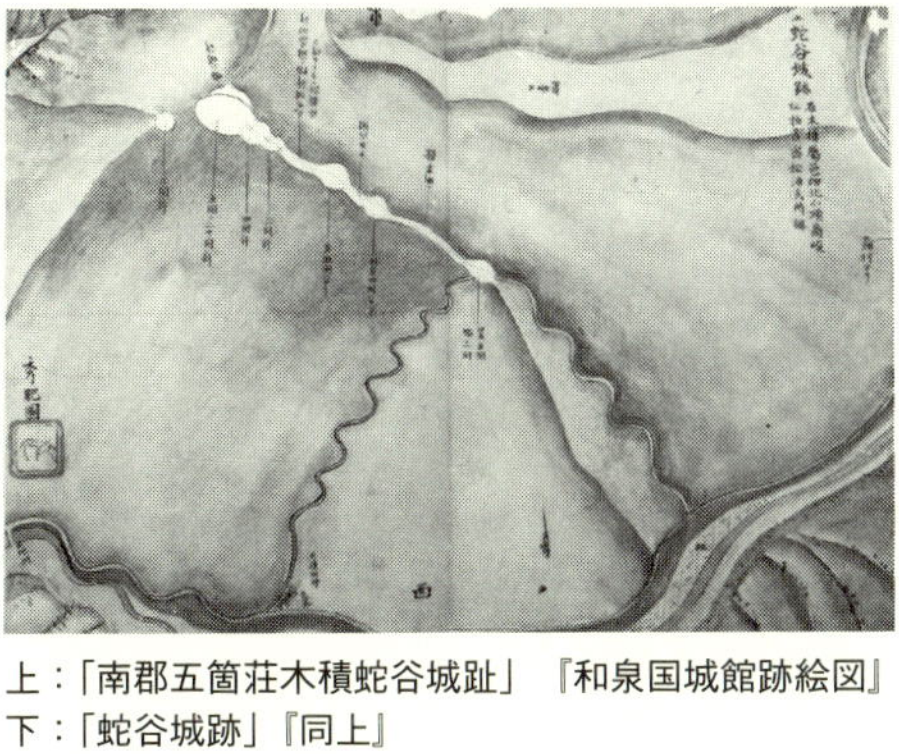
上：「南郡五箇荘木積蛇谷城趾」『和泉国城館跡絵図』
下：「蛇谷城跡」『同上』

＊4 山中吾朗「和泉国松浦氏小考—永禄年間を中心に—」（小山靖憲編『戦国期畿内の政治社会構造』、和泉書院、二〇〇六年）。

＊5 拙稿「城郭史からみた岸和田古城と戦国期・近世岸和田城」（大澤研一・仁木宏編『岸和田古城から城下町へ 中世・近世の岸和田』、和泉書院、二〇〇八年）。

山間部を掌握する和泉国最大の山城

100 根福寺城《こんぷくじじょう》

①所在地　貝塚市秬谷
②時期　戦国期
③主体　松浦氏・根来寺
④遺構　曲輪・帯曲輪・土塁・堀切・畝状空堀群・横堀・石垣

【概要】 根福寺城は和泉国最大の山城で、戦国期に松浦氏、紀伊の根来寺が使用した。山岳寺院を利用した山城で、巨大な畝状空堀群や横堀などが発達する。

【立地】 和泉山脈の山間集落である秬谷・大川の北側にある標高二八三メートル付近の山塊に立地する。平野部からは直線距離で約三キロ離れ、同方面への眺望も山々に阻まれて限定される。山間と平野部を結んで南の紀伊方面へと続く水間街道、粉河街道をつなぐ枝道が直下を通過する。

【歴史と背景】 和泉国人の松浦守が天文四年（一五三五）に築いたとされるが、文政二年（一八一九）に正編が完成の『かりそめのひとりごと』では、永禄元年（一五五八）に根来寺衆が和泉北部で勢力を誇った松浦孫五郎（虎）と沼間伝内を破り、野田山城を奪って根福寺城にあらためたとし、松浦虎は同年に北東に約二キロ離れた蛇谷城（貝塚市）を築城したともいう。また、文政元～二年（一八一八～一九）の『和泉国城館跡絵図』の「南郡麻生荘根福寺城跡」には「一名野田山城」「根来寺僧徒所築」とある。*1

　室町期以降の和泉は細川氏一族の上守護家・下守護家が共同支配していたが、徐々に河内・紀伊守護の畠山氏が力を扶植していた。しかし、上守護家の守護代松浦氏が守護家から自立を強め、天文十八年（一五四九）以後に畿内政権化した三好長慶と結託して和泉国支配を進めた。そして永禄元年（一五五八）ごろから和泉国では松浦氏が守護、守護代が岸和田氏とみなされ、三好氏

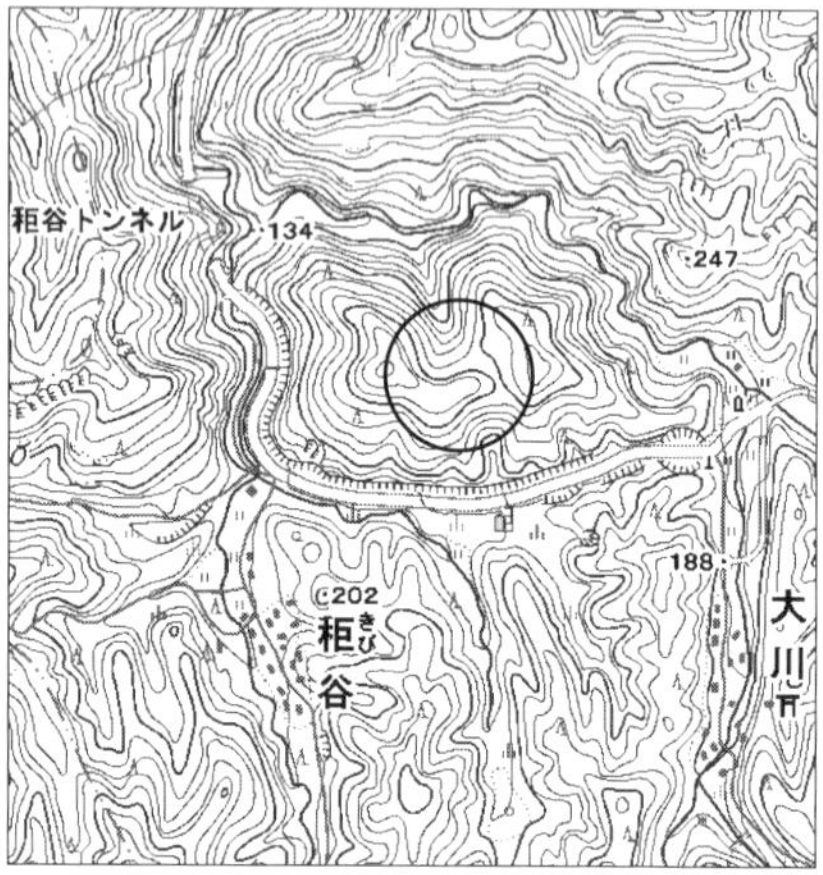

＊1　本図の根福寺城には横堀と梅状空堀群の描写はなく、遺構の認識がなかった可能性がある。なお、『和泉国城館跡絵図』の大半は折本の体裁で採録されるが、根福寺城と天正十三年の羽柴秀吉による泉南攻撃の陣所という落合城（岸和田市）のみが掛幅になっている。

と対立する畠山氏に敵対していく。[*2]

根来寺は和泉南部（泉南）の村落を権力基盤として河内南部（南河内）にも影響力を持った。畠山氏（政長流）と強い関係が築き、泉南で公権力化を遂げる。[*3]永禄五年に三好氏と畠山氏が全面対決した教興寺合戦（八尾市）では畠山方の主力が根来寺であり、三好方には松浦氏がいた。[*4]両者の対立は畿内を二分する構図であり、『かりそめのひとりごと』が示すように根福寺城周辺が争奪の場になったものと想像される。後に根来寺勢は織田信長方に属したが、羽柴秀吉とは対立し、天正十三年（一五八五）の紀州攻めに際しては和泉国南部で戦端を開いて多くの城が落ちた。根福寺城も前後に機能を停止したと思われる。

根福寺城跡 概要図（作図：中西裕樹）

【構造と評価】 規模は約五〇〇×約三五〇メートルに及び、構造は大きくⅠとⅡに分かれる。

Ⅰは尾根上から北西の谷地形にかけて曲輪を構築し、裾に数段の低い石積みを伴う。また西側ピークⅡとの鞍部の南には両側に大振りの石材を使用した石積みがあり「大門」と呼ばれたという。このような谷地形の平坦面を中心とする遺構には山岳寺院が知られ、戦国期には城郭

＊2　松浦氏については山中吾朗「和泉国松浦氏小考—永禄年間を中心に—」（小山靖憲編『戦国期畿内の政治社会構造』、和泉書院、二〇〇六年）を参照。なお、根福寺城の南山麓には説明板が建つが、道を挟んだ反対側の共同墓地には五輪塔を浮き彫りにした墓碑があり、「殿の墓」と呼ばれ、松浦守の墓ともされる（左）。

＊3　小谷利明「畿内戦国期守護と室町幕府」（『日本史研究』五一〇、日本史研究会、二〇〇五年）。

＊4　＊2山中論文。弓倉弘年「教興寺合戦をめぐって」（同『中世後期畿内近国守護の研究』、清文堂出版、二〇〇六年）も参照。

利用もなされた。[*5] 大門という呼称もふまえ、Ⅰ周辺は根福寺という山岳寺院を利用した場所と考えてよいだろう。一方、Ⅱ周辺は尾根上に大規模な曲輪が連なり、帯曲輪が取り巻く。南斜面には府下最大規模の横堀と畝状空堀群が構築され、このような防御ラインの形成は戦国末期の畿内における山城で発達した。

　根福寺城の横堀・畝状空堀群の規模は突出しており、和泉ではほかに類例が無い。これは紀伊と基盤を持つ泉南・南河内とを結ぶ位置にある根福寺城を根来寺が重視し、普請を行った結果と理解されている。[*6] かつ、山岳寺院をするなど構造的にも面積的にも和泉国の中で突出し、恒常的に機能した可能性の高さも指摘されている。[*7] また、防御ラインを持つ山城は和泉国内では少ないものの、地形的に一体の南河内には多くの事例がある。根来寺と河内・紀伊国守護畠山氏との結びつきをふまえると、この範囲の山城も一体的にとらえる必要がある。

　河内における分裂した畠山氏の抗争では敗者が紀伊国へと一旦没落し、そこを後背地として再

上：Ⅰ谷部に残る二段の低い石積み
中上：「大門」に残る石積みと落下した石材
中下：Ⅱの横堀を始点とする畝状空堀群
下：上から見た畝状空堀群の竪堀

＊5　拙稿「城郭遺構論からみた山岳寺院利用の城郭―戦国期城郭における削平地の配地場所―」（『城館史料学』2、城館史料学会、二〇〇四年）。

＊6　村田修三「雨山・土丸城と中世城郭史」（小山靖憲・平雅行編『歴史の中の和泉　古代から中世へ』、和泉書院、一九九五年）。

＊7　多田暢久「根福寺城」（高田徹編『図説　近畿中世城郭事典』、城郭談話会、二〇〇四年）。

び守護所の高屋城（羽曳野市）の奪還を図る軍事行動を繰り返した。この足がかりが南河内であり、東高野街道沿いでは平野部にかけて防御ラインを構築する山城が見事に分布している。[*8]

畠山氏と根来寺は、ともに金剛山地や和泉山脈などの山間部を経て平野部に進出する軍事行動をとっていた。しかし、畠山氏が「高屋屋形」と称されたように、[*9]守護権力として平野部の守護所高屋城の掌握が不可欠である一方、根来寺勢力の本体は紀伊国にある。天正十三年（一五八五）の羽柴秀吉の紀伊侵攻時には泉南の村々が根来寺方の「城」として交戦の姿勢を示し、対外的な軍事的緊張には地域社会が対応していた。根来寺は畠山氏とは異なり、寺院機能そのものを和泉に進出させる必要はない。

和泉では平野部に近い山城周辺が合戦の前線となる機会は少なく、泉南、さらには南河内と根来寺境内を繋ぐルートの掌握が重視された。この結果、平野部への視界がほとんど効かないような山深い地に立地する根福寺城が重視されたものと思われる。根福寺城には和泉だけではなく、河内方面を含んだ畠山氏勢力による大規模な軍事行動を支えていた可能性を想定すべきであろう。[*10]

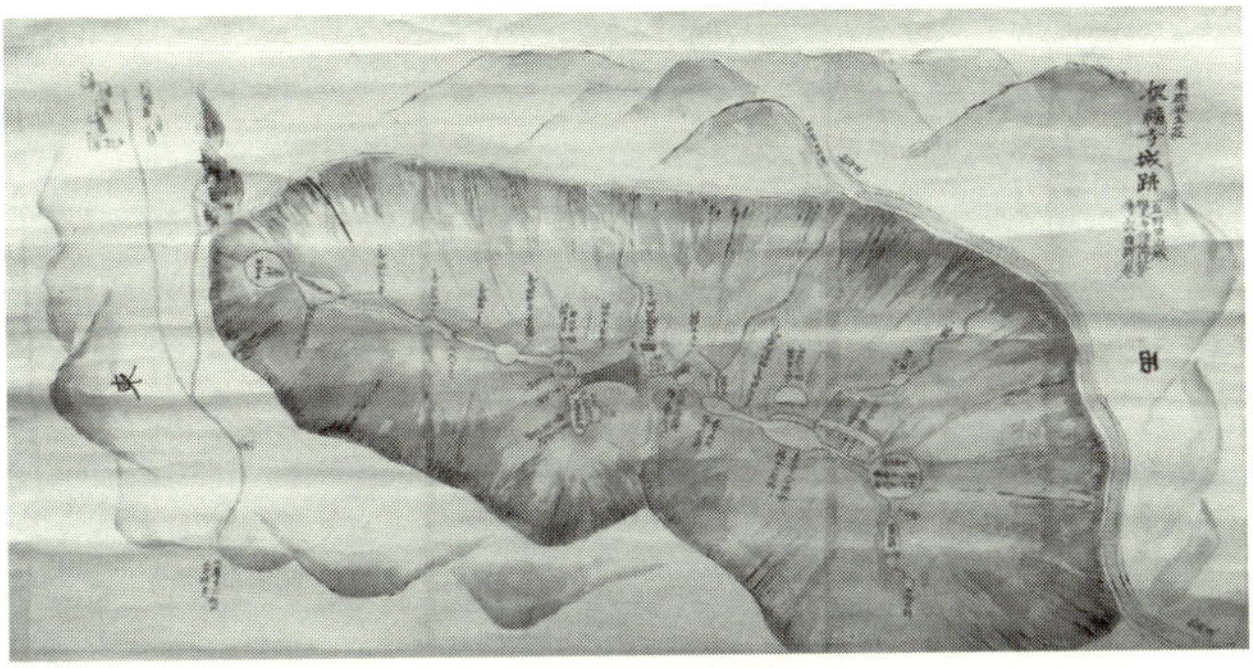
「南郡麻生荘根福寺城跡」『和泉国城館跡絵図』

東側からみた根福寺城跡

＊8　拙稿「戦国期における地域の城館と守護公権―摂津国、河内国の事例から―」（村田修三編『新視点　中世城郭研究論集』、新人物往来社、二〇〇二年）。

＊9　福島克彦「戦国期畿内近国の都市と守護所」（内堀信雄ほか編『守護所と戦国城下町』、高志書院、二〇〇六年）。

＊10　拙稿「城郭史からみた岸和田古城と戦国期・近世岸和田城」（大澤研一・仁木宏編『岸和田古城から城下町へ　中世・近世の岸和田』、和泉書院、二〇〇八年）。

和泉では数少ない平野部に面した山城

101 興《こう》蔵《ぞう》寺《じ》城《じょう》

①所在地　泉南郡熊取町小谷南・馬場
②時期　戦国期
③主体　根来寺か
④遺構　曲輪・堀切

【概要】興蔵寺城は、高蔵寺城とも表記され、和泉国では珍しい平野部に面した連郭式山城である。

【立地】和泉山脈が平野部に接する付近の標高約一七〇メートルに位置し、平野部を見下す。麓集落との比高は約八五メートルである。観音信仰で有名な水間寺が所在する近木川の流れる谷筋近くに存在し、紀州へと続く水間街道が通過している。*1

【歴史と背景】延宝九年（一六八一）の『和泉国村々名所旧跡附（抄）』には「八木野凡内殿城主と云、落城之時は小谷村辻之井にて討死す」と伝え、年未詳『和泉一国高附名所誌（抄）』では「何之時欤、八方野凡内在城之由申伝、天正此根来法師城ヲ取立籠申候由、天正此天野肥前守居給」とする。*2 また、享保二十年（一七三五）の『和泉志』は「高蔵寺城、在小谷村相伝、天文中、修理大夫三好光親及其子光俊拠焉、天正中、八木野内匠戦死城下、石碑尚存、又有高蔵寺址」とある。

　戦国末期の和泉国では、北部で公権力化した岸和田城（岸和田市）の松浦氏が三好氏に与する一方、三好氏と対立する畠山氏には紀伊の根来寺が与しており、その勢力は村々を基盤として泉南に進出していた。『和泉志』のいう「修理大夫三好光親」とは、永禄三年（一五六〇）に正親《おおぎ》町《まち》天皇から修理《しゅり》大夫《だいぶ》の官途に任じられた三好長慶のことを示すかと思われ、周辺での両勢力の対立を示唆するように思われる。特に興蔵寺城に近い近木川沿いの集落は根来寺との関わりが強く、

＊1　麓の小谷集落には、城名となった臨済宗妙心寺派の興蔵寺が所在している（左）。

天正十三年（一五八五）には岸和田城に拠る羽柴秀吉方を迎え撃つ防衛ラインとなった。根来寺方の城として千石堀城（貝塚市）が構えられ、『和泉一国高附名所誌（抄）』の説も荒唐無稽ではない。周辺は戦国末期以来、和泉北部と南部の勢力が衝突する地域でもあった。

【構造と評価】遺構は複数のピークにかけて曲輪を連ねた連郭式山城である。城域は約二〇〇×一二〇メートルと比較的大規模である一方、曲輪の削平は不十分であり、明確な堀切などの遮断施設は確認できない。特定の領主が恒常的に使用する支配拠点としては評価しがたいが、土丸・雨山城（熊取町・泉佐野市）を除くと和泉では数少ない平野部に面した山城である。

単純な構造ではあるが、興蔵寺城は平野部を含む広域の軍事動向に対応した立地であり、状況に応じて根来寺勢らの軍勢が入るような使われ方がなされたことも考えられる。

＊2　いずれも『熊取町史』史料編Ⅱ（一九九五年）に所収。

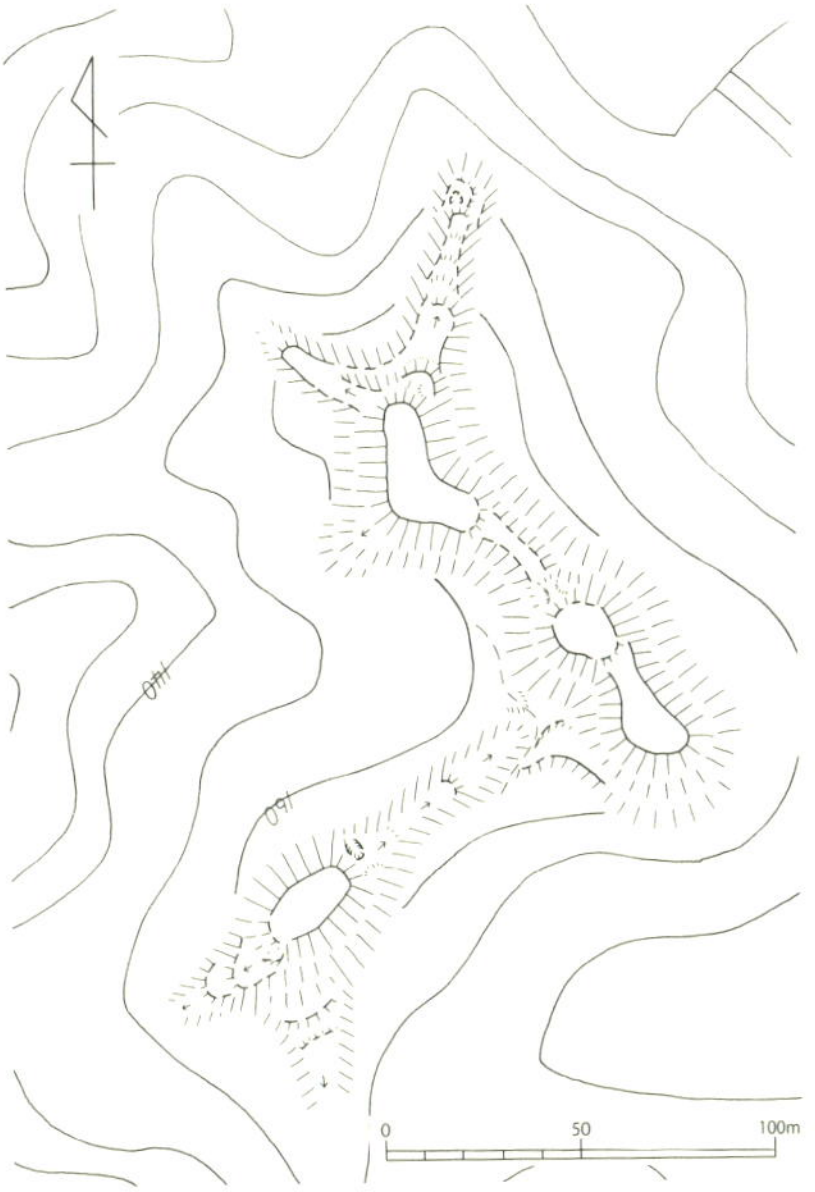

興蔵寺城跡 概要図（作図：中西裕樹）

上：北側からみた興蔵寺城
中：北部ピークの曲輪を見上げる
下：南端の曲輪の段差

和泉の平野部を見下す信仰の山に築かれた城

102 土丸《つちまる》・雨山城《あめやまじょう》

①所在地 泉南郡熊取町成合・泉佐野市土丸
②時期 南北朝～戦国期
③主体 橋本氏・根来寺ら
④遺構 曲輪・土塁・堀切・横堀

【概要】 土丸・雨山城は、美しい山容を見せる相耳峰の標高三一二メートルの雨山（熊取町）と二八七メートルの城ノ山（泉佐野市）を利用した山城である。前者が雨山城、後者が土丸城と呼ばれてきたが、構造的には一体であるため、現在では土丸・雨山城跡と一つの遺跡名になっている。南北朝期に南朝の楠木一族の橋本正督が使用し、戦国期には紀伊根来寺が関係する城郭であった。二〇一三年に国指定史跡日根荘遺跡の一部として追加指定された。

【立地】 山麓の谷筋には紀伊国へと続く粉河街道が通過し、戦国期にかけて付近一帯は公家の九条家領の日根荘であった。城跡からの眺望は優れ、大阪平野や海の向こうに淡路島が一望できる。

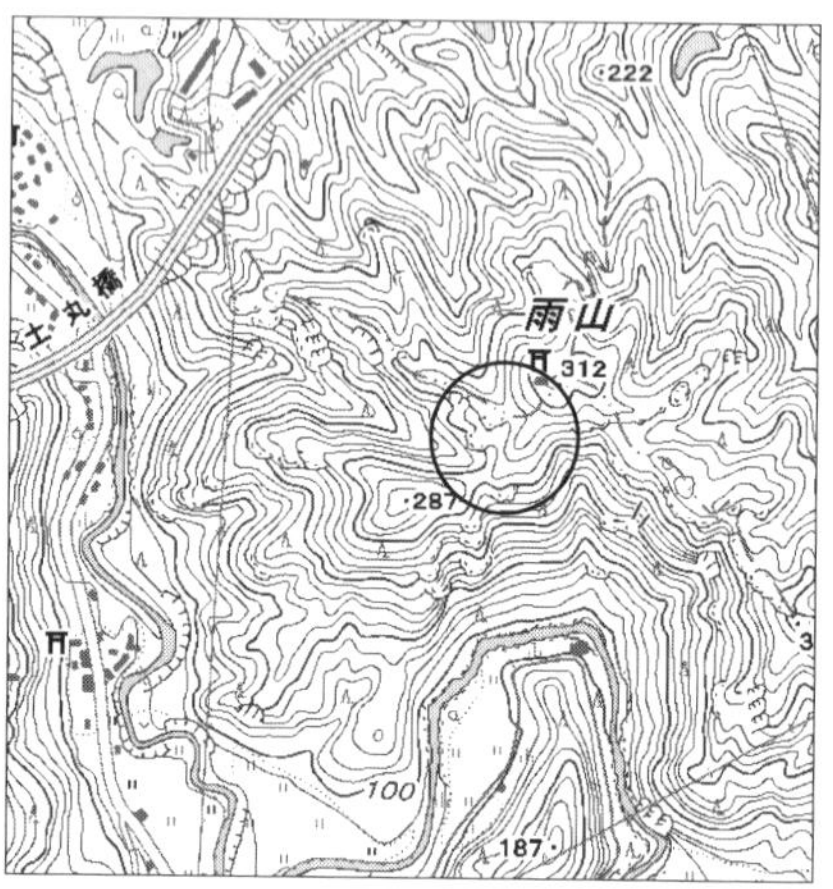

【歴史と背景】 南北朝期の和泉国は北朝方と南朝方の狭間となり、貞和三年（一三四七）以降の軍忠状などに「槌丸城」「土丸城」などの表現が確認できる（『日根文書』『淡輪文書』）。永和元年（一三七五）には南朝方で楠木一族の橋本正督が入った。*1

室町幕府三代将軍の足利義満と有力守護家の山名一族が衝突した明徳の乱では、明徳三年（一三九二）に紀伊守護の山名義理の兵が「雨山・土丸」「土丸の城」に楯籠ったとされる（『明徳記』）。また、乱で功績をあげ、後に和泉守護となった大内義弘も義満に対して挙兵し、「土丸」を利用した可能性がある（『応永記』）。

戦国期になると、周辺では和泉国の守護細川氏に属した勢力と、和泉国南部の村落に強い影

＊1 近世以降の土丸・雨山城跡は、南北朝期の南朝方の城として知られるようになり、元禄十三年（一七〇〇）の『泉州志』

響力を持つ紀伊国の根来寺が衝突し、やがて根来寺の勢力が進出して戦国末期に至る。文亀元年（一五〇一）、前関白の九条政基は家領である日根荘に下向し、『政基公旅引付《まさもとこうたびひきつけ》』という日記を書き残した。この日記には守護方と根来寺方に挟まれつつ、荘園を運営する政基の姿や日々を生き抜く地域の人々の暮らしぶり、風俗などが描写されていることで知られる。*2

『政基公旅引付』には、城ノ山の山麓にあたる土丸集落などの住人が度々「山入り」「山あがり」などという行動を取ったことが記され、また山中と思しき「小屋」に避難していた（『九条家文書』）。これは戦乱に際しての身の安全を守る行動であり、守護方にも根来寺方にも与さないという意思表示であった。また、支配者でもある領主の政基に対して、年貢などの軽減を求める逃散という抵抗の意味を持つこともあった。場所は「深山」とも記されるが、具体的に特定できない。ただし、土丸の近隣という意味で、土丸・雨山城と場所が重複する可能性があるだろう。

上：麓からみた城跡。左が雨山、右が城ノ山（土丸）　下：城跡からみた大阪湾方面

雨山は「雨乞い」の山であり、山頂には雨山龍王社がある。山麓の成合集落では「八朔」などの関連行事を継承してきた。龍王社は城ノ山にもあり、同じく土丸集落の人々が信仰している。人々は旱魃《かんばつ》の際、山に登って雨乞いを行い、太鼓踊りを奉納してきた。

かつて山は木材や燃料などの生活の糧を供給する場であり、近世以降もその資源をめぐる山争いは珍しくなかった。城跡の山は、地域の人々にとっては身近な存在であり、それは「山入り」などが

にも橋本正高（督）の記載がある。近代になると、正高を顕彰する動きが活発となり、城ノ山には戦前に建立された「橋本正督顕彰碑」がある（右）。

＊2　日根荘は丘陵などの景観がよく残り、それを構成する寺社やため池・水路などの一六ヶ所が「日根荘遺跡」という国指定史跡になっている。そのうち、全体の鎮守であった日根神社は『政基公旅引付』に登場し、猿楽や競馬、弓矢神事などの盛大な神事が記録されている。現在は本殿と比売神社本殿が大阪府指定文化財となる（左）。

上：雨山に所在する井戸
下：「月見亭」付近から見た城ノ山（Ⅰ地区）

行われた戦国期も同様である。

　戦国期の文献に土丸・雨山城は確認できないが、和泉の平野部と紀伊とを結ぶ街道付近の立地や城からの眺望をふまえると、根来寺方の勢力が関与していた可能性は高く、また地域の人々も関わっていただろう。*3 城が文献に現れるのは、天正五年（一五七七）に大坂本願寺と敵対した織田信長が紀伊雑賀を攻めた後、佐野（泉佐野市）に置いた在番衆が信長方の根来寺衆に「土丸・雨山与申所」の用害を拵えるように命じた戦国末期の段階である（『淡輪文書』）。

【構造と評価】遺構は西から城ノ山のⅠ地区、谷地形のⅡ地区、北の斜面に認められるⅢ地区、東端の雨山のⅣ地区に分かれ、大きくは一〇〇メートルを超える二つの連郭式山城が並立した構造である。地表面観察では南北朝期に特定できる部分はなく、大半は戦国期の遺構であろう。

　Ⅰ地区は独立した連郭式山城の構造で、周囲の地形は急峻である。ピークの曲輪には龍王社が祀られ、東側斜面に土塁と堀がある。これは下位の曲輪に対する「武者隠し」と評されるが、その延長はピークへのルートの段差に接続するようで、本来は横堀に近い形態であり、遮断を意識したものであった可能性がある。ピークは北・西側の曲輪が連続する尾根に対しても堀切を設け、Ⅰ地区は、山頂部への求心性を意識した構造といえる。横堀は畿内における戦国末期の山城の特

＊3　城からは紀州方面へと向かう粉河街道の眼下に見渡せ、九条政基が滞在した長福寺跡が所在する大木地区も一望できる（左）。大木地区は、日根荘でも歴史空間の変遷が豊かであることから「日根荘大木の農村景観」として大阪府初の重要文化的景観に選定されている。

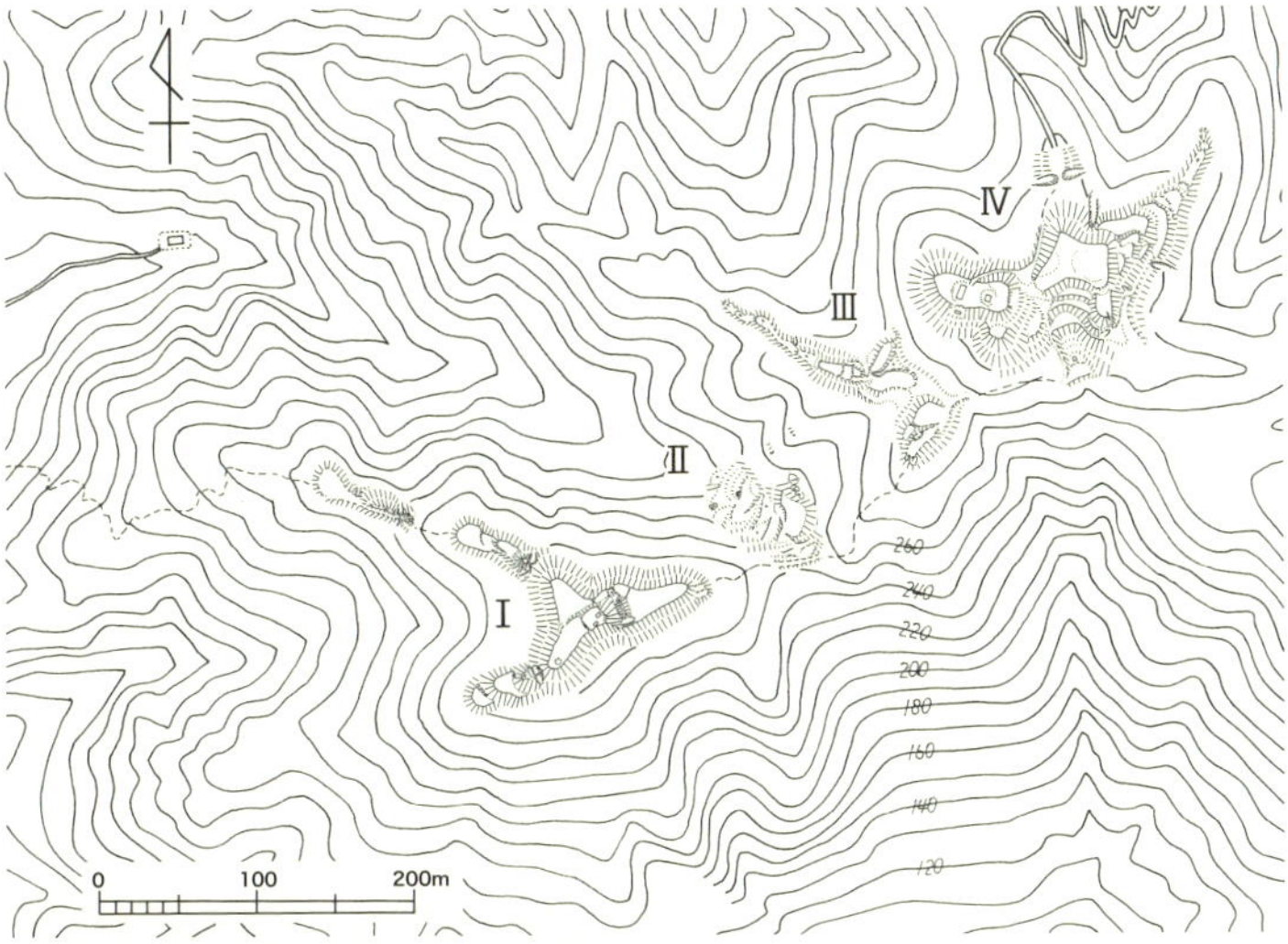

雨山・土丸城跡 概要図（作図：中西裕樹）

徴であることから、周辺には戦国末期の改修が加わっていると考えて良いだろう。*4

Ⅱ地区には、湧水が見られる谷地形に粗雑な平坦面が設けられ、西端は滝になっている。滝周辺には多くの石積みや祠の跡が認められ、土丸集落からの道が取りつく。滝の部分を除くと山麓から最も城跡にアプローチしやすい場所であり、水にまつわる信仰の道でもあったと思われる。城ノ山と山麓の土丸集落の住民との深い関わりを示す地区であろう。

Ⅲ地区には、成合集落からの谷あいの道が到達し、道を遮るような土塁状の地形が存在する。ここはⅣ地区の曲輪の斜面を下った位

上：Ⅰ地区の「武者隠し」を北から見た断面
下：Ⅱ地区の滝を見下す

＊4　城の構造や歴史、遺物、地域の民俗などの調査成果については、村田修三「土丸・雨山城跡の縄張り」などの論考が収められた泉佐野市教育委員会・熊取町教育委員会編『土丸・雨山城跡―日根荘遺跡関連調査報告書―』を参照されたい。

上：ハイキングコースから見た「千畳敷」
下：Ⅳ地区の手前の鳥居。奥が堀切になっている

置にあたり、周辺の谷地形や北西に伸びる尾根に曲輪が認められる。なお、尾根には堀切などの明確な遮断施設は確認できず、山麓に向って岩肌が露出する細尾根となる。

　Ⅳ地区には、「千畳敷」との看板が建てられた城内で最もまとまった面積の曲輪がある。この北側に現在のハイキングルートが達しているが、その手前の鳥居が建つ地点で道は堀切に遮断される。ここから少し下った地点には比較的平坦な地形が確認され、「伝馬場跡」と呼ばれる。ただし、城郭中心部とは先の堀切で分断され、削平も不明瞭であることから、明確な城郭遺構としては評価できない。「千畳敷」から北東尾根には小規模な曲輪が連続し、両サイドに竪堀がある。しかし、先端に堀切は設けられず、開放的な印象を持つ。ルートが取りついた南側のピークの曲輪もまとまった面積で雨山龍神社が祀られており、Ⅲ地区を見下す。*5

　「千畳敷」とピークの曲輪間の南側は谷状の地形であり、数段の曲輪が設けられる。その最下段には山城には珍しい井戸があり、現在も滞水している。ここから南西に地形が続く場所を「月見亭」といい、非常に浅い堀切がある。そして、北東の斜面にかけて浅い横堀になっている。不明確であるが、この部分も戦国末期に改修された可能性が高い。

＊5　雨山龍王社は霊験のある神社として知られる（左）。成合に加え、熊取をはじめ、大木や日根野の人々が旱魃の際に山へと上がっていたという。戦前までは雨乞いを目的に太鼓踊りの一種である「雨山踊り」が行われていた。また、城ノ山にも龍王社が祀られ、『政基公旅引付』に大木・土丸の人々による雨乞い踊りの記述がある。

なお、南西の地形続きには「小屋谷」と呼ばれる場所があり、この地名は戦国の人々の「山入り」や「小屋」への避難の場を連想させる。そこへと向かう途中には平坦な地形が認められ興味深いが、明確な切岸や削平が認められず、小屋谷の地名付近は、岩盤が露出した痩尾根となるため、遺構から「山入り」などの評価をすることは困難である。[＊6]

発掘調査は未実施だが、土丸・雨山城では多くの遺物が採集され、南北朝期の雁振瓦などの遺物がⅠ地区とⅣ地区で確認されている。南北朝期の史料表記は「土丸城」であるが、すでに現城域が使用されたことを示す。一方、十六世紀の遺物はⅣ地区に集中するため、戦国期の土丸・雨山城には、「武者隠し」や堀切などで防御を構えるⅠ地区が「要害」であり、Ⅳ地区が生活の中心というような機能差が想定される。

興味深いのは、南北朝期の瓦がⅣ地区周辺で採取されることである。山城での瓦の使用は戦国期以降であり、それも限定的である。一般に中世で瓦を使用する施設は寺院であった。Ⅱ地区の滝と平坦面やⅣ地区の井戸、そして雨乞い信仰を加味すると山にはすでに水に関する宗教施設が存在し、そのような場に城が構えられたことも想像できよう。

上：「月見亭」の堀切。浅い横堀となって奥へ続く
下：岩盤が露出する「小屋谷」の尾根筋

＊6　「山入り」は戦国期の村人がとった自立的な行動として注目され、各地の史料に現れる「山小屋」との関係を含め、主に一九八〇年代に城郭との関わりやその実態が議論された。武家の城郭を中心に取り扱う城郭研究にも大きなインパクトを与え、考察対象とする人々の範囲を広げる一方、遺構把握の困難さが認識された。これら一連の研究は「村の城」論争ともいわれる。村田修三「土丸・雨山城跡と山入り・山小屋について」（＊4文献）を参照されたい。

熊野街道に面した大型の方形館

103 樫《かし》井《い》城《じょう》

①所在地 泉佐野市南中樫井
②時期 戦国期
③主体 樫井氏
④遺構 堀

【概要】樫井城は紀伊国へと向かう和泉国内の主要陸路である熊野街道に面した大型の方形館であり、府下では立地・規模ともに類例に乏しい。

【立地】熊野（小栗）街道に面した平地に立地し、街道を挟んだ南に樫井川が流れる。

【歴史と背景】平安後期に盛んとなった熊野詣に伴い、樫井には「籾井王子」という王子社が存在した。享保二十年（一七三五）の『和泉志』は「樫井村城」として「建武中畠山国清屯此事見日根野氏家蔵古記」と南北朝期の事象を記述する一方、文政元～二年（一八一八～一九）の『和泉国城館跡絵図』では「樫井村城蹟」として「旧名籾井城主号籾井彦五郎」とある。*1 ただし「籾井」という地名は近世以来、すべて「橿」の異体字と思われる「杒」の誤読であり、籾井王子は樫井王子、籾井氏も樫井氏とすべきことが判明している。*2

樫井氏は鎌倉期以来の武士であり、正嘉二年（一二五八）の後嵯峨天皇の高野行幸で警固にあたった御家人に「杒井参河房」がおり、元徳三年（一三三〇）には楠木正成を攻撃する幕府方に「杒井彦五郎」がいる（『和田文書』）。建武三年（延元元・一三三六）には北朝の和泉守護畠山国清が「杒井城」で旗揚げし（『日根文書』）、観応三年（正平七・一三五二）には南朝方の和田氏と淡輪氏が前年の「杒井城」での軍忠を報告している（『古文書集』『淡輪文書』）。

室町期の樫井氏には複数の家があったと考えられ、戦国期には上・下に分かれた和泉守護のうち、下守護の被官であった。文亀二年（一五〇二）の日根荘（泉佐野市）周辺の戦乱では、「櫟之井、館」

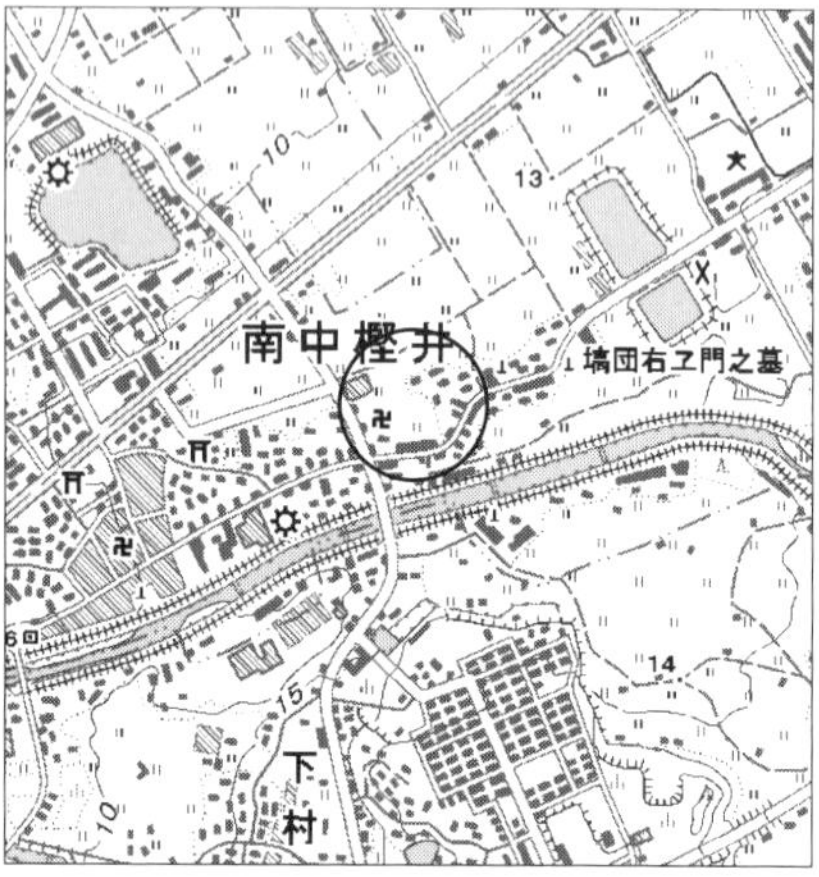

*1 福島克彦「『和泉国城館跡絵図』と城館研究—鬼洞文庫旧蔵絵図を中心に—」（大澤研一・仁木宏編『岸和田古城から城下町へ 中世・近世の岸和田』、和泉書院、二〇〇八年）。

*2 廣田浩治「籾井か、杒井か—地名の歴史学—」（『泉佐野の歴史と今を知る会』269、泉佐野の歴史と今を知る会、二〇一〇年）。樫井氏や周辺の動向についても参照されたい。

から逃げた「妻女」が根来寺勢に拘束されている（『政基公旅引付』）。やがて樫井氏は織田信長に属し、豊臣秀吉の代に樫井を去った。慶長二十年（一六一五）には大坂夏の陣の前哨戦「樫井合戦」があり、戦死した豊臣方の淡輪重政、塙団右衛門の墓がある。*3

【構造と評価】 現地には『和泉国城館跡絵図』の所収図にみえる方形区画が看取され、南～西側の水堀のラインは帯状の段差と水路となる。熊野街道に面した一辺一〇〇メートルに近い方形館が復元され、絵図の街道は直線であるが、現地では館の区画に沿って屈曲している。街道に面した府下では珍しい方形館である。なお、集落の北西で実施された樫井西遺跡の発掘では、約五〇メートル四方に復元される城館跡が検出されており、樫井城との関係が注目される。*4

「樫井村城蹟」『和泉国城館跡絵図』

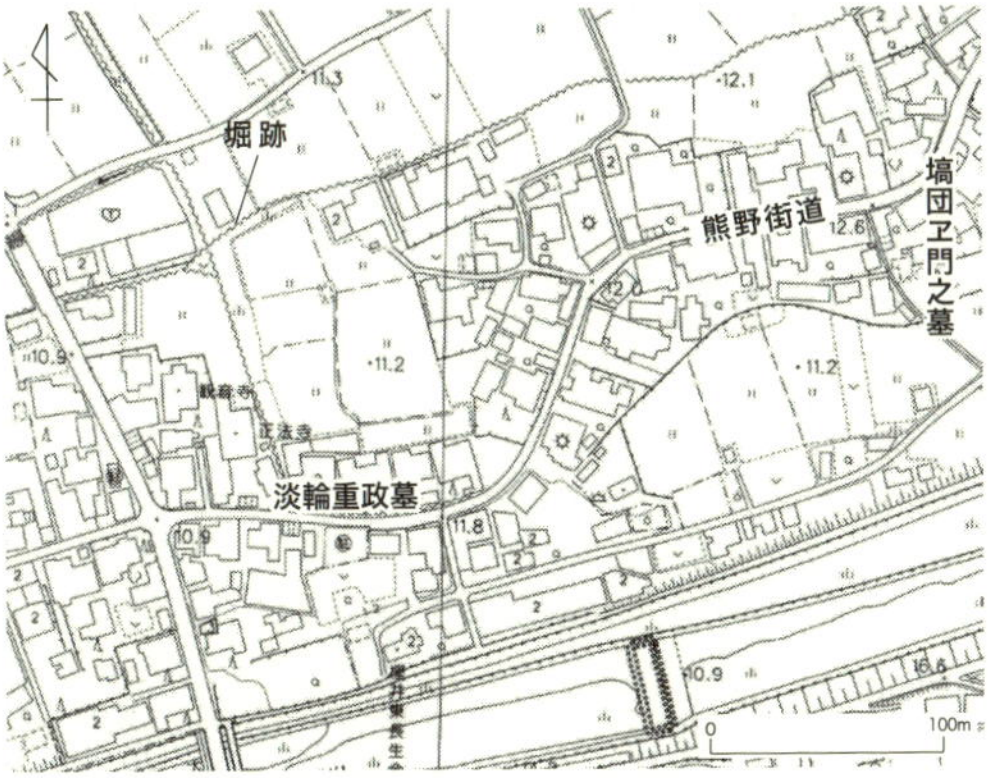

泉佐野市地形図（樫井城跡周辺）に加筆

方形区画の北西コーナーの堀跡

*3 樫井合戦を描いた絵図では街道が屈曲する城跡周辺が「惣戦場」であり、徳川方の浅野家の上田宗箇らが詰めた。城館跡との関係が興味深い。左は塙団右衛門の墓。東原直明・廣田浩治『大坂夏の陣 樫井合戦』（歴史館いずみさの、一九九七年）。

*4 大阪府教育委員会・泉佐野市教育委員会『大阪府泉佐野市 奥家住宅総合調査報告書』（二〇一五年）を参照。

発掘調査の後に消滅した城

104 井《い》山《やま》城《じょう》

①所在地 阪南市桃の木台
②時期 南北朝〜戦国期
③主体 和泉国人ら
④遺構 —

【概要】井山城は、関西国際空港建設に伴う土砂採取などの開発対象地として一九八七年に発掘調査が行われ、遺構は消滅した。*1 飯峰城とも呼ばれ、尾根先端は「城ヶ岡」と呼ばれていたという。*2 南北朝期の文書にみえる「井山城」に比定されている。

【立地】大阪湾に流れ込む飯ノ峯川の河口から狭隘な谷あいを約一・五キロ遡った尾根上に立地し、標高約一四〇メートル、比高約九〇メートルのピークを中心に遺構が存在した。

【歴史と背景】南北朝期に和泉国人らが参加した攻防の場であり、建武五年（一三三八）には北朝方の氏が高師直から「井山城致合戦」を賞されている（『日根文書』）。観応元年（一三五〇）には、和泉・紀伊国守護などをつとめ、足利直義の南朝方合体（観応の擾乱《じょうらん》*3）に従った畠山国清が田代氏と淡輪氏に井山城の警固を命じた。ただし、翌年に淡輪氏は、南朝方として攻撃する側となっている（『淡輪文書』）。一方、文和五年（一三五六）には、同二年の井山城にはじまる田代氏、日根野氏の軍功について、北朝方の守護細川業氏が賞している（『田代文書』『日根文書』）。

【構造と評価】最高所の標高一四〇メートルのピークは、盛土と岩盤の削平によって約二五×一二メートルの曲輪とされていた。中央と東端では三間×一間の二棟の礎石建物が確認され、南に堀切を設けていた。また、曲輪面では石組みが確認されている。ここから北に約三〇〇メート

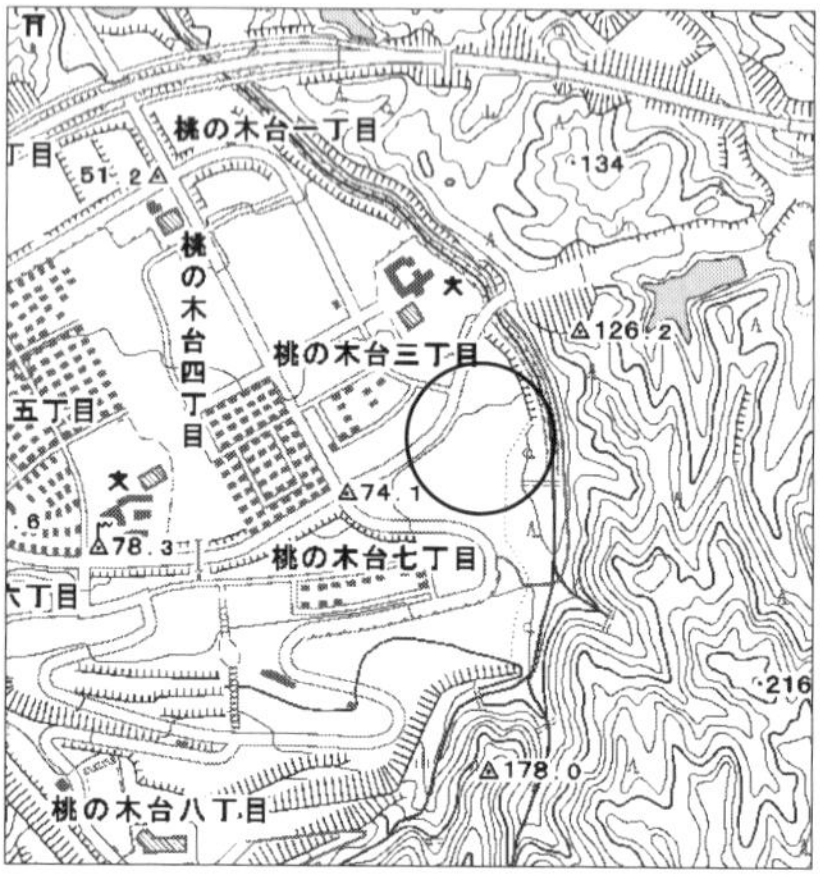

*1 宮野淳一・服部美都里編『財団法人 大阪府埋蔵文化財協会調査報告書第20集 阪南丘陵開発計画事業に伴う井山城跡—発掘調査報告書—』、同協会、一九八八年）。現在は住宅地となっている。

*2 玉谷哲「井山城」（『日本城郭大系』12、新人物往来社、一九八一年）。

ル離れた標高一一四メートルのピークでは幅数メートルの平坦面が斜面で検出され、かつてはこの部分を含む尾根上の全体の地形が連郭式城郭の遺構と評価されていた。ただし、発掘調査をふまえると、標高一四〇メートル地点が明確な城郭遺構といえ、この地点でのみ瀬戸焼や擂鉢、瓦器、土師器などの十四世紀末～十五世紀の遺物が出土している。*4

井山城の基本構造は小規模な単郭山城であり、周辺の尾根上も利用しつつ、戦国期にかけて機能したのだろう。また、中心部が周辺集落から遊離し、かつ南北朝期の使用状況を鑑みると、単独の領主が在地支配などに構えた城ではなく、広域の軍事動向に対応した山城と思われる。

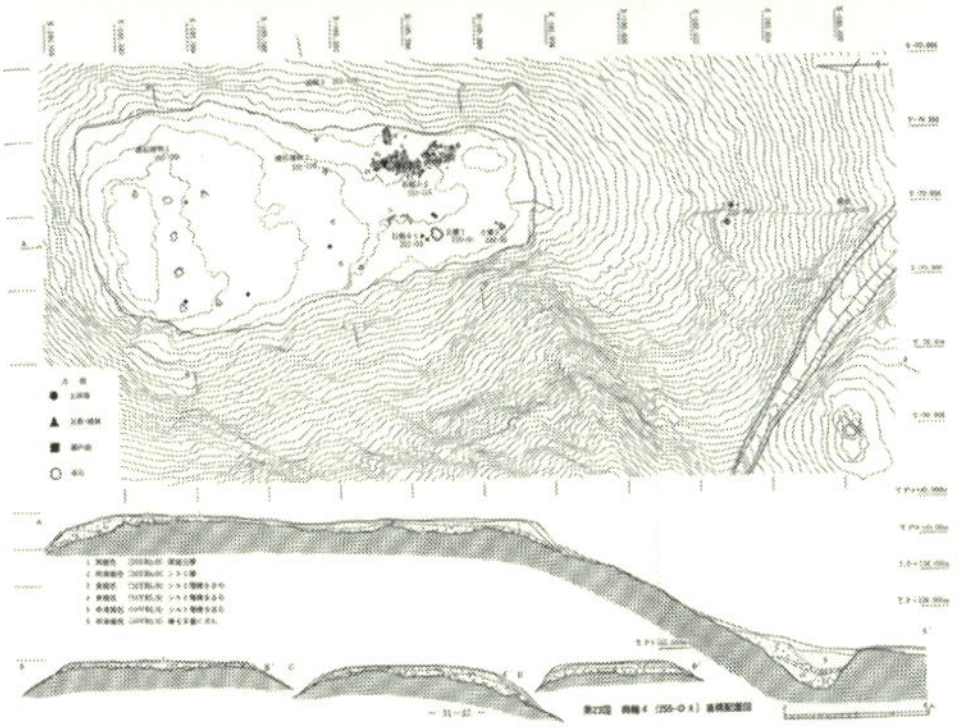

上：発掘された標高約 140 メートル地点の遺構
下：標高約 140 メートル地点の遺構配置図
（上・下とも＊１文献より）

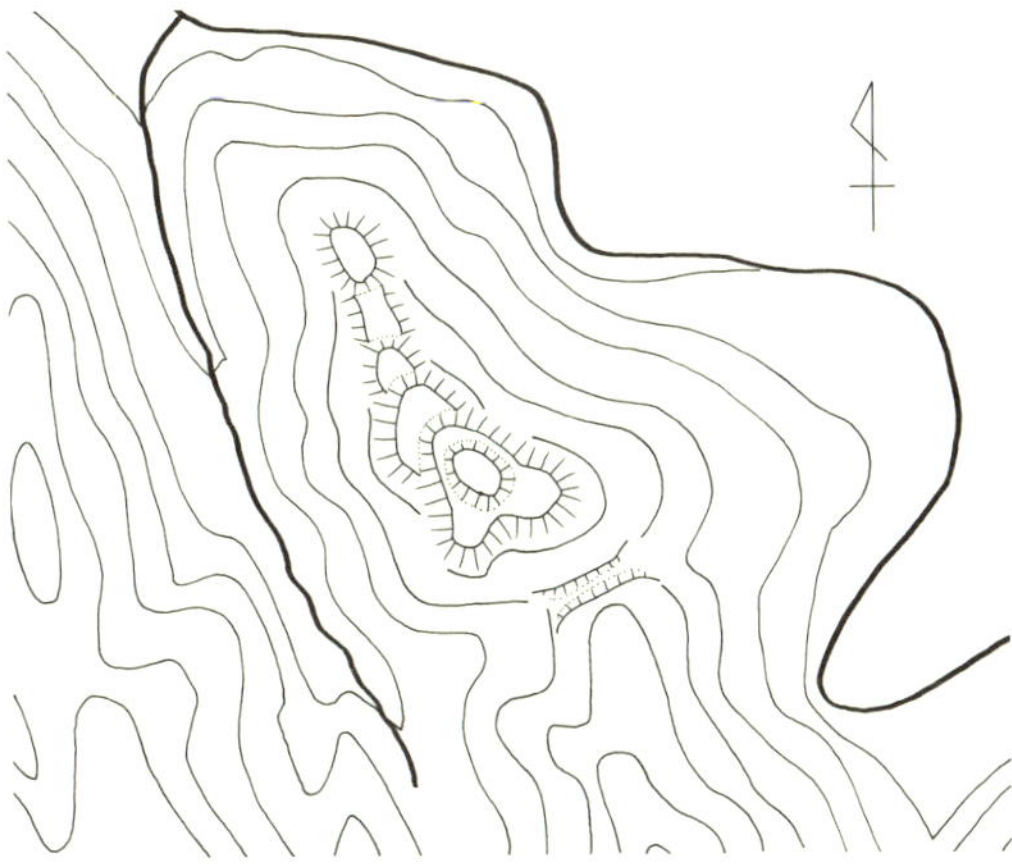

日本城郭大系の井山城の図（＊２所収図を中西がトレース）

＊3　将軍足利尊氏と弟の足利直義の派閥が争い、直義の南朝方への合体、北朝復帰を経て、最終的に直義が鎌倉で殺害された一連の事件である。

＊4　調査では、麓で飯ノ峯畑遺跡という集落跡の遺跡が確認され、屋敷跡や神社、寺院跡、水田跡など、まとまった中近世の集落として注目された。＊1文献。

国人淡輪氏による半町四方の希少な平地城館

105 淡輪城《たんのわじょう》

①所在地　泉南郡岬町淡輪
②時期　戦国期
③主体　淡輪氏
④遺構　曲輪・土塁

【概要】淡輪城は地表面に土塁を残す大阪府下では希少な平地城館であり、国人淡輪氏の城館と思われる。

【立地】紀伊国境に近い和泉国南部の淡輪集落内に立地する。東の山際を孝子峠街道が通過し、集落は海岸線に近接する。

【歴史と背景】当城の城主は、南北朝期以来の和泉を代表する国人・淡輪氏とされる。[＊1]同氏は織豊期には織田信長に属し、対大坂本願寺の合戦では大阪湾警護に関わって紀伊の雑賀党への備えとなった。その後は天正十一年（一五八三）に岸和田城（岸和田市）へ入った羽柴秀吉配下の中村一氏に仕え、文禄四年（一五九四）には豊臣秀次の失脚に関係して没落した。慶長十九・二十年（一六一四・一六一五）の大坂の陣では一族が豊臣方と徳川方に分かれ、子孫は紀州徳川氏に仕えたという。[＊2]

【構造と評価】当城の遺構は土塁がコの字形に残り、内部に住宅などが建つ。土塁は削り込まれているが、西側では長さ約四〇メートル、東側は約一二メートルの長さが残る。ここから南側の外部は約三メートル高い丘陵端部となり、現在は住宅地となる。遺構との間には高まりが認められ、土塁の痕跡であるかもしれない。また、堀切などの遮断施設が存在した可能性もあろう。

一方、土塁の北側は東西道路の手前で遺構が消滅している。これは過去の災害に際して土取りがなされたとの聞き取りがあり、以前は土塁が道路を越えていたという。

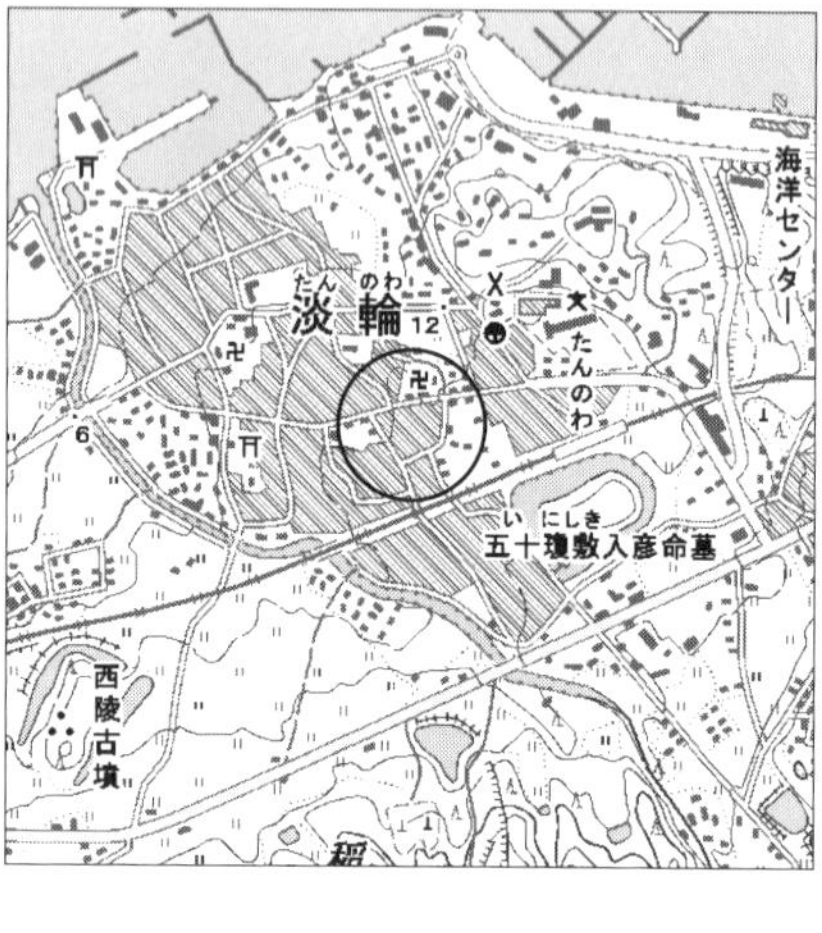

＊1　城については、玉谷哲「淡輪城」（『日本城郭大系』12、新人物往来社、一九八一年）、淡輪氏については、『岬町の歴史』（岬町、一九九五年）を参照。

＊2　淡輪氏は橘姓で鎌倉中期から淡輪荘の公文職を相伝した。中世武家文書である『淡輪文書』（京都大学文学部所蔵）が知られる。なお、大坂の陣に際し、豊臣方となった淡輪重政は樫井（泉佐野市）で戦死し、現地には墓が建てられた（左）。

昭和三年（一九二八）作成の地籍図（淡輪町役場蔵）みると、周辺は字名「城ノ藪」という一筆の山林であり、形状に城館の痕跡は見出せないものの山林の地目は城跡周辺に限られる。北東の逆L字形の田地は西林寺に伴うものであるが、南に残る「土井」「下土井」という字名は城館関連地名である可能性があり、何らかの関連施設が周辺に展開していた可能性も残る。破壊が進むものの、淡輪城は丘腹に切込む約半町四方の集落内の平地城館と評価され、その主体の候補としては淡輪氏が有力であろう。府下に残る希少な平地城館遺構として注目される。

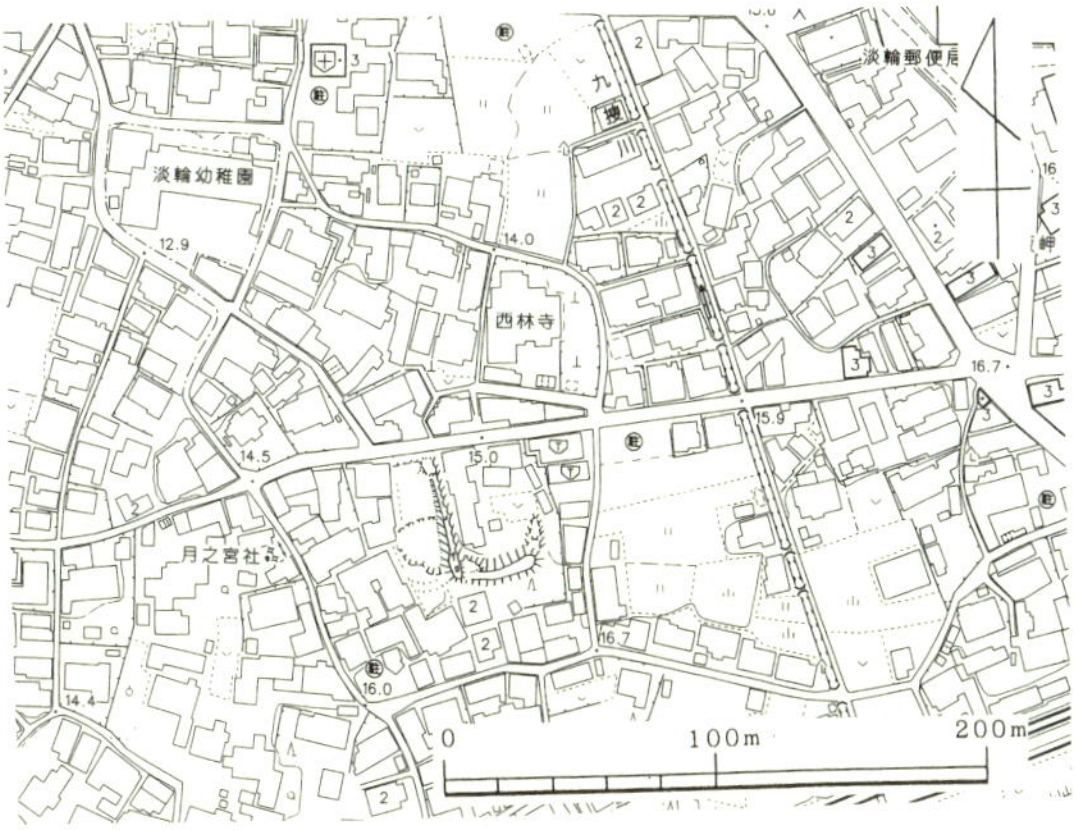

淡輪城 概要図（作図：中西裕樹）

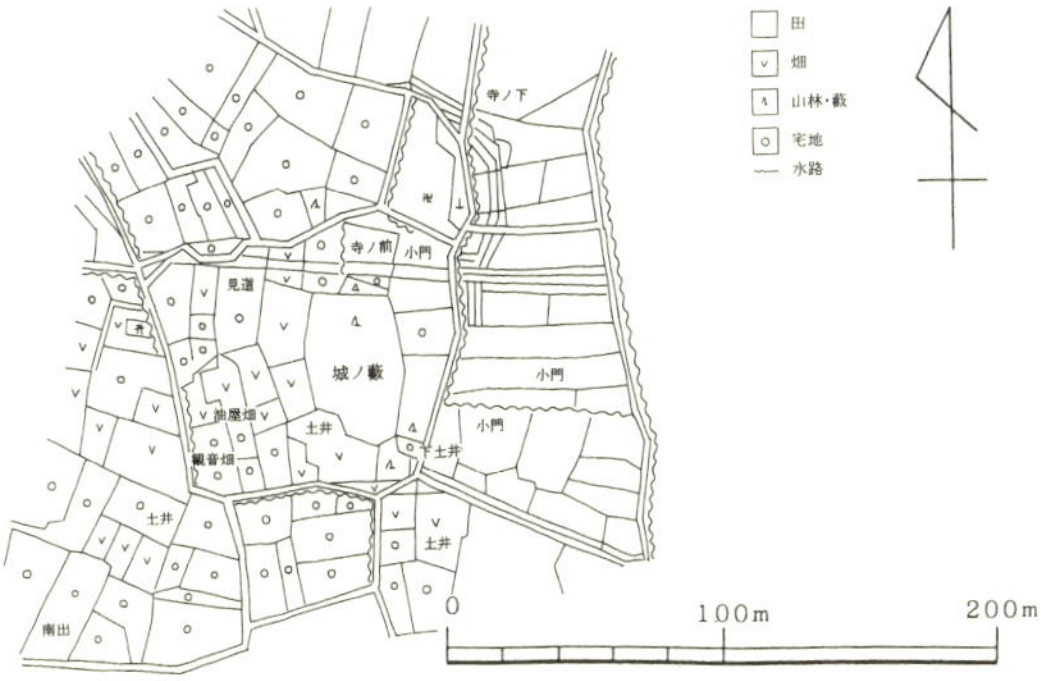

昭和３年作成地籍図（淡輪町役場蔵）トレース図

淡輪城の西側に残る土塁

上の土塁の北端に建つ「淡輪邸址」の説明版

織豊と紀伊との勢力の狭間で機能した山城

106 高野山城《たかのやまじょう》
107 長尾城《ながおじょう》
108 医王寺城《いおうじじょう》

【概要】高野山城は近年に存在が明らかになった紀伊国境を控えた山城で、和泉・紀伊国境の長尾城とともに天正五年（一五七七）の織田信長による紀州雑賀攻め関連の城郭と評価されている。また、医王寺城も同時期まで存在した紀伊の根来寺の出城とされる。[*1]

【立地】高野山城は和泉・紀伊国境の孝子峠に近い標高二八五メートルの山頂に立地し、西山麓に大坂と和歌山を結ぶ紀州街道から分岐した孝子越街道が通過する。麓の上孝子集落からの比高は約二〇〇メートルで、集落から葛城修験の飯盛山千間寺跡（標高三八五メートル）へと続く道が城内を通過している。集落と城との間には高仙寺があり、かつては千間寺西塔の一院であったという。[*2]

長尾城は紀伊国境の孝子峠と木ノ本峠間の標高約一六〇メートルの尾根上に立地する。

医王寺城は標高約一七〇メートルの枡形山の尾根上に立地し、孝子峠街道が通

106 高野山城 ①所在地　泉南郡岬町孝子　②時期　戦国期　③主体　織田勢か　④遺構　曲輪・土塁・堀切・横堀・虎口

107 長尾城 ①所在地　泉南郡岬町多奈川谷川・和歌山市梅原　②時期　戦国期　③主体　織田勢か　④遺構　曲輪・帯曲輪・土塁・堀切

108 医王寺城 ①所在地　泉南郡岬町淡輪　②時期　戦国期　③主体　根来寺か　④遺構　曲輪・帯曲輪・土塁・堀切・横堀・虎口

西側山麓からみた高野山城

る北麓からの比高は約一四〇メートルである。西麓の別所の谷筋には淡輪道が通り、飯盛山へと続く。

【歴史と背景】『紀伊続風土記』の梅原村に「村の北二二町許山上紀泉ノ境にあり」「松の西藪歩に方十間許平地あり織田三七信孝雑賀を攻めんとて此の地に砦を築きし址なり」との記載があり、長尾城のことかとも思われる。長尾城と医王寺山城は直線で約七キロも離れるが、大きな歴史的背景は高野山城も含めて紀泉国境として理解できると考える。

深日荘（岬町）では戦国期に河内・紀伊守護の畠山氏の影響力が及び、畠山氏と密接な関係を持つ根来寺の勢力が進出していた。*3 やがて織田信長が大坂本願寺との「石山合戦」を開始すると、和泉山脈を挟んだ南の紀伊雑賀（和歌山市）の勢力は本願寺に与し、大坂方面へと出陣する。この動きに対し、信長は天正五年（一五七七）に雑賀攻めを実行した。

『信長公記』によれば、同年二月十八日に佐野（泉佐野市）に陣を置いた信長は軍勢を大きく「浜手・山手」に分け、浜手（淡輪口）の先は「道一筋」であったという。結局、軍勢は三手に分かれて山と谷を進軍し、進出してきた雑賀の軍勢と衝突した。おそらく、孝子越街道周辺での交戦であろう。二月二十八日から三十日まで信長は淡輪に着陣し、三月二十一日に降伏を見届けた。そして佐野に要害を構えることなどを申付け、安土（滋賀県近江八幡市）へと引き返している。

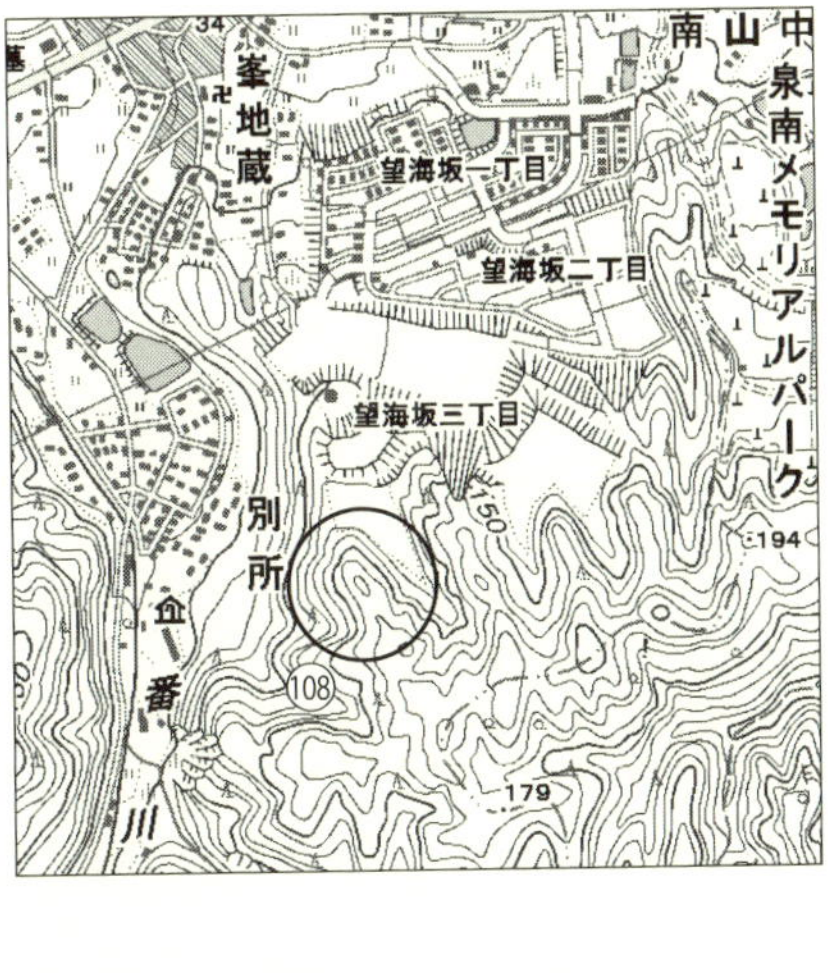

＊1　野田理「高野山城（仮称）の発見から」（『和歌山城郭研究』11、和歌山城郭調査研究会、二〇一二年）、中口孝行「長尾城跡」（【特集】和歌山市域（紀ノ川以北）の中近世城館跡調査報告（城館跡・御殿跡・台場跡）、『和歌山城郭研究』13、和歌山城郭調査研究会、二〇一四年）。医王寺城については坪之内徹「中世城郭」（『岬町の歴史』編さん委員会編『岬町の歴史』、岬町、一九九五年）を参照されたい。

雑賀の勢力は土豪らの地縁的な結合で構成された一揆であり、一部は信長方に属した。また、紀伊への織田勢の手引きは根来寺が行ったが、ここには雑賀に同調する勢力もおり、引き続き一部の雑賀勢力は信長への抵抗を続けている。

雑賀と根来寺は信長の後継者となった羽柴秀吉と対立し、天正十二年（一五八四）の小牧・長久手の戦いでは、秀吉に敵対する織田信雄・徳川家康に与同した。そして、秀吉不在の大坂攻めを図って和泉へ進出したが失敗し、翌年の秀吉の紀州攻めによって両者は屈服した。この前後まで、高野山城・長尾城・医王寺山城の周辺は軍事的緊張が継続した可能性があろう。*4

【構造と評価】高野山城は三方向に土塁をめぐらせた曲輪が中心であり、三重の堀切で北側を遮断する。ただし、北側の別のピークには竪堀状の遺構が残り、何らかの利用を意図した可能性は残る。東側の土塁の開口部が虎口であり、前面に虎口受けとなる平坦面が付属する。周囲は緩斜面であるが、先の三重堀切との間は竪土塁で仕切られ、帯曲輪状となって南側へと回り込む。南

高野山城 概要図（作図：中西裕樹）

上：高野山城の主郭にめぐる土塁
下：同城の三重堀切を北側からみる

＊2　高仙寺は「孝子観音」とも呼ばれ（左）、修験道の役行者を開基とし、行者の母の墓という石積みがある。

＊3　近藤孝敏「戦乱の時代と岬町」（『岬町の歴史』編さん委員会編『岬町の歴史』、岬町、一九九五年）、北川央「織豊期の岬町」（『同前』）を参照されたい。

＊4　三つの城のうち、医王寺山城周辺は望海坂の住宅地が開発中であり、直下に水道タンクが建つ。なお、西山麓の別所の医王寺跡近くには、府指定史跡の淡輪別所中世墓地がある。

側の曲輪との間では堀切となり、土橋状の部分を介して西端は同じく竪土塁で仕切られる。一種の横堀とみて良いだろう。なお、南側切岸は不明確であり、外部には自然地形の平坦面が続く。

　長尾城は部分的に土塁をまわす単郭構造で、削平は粗雑である。堀切方面に虎口を設け、帯曲輪をめぐらす。

　医王寺城は三方が土塁囲みの単郭で横堀と帯曲輪がめぐる。南側の土塁の切れ目下に帯曲輪が付属する。横堀に続く帯曲輪と堀切の間を竪土塁が仕切るなど高野山城との共通点がある。

　横堀は戦国末期における畿内の山城の特徴であり、三つの城は集落から遊離した紀伊国境付近に位置する。恒常的な在地勢力の城郭ではなく、いずれも大規模な軍事動向に対応したと思われる。その候補にはやはり天正五年（一五七七）前後の織田信長と雑賀との合戦があげられる。立地的には、両者のいずれが構築しても不自然ではないが、畿内では横堀による防御ライン上に虎口が設定されるのに対し、高野山城の虎口は曲輪上にある点が特徴的である。[＊5] 織田方による城郭の可能性は高いが、一方で織田方の特徴である嘴状の土塁ではないことから引き続き検討が必要である。[＊6]

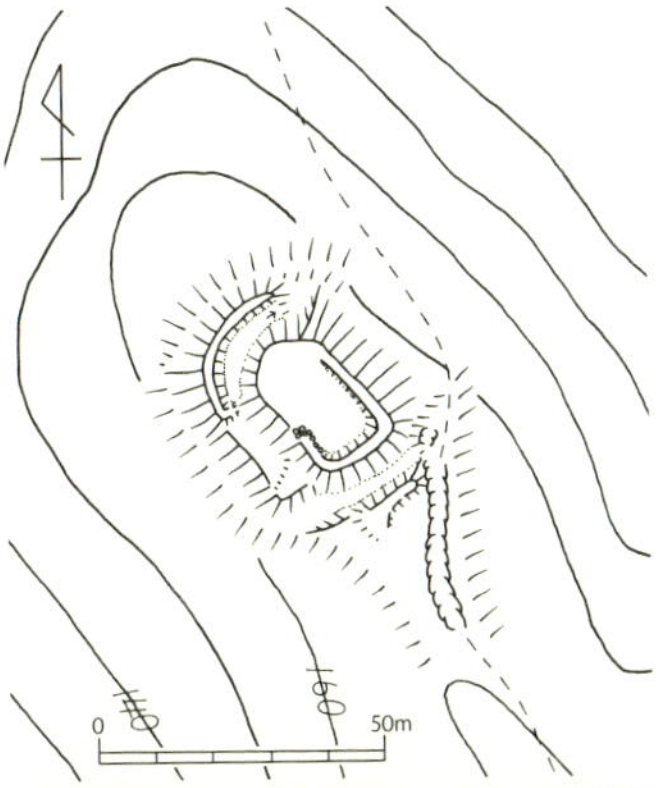

上：医王寺山城 概要図（作図：中西裕樹）
下：同城の横堀をみる

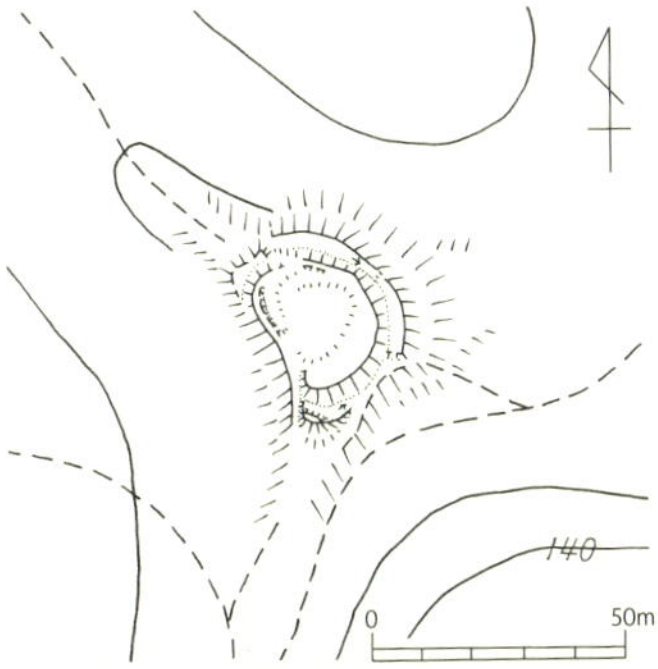

上：長尾城 概要図（作図：中西裕樹）
下：同城の帯曲輪をみる

＊5　拙稿「南河内地域における戦国期山城の構造」（河内長野市教育委員会『河内長野市城館分布調査報告書』、二〇〇一年）。

＊6　村田修三「城の発達」（同編『中世城郭事典』二、新人物往来社、一九八七年）。

別稿
東摂城址図誌・和泉国城館跡絵図

『東摂城址図誌』と『和泉国城館跡絵図』は、それぞれ制作時期や背景はことなるものの、ともに一八〇〇年代の城跡を描く図集である。現在では失われた遺構を描くものがあり、本書でも本文中で取り上げた。これらの中には作図精度が高く、城跡の存在や構造を示す手がかりと成り得るものを含む。ここでは、両図集の基礎データを紹介する。

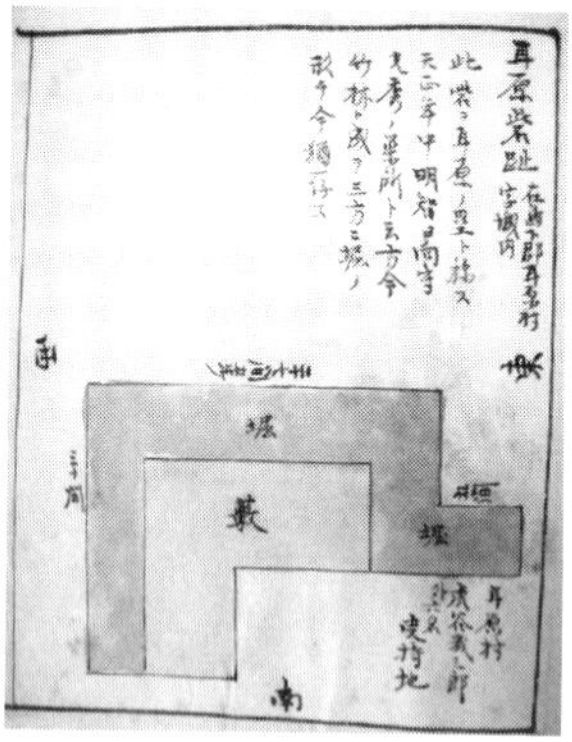

「耳原砦址」『東摂城址図誌』

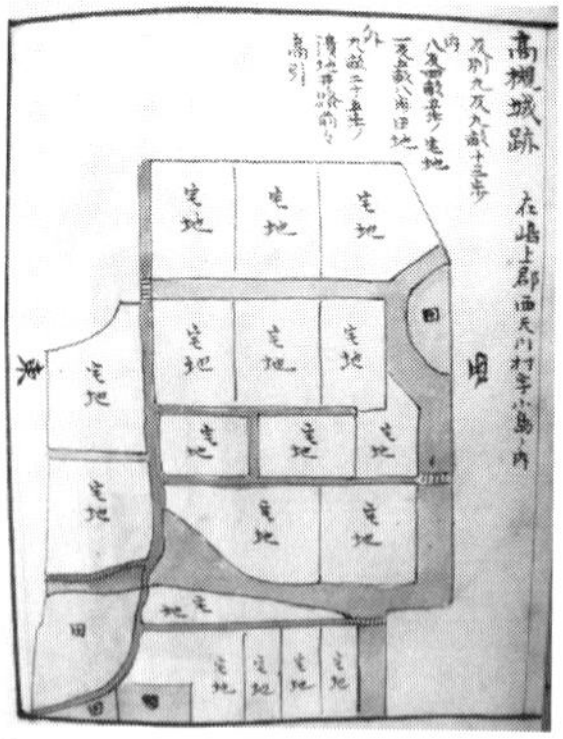

「高槻城跡」『東摂城址図誌』

【東摂城址図誌】『東摂城址図誌』は、明治十年代前半（一八七七～八二）の大阪府下の摂津国域を対象とした古城跡の図集であり、大阪府立中之島図書館が所蔵する。*1 合計四五城が収録され、編者の東城兎幾雄は滋賀県の士族であることが判明しているものの製作意図は不明である。

基本的に名称、所在地、城主などの簡単な情報を添え、墨の輪郭で淡彩色を施して描いた城跡や伝承地を一頁に取りまとめる。ただし、図には鳥瞰図や風景画、地籍図など複数のパターンがあり、情報の内容についても『摂津誌（志）』『摂陽群談』などの地誌類の引用や地元の関係資料の採録、土地の所収者の明記などの幾つかの特徴がある。

＊1　二三・九センチ×一六・六センチの和本である。中村博司「東摂城址図誌」解題（同編『よみがえる茨木城』、清文堂出版、二〇〇七年）に詳しい解説と全ての城跡図が掲載されている。

＊2　平地の我孫子環濠集落（大阪市）では近世の村絵図（城郭伝承地）と形状が一致し、遺構が消滅した柴島城（大阪市）では端正な方形館が描かれる。山城の鷹爪城（山辺城。能勢町）では「一ノ丸」「二ノ丸」などの区画ごとに規模が記入される。本文及び口絵を参照。

おそらく、本書は複数の人物の調査成果を編者が取りまとめたものかと思われる。

平地城館に関しては地籍図や土地の区画を示すものが多く、現在の歴史地理学的な城館調査に通じる。山城についても規模を示すなど現地踏査の結果を示している。*2 また、目録の豊嶋郡の下に「貸失」となり、採録されていない。このため、本来は調査カードの様なもので、それを元に編集が進められたが、豊嶋郡部分が割愛されたのだろうと考えられている。

また「高槻城跡」は戦国～江戸期の高槻城ではなく、戦国期の高槻城攻めの付城の可能性を残す旧有力庄屋層（近代名望家）の屋敷地を描く。類似の事例が他にも見受けられ、本書の成立や近代以降の城郭観を考える上でも興味深い。*3

【和泉国城館跡絵図】「和泉国大鳥郡城跡図」「和泉国南日根城跡図」との付箋が付く折本二冊と「南

『東摂城址図誌』所収一覧

絵図名	城名	所在地（中心部）
天王寺城址	天王寺城	大阪市天王寺区生玉寺町
真田城跡	真田丸出城	大阪市天王寺区餌差町
国分寺塁		大阪市北区国分寺
堀城跡	堀城	大阪市淀川区十三本町
三津屋城跡	三津屋城	大阪市淀川区三津屋中
大和田塁	大和田城	大阪市西淀川区大和田
江口城跡	江口城	大阪市西淀川区南江口
柴嶋城跡	柴島城	大阪市東淀川区柴島
喜連城跡	喜連環濠集落	大阪市平野区喜連
我孫子城跡	我孫子城（環濠集落）	大阪市住吉区我孫子
原城跡	芥川山城	高槻市大字原
芥川城跡	芥川城	高槻市芥川
今城古跡	（今城塚古墳）	高槻市郡家新町
高槻城跡	（高槻堡）	高槻市春日町
柱本城趾	柱本砦	高槻市柱本
安威城趾	安威城	茨木市安威
安威砦跡	安威砦	茨木市安威
粟生間谷砦	善福寺原城	箕面市粟生間谷
粟生新家砦跡	新家砦	箕面市新池砦
福井城址	福井城	茨木市福井
耳原砦趾	耳原砦	茨木市耳原
泉原城趾	泉原砦	茨木市泉原
佐保砦趾	佐保城	茨木市佐保
佐保砦跡	佐保栗栖山砦	茨木市佐保
郡山城趾	郡山城（寺内町）	茨木市郡山
太田城趾	太田城	茨木市太田
茨木城址	茨木城	茨木市片桐町
水尾城趾	水尾砦	茨木市水尾
蔵垣内城趾	三宅城	茨木市丑寅
高城趾	一津屋砦	摂津市一津屋
沢良宜城跡	沢良宜城	茨木市美沢町
山田城跡	山田城	吹田市山田東
吹田城跡	吹田城	吹田市西の庄町
上杉城跡	上杉城	豊能郡能勢町上杉
長谷城跡	長谷城	豊能郡能勢町長谷
宿野城跡	宿野城	豊能郡能勢町宿野一区
森上城跡	森上城	豊能郡能勢町森上
吉村古城	吉村城	豊能郡能勢町栗栖
片山城趾	片山城	豊能郡能勢町片山
野田城跡	野間城	豊能郡能勢町野間
余野城跡	余野本城	豊能郡能勢町余野
今西城跡	今西城	豊能郡能勢町今西
鷹爪城跡	山辺城	豊能郡能勢町山辺
地黄古城跡	丸山城	豊能郡能勢町地黄
吉川城跡	吉川城	豊能郡豊能町吉川

※城名は『日本城郭大系』12（新人物往来社、1981年）を参考にした

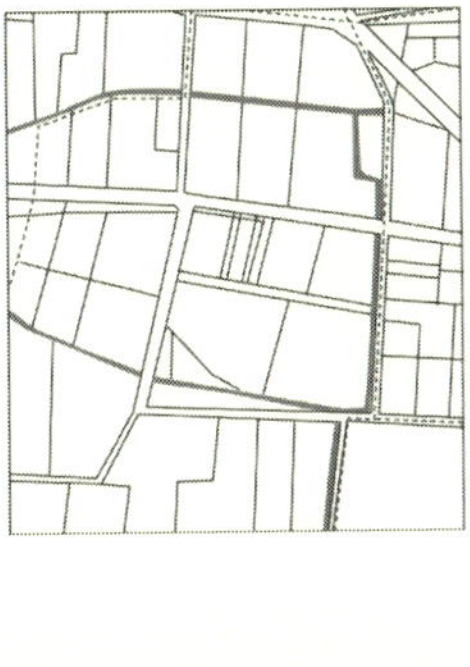

＊3 「高槻城跡」の地割は昭和三十三年調整の地籍図（高槻市立しろあと歴史館蔵。左にトレース図）に一致する。本書所収の地籍図の精度を示し、郡山城（茨木市）でも合致する。また、近隣の芥川村では旧有力庄屋層の屋敷地が城館として認識されていた。拙稿「明治時代の『東摂城址図誌』と西天川の高槻城—戦国期の付城跡か、旧有力庄屋層の屋敷地か—」（『しろあとだより』9、高槻市立しろあと歴史館、二〇一四年）。

郡麻生郡根福寺城跡」「南郡阿間荘落合城趾」の掛軸二点をあわせ、『和泉国城館跡絵図』と呼んでおり、いずれも大阪歴史博物館が所蔵する。*4 岸和田藩士の浅野秀肥が文政元年〜二年（一八一八〜一九）頃に描いたもので、藩領が展開した和泉国の城跡など二三点の図を収める。

制作目的は不詳であるが、天正十三年（一五八五）に根来寺方と合戦に及んだ羽柴秀吉の伝本陣跡「落合城趾」や慶長二十年（一六一五）の樫井合戦の浅野長晟本陣を伝える「元和元年四月浅野長晟屯此逆撃塙直之・淡輪重政敗之俗呼曰城山」を採録し、陣跡にも関心があったことがわかる。

基本的に規格性のある一紙に一城を取り上げ、細かな表現は個別で異なるものの、ほぼ共通して斜面・切岸を緑、曲輪を黄色、石垣などを灰色に彩色し、家屋などを記号的に描く。右上に表題として国名と郡名、郷名、城名をアバウトに記入している。

城跡図は、現地踏査の結果をふまえ、「川瀬変リ山根ヲ廻ル故ニ本城形ヲ損スト云」（「稲葉塁

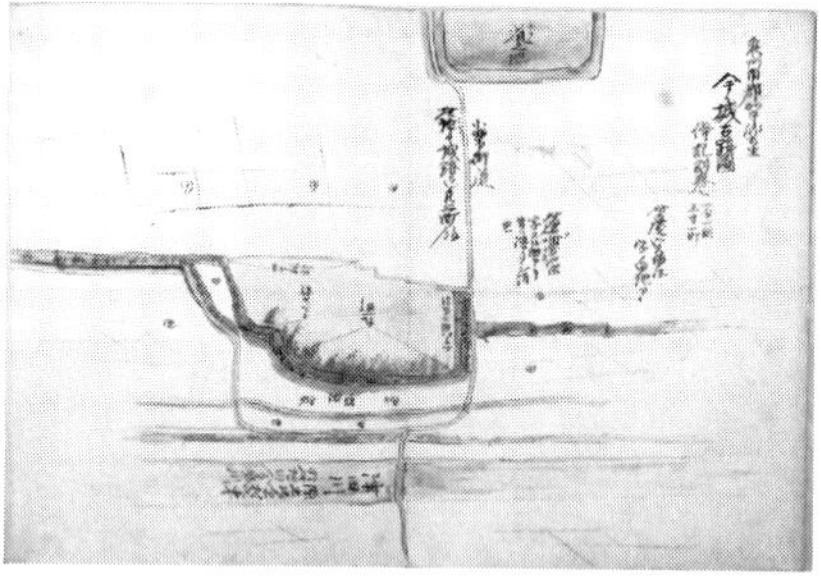

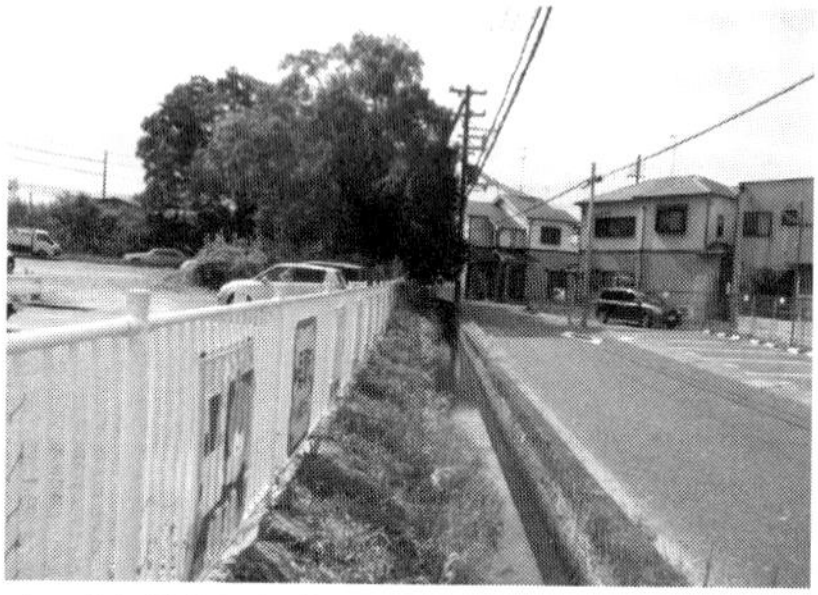

上：「泉州南郡加守郷土生今城古跡図」『和泉国城館跡絵図』　下：現在の状況

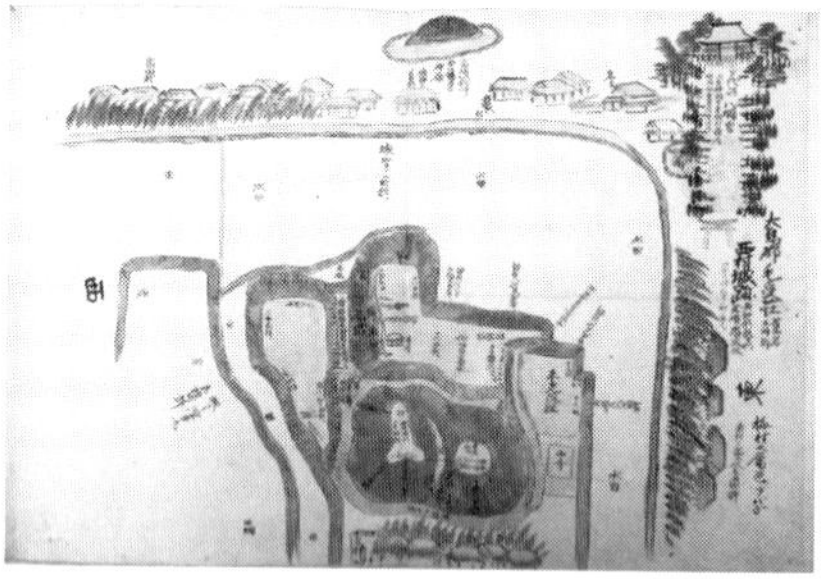

「大鳥郡毛受荘西村城跡」『和泉国城館跡絵図』

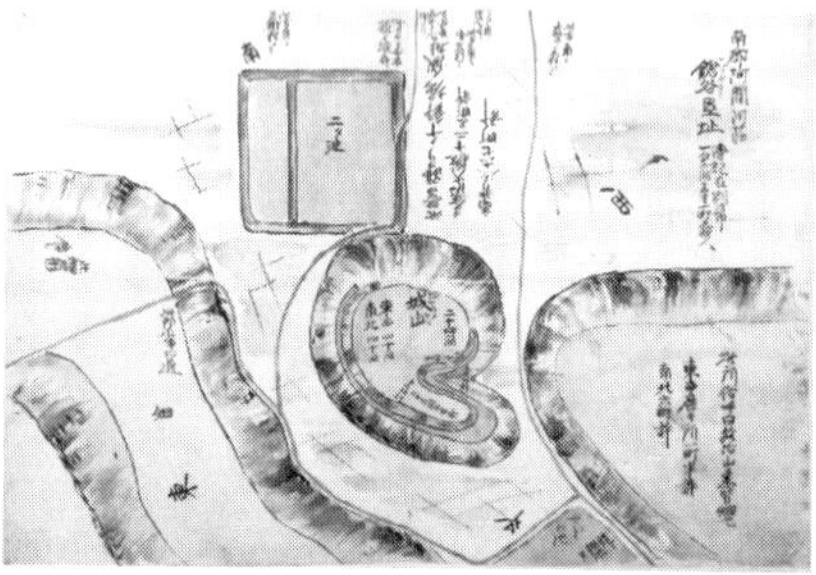

「南郡阿間河荘鎗谷塁址」『和泉国城館跡絵図』

＊4　城跡図の大半は約二八センチ、横四〇センチの和紙に描かれ、折本や掛軸とされている（左は折本の表紙）。福島克彦「『和泉国城館跡絵図』と城館研究―鬼洞文庫旧蔵絵図を中心に―」（大澤研一・仁木宏『岸和田古城から岸和田城下町へ』、清文堂出版、二〇〇八年）に考察と全ての城跡図（トレース）が掲載されている。

址」)、「追而可考」(「摩湯墓地」)、「地形ヲ輔ヒ」(「三箇山城跡」)などの記入から客観的な遺構評価を念頭に置いたことがわかる。「分間曲尺制図」(「稲葉塁址」)と作図の基準を示し、また遺構の規模だけではなく「此山前山ゟ一段高」(「摩湯墓地」)と周辺地形との高低差を考慮する点などは現在の城郭調査に共通する。多くの城跡図で、周辺村落や城跡との間の距離を示すことも興味深い。*5

岸和田古城(岸和田市)では地表面観察で評価できなかった城郭構造が発掘調査によって絵図の形であることが確認された。平地の今城(貝塚市)では現状の水路や地形が一致する。また、遺構が不明確であるものの、本図と戦国期の勢力動向をふまえ、城跡の評価が可能となる三ヶ山城(貝塚市。口絵・個別解説参照)などもある。

他地域では大名家や藩士が藩領周辺の古城跡の調査をとりまとめる事例は多いが、府下では本書のみである。現在の城郭研究の検討素材になる点を含め、その価値は大きい。

『和泉国城館跡絵図』所収一覧

絵図名	城名	所在地(中心部)
和泉国大鳥郡城跡図		
大鳥郡陶器荘田園村古塁図	陶器城	堺市田園
大鳥郡毛受荘西村城跡	西村城	堺市中百舌鳥町
大鳥郡陶器荘北村古塁之図	北村砦(陶器城跡)	堺市陶器北
大鳥郡綾井荘城跡山専称寺之図	綾井城	高石市綾井
大鳥郡半陀郡家原城	家原城	堺市家原寺町
大鳥郡深井郷深井塁跡	深井城	堺市深井
和泉国南日根郡城跡図		
南郡山直郷稲葉塁址	稲葉城	岸和田市稲葉町
泉南郡山直郷摩湯墓地	(摩湯山古墳)	岸和田市摩湯町
南郡八木郷今木塁跡	今木城	岸和田市今木町
南郡加守郷岸和田古城図	岸和田古城	岸和田市野田町
泉州南郡加守郷土生今城古跡図	今城	貝塚市久保
南郡阿間河荘鑓谷塁址	鑓谷城	岸和田市流木町
南郡麻生荘三箇山城跡	三ヶ山城	貝塚市三ケ山
南郡麻生荘三箇山塁	三ケ山塁	貝塚市三ケ山
南郡木嶋郷清児村高井城跡図	高井城	貝塚市清児
高井堡	高井城	貝塚市清児
南郡五箇荘木積蛇谷城趾	蛇谷城	貝塚市畑
蛇谷城跡	蛇谷城	貝塚市畑
南郡五箇荘河合城山	河合城	岸和田市河合町
樫井村城蹟	樫井城	泉佐野市南中樫井
元和元年四月浅野長晟屯此逆撃塙直之・淡輪重政敗之俗呼曰城山		泉南市信達大苗代
南郡麻生荘根福寺城跡		
南郡麻生荘根福寺城跡	根福寺城	貝塚市秬谷
南郡阿間荘落合城趾		
南郡阿間荘落合城趾	落合城	岸和田市流木町

※城名は『日本城郭大系』12(新人物往来社、1981年)を参考にした

*5 例えば西村城跡(堺市)には「城跡迄三町計」との記入があり、集落に加えて近隣の神社(万代荘八幡宮)や古墳の存在が意識される。なお「考地形執仍荒墓構城歟」と古墳(城ノ山古墳)を利用した城郭で、墳丘に「東丸山」「西丸山」、周濠を挟み土居で囲まれた「二番城」などが記載される。また、鎗谷塁址(岸和田市)では「此方角ニ高井ノ城アリ」「此方ニ千石堀ノ城在リ」「此営跡ヨリ千斛堀城址迄見渡大概十二三町許高井迄六七町計」と本書に収録されていない千石堀城(貝塚市)の存在を記され、本来はさらに多くの城跡調査図が存在したことを示唆する。

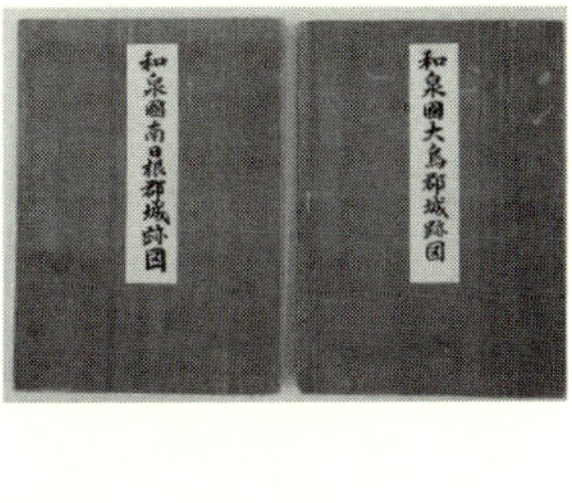

【参考文献】

ここでは大阪府下の城館を知る上での主な概説書や概括的な論文を掲載している。論文集については書名のみを記した。個別の発掘調査報告書や図録については割愛している点をご了解願いたい。

大阪府『大阪府史蹟名勝天然記念物』一～五（大阪府学務部。一九二七～三一年）

大類伸監修『日本城郭全集9　大阪府・奈良県・和歌山県』（人物往来社、一九六七年）

児玉幸多・坪井清足監修『日本城郭大系12　大阪・兵庫』（新人物往来社、一九八一年。大阪府の責任編集は田代克己・渡辺武）

村田修三編『図説中世城郭事典三 近畿二・中国・四国・九州』（新人物往来社、一九八七年）

茨木市教育委員会編『わがまち茨城—城郭編—』（同委員会、一九八七年）

佐久間貴士編『よみがえる中世二　本願寺から天下一へ 大坂』（平凡社、一九八九年）

村田修三「雨山・土丸城と中世城郭史」（小山靖憲・平雅行『歴史の中の和泉 古代から近世へ』、和泉書院、一九九五年）

中西裕樹「摂津国能勢郡西郷・東郷における中世城館構成—築城主体の性格と「小規模城館」—」（『中世城郭研究』11、中世城郭研究会、一九九七年）

岡寺　良「摂津能勢郡の戦国期城館にみる築城・改修の画期」（大阪大学考古学研究室編『国家形成期の考古学—大阪大学考古学研究室10周年記念論集—』、一九九九年）

中西裕樹「摂津国における中世城郭構造把握の試み—土塁の使用形態に着目して—」（『中世城郭研究』14、中世城郭研究会、二〇〇〇年）

尾谷雅彦・藤岡英礼編『河内長野市城館分布調査報告書』河内長野市文化財調査報告書第34輯（河内長野市教育委員会、二〇〇一年）

中西裕樹「戦国期における地域の城館と守護公権—摂津国、河内国の事例から—」（村田修三編『新視点 中世城郭研究論集』、新人物往来社、二〇〇二年）

小谷利明『畿内戦国期守護と地域社会』（清文堂出版、二〇〇三年）

仁木　宏「寺内町と城下町　戦国時代の都市の発展」（有光友學編『日本の時代史12　戦国の地域国家』、吉川弘文館、二〇〇三年）

仁木　宏「戦国期摂河泉都市のオリジナリティ—多核都市の「克

服」と流通ネットワーク―」(『ヒストリア』一八六、大阪歴史学会、二〇〇三年)
髙田　徹編『図説 近畿中世城郭事典』(城郭談話会、二〇〇四年。大阪府の編集は中西裕樹。後に改稿が中井均監修・城郭談話会編『図解 近畿の城郭Ⅰ』(戎光祥出版、二〇一四年)として再版)
懐徳堂記念会編『懐徳堂ライブラリー7　大坂・近畿の城と町』(和泉書院、二〇〇七年)
中村博司編『よみがえる茨木城』(清文堂出版、二〇〇七年)
大澤研一・仁木　宏編『岸和田古城と城下町へ　中世・近世の岸和田』、和泉書院、二〇〇八年)
山田幸弘編『南河内における中世城館の調査』(大阪府教育委員会、二〇〇八年)
大阪城天守閣編『大阪城・エッゲンベルグ城友好城郭締結記念特別展　豊臣期大坂図屏風』(大阪観光コンベンション協会、二〇〇九年)
天野忠幸『戦国期三好政権の研究』(清文堂出版、二〇一〇年)
小林義孝他「特集　飯盛山城と戦国おおさか」(『大阪春秋』通巻一四九、新風書房、二〇一三年)
中世都市研究会編『中世都市から城下町へ』中世都市研究18(山川出版社、二〇一三年)
廣田浩治他「小特集　岸和田城・岸和田古城を考える」(『ヒストリア』二三七、大阪歴史学会、二〇一三年)
白石博則「城と館」(和泉市史編さん委員会編『和泉市の歴史6　和泉市の考古・古代・中世』(和泉市、二〇一三年)
高槻市立しろあと歴史館編『秋季特別展「戦国　大阪の城―動乱の時代と天下統一」図録　大阪のお城がわかる本　戦国の12城』(同館、二〇一四年)
中井均監修・城郭談話会編『図解 近畿の城郭Ⅱ』(戎光祥出版、二〇一五年)

おわりに

最後に大阪府下の城館をめぐって、いくつか思うことを述べておきたい。一つは平地の城館に関するデータである。府下は、近世以降に開発が進み、近代、現代とその流れは加速してきた。失われた城館遺構は多いだろう。本書で再三言及したように、平地における城館遺構は希少である。

しかしながら、そもそも平地には多くの城館が存在したのだろうか?それも明確にはわからない。今後は歴史地理学の手法に学びつつ、埋蔵文化財行政が蓄積してきた発掘調査のデータの解析を進めることが必要だろう。この作業を個人で進めるのは、とても難しい。大阪府では、府下全域に及ぶ中世城館の悉皆調査が未実施である。機会をとらえ、調査と研究が飛躍的に進むことを期待したい。その結果、本書による城館の評価も大きく変わるだろう。

また、城跡を歩いていると、ため池や開墾など、近世以降の人々の営みの痕跡をよく目にする。近代以降では、アジア・太平洋戦争にまで使用された軍事施設との重複もみられる。城跡とは、どのような場所であったのだろう?　戦国期への視点とともに、地域史を語る遺跡として、前後の時代への目配せを忘れないようにしたい。

さて、本書は、学生時代以来、漠然と城跡を見てきた結果を纏めたものである。大学院に進学せず、歴史学を突き詰めなかった私が、これまで城館に関わることができたのは、城郭談話会や中世城郭研究で活躍する、在野の諸先輩の姿があったからこそであった。大学卒業後も、立命館大学の川嶋将生先生、京都学園大学の吉村亨先生からは、折に触れて励ましをいただいた。一六一七会の世話人の方々や、「山の寺」科研、「城下町」科研にお誘いいただいた大阪市立大学の仁木宏先生、そして参加の諸兄からは城館以外への視野と歴史の奥深さを教えていただいた。また、勤務する高槻市、とりわけ今の職場である高槻市立しろあと歴史館の皆さんからは、私の仕事への大きな理解と協力を頂戴してきた。この場を借りまして、心より感謝を申し上げたい。

城館の調査には、土地の所有者や近隣の方々のご理解が不可欠である。また、本書の内容は、大阪府下をフィールドとする戦国期の研究者諸兄の成果に拠るところが大半であり、その研究姿勢と成果にはあらためて瞠目するばかりであった。そして、多くの図版の使用許可、手続きの労をとっていただいた関係者の方々にはお手間を願った。申し訳ない気持ちでいっぱいである。

戎光祥出版の伊藤光祥さんから、大阪府下の城館の本をまとめませんか？　とお話をいただいたとき、うれしくも困惑した。しかし、出版時期を含めて常に応援をいただいた。このような中身で良かったのか疑問も残るが、どうかお許しをいただきたい。論拠が不明確で、消化不良に思われた読者も多いように思う。論の展開があまりに雑と、あきれた方もいるだろう。いずれ、きちんとした論文にしなければ、という責任を感じている。

最後に、日本画家の中西玉蘊、いつも前向きにがんばる娘の紬と愛犬オスカル、そして、このような今後への、力を与えてくれた機会に感謝したい。本書を執筆しながら、多くの景色と人たちの顔が思い浮かんだ。どうかあとしばらく、拙い作業にお付き合いください。

豊臣大坂落城から四〇〇年を迎えた初夏の日に

中西裕樹

【著者略歴】

中西裕樹（なかにし・ゆうき）

1972年大阪市生まれ。立命館大学文学部史学科日本史学専攻卒業。現在、高槻市立しろあと歴史館事務長兼歴史民俗資料館長。主な共著に『甲賀市史 第7巻 甲賀の城』（甲賀市史編さん委員会、2010年）、編著に『高山右近 キリシタン大名への新視点』（宮帯出版社、2014年）がある。

図説 日本の城郭シリーズ②

大阪府中世城館事典《おおさかふちゅうせいじょうかんじてん》

2015年8月1日 初版初刷発行

著　者　中西裕樹

発行者　伊藤光祥

発行所　戎光祥出版株式会社

〒102-0083 東京都千代田区麹町1-7 相互半蔵門ビル8F

TEL:03-5275-3361（代表）　FAX:03-5275-3365

http://www.ebisukosyo.co.jp

印刷・製本　モリモト印刷株式会社

装　丁　山添創平

ISBN978-4-86403-171-4